Verhandlungen

des

Fünfzehnten deutschen Juristentages.

Herausgegeben

von

dem Schriftführer-Amt der ständigen Deputation.

Zweiter Band.

Berlin 1881.

Commissions-Verlag von J. Guttentag.

(D. Collin.)

Inhaltsverzeichniß.

Stenographische Berichte.

I.

Verzeichniß der Mitglieder

der

ständigen Deputation.

1880/81.

Nr.	Name.	Stand.	Wohnort.
1	Dr. Albrecht	Landgerichtspräsident	Hamburg.
2	Anschütz	Justizrath	Leipzig.
3	Becker	Landgerichtspräsident	Oldenburg i. Großh.
4	Dr. Borchardt	Minister=Resident, Geheimer Justizrath	Berlin. **(Schatzmeister.)**
5	Dr. Brunner	Professor	Berlin.
6	Dorn	Geh. Justizrath	Leipzig.
7	Dr. Drechsler	Reichsgerichtspräsident	Leipzig.
8	Dr. Jaques	Hof= und Gerichtsadvokat	Wien.
9	Dr. v. Keller	Oberlandesgerichtspräsident	Wien.
10	Kleiner	Landgerichtspräsident	Schweinfurt.
11	v. Köstlin	Oberstaatsanwalt	Stuttgart.
12	Dr. Kühne	Oberlandesgerichtspräsident	Celle.
13	Makower	Justizrath	Berlin.
14	Petersen	Senatspräsident	Colmar i. Elsaß.
15	Dr. v. Schwarze	Generalstaatsanwalt	Dresden.
16	Stenglein	Reichsanwalt	Leipzig.
17	v. Stößer	Landgerichtspräsident	Constanz.
18	Thomsen	Landgerichtsrath	Hannover.
19	v. Wilmowski	Justizrath	Berlin. **(Schriftführer.)**

Dr. Gneist, Professor und Oberverwaltungsgerichtsrath, Berlin, **Vorsitzender.**

II.

Statut

der

deutschen Juristentages.

---

§. 1.

Der Zweck des deutschen Juristentages ist: eine Vereinigung für den lebendigen Meinungsaustausch und den persönlichen Verkehr unter den deutschen Juristen zu bilden; auf den Gebieten des Privatrechts, des Prozesses und des Strafrechts den Forderungen nach einheitlicher Entwickelung immer größere Anerkennung zu verschaffen, die Hindernisse, welche dieser Entwickelung entgegenstehen, zu bezeichnen und sich über Vorschläge zu verständigen, welche geeignet sind, die Rechtseinheit zu fördern.

§. 2.

Der deutsche Juristentag tritt in der Regel alljährlich zusammen; doch ist die ständige Deputation ermächtigt, aus Gründen der Zweckmäßigkeit ausnahmsweise die Wiedereinberufung des Juristentages erst in dem auf dessen letzten Zusammentritt folgenden zweiten Kalenderjahre vorzunehmen.

§. 3.

Zur Mitgliedschaft berechtigt sind die deutschen Richter, Staatsanwälte, Advocaten und Notare, die Aspiranten des Richteramts, der Anwaltschaft und des Notariats, sowie Jeder, der nach seinen Landesgesetzen zum Richteramte, zur Anwaltschaft oder zur Ausübung des Notariats für befähigt erkannt ist, ferner die Lehrer an den deutschen Hochschulen, die Mitglieder der gelehrten Akademieen, die Doctoren der Rechte und die rechtsgelehrten Mitglieder der Verwaltungsbehörden.

§. 4.

Die Mitgliedschaft beginnt mit dem Empfange der Mitgliedskarte. Sie berechtigt zur Theilnahme an den Verhandlungen und an der Abstimmung.

§. 5.

Der Beitrag der Gesellschaftsmitglieder beträgt Sechs Mark jährlich und ist innerhalb vier Wochen nach Beginn des neuen Jahres zu entrichten, widrigenfalls derselbe durch Postvorschuß eingezogen wird. Nimmt ein Mitglied den mit Postvorschuß beschwerten Brief nicht an, so wird dies einer ausdrücklichen Austrittserklärung gleich erachtet. — Für die am Orte des Juristentages selbst zu lösende Anmeldungskarte ist Drei Mark zu entrichten.

§. 6.

Den Plenarverhandlungen des deutschen Juristentages gehen der Regel nach Abtheilungsberathungen voraus. Zu diesem Zwecke werden durch freiwillige Einzeichnungen der Mitglieder folgende vier Abtheilungen gebildet:

1) Abtheilung für Privatrecht, insbesondere Obligationen- und Pfandrecht, juristisches Studium und praktische Ausbildung.
2) Abtheilung für Handels-, Wechsel-, See- und internationales Recht.
3) Abtheilung für Strafrecht, Strafprozeß und Gefängnißwesen.
4) Abtheilung für Gerichtsverfassung und Civilprozeß.

Die Abtheilungen wählen ihre Vorsitzenden, Schriftführer, Berichterstatter und benachrichtigen den Vorsitzenden der Plenarversammlung (§. 7), sobald ihre Berathungen über einzelne Gegenstände geschlossen sind; ihre Anträge sind schriftlich zu fassen. In jeder Abtheilung stimmen nur Diejenigen mit, welche sich in die betreffende Abtheilung bereits eingezeichnet haben.

Sämmtliche Beschlüsse der Abtheilungen werden in der Plenarversammlung mitgetheilt. Es findet jedoch eine Erörterung und Entscheidung im Plenum nur dann statt, wenn dieselbe von der betreffenden Abtheilung vorgeschlagen, oder wenn sie von mindestens zehn Mitgliedern beantragt und von der Plenarversammlung beschlossen wird. Ueber die Vorfrage, ob dem von mindestens zehn Mitgliedern gestellten Antrage auf Plenarentscheidung stattzugeben, wird nur einem der Antragsteller und dem Berichterstatter das Wort ertheilt.

§. 7.

Die Verhandlungen der Plenarversammlung leitet ein Vorsitzender, welcher für die Dauer eines jeden Juristentages in der ersten Plenarversammlung durch Stimmzettel oder Acclamation gewählt wird. Derselbe benennt zwei bis vier Stellvertreter und vier Schriftführer. Er bestimmt die Tagesordnung und kann einzelne Gegenstände, ohne Vorberathung in den Abtheilungen (§. 6), unmittelbar zur Plenarberathung stellen. Auch ist er befugt, Nichtmitglieder als Zuhörer zuzulassen.

§. 8.

Bei allen Beschlüssen der Plenarversammlung und der Abtheilungen entscheidet einfache Majorität der anwesenden Mitglieder, bei allen Wahlen relative Majorität und im Falle der Stimmengleichheit das Loos.

§. 9.

Wird Schluß der Debatte beantragt, so wird über diesen Antrag sofort abgestimmt. In der Plenarversammlung sind alle Anträge mit Ausnahme des Antrages auf Schluß der Debatte schriftlich zu stellen.

§. 10.

Vor dem Schlusse eines jeden Juristentages wird von der Plenarversammlung durch Acclamation oder in einem einzigen Scrutinium durch Stimmzettel eine aus neunzehn Mitgliedern und dem Präsidenten des letzten Juristentages als Ehrenpräsidenten bestehende ständige Deputation gewählt. Von jenen neunzehn Mitgliedern müssen mindestens drei am Orte des letzten Juristentages und jedenfalls zwölf auswärts wohnen. Die Liste der zur Acclamation vorzuschlagenden Personen wird durch den Präsidenten der Plenarversammlung, seine Stellvertreter und je zehn von jeder Abtheilung gewählte Vertrauensmänner gemeinschaftlich festgestellt.

Die ständige Deputation hat folgende Befugnisse und Obliegenheiten:

1) sie sorgt für die Ausführung der von dem Juristentage gefaßten Beschlüsse, veranlaßt nach eignem Ermessen den Druck der Protokolle und Vorlagen, bewirkt die Vertheilung der Drucksachen an die Mitglieder und verwahrt alle Akten und Schriftstücke des Juristentages;
2) sie bestimmt Zeit und Ort des nächsten Juristentages, trifft die für denselben nöthigen Vorbereitungen, erläßt die Einladungen, stellt die vorläufige Tagesordnung auf, wobei sie in der Regel nur die bis zum 31. Mai des laufenden Jahres eingegangenen Vorlagen zu berücksichtigen hat, und bereitet Abänderungsvorschläge in Betreff der Geschäftsordnung für die Plenarversammlung vor;
3) sie nimmt die Beitrittserklärungen neuer Mitglieder entgegen, fertigt die Mitgliedskarten aus, empfängt die Beiträge, bestreitet die Ausgaben und legt der folgenden Deputation Rechnung;
4) sie ergänzt sich selbst, falls eins oder mehrere Mitglieder während des Geschäftsjahres ausscheiden.

Die Deputation wählt aus ihrer Mitte einen Vorsitzenden, einen Schriftführer, welcher ein von der Deputation festzusetzendes Pauschquantum für baare Auslagen erhält, und einen Kassirer. Der letztere ist verpflichtet, der ständigen Deputation bei ihrem jedesmaligen Zusammentritt einen Kassenabschluß vorzulegen. Die Deputation läßt durch eines oder mehrere ihrer Mitglieder die Rechnung prüfen und die Kasse revidiren.

Die Deputation bestimmt Ort und Zeit ihrer Zusammenkunft. Zur Gültigkeit ihrer Beschlüsse ist die Einladung sämmtlicher Mitglieder, sowie die Mitwirkung von wenigstens fünf Mitgliedern erforderlich.

§. 11.

Abänderungen dieses Statuts können zwar von der Plenarversammlung durch einfache Stimmenmehrheit, jedoch nur auf schriftlichen Antrag, der vier Wochen vor dem Zusammentritt des Juristentages der ständigen Deputation (§. 10) überreicht worden, beschlossen werden.

III.

Alphabetisches Verzeichniß

derjenigen

Mitglieder des deutschen Juristentages

welche

dem Verein im Jahre 1880 angehören.

Name.	Stand.	Wohnort.
Abel	Justizrath	Hannover.
Dr. v. Abendroth, M.	Amtsrichter	Leipzig.
Abesser	Amtsgerichtsrath	Kamburg a. d. Saale.
Ackermann, Fr.	Landgerichtsdirektor	Dessau.
Ackermann	Rechtsanwalt, Finanzprokurator und Hofrath	Dresden.
Ackermann, Max	Rechtsanwalt und Notar	Berlin.
Adams	Justizrath und Rechtsanwalt	Koblenz.
Adickes	Amtsrichter	Soltau (Hannover).
Adler	Rechtsanwalt	Stuttgart.
Dr. Aegidi	Professor	Berlin.
Dr. Agricola, Alfr.	Reichsgerichtsrath	Leipzig.
Dr. Ahlers	Landsyndikus und Advokat	Neubrandenburg.
Mosig v. Aehrenfeld	Rechtsanwalt	Löbau (Sachsen).
Dr. Albrecht	Oberlandesgerichtspräsident	Frankfurt a. M.
Dr. Albrecht	Landgerichtspräsident	Hamburg.
Aldinger	Rechtsanwalt	Fürth (Bayern).
Alexander, Mor.	Landrichter	Braunsberg (Ostpreußen).
Alexander, Herm.	Rechtsconcipient	Nürnberg.
Alfken	Oberlandesgerichtsrath	Oldenburg i. Großherzogthum.
Dr. Althoff, Friedr.	Professor	Straßburg (Elsaß).
Amann	Landgerichtsdirektor	Konstanz.
Dr. André	Oberbürgermeister	Chemnitz (Sachsen).
Dr. Andritzschky, C. A.	Rechtsanwalt	Leipzig.
Angelbeck	Obergerichtsanwalt	Lüneburg.
v. Anns	Amtsrichter a. D.	Nürnberg.
Anschütz	Justizrath und Advokat	Leipzig.

Name.	Stand.	Wohnort.
Anton	Geh. Justizrath	Dresden.
Anz	Justizrath	Essen a. d. Ruhr.
Dr. Apelt	Regierungsassessor	Chemnitz (Sachsen).
Dr. Arndt, E.	Amtsrichter	Hamburg.
Arndts	Justizrath	Berlin.
Arndts	Rechtsanwalt beim Reichsgericht, Justizrath	Leipzig.
Dr. Aronheim	Advokatanwalt	Braunschweig.
Aschenborn	Rechtsanwalt	Hirschberg (Schlesien).
v. Auer	Advokat	München.
v. Aweyden	Regierungsrath	Hannover.
Bachelin	Landgerichtspräsident	Offenburg (Baden).
Bacher	Rechtsanwalt	Stuttgart.
Bachmann	Kreisrichter	Lübbecke.
Back	Rechtsanwalt und Notar	Roda (Sachsen-Altenburg).
Bader, Rich.	Rechtsanwalt	Leipzig.
Dr. Bähr	Reichsgerichtsrath	Leipzig.
Bähr	Kreisgerichtsrath	Mannheim.
Baist	Amtsgerichtsrath	Rinteln.
Balz	Rechtsanwalt	Worms.
Bandmann	Dr. jur.	Hamburg.
Dr. Banks	Advokat	Hamburg.
Dr. v. Bar	Professor und Geh. Justizrath	Göttingen.
Dr. Baer, M.	Rechtsanwalt	Frankfurt a. M.
Bardeleben	Landgerichtspräsident	Dortmund.
Dr. Barkhausen	Obergerichtsanwalt	Bremen.
Barlet	Rechtsanwalt	Lichtenfeld (Oberfranken).
Dr. Bartels	Notar	Hamburg.
Barth, Friedr.	Hofgerichtsadvokat	Gießen.
Bartolomaeus	Landgerichtsdirektor	Lissa (Posen).
Bärwinkel	Rechtsanwalt und Justizrath	Arnstadt.
Bärwinkel, Emil	Rechtsanwalt und Justizrath	Leipzig.
Dr. de Bary, E.	Rechtsanwalt	Frankfurt a. M.
Basch, Julius	Landrichter	Meseritz (Posen).
v. Basedow	Rechtsanwalt	Dessau.
v. Basse	Justizrath	Dortmund.
Bauch	Amtsrichter	Schlotheim (Thüringen).
Bauer	Amtsgerichtsrath	Berlin.
Bauer	Rechtsanwalt	Hoechst a. M.
Bauer	Landgerichtsrath	Konstanz.
Baunacke, Rob.	Rechtsanwalt	Pegau (Sachsen).
Baur	Amtsrichter	Offenbach a. M.

Name.	Stand.	Wohnort.
v. Beaulieu-Marconnay	Amtsrichter	Norden.
Baron v. Beaulieu-Marconnay	Oberlandesgerichtspräsident	Oldenburg i. Großherzogthum.
Bechtold	Notar	Alzey.
Beck	Rechtsanwalt	Baden-Baden.
Beck, Curt	Advokat	Leipzig.
Beck, Hugo	Referendar	Leipzig.
Beck	Landgerichtsrath	Stuttgart.
Becker	Landgerichtspräsident	Oldenburg i. Großherzogthum.
Beckh	Advokat	Nürnberg.
Dr. Behaghel	Professor	Freiburg (Baden).
Behringer	Ministerialrath	München.
Beiersdorf	Rechtsanwalt	Sprottau.
Beisert	Kreisgerichtsdirektor a. D.	Berlin.
Beleites, Alb.	Oberlandesgerichtsrath	Celle.
Dr. Belmonte	Advokat	Hamburg.
Belser	Oberamtsrichter	Leonberg (Württemberg).
Dr. Benedix	Staatsanwalt	Meseritz (Posen).
Benfey	Obergerichtsanwalt	Hannover.
Berckenkamp	Amtsgerichtsrath	Mülheim a. d. Ruhr.
Dr. Berend	Rechtsanwalt	Hannover.
Berentzen	Rechtsanwalt	Osnabrück.
Berger, Jul.	Rechtsanwalt	Leipzig.
Berghofer	Advokat	München.
Bering, Rud.	Kreisgerichtsrath a. D.	Erfurt.
Berlein	Rechtsanwalt	Rotenburg a. d. Fulda.
Dr. Berlin, H.	Amtsrichter	Nürnberg.
Dr. Berlin	Stadtgerichtsassessor	Nürnberg.
Bernstein, C.	Dr. jur.	Berlin.
v. Bernuth	Staatsminister a. D.	Berlin.
Dr. Berolzheimer	Advokat	Nürnberg.
Bertram	Erster Staatsanwalt	Marburg (Hessen).
Beschorner	Finanzprokurator und Hofrath	Dresden.
Dr. Beschütz	Gerichtsschreiber	Hamburg.
Dr. Beseler	Landgerichtsrath	Berlin.
Bettingen	Landgerichtsrath	Saarbrücken.
Dr. Bielenberg	Advokat	Hamburg.
Dr. Bierling	Professor	Greifswald.
Bierwirth	Landgerichtsrath	Verden (Hannover).
Billerbeck	Justizrath	Anklam.
Dr. v. Binder	Staatsrath	Stuttgart.

Name.	Stand.	Wohnort.
Dr. Bingner	Senatspräsident des Reichsgerichts	Leipzig.
Dr. Birkmeyer	Professor	Rostock (Mecklenburg).
v. Blittersdorf	Kreisgerichtsrath	Karlsruhe (Baden).
Block	Justizrath	Magdeburg.
Blüher	Advokat	Dresden.
Dr. Blum, Hans	Rechtsanwalt	Leipzig.
Blumenbach	Obergerichtsrath	Osnabrück.
Dr. Bluntschli	Professor und Geh. Rath	Heidelberg.
v. Bock	Oberappellationsgerichtsrath	Celle.
Dr. Bockenheimer	Landgerichtsrath	Mainz.
Bödcher	Ober-Bürgermeister	Halberstadt.
Bode	Oberlandesgerichtsrath	Braunschweig.
Bodecker	Landgerichtsrath	Oldenburg i. Großherzogthum.
Dr. Bohlmann, Otto	Rechtsanwalt beim Reichsgericht, Justizrath	Leipzig.
Böhmer	Rechtsanwalt	Verden (Hannover).
Böhr, Rich.	Amtsgerichtsrath	Erfurt.
Dr. Boisselier, Th.	Reichsgerichtsrath	Leipzig.
Bojunga	Obergerichtsanwalt	Hannover.
Bölte	Rechtsanwalt	Grevesmühlen (Mecklenburg-Schwerin).
Bolza	Notar	Landau (Pfalz).
Bong-Schmidt	Kreisgerichtsdirektor	Flensburg.
Bonhard	Landgerichtsrath	Darmstadt.
Bönner	Rechtsanwalt	Attendorn.
Dr. v. Bönninghausen	Advokat	Hamburg.
Dr. Borchardt	Geh. Justizrath, Minister-Resident	Berlin.
Borchers	Rechtsanwalt	Celle.
Bösche	Advokat	Leer (Hannover).
v. Bose, Emil	Landgerichtsrath und Justizrath	Leipzig.
Dr. de Boselli	Amtsgerichtsrath	Frankfurt a. M.
Böthführ, H. J.	Bürgermeister	Riga (Rußland).
Bossert	Bezirksgerichtsrath	Frankenthal (Pfalz).
Bossert, Friedr.	Justizreferendar	Stuttgart.
Bossert	Oberlandesgerichtsrath	Stuttgart.
Dr. Böttger	Rechtsanwalt	Weimar.
Boyens	Rechtsanwalt	Stettin.
Boysen	Landgerichtsdirektor	Verden (Hannover).
Brachmann, Arthur	Amtsrichter	Leipzig.

Name.	Stand.	Wohnort.
Dr. Brackenhoeft, Ed.	Rechtsanwalt	Hamburg.
Braikmann	Obergerichtsanwalt und Syndikus	Stade.
Bramigk	Rechtsanwalt und Justizrath	Köthen.
Bramm	Bürgermeister	Gießen.
Dr. Bran	Universitätssekretär	Jena.
Brand	Direktor	Mainz.
Brauer	Justizrath	Berlin.
Braun	Advokat	Augsburg.
Braun	Ober-Konsistorialrath	Berlin.
Dr. Braun, Carl	Rechtsanwalt beim Reichsgericht und Justizrath	Leipzig.
v. Braun	Landgerichtsdirektor	Augsburg.
v. Braun	Oberamtsrichter	Karlsruhe (Baden).
Braunbehrens	Staatsanwalt	Celle.
Bredow, Robert	Referendar	Lauenstein (Sachsen).
Breede	Rechtsanwalt	Wandsbeck.
Bregenzer	Landrichter	Schw. Hall.
Breithaupt	Rechtsanwalt	Göttingen.
Dr. Breithaupt	Amtsgerichtsrath	Wolfenbüttel.
Bremig	Rechtsanwalt	Koblenz.
Briesemann	Rechtsanwalt	Wismar.
Broda, Gust.	Rechtsanwalt	Leipzig.
Brown	Landgerichtsrath	Posen.
Dr. Bruch	Advokatanwalt	Mainz.
Dr. Brüger	Staatsrath	Weimar.
Brüger, E.	Rechtsanwalt und Geheimer Justizrath	Weimar.
Brümmer	Senator	Rostock (Mecklenburg).
Dr. Brunner, H.	Professor	Berlin.
Brunner	Rechtsanwalt und Justizrath	Leipzig.
Dr. Brück	Rechtsanwalt	Wiesbaden.
Brüstle	Rechtsanwalt	Ludwigsburg.
Brütt	Landrath	Kosten.
Dr. Buchheister	Richter	Hamburg.
Buchholtz	Landgerichtsdirektor	Kassel.
Buff	Reichsgerichtsrath	Leipzig.
Bülau, Ernst	Rechtsanwalt	Zwickau (Sachsen).
v. Bülow, H.	Landgerichtsrath	Halle a. S.
Bumiller	Anwalt	Offenburg (Baden).
Bunsen, Fr.	Amtsrichter	Rostock (Mecklenburg).
Burchard, Hans	Advokat	Rostock (Mecklenburg).

Name.	Stand.	Wohnort.
Dr. Burckas II.	Rechtsanwalt	Leipzig.
Burger	Rechtsanwalt und Notar	Roda (Sachsen-Altenburg).
Dr. v. Buri, M.	Reichsgerichtsrath	Leipzig.
Dr. Burmeister	Rechtsanwalt und Notar	Ahrensböck (Holstein).
Burmeister, Heinrich	Landgerichtsdirektor	Güstrow.
Burmeister, Heinrich	Rechtsanwalt	Güstrow.
Burmeister, Heinrich	Geh. Kanzleirath	Güstrow.
Busch, Ed.	Advokat	M.-Gladbach.
Busch	Landgerichtsrath	Rostock (Mecklenburg).
Büsch	Rechtsanwalt	Hannover.
Bussenius, Jul.	Rechtsanwalt beim Reichsgericht, Justizrath	Leipzig.
Buttel	Advokat	Neustrelitz.
Buttmann	Landgerichtsdirektor	Berlin.
Büttner, Curt	Referendar	Leipzig.
Dr. Cadenbach	Staatsanwalt	Karlsruhe (Baden).
Calame, Gust.	Oberlandesgerichtsrath	Leipzig.
Callomon, Hugo	Gerichtsassessor	Breslau.
Canzler	Rechtsanwalt	Dippoldiswalde (Sachsen).
Cappel	Landgerichtsrath	Essen a. d. Ruhr.
Cäsar	Rechtsanwalt	Frankfurt a. M.
Caspari	Rechtsanwalt	Detmold.
Dr. Caspari, F.	Rechtsanwalt	Frankfurt a. M.
Castagne, W.	Rechtsanwalt und Justizrath	Kiel.
Cerutti, H.	Rechtsanwalt	Leipzig.
Dr. v. Chelius	Landgerichsrath	Karlsruhe (Baden).
Christensen	Amtsgerichtsrath	Flensburg.
Clauß	Rechtsanwalt	Straßburg (Elsaß).
Clauß	Rechtsanwalt	Zwickau (Sachsen).
Cleeves	Rechtsanwalt	Hannover.
Dr. Cnyrim	Rechtsanwalt	Frankfurt a. M.
Dr. Cohen, J.	Oberlandesgerichtsanwalt	Hamburg.
Dr. Cohen, M.	Advokat	Hamburg.
Dr. Cohn, Ludw.	Rechtsanwalt a. D.	Halle a. S.
Dr. Cohn, G.	Professor	Heidelberg.
Cohn	Rechtsanwalt	Neustrelitz.
v. Cöllen	Advokat	Köln a. Rh.
v. Cölln	Amtsrichter	Bremervörde.
Dr. Conring, H.	Amtsrichter	Neuenhaus (Hannover).
Consbruch	Landgerichtspräsident	Kassel.
Cöster	Obergerichtsanwalt	Hanau.
Courtin, O.	Landgerichtsrath	Freiburg (Baden).

Name.	Stand.	Wohnort.
Dr. Crome	Reichsgerichtsanwalt	Leipzig.
Dr. Cropp	Senator	Hamburg.
Crüll	Advokat	Schwerin (Mecklenburg).
Crusen	Amtsgerichtsrath	Hannover.
Cucumus, Frz.	Reichsgerichtsrath	Leipzig.
Culemann	Amtsgerichtsrath	Burgdorf b. Celle.
Cunow	Rechtsanwalt	Potsdam.
Cuny	Kaiserl. Regierungsrath	Straßburg (Elsaß).
Curtmann	Hofgerichtsadvokat	Friedberg i. d. Wetterau.
Dähnhardt, Heinr.	Reichsgerichtsrath	Leipzig.
Dalcke	Oberstaatsanwalt	Marienwerder.
Damke	Justizrath	Filehne.
Dammer	Bezirksgerichtsrath	Nürnberg.
Dann, Rud.	Notar	Stuttgart.
Dr. Darmstädter	Anwalt	Mannheim.
Daudistel	Rechtsanwalt	Mainz.
Dauenhauer	Oberamtsrichter	Pirmasens (Pfalz).
Daumer	Justizassessor	Ellwangen.
David	Rechtsanwalt	Frankenthal (Bayern).
Davidsohn, C.	Rechtsanwalt	Offenbach a. M.
v. d. Decken	Landgerichtspräsident	Verden (Hannover).
Deegen	Kammergerichtsrath	Berlin.
Dr. Degenkolb	Professor	Tübingen.
Degner, Alfr.	Landgerichtspräsident	Leipzig.
Demme, Ernst	preuß. Oberlandesgerichtsrath	Leipzig.
Dr. Dernburg	Professor, Geh. Justizrath	Berlin.
Dernburg	Chefredacteur der National-Zeitung	Berlin.
Detmold	Amtsrichter	Lehe (Hannover).
Dettmar	Obergerichtsanwalt und Justizrath	Hildesheim.
Deumling	Amtsrichter	Friedberg i. d. Wetterau.
Dr. Diehl, Th.	Rechtsanwalt und Notar	Frankfurt a. M.
Diery	Rechtsanwalt	Gießen.
Dieterich	Rechtsanwalt	Demmin.
Dieße	Justizrath	Münster (Westfalen).
Distel, Fr.	Notar	Stuttgart.
Ditterich	Rechtsconcipient	München.
Dr. Dittmar	Rechtsanwalt	Gießen.
Dr. Dittmar	Rechtsanwalt	Meiningen.
Dr. Dochow	Professor	Halle a. d. Saale.
Döffinger	Landrichter	Altenburg (Sachsen-Altenbg.).

Name.	Stand.	Wohnort.
Dohrn	Bürgermeister	Itzehoe.
Dölitzsch	Rechtsanwalt	Altenburg (Sachsen-Altenbg.).
Dr. Donnenberg	Advokat	Hamburg.
Dorn	Geh. Justizrath	Leipzig.
Dorn, Rich.	Referendar	Naumburg a. S.
Dornseiff	Rechtsanwalt	Gießen.
Dose	Rechtsanwalt	Neustadt (Holstein).
Dr. Drechsler	Senatspräsident des Reichsgerichts	Leipzig.
Drewcke	Advokatanwalt	Köln a. Rh.
Dr. Drucker, M.	Rechtsanwalt	Leipzig.
Dürr	Advokat	München.
Dürrschmidt, Heinr.	Reichsgerichtsrath	Leipzig.
Dursy	Kaiserl. Regierungsrath	Straßburg (Elsaß).
Düsberg, Otto	Justizrath	Bochum.
Ebel, Ludw.	Amtsrichter	Grünberg (Großherzogthum Hessen).
Eberhard	Justizrath	Hanau.
Eberlein	Amtsrichter	Berneck (Bayern).
Dr. Eberstein	Sekretär des Bürger-Ausschusses	Hamburg.
Dr. Eberty	Landgerichtsrath	Berlin.
Dr. Ebner	Rechtsanwalt	Frankfurt a. M.
Ebner	Rechtsanwalt	Ulm.
v. Eck	Justizrath	Wiesbaden.
Dr. Eckels	Stadtsyndikus	Einbeck.
v. Eckenbrecher	Kreisgerichtsdirektor	Stralsund.
Dr. Eckhard	Oberlandesgerichtsrath	Frankfurt a. M.
Eckhard	Direktor der Rheinischen Creditbank	Mannheim.
Dr. Eckstein	Advokat	Leipzig.
Eggert	Regierungsrath	Erfurt.
Ehlers	Advokat	Rostock (Mecklenburg).
Ehnick	Oberlandesgerichtsrath	Dresden.
Ehrlenspiel	Oberlandesgerichtsrath	Stuttgart.
Eichenmüller, H.	Oberamtsrichter	Schweinfurt.
Einert	Kammerdirektor und Hofrath	Strehlen b. Dresden.
v. Einsiedel, M.	Referendar	Leipzig.
Eisemann, Nicol.	Notar	Wörrstadt.
Eisenberger	Notar	Tölz (Bayern).
Eisinger	Notar a. D.	Baden-Baden.
Eissenbeiß, Th.	Oberamtsrichter	Leisnig.

Name.	Stand.	Wohnort.
Eissner	Advokat	Pulsnitz (Sachsen).
Ekert	Direktor des Landesgefängnisses, Geheimrath	Freiburg (Baden).
Dr. Elder	Oberamtsrichter	Lübeck.
Eller	Referendar	Mühlhausen (Thüringen).
Dr, Ellissen	Justizrath	Frankfurt a. M.
Freiherr v. Elmendorff	Oberlandesgerichtsrath	Naumburg a. d. Saale.
Elven	Rechtsanwalt und Justizrath	Köln a. Rh.
Dr. Emden, Ed.	Rechtsanwalt	Frankfurt a. M.
Enderlein	Rechtsanwalt	Ansbach.
Enderlein	I. Staatsanwalt	Fürth (Bayern).
Dr. Engel, E. A.	Landgerichtsrath	Bautzen.
J. Engel	Rechtsanwalt	Neumünster (Holstein).
Engels	Rechtsanwalt	Potsdam.
Dr. Enneccerus	Professor	Marburg (Hessen).
Dr. Enzmann	Rechtsanwalt	Chemnitz (Sachsen).
Erler	Rechtsanwalt	Leipzig.
Erythropel	Rechtsanwalt beim Reichsgericht	Leipzig.
v. Eschstruth	Amtsrichter	Linz a. Rh.
v. Eschwege	Landgerichtsrath	Braunschweig.
Eßl	Obersthofmarschallstabskassirer	München.
Euler	Notar	Düsseldorf.
Dr. Euler	Notar und Justizrath	Frankfurt a. M.
Evers	Justizrath	Celle.
Eysoldt	Rechtsanwalt	Dresden.
Faas	Rechtsanwalt	Mannheim.
Dr. v. Faber	Justizdepartements-Chef und wirklicher Geheimrath	Stuttgart.
Dr. Fabricius	Landgerichtsrath	Frankfurt a. M.
Dr. Falker	Rechtsanwalt	Mainz.
Faller	Notar	Klingenberg (Bayern).
Fasoldt	Rechtsanwalt	Dresden.
Faul	Rechtsanwalt	Ellwangen.
Dr. v. Fäustle	Staatsminister der Justiz	München.
Fechner	Landgerichtsrath	Frankfurt a. M.
Fechner	Rechtsanwalt und Justizrath	Hamm (Westfalen).
Fecht	Oberjustizrath	Schwäbisch-Hall.
v. Feder	Anwalt	Mannheim.
Dr. Feill	Advokat	Hamburg.
Dr. Fels, Gust.	Rechtsanwalt beim Reichsgericht	Leipzig.

Name.	Stand.	Wohnort.
Fendler	Rechtsanwalt	Myslowitz.
Fenner	Rechtsanwalt	Leipzig.
Dr. Fentz	Advokat	Hamburg.
Dr. Fester	Rechtsanwalt	Frankfurt a. M.
Fetzer	Landrichter	Heilbronn.
Feuerbach	Oberjustizrath a. D. und Rechtsanwalt	Stuttgart.
Ficker	Rechtsanwalt	Leisnig.
Fiebiger	Justizrath	Halle a. S.
Dr. Fiebiger	Rechtsanwalt	Leipzig.
Dr. Finger	Geh. Staatsrath	Darmstadt.
Fischer	Bürgermeister	Augsburg.
Fischer	Justizrath	Breslau.
Fischer II.	Rechtsanwalt	Hannover.
Fischer	Rechtsanwalt	Köln a. Rh.
Dr. Fischer, Bernh.	Finanzassessor	Leipzig.
Fischer	Rechtsanwalt	Leipzig.
Dr. Fischer, Otto	Regierungsrath	Leipzig.
Flach	Oberauditeur, Geh. Justizrath	Hannover.
Flechsig	Advokat	Zwickau (Sachsen).
Dr. Fleck	Amtsgerichtsrath	Frankfurt a. M.
Dr. Fleischauer, M.	Referendar	Halle a. S.
Dr. Fleischauer	Reichsgerichtsrath	Leipzig.
v. Flembach	Oberappellationsgerichtsrath	München.
Flierdl	Oberlandesgerichtsrath	Köln a. Rh.
Forkel	Justizrath	Koburg.
Förster	Amtsrichter	Johannisburg (Ostpreußen).
Dr. Förtsch	Landgerichtsdirektor	Metz.
Dr. Fösser	Rechtsanwalt	Frankfurt a. M.
Francke	Appellgerichtspräsident a. D.	Celle.
Francke	Amtsgerichtsrath	Walsrode.
Frank	Kreisgerichtsrath	Krossen a. O.
Frank	Amtsgerichtsrath	Danzig.
Dr. Franken, Al.	Professor	Greifswald.
Frankenburger	Rechtsanwalt	Nürnberg.
Frauenholz	Notar	Rothenburg a. d. Tauber.
Frauenknecht	Advokat	Fürth (Bayern).
Frege	Staatsanwalt	Potsdam.
Freisleben	Rechtskonsulent	Heidenheim (Württemberg).
Frenckel	Advokatanwalt	Kaiserslautern (Bayr. Pfalz).
Frenkel	Justizrath	Leipzig.
Fresenius	Oberamtsrichter	Büdingen.

Name.	Stand.	Wohnort.
Dr. Fretter	Anwalt	Heidelberg.
Fretzdorff	Justizrath	Berlin.
Dr. Freudenthal	Rechtsanwalt	Würzburg.
Freund	Rechtsanwalt und Justizrath	Breslau.
Frey	Landgerichtsrath und Hofrath	Freiberg (Sachsen).
v. Freydorf	Wirkl. Geheimrath	Karlsruhe (Baden).
Freyschmidt	Kammergerichtsrath	Leipzig.
Freytag, Bernh.	Advokat	Leipzig.
Freytag, Otto, Emil	Advokat	Leipzig.
Dr. Friedberg	Justizminister	Berlin.
Dr. Friedberg	Professor	Leipzig.
Dr. Friedenthal	Staatsminister	Berlin.
Friederichs	Amtshauptmann	Ribnitz (Mecklenburg).
Friedländer	Referendar	Berlin.
Friedländer, Emil	Rechtsanwalt	Bielefeld.
Dr. Friedleben	Rechtsanwalt	Frankfurt a. M.
Dr. Friedmann, F.	Rechtsanwalt	Berlin.
Friedmann, Isidor	Rechtsanwalt	Glogau.
Friedrich, L.	Rechtsanwalt	Altenburg (Sachsen-Altenbg.).
Fritsch	Landgerichtsrath	Görlitz.
Fritz	Notar	Baden-Baden.
Fromherz	Anwalt	Freiburg (Baden).
Dr. Fuchs	Professor und Oberlandesgerichtsrath	Jena.
Dr. Fuld, L.	Justizrath	Frankfurt a. M.
Funke	Richter	Bremerhaven.
Fürst	Anwalt	Heidelberg.
Dr. Fürst, Moritz	Rechtsanwalt	Karlsruhe (Baden).
Fux	Oberamtsrichter	Burglengenfeld b. Regensburg.
Gabler	Justizrath	Altenburg (Sachsen-Altenbg.).
Dr. Gaedertz	Erster Beamter des Stadt- und Landamts	Lübeck.
Gallus	Rechtsanwalt	Darmstadt.
v. Gansauge	Oberlandesgerichtsrath	Naumburg a. S.
v. Gärttner	Staatsrath	Stuttgart.
Gaettens	Amtsrichter	Hagenow (Mecklenburg).
Gebhard	Bezirksgerichtsrath	Bamberg.
Dr. Gebhard	Ministerialrath	Berlin.
Gebhard	I. Staatsanwalt	Straubing.
Dr. Geiger, B.	Rechtsanwalt	Frankfurt a. M.
Geißmar	Rechtsanwalt	Karlsruhe (Baden).
Dr. Gentzsch, Alb.	Rechtsanwalt	Leipzig.

Name.	Stand.	Wohnort.
Genzmer, A.	Rechtsanwalt und Justizrath	Halberstadt.
Dr. Georgi	Advokat	Leipzig.
Dr. Georgii	Oberamtsrichter	Mergentheim.
Gerhard	Rechtsanwalt	Braunschweig.
Dr. Gerhard	Rechtsanwalt	Leipzig.
v. Gerhard	Syndikus und Justizrath	Königsberg i. Pr.
Gerlach	Advokat	Dresden.
Gerstfeldt, Ph.	Livländ. Advokat a. D.	Leipzig.
Gerth-Noritzsch	Anwalt	Dresden.
Gesenius	Direktor des Pfandbriefamtes	Berlin.
v. Geß, Friedr.	Reichsgerichtsrath	Leipzig.
Geßler	Justizrath	Bromberg.
Dr. v. Geßler	Kultusminister	Stuttgart.
Dr. Getz	Justizrath	Frankfurt a. M.
Dr. Geyer	Professor	München.
Geyer, Otto	Amtrichter	Ulm.
Dr. Gierke	Professor	Breslau.
Gierse	Justizrath	Münster (Westfalen).
Dr. Gieschen	Rechtsanwalt	Hamburg.
Dr. Giese, Th.	Amtsrichter	Leisnig.
Dr. Giese	Senator	Rostock (Mecklenburg-Schwerin).
Dr. jur. et phil. Gille	Justizrath	Jena.
Giller	Justizrath	Nikolai.
Dr. Gilmer	Amtsrichter	Gießen.
Dr. Gitzler	Professor	Breslau.
Glaser	Oberamtsrichter	Lauterecken (Pfalz).
Glasewald	Amtsgerichtsrath	Naumburg a. S.
Gleim	Rechtsanwalt	Rotenburg a. d. Fulda.
Dr. Glöckner	Rechtsanwalt	Frankfurt a. M.
Gmelin	Oberamtsrichter	Kirchheim unter Teck.
Gmelin, W.	Oberamtsrichter	Neckarsulm.
Dr. Gneist	Professor u. Oberverwaltungs-Gerichtsrath	Berlin.
Dr. v. Gohren	Rechtsanwalt	Schandau.
Dr. Goldschmidt	Rechtsanwalt	Berlin.
Dr. Goldschmidt	Professor, Geh. Justizrath	Berlin.
Dr. Golther	Rechtsanwalt	Ravensburg.
Dr. Gordan, F.	Staatsanwalt	Frankfurt a. M.
Goering	Rechtsanwalt	Jena.
Goering	Rechtsanwalt	Schlawe (Pommern).
Görlitz	Obergerichtsanwalt	Birkenfeld (Rhein. Oldenburg).

Name.	Stand.	Wohnort.
Görz	Senatspräsident	Darmstadt.
Gottgetreu, Benno	Postrath	Leipzig.
Gotthard	Advokat	Braunschweig.
Gotthelf	Advokat	München.
Götting, Karl	Rechtsanwalt	Hildesheim (Hannover).
Gottschalck	Rechtsanwalt	Dresden.
Gottschalk	Oberlandesgerichtsrath	Hamm (Westfalen).
Götz, Heinr.	Rechtsanwalt	Leipzig.
Grabow, Ferd.	Amtsrichter	Polzin.
Grabowski	Stadtrath	Dresden.
Graf	Amtsrichter	Meiningen.
Graf, Ed.	Notar	München.
Gräfe	Kammergerichtsrath, z. Z. am Reichsgericht	Leipzig.
Gräff	Rechtsanwalt	Koblenz.
Gräper	Obergerichtsrath	Varel.
Graeßner	Rechtsanwalt	Magdeburg.
Grau	Bürgermeister und Advokat	Lucka (Sachsen-Altenburg).
Gravenhorst	Rechtsanwalt	Lüneburg.
Dr. v. Grävenitz	Reichsgerichtsrath	Leipzig.
Greiner	Landgerichtsdirektor	Ansbach.
Greiner	Stadtrichter	Ansbach.
Dr. Grimm	Präsident des Ministeriums des Großherzoglichen Hauses und der Justiz	Karlsruhe (Baden).
Grimm	Rechtsanwalt	Glauchau.
Dr. Grimm	Justizrath	Marburg (Hessen).
Grimm	Rechtsanwalt	Reichenbach im Voigtlande.
Grimm, Franz	Notar	Schweinfurt.
v. Grodded	Rechtsanwalt	Marienwerder.
Gropp	Geh. Justizrath	Hannover.
Groß, Arth.	Referendar	Halle a. S.
Freiherr Dr. v. Groß	Geh. Staatsrath	Weimar.
Große	Rechtsanwalt	Hohenstein-Ernstthal.
Dr. Großmann	Justizrath	Wiesbaden.
Grote	Advokat	Burgdorf bei Celle.
Groth	Rechtsanwalt	Schwerin (Mecklenburg.)
Grotrian	Ministerialrath	Braunschweig.
Gruner	Justizrath	Weimar.
Grupe	Amtsverwalter	Lübz (Mecklenburg).
Grützner	Amtsrichter	Glatz.
Gubitz	Notar	Berlin.

Name.	Stand.	Wohnort.
Gülde	Rechtsanwalt	Rochlitz.
Gumprecht, Joh. Th.	Geh. Regierungsrath	Leipzig.
Dr. Gundermann	Rechtsanwalt	München.
Dr. Günther, Carl	Rechtsanwalt	Leipzig.
Güntzer	Advokat	Trier.
Gunzenhäuser	Advokat	Fürth (Bayern).
Dr. Güterbom	Professor	Königsberg i. P.
v. Gutermann	Rechtskoncipient	Augsburg.
Dr. Gutfleisch	Rechtsanwalt	Gießen.
Guth	Advokat	Hof (Bayern).
Gutsche	Amtsgerichtsrath	Magdeburg.
Gützloe	Justizrath	Essen a. d. Ruhr.
Dr. Haag	Direktor der Frankf. Hypotheken-Bank	Frankfurt a. M.
Haarmann	Justizrath	Celle.
Haarmann	Rechtsanwalt	Goslar.
Haas	Amtsrichter	Frankfurt a. M.
Haberland	Landgerichtsrath	Holzminden.
Dr. Haeberlin	Rechtsanwalt	Frankfurt a. M.
Hagemann	Kreisrichter	Arolsen.
Hagemann, Paul	Referendar	Nordhausen.
Dr. Hagen, Emil	Kammerdirektor	Leipzig.
Hagen	Advokat	München.
Haehmeister	Advokat	Hannover.
Haldenwang	Oberamtsrichter	Ludwigsburg.
Hall	Oberlandesgerichtsrath	Kiel.
v. Hallberger	Obertribunalsrath	Stuttgart.
Hallwachs	Geheimrath	Darmstadt.
Hambrook	Reichsgerichtsrath	Leipzig.
Dr. Hamburger	Rechtsanwalt und Notar	Frankfurt a. M.
Hamburger, Jul.	Rechtsanwalt	Hanau.
Hammacher	Dr. jur.	Berlin.
Hammer	Rechtsanwalt	Chemnitz (Sachsen).
Hänel, Arth.	Rechtsanwalt	Dresden.
Haniel	Landrath	Mühlheim a. d. Ruhr.
Hänle	Advokat	Ansbach.
Hanssen	Regierungsrath	Köln a. Rh.
Hantelmann	Justizrath	Bromberg.
Dr. Harden	Landgerichtssekretär	Freiburg (Baden).
v. Harlessem	Obergerichtsanwalt	Hannover.
Härlin	Oberamtsrichter	Künzelsau (Württemberg).
Harmening	Gerichtsassessor	Jena.

Name.	Stand.	Wohnort.
Freiherr v. Harsdorff	Bezirksgerichtsdirektor	München.
Harseim	Gouvernementsauditeur und Justizrath	Straßburg (Elsaß).
Hartmann, H.	Reichsgerichtsrath	Leipzig.
Hartmann	Rechtsanwalt	Nürnberg.
Hartung	Senator	Waren (Mecklenburg).
Dr. Hase	Landgerichtspräsident und Geh. Justizrath	Altenburg (Sachsen-Altenbg.).
Hase, Otto	Advokat	Altenburg (Sachsen-Altenbg.).
Hase, Otto	Rechtsanwalt und Justizrath	Schmölln.
Dr. Hase	Geh. Justizrath	Weimar.
Hattenbach	Oberlandesgerichtsrath	Oldenburg i. Großherzothum.
Dr. Haubold	Rechtsanwalt	Leipzig.
Hauck	Rechtsanwalt	Frankfurt a. M.
Dr. Haupt, Fr.	Gerichtsassessor	Zittau.
Hauschild	Amtsgerichtsrath u. Justizrath	Ronneburg.
Dr. Hauser	Reichsgerichtsrath	Leipzig.
Häusler	Obergerichtsadvokat	Braunschweig.
Haußmann	Staatsanwalt	Ulm.
Hebting	Ministerialrath	Freiburg (Baden).
Hecht	Referendar	Breslau.
Dr. Hecht	Bankdirektor	Mannheim.
Hecht	Justizrath	Rawicz.
Hecke	Justizrath	Breslau.
Hecker, Georg	Rechtsanwalt	Dresden.
Hecker	Oberstaatsanwalt	Naumburg a. S.
Dr. Heidenfeld	Rechtsanwalt	Berlin.
Dr. Heilbluth	Advokat	Hamburg.
Heilborn	Justizrath	Berlin.
Heilpern, S.	Rechtsanwalt	Leipzig.
Heimbrod	Senatspräsident, Geh. Oberjustizrath	Breslau.
Heimburg	Bürgermeister	Worms.
Dr. Heimsöth	Präsident und Geh. Oberjustizrath	Köln a. Rh.
Heink, P. Fr.	Bacc. jur.	Leipzig.
Dr. Heinsen	Advokat	Hamburg.
Heinsheimer	Oberlandesgerichtsrath	Karlsruhe (Baden).
Heintzmann	Landgerichtsrath	Dortmund.
Heinzemann	I. Staatsanwalt	Limburg a. d. Lahn.
Heinzerling	Landgerichtsrath	Darmstadt.
Heiß	Landgerichtsrath	Konstanz.

Name.	Stand.	Wohnort.
Hellmann	Amtsrichter	Essen a. d. Ruhr.
Hempel, C.	Rechtsanwalt	Zwickau (Sachsen).
Hemptenmacher	Rechtsanwalt	Wanzleben.
Dr. Henle, Sigm.	Advokat und Hofrath	München.
Dr. Henning	Rechtsanwalt	Greiz.
Hentschel, Mor.	Advokat	Leipzig.
Herbig	Geheimrath	Dresden.
Hermes	Advokat	Röbel (Mecklenb.-Schwerin).
Herr	Rechtsanwalt	Köslin.
Dr. Hertel	Bürgermeister	Dresden.
Hertel	Oberamtsrichter und Hofrath	Leipzig.
Hertz	Geh. Oberjustizrath	Berlin.
Dr. Hertz, Eduard	Advokat	Hamburg.
Dr. Hertz, G.	Obergerichtsrath	Hamburg.
Dr. Herz	Rechtsanwalt	Mannheim.
Dr. Herz	Rechtsanwalt	Wiesbaden.
Herzfeld	Justizrath	Halle a. S.
Herzfeld	Justizrath	Königsberg i. Pr.
Herzog	Oberstaatsanwalt	Braunschweig.
Dr. Hesdörffer	Rechtsanwalt	Frankfurt a. M.
Hesekiel, Franz	Landgerichtsrath	Danzig.
Heß	Rechtsanwalt	Eisenach.
Heß	Rechtsanwalt	Ulm.
Heßler	Universitätsrichter und Hofrath	Leipzig.
Hetzer	Landgerichtsrath	Göttingen.
Heubner	Stadtrath	Zwickau (Sachsen).
Heumann	Rechtsanwalt	Darmstadt.
Heuser	Rechtsanwalt	Bückeburg.
Heusgen	Amtsrichter	Düsseldorf.
Heydemann	Bürgermeister und Stadtrichter	Tessin.
Dr. Heyden, W.	Rechtsanwalt	Hamburg.
Heydenreich	Advokat	Dresden.
Heydweiller	Kreisgerichtsrath a. D.	Stuttgart.
Heyland	Rechtsanwalt	Iserlohn.
Heymann	Advokat	Altona bei Hamburg.
Dr. Heymann, S.	Rechtsanwalt	Hamburg.
Dr. Hierl	Bezirksgerichtsrath a. D.	München.
Dr. Hildebrand, Erich	Referendar	Braunschweig.
Hilf	Justizrath	Limburg a. d. Lahn.
Dr. Hillig	Rechtsanwalt	Leipzig.

Name.	Stand.	Wohnort.
Hillmar	Justizrath	Köslin.
Hilpert	Advokat	Nürnberg.
Dr. Hilse, Carl	Syndikus der Großen Berliner Pferdeeisenbahn-Gesellsch.	Berlin.
Dr. Hilse, Benno	Kreisgerichtsrath; Syndikus der Berlin-Kölnischen Feuer-Versicherungs-Gesellschaft	Berlin.
Dr. Hinschius	Professor	Berlin.
Dr. Hirsch	Rechtsanwalt	Frankfurt a. M.
Hirsch	Rechtsanwalt	Kassel.
Hirschhorn	Rechtsanwalt	Gießen.
Hirschmann	Rechtsanwalt	Schw. Hall.
Hochstetter	I. Staatsanwalt	Heilbronn.
Dr. Hoffmann, E.	Oberappellationsgerichtsrath	Darmstadt.
Hoffmann, M. T.	Dr. jur.	Dresden.
Hoffmann, G.	Landgerichtsrath	Gießen.
Hoffmann, C. Th.	Oberstaatsanwalt	Leipzig.
Hoffmann, Konr.	Rechtsanwalt	Leipzig.
Hoffmann	Oberamtsrichter	Nürtingen (Württemberg).
Hoffmann, Th.	Landgerichtsrath	Regensburg.
Höffner	Justizrath	Nossen.
Hofmann	Advokat	Aschaffenburg.
Dr. Hofmann	Amtsrichter	Kassel.
Hofmann, Joseph	Rechtsanwalt	Meiningen.
Hofmann	Rechtsanwalt	Würzburg.
Hofmeister	Rechtsanwalt	Limbach (Sachsen).
Dr. Höhn	Oberamtsrichter	Kitzingen.
Holbein	Rechtsanwalt	Apolda.
Holland	Landrichter	Ellwangen.
Holthoff	Rechtsanwalt	Berlin.
Dr. v. Holtzendorff	Professor	München.
Hölzke	Amtsgerichtsrath	Neuhaldensleben.
Hommer	Notar	Saarlouis.
Höniger	Rechtsanwalt	Inowrazlaw.
Hoppe	Rechtsanwalt und Justizrath	Hannover.
Hornbostel	Geh. Regierungsrath	Gotha.
Dr. Horwitz	Justizrath	Berlin.
v. Höß	Ministerialrath	München.
Höß	Oberstaatsauditor	München.
Dr. Hothorn, P.	Rechtsanwalt	Leipzig.

Name.	Stand.	Wohnort.
Dr. Hoyer	Rechtsanwalt	Oldenburg i. Großherzogthum.
Huber	Rechtsanwalt	Straßburg (Elsaß).
v. Huber	Landgerichtspräsident	Heilbronn.
Dr. Hübener	Bürgermeister und Rechtsanwalt	Burgdorf bei Celle.
Huch	Obergerichtsadvokat	Braunschweig.
Huck	Rechtsanwalt	Gleiwitz.
Freiherr v. Hügel	Landrichter	Tübingen.
Hugenberg I.	Obergerichtsanwalt	Osnabrück.
Hullmann	Reichsgerichtsrath	Leipzig.
Hülsemann, Rich.	Rechtsanwalt	Arnstadt.
Humbert	Justizrath	Berlin.
Dr. Humser	Rechtsanwalt	Frankfurt a. M.
Hupfeld	Justizrath	Kassel.
Huschke, Bruno	Rechtsanwalt und Justizrath	Erfurt.
Huschke, Otto	Landgerichtsrath	Gera (Reuß j. L.).
Huther	Amtsrichter	Hagenow (Meckl.-Schw.).
Hütter, Heinr.	Rechtsanwalt	Schweinfurt.
Jacobi, Otto	Rechtsanwalt	Grimma (Sachsen).
Dr. Jacobson	Rechtsanwalt	Hamburg.
Jäger	Oberbürgermeister	Elberfeld.
Jaeger, Fr. W.	Geh. Justizrath	Vilbel.
Jahn, Anton	Amtsrichter	Hirschberg bei Schleiz.
Dr. Jahrsdörffer	Advokat	München.
Jaspis	Landgerichtsrath	Leipzig.
Dr. Ickelheimer	Rechtsanwalt	Frankfurt a. M.
Jecklin	Geh. Regierungsrath	Stettin.
Jeidels	Dr. jur.	Würzburg.
Jelito	Amtsrichter	Kandel (Rheinpfalz).
Jentzsch, C.	Staatsanwalt	Glatz.
Jerusalem	Landrichter	Saarbrücken.
Illgner	Rechtsanwalt und Notar	Berlin.
Ilsemann	Oberamtsrichter	Hannover.
Imwalle	Landrichter	Verden (Hannover).
Jöckel	Rechtsanwalt	Friedberg i. d. Wetterau.
Joël	Rechtsanwalt und Justizrath	Bromberg.
Dr. Jolly	Staatsminister	Karlsruhe (Baden).
Jonas	I. Staatsanwalt	Braunschweig.
Jonas	Rechtsanwalt	Marienthal bei Wandsbeck.
Jordan	Rechtsanwalt	Ragnit.
Jordan	Rechtsanw. u. Regierungsrath	Stuttgart.
Josephthal, Gust.	Advokat	Nürnberg.

Name.	Stand.	Wohnort.
Isenbart	Landrichter	Hannover.
Dr. Israel, John	Advokat	Hamburg.
Dr. Israel, Simon	Advokat	Hamburg.
Juch	Oberlandesgerichtsrath	München.
Dr. Jucho, sen.	Notar und Geh. Justizrath	Frankfurt a. M.
Dr. Jucho, jun., Wilh.	Rechtsanwalt	Frankfurt a. M.
Jüdell	Rechtsanwalt	Celle.
Dr. Juncker	Rechtsanwalt	Frankfurt a. M.
Dr. Jung, G. J.	Landgerichtsrath	Frankfurt a. M.
Dr. Jung, G. W.	Amtsgerichtsrath	Frankfurt a. M.
Jung	Geh. Justizrath	Freiburg (Baden).
Jusatz, O.	Amtsrichter	Gotha.
Kade	Rechtsanwalt	Breslau.
Kahr	Rechtsanwalt	Cronach.
Dr. v. Kalb	Direktor am Obersten Landesgericht; Geheimrath	München.
Dr. Karsten	Rechtsanwalt	Rostock (Meckl.-Schw.)
Kastner	Rath am Obersten Landesgericht	München.
Kaufmann, Felix	Rechtsanwalt	Demmin.
Kaufmann	Amtsrichter	Pfalzburg.
Kaulla, Max	Rechtsanwalt	Stuttgart.
Kees, Paul	Referendar	Leipzig.
Keferstein	Senator, Polizeidirektor und Advokat	Lüneburg.
v. Kehler	Geh. Legationsrath	Jena.
Keibel	Geh. Justizrath	Berlin.
Dr. Keil	Referendar	Halle a. S.
Dr. Keil	Rechtsanwalt	Weimar.
Keim	Landgerichtsrath	Wiesbaden.
Keller	Rechtsanwalt	Hagen (Westfalen).
Keller	Direktor der Württembergischen Hypothekenbank	Stuttgart.
Kempff	Oberlandesgerichts-Präsident, Wirklicher Geheimrath	Darmstadt.
Kempner, M.	Rechtsanwalt	Berlin.
Kerckhoff	Landgerichtsdirektor	Stade.
Kern	Amtsgerichtsrath	Hameln a. d. Weser.
Kern	Landgerichtsrath	Waldshut.
v. Kern	Oberlandesgerichts-Präsident	Stuttgart.
Kerstan, Emil	Oberzollinspektor	Leipzig.

Name.	Stand.	Wohnort.
Kerstein	Landgerichtsrath	Dortmund.
Dr. Edler v. Kerstorff	Hofrath	Augsburg.
Keßler	Amtsgerichtsrath	Magdeburg.
Kettler	Staatsanwalt	Köthen.
Kiefer	Amtsrichter	Engen (Baden).
Kielmeyer	Rechtskonsulent	Stuttgart.
Dr. Kierulff	Advokat	Hamburg.
Dr. Kierulff	Oberappellationsgerichts-Präsident a. D.	Lübeck.
Dr. Kiesselbach	Oberlandesgerichtsrath	Hamburg.
Kilian, H. E.	Amtsrichter	Markranstädt.
Dr. Kilzer, W.	Rechtsanwalt	Frankfurt a. M.
Kindler	Advokat	Schönberg (Holstein).
Dr. Kindscher, C. Fr.	Rechtsanwalt	Bremen.
Kirch, Eugen	Rechtsanwalt	M.-Gladbach.
Dr. v. Kirchbach, W.	Amtsrichter	Berlin.
Dr. Kirchner	Appellationsgerichtsrath a. D.	Frankfurt a. M.
Kirschner	Landgerichtsrath	München.
Dr. Kistemaker	Rechtsanwalt	Meppen.
Kleiner	Appellationsgerichtsrath	Nürnberg.
Kleinmann	Landgerichtsrath	Ellwangen.
Kleinrath	Rechtsanwalt	Hannover.
Kleinschmidt	Rechtsanwalt und Hofrath	Leipzig.
Klemm	Senatspräsident	Dresden.
Dr. Klemm	Advokat	Leipzig.
Klett	Obertribunalsrath	Stuttgart.
Dr. Kleucker	Amtsrichter	Sensburg.
Klingel	Rechtsanwalt	Heidelberg.
Klinger	Rechtsanwalt	Burgstädt.
Dr. Klitzing	Bürgermeister, Stadtrichter und Hofrath	Plau (Mecklenburg).
Klöppel	Rechtsanwalt	Berlin.
Klotz	Landgerichtsrath	Berlin.
Klüpfel	Finanzassessor a. D.	Essen a. d. Ruhr.
Dr. Kniep	Professor	Jena.
Koch	Justizrath	Buchholz (Sachsen).
Dr. Koch	Rechtsanwalt	Chemnitz (Sachsen).
Koch	Rechtsanwalt	Glatz.
Koch	Landgerichtsrath	Magdeburg.
Kochann	Amtsgerichtsrath	Berlin.
Köchling	Rechtsanwalt	Bochum.
Köhler	Rechtsanwalt	Darmstadt.

Name.	Stand.	Wohnort.
Kohlschütter, Alfred	Regierungsrath	Leipzig.
Reichsfreiherr Kolbe v. Schreeb	Regierungsrath a. D.	Jena.
König	Justizrath	Kleve.
Körner	Rechtsanwalt	Zwickau (Sachsen).
v. Körner, Ad.	Ministerialdirektor und Geheimrath	Dresden.
Korpulus	Rechtsanwalt und Notar	Breslau.
Kortum	Rechtsanwalt	Halberstadt.
Kortum, Carl	Rechtsanwalt	Naumburg a. S.
Koschella	Rechtsanwalt	Habelschwerdt.
Koester	Landgerichtsrath	Hagen (Westfalen).
Köstlin	Direktor des Zellengefängnisses	Heilbronn.
v. Köstlin	Oberstaatsanwalt	Stuttgart.
Krah, C.	Amtsgerichtsrath	Braubach.
Krah	Rechtsanwalt	Segeberg.
Kraner, G.	Referendar	Leipzig.
Kraus	Landrichter	Ravensburg.
v. Kraus	Oberlandesgerichtsrath	Stuttgart.
Kraußold	Advokat	München.
Krauth	Amtsnotar	Rottenburg (Württemberg).
Dr. v. Kräwel	Oberlandesgerichtsrath und Geh. Justizrath	Naumburg a. d. S.
Kremer, L.	Bezirksgerichtsassessor	Würzburg.
Kremnitz	Justizrath	Berlin.
Kreppel	Notar	Bamberg.
Dr. Freiherr v. Kreß	Advokat	Nürnberg.
Kretschmann	Rechtsanwalt	Magdeburg.
Kretschmar II.	Rechtsanwalt	Großenhain.
Kretzschmar	Advokat und Stadtrath	Dresden.
Dr. Kretzschmar	Professor	Gießen.
Krieg, Emil	Rechtsanwalt	Leipzig.
Krippendorf	Justizrath	Dresden.
Krobitsch	Staatsanwalt	Hannover.
Kröger	Rechtsanwalt	Berlin.
Krüger, E.	Rechtsanwalt	Halberstadt.
Küchendahl	Justizrath	Stettin.
Dr. Kugler	Oberlandesgerichtsrath	Frankfurt a. M.
Kugler	Advokat	Freiberg (Sachsen).
Kuhlmann, C.	Rechtsanwalt	Weimar.
Kühn	Geh. Commerzienrath	Dessau.

Name.	Stand.	Wohnort.
Kuhn, Albert	Advokat	Dresden.
Kühn	Rechtsanwalt	Trachenberg (Schlesien).
Dr. Kühne	Oberlandesgerichts-Präsident	Celle.
Kullmann	Landgerichtsrath	Gießen.
Dr. Kunhardt	Richter	Hamburg.
v. Kunowski	Landgerichtsdirektor	Halle a. S.
v. Kunowski	Oberlandesgerichts-Präsident	Posen.
Dr. Kuntze	Professor	Leipzig.
Kurlbaum, A. F. I.	Geh. Oberjustizrath und vortragender Rath im Justiz-Ministerium	Berlin.
Kurlbaum, C. II.	Geh. Oberjustizrath und vortragender Rath im Justiz-Ministerium	Berlin.
Kusel	Rechtsanwalt	Karlsruhe (Baden).
Kyll, jun.	Advokat	Köln a. Rh.
Laage	Kreisgerichtsrath z. D.	Eisleben (Bez. Halle a. S.).
Labroisse, L.	Rechtsanwalt	Gießen.
Dr. Ladenburg	Rechtsanwalt	Mannheim.
Dr. Lahr	Gerichtsaccessist	Friedberg (Hessen).
Lähr	Amtsgerichtsrath	Marienwerder.
Lambrecht	Amtsgerichtsrath	Burg bei Magdeburg.
Dr. Lamey	Staatsrath und Ministerial-Präsident a. D.	Mannheim.
Lamm	Oberlandesgerichtsrath	Dresden.
Lammfromm	Oberjustizprokurator	Tübingen.
Dr. Lamprecht	Erster Beamter der Landherrenschaft Bergedorf	Hamburg.
Landgraff	Dr. jur.	Heidelberg.
Dr. Lang	Rechtsanwalt	Frankfurt a. M.
Lang, H.	Landgerichtsrath	Rottweil.
Lang	Landgerichtsrath	Straßburg (Elsaß).
Dr. Langbein, Osc.	Rechtsanwalt	Leipzig.
Langenbach	Rechtsanwalt	Darmstadt.
Langerhans, Wilh.	Reichsgerichtsrath	Leipzig.
Langermann	Oberamtsrichter	Lich.
Langrock	Landgerichtsdirektor	Konitz (Westpreußen).
Laport	Rechtsanwalt	Hannover.
Dr. Lappenberg	Landrichter	Hamburg.
Dr. Lasker	Rechtsanwalt	Berlin.
Lasker	Rechtsanwalt	Sonnenburg (Regier.-Bezirk Frankfurt a. O.).

Name.	Stand.	Wohnort.
Landenheimer	Rechtsanwalt	Darmstadt.
Laue, Walther	Referendar	Oranienburg.
Laué	Justizrath	Berlin.
Lauhn	Rechtsanwalt	Leipzig.
v. Lauhn	Oberstaatsanwalt	Halberstadt.
Laur	Landgerichtsrath	Ravensburg.
Dr. Lazarus	Advokat	Hamburg.
Dr. Lebin	Rechtsanwalt	Berlin.
Lebrecht	Rechtsanwalt	Stuttgart.
Legeler	Justizassessor	Leonberg.
Lehmann, E.	Advokat	Dresden.
Dr. Lehmann, Gust.	Advokat	Dresden.
Dr. Lehmann	Vicepräsident des Handelsgerichts	Hamburg.
Lehmann	Rechtsanwalt	Köln a. Rh.
Lehne	Oberamtsrichter	Oberndorf am Neckar.
Leicht	Landgerichtsrath	Regensburg.
Leidner	Amtsgerichtsrath	Wiesbaden.
Leipheimer	Rechtsanwalt	Stuttgart.
Dr. Leisler, jun.	Rechtsanwalt	Wiesbaden.
Dr. Lenel	Docent der Rechte	Leipzig.
v. Lengrießer	Amtsrichter	München.
Lenz, A.	Obergerichtsdirektor	Eutin.
Dr. Lenz	Justizrath	Greifswald.
Dr. Leo	Rechtsanwalt	Magdeburg.
Leonhard	Justizrath	Berlin.
Dr. Leonhard	Professor	Göttingen.
Leonhardi	Regierungsrath	Zwickau (Sachsen).
Freiherr v. Leonrod	Erster Direktor am Landgericht I	München.
Leske, O. Fr.	Kammergerichtsrath	Berlin.
Lesse	Justizrath	Berlin.
Lesser	Reichsgerichtsrath	Leipzig.
Lettgau	Landgerichtsdirektor	Meiningen.
Dr. Leuthold	Professor und Bergamtsrath	Freiberg (Sachsen).
Leuthold	Rechtsanwalt	Schöneck (Sachsen).
Leutritz, Otto	Referendar	Leipzig.
Graf v. Leutrum	Geh. Staatsrath	Stuttgart.
Levi	Rechtsanwalt	Mainz.
Levi	Rechtsanwalt	Stuttgart.
Levin	Rechtsanwalt und Justizrath	Berlin.
Dr. Levita	Rechtsanwalt	Mainz.

Name.	Stand.	Wohnort.
Dr. Levy	Advokat	Amsterdam (Holland).
Levy, M.	Rechtsanwalt	Berlin.
Dr. Levy	Advokat	Hamburg.
Dr. Levy, B.	Advokatanwalt	Mainz.
Lewald	Rechtsanwalt	Breslau.
Lewald, C.	Rechtsanwalt	Mannheim.
Dr. Leykauf	Landgerichtsdirektor	Frankfurt a. M.
Lezius	Rechtsanwalt und Justizrath	Köthen.
Libawsky	Rechtsanwalt	Kreuzburg (Oberschlesien).
Licht, Ad.	Rechtsanwalt und Justizrath	Potsdam.
Lichtschlag	Rechtsanwalt	Düsseldorf.
Liebster, Arno	Rechtsanwalt	Leipzig.
Dr. v. Lilienthal	Docent	Halle a. S.
Linckelmann	Justizrath	Hannover.
Graf v. Linden	Hofmarschall	Stuttgart.
Dr. Lindenberg	Hypothekenbeamter	Hamburg.
Lindner	Rechtsanwalt und Justizrath	Danzig.
Dr. v. Lingen	Rechtsanwalt	Bremen.
Graf zur Lippe	Staatsminister a. D.	Berlin.
Lippold	Advokat	Altenburg (Sachsen-Altenbg.).
Dr. v. Liszt	Professor	Gießen.
Litthauer	Rechtsanwalt	Schrimm.
Löbell	Oberlandesgerichtsrath	Königsberg i. Pr.
Dr. Lochte	Rechtsanwalt	Magdeburg.
Löhmann	Landrichter	Hamburg.
Löhr	Bürgermeister	Bautzen.
Dr. Lohse, G.	Rechtsanwalt und Hofrath	Leipzig.
Loreck	Rechtsanwalt	Berlin.
Dr. Lorey	Rechtsanwalt	Frankfurt a. M.
Löschbrand	Justiz- und Verwaltungsbeamter	Wernigerode.
Loewenfeld, H.	Gerichtsassessor a. D.	Berlin.
Löwenstein	Rechtsanwalt	Stuttgart.
Löwenthal, F.	Rechtsanwalt	Schwerin (Mecklenburg).
Löwenthal, M.	Rechtsanwalt	Schwerin (Mecklenburg).
Lubowsky	Rechtsanwalt und Justizrath	Breslau.
Dr. Luden	Professor u. Oberappellationsgerichtsrath	Jena.
Dr. Luden	Rechtsanwalt beim Reichsgericht	Leipzig.
Dr. Ludolph, E.	Assessor	Detmold.
Ludwig	Advokat und Notar	Lüchow.

Name.	Stand.	Wohnort.
Ludwig, Königl. Hoheit	Prinz v. Bayern	München.
Ludwig, C.	Rechtsanwalt	Pegau (Sachsen).
Dr. Lüntzel, Alfr.	Rechtsanwalt beim Reichsgericht und Justizrath	Leipzig.
Dr. Lürmann	Senator	Bremen.
Dr. Magnus	Advokat	Braunschweig.
Mahlstedt	Landgerichtsrath	Flensburg.
Maier	Amtsrichter	Großenlüder b. Fulda.
Dr. Maier, Herm.	Landgerichtsrath	München.
Maiß	I. Staatsanwalt	Gleiwitz.
Makower	Rechtsanwalt und Justizrath	Berlin.
Malblanc	Oberstaatsanwalt	Tübingen.
Mallebrein	Oberamtsrichter	Baden-Baden.
Mandel	Kaiserlicher Staatsanwalt	Saargemünd.
Dr. v. Mandry	Professor	Tübingen.
Mangold	Justizrath	Celle.
Dr. Manhayn	Rechtsanwalt	Frankfurt a. M.
Mannsfeld	Oberamtsrichter	Leipzig.
Mansfeld	Landgerichtspräsident	Braunschweig.
Marcard, Carl	Rechtsanwalt	Osterode am Harz.
Dr. Marck	Stadtrath	Breslau.
Marckhoff	Justizrath	Bochum.
Dr. Marquardsen	Professor	Erlangen.
Marquier	Rechtsanwalt	Konstanz.
v. Martens	Oberamtsrichter	Waldsee (Württemberg).
Dr. Martin	Landgerichtsdirektor	Hamburg.
Dr. Martin	Justizrath	Jena.
Martini, Hugo	Rechtsanwalt	Leipzig.
Martini	Rechtsanwalt	Meerane (Sachsen).
Martins	Landgerichtsdirektor	Aachen.
Martins	I. Staatsanwalt	Danzig.
Martins	Oberbürgermeister	Glogau.
Martiny	Rechtsanwalt	Danzig.
Maßmann, W.	Reichsgerichtsrath	Leipzig.
Dr. Matsen	Advokat, Bibliothekar der Commerz-Bibliothek	Hamburg.
Maul, Rud.	Rechtsanwalt	Weida.
Maurer	Rechtsanwalt	Herbstein (Oberhessen).
Dr. May	Rechtsanwalt	Frankfurt a. M.
Dr. May	Rechtsanwalt	Hamburg.
May, L.	Justizrath	Hörde.
Dr. Mayer, C.	Justizassessoratsverwalter	Heilbronn.

Name.	Stand.	Wohnort.
Dr. Mayer, F. P.	Advokatanwalt	Mainz.
Mayer, F.	I. Staatsanwalt	Neunburg vorm Walde.
Mayer, Ph.	Landgerichtspräsident	Neuburg a. d. Donau.
Dr. Mayersohn	Advokat	Aschaffenburg.
Mecke	Rechtsanwalt beim Reichsgericht und Justizrath	Leipzig.
Dr. Mehnert, P.	Referendar	Dresden.
Meibauer	Rechtsanwalt	Konitz (Westpreußen).
Dr. v. Meibom	Professor und Reichsgerichtsrath	Leipzig.
Meier, Henry	Rechtsanwalt	Kiel.
Meischeider, Emil	Oberlandesgerichtsrath	Leipzig.
Meischner	Advokat und Notar	Penig.
Meisner	Rechtsanwalt	Bamberg.
Dr. Meisner	Landgerichtsrath	Thorn.
Meister	Amtshauptmann	Hannover.
Melchers	Amtsgerichtsrath	Erfurt.
Melchior	Justizrath	Dortmund.
Mellien	Rechtsanwalt und Notar	Berlin.
Dr. Melly, H.	Rechtsanwalt	Leipzig.
Dr. Meltzer, M.	Rechtsanwalt	Leipzig.
Merckle	Rechtsanwalt	Frankenthal (Pfalz).
Dr. Merkel	Professor	Straßburg (Elsaß).
Merschmann, O.	Referendar	Celle.
Messerschmidt	Landgerichtsrath	Bromberg.
Metz	Rechtsanwalt	Gießen.
v. Metzsch	Rechtsanwalt	Leipzig.
Meurer	Rechtsanwalt	Köln a. Rh.
Meyen	Justizrath	Berlin.
Dr. Meyer, Julius	Bezirksgerichtsassessor	Ansbach.
Dr. Meyer	Geh. Oberregierungsrath	Berlin.
Meyer, Al.	Dr. jur.	Berlin.
Meyer, Sigmund	Rechtsanwalt und Justizrath	Berlin.
Dr. Meyer, Fritz	Rechtsanwalt	Frankfurt a. M.
Dr. Meyer, Aug.	Rentier	Hamburg.
Dr. Meyer	Professor	Jena.
Meyer, Georg	Reichsgerichtsrath	Leipzig.
Meyer	Landgerichtsrath	Münster i. W.
Meyer, H.	Advokat und Notar	Rabingen b. Melle.
Dr. Meyer, Jul.	Rechtsanwalt	Wolkenstein.
Meyersburg	Rechtsanwalt	Celle.
Mezger	Oberamtsrichter	Blaubeuren.

Name.	Stand.	Wohnort.
Michaelis	Landgerichtsrath	Glogau.
Dr. Michaelis	Rechtsanwalt und Justizrath	Hildburghausen.
Milch	Rechtsanwalt	Breslau.
Miller	Amtsrichter	Ulm.
Minsberg	Justizrath	Bunzlau (Schlesien).
Dr. Mirus	Rechtsanwalt	Leisnig.
v. Mittelstädt	Amtsgerichtsrath	Halle a. S.
v. Mittelstädt	Justizrath	Neuwied.
Dr. Mittelstraß	Rechtsanwalt	Hamburg.
Mittenzwey	Referendar	Grimmen (Regierungsbezirk Stralsund).
Dr. Mittenzwey	Staatsanwalt	Weimar.
Mittermeyer, Franz	Dr. jur.	Stuttgart.
Dr. v. Mittnacht	Ministerpräsident	Stuttgart.
Model	Stadtgerichtsrath	Berlin.
Mohr, O.	Rechtsanwalt	Rudolstadt (Schwarzburg-Rudolstadt).
Dr. Mohrmann, J.	Rechtsanwalt	Hamburg.
Dr. Mohrmann	Reichsgerichtsrath	Leipzig.
Moll	Amtsrichter	Charlottenburg.
Möller, G.	Obergerichtsrath a. D.	Hannover.
Dr. Momberger	Kreisassessor a. D.	Darmstadt.
Dr. Mönckeberg, J. G.	Senator	Hamburg.
Moßdorf, Henri	Referendar	Erfurt.
Mosse	Amtsrichter	Berlin.
Dr. Moßner	Rechtsanwalt	Berlin.
v. Müldner	Justizrath	Berlin.
Müller	Justizrath	Berlin.
Müller	Hofgerichtsadvokat	Darmstadt
Müller, Ottomar	Rechtsanwalt	Frankenthal.
Müller	Oberlandesgerichtsrath	Hamm (Westfalen).
Müller	Rechtsanwalt	Köln a. Rh.
Müller, Ludw.	Geh. Finanzrath	Leipzig.
Müller, Heinr.	Rechtsanwalt	Leipzig.
Müller	Oberhofgerichtsrath	Mannheim.
Müller, C. H.	Advokat	Rostock (Mecklenburg).
Müller	Rechtsanwalt	Schweinfurt.
Müller, L.	Rechtsanwalt	Verden (Hannover).
Müller	Assessor	Wasungen.
Müller, H. E.	Advokat	Zwickau (Sachsen).
Münch	Amtsrichter	Gera (Reuß j. L.).

Name.	Stand.	Wohnort.
Graf zu Münster, Otto Georg	Kreishauptmann	Leipzig.
Mürmann	Amtsgerichtsrath	Bielefeld.
Nake	Advokat	Leisnig.
Dr. Naumann	Justizrath	Celle.
Naumann	Rechtsanwalt	Lüneburg.
Neidhardt	Oberlandesgerichtsrath	Dresden.
Nessel	Landgerichtspräsident	Halle a. d. S.
Neubauer	Oberlandesgerichtsrath	Berlin.
Dr. Neukirch	Rechtsanwalt	Frankfurt a. M.
Neumann, Adolf	Rechtsanwalt	Sorau (Nieder-Lausitz).
Neumayer	Rechtsanwalt	Kaiserslautern.
Dr. v. Neumayr	Präsident des Obersten Landesgerichts	München.
Neumeier	Rechtsanwalt	Heilbronn.
Neundörfer	Amtsanwalt	Alzey.
Nick	Kanzleirath	Ravensburg.
Niemand	Landpfennigmeister	Heide (Holstein).
Niemeyer	Rechtsanwalt	Essen a. d. Ruhr.
Dr. Nißen	Professor	Straßburg (Elsaß).
Nokk	Oberschulrathsdirektor	Karlsruhe (Baden).
Nokk, Rud.	Oberlandesgerichtsrath	Karlsruhe (Baden).
Noeldeke	Oberlandesgerichtsrath	Celle.
Obenaus, B.	Landgerichtsrath	Leipzig.
Obermüller	Rechtsanwalt	Stuttgart.
Oberniedermayr	Landgerichtsdirektor	Bamberg.
Obkircher	Oberlandesgerichtspräsident	Karlsruhe (Baden).
Obrock	Rechtsanwalt	Hannover.
Oehl	Rechtsanwalt	Konstanz.
Oehme, O. F.	Rechtsanwalt und Justizrath	Leipzig.
Oehr	Rechtsanwalt und Justizrath	Breslau.
Dr. Oldenburg	Bürgermeister	Bergedorf.
Oelschläger	Generalauditeur	Berlin.
Dr. Olshausen	Landrichter	Berlin.
Oelzen	Landgerichtsrath	Erfurt.
Omeis	Notar	Nürnberg.
Dr. Oppe	Rechtsanwalt	Chemnitz (Sachsen).
Oppenheim	Obertribunalsrath a. D.	Berlin.
Dr. Oppenheim, Ludw.	Rechtsanwalt	Mainz.
Dr. Oppenheimer, C.	Rechtsanwalt	Hamburg.
Oppert	Amtsgerichtsrath	Berlin.
Orb	Rechtsanwalt	Königstein (Sachsen).

Name.	Stand.	Wohnort.
Orbolf	Domänenkanzleidirektor	Kastell (Bayern).
Dr. Ortenstein	Landgerichtsrath	Leipzig.
Dr. Orthenberger	Rechtsanwalt und Notar.	Frankfurt a. M.
Oßwald	Staatsanwalt	Altenburg (Sachsen-Altenbg.).
Oesten	Landgerichtsrath	Neustrelitz.
Oesterlen	Rechtskonsulent	Stuttgart.
Dr. Osterloh	Professor und Hofrath	Leipzig.
Dr. Oswald	Rechtsanwalt	Frankfurt a. M.
Dr. Otto, Victor	Landgerichtsrath	Dresden.
Dr. Otto	Rechtsanwalt	Heilbronn.
Otto	Notar	München.
Dr. v. Oven	Senator	Frankfurt a. M.
Panse	Rechtsanwalt und Justizrath	Erfurt.
Patzki, Fr.	Rechtsanwalt beim Reichsgericht	Leipzig.
Dr. Pechwell, Alfr.	Divisions-Auditeur	Leipzig.
Peltasohn, Leop.	Rechtsanwalt	Liegnitz.
v. Pestel	Landgerichtsdirektor	Stade.
Dr. Peters	Rechtsanwalt	Braunschweig.
Peters	Rechtsanwalt und Justizrath	Kassel.
Dr. Peters, W.	Amtsrichter	Schwedt a. d. O.
Petersen, L.	Referendar	Glauchau.
Petersen	Senatspräsident	Kolmar (Elsaß).
Petersen	Oberlandesgerichtsrath	München.
Petri, Rich.	Erster Staatsanwalt	Bautzen.
Petri	Rechtsanwalt	Mainz.
Peucker, Alb.	Rechtsanwalt und Direktor	Leipzig.
Pfaff	Oberstaatsanwalt	Ulm.
Pfaffenzeller	Notar	Dachau (Bayern).
Pfannenstiel	Rechtsanwalt	Saargemünd.
Dr. Pfefferkorn	Rechtsanwalt	Frankfurt a. M.
Dr. Pfeffinger	Rechtsanwalt	Offenbach a. M.
Dr. Pfeiffer	Rechtsanwalt	Wiesbaden.
Pfister	Amtsrichter	Haigerloch (Hohenzollern).
Pfizer	Landgerichtsrath	Ulm.
Pflesser	Amtsgerichtsrath	Görlitz.
Freiherr v. Pfretzschner	Staatsminister	München.
Philipp	Rechtsanwalt	Altona bei Hamburg.
Pietzker	Fürstlich Schwarzburgischer Kabinetsrath a. D.	Naumburg a. S.
Dr. Pilling	Rechtsanwalt	Dresden.
Pinckert	Justizrath	Erfurt.

Name.	Stand.	Wohnort.
Pistor	Landgerichtsrath	Darmstadt.
Pitzschky	Geh. Justizrath	Stettin.
Dr. Planck	Appellationsgerichtsrath	Berlin.
Dr. v. Planck	Professor	München.
Dr. Plath	Oberbeamter am Land-Hypotheken-Büreau	Hamburg.
Plathner	Reichsgerichtsrath	Leipzig.
Dr. Platner	Professor	Marburg (Hessen).
Plato	Justizrath	Kolberg.
Plitt	Rechtsanwalt	Borken (Reg.-Bezirk Kassel).
Pohl	Rechtsanwalt	Frohburg (Sachsen).
Pohlentz	Advokat	Leipzig.
Pöhn	Landgerichtsrath	Straßburg (Elsaß).
Dr. v. Pözl	Professor und Reichsrath	München.
v. Praun	Oberlandesgerichtsrath	Braunschweig.
v. Praun, Al.	Staatsanwalt	Schweinfurt.
Prechtl	Advokat	Weiden (Bayern).
Preußer	Amtsgerichtsrath	Diez a. d. Lahn.
Dr. Preußer	Appellationsgerichtspräsident a. D.	Kiel.
Priber	Rechtsanwalt	Frankenberg (Sachsen).
Priber, Otto	Kammerdirektor	Leipzig.
Primker	Justizrath	Berlin.
Probst	Oberlandesgerichtsrath	Stuttgart.
Probst	Rechtskonsulent	Stuttgart.
Protzen	Amtsgerichtsrath	Stolp (Pommern).
Dr. Puchelt	Reichsgerichtsrath	Leipzig.
Pürckhauer	Notar	Ansbach.
Pusch, Heinr.	Kammerdirektor	Leipzig.
v. Puttkammer	Appellationsgerichsrath a. D.	Deutsch-Carstenitz bei Hebron-Damnitz.
Dr. Quaet-Fastem	Rechtsanwalt	Melle.
Quedenfeldt, Franz	Amtsgerichtsrath	Neustadt-Magdeburg.
Dr. Quenstedt, M.	Rechtsanwalt	Berlin.
Rabe, C.	Staatsanwalt	Marburg (Hessen).
Rackow	Rechtsanwalt	Schönberg (Holstein).
v. Radecke	Justizrath	Halle a. d. Saale.
Radlkofer	Landgerichtsrath	München.
Raht	Justizrath	Frankfurt a. M.
Rambke	Bürgermeister	Elze (Hannover).
Dr. Rapantz	Landrichter	Hamburg.
Rappold, Ad.	Reichsgerichtsrath	Leipzig.

Name.	Stand.	Wohnort.
Raßow, Friedr.	Reichsgerichtsrath	Leipzig.
Rath	Advokatanwalt	Bonn.
Rau	Anwalt	Hof (Bayern).
Dr. Rau	Advokat	München.
Rayß	Hypothekenbewahrer	Kolmar (Elsaß).
Dr. Reatz	Rechtsanwalt	Gießen.
v. Reden	Landgerichtsrath	Lüneburg.
Regelsberger	Professor der Rechte	Würzburg.
Dr. Regensburger	Rechtsanwalt beim Oberlandesgericht	Karlsruhe (Baden).
Rehm	Landgerichtsrath	Bayreuth.
v. Reich	Landgerichtsdirektor	Magdeburg.
Reichardt	Kreisgerichtsrath	Ulm.
Reiche-Eisenstuck	Staatsanwalt	Dresden.
Freiherr v. Reichenau	Hofgerichtsrath	Wiesbaden.
Reimkasten	Rechtsanwalt	Schwerin (Mecklenburg).
Rein, Fr. W.	Kammerdirektor	Leipzig.
Dr. Reinach	Rechtsanwalt	Mainz.
Reincke	Landgerichtsdirektor	Berlin.
Reinhard	Landgerichtsdirektor	Offenburg (Baden).
Reinhold	Rechtsanwalt	Regensburg.
Reinholdt	Rechtsanwalt	Frankenberg (Sachsen).
Reinking	Amtsgerichtsrath	Celle.
Reiß, Paul	Rechtsanwalt	Frankfurt a. M.
Renz	Landrichter	Ravensburg.
Dr. Reuling	Rechtsanwalt beim Reichsgericht	Leipzig.
v. Reuß	Landgerichtsrath	Tübingen.
Reuter	Landgerichtsdirektor	Halle a. d. S.
Rhamm	Amtsrichter	Wolfenbüttel.
Rheinwald	Landgerichtsrath	Stuttgart.
Richter	Justizrath	Leipzig.
Richter	Domsyndikus und Justizrath	Naumburg a. S.
Dr. Rieke, Gust.	Landrichter	Hamburg.
Riedel	Advokat	Pomßen b. Grimma (Sachsen).
Rieß	Rechtsanwalt	Berlin.
Rieth	Rechtsanwalt	Köln a. Rh.
Riffarth, J.	Rechtsanwalt	Köln a. Rh.
Rintelen, V.	Kammergerichtsrath und Geh. Oberjustizrath	Leipzig.
Dr. Risch	Professor	Würzburg.
Ritter	Divisionsauditeur	Hannover.

Name.	Stand.	Wohnort.
Ritter	Notar	Stuttgart.
Rittler	Justizrath	Torgau.
Rizi	Amtsrichter	Kork (Baden).
Robert	Rechtsanwalt	Berlin.
Roch	Advokat	Zwickau (Sachsen).
Rocholl	Amtsrichter	Witten a. d. Ruhr.
Dr. Rockinger, Ludw.	Professor und Geh. Staats- archivar	München.
Röder	Rechtsanwalt	Halberstadt.
Freiherr v. Röder	Oberregierungsrath	Stuttgart.
Dr. Rödler	Landgerichtsrath	Kolmar (Elsaß).
Romberg	Justizrath	Leipzig.
Romberg	Rechtsanwalt	Meiningen.
Dr. Römer	Amtsrichter	Frankfurt a. M.
Römer, M.	Rechtsanwalt	Stuttgart.
Römisch, Osw.	Oberrechnungskammer- präsident a. D.	Leipzig.
Dr. Rommel	Rechtsanwalt	Flensburg.
v. Rönne	Landgerichtsrath	Berlin.
Roos	Landgerichtsrath	Konstanz.
Roscher	Landgerichtspräsident	Göttingen.
Roscher, Th.	Rechtsanwalt	Hannover.
Dr. Rosenberg II.	Rechtsanwalt	Gießen.
Dr. Rosenthal, F.	Rechtsanwalt	München.
Dr. Rosenthal	Rechtspraktikant	Würzburg.
Roßbach	Rechtsanwalt	Leipzig.
Roßbach, Werner	Referendar	Leipzig.
Dr. Roßhirt	Oberhofgerichtskanzler a. D.	Heidelberg.
Roßtäuscher	Oberstaatsanwalt	Dresden.
Dr. v. Roth, P.	Professor und Oberbibliothekar	München.
Rothe, Carl	Landrichter	Gera (Reuß j. L.).
Dr. Roux	Advokat	Leipzig.
Dr. Rubo	Professor und Amtsgerichts- rath	Berlin.
Dr. v. Ruediger	Amtsrichter	Groß-Bodungen.
Rüger	Advokat	Dresden.
Rühl	Notar	Nürnberg.
Dr. Ruhwandl	Rechtsanwalt	München.
Dr. Rumpf, E.	Amtsgerichtsrath	Frankfurt a. M.
Saaßen, J. H.	Notar	Wittlich.
Sachs, Emil	Rechtsanwalt beim Reichs- gericht	Leipzig.

Name.	Stand.	Wohnort.
Dr. Samter	Rechtsanwalt	Berlin.
Sander	Rechtsanwalt	Guben.
Sänger	Rechtsanwalt	Ulm.
Sartig	Justizrath	Eilenburg.
Schad von Mittelbiberach, M.	Landgerichtsrath	Ravensburg.
Schäfer	Amtsrichter	Darmstadt.
Schäffer	Amtshauptmann	Kamenz (Sachsen).
Schall	Rechtsanwalt	Stuttgart.
Schall	Rechtsanwaltsprokurator	Ulm.
v. Schamberger	Generaldirektionsrath	München.
Schanz, Richard	Rechtsanwalt	Dresden.
Schaper	Landgerichtspräsident	Liegnitz.
Dr. Scharlach	Rechtsanwalt	Hamburg.
Scharmann	Landgerichtsschreiber	Darmstadt.
Scheele	Reichsgerichtsrath	Leipzig.
Dr. Schenck	Landrichter	Altenburg (Sachsen-Altenbg.).
Schenk	Rechtsanwalt	Wiesbaden.
Scherer	Rechtsanwalt	Aschaffenburg.
Dr. Scherlensky	Rechtsanwalt und Notar	Frankfurt a. M.
Scheuffler, Lebrecht	Rechtsanwalt	Leipzig.
Scheufler	Rechtsanwalt	Meißen.
Scheurich	Rechtsanwalt	Krossen a. O.
Schick, Ed.	Rechtsanwalt	Wiesbaden.
Schier, B.	Postrath	Leipzig.
Schilbach, Arthur	Dr. jur.	Leipzig.
Dr. Schill, O.	Rechtsanwalt	Leipzig.
Dr. Schilling	Kammerdirektor	Leipzig.
Schilling	Oberamtsrichter	Ravensburg.
Schindling	Rechtsanwalt	Limburg a. d. Lahn.
Schlegel I.	Rechtsanwalt	Dresden.
Schlesinger	Reichsgerichtsrath	Leipzig.
Schlick, Georg	Rechtsanwalt	Schleiz.
Schlieckmann, Alb.	Rechtsanwalt und Justizrath	Halle a. S.
Schlomka, Th.	Reichsgerichtsrath	Leipzig.
Schloß	Rechtsanwalt	Heilbronn.
Schlotter	Obergerichtsadvokat	Schleiz.
Schlüter	Oberlandesgerichtsrath	Celle.
Schmedes	Oberlandesgerichtsrath	Naumburg a. S.
Dr. Schmid	Oberlandesgerichtspräsident	Braunschweig.
v. Schmidsfeld	Gutsbesitzer	Schmidsfelden per Friesenhofen (Württemberg).

Name.	Stand.	Wohnort.
Schmidt, Ad.	Advokat und Justizrath	Altona b. Hamburg.
Schmidt	Appellationsgerichtsvice-präsident	Celle.
Schmidt, F. Chr.	Rechtsanwalt	Dresden.
Dr. Schmidt	Rechtsanwalt	Fürth (Bayern).
Schmidt, H.	Assessor	Halle a. S.
Dr. Schmidt, Carl	Oberlandesgerichtsrath	Kolmar (Elsaß).
Schmidt, C. Th.	Amtsrichter	Leipzig.
Schmidt, Paul	Landgerichtsrath	Leipzig.
Schmidt	Ministerialrath	Schwerin (Mecklenburg).
Schmidt-Eberstein	Landgerichtsrath	Karlsruhe (Baden).
Schmidtmüller	Rechtsanwalt	Zabern (Elsaß).
Schmitz, C.	Notar	Straßburg (Elsaß).
Schmitz-Pranghe	Rechtsanwalt	Köln a. Rh.
Schmorl	Rechtsanwalt	Leipzig.
Dr. Schnapper	Rechtsanwalt	Frankfurt a. M.
Dr. Schneider	Rath a. Obersten Landesgericht	München.
Dr. Schnell	Advokat	Zittau.
Schnitzer	Rechtsanwalt	Ravensburg.
Schnorr von Carolsfeld	Referendar	Leipzig.
Schoedler	Amtsrichter	Langen (Hessen).
Schomann	Oberlandesgerichtsrath	Oldenburg i. Großherzogthum.
Schöneseiffen	Advokat	M.-Gladbach.
Schönhardt	Rechtsanwalt	Stuttgart.
Schorcht	Rechtsanwalt	Hameln.
Schorndorf	Advokat	Röbel (Mecklenburg).
Schott	Rechtsanwalt	Ulm.
Schrader	Landgerichtsrath	Stade.
Schramm, G.	Referendar	Glauchau.
Dr. Schreber	Kammerdirektor	Chemnitz (Sachsen).
Dr. Schreiner	Rechtsanwalt	Köln a. Rh.
Schrey	Advokat	Leipzig.
Schröder	Justizrath	Altona b. Hamburg.
Dr. Schroeder	Professor	Würzburg.
Schubarth	Advokat	Markneukirchen.
Schubert	Bezirksgerichtsrath a. D.	Würzburg.
Schuberth	I. Staatsanwalt	Regensburg.
Schuler	Rath am Obersten Landesgericht	München.
Dr. Schultz, L.	Rechtsanwalt	Hagen (Westfalen).
Schultz	Justizrath	Magdeburg.

Name.	Stand.	Wohnort.
Schultze, Gustav	Rechtsanwalt	Hirschberg (Schlesien).
Dr. Schulz, H.	Rechtsanwalt	Frankfurt a. M.
Schulz	Landgerichtspräsident	Hagen (Westfalen).
Dr. Schulz	Professor	Jena.
Dr. Schulz	Oberlandesgerichtsrath	Jena.
Schulze, B.	Amtsgerichtsrath	Sorau (Niederlausitz).
Schumann	Rechtsanwalt	Apolda.
Schurig	Bürgermeister	Stollberg (Sachsen).
Schuster	Justizrath	Eisleben.
Schuster	Landrichter	Ulm.
Dr. Schwabe	Rechtsanwalt	Leipzig.
Schwabe, Chr. Jul.	Staatsanwalt	Leipzig.
Schwarz	Reichsgerichtsrath	Leipzig.
Schwarz	Rechtsanwalt	Wasserburg (Bayern).
Dr. v. Schwarze	Generalstaatsanwalt	Dresden.
Dr. v. Schwarze, Joh.	Amtsrichter	Dresden.
Schwarzmann	Direktor des Verwaltungsgerichtshofes	Karlsruhe (Baden).
Schwauß	Polizeidirektor	Dresden.
Schwing	Amtsrichter	Franzburg.
Freiherr von Seckendorff, Exc.	Oberreichsanwalt	Leipzig.
Dr. v. Seeger	Professor	Tübingen.
Seeger	Oberamtsrichter	Urach (Württemberg).
Dr. Seelemann	Rechtsanwalt	Hamburg.
Dr. Seelig, L.	Rechtsanwalt beim Reichsgericht	Leipzig.
Sehlmacher	Rechtsanwalt und Justizrath	Stettin.
Dr. Seibert	Hofgerichtsadvokat	Darmstadt.
Seibert	Amtsrichter	Darmstadt.
Seidler	Amtsgerichtsrath	Wobis.
Seiferling, Georg	Landgerichtsrath	Bamberg.
Seiler	Bürgermeister	Nürnberg.
Dr. Seitz	Landgerichtsrath	Schweinfurt
Selb, G.	Anwalt	Mannheim.
Seligmann	Justizrath	Koblenz.
Selkmann	Staatsrath	Oldenburg i. Großherzogthum.
Dr. Seuffert, H.	Professor	Breslau.
Seume	Advokat	Krimmitschau.
v. Seydewitz	Kammergerichtsrath	Berlin.
Dr. v. Sicherer	Professor	München.
Dr. v. Sick	Staatsminister	Stuttgart.

Name.	Stand.	Wohnort.
Siebdrat	Polizeidirektor	Chemnitz (Sachsen).
Sieber, C. Aug.	Landgerichtsrath	Leipzig.
Dr. Siebert	Rechtsanwalt	Frankfurt a. M.
Siebert	Oberamtsrichter	Wald-Michelbach i. O.
Siebert	Rechtsanwalt	Wiesbaden.
Siegel	Rechtsanwalt	München.
Sieger	Rechtsanwalt	Köln a. Rh.
Siegfried	Oberlandesgerichtspräsident	Dessau.
Siegfried, Herm.	Oberlandesgerichtsrath	Köln a. Rh.
Sieveking	Rechtsanwalt	Altona bei Hamburg.
Dr. Sieveking, J. H.	Senatssekretär	Hamburg.
Dr. Silberschlag	Oberlandesgerichtsrath	Naumburg a. S.
Dr. Simon	Amtsrichter	Hannover.
Simon, Gust.	Rechtsanwalt	Leipzig.
Dr. Simonis	Senator	Rostock (Mecklenburg).
Simonson	Justizrath	Berlin.
Dr. Simson	Präsident des Reichsgerichts	Leipzig.
Sinz	Amtsrichter	Siegen.
Sommer	Rechtsanwalt und Justizrath	Grottkau.
Sonnenkalb	Finanzminister, Geheimrath	Altenburg (Sachsen-Altenbg.).
Dr. Sontag, Rich.	Professor	Freiburg (Baden).
Speck	Rechtsanwalt	Meerane (Sachsen).
Spickhoff	Rechtsanwalt	Düsseldorf.
Spohr	Rechtsanwalt	Kassel.
Staehler	Rechtsanwalt	Bad Ems.
Dr. Stammann	Generalconsul	Caracas (Venezuela).
Ständer	Justizrath	Essen a. Ruhr.
Stapff	Rechtsanwalt	Weimar.
Stebel	Rechtsanwalt	Freiburg (Baden).
Steche, Gottfr.	Amtsrichter	Leipzig.
Stegemann	Justizrath	Leipzig.
Dr. Stein I.	Justizrath	Dresden.
Steinbach	Notar und Justizrath	Magdeburg.
Steinberger	Rechtsanwalt	Gießen.
Steinberger	Rechtsanwalt	Neustadt a. d. Orla.
Steinhard	Amtsrichter	Eisfeld.
Steinhausen	Kammergerichtsrath	Berlin.
Dr. Steinle	Rechtsanwalt	Frankfurt a. M.
Stellmacher, Ad.	Oberstaatsanwalt	Celle.
Stemann	Advokat	Segeberg.
Freiherr v. Stengel	Landgerichtsrath	Straßburg (Elsaß).
Stenglein	Reichsanwalt	Leipzig.

Name.	Stand.	Wohnort.
Dr. Stephani, Eduard	Bürgermeister	Leipzig.
Freiherr v. Sternenfels	Rechtsanwalt	Ravensburg.
Stettin	Rechtsanwalt	Köslin.
Stettner	Landgerichtsrath	Würzburg.
Stichling	Landgerichtsrath	Eisenach.
Dr. Stickel, Oscar	Divisionsauditeur und Justizrath	Kassel.
Stimmel	Finanzprokurator	Plauen (Sachsen).
Stinner	Rechtsanwalt und Justizrath	Schlochau.
v. Stockhausen	Landgerichtsdirektor	Hannover.
Stoltz	Landrichter	Hannover.
Stöpel	Justizrath	Potsdam.
Storr	Landgerichtsrath	Stuttgart.
v. Stößer	Landgerichtspräsident	Konstanz.
Strauß, C.	Rechtsanwalt	Heilbronn.
Strauß, Adolf	Anwalt	Karlsruhe (Baden).
Strecker	Rechtsanwalt	Offenbach a. M.
v. Streich, Carl	Reichsgerichtsrath	Leipzig.
Strempel	Oberlandesgerichtsrath	Rostock (Mecklenburg).
Ströbel	Advokat	Dresden.
Struckmann	Landgerichtsrath	Berlin.
Dr. Struckmann J.	Landgerichtspräsident und Geh. Justizrath	Hildesheim.
Dr. Strupp	Bankier	Meiningen.
Strupp	Rechtsanwalt	Meiningen.
Stumpf	Obersteuerrath	Stuttgart.
Stumpff	Landgerichtsrath	Frankfurt a. M.
Süpfle	Oberamtsrichter	Heidelberg.
Süpfle	Rechtsanwalt	Karlsruhe (Baden).
Sydow, H.	Landrichter	Halle a. S.
Tafel, Herm.	Rechtsanwalt	Stuttgart.
Tamms	Anwalt	Stralsund.
Tamsen	Landrichter	Hamburg.
Dr. Tannert, Ad.	Rechtsanwalt	Leipzig.
Dr. Täschner, Ad.	Rechtsanwalt	Leipzig.
Teichen	Syndikus der Diskontogesellschaft und Senator a. D.	Berlin.
Dr. Teichmann, A.	Professor	Basel (Schweiz).
Teucher	Stadtrath	Dresden.
Teuscher	Amtsrichter	Pritzwalk.
Thalmann	Advokatanwalt	Frankenthal (Bayern).
Theremin	Landgerichtsrath	Schweidnitz.

Name.	Stand.	Wohnort.
Thewald	Amtsgerichtsrath	Königstein (R.-B. Wiesbaden).
Thewalt, Carl	Reichsgerichtsrath	Leipzig.
Thiemer, sen.	Advokat	Zittau.
Dr. Thöl	Amtsrichter	Göttingen.
Thomsen	Oberamtsrichter	Emden.
Thomsen	Landgerichtsrath	Hannover.
Dr. Thomsen	Rechtsanwalt beim Reichsgericht	Leipzig.
Dr. Thon	Professor	Rostock (Mecklenburg).
Thönneßen	Notar	Randerath (R.-B. Aachen).
Throner	Rechtsanwalt	Schweinfurt.
Dr. Thudichum	Professor	Tübingen.
Thurm	Rechtsanwalt	Ronneburg (Sachsen-Altenburg).
Tiemann	Bürgermeister	Bielefeld.
Tietz	Rechtsanwalt	Leipzig.
Dr. Tiktin, G.	Landrichter	Berlin.
Dr. Timm	Erster Beamter des Erbschaftsamtes	Hamburg.
Tornau	Rechtsanwalt	Bitterfeld.
Traub, Berth.	I. Staatsanwalt	Offenburg (Baden).
Treplin	I. Staatsanwalt	Osnabrück.
Triebsies	Advokat	Rostock (Mecklenburg).
Dr. Trieps	Geheimrath	Wolfenbüttel.
Trimborn	Rechtsanwalt und Justizrath	Köln a. Rh.
Trinks	Oberbürgermeister	Hildburghausen.
Trogg	Landgerichtsrath	Augsburg.
Troitzsch, Emil	Rechtsanwalt	Leipzig.
Dr. Tröndlin, Br.	Bürgermeister und Justizrath	Leipzig.
Tscharmann, Jul.	Rechtsanwalt	Leipzig.
Turban	Staatsminister und Minister-Präsident	Karlsruhe (Baden).
Ufer	Oberlandesgerichtsrath	Dresden.
Ukert	Senatspräsidident	Leipzig.
Dr. Ullrich	Richter am Niedergericht	Hamburg.
Dr. Ulrichs	Rechtsanwalt	Bremen.
v. Ungern-Sternberg	Geh. Legationsrath	Karlsruhe (Baden).
Untersee	Stadtschultheiß	Schw.-Gmünd.
Urban	Rechtsanwalt	Zwickau (Sachsen).
Dr. v. Uttenhofen	Staatsrath	Meiningen.
v. Vahl	Rechtsanwalt und Justizrath	Greifswald.
Velde	Rechtsanwalt und Justizrath	Diez a. Lahn.

Name.	Stand.	Wohnort.
Dr. Versmann	Senator	Hamburg.
Vette	Rechtsanwalt	Wittenberg (R.-B. Merseburg).
Vielvoye	Oberlandesgerichtsrath	Köln a. Rh.
Viëtor	Landrichter	Hildesheim.
Vogel	Landgerichtsrath	Berlin.
Dr. Voigt, J. F.	Reichsoberhandelsgerichtsrath a. D.	Hamburg.
Dr. Voigt, J. F.	Verwaltungsbeamter	Hamburg.
Voigt	Appellationsgerichtsrath und Oberstaatsanwalt a. D., Geh. Justizrath	Hildburghausen.
Dr. Völk	Advokat	Augsburg.
Volland	Kreisgerichtsrath a. D.	Suhl.
Dr. Vollert	Geh. Staatsrath und Chef des Fürstlich Reußischen Justiz- und Kultus-Ministeriums	Gera (Reuß j. L.).
Völter	Oberamtsrichter	Herrenberg.
Vorbeck	Advokat	Wittenburg (Mecklenburg).
Dr. Voß, B. L.	Landgerichtsrath	Leipzig.
Dr. Wach	Professor	Leipzig.
Wachenhusen, Otto	Rechtsanwalt	Schwerin (Mecklenburg).
Dr. Wachtel	Rechtsanwalt	Leipzig.
Wächter	Amtsrichter	Elze (Hannover).
Dr. Wächter, L.	Notar	Hamburg.
Wagner, Aug.	Anwalt	Heidelberg.
Dr. Wagner, Jul.	Landgerichtsrath	Leipzig.
Dr. Wagner, Rudolf	Privatdocent	Leipzig.
Walcher	Rechtsanwalt	Stuttgart.
Walde	Rechtsanwalt	Kamenz (Sachsen).
Dr. Waldeck, R.	Amtsrichter	Arolsen.
Wallau	Oberamtmann	Donaueschingen.
Wallersteiner	Rechtsanwalt	Ravensburg.
Walter	Justizrath	Beuthen (Ober-Schlesien).
Walther	Oberpostdirektor	Leipzig.
Warburg	Justizrath	Altona bei Hamburg.
Warmuth	Stadtgerichtsassessor	Augsburg.
Warnkönig	Hofrath	Donaueschingen.
Graf Dr. v. Wartensleben	Stadtgerichtsrath	Berlin.
v. Wasmer, Caspar	Amtsrichter	Kiel.
Wassermeyer	Advokatanwalt	Bonn.
Dr. Wasserschleben	Professor und Geheimrath	Gießen.

Name.	Stand.	Wohnort.
Weber	Advokatanwalt	Aachen.
Weber	Advokat	Elberfeld.
Weber	Amtsgerichtsrath	Lauban.
Dr. Weber	Rechtsanwalt	Offenbach a. M.
Dr. Weber	Kaiserl. Friedensrichter	Rufach (Ober-Elsaß).
Weber	Gerichtsamtmann und Justizrath	Schmölln.
Dr. Weber	k. Notar	Würzburg.
Wedekind	Rechtsanwalt	Altona bei Hamburg.
Wedekind	Landgerichtsrath	Danzig.
Dr. v. Wedekind	Hofgerichtsadvokat	Darmstadt.
Wegelin	Oberamtsrichter	Vilbel (Oberhessen).
Wegner	Rechtsanwalt	Berlin.
Wegner	Kreisgerichtsrath	Stolp (Pommern).
Weichsel	Landgerichtsrath	Magdeburg.
Weidinger	Regierungsrath	Greiz.
Dr. Weigel	Rechtsanwalt	Kassel.
v. Weinschenk	Landgerichtspräsident	Stuttgart.
Weismann	Rechtsanwalt	Koburg.
Weiß	Rechtsanwald	Breslau.
Weißleder	Amtsrichter	Wollstein (Posen).
Weizsäcker	Oberfinanzrath	Stuttgart.
Welcker	Rechtsanwalt	Marburg (Hessen).
Dr. Wendler sen., Emil	Rechtsanwalt u. Dompropst	Leipzig.
Dr. Wendler, Eug.	Rechtsanwalt	Leipzig.
Wentzel	Kammergerichtsrath und Geh. Oberjustizrath	Berlin.
Werner	Rechtsanwalt	Hannover.
Werner, Hugo	Reichsgerichtsrath	Leipzig.
Werner	Rechtsanwalt	Naumburg a. Saale.
Werner	Rechtsanwalt	Stettin.
Wesemann, Cl.	Oberlandesgerichtsrath	Leipzig.
Dr. Westerkamp	Professor der Rechte	Marburg (Hessen).
Wettke	Landgerichtsdirektor	Graudenz.
Wetzlich	Amtsrichter	Meißen.
v. Widenmann	Generalauditeur	Stuttgart.
Dr. Wieding	Professor	Kiel.
Wielandt, Fr.	Ministerialrath	Karlsruhe (Baden).
Wielandt, K.	Reichsgerichtsrath	Leipzig.
Wiener	Rechtsanwalt	Breslau.
Dr. Wiener	Reichsgerichtsrath	Leipzig.
Wiester	Rechtsanwalt	Hirschberg (Schlesien).

Name.	Stand.	Wohnort.
Wiethaus	Landrichter	Hagen (Westfalen).
Wiggers	Rechtsanwalt	Rendsburg.
Dr. Wilckens, Joh.	Rechtsanwalt	Bremen.
Dr. Wilckens	Jüdischer Prokurator	Hamburg.
Wilckens	Oberamtsrichter	Karlsruhe (Baden).
Wilhelm	Notar	Lichtenfels.
Wilhelmi, W.	Staatsanwalt	Kassel.
Wilke	Justizrath	Berlin.
v. Wilmowski	Justizrath	Berlin.
Windhorst	Amtsgerichtsrath	Bielefeld.
Windscheid	Steuerrath	Köln a. Rh.
Dr. Windscheid	Professor und Geheimrath	Leipzig.
Winter	Prokurator a. D.	Höchst a. M.
Wintterlin	Oberfinanzrath	Stuttgart.
Witschel	Advokat	Dresden.
Witschel	Amtsrichter	Fürth (Bayern).
Witte, E.	Landgerichtsdirektor	Breslau.
Wittelshöfer	Rechtsconcipient	Fürth (Bayern).
Wittenbecher	Landgerichtsrath	Zwickau (Sachsen).
Wittgenstein, Jos.	Advokat	Perl a. d. Mosel.
Woide	Amtsgerichtsrath	Rawitsch.
Wolbach	Rechtsanwalt	Stuttgart.
Dr. Wolf	Rechtsanwalt	Dresden.
Wolf, A.	Rechtsanwalt	Hagen (Westfalen).
Wölfel	Rechtsanwalt	Merseburg.
Wolff	Rechtsanwalt und Justizrath	Berlin.
Wolff	Rechtsanwalt	Frankfurt a. O.
Wolff	Landgerichtspräsident	Holzminden.
Wolff, Hugo	Anwalt	Karlsruhe (Baden).
Dr. Wolffson, J.	Advokat	Hamburg.
Dr. Wolfskehl	Advokatanwalt	Mainz.
Wollaib	Kreisgerichtsrath	Ulm.
Woerrlein	Notar	Oettingen.
Woyand	Rechtsanwalt	Dresden.
Wulfert	Reichsgerichtsrath	Leipzig.
Wulff	Amtsgerichtsrath	Segeberg.
Wündisch	Rechtsanwalt	Zabern (Elsaß).
Wundt	Oberlandesgerichtsrath	Karlsruhe (Baden).
Wüst	Oberbürgermeister	Heilbronn.
Wüstenfeld	Oberlandesgerichtsrath	Karlsruhe (Badden).
Zacke	Amtsgerichtsrath	Halle a. S.
Graf v. Zech	Landgerichtsdirektor	Straubing.

Name.	Stand.	Wohnort.
Zedelius	Amtshauptmann	Delmenhorst (Oldenburg).
Zegelin	Bürgermeister	Wittenburg (Mecklenburg).
Dr. Zehme, F.	Rechtsanwalt	Leipzig.
Zeiß, Dr.	Rechtsanwalt	Jena.
Dr. Zeller	Kreisassessor	Offenbach a. M.
Zenker	Rechtsanwalt	Breslau.
Dr. Zenker, Osc.	Rechtsanwalt	Leipzig.
Dr. v. Zerbst	Geh. Justizrath	Greifswald.
Dr. Zerbst	Rechtsanwalt	Jena.
Zickermann	Rechtsanwalt	Schwerin (Mecklenburg).
Ziegler	Landgerichtsrath	Gotha.
Dr. Zimmermann	Kammergerichtsassessor a. D. und Engl. Rechtsanwalt	Berlin.
Zimmermann	Rechtsanwalt	Darmstadt.
Zink	Advokatanwalt	Straßburg (Elsaß).
Zinkeisen, Alex.	Rechtsanwalt	Leipzig.
Zirkler	Oberjustizrath	Tübingen.
Zöller	Senatspräsident	Zweibrücken.
Zschucke, Th.	Referendar	Leipzig.
Zückler	Rechtsanwalt	Glauchau.
Zülzer	Rechtsanwalt	Sommerfeld.
Zündorf	Rechtsanwalt	Deutz.
Zutt	Anwalt	Mosbach a. N.

Name.	Stand.	Wohnort.

Kaiserreich Oesterreich.

Dr. Adam	Advokat	Wien.
Dr. Adensamer	Advokat	Wien.
Dr. Angerer	Advokat	Wien.
Dr. Anthofer	Oberlandesgerichtsrath	Wien.
Dr. Atlaß	Advokat	Czernowitz.
Dr. Ritter v. Kremer-Auenrode	Professor	Prag.
Ritter v. Aull	Staatsanwalt	Jicin.
Dr. Bach, Josef	Advokat	Wien.
Dr. Bahr	Notar	Linz.
Bareuther	Dr. der Rechte	Wien.
Dr. Barth	Advokat	Wien.
Dr. Beczziczka	Magistratssecretär	Wien.
Dr. v. Benak	Advokat	Linz.
Dr. Berggruen	Advokat	Wien.
Dr. Berthold	Advokat	Wien.
Dr. Biach	Advokat	Wien.
Dr. v. Bozoki	Professor	Großwardein.
Dr. Breinreich	Notar	St. Pölten.
Dr. Brezina, Josef	Advokat	Wien.
Dr. Brezina	Notar	Wien.
Dr. Brichta	Advokat	Wien.
Dr. Bruck	Notar	Wien.
Dr. Burian	Advokat	Wien.
Dr. Chornitzer	Hofrath	Wien.
Dr. Crobath	Advokat	Wien.
v. Csemeghi, Carl	Senatspräsident am obersten Gerichtshof	Budapest.
Czuka, Eduard	Advokat	S. a. Ujhely.
Dr. Ritter v. Demel	Notar	Teschen.
Dr. Dienstl	Advokat	Krems.
Dr. Dietrich	Advokat und Landeshauptmann Stellvertreter	Troppau.
Dr. Dürnberger	Advokat	Linz.
Dr. Ebermann	Advokat	Wien.
Dr. Freiherr v. Elvert	Landesgerichtspräsident	Brünn.
Dr. Exner	Professor	Wien.
Dr. Fayer	Advokat und Privatdozent	Pest.
Dr. Ritter v. Feistmantel, Carl	Advokat	Wien.

Name.	Stand.	Wohnort.
Feld	Advokat	Darda.
Dr. Ritter v. Mündel-Feldberg	Advokat	Wien.
Dr. Ritter v. Floch	Finanzrath und Advokat	Pest.
Dr. Fochtmann	Notar	Buchau (Böhmen).
Dr. Foltanek	Notar	Wien.
Forstner	Bezirksgerichtsadjunct	Mahrenberg.
Dr. Frank	Advokat	Prag.
Dr. Frantz	Advokat	Wien.
Dr. Fried	Advokat	Wien.
Dr. Friedmann	Advokat	Budapest.
Dr. Fuchs, Wilhelm	Privatdozent	Wien.
Landgraf zu Fürstenberg, Excellenz	Wirkl. Geh. Rath, Senatspräsident des obersten Gerichtshofes	Wien.
Fürth	Notar	Steyr.
Funke	Landesgerichtsrath	Leitmeritz.
Dr. Ritter v. Glanz	Advokat	Linz.
Dr. Glaser, Excellenz	Wirkl. Geh. Rath, Generalprocurator am obersten Gerichtshof	Wien.
Dr. Freiherr v. Hye-Glunek, Excellenz	Wirkl. Geh. Rath	Wien.
Dr. Freiherr v. Hye-Glunek	Landesgerichtsrath	Wien.
Dr. Götz	Advokat	Nikolsburg.
Dr. Goldenberg	Advokat	Wien.
Dr. Goldschmid	Advokat	Prag.
Dr. Graf	Advokat	Eger.
Dr. Groß	Advokat	Wien.
Dr. Grünhut	Professor	Wien.
Dr. Grysar	Advokat	Wien.
Dr. Edl. v. Gschmeidler	Advokat	Ober Hollabrunn.
Dr. Gulu	Advokat	Szabadka.
Dr. v. Györy	Advokat	Budapest.
Dr. Haas	Rechtsconsulent	Wien.
Dr. Ritter v. Haberler	Advokat	Wien.
Dr. Freiherr v. Haerdtl, Carl	Advokat	Wien.
Dr. Haele	Advokat	Ried.
Dr. Hanel	Notar	Wagstadt.
Dr. Hanisch	Advokat	Wien.

Name.	Stand.	Wohnort.
Hanisch	Bezirksrichter	Grein.
Dr. Ritter v. Harrasowsky	Ministerialrath	Wien.
Dr. Hauschild	Advokat	Prag.
Heinrich	Landesgerichtsrath	Brüx.
Dr. Heller	Professor	Wien.
Dr. Herbst, Excellenz	Wirkl. Geh. Rath	Wien.
Dr. Hermann	Advokat	Wien.
Hiekel	Magistratsadjunct	Teplitz.
Dr. Hiller	Professor	Czernowitz.
Dr. Hirsch	Advokat	Olmütz.
Dr. Hönig, Franz	Advokat	Wien.
Dr. Hoffmann, Herm.	Advokat	Salzburg.
Dr. Hoke	Advokat	Linz.
Dr. Horn	Advokat	Wien.
Horowitz, Leo	Advokat	Krakau.
Horrak	Oberlandesgerichtsrath	Wien.
Dr. Huber	Advokat	Wien.
Dr. Hugelmann	Vice-Hoffecretär und Privatdozent	Wien.
Dr. Jäger	Advokat	Salzburg.
Dr. Jaques	Advokat	Wien.
Dr. Johanny	Advokat	Wien.
Dr. Kaiser	Advokat	Ungarisch Hradisch.
Dr. v. Kaltenegger	Finanzrath	Laibach.
Dr. Kaserer	Ministerialsecretär	Wien.
Dr. Kaufmann	Advokat	Znaim.
Dr. Ritter v. Keller	Vicepräsident des Oberlandesgerichtes	Wien.
Dr. Kerpal	Advocat	Wien.
Dr. Ritter v. Kindinger	Oberstaatsanwalt	Innsbruck.
Dr. Kirchler	Advokat	Schwanenstadt (O. Oest.)
Dr. Ritter v. Kißling	Advokat	Linz.
Dr. Kleiner	Notar	Marchegg.
Dr. Kling	Auskultant	Salzburg.
Dr. Klob	Advokat	Brünn.
Koch	Staatsanwalt	Ried.
Konrad	Notar	Petschau.
Dr. Környei	Advokat	Budapest.
Dr. Kokoschinegg	Advokat	Graz.
Dr. Kolbe, Dominik	Advokat	Wien.
Dr. Ritter v. Kopp	Advokat	Wien.

Name.	Stand.	Wohnort.
Dr. Koreff	Advokat	Prag.
Dr. Kosjek	Advokat	Graz.
Dr. Kratky, Theodor	Advokat und Vorstand des Wiener Zweig-Bureaus des deutschen Juristentages	Wien.
Dr. Krausenek	Advokat	Triest.
Freiherr v. Krauß, Excellenz	Wirkl. Geh. Rath, Präsident des Reichsgerichtes	Wien.
Ritter v. Krumhaar	Ministerialrath	Wien.
Dr. Kunwald	Advokat	Wien.
Dr. Lasch	Advokat	Prag.
Dr. Leidesdorf	Notar	Wien.
Dr. Lentner	Ministerialconcipist und Privatdozent	Wien.
Dr. Libitzky	Advokat	Wien.
Dr. Lichtenstern, Ludw.	Advokat	Wien.
Dr. Ludwig	Advokat	Retz.
Dr. Machek	Advokat	Chrudim.
Dr. Major	Advokat	Eger.
Dr. Markbreiter	Advokat	Wien.
Dr. Mauthner	Advokat	Wien.
Dr. Mayer	Professor	Wien.
Dr. v. Menger Max	Advokat	Wien.
Dr. Millanich	Advokat	Wien.
Dr. Mitlacher	Advokat	Wien.
Dr. Ritter v. Mitscha	Regierungsrath	Wien.
Dr. Moosmann	Advokat	Ravelsbach.
Dr. Mückisch	Notar	Gloggnitz.
Müller, R.	Notar	Niemes.
Dr. v. Nagel	Advokat	Mattinghofen.
Dr. Neubauer	Professor	Graz.
Dr. Neumann, Herm.	Advokat	Stuhlweißenburg.
Dr. Neumeister, Osw.	Advokat	Zwittau.
Dr. Neußer	Advokat	Troppau.
Dr. Ritter v. Newald	Bürgermeister	Wien.
Dr. Nicoladoni,	Advokat	Urfahr-Linz.
Dr. Oberhuber	Advokat	Ried.
Dr. Pann, Arnold	Professor und Advokat	Wien.
Paravicini	Notar	Hainburg.
Dr. Pernitza	Advokat	Brünn.
Dr. Peter	Advokat	Falkenau.
Dr. Pfaff	Professor	Wien.

Name.	Stand.	Wohnort.
Dr. Pfob	Advokat	Wien.
Dr. Pisko	Advokat	Wien.
Dr. Plattner	Advokat	Steyr.
Dr. Pobeheim	Notar	Wien.
Dr. Pohl	Advokat	Eger.
Dr. Pokorny, Eduard	Advokat	Wien.
Dr. Poschacher	Notar	Salzburg.
Prusik, Eduard	Stadtrath	Iglau.
Dr. Ptaczek	Advokat und Notar	Roskowitz.
Dr. Purtscher	Advokat	Ried.
Dr. Freiherr Vesque-Püttlingen, Excellenz	Wirkl. Geh. Rath, Sections-Chef	Wien.
Dr. Ritter v. Raimann	Landesgerichtsrath	Wien.
Ratoliska	Bezirksrichter	Prägarten.
Dr. Raudnitz	Advokat	Prag.
Dr. Rechbauer, Excellenz	Wirkl. Geh. Rath und Advokat	Graz.
Dr. Reif	Advokat	Wien.
Dr. Reif	Advokat	Kaaden.
Reindl	Notar	Urfahr-Linz.
Dr. Reiser	Advokat	Wien.
Dr. Reiser	Notar	Marburg.
Dr. Reissig	Advokat	Brünn.
Dr. Renger	Advokat und Notar	Tetschen.
Dr. Renner	Advokat	Komotau.
Dr. Richter	Oberlandesgerichtsrath	Prag.
Dr. Richter, Carl	Advokat	Wien.
Dr. Riehl	Advokat	Wiener-Neustadt.
Dr. Freiherr v. Rizy, Excellenz	Wirkl. Geh. Rath, Senatspräsident des obersten Gerichtshofes	Wien.
Dr. Rizy	Bezirksrichter	Neuhofen.
Dr. Rosenbacher, Arn.	Advokat	Prag.
Dr. Rosian	Advokat	Salzburg.
Dr. Rossy	Advokat	Troppau.
Dr. Rösler	Advokat	Zistersdorf.
Dr. Rziha	Advokat	Budweis.
Dr. Salomon	Advokat	Wien.
Dr. Schickh	Notar	Wien.
Ritter v. Schinnern	Notar	Windischgarsten.
Dr. Schmelkes	Advokat	Nikolsburg.
Dr. Ritter v. Schmerling Excellenz	Wirkl. Geh. Rath, 1. Präsident des obersten Gerichtshofes	Wien.

Name.	Stand.	Wohnort.
Dr. Schmettan	Advokat	Freiwaldau.
Dr. Schmeykal	Advokat	Prag.
Dr. Schmidt	Advokat	Elbogen.
Dr. Schmitt	Advokat	Wien.
Dr. Schneider	Advokat	Mauerkirchen.
Ritter v. Schöbl	Ministerialrath	Wien.
Dr. Schranzhofer	Notar	Schwechat.
Dr. Schreiter, Franz	Advokat	Komotau.
Dr. Schrenzl	Advokat	Wien.
Schubert	Notar	Böhm. Kamnitz.
Dr. Schüßler	Advokat	Wien.
Dr. Schütze	Professor	Graz.
Schustler	Notar	Mährisch-Weißkirchen.
Dr. Schwach	Advokat	Wien.
Dr. Senn	Advokat	Ried.
Dr. Singer, Jacob	Advokat	Wien.
Simon	Notar	Königswart.
Dr. Söldner	Advokat	Liezen.
Dr. Freiherr v. Sommaruga	Advokat	Wien.
Dr. Spanner	Advokat	Wien.
Dr. Ritter v. Spaun	Ministerialsecretär	Wien.
Dr. Spitzer	Advokat	Wien.
Ritter v. Stahl	Ministerialsecretär a. D.	Wien.
Dr. Stall	Advokat	Wien.
Dr. Steinwender	Notar	Leonfelden.
Dr. Stern, Alfred	Advokat	Wien.
Stiepanek	Notar	Neustadtl.
Still	Landesgerichts-Rathssecretär	Wien.
Dr. Strasser	Notar	Radstadt.
Dr. Strauß	Advokat	Wien.
Dr. Sturm	Advokat	Wien.
Dr. Suchanek	Verwaltungsrath	Wien.
Dr. Taussig	Advokat	Prag.
Dr. Thanner	Professor	Innsbruck.
Theumer	Notar	Elbogen.
Theumer	Oberlandesgerichtsrath	Prag.
Dr. Theumer	Advokat	Aussig a. d. Elbe.
Dr. Tobisch	Advokat	Bilin.
Dr. Tremel	Advokat	Wien.
Dr. Turteltaub	Advokaturscandidat	Wien.
Dr. Ullmann	Professor	Innsbruck.

Name.	Stand.	Wohnort.
Dr. Unger, Excellenz	Wirkl. Geh. Rath	Wien.
Dr. v. Vaszary	Advokat	Kaposvár.
Volkert	Notar	Prag.
Dr. Wahlberg	Hofrath und Professor	Wien.
Wallaschek	Notar	Brünn.
Dr. Ritter v. Waser, Excellenz	Wirkl. Rath, Oberlandesgerichtspräsident	Graz.
Dr. Weeber	Advokat	Olmütz.
Weinert	Bezirksrichter	Tepl.
Dr. Weißel, L. F.	Advokat	Wien.
Dr. Weißmann	Sectionschef	Wien.
Dr. Weitlof	Advokat	Wien.
Dr. Werner	Professor	Kaschau.
Dr. Widmann	Advokat	Salzburg.
Dr. Ritter von Wiedenfeld	Advokat	Wien.
Dr. Ritter v. Wiener	Advokat	Prag.
Dr. Willner	Advokat	Wien.
Dr. Woslaczek	Advokat	Ober-Hollabrunn.
Dr. Zahn	Advokat	Prag.
Dr. Zailner	Advokat	Proßnitz.
Dr. Zapletal	Advokaturscandidat	Rudolfsheim bei Wien.
Dr. Zatecky	Advokat	Wien.
Dr. Zimmer	Advokat	Wiegstadtl.
Dr. Zimmermann	Advokat	Wien.
Dr. Zloch	Notar	Carlsbad.
Dr. Zoll	Regierungsrath und Professor	Krakau.
Dr. Zucker	Professor	Prag.

Stenographische Berichte.

Erste Plenarsitzung

des

Fünfzehnten deutschen Juristentages

in der

Aula der Universität Leipzig

am 9. September 1880.

(Beginn: Vormittags 9 Uhr.)

Prof. Dr. **Gneist**: Meine hochgeehrten Herren! Es sind jetzt gerade 20 Jahre verflossen, seit unser hochverehrter verewigter, aber unvergeßlicher Wächter die erste unserer Versammlungen eröffnete mit folgenden Worten, an die ich nun nach 2 Jahrzehnten erinnern darf: „Wir Alle sind hier zusammengekommen, um Hand in Hand einträchtig zusammenzuwirken und für eine Aufgabe thätig zu sein, welche in die wichtigsten Interessen unseres Vaterlandes eingreift und durch deren Lösung wir ein neues festes Band, das unsere deutschen Brüderstämme umschließen soll, und zwar eines der stärksten und festesten Bande gewinnen, — die Einheit unseres deutschen Rechts, Gerichts und seines Verfahrens." M. H., wir können dem, was der deutsche Juristentag erstrebt hat und dem, was unser deutsches Vaterland gewonnen hat durch das Zusammentreffen glücklicher Umstände, wohl keinen lebendigern Ausdruck geben, als wenn Sie die Anträge genehmigen, welche Ihnen die ständige Deputation des Juristentags hiermit stellt, die Ihnen vorzutragen ich von der Deputation beauftragt bin: es sind die beiden Anträge an die hohe Versammlung, den ersten Präsidenten des deutschen Reichsgerichts Herrn Dr. Simson zu bitten, daß er das Ehrenpräsidium des XV. Juristentages übernehmen möge und demnächst den Senatspräsidenten des deutschen Reichsgerichts, unser altes hochverehrtes

Deputations-Mitglied Herrn Dr. Drechsler zu ersuchen, das geschäftsleitende Präsidium des XV. deutschen Juristentags zu übernehmen. M. H., bedarf es einer Abstimmung über beide Anträge?

(Nein, nein!)

So proclamire ich als Wunsch der Versammlung, daß Herr Präsident Dr. Simson uns die Ehre erweisen möge, das Ehrenpräsidium der diesjährigen Versammlung zu übernehmen, und an Herrn Präsident Dr. Drechsler richte ich die Bitte, die Geschäftsleitung unseres Juristentages hiermit zu übernehmen.

Präsident Dr. **Drechsler** (Leipzig): M. H., es wäre mir lieber gewesen, wenn sich das Mitglied unseres Juristentags, welches soeben diesen Platz verlassen hat, entschlossen hätte, nachdem es schon 7 mal unter 14 Versammlungen dem Juristentage präsidirt hat, auch diesmal sich dieser Mühwaltung zu unterziehen. Er hat es nicht gewünscht und diesem Wunsche hat sich die ständige Deputation fügen müssen. Auch ich habe mich ihm fügen müssen und bitte Sie Nachsicht zu haben mit meiner Leitung. Aber ehe ich in die Geschäfte eintrete, glaube ich die Bitte an die Versammlung richten zu dürfen, dem Manne, der 7 mal unseren Versammlungen präsidirt hat, der durch viele Gutachten, Referate und die lebhafteste Betheiligung bei den Debatten außerdem sich die wesentlichsten Verdienste erworben hat, die eine ausgezeichnete Geschäftsleitung in der Versammlung und in der Deputation noch erhöhte, unseren Dank auszusprechen dafür, daß er soviel seiner Kraft unserem Werke gewidmet hat. Ich finde gewiß Ihre Zustimmung, wenn ich Sie bitte, sich von Ihren Sitzen zu erheben und Herrn Oberverwaltungsgerichtsrath Professor Dr. Gneist zu danken, daß er soviel Interessen unseren Arbeiten gezeigt und soviel Zeit und Mühe denselben geopfert hat.

(Die Mitglieder der Versammlung erheben sich sämmtlich von ihren Sitzen.)

Nun liegt es mir ob, das Büreau zu constituiren und zunächst 4 Stellvertreter zu meiner Unterstützung zu berufen.

Ich ersuche das Amt eines ersten Stellvertreters zu übernehmen Herrn Hof- und Gerichtsadvokat Dr. Jaques (Wien), dann bitte ich den verehrten Oberbürgermeister dieser Stadt Herrn Dr. Georgi als zweiter Stellvertreter fungiren zu wollen. Zum dritten Stellvertreter möchte ich ernennen den Präsidenten des hiesigen Landgerichts Herrn Degener, und als letzten Stellvertreter denjenigen Mann, der zu unserer großen Freude den diesjährigen Verhandlungen beiwohnt, Herrn Stadtgerichtsrath Dr. Graf von Wartensleben-Berlin, der Allen, die die Geschichte des Juristentags kennen, gewiß in Erinnerung geblieben ist. Er hat uns die Freude gemacht, nach längerer Pause wieder an unseren Arbeiten sich zu betheiligen.

Ich nehme an, daß die genannten Herren meiner Bitte Folge leisten und bitte sie, an meiner Seite Platz zu nehmen.

(Geschieht.)

Dann habe ich folgende Herren zu ersuchen, das Amt eines Sekretairs für die Arbeiten dieses Juristentags zu übernehmen, Herrn Rechtsanwalt Dr. Reuling (Leipzig), Herrn Rechtsanwalt Liebster (Leipzig), Herrn Landrichter Sydow (Halle), Rechtsanwalt Roscher (Hannover).

Ich bitte die Herren, sich in die Geschäfte zu theilen und zunächst den Herrn Rechtsanwalt Dr. Reuling das heutige Protokoll zu führen, und Herrn Rechtsanwalt Liebster, Herrn Reuling unterstützen zu wollen.

M. H., das Büreau ist constituirt, wir können unsere Arbeiten beginnen. Aber ehe wir in die eigentliche Thätigkeit eintreten, möchte ich an das anknüpfen, was Herr Professor Gneist soeben gesprochen hat über die Verdienste unseres Wächter, und die Worte, mit denen dieser den I. deutschen Juristentag eröffnete. Was damals für ein Rechtszustand in Deutschland war, ist Ihnen allen bekannt. Es war zwar ein Anfang gemacht worden zu einer einheitlichen Rechtsentwicklung, aber auch nicht eins der Gesetze war zur vollständigen Wirksamkeit, zur vollständigen Geltung in den Gebieten Deutschlands gelangt. Selbst die Wechselordnung, schon 1848 eingeführt, war in mehreren Staaten nicht publicirt. Das Handelsgesetzbuch war noch nicht vollständig berathen. 38 verschiedene Prozeßordnungen waren es, nach denen das gerichtliche Verfahren in Deutschland sich gestaltete. In jedem Lande war ein anderes Strafrecht und ein anderes Strafverfahren, ja es gab selbst noch Länder, in denen für das Verfahren sowohl als das materielle Recht die Vorschriften der peinlichen Halsgerichtsordnung galten und nach Carpzow'scher Praxis geurtheilt wurde. Wenn Sie damit den gegenwärtigen Zustand vergleichen, so haben wir gewiß alle den Männern zu danken, welche mitgewirkt haben, diesen Zustand herbeizuführen, und zu diesen Männern gehört ja vor allen auch unser Wächter. Er hat schon an dem ersten Juristentage den Antrag begründet, ein gemeinsames deutsches Gesetzbuch herbeizuführen, und ich weiß es aus seinem eigenen Munde, aus vielfachen Mittheilungen, wie sehr ihm dieser Gedanke am Herzen lag. Zwar hat er diesen Zeitpunkt nicht mehr erleben sollen, aber er hat es doch noch erlebt, daß das deutsche Handels- und Wechselrecht in einheitlicher Gestaltung zur Geltung gelangte im ganzen deutschen Reich. Er hat erlebt, daß die Proceßordnungen, die Justizgesetze publicirt wurden und zur Ausführung gelangten, und hatte noch die größte Freude über diese Errungenschaften. Was der Juristentag ihm zu danken hat, wissen Sie alle. Fünfmal in der ersten Zeit hat er den Versammlungen als Präsident vorgesessen und in der ständigen Deputation hat er bis an sein Lebensende gewirkt. Er hat in hohem Alter die Reisen zu den Sitzungen der Deputation nicht gescheut, und ich weiß aus persönlichem Verkehre mit ihm, wie hoch er stets die Aufgabe des deutschen Juristentags gehalten hat. Wir danken ihm und wollen sein Andenken treu bewahren. Es ist gewiß ein großes Verdienst, das sich der Verfasser unserer Festschrift erworben hat, daß er das wohlgetroffene Portrait unseres Wächter als Titelbild der Festschrift beifügte und damit uns ein bleibendes Zeichen der Erinnerung gab. Ich glaube aber nicht zu viel zu thun, wenn ich Sie bitte, auch Ihrerseits der Ehre, die wir dem Gedächtnisse Wächter's zollen, einen sichtbaren Ausdruck zu geben. M. H., ich bitte Sie, Sich zu Ehren des Gedächtnisses unseres hochverdienten Wächter von Ihren Sitzen zu erheben.

(Sämmtliche Anwesenden erheben sich von ihren Sitzen.)

Wie ich Ihnen mitgetheilt habe und wie Sie es ja Alle wissen, ist der Zustand der deutschen Rechtsentwickelung gegenwärtig ein ganz anderer als vor 20 Jahren, und es möchte scheinen, daß der eine Theil des Zweckes des deutschen Juristentages beinahe erfüllt ist, und daß für diesen Theil seines Zweckes unser Verein keine Berechtigung mehr habe. Aber, m. H., es werden noch Jahre vergehen müssen, ehe die Codification des Privatrechts ihre Endschaft erreicht, ehe das neue bürgerliche Gesetzbuch in Wirksamkeit tritt. Wir werden noch Gelegenheit haben und haben sie schon im gegenwärtigen Juristentage, unsere Ansichten über wichtige Punkte, wichtige Fragen zu äußern, und der Commission, welche mit Ausarbeitung dieses Gesetzbuchs befaßt ist, zur Beachtung zu empfehlen. Wenn der Juristentag wie bisher in dieser Aufgabe seine ernsten und wohlüberlegten Bemühungen an den Tag legt, dann wird es nicht fehlen, daß seine Ansichten ebenso Beachtung finden, die sie vielfach — für Jeden erkenntlich, der dem Studium der Geschichte unserer Rechtsentwickelung sich widmet — bei den bisherigen Gesetzgebungsarbeiten gefunden haben. Aber außerdem tritt eine zweite Aufgabe hinzu, die zwar nicht ausdrücklich, aber doch ganz gewiß im Sinne des § 1 unseres Statuts dem Juristentage obliegt, die Aufgabe, über die Erfahrungen zu berichten, die mit der Anwendung der neuen großen Gesetze in Deutschland gemacht werden. Wir haben solche Erfahrungen schon unseren Berathungen unterzogen in Ansehung des Handelgesetzbuches und der Wechselordnung, wir werden es auch gegenwärtig thun. Es waren sogar schon Anträge genug gestellt, auch die Erfahrungen, die in der kurzen Zeit der Geltung der neuen Justizgesetze gemacht sind, unserer Prüfung und unserer Berathung zu unterstellen. Wenn das Letztere unterblieben ist, so geschah es darum, weil es unangemessen erschien, einen so neuen Gegenstand, so neue Grundsätze, die sich noch nicht eingelebt haben, schon einer Kritik zu unterziehen. Wir werden aber in den nächsten Juristentagen Gelegenheit genug haben, solche Berathungen zu pflegen. So ist also auch diese Seite des Zweckes unseres Juristentags nicht erfüllt. Der andere wichtige, an die Spitze gestellte Zweck, eine Vereinigung für den lebendigen Meinungsaustausch und persönlichen Verkehr unter den deutschen Juristen zu bilden, ist ja ein dauernder, und die fruchtbaren Folgen dieses innigern Verkehrs unter den deutschen Juristen haben sich immer geltend gemacht, und es ist uns durch diesen Verkehr auch ein Mittel gegeben, das Band um die deutschen Juristen im weitesten Sinne, nicht bloß um die im deutschen Reiche wohnenden zu schlingen, sondern auch die Deutschen in Oesterreich an uns zu fesseln. Ich glaube, daß darum diejenigen keineswegs Recht haben, welche meinen, es wäre das Gebiet der Thätigkeit unseres Vereins jetzt ein beengtereres, jetzt ein nicht mehr so bedeutendes, als früher. Daß diese Meinung nicht getheilt wird von den Juristen Deutschlands, beweist die heutige Versammlung, die zu unserer Freude eine so zahlreiche geworden ist, wie lange nicht. M. H. Mit dem Wunsche, daß unsere Arbeiten, wie bisher, tüchtigen Erfolg haben, und daß Sie sich denselben mit demselben Eifer, wie bisher, unterziehen, eröffne ich nunmehr die Verhandlungen über die eigentliche Tagesordnung.

Herr Hof- und Gerichtsadvocat Dr. Jaques (Wien) hat das Wort!

Hof- und Gerichtsadvocat Dr. **Jaques** (Wien): Verehrte Collegen! Es ist seit gestern wiederholt Oesterreichs speciell in freundlichster Weise Erwähnung geschehen.

Sie werden es deshalb begreiflich finden, daß ich, zumal mir die Ehre geworden ist, an dieser Stelle Platz nehmen zu dürfen, in Bezug auf die Stellung Oesterreichs zum Juristentage ein paar Worte an Sie richte.

Vor 20 Jahren ist eine Anzahl österreichischer Juristen nach Berlin gezogen, um an der Begründung des Juristentags Antheil zu nehmen. Der Gedanke, der uns damals geleitet hat, war der, daß auf dem Wege der persönlichen Berührung und der gemeinschaftlichen Arbeit nicht bloß die bestehende geistige Gemeinschaft sich successive weiter entwickeln und stärken solle, sondern daß auch eine politische Gemeinschaft dadurch angebahnt werden möge. Den letzten Theil dieses Gedankens haben die großen, die weltgeschichtlichen Ereignisse im politischen Leben unmöglich gemacht, der erste Theil aber hat eine Verwirklichung gefunden, die vielleicht noch über das hinausreicht, was damals erhofft, was damals erstrebt wurde. Während die realen Verhältnisse uns getrennt haben, sind wir in geistiger Beziehung einander näher und näher gerückt, und wenn ich nun auf die verflossenen 20 Jahre zurückblicke, so darf ich sagen: es besteht heute eine wissenschaftliche Gemeinschaft, einer Gemeinschaft des Forschens und Denkens zwischen Deutschland und Oesterreich, wie sie zuvor niemals bestanden hatte; und es erscheint uns nun wieder wie eine Art schöner und erfreulicher Krönung des Gebäudes, daß jetzt auch die politische Allianz der beiden Staaten zu dieser wissenschaftlichen Verbrüderung hinzugetreten ist.

(Bravo!)

Wenn ich also heute von Ihnen immer das Wort „deutsche Rechtseinheit", „Einheit der gesammten Gesetzgebung des deutschen Reichs" habe betonen hören, so erscheint mir das als Oesterreicher, obgleich ich vollkommen davon durchdrungen bin, daß wir als selbstständige Staaten, getrennt von einander, unsere politischen Wege zu gehen haben, so erscheint mir das doch nicht als etwas fremdes, als etwas für Oesterreich gleichgiltiges. Jeder Schritt weiter, den Deutschland zur Reichseinheit macht, bietet werthvolle Elemente auch für die politische Entwickelung in Oesterreich, und die vollständige Durchführung des Gedankens der Rechtseinheit in Deutschland wird reich sein an Förderung, reich an Vortheilen, die dem geistigen und Rechtsleben in Oesterreich zugeführt werden. In diesem Sinne haben wir seit 20 Jahren an der Verbindung zwischen Oesterreich und Deutschland und am Juristentage, dessen Aufgabe es ist, die gemeinsame Rechtsentwicklung zu fördern, festgehalten. Und wenn wir dabei endlich noch hoffen dürfen, daß auch unsere Bestrebungen in Oesterreich, unsere wissenschaftliche Thätigkeit nicht ganz ohne Förderung für die Ihrige bleibt, daß das Element an Eifer und Energie, das wir in wissenschaftlicher Beziehung mit herbeitragen, nicht ganz werthlos für Ihre eigene Arbeit ist, so kann ich nur sagen, daß wir Oesterreicher dann das befriedigende Gefühl haben, daß diese Gemeinschaft, sowie sie unbeirrt durch politische Verhältnisse entstanden ist, auch fortbestehen und fortgedeihen werde unabhängig von den politischen Gestaltungen der Dinge, als eine schöne Einheit gefestigt und gefördert durch tiefinnerliche Uebereinstimmung des gesammten geistigen Lebens, und dadurch stärker und dauernder als alle Gegensätze und alle Verwickelungen, die das politische Leben uns bringen mag. In diesem Sinne hängen wir Oesterreicher dem Juristentag treu an und werden ihm anhangen auch in den kommenden Zeiten! (Bravo!)

Präsident Dr. **Drechsler:** Nachdem der erste Gegenstand der Tagesordnung, die Wahl des Vorsitzenden und seiner Stellvertreter erledigt ist, kommen wir zum zweiten Gegenstand, der Vertheilung der Berathungsgegenstände an die Abtheilungen.

Die ständige Deputation hat Ihnen einen Vorschlag für die Tagesordnung der Abtheilungssitzungen des diesjährigen Juristentages unterbreitet und wird derselbe gedruckt in Aller Ihrer Händen sein.

Zur Erläuterung bemerke ich, daß die 1. und 2. Abtheilung für sich allein berathen, und die 3. und 4. Abtheilung miteinander combinirt worden sind, aus dem Grunde, weil sonst für die 3. Abtheilung ein genügendes Berathungsmaterial nicht vorhanden gewesen wäre und weil es bei der Entwickelung, die thatsächlich die Frage, die ich gleich erwähnen werde, genommen hat, sich empfiehlt, die Frage nämlich über die gesetzliche allgemeine Wechselfähigkeit der 3. Abtheilung mit zuzuweisen. Es würde ja an sich dieser Gegenstand der Abtheilung zugewiesen werden können, welche sich mit den Handels- und Wechselrechte zu beschäftigen hat, also in die 2. Abtheilung gehört, aber ich deutete schon an, daß insbesondere die Wucherfrage event. das Wuchergesetz es gewesen ist, bei denen in den Verhandlungen des Reichstages und auch in den Aeußerungen der Presse die Frage über die allgemeine Wechselfähigkeit erörtert wurde und so wird es sich immerhin rechtfertigen lassen, diese Frage der 3. Abtheilung zuzuweisen. Ich habe nun Ihren Beschluß darüber einzuholen, ob Sie die proponirte Vertheilung der Berathungsgegenstände genehmigen. Da kein entgegengesetzter Antrag gestellt wird, nehme ich an, daß der Vorschlag Ihrer Deputation Ihre Zustimmung gefunden hat und ich ersuche nun demgemäß die Abtheilungen sich zu constituiren und die Berathungsgegenstände so in den Abtheilungen zu vertheilen, wie sie in dem gedruckten Vorschlage enthalten sind, den ich wohl nicht mehr zu verlesen brauche. Ich möchte jetzt den Herrn Justizrath v. Wilmowski, unsern Schriftführer, ersuchen, den statutenmäßigen Bericht über die Fortentwickelung des Rechts in den deutschen Staaten seit dem letzten Juristentage der Versammlung vorzutragen.

Justizrath **v. Wilmowski** (Berlin):

Seit unserm letzten Juristentage haben wir im deutschen Reiche ein wichtiges neues Stadium unserer Rechtsentwickelung begonnen. Mit dem ersten October 1879 ist überall die lange vorbereitete einheitliche Gesetzgebung für die Organisation der Gerichtsverfassung hinsichtlich der ordentlichen streitigen Gerichtsbarkeit, für das Verfahren in bürgerlichen Rechtsstreitigkeiten, in Konkurssachen, und in Strafsachen, sowie für die Rechtsanwaltschaft in Kraft und ins Leben getreten. An diesem Erfolge haben die deutschen Juristentage einen so hervorragenden Antheil, daß es an dieser Stelle gestattet sein mag, einen Augenblick an die Zeit der Gründung der Juristentage zu erinnern. Die Verschiedenheit der Rechtsnormen und Formen war im Gebiete des deutschen Reichs derartig gewachsen, daß es in der letzten Hälfte dieses Jahrhunderts selbst für die Juristen täglich schwieriger wurde, auch nur über das gewöhnlichste Verfahren und die einfachsten Schritte zur Geltendmachung von Rechtsansprüchen in anderen Bezirken Auskunft zu geben. Wie fremd die geltenden Grundsätze selbst unter den Juristen der verschiedenen Gebiete geworden waren, zeigte in drastischer Weise der erste deutsche Juristentag, welcher vor 20 Jahren zu Berlin zusammentrat, um dem seither festgehaltenen Programm gemäß „auf den Gebieten des Privatrechts, des Prozesses und des Strafrechts den Forderungen nach einheitlicher Entwickelung immer größere Anerkennung zu verschaffen, die Hindernisse dieser Entwickelung zu bezeichnen und sich über Vorschläge zur Förderung der Rechtseinheit zu verständigen."

Der Obertribunalsrath Dr. Waldeck schlug dem ersten Juristentage fünf Thesen als Grundlagen für ein ordentliches Civilprozeßverfahren vor. Die Erörterung darüber zeigte jedoch bald, daß sich die Juristen, Jeder nur in der Praxis seiner Heimath vollständig bewandert, unter einander nicht verstanden und mit denselben Ausdrücken der Mündlichkeit, der Beweisbeschlüsse u. s. w. die verschiedensten Begriffe verbanden; sowie daß die verschiedene Organisation der Gerichte einheitlichen Vorschlägen hemmend entgegentraten. Der erste Juristentag erklärte es wünschenswerth, daß ein allgemeines deutsches Civilgesetzbuch erlassen werde, fand es jedoch nothwendig, die Erörterung und Beschlußfassung über die Grundsätze eines solchen zum nächsten Juristentage zu vertagen. Nachdem in dieser Weise die Nöthigung nahe gelegt war, die bestehenden verschiedenartigen Zustände der Rechtspflege gegenseitig genauer kennen zu lernen, um von ihnen aus die Einigungspunkte und die Zukunft zu gewinnen, haben dann die späteren Juristentage und ihre vorbereitenden Gutachten kräftig zum Verständnisse der Nothlage und der verschiedenen Systeme, sowie zur Förderung der Einigung beigetragen. Wie in unsern früheren Berichten dargelegt wurde, sind die Juristentage nicht nur dafür förderlich gewesen, daß die Einheitlichkeit auf den bezeichneten Gebieten hergestellt ist, sondern auch einflußreich für die wesentlichen Grundzüge der nunmehrigen einheitlichen Gesetzgebung. Der Gewinn, welchen nicht nur für das politische Band, sondern auch namentlich für den Rechtsverkehr schon die Thatsache der Einheitlichkeit des Rechtsverfahrens und der Gerichtsorganisation herbeiführt, ist bereits jetzt ein täglich fühlbarer. Hiergegen treten auch die Bedenken gegen Einzelnheiten mit der Erwägung zurück, daß, nachdem Gerichtsorganisation und Rechtsverfahren einheitlich geordnet sind, auch eine einheitliche Reformirung im Einzelnen leichter herbeigeführt werden kann.

Der Juristentag kann hiermit indeß seine Aufgabe noch nicht als abgeschlossen ansehen. Einmal steht nach der Einheit im Gebiete des Strafrechts, des Handels- und Wechselrechts, und des Verfahrens noch die Rechtseinheit für das gesammte Gebiet des Civilrechts aus. Seit Jahren bereits durch die aus ausgezeichneten Juristen zusammengesetzte Reichskommission kräftig gefördert, hoffen wir auch das allgemeine deutsche Civilrechts-Gesetzbuch für unsere Generation noch hergestellt zu sehen; und der Juristentag wird sich nicht versagen dürfen, an seinem Theile für das Verständniß und die Förderung der Rechtsentwickelung hinsichtlich der allgemeinen Grundsätze dafür mitzuwirken. Sodann gilt es für das so eben der deutschen Rechtseinheit gewonnene Gebiet die Einheit zu wahren, die jedem Menschenwerk anhaftenden Unvollkommenheiten zu beseitigen und das Verfahren für deutsche Sitte und deutschen Verkehr lebensfähig ferner zu gestalten, soweit das Bedürfniß hierzu sich zeigt. Niemand hat vernünftigerweise erwarten können, daß das erste Produkt eines allgemein deutschen Rechtsverfahrens, welches überall altgewohnte und dadurch bequem gewordene Einrichtungen beseitigt, sofort ein vollkommenes Ideal sein und sofort als allgemein zusagend anerkannt werden würde. Die kurze Zeit von noch nicht einem Jahre seit der thatsächlichen Geltung der Gesetze ist an sich noch nicht genügend, um die praktischen Resultate einer ehrlichen Probe für so umfassende Gesetzwerke kritisch zu beurtheilen. Soweit indessen schon jetzt Erfahrungen bekannt geworden sind, erfreut sich die Schnelligkeit und die Elastizität des Verfahrens auch in Kreisen, welche der Reform abgeneigt waren, der Anerkennung im höheren Maaße, als man früher zuzugestehen geneigt war. Auch die verschiedenen Formen des Strafverfahrens: Schöffengerichte, Juristengerichte und Geschworenengerichte haben sich in jeder Form im Allgemeinen befriedigend bewährt und zeigen, daß die Tüchtigkeit derjenigen, welche das Gesetz auszuführen haben, noch mehr wiegt, als die Konsequenz der Gesetze und der Gestaltung des Verfahrens.

Ein das Verfahren selbst nicht betreffendes, aber jedes Verfahren begleitendes Gesetz indeß wird unbedingt allgemein verurtheilt: das Gerichtskostengesetz vom 18. Juni 1878. Unter Juristen und Laien ist nur eine Stimme, daß die Höhe der Gerichtskosten dem Verhältnisse der Kosten zur Sache, dem Interesse an der Rechtspflege und den Finanzkräften der Betheiligten auf das Schreiendste widerspricht. Außer der unverhältnißmäßigen Höhe der Kosten unterliegt der gleichen Verurtheilung auch die Weise, wie das System der Bauschgebühren durch die besondere Einforderung von Kosten für solche einzelne Akte durchlöchert wird, welche fast mit jedem Rechtsverfahren verbunden sind, und füglich in der Bauschgebühr abgegolten sein könnten, so für Schreibgebühren, Vollstreckungs-Clauseln und Zustellungsgebühren. Die Nothwendigkeit, solche Beträge, wenngleich bei einfachen Sachen von 1 Mk. und darunter, jedesmal gesondert bezw. portofrei zur Gerichtskasse zu schicken, vertheuert nutzlos derartige Akte, welche zur wirksamen Rechtshülfe unentbehrlich bleiben. Ein weiterer Vorwurf richtet sich weniger gegen das Gesetz selbst, als gegen die Ausführung dahin, daß, namentlich in schleunigen Sachen, die Kosten und Kostenvorschüsse, welche von den Antragstellern vorzuschießen sind, häufig erst lange nach der Erledigung der Sache selbst von den Antragstellern eingefordert werden. Zu hoffen ist, daß die allgemeine Erbitterung gegen das Gerichtskostengesetz zu einer schleunigen Reform desselben führt, zumal da die Bestimmungen des Kostengesetzes von Unkundigen ohne Grund als Konsequenz der Prozeßordnungen selbst angesehen werden.

Aus der Reichsgesetzgebung der beiden letzten Jahre ist zunächst zur Ergänzung der Prozeßreform hervorzuheben: die Verordnung vom 28. September 1879 bezw. 11. April 1880. In Gemäßheit des § 6 des Einführ. Ges. zur C. P. O. ist in dieser Verordnung bestimmt, daß die Revision an das Reichsgericht in bürgerlichen Rechtsstreitigkeiten (unter Vorbehalt einzelner Modifikationen) auf die Verletzung anderer Gesetze als diejenigen des gemeinen und französischen Rechts nur gestützt werden kann, wenn dieselbe über den Bezirk des Berufungsgerichts hinaus für den ganzen Umfang mindestens zweier deutscher Bundesstaaten oder zweier Provinzen Preußens oder einer preußischen Provinz und eines andern Bundesstaats Geltung erlangt haben. Die Verletzung der Gesetze des gemeinen und französischen Rechts, soweit letzteres außer Elsaß-Lothringen gilt, begründet die Revision, auch wenn der Geltungsbezirk der einzelnen Bestimmung sich nicht über den Bezirk des Berufungsgerichts hinaus erstreckt. Ausgeschlossen ist die Revision wegen Verletzung von Gesetzen des Lehnrechts, sowie der franz. Gesetze über die durch die Enregistrementsverwaltung zu erhebenden Gefälle. Außerdem sind für Preußen, Bayern, Baden, Hessen, Oldenburg, Braunschweig, Hamburg und Elsaß-Lothringen noch einzelne Gesetze als solche bezeichnet, auf deren Verletzung die Revision theils gestützt theils nicht gestützt werden kann.

Durch Gesetz v. 16. Juni 1879 ist ferner das Reichsgericht für die Bestimmungen der Gesetze betreffend den Reichsinvalidenfonds, den Patentschutz, die Rechtsverhältnisse der Reichsbeamten und die richterlichen Beamten in Elsaß-Lothringen an die Stelle des Reichs-Oberhandelsgerichts getreten. Durch Verordnungen vom 26. September 1879 ist dem Reichsgerichte die Verhandlung und Entscheidung höchster Instanz in den am 1. Oktober 1879 noch anhängigen Rechtssachen und theilweise auch in den, nicht zur ordentlichen streitigen bürgerlichen Gerichtsbarkeit gehörigen Angelegenheiten in Preußen, Baden, Hessen, Oldenburg, Anhalt, Sachsen-Weimar, Sachsen-Meiningen, Schwarzburg-Sondershausen, Schwarzburg-Rudolstadt, Waldeck, Schaumburg-Lippe, und den drei freien Hansestädten übertragen. — Durch Gesetz vom 10. Juli 1879 über die Konsulargerichtsbarkeit sind für die Konsulargerichtsbezirke in bürgerlichen Rechtsstreitigkeiten nächst dem Handelsgewohnheitsrechte des Orts die Reichsgesetze, das preußische Allgemeine Landrecht und dessen Ergänzungen und in Strafsachen das deutsche Strafgesetzbuch nebst den sonstigen deutschen Strafbestimmungen für anwendbar erklärt. Die Konsulargerichtsbarkeit wird durch den Konsul und durch das Konsulargericht d. h. den Konsul und zwei Beisitzer ausgeübt. Der Konsul hat die Zuständigkeit der Amtsgerichte; das Konsulargericht ist für die den Schöffengerichten und den Landgerichten in erster Instanz zugewiesenen Sachen zuständig. Der Konsul bestimmt die Gerichtsschreiber, die Gerichtsvollzieher und die Personen, welche zur Ausübung der Rechtsanwaltschaft zuzulassen sind. In den bürgerlichen Rechtsstreitigkeiten findet vor den Konsuln wie vor den Konsulargerichten das amtsgerichtliche Verfahren mit der Maaßgabe statt, daß auch die §§ 313—319 C. P. O. betreffend das schriftliche Verfahren in Rechnungs- und ähnlichen Sachen anwendbar sind; übersteigt das Streitobjekt nicht 300 Mark, so finden Rechtsmittel nicht statt; im Uebrigen ist in den vor dem Konsul oder dem Konsulargerichte verhandelten bürgerlichen Rechtsstreitigkeiten sowie in Konkurssachen zur Verhandlung und Entscheidung über die Rechtsmittel der Beschwerde und der beim Konsul ohne Anwaltszwang einzulegenden Berufung das Reichsgericht zuständig. In Strafsachen findet eine Mitwirkung der Staatsanwaltschaft und eine Voruntersuchung nicht statt; der Konsul hat von Amtswegen einzuschreiten. In Strafsachen wegen Uebertretungen sind Rechtsmittel nicht zulässig; in andern findet die Berufung statt. Die Beschwerde über den Konsul entscheidet das Konsulargericht; zur Verhandlung und Entscheidung der Beschwerden gegen das letztere sowie der Berufungen ist das Reichsgericht zuständig. — Zur Ergänzung der Vorschriften über die Rechtsanwaltschaft ist ferner die Anwalts-Gebühren-Ordnung vom 7. Juli 1879 erlassen, sie ordnet feste Gebührensätze an, und gestattet mit dem Vorbehalte der Ermäßigung nach richterlichem Ermessen im Prozeßwege eine Abweichung von den gesetzlichen Gebührenbeträgen durch einen Vertrag, an welchen jedoch der Auftraggeber nur gebunden ist, soweit er ihn schriftlich geschlossen hat, — eine Befugniß, welche in dieser Gestaltung der deutschen Sitte und der Zurückhaltung des Anwaltstandes widerstreitend, wohl nur in seltenen Fällen eine praktische Bedeutung erhalten wird. — Das Gesetz vom 21. Juli 1879 betreffend die Anfechtung von Rechtshandlungen eines Schuldners außerhalb des Konkursverfahrens dehnt die in der Konkursordnung anerkannten Gründe zur Anfechtung von Rechtshandlungen des Gemeinschuldners sowie die Wirkungen einer solchen Anfechtung entsprechend auf die außerhalb des Konkursverfahrens erfolgende Anfechtung von Rechtshandlungen eines Schuldners aus, sofern die Zwangsvollstreckung in dessen Vermögen zur vollständigen Befriedigung des Gläubigers nicht geführt hat oder anzunehmen ist, daß sie zu einer solchen nicht führen würde. Wird demnächst über das Vermögen des Schuldners der Konkurs eröffnet, so steht dem Konkursverwalter die weitere Verfolgung des Anfechtungsanspruchs unter Zulassung entsprechender Erweiterung nach den Vorschriften der Konkursordnung zu. Nach Beendigung des Konkursverfahrens können andererseits Anfechtungsrechte, deren Ausübung dem Konkursverwalter zustand, von den einzelnen Gläubigern nach Maaßgabe dieses Gesetzes verfolgt werden, soweit nicht dem Anspruche entgegenstehende Einreden gegen den Verwalter erlangt sind.

Außer diesen, sich an die Reichsprozeßordnungen anschließenden Gesetzen sind aus der Periode der letzten zwei Jahre noch einige Reichsgesetze civil- und strafrechtlichen Inhalts zu bemerken. Das Gesetz v. 17. Juli 1878 über Abänderungen der Gewerbeordnung trifft Bestimmungen über das Verhältniß der Gewerbetreibenden zu ihren Arbeitern, insbesondere über die Führung von Arbeitsbüchern, welche für die Beschäftigung von Arbeitern unter 21 Jahren obligatorisch sind und über die Anrechnung von Natural-Prästationen auf die Löhnung in Verbindung mit dem Verbote sonstiger Kreditirung von Waaren; ferner über die Rechtsverhältnisse der Gewerbetreibenden zu den Gesellen, Gehülfen und Lehrlingen, desgleichen zu den Fabrikarbeitern unter besonderer Berücksichtigung der Kinder, der jugendlichen Arbeiter unter 16 Jahren und der Arbeiterinnen, und unter Einsetzung von Fabrik-Inspektoren zur entsprechenden Aufsicht.

Das Gesetz gegen die gemeingefährlichen Bestrebungen der Socialdemokratie vom 21. Oktober 1878, gemäß dem neuern Gesetze vom 31. Mai 1880 bis zum 30. September 1884 in Geltung, verbietet Vereine und Verbindungen, welche durch socialdemokratische, socialistische oder kommunistische Bestrebungen den Umsturz der bestehenden Staats- oder Gesellschaftsordnung bezwecken, oder in welchen solche Bestrebungen in einer den öffentlichen Frieden, insbesondre die Eintracht der Bevölkerungsklassen gefährdenden Weise zu Tage treten; und stellt Kassenvereine, welche die gegenseitige Unterstützung ihrer Mitglieder bezwecken, unter Staatskontrolle, welche bei Zuwiderhandlungen gegen die Anordnungen der Kontrollbehörden oder beim Hervortreten der bezeichneten Bestrebungen zum Verbote führen kann. Versammlungen und Druckschriften, in welchen derartige Bestrebungen zu Tage treten, und Versammlungen für welche die Annahme gerechtfertigt ist, daß sie zur Förderung solcher Bestrebungen bestimmt sind, sind zu verbieten bezw. aufzulösen. Ebenso unterliegt das Einsammeln von Beiträgen zur Förderung solcher Bestrebungen dem Verbote. Als Beschwerdeinstanz für solche Anordnungen und Verbote ist eine besondere Kommission eingesetzt. Die Zuwiderhandlungen sind mit besonderen Strafen bedroht.

Für Bezirke oder Ortschaften, welche durch solche Bestrebungen mit Gefahr für die öffentliche Sicherheit bedroht sind, kann von den Centralbehörden oder Bundesstaaten der, in der Volksbezeichnung sogenannte kleine Belagerungszustand angeordnet werden, nämlich: daß Versammlungen (außer zum Zweck von Wahlen zum Reichstage oder für Landesvertretungen) nur mit polizeilicher Genehmigung stattfinden dürfen; daß eine öffentliche Verbreitung von Druckschriften nicht stattfinden darf; daß Personen, von denen eine Gefährdung der öffentlichen Sicherheit oder Ordnung zu besorgen ist, der Aufenthalt in den Bezirken oder Ortschaften untersagt werden kann, (was jedoch nach dem Gesetz vom 31. Mai 1880 nicht auf Mitglieder des Reichstags oder einer gesetzgebenden Versammlung Anwendung findet, welche sich am Sitze dieser Körperschaften während der Session derselben aufhalten) und daß der Besitz, das Tragen und der Verkauf von Waffen verboten, beschränkt oder an bestimmte Voraussetzungen geknüpft wird.

Das Reichsgesetz vom 24. Mai 1880 bestraft wegen Wucher denjenigen, welcher unter Ausbeutung der Nothlage, des Leichtsinns oder der Unerfahrenheit eines Andern für ein Darlehn oder im Falle der Stundung einer Geldforderung sich oder einem Dritten Vermögensvortheile versprechen oder gewähren läßt, welche den üblichen Zinsfuß dergestalt überschreiten, daß nach den Umständen des Falles die Vermögensvortheile in auffälligem Mißverhältnisse zu der Leistung stehen. Das Strafmaaß ist gegen denjenigen erhöht, der sich oder einem Dritten solche wucherlichen Vermögensvortheile verschleiert oder wechselmäßig oder unter Verpfändung der Ehre, auf Ehrenwort, eidlich oder unter ähnlichen Versicherungen und Betheuerungen versprechen läßt. Die gleichen Strafen treffen denjenigen, welcher mit Kenntniß des Sachverhalts eine Forderung der vorbezeichneten Art erwirbt und entweder weiter veräußert oder die wucherlichen Vermögensvortheile geltend macht. Verträge, durch welche solche Vortheile festgesetzt werden, sind ungültig. Alle von dem Schuldner oder für ihn geleisteten Vortheile müssen nebst Zinsen seit dem Empfang zurückgewährt werden; die Verpflichtung eines des Wuchers nicht schuldigen Dritten bestimmt sich nach den Vorschriften des bürgerlichen Rechts. Der Gläubiger ist berechtigt, das aus dem ungültigen Vertrage Geleistete zurückzufordern unbeschadet der weitern Rechte eines Gläubigers, welchem nach dem bürgerlichen Rechte die Ungültigkeit des Vertrages nicht entgegengesetzt werden kann. Abgesehen von der mehr volkswirthschaftlichen Frage, ob der Kreditwürdigkeit dessen, welcher wucherischen Ausbeutungen ausgesetzt ist, in solcher Weise durch die Civil- oder Strafgesetzgebung aufgeholfen werden kann, erregt die fehlende juristische Präzisirung des Mißverhältnisses, sowie der vorausgesetzten Lage des Schuldners in juristischen Kreisen gerechte Bedenken.

Eine Erwähnung verdienen schließlich noch das Gesetz v. 4. Juni 1879 wegen Abänderung des Gesetzes über die Wechselstempelsteuer, die Verordnung zur Verhütung des Zusammenstoßens der Schiffe auf See v. 7. Jan. 1880 und das Gesetz, betreffend die Abwehr und Unterdrückung von Viehseuchen, vom 23. Juni 1880. Die Gesetze v. 15. Juli 1879, betreffend den veränderten Zolltarif, vom 16. Juli 1879, betreffend die Besteuerung des Tabacks, v. 19. Juli 1879, betreffend die Steuerfreiheit des Branntweins zu gewerblichen Zwecken und v. 20. Juli 1879, betreffend die Statistik des Waarenverkehrs mit dem Auslande, haben für den Juristen nur durch die Strafbestimmungen bez. für deren Voraussetzungen ein Interesse.

Für das Reichsland Elsaß-Lothringen sind durch das Gesetz vom 4. Juli 1879 Verfassung und Verwaltung wesentlich geändert. Auf den zu Straßburg residirenden Statthalter gehen die durch Kaiserliche Verordnung zu bestimmenden landesherrlichen Befugnisse, und die dem Reichskanzler und dem Oberpräsidenten übertragenen Befugnisse und Gewalten über. Unter Auflösung des Reichskanzleramts für Elsaß-Lothringen und des Oberpräsidium daselbst sind die von denselben, sowie vom Reichsjustizamt geübten Obliegenheiten einem in Straßburg residirenden Ministerium übertragen, an dessen Spitze ein Staatssekretair steht, welcher die Anordnungen des Statthalters verantwortlich gegenzuzeichnen hat, und dessen Stellvertreter ist. Der Statthalter kann Kommissare zur Vertretung in den Bundesrath zur Theilnahme an den Berathungen abordnen. Zur Begutachtung von Gesetzen, allgemeinen Verordnungen und anderen Angelegenheiten ist ein Staatsrath eingesetzt. Die Zahl der Mitglieder des Landesausschusses ist auf 58 erhöht, von welchen 34 nach besonderen Bestimmungen wählbar sind. Der Landesausschuß, welchen der Kaiser auflösen und vertagen kann und welchen die Mitglieder des Ministeriums und dessen abgeordnete Kommissarien mit dem Rechte, stets gehört zu werden, beiwohnen können, hat das Recht, außer den ihm früher zuertheilten Befugnissen innerhalb des Bereichs der Landesgesetzgebung Gesetze vorzuschlagen und an ihn gerichtete Petitionen dem Ministerium zu überweisen. Außerdem ist für Elsaß-Lothringen noch insbesondere das Gesetz v. 8. Juli 1879, betreffend die Ausführung der Civilprozeßordnung, der Konkursordnung und der Strafprozeßordnung, zu erwähnen.

Die Gesetzgebungen der einzelnen Bundesstaaten in den beiden letzten Jahren ist vorwiegend durch die Aufgabe in Anspruch genommen, die bisherigen Zustände den Reichsprozeßordnungen und der neuen Gerichtsorganisation einzuordnen. Die verschiedenen Ausführungs-, Uebergangs- und Ergänzungsgesetze dienen zum Theil dem Zwecke, die der Landesgesetzgebung in den Reichsgesetzen vorbehaltenen Bestimmungen zu treffen, insbesondere in Betreff der Bildung der Gerichtsbezirke, der Dienstverhältnisse der Richter, der Staatsanwaltschaft, der Gerichtsschreiber und Gerichtsvollzieher, sowie der Entscheidung über Kompetenzkonflikte zwischen den ordentlichen Gerichten und den Verwaltungsbehörden und Verwaltungsgerichten; ferner namentlich der Zwangsvollstreckung in das unbewegliche Vermögen, des Aufgebotsverfahrens, und der in dem Konkurs-Einführungsgesetze vorbehaltenen Zulassung von Vorrechten für Absonderungsrechte, welche durch die Konk.-Ordng. ihre Wirksamkeit verlieren. Zum Theil sind die Vorschriften der Prozeßordnungen in verschiedenem Umfange für die bereits anhängig gewesenen Verfahren anwendbar erklärt. Theilweise sind die Formen der Prozeßordnung auf die nicht zur ordentlichen streitigen bürgerlichen Gerichtsbarkeit gehörigen Angelegenheiten bez. auf die Zwangsverwaltung in Verwaltungsangelegenheiten entsprechend anwendbar erklärt und gestaltet. Der sehr ins einzelne gehende Inhalt dieser Landesgesetzgebungen ist einer knappen sachlichen Skizzirung nicht zugänglich und wir müssen uns daher auf eine kurze Erwähnung beschränken.

Für **Preußen** sind in dieser Beziehung außer den schon früher erlassenen Gesetzen zu erwähnen die Verordnung v. 26. Juli 1878, betreffend die Errichtung der Amtsgerichte, die Verordnungen vom 5. Juli und 1. October 1879 über die Bildung der Amtsgerichtsbezirke, das Gesetz v. 3. März 1879, betreffend die Dienstverhältnisse der Gerichtsschreiber, die Modifizirung des Ausführungs-Gesetzes über den Unterstützungswohnsitz durch das Gesetz vom 20. Januar 1879; das Gesetz v. 4. März 1879, betreffend die Zwangsvollstreckung in das unbewegliche Vermögen, die Ausführungsgesetze vom 6. März 1879 zur Konk.-Ordng., v. 24. März 1879 zur Civilprozeßordnung, das Gesetz v. 31. März 1879 über Uebergangsbestimmungen betreffs der Civilprozeßordnung und der Strafprozeßordnung, die Gesetze v. 8. u. 9. März 1879, betreffend die Rheinschifffahrts- und Elbzollgerichte, das Gesetz vom 28. März 1879, betreffend die Zwangsvollstreckung gegen Benefizialerben und das Aufgebot von Nachlaßgläubigern, die Verordnung v. 25. Juni 1879, betreffend die Rechtsanwaltschaft und die Ausführungsgesetze vom 10. März 1879 zum Gerichtskostengesetze und v. 2. Febr. 1880 zur Rechtsanwaltsgebühren-Ordnung; sowie eine lange Reihe von Justiz-Ministerial-Verfügungen, deren wichtigste die Geschäftsanweisung v. 24. Juli 1879 für die Gerichtsvollzieher und die Geschäftsordnungen für die Gerichtsschreibereien.

Durch Gesetz v. 19. Februar 1879 wurde die Zulässigkeit von Abweichungen von den Verfassungsbestimmungen für die Bildung gemeinschaftlicher Gerichte mit andern Bundesstaaten genehmigt und auf Grund dessen wurden sodann unter Vereinigung mit den betheiligten thüringischen Bundesstaaten das gemeinsame Oberlandesgericht zu Jena und die gemeinsamen Landgerichte zu Meiningen und Rudolstadt errichtet.

Durch Gesetz v. 18. Februar ist für das Verfahren in landwirthschaftlichen Auseinandersetzungssachen die Reichscivilprozeßordnung an Stelle der früheren Prozeßgesetze neben den für solche Verfahren bestehenden besonderen Vorschriften eingeführt und theilweise, namentlich in Betreff der Zustellungen, der Instruktion vor dem Kommissar (unter entsprechender Anwendung des amtsgerichtlichen Verfahrens), der Versäumnißfolgen, der Rechtsmittel und der Zwangsvollstreckung modifizirt. Die General-Kommissionen bez. die ihre Stelle vertretenden Regierungsabtheilungen sind die Prozeßgerichte in erster Instanz, in welcher die Klageänderung unbeschränkt zulässig ist; das Oberlandes-Culturgericht ist Berufungsgericht; die Entscheidung über die Revision ist dem Reichsgerichte übertragen.

Durch Gesetz vom 7. September 1879 ist die Zwangsvollstreckung wegen Geldbeträge auf Anordnung von Verwaltungsbehörden, Verwaltungsgerichten, Auseinandersetzungsbehörden und anderen exekutionsberechtigten Instituten im entsprechenden Anschlusse an die Vorschriften der Reichscivilprozeßordnung geordnet. — Durch Verordnung vom 1. August 1879 ist die Erledigung von Kompetenzkonflikten zwischen den Gerichten und den Verwaltungsbehörden neu geordnet. Durch den Kompetenzkonflikt, welchen die Central- und Provinzial-Verwaltungsbehörden bei den Gerichten zu erheben haben, wird das gerichtliche Prozeßverfahren für die Dauer des Konfliktverfahrens unterbrochen. Es entscheidet ein den Reichsgesetzen entsprechend neu konstituirter Gerichtshof zur Entscheidung der Kompetenzkonflikte. — Das Gesetz vom 8. März 1880 hat das Notariat in dem vormaligen Herzogthum Nassau, in den vormals großherzoglich Hessischen Gebietstheilen und in den Hohenzollern'schen Landen eingeführt, im Bezirke des Oberlandesgerichts Celle unter Beibehaltung der hannoverschen Notariatsordnung vom 18. September 1853 in Einzelnheiten modifizirt, und in den andern Landestheilen des gemeinen Rechts das altpreußische Notariats-Gesetz vom 11. Juli 1845 im Wesentlichen eingeführt; zugleich für das Gebiet der letzteren und der rheinischen Notariatsordnung vom 25. April 1822 die Zuziehung von Zeugen und die Aufnahme eines Protokolls für Unterschriftsbeglaubigungen beseitigt. — Die Schiedsmannsordnung vom 29. März 1879 hat das Institut der Schiedsmänner zur Sühneverhandlung für streitige Rechtsangelegenheiten unter Ausstattung der Schiedsmänner mit dem Rechte von Beamten und unter Zulassung der Zwangsvollstreckung aus den vor einem Schiedsmanne aufgenommenen Vergleichen für die gesammte Monarchie neu geregelt. — Das Hinterlegungsgesetz vom 14. März 1879 hat (gleichzeitig mit der neuen Gerichtsorganisation in Kraft getreten) das Depositalwesen von den Gerichtsbehörden getrennt, den Amtsgerichten nur Befugnisse und Pflichten zur vorläufigen Aufbewahrung belassend, zur Hinterlegung von Geld, Werthpapieren und Kostbarkeiten Verwaltungsbehörden eingerichtet und für die, dem Finanzminister untergeordneten Hinterlegungsstellen das Verfahren für die Hinterlegung, Verzinsung, Auszahlungen und Rückgewähr geordnet. — Das Gesetz vom 9. April 1879 hat mit Rücksicht auf die Aenderungen, welche die neue Gerichtsorganisation veranlaßt hat, im Anschlusse an dieselbe mit ihrem Inslebentreten die Disciplinarbehörden für die Ausübung der seitherigen Disciplinargewalten hinsichtlich der Richter, Gerichtsschreiber, Gerichtsvollzieher, Bureau- und Unter-Beamte, sowie Notare neu organisirt.

Außer den vorgedachten durch die Gerichtsorganisation und die Reichsprozeßordnungen und deren Einfluß auf die grenzverwandten Gebiete hervorgehobenen Gesetze sind noch einzelne andere zu bemerken: das Gesetz vom 29. Mai 1879 hat (ebenfalls mit der Gerichtsorganisation in Kraft getreten) die Rechtsverhältnisse der Studirenden und die Disciplin auf den Landes-Universitäten der Akademie zu Münster und dem Lyzeum Hosianum zu Braunsberg einheitlich geregelt, die Befugnisse zur Ausübung der Disciplin für den Rektor (Prorektor), den Universitätsrichter und den Senat bestimmt, die zulässigen Disciplinar-Strafen: Verweis, Geldstrafen bis 20 Mk., Karzerhaft bis 2 Wochen, Nichtanrechnung des Semesters auf die Studienzeit, Androhung der Entfernung von der Universität (Unterschrift des consilium abeundi), Entfernung von der Universität (consilium abeundi) und Ausschluß vom Universitätsstudium (Relegation) näher definirt, und die gegen die drei letzteren Strafarten an den Unterrichtsminister ohne aufschiebende Wirkung zulässige Berufung geordnet. — Das Gesetz vom 11. März 1879 hat die Befähigung für den höhern Verwaltungsdienst, die hierfür nächst der ersten juristischen Prüfung erforderliche zweite (große Staatsprüfung) und deren Voraussetzungen, sowie die Verwaltungsstellen, für welche die Befähigung zum höheren Verwaltungsdienste bez. zum höheren Justizdienste erforderlich ist, und die den Ministern der Finanzen und des Innern betreffs der Befähigung ertheilten Ermächtigungen näher bestimmt. — Dem nationalökonomischen landwirthschaftlichen Gebiete gehört das Gesetz betreffend die Bildung von Wassergenossenschaften vom 1. April 1879 an. Zur Benutzung oder Unterhaltung von Gewässern, zur Ent- oder Bewässerung von Grundstücken, zum Schutze der Ufer, zur Anlegung, Benutzung oder Unterhaltung von Wasserläufen oder Sammelbecken, zur Herstellung und Verbesserung von Wasserstraßen, und anderen Schifffahrtsanlagen können abgesehen von den Deichverbänden und dem Deichwesen, welche durch das Gesetz nicht berührt werden, Genossenschaften gebildet werden.

Die Bildung von freien Genossenschaften durch ein gerichtlich einzutragendes Statut sowie von öffentlichen Genossenschaften unter staatlicher Aufsicht durch ein staatlich zu genehmigendes Statut, und die Rechtsverhältnisse der Genossen und der Genossenschaften sind eingehend regulirt.

Dem gleichen nationalökonomischen und landwirthschaftlichen Gebiete gehört das Feld- und Forstpolizeigesetz vom 1. April 1880 an. In ausgedehnter Kasuistik bedroht das Gesetz in einer reichen Fülle von Paragraphen Verletzungen des Eigenthums in Feld und Forst. Für die Zuwiderhandlungen sind die Schöffengerichte zuständig und findet das Verfahren vor denselben mit geringen Modifikationen Anwendung. Die Ansprüche auf Schadensersatz, auf Ersatzgeld ohne den Nachweis eines Schadens — im Wege des Civilprozesses bez. bei den Ortspolizeibehörden — und die Pfändung von Vieh, sowie das Verfahren in Folge einer solchen sind ausführlich geregelt.

Der jüngsten Zeit gehört das Gesetz betreffend Abänderungen der kirchenpolitischen Gesetze an, welches in der ihm von dem Abgeordnetenhause und vom Herrenhause gegebenen Gestaltung nunmehr auch die Königliche Sanktion erhalten hat. Die Regierung glaubt der durch die Nichtbefolgung der kirchenpolitischen Gesetze geschmälerten kirchlichen und seelsorgerischen Fürsorge für die Katholiken auch bei versagtem Entgegenkommen des Papstes durch selbständige staatliche Gesetzgebung aushelfen zu können und zu sollen. Die Regierung hatte Anfangs noch weitergehende gesetzgeberische Konzessionen vorgeschlagen zur Ermöglichung der Wiedereinsetzung der aus ihrem Amte entlassenen Bischöfe auf staatlichem Wege, zur Einschränkung des Rekursrechts an den Gerichtshof für kirchliche Angelegenheiten und behufs Ermächtigung des Staatsministeriums zur Feststellung neuer Grundsätze, nach welchen der Kultusminister von wesentlichen Bestimmungen des Gesetzes über die Vorbildung und Anstellung der Geistlichen dispensiren könne; sowie für einzelne weniger wesentliche Bestimmungen. Diese Vorschläge wurden vom Abgeordnetenhause abgelehnt; dagegen wurden, wenngleich von den Vertretern der Mehrheit der Katholiken ebenfalls abgelehnt, noch folgende Grundsätze genehmigt: Die Bestimmung, daß Religionsdiener durch den weltlichen Gerichtshof für kirchliche Angelegenheiten aus ihrem Amte entlassen werden können, wird aufgehoben und ist dafür auf Unfähigkeit zur Bekleidung ihres Amtes zu erkennen. Das zur Verhinderung von Gesetzesumgehungen bestehende Verbot der geistlichen Hülfeleistung in erledigten und behinderten Pfarrämtern ist für die geistlichen Amtshandlungen aufgehoben, welche von gesetzmäßig angestellten Geistlichen in solchen Pfarreien vorgenommen werden, ohne dabei die Absicht zu bekunden, dort ein geistliches Amt zu übernehmen; die zur Stellvertretung oder Hülfeleistung in einem geistlichen Amte gesetzmäßig beauftragten Geistlichen gelten auch nach Erledigung dieses Amtes als gesetzmäßig angestellt. Die Thätigkeit der Krankenpflegeorden ist erleichtert und erweitert; es ist ihnen gestattet, mit ministerieller Genehmigung neue Niederlassungen zu errichten, und ihre Thätigkeit auf die Pflege und Unterweisung anderer Hilfsbedürftigen, insbesondere der noch nicht schulpflichtigen Kinder und der gefallenen Frauenspersonen auszudehnen. — Außer diesen dauernden Abänderungen der bisherigen Gesetze werden der Staatsregierung bis zum ersten Januar 1882 mehrere diskretionäre Befugnisse übertragen, namentlich bei Ernennung von Bisthumsverwesern von dem für dieselben vorgeschriebenen Eide und von dem Nachweise der erforderten persönlichen Eigenschaften mit Ausnahme des Erfordernisses der deutschen Staatsangehörigkeit zu dispensiren; und für den Umfang eines Sprengels die Staatsleistungen auch in Fällen, in welchen die gesetzlich bestimmten Voraussetzungen nicht erfüllt sind, wieder aufzunehmen. Die bisher den einzelnen Ministern bz. dem Oberpräsidenten zustehende Einleitung einer kommissarischen Vermögensverwaltung soll nur mit Ermächtigung des Staatsministeriums erfolgen können. — Die Zukunft wird über die noch ungewissen Wirkungen dieser Gesetzänderungen entscheiden, neben welchen die Regierung die Grundsätze der bisherigen kirchenpolitischen Gesetze aufrecht erhalten zu wollen erklärt, namentlich: die Sicherung des Staats und der Landesangehörigen vor geistlichen Lehrern und Führern, welche den staatlichen Anforderungen an ihre Ehrenhaftigkeit, Bildung und Friedfertigkeit nicht entsprechen und der Regierung deshalb zur staatlichen Genehmigung behufs ihrer Anstellung anzuzeigen sind; Schutz der kirchlichen Minoritäten gegen äußerlich entehrende Straf- und Zuchtmittel und Rechtsschutz der Religionsdiener gegen Disciplinarentscheidungen eines den Staatsgrundsätzen abgewendeten Klerus durch Berufung an einen staatlich organisirten Gerichtshof.

Von provinzieller Bedeutung sind endlich noch das Abkommen vom 4. Februar 1879 mit Rußland wegen des unmittelbaren Geschäftsverkehrs zwischen den Justizbehörden der preußischen Grenzprovinzen und des Gerichtsbezirks Warschau, das Gesetz vom 27. Januar 1879 betreffend die Verpfändung von Kauffahrteischiffen in der Provinz Hannover, und die Gesetze vom 29. und 31. Januar 1879 betreffend das Grundbuchwesen in Hannover und in Schleswig-Holstein, sowie die Verpfändung von Seeschiffen in der letzteren Provinz.

Bayern hat nächst einem noch im Jahre 1878 erlassenen Gesetze über den Verwaltungsgerichtshof und über das Verfahren in Verwaltungsrechtsachen sich ebenfalls einer sehr ausführlichen Gesetzgebung zur Ausführung und Ergänzung der Reichsprozeßordnungen erfreut. Bayern ist der einzige deutsche Bundesstaat, welcher von dem § 8 des Einf. Ges. zum Gerichts-Verf. Ges. Gebrauch gemacht hat. Er hat zur Wahrung seiner besonderen Rechtseinheit ein oberstes Landesgericht in München zur Verhandlung und Entscheidung der zur Zuständigkeit des Reichsgerichts gehörenden Revisionen und Beschwerden in bürgerlichen Rechtsstreitigkeiten errichtet und hat sich dadurch den Ausnahmezustand geschaffen, daß seine bürgerlichen Rechtsstreitigkeiten nur in soweit dem Reichsgerichte unterbreitet werden, als sie bereits zur Zuständigkeit des Reichsoberhandelsgerichts gehörten oder durch besondere Reichsgesetze dem Reichsgesetze zugewiesen sind oder künftig zugewiesen werden. — Das umfangreiche Gesetz vom 23. Januar 1879 zur Ausführung der C. P. O. und der Konk. O. ergänzt diese Reichsgesetze namentlich durch Bestimmungen über den Gerichtsstand der Civilliste des Königs, Betretung des Administrationswegs vor einer Klage gegen den Fiskus, Urkundenedition öffentlicher Behörden, Vollstreckungsrechte der Verwaltungsbehörden, Zwangsvollstreckung gegen den Fiskus, Gemeinden, Körperschaften und Stiftungen, Klagen auf Schadensersatz bei Aufläufen, Vermittelungsämter, Schiedsverträge, Streitverkündungen, Zustellungen außerhalb des Prozesses und an Militärpersonen, Eidesmündigkeit, eidesstattliche Betheuerungen, Versteigerungsakte, Befriedigung aus Faustpfändern, Arreste in unbewegliches Vermögen, Hypothekenbuch-Eintragungen, Anfechtungen von Rechtshandlungen außerhalb des Konkurses, Verfahren bei streitigen Zwangsenteignungen, Beschwerden in Sachen der nicht streitigen Rechtspflege, Kraftloserklärung von Urkunden, öffentliche Vorladungen bei Fideikommissen und Erbgütern, Todeserklärungen, Gewährleistung bei Viehveräußerungen, Aenderungen des Gesetzes zur Einführung des H. G. B., des Berggesetzes und der Gesetze über Erwerbs- und Wirthschaftsgesellschaften. Außerdem sind noch besondere Bestimmungen für die Landestheile rechts des Rheins, für die Landestheile, in welchen das bayerische Landrecht und diejenigen, in welchen das preußische Landrecht Geltung hat, sowie für die Pfalz, nebst allgemeinen Uebergangsbestimmungen getroffen. Ein gleichfalls umfangreiches Gesetz vom 23. Februar 1879 ordnet die Zwangsvollstreckung in das unbewegliche Vermögen wegen Geldforderungen: Zwangsverwaltung und Zwangsversteigerung. Ein drittes Gesetz von demselben Tage, das Ausführungsgesetz zum Ger. Verf. Ges. enthält der Ordnung des letztern folgend die Uebergangs- und Ausführungsbestimmungen zu denselben. — Besondere Verordnungen betreffen ferner: vom 2. April 1879 die Bestimmung der Gerichtssitze und Bildung der Gerichtsbezirke, vom 27. Mai 1879 die Register zur Erhaltung der Vorrechte von Ehefrauen, vom 3. Juni 1879 die Vollziehung der Personalhaft, vom 5. Juli 1879 die Bewilligung von Armenrechten, vom 7. Juli 1879 die Ausführung der Rechtsanwaltsordnung, vom 14. Juli 1879 die Vergleichsbehörden in Beleidigungssachen, vom 16. August 1879 den Vollzug der §§ 167, 678, 679, C. P. O. Das Gesetz vom 18. August 1879 zur Ausführung der Strafprozeßordnung enthält zu diesem Zwecke noch einige besondere Strafbestimmungen, Anordnungen über den Vollzug von Strafen und die Folgen der Verurtheilung, Aenderungen der Forstgesetze, Bestimmungen über Zuständigkeit und Verfahren, auch für das Militärstrafverfahren, ferner Disciplinarstraf- und Uebergangsbestimmungen. Weitere Verordnungen sind noch erlassen: vom 25. August 1879 zur Ausführung des Ger. Verf. Ges., vom 31. August 1879 betreffend die Hülfsbeamten der Staatsanwaltschaft, die Gerichtsvollzieher-Ordnung vom 6. September 1879, und die Verordnung von demselben Tage betreffend die Gerichtsschreibereien, vom 1. October 1879 das Verfahren in Zollstrafsachen betreffend, vom 29. December 1879 die Sitzungskleidung betreffend. Schließlich sind noch die Gesetze vom 28. Februar 1880 zur Abänderung des pfälzischen Gesetzes vom 25. Ventôse XI. und betreffend den Vertrieb von Promessen und nicht zugelassenen Lotterien zu erwähnen.

Die Gesetzgebung des Königreichs **Sachsen** hat sich abgesehen von Verwaltungsangelegenheiten, ausschließlich mit der Ausführung der Reichsjustizgesetze beschäftigt. Durch das Gesetz zur Ausführung des Ger. Verf. Ges. vom 1. März 1879 und Verordn. vom 28. Juli 1879 erfolgte die Einrichtung der Gerichte. Hiernach bestehen für das Königreich Sachsen ein Oberlandesgericht mit dem Sitze in Dresden, 7 Landgerichte, 105 Amtsgerichte in den größeren Städten des Landes, Kammern für Handelssachen. Eine Verordnung vom 8. September 1879 regelt die Elbzollgerichtsbarkeit, eine Verordnung vom 12. September 1879 das Verfahren vor den Gewerbegerichten und Gemeindebehörden.

Das Gesetz vom 20. März 1880 ordnet in umfassender Weise das Dienstverhältniß der Richter. Durch Gesetz vom 15. März 1880 sind die Tagegelder und Reisekosten der Civilstaatsdiener bei auswärtigen Verrichtungen bestimmt. Bei der Verhandlung vor dem erkennenden Gericht tragen nach Vorschrift der Verordnung vom 1. August 1879 und dem Gesetze vom 22. März 1880 die Richter, die Beamten der Staatsanwaltschaft, der Gerichtsschreiber und die Rechtsanwälte (letztere wenigstens bei den Verhandlungen vor dem Oberlandesgericht und den Landgerichten) ein aus schwarzem Talar und Barett bestehendes Amtskleid. Die Verordnung vom 17. März 1879 betrifft Bestimmungen über den Vorbereitungsdienst zur Befähigung zum Richteramt. Die Dienst- und Geschäftsverhältnisse der Gerichtsvollzieher regelt die Verordnung vom 10. September 1879. In Verordnungen vom 19. September und 6. October werden diejenigen Beamtenklassen bezeichnet, welche gemäß § 153 des Gerichtsverfassungsgesetzes als Hülfsbeamte der Staatsanwaltschaft betrachtet werden sollen. — In Uebereinstimmung mit dem Gerichtsverfassungsgesetze ist durch Gesetz vom 3. März 1879 für die Entscheidung über Kompetenzstreitigkeiten zwischen den Gerichten und den Verwaltungsbehörden ein Kompetenzgerichtshof eingesetzt und das Verfahren vor demselben geregelt. Das Gesetz vom 12. März 1879 giebt Vorschriften über die Behandlung der früher anhängig gewesenen bürgerlichen Rechtsstreitigkeiten und Strafsachen. Als Vergleichsbehörden bei Beleidigungen werden durch Verordnung vom 16. Mai 1879 Friedensrichter eingesetzt. Das Gesetz vom 8. März 1879 normirt das Verfahren in Verwaltungsstrafsachen, das Gesetz vom 10. März 1879 das Verfahren in Forst- und Feldrügesachen, welche hiernach durch die Amtsgerichte ohne Schöffen verhandelt und entschieden werden. Das Gesetz vom 4. März 1879 behandelt namentlich gewisse Fälle von Erhebung der Nichtigkeitsklage in Ehesachen, das Verfahren bei Pfändung von Forderungen, welche im Grund- und Hypothekenbuche eingetragen sind, ferner bei der an Zahlungsstatt erfolgten Ueberweisung einer gepfändeten hypothekarischen Forderung an den Gläubiger, sowie die Zwangsvollstreckung in das unbewegliche Vermögen und trifft ergänzende Bestimmungen zu dem Aufgebotsverfahren. Das Gesetz vom 6. März 1879 regelt das Aufgebot zur Kraftloserklärung inländischer, auf den Inhaber lautender Werthpapiere; und das Gesetz vom 7. März 1879 die Zwangsvollstreckung wegen Geldleistungen in Verwaltungssachen; — das Gesetz vom 5. März 1879 bringt das Verfahren bei Ablösungen und Gemeinheitstheilungen mit den Vorschriften der Civilprozeßordnung möglichst in Einklang. Die Form der Eidesleistung vor einer öffentlichen Behörde in Fällen, für welche nicht die Reichsgesetze Bestimmung treffen, ist durch ein Gesetz vom 20. Februar 1879 entsprechend den §§ 443 ff. C. P. O. festgestellt. Von dem Vorbehalte im § 13 des Einf. Ges. zur Konk. O. hat das Gesetz vom 11. März 1879 dadurch Gebrauch gemacht, daß es der Ehefrau im Konkurse des Ehemannes wegen der Rückforderung des Eingebrachten das bisherige Vorzugsrecht belassen hat, jedoch für ein nach zwei Jahren nach dem 1. October 1879 eröffnetes Konkursverfahren nur unter der Voraussetzung der Eintragung in ein öffentliches Register. Endlich ist am 31. Juli 1879 eine Ausführungsverordnung zur Rechtsanwaltsordnung ergangen.

In **Württemberg** ergingen zur Ausführung der Reichsjustizgesetze und im Anschluß daran im Laufe des Jahres 1879 folgende zum Theil eigenartige Gesetze und Vollzugsverfügungen: 1) Das Ausführungsgesetz zum Reichsgerichtsverfassungsgesetz vom 24. Januar 1879. Darin konnte die seitherige Gerichtseintheilung des Königreichs, wie solche im Gerichtsverfassungsgesetz von 1868 festgestellt war, vollständig beibehalten werden. An die Stelle des Obertribunals trat das Oberlandesgericht mit einem Präsidenten, zwei Senatspräsidenten und zwölf Räthen, an die Stelle der acht Kreisgerichtshöfe traten ebensoviele Landgerichte, an die Stelle der 64 Oberamtsgerichte ebensoviele Amtsgerichte mit 64 Dienstaufsichtführenden (Oberamtsrichtern) und 85 weiteren Amtsrichtern: 5 Amtsgerichte sind mit einem Amtsrichter, 43 mit 2, 15 mit 3, Stuttgart Stadt mit 12 Amtsrichtern besetzt. Die Bevölkerungszahl der einzelnen Amtsgerichtsbezirke bewegt sich (mit Ausnahme Stuttgarts 107,273) zwischen 18521 und 52097, diejenige der Landgerichtsbezirke zwischen 193695 und 341653. — Auf Grund des Art. 13 ist eine Kammer für Handelssachen, bei dem Landgerichte Stuttgart, errichtet worden. — Die Stellung der Staatsanwaltschaft wurde dahin bestimmt, daß die Staatsanwälte bei dem Oberlandesgerichte und den Landgerichten auf Lebenszeit mit Pensionsberechtigung angestellte, nicht richterliche Beamte sind, welche jederzeit auf ein anderes staatsanwaltliches oder ein richterliches Amt von nicht geringerem Rang und ohne Verlust an Gehalt versetzt werden können. Als Amtsanwälte fungiren dermalen (theilweise zugleich als Hülfsrichter mit Ausschluß des Straffachs) 21 Justizreferendäre I. Klasse bei 28 Amtsgerichten; bei 19 Amtsgerichten wird die Amtsanwaltschaft durch die Beamten der Staatsanwaltschaft des Landgerichts, bei den übrigen 17 Amtsgerichten durch die zweiten Beamten der Oberämter (Amtmänner, Oberamtsaktuare) besorgt. — Gerichtsvollzieher (Art. 29 bis 32) sind je für ihren Gemeindebezirk die Ortsvorsteher; dieselben sind in denjenigen Gemeinden, welche einen Gerichtssitz nicht haben, auch die Zustellungsbeamten für die Zustellungen, welche innerhalb des Gemeindebezirks mittelst Behändigung durch einen Gerichtsvollzieher bewirkt werden sollen. Für die am Gerichtssitz mittelst Behändigung durch einen Gerichtsvollzieher zu bewirkenden Zustellungen, für die Zustellungen durch Aufgabe zur Post und für die Vermittelung der Zustellungen durch die Post sind den Gerichten besondere Zustellungsbeamte (von dem Justizministerium) beigegeben. — 2) Aus dem Gesetz zur Ausführung der Reichs-Strafprozeßordnung vom 4. März 1879 ist namentlich hervorzuheben Art. 3, welcher in Uebereinstimmung mit dem bisherigen Recht, Kompetenzstreitigkeiten zwischen den Gerichten einerseits und anderen mit Strafgewalt ausgestatteten Behörden sowie den Militärgerichten andererseits regelt: es entscheidet der Straffenat des Oberlandesgerichts in der Besetzung mit 7 Mitgliedern. — 3) Das Gesetz, betreffend das Verfahren bei Erlassung polizeilicher Strafverfügungen, vom 12. August 1879, regelt in Art. 1 bis 5 die Befugniß zur Erkennung von Ordnungsstrafen für die Gemeindebehörden in sämmtlichen Zweigen ihrer Thätigkeit und für alle übrigen mit Strafbefugniß versehenen Behörden, mit Ausnahme der ordentlichen Gerichte. Art. 9 bis 26 ordnen auf Grund des § 453 der Strafprozeßordnung das Institut der polizeilichen Strafverfügungen. Die Strafbefugniß der Ortsvorsteher bei den durch Art. 10 bezeichneten Uebertretungen geht in den Gemeinden erster Klasse bis zu sechs Tagen Haft und 36 Mark Geldstrafe, die der Oberämter bis zu der Grenze des § 453. Nach Art. 20 und 21 steht dem Beschuldigten gegen die Strafverfügung außer dem Antrag auf gerichtliche Entscheidung binnen einer Woche eine einmalige Beschwerde an die vorgesetzte Behörde zu, welche die festgesetzte Strafe bestätigen, aufheben oder erniedrigen kann; die Ergreifung des einen Rechtsmittels hat den Ausschluß des anderen zur Folge. — 4) Aus dem Gesetz zur Ausführung der Reichs-Civilprozeßordnung vom 18. August 1879 sind namentlich hervorzuheben: Art. 3 bis 14, welche die Verfassung, die sachliche Zuständigkeit und das Verfahren der Gemeindegerichte regeln. Die Grenze des Streitwerths ist je nach der Klasse der Gemeinden auf 50, 40 und 30 Mark festgesetzt. Das Gemeindegericht bildet der Gemeinderath oder eine aus 3 Mitgliedern desselben bestehende Abtheilung. Die Frist für die Berufung auf den ordentlichen Rechtsweg ist auf zehn Tage festgesetzt. Die Entscheidungen der Gemeindegerichte sind vorläufig vollstreckbar. — 5) Als Anlage zu diesem Ausführungsgesetze erschien am 18. August 1879 das Gesetz, betreffend die Zwangsvollstreckung in unbewegliches Vermögen. Vollstreckungsbehörde ist auf Anordnung des Amtsgerichts der Gemeinderath derjenigen Gemeinde, zu deren Verband das Vollstreckungsobjekt gehört. Es kann derselben ein Hülfsbeamter beigegeben oder ein Kommissär aufgestellt werden. Die Vollstreckungsbehörde hat innerhalb zweier Wochen die zum Verkauf zu bringenden Grundstücke zu bestimmen, einen Verwalter zu bestellen und den ersten Verkaufstermin anzuberaumen. Vom ersten Termin an läuft den Betheiligten eine zweiwöchige Frist zur Beibringung eines bessern Käufers. Hierauf folgt, falls ein Nachgebot erfolgt ist, ein zweiter Termin, bei dessen Ergebniß es sein Bewenden behält. Innerhalb zweier Wochen ist sodann das Grundstück dem Käufer zuzuschlagen, jedoch, falls der Betrag der Forderungen der dem betreibenden Gläubiger vorgehenden Realgläubiger das Angebot übersteigt, nur mit Zustimmung des letzteren. — 6) Das Gesetz, betreffend die Zwangsvollstreckung wegen öffentlich-rechtlicher Ansprüche, vom 18. August 1879, regelt im Anschluß an die Bestimmungen der Civilprozeßordnung die Zwangsvollstreckung auf dem Gebiete des öffentlichen Rechts. Die Ausführung der Exekution ist den Bezirksämtern zugewiesen, welche dieselbe in den geeigneten Fällen dem Ortsvorsteher oder einem besonderen Kommissär übertragen können. Für das Vertheilungsverfahren bleiben die ordentlichen Gerichte zuständig. Für Zwangsvollstreckung in unbewegliches Vermögen ist das Amtsgericht anzugehen. — 7) Das Gesetz zur Ausführung der Reichs-Konkursordnung vom 18. August 1879 beschränkt sich auf die durch die Konkursordnung nothwendig gebotenen Aenderungen des Landrechts, auf die Ergänzung und Ausbesserung entstandener Lücken, auf Wegräumung der Reste alter, durch die Reichsjustizgesetze in der Hauptsache beseitigter Institutionen. — 8) Das Gesetz, betreffend das Verfahren der Verwaltungsbehörden bei Zuwiderhandlungen gegen die Zoll- und Steuergesetze, vom 25. August 1879, setzt an die Stelle des seitherigen verwaltungsgerichtlichen Verfahrens ein Verfahren vor den Verwaltungsbehörden, wie es die Deutsche Strafprozeßordnung zuläßt und wie es ebenso dem Interesse der Beschuldigten als dem der Steuerbehörden entspricht. Die Untersuchung im Verwaltungsweg führen die Hauptzollämter, Hauptsteuerämter und Cameralämter. Die Beschwerde gegen Strafbescheide der Hauptämter geht an das Steuerkollegium, gegen letzteres an das Finanzministerium. Der Antrag auf gerichtliche Entscheidung schließt die (binnen einer Woche zu erhebende) Beschwerde bei der höheren Verwaltungsbehörde aus, und umgekehrt. Durch die Entscheidung auf die Beschwerde kann die im Strafbescheid festgesetzte Strafe bestätigt, aufgehoben oder durch eine niedrigere ersetzt werden. — 9) Gesetz, betreffend die Entscheidung von Kompetenzkonflikten, vom 25. August 1879: Kompetenzstreitigkeiten in Strafsachen unterlagen schon bisher der Entscheidung des obersten Gerichts und sind nun durch Art. 3 des Ausführungsgesetzes zur Strafprozeßordnung dem Straffenate des Oberlandesgerichts in der Besetzung mit 7 Mitgliedern überwiesen (vgl. oben). Die Entscheidung von Kompetenzkonflikten zwischen den bürgerlichen Gerichten und den Verwaltungsgerichten oder Verwaltungsbehörden, sowie zwischen den Verwaltungsgerichten und Verwaltungsbehörden dem „Kompetenzgerichtshof" übertragen. Dieser besteht aus dem Vorsitzenden und sechs Mitgliedern, sowie der erforderlichen Zahl von Stellvertretern. Die Ernennung erfolgt auf den Vorschlag des Staatsministeriums durch den König. Vier Mitglieder und deren Stellvertreter werden aus der Zahl der Mitglieder des Oberlandesgerichts, die übrigen und deren Stellvertreter aus der Zahl der Mitglieder des Verwaltungsgerichtshofs oder derjenigen, welche im höheren Verwaltungsdienst stehen oder standen, berufen. Der Gerichtshof entscheidet in der Besetzung mit sieben Mitgliedern. — 10) Das Forststrafgesetz vom 2. September 1879 tritt an die Stelle der noch auf dem Standpunkt der Carolina stehenden württembergischen Forstordnung vom 1. Juni 1614. Es hat in seinem strafrechtlichen Theil zum Gegenstand die Bestrafung der rechtswidrigen Eingriffe in das Eigenthum am

Walde — durch Diebstahl, durch Beschädigung und durch Weidefrevel. Als Strafe des Forstdiebstahls ist eine den 3- oder 4- oder 5fachen Werth des Entwendeten, nie unter 1 Mark betragende Geldstrafe oder eine verhältnißmäßige Gefängnißstrafe, bei Vorhandensein eines Erschwerungsgrunds eine im 6- bis 10fachen Werth bestehende, nicht unter 2 Mark betragende Geldstrafe angedroht. Art. 11 erklärt den Versuch für strafbar. Art. 12 behandelt den ersten Rückfall (Verübung innerhalb eines Jahres nach rechtskräftiger Verurtheilung) sowie den zweiten Rückfall als einen Erschwerungsgrund, und bestimmt für weitere Rückfälle eine Gesammtstrafe bis zu einjährigem Gefängniß, in leichteren Fällen Geldstrafe bis zu 100 Mark. Sämmtliche in dem Gesetz mit Strafe bedrohten Handlungen sind den Amtsgerichten zugewiesen. Die Amtsrichter verhandeln und entscheiden, wenn auf Geldstrafe oder Gefängniß bis zu 3 Monaten zu erkennen ist, ohne Zuziehung von Schöffen; für die Entscheidung, soweit sie ohne Schöffen erfolgen kann, ist eine gemeinsame Aburtheilung einer Mehrzahl von Fällen vorgesehen. Die Beeidigung der Zeugen (Art. 27) erfolgt nur, wenn der Amtsanwalt sie verlangt oder das Gericht sie nöthig findet. Nach Art. 28 können Forstschutzbeamte ein für allemal durch das Amtsgericht ihres Wohnsitzes zur Ermittlung von Zuwiderhandlungen gegen die Forstgesetze beeidigt werden. — 11) Das Forstpolizeigesetz vom 8. September 1879 endlich regelt ebenso unter Beseitigung der Forstordnung von 1614 und behandelt die forstpolizeiliche Beaufsichtigung der Waldungen; die einzelnen, forstpolizeilich zu bestrafenden Verfehlungen (das Sammeln von Beeren und Pilzen in fremdem Wald wird (Art. 22) mit Geldstrafe bis zu 10 Mark bestraft, wenn es gegen ein öffentlich bekannt gemachtes Verbot des Waldeigenthümers geschieht); und giebt endlich allgemeine strafrechtliche Bestimmungen und regelt die Ordnung des Strafverfahrens.

Im Großherzogthum **Oldenburg** sind insbesondere zur Ausführung der Reichsjustizgesetze erlassen:

Gesetze vom 10. März 1879 betreffend die Prüfung der Rechtskandidaten, vom 12. März 1879 betreffend die Civilstaatsdiener, vom 2. April 1879 betreffend die Zwangsvollstreckung in das unbewegliche Vermögen, vom 10. April 1879 betreffend die Einführung des Ger. Verf. Ges. und der gleichzeitig in Kraft tretenden Gesetze, vom 25. März 1879 betreffend die Befugniß der Polizeibehörden zur Erlassung von Strafverfügungen für Uebertretungen. Außerdem sind zu bemerken: das Gesetz vom 1. März 1879, nach welchem Schuldverschreibungen und Verpflichtungsscheine, durch welche die Zahlung einer bestimmten Geldsumme an jeden Inhaber versprochen wird, nur mit bekannt zu machender Genehmigung des Staatsministeriums ausgestellt oder in Umlauf gesetzt werden dürfen und erst nach dieser Genehmigung ein Klagerecht gegen den Aussteller begründen; das für das Großherzogthum Oldenburg am 17. März 1879 erlassene ausführliche, auf alle öffentlichen Gewässer einschließlich der Nordsee und ihre Buchten Anwendung findende Fischereigesetz und das am 12. Februar 1880 für das Herzogthum Oldenburg erlassene Gesetz, betreffend die Zwangserziehung verwahrloster Kinder und jugendlicher Uebelthäter.

Im Großherzogthum **Baden** hat das Gesetz vom 3. März 1879 die Reichsjustizgesetze eingeführt: Es sind ein Oberlandesgericht zu Karlsruhe, 7 Landgerichte, 2 Handelsgerichte und 57 Amtsgerichte gebildet. Das Gesetz enthält insbesondere Bestimmungen über Abhaltung von Gerichtstagen der Amtsgerichte, über Schöffen- und Schwurgerichte, über die Ernennung der Richter, deren Verhältnisse durch eine Reihe besonderer Gesetze und Verordnungen geregelt sind, über die Geschäftsvertheilung, über die Staatsanwaltschaft, die Gerichtsschreiber und die Zulassungs- und Vollstreckungsbeamten, ebenfalls durch mehrere fernere Verordnungen ergänzt, und über die Justizaufsicht; ferner hinsichtlich der bürgerlichen Rechtspflege über die Vorzugs- und Pfandrechte, den Offenbarungseid, die Vermögensabsonderung, die Zwangsvollstreckung in Liegenschaften, das Aufgebotsverfahren, Enteignungen und Ablösungen, das Verfahren vor den Gemeindegerichten; und hinsichtlich der Strafrechtspflege über das Polizeistrafverfahren und das Finanzstrafverfahren; ferner eingehende Vorschriften betreffs der Aufhebung und Abänderung von Landesgesetzen, sowie Uebergangsbestimmungen. Das Gesetz vom 6. Februar 1879 hat die Verwaltung der freiwilligen Gerichtsbarkeit und das Notariat geordnet, durch fernere Verordnungen ergänzt, das Gesetz vom 30. Januar 1879 und die Verordnung vom 24. Juni 1879 haben die Errichtung eines Kompetenzgerichtshofes und das Verfahren vor demselben bestimmt; die Verordnung vom 24. Juni 1879 die Rheinschifffahrtsgerichte; Verordnungen vom 11., 13., 29. September und 25. October 1879 das Polizei- und Finanz-Strafverfahren, die Verordnungen vom 25. und 29. Juli 1879 ordnen das Verfahren bei Zwangsversteigerungen; das Gesetz vom 25. Februar 1879 und die Vollzugsverordnung vom 13. September 1879 das Forststrafrecht und das Forststrafverfahren, die Verordnung vom 8. August 1879 die Vollstreckung der Freiheitsstrafen. Eine lange Reihe anderer Gesetze dient außerdem zur Ausführung der Reichsjustizgesetze und zur entsprechenden Anwendung derselben für die nicht zur ordentlichen streitigen Gerichtsbarkeit gehörigen Angelegenheiten.

Aus der Gesetzgebung des Großherzogthums **Hessen** ist zunächst das Gesetz vom 1. August 1878 hervorzuheben; durch dasselbe, als Bestandtheil der Verfassungsurkunde geltend, ist bestimmt, daß unbewegliches Landeseigenthum ohne ständige Zustimmung nicht veräußert, verpfändet, oder belastet werden dürfe; von einigen, durch das Bedürfniß bedingten Ausnahmen für Bauzwecke, Vergleichsabschlüsse 2c. abgesehen. Ein Gesetz vom 5. August 1878 ändert einzelne Bestimmungen in Betreff des Civildiener-Wittwen-Instituts; ein anderes Gesetz vom 5. August 1878 bestimmt für die Hypothekenämter in Rheinhessen ihre Zahl, die Kautionen und die Art der Kautionsleistung. Durch das Gesetz vom 3. September 1878 wird das zu Gunsten von Privaten für ihre Bauzwecke bestandene Expropriationsgesetz vom 29. Juli 1791 aufgehoben, während das Expropriationsgesetz von 1821 für öffentliche Zwecke in Kraft bleibt. Durch zwei Gesetze vom 10. September 1878 sind der Austritt aus einer Kirche oder Religionsgemeinschaft und die Folgen des Austritts aus der israelitischen Religionsgemeinde nach dem Vorbilde der preußischen Gesetzgebung geregelt. Ein ferneres Gesetz vom 10. September 1878 bestimmt zum Schutze der in fremde Pflege gegebenen Kinder unter 6 Jahren die Verpflichtung der Eltern oder Vormünder, die Genehmigung der Ortspolizeibehörde für eine Pflege Anderer einzuholen. Durch Gesetz vom 10. September 1878 sind einzelne Bestimmungen, die Landesbrandversicherungsanstalt betreffend modifizirt. Durch Gesetz vom 25. September 1878 sind die Vorschriften über die Uebergabe der Güter von Eltern an Kinder, welche eine Beschränkung und eine gerichtspolizeiliche Bevormundung enthielten, für aufgehoben erklärt.

Die Verordnung vom 15. Januar 1879 unterwirft unter Aufhebung des Universitätsgerichts und des Disciplinargerichts zu Gießen die Studirenden den allgemeinen Gesetzen und Verordnungen.

Die Verordnung vom 15. März 1879 organisirt unter Aufhebung aller bisherigen Mittelbehörden das Staatsministerium bestehend aus 1. dem Ministerium des Innern und der Justiz in zwei Sektionen, von welchen die für die innere Verwaltung außer den allgemeinen Angelegenheiten zwei besondere Abtheilungen für Schulangelegenheiten und für öffentliche Gesundheitspflege enthält und 2. dem Ministerium für Bauwesen, für Forst- und Kameralverwaltung und für Steuerwesen. — Das Gesetz vom 22. März 1879 organisirt die Verwaltung der Staatsschulden; das Gesetz vom 16. April 1879 bestimmt über die Bildung des obersten Verwaltungsgerichtshofes in Gemäßheit der Reichsjustizgesetze; zwei Gesetze v. 14. Juni 1879 über die Verwaltung der Einnahmen und Ausgaben des Staats, und über die Errichtung und Befugnisse der Oberrechnungskammer. Von den Gesetzen zur Ausführung der Reichsjustizgesetze sind hervorzuheben das Ausführ.-Gesetz vom 3. September 1878 zum G. V. G., die Gesetze vom 4. und 9. Juni 1879 zur Ausführung der C. P. O., Konk. O. u. Straf. Pr. O., vom 5. Juni 1879 das Verfahren in Sachen der nicht streitigen Gerichtsbarkeit betreffend, vom 10. Juni 1879 über das Verfahren in Forst- und Felddüngesachen, vom 31. Mai 1879 über die Rechtsverhältnisse der Richter, vom 11. Mai 1879 über das Notariat, vom 21. April 1880 über die Verhältnisse der nicht richterlichen Beamten, sowie eine große Anzahl fernerer Verordnungen.

Auch in **Mecklenburg-Schwerin** und **Mecklenburg-Strelitz** sind zur Ausführung der Reichsjustizgesetze eine große Zahl hausvertragsmäßig im Wesentlichen gleichlautender Verordnungen erlassen, von welchen diejenigen vom 5., 17., 19. Mai 1879 zur Ausführung des G. V. G., vom 21. Mai 1879 zur Ausführung der C. P. O., vom 26. Mai 1879 zur Ausführung der Konk. O. und vom 28. Mai 1879 zur Ausführung der Str. P. O. hervorgehoben werden mögen.

Aus der Gesetzgebung von **Sachsen-Weimar** sind die revidirte Geschäftsordnung vom 1. April 1878 für den Landtag, das Gesetz vom 13. Juni 1878 über Ablösung der den Kirchen, Geistlichen und Schulstellen zustehenden Competenzen zu erwähnen; sowie eine Reihe von kirchlichen Gesetzen aus dem Jahre 1879 über kirchliche Eheverkündigung und Trauung, Berechnung des Dienstalters der Geistlichen, Konfirmationsunterricht. Die Ausführung der Reichsjustizgesetze führte durch Verträge mit den andern thüringischen Staaten bezw. Preußen hinsichtlich seiner Enklaven zur Errichtung des gemeinsamen Thüringer Oberlandesgerichts zu Jena und des gemeinsamen Landgerichts zu Gera. Neben den üblichen Ausführungs- und Uebergangsgesetzen zu den Reichsjustizgesetzen mögen namentlich die Gesetze vom 12. April 1879 über polizeiliche Straffestsetzung, vom 8. Mai 1879 über Vollstreckung der Entscheidungen und Verfügungen der Verwaltungsbehörden, vom 12. Mai 1879 über die Zwangsvollstreckung in das unbewegliche Vermögen, vom 20. Mai 1879 über die Rechtsverhältnisse der Studirenden und die Gerichtsvollzieher-Ordnung vom 7. August 1879 erwähnt werden.

In **Sachsen-Altenburg** sind außer den Gesetzen zur Ausführung der früheren Reichsgesetze, des Reichsimpfgesetzes und des Gesetzes gegen die Socialdemokratie, nur die Ausführungsgesetze zu den Reichsjustizgesetzen zu erwähnen.

Für **Sachsen-Coburg-Gotha** ist außer den gleichen Ausführungsgesetzen zu erwähnen: das Gesetz vom 29. April 1878, welches die Rechtsverbindlichkeiten der Frauenspersonen unter denselben Formen, wie die der Männer (vorbehaltlich des Konsenses der Ehemänner bei verheiratheten) für gültig erklärt; ferner das Gesetz vom 7. April 1879 über Zwangsvollstreckungen in Immobilien, die Schiedsmannsordnung vom 7. April 1879 und das Forstdiebstahlsgesetz vom 27. März 1879.

Aus der Gesetzgebung von **Sachsen-Meiningen** ist neben den Justiz-Ausführungsgesetzen das Gesetz vom 7. December 1878 über die Dissidenten, das Gesetz vom 21. Juni 1879 über die Zwangsvollstreckung in unbewegliches Vermögen, vom 24. Juni 1879 über das Schiedsmannsinstitut, vom 26. Juni 1879 über das Hinterlegungswesen und vom 11. Juli 1879 über Dienstvergehn von Reichsbeamten zu erwähnen.

Die Gesetzgebungen von **Braunschweig**, **Anhalt**, **Schwarzburg-Rudolstadt**, **Schwarzburg-Sondershausen**, **Reuß** ält. u. jüng. Linie, **Lippe und Schaumburg-Lippe** ebenso von den durch ein gemeinsames Oberlandesgericht zu Hamburg vereinigten drei freien Hansestädten **Bremen**, **Hamburg** und **Lübeck** haben zur Ausführung und Ergänzung der Reichsjustizgesetze ebenfalls zahlreiche Gesetze erlassen, bezieh. anschließende Gesetze über Straffestsetzungen, Verwaltungsbehörden, Vollstreckungen der Entscheidungen und Forderungen dieser Behörden, Zwangsversteigerungen u. s. w.

In **Waldeck** sind durch Gesetze vom 1. Septbr. 1879 die preußischen Justizausführungsgesetze nebst der sich daran anschließenden preußischen Gesetzgebung eingeführt.

Aus der Gesetzgebung von **Oesterreich** sind hervorzuheben: das Gesetz vom 23. Juni 1878, durch welches der Kläger, welcher Stempel- und Gebührenfreiheit im Civilprozesse genießt, von der Verpflichtung befreit wird, dem Beklagten für die Prozeßkosten Sicherheit zu leisten oder zu schwören, daß er keine Sicherheit leisten könne; das Gesetz v. 27. Juni 1878, betreffend die Errichtung und das Privilegium der österreichisch-ungarischen Bank, insbesondere ihre Exemtion betreffs der handelsgerichtlichen Protokollirung der Firma, des Gerichtsstandes, der Amortisirung und der besonderen Rechte bei Durchführung gerichtlicher Exekutionen; das Gesetz vom 30. Juni 1878 über Veräußerung von Staats- und anderen Loosen oder deren Gewinnsthoffnung, welches die Veräußerung der Gewinnsthoffnung gegen Ratenzahlung, ebenso die gewerbmäßige Veräußerung von Loosen, sowie die Veräußerung von Loosen oder Loosantheilen gegen Ratenzahlungen seitens Anderer als der Inhaber protokollirter Firmen und unter anderen als den gesetzlichen Bedingungen verbietet; die Verordnung v. 4. Juli 1878 über Vorsichtsmaßregeln bei Aufnahme von Geisteskranken in Heilanstalten; die Verordnung v. 6. Juli 1878, betreffend die Ermächtigung der Gesandtschaft und der Konsulate in den Niederlanden zur Erhebung beweglicher Nachlässe von nicht mehr als 250 holländ. Gulden; die Verordnung vom 28. Aug. 1878, betreffend die Legalisirung gerichtlicher und notarieller Urkunden für Italien. Das Gesetz vom 30. März 1879 bestimmt, daß an materiellen Theilen eines Gebäudes, welche an sich nicht als selbständige körperliche Sachen angesehen werden können, wie z. B. einzelne Stockwerke eines Gebäudes ein selbständiges Eigenthumsrecht nicht erworben, noch in das Grundbuch eingetragen werden kann; die früher erworbenen ähnlichen Rechtsverhältnisse werden jedoch hierdurch nicht berührt und können auch, soweit nicht für einzelne Gebiete schon früher Theilungsverbote erlassen sind, fortan den Gegenstand grundbücherlicher Eintragung bilden. Der Exekution können nur die vereinigten Antheile unterzogen werden. Zu erwähnen sind noch die Verordnung vom 14. Mai 1879, betreffend die Kompetenz der Steuerämter bei Realexekutionen, das Gesetz vom 26. Mai 1879, betreffend den Schutz des Briefgeheimnisses bei desinficirten Briefen und die Verordnung vom 29. September 1879, welche die Vorschriften der italienischen Civilprozeßordnung betreffs des Deliberationsverfahrens behufs der Beobachtung der Reciprocität bekannt giebt.

In parlamentarischer Berathung befinden sich noch Regierungsvorlagen zur Aufhebung bez. Erleichterung des Legalisationszwanges und zur Erlassung eines neuen Wuchergesetzes, und Anträge zur Aenderung der Vorschriften über die Intervention der Staatsanwaltschaft bei den Bezirksgerichten, sowie betreffend die Regulirung der Polizei-Strafgerichtsbarkeit. Die größeren legislatorischen Arbeiten zur Erlassung eines neuen Strafgesetzbuchs und einer neuen Civilprozeßordnung sind nahezu abgeschlossen und wird ihre Vorlegung an das Parlament gewärtigt. In neuester Zeit sind endlich noch gutachtliche Aeußerungen über Vorschläge zur Hebung und Kräftigung des Advokatenstandes erfordert.

Ueber die zur praktischen Realisirung des Rechts nothwendigen Einzelnheiten erhebt sich gern der Blick des praktischen wie des theoretischen Juristen zu den allgemeinen Grundsätzen des Rechts, nach welchen sich unser Recht auf der universellen Grundlage des Rechts und für uns auf der Grundlage deutscher Sitte und deutscher Lebensanschauung aufbaut. Während wir mit Interesse den auf diesen gemeinsamen Grundlagen parallelen Bestrebungen zur Rechtsbildung im deutschen Reiche und in Oesterreich folgen, tritt dem Juristentage diese seinem Wesen entsprechende allgemeine Richtung besonders am Orte seiner diesjährigen Zusammenkunft nahe, welcher durch seine Universität für die universelle Umfassung der Rechtsbildungen eine bewährte Bedeutung hat und in dem Reichsgerichte für das deutsche Reich unsern verehrten, segensreich einigend wirkenden höchsten Central-Gerichtshof beherbergt. Mögen wir Alle, welche der deutsche Juristentag eint, solchen Mustern nacheifern, Jeder an seinem Theile fördernd zu der niemals abgeschlossenen Entwickelung des Rechtes ferner beitragen, wie hierfür bereits der Juristentag seit seinem zwanzigjährigen Bestehen bestrebt gewesen ist.

Präsident Dr. **Drechsler**: Ich schließe hieran die den Juristentag und den Verein speciell betreffende Mittheilung über das Vermögen des Juristentags.

Unser Kassirer, Herr Ministerresident Dr. Borchardt, ist leider durch Krankheit verhindert, selbst diesen Bericht abzustatten. Er ist der ständigen Deputation eingehändigt und es wird genügen, Ihnen anzuzeigen, daß das Vermögen des Juristentages gegenwärtig nach Abzug der Kosten der Leipziger Versammlung noch die in Werthpapieren angelegte Summe von rund 33,000 Mk. beträgt.

Die 2. Plenarberathung wird nächsten Sonnabend um 10 Uhr Morgens stattfinden.

Die Herren Vorsitzenden der Abtheilungen werden inzwischen die einzelnen Abtheilungen veranlassen, je 10 Vertrauensmänner zu wählen, welche im Zusammentritt mit mir die Mitglieder der ständigen Deputation für das neu beginnende Jahr zu ernennen haben. Diese Besprechung setze ich an auf Sonnabend um 9 Uhr Morgens.

An das Präsidium des Juristentags sind noch einige Zuschriften gelangt, die ich kurz bezeichne: eine sehr dankenswerthe Zuschrift des Herrn v. Zahn „belgische Zellenhaft im deutschen Strafvollzug".

Herr v. Zahn bedauert, gesundheitlich behindert zu sein, selbst an unseren Arbeiten theilzunehmen und haben wir für das Interesse, welches er denselben durch diese Gabe widmet, verbindlichst zu danken.

Es ist weiter eingegangen ein Unterstützungsgesuch der Advokatenwittwe Walpurga Meierhof, einer alten hochbejahrten Dame in München. Da statutenmäßig der juristische Verein keine Mittel hat, derartige Gesuche zu berücksichtigen, wie das ja auch bisher immer festgehalten worden, so mache ich bloß diese Mittheilung, um vielleicht den einen oder den anderen Collegen, der die Verhältnisse genauer kennt, zu veranlassen, wenn thunlich, auf das Gesuch Rücksicht zu nehmen.

Der Herr Rechtsanwalt v. Querfurt aus Oschatz in Sachsen hat eine Schrift eingereicht, betitelt:

„Consideranda zum Juristentag". Es sind eine Menge Vorschläge, die er für die Gesetzgebung macht, namentlich in Bezug auf das Gerichtskostengesetz und was damit zusammenhängt. Diese Zuschrift wird der ständigen Deputation überwiesen werden.

Damit ist unsere heutige Tagesordnung erschöpft. Ich schließe die 1. Plenarberathung des Juristentags.

(Schluß der Sitzung 10 Uhr Vormittags.)

Erste Sitzung der ersten Abtheilung in der Aula der Universität am 9. September 1880.

Vormittags 11 Uhr.

Landgerichtsrath **Thomsen** (Hannover): M. H., im Auftrage Ihrer ständigen Deputation habe ich die Ehre als Vorsitzenden dieser Abtheilung den Herrn Oberlandesgerichtspräsidenten Dr. Kühne aus Celle vorzuschlagen. Findet dieser Vorschlag Ihre Zustimmung?

(Wird bejaht.)

So verkünde ich als Vorsitzenden der I. Abtheilung den Herrn Oberlandesgerichtspräsidenten Dr. Kühne.

(Derselbe übernimmt den Vorsitz.)

Präsident Oberlandesgerichtspräsident Dr. **Kühne** (Celle): M. H., ich danke Ihnen für das geschenkte Vertrauen und bitte Sie, mir zu gestatten, gleich das Bureau zu constituiren.

Zu seinem Stellvertreter beruft der Vorsitzende den Geheimen Justizrath Dorn aus Leipzig, zu Schriftführern den Rechtsanwalt Broda aus Leipzig, den Rechtsanwalt Boyens aus Stettin, den Amtsrichter Dr. v. Kirchbach aus Berlin und den Referendarius Merschmann aus Celle.

Heute übernimmt die Protokollführung der Rechtsanwalt Boyens.

Präsident: M. H., es sind auf die Tagesordnung dieser Abtheilung gestellt worden die Fragen:

1. Was ist im deutschen Civilgesetzbuche über die Vindication beweglicher Sachen im Verhältnisse zum redlichen Erwerb zu bestimmen?
2. Ob und unter welchen Voraussetzungen das constitutum possessorium mit der Wirkung der Besitzübertragung für bewegliche Sachen auszustatten ist?

und

3. Erscheint es angemessen, mit der Verheirathung die Rechtswirkungen der Großjährigkeit zu verbinden?

Nach dem, was ich gehört habe, sind verschiedene Meinungen darüber vorhanden, in welcher Reihenfolge diese Themata zu verhandeln seien. Ich erlaube mir den unmaßgeblichen Vorschlag, daß die 3. Frage heute zu verhandeln sei und die beiden anderen Fragen, welche mehr Zeit erfordern werden, auf die morgende Tagesordnung der Abtheilung gestellt werden. Ich bin nämlich der Meinung, daß es zweckmäßig sein wird, die Verhandlung der 1. und 2. Frage gleichzeitig oder wenigstens unmittelbar aufeinander erfolgen zu lassen, da die beiden Themata eine Verwandtschaft mit einander haben, die eine Trennung wenigstens nicht wünschenswerth macht. Ich glaube, daß uns die beiden ersten Themata, welche die wichtigeren sein dürften, viel mehr in Anspruch nehmen, als die dritte. Ich schlage deshalb vor, die Tagesordnung in der Weise festzustellen, daß heute über die 3. Frage und morgen zu einer noch näher zu bestimmenden Zeit über die beiden anderen Fragen verhandelt wird.

Ich bitte diejenigen Herren, welche über die Tagesordnung sprechen wollen, ihre etwaigen Vorschläge zu machen.

Oberstaatsanwalt **v. Köstlin** (Stuttgart): M. H., ich bin mit dem Referate über Frage 3 schon für den Jenaer Juristentag beauftragt worden, kam aber damals wegen Kürze der Zeit nicht zum Worte. Sie würden mir einen wesentlichen Dienst erweisen, wenn Sie nach dem Antrage des Herrn Vorsitzenden beschließen wollten, da ich meiner Stellung nach der III. Abtheilung angehöre und morgen den Verhandlung der III. Abtheilung beiwohnen möchte. Für den Referenten ist es immerhin etwas Schwieriges und Unangenehmes, warten zu müssen, ob man schließlich und wann man noch zum Reden kommt.

Präsident: Hat einer von den Herren einen Gegenvorschlag zu machen?

Justizrath **v. Wilmowski** (Berlin): Ich will dem Vorschlage nicht entgegentreten, ich möchte nur einen anderen Vorschlag daran knüpfen, nämlich den. Ich vermuthe, daß die 3. Frage uns nicht sehr lange beschäftigen wird. Dann aber wäre es schade, wenn wir auseinandergingen, ohne die anderen Fragen zu berühren. Es ist das um so wichtiger, als der Herr Referent über die 2. Frage, Herr Reichsgerichtsrath W i e n e r, auch bei der II. Abtheilung betheiligt ist und möglicherweise eine Collision mit der II. Abtheilung, wenigstens in Betreff seiner Wünsche eintreten kann, hinsichtlich der Berathung der Frage über die Sonderrechte der Actionäre. Ich wollte deshalb nur bitten, wenn die 3. Frage, wie vorauszusehen ist, vielleicht bald erledigt sein sollte, nicht die Versammlung auseinandergehen zu lassen, sondern womöglich gleich die 2. Frage zur weiteren Berathung zu stellen.

Präsident: M. H., ich würde mit diesem Vorschlage gern einverstanden sein; ich möchte nur darauf aufmerksam machen, daß die Beschlüsse über die 1. Frage für die 2. Frage gewissermaßen präjudicirlich sind und es wohl nicht vortheilhaft sein würde, die Verhandlung über das constitutum possessorium vorwegzunehmen und dann erst über die 1. Frage zu verhandeln. Ich glaube, daß es richtiger ist, die 1. Frage vor der 2. Frage zu nehmen.

Justizrath **v. Wilmowski:** Ich habe nur den Vorschlag machen wollen, daß nach der 3. Frage über die beiden ersten Fragen verhandelt wird. Ueber welche der beiden Fragen zu 1 und 2 zuerst, stelle ich ganz anheim; in dieser Beziehung habe ich keinen definitiven Antrag stellen wollen.

Reichsgerichtsrath Dr. **Wiener** (Leipzig): Ich verstehe nicht, wie nach dem Vorschlage des Herrn Justizrath Wilmowski der möglichen Collision ausgewichen werden soll. Wie die Sachen liegen, dürfte es doch am einfachsten sein, da wir noch etwas über 3 Stunden haben, daß wir an der Reihenfolge der Gegenstände hier nichts ändern, in der Hoffnung, die hauptsächlichen Fragen, falls als solche die zu 1 und 2 gelten sollen, heute zu erledigen. Es will mir in der That als Zumuthung erscheinen, bloß persönlicher Wünsche wegen, weil dort und hier verschiedene Herren gleichmäßig interessirt sind, die Tagesordnung hier so zu beschneiden, daß wir möglicherweise nur eine kurze Zeit beisammen sind, wenn es richtig ist, daß die 3. Frage für die Anwesenden nur so geringe Zeit zur Erledigung beanspruchen wird.

Präsident: Wenn ich den Herrn Reichsgerichtsrath Wiener richtig verstanden habe, so stellt derselbe den Antrag, daß über die Fragen 1 und 2 zuerst verhandelt wird.

Justizrath **v. Wilmowski:** Dann würde ich definitiv den Antrag stellen, heute über Frage 2 zuerst und sofort zu verhandeln.

Präsident: M. H., wenn Niemand mehr das Wort verlangt, so will ich über die Reihenfolge der Tagesordnung abstimmen lassen.

Ich bitte diejenigen Herren, welche wünschen, daß die Frage 2 vor 3 verhandelt werde, unpräjudicirlich, ob in Verbindung mit Frage 1 oder allein, sich von ihren Plätzen zu erheben.

(Geschieht.)

Das ist die Minorität.

Dann, m. H., wird vorweg verhandelt werden die 3. Frage:

> Erscheint es angemessen, mit der Verheirathung die Rechtswirkungen der Großjährigkeit zu verbinden?

Ich bitte, den Herrn Oberstaatsanwalt v. Köstlin das Referat vortragen zu wollen.

Referent Oberstaatsanwalt **v. Köstlin** (Stuttgart): Die Frage, welche uns zur Berathung vorliegt:

erscheint es angemessen, mit der Verheirathung die Rechtswirkungen der Großjährigkeit zu verbinden?

stand schon vor zwei Jahren auf der Tagesordnung des Juristentags zu Jena, wurde aber, da die Zeit nicht mehr reichte, zurückgestellt.

Wir besitzen in den Verhandlungen des 14. deutschen Juristentags zwei gründliche Gutachten über unseren Gegenstand, erstattet von dem Landgerichtsrath Lang in Rottweil und dem Professor Dr. Pfaff in Wien.

Beide Gutachter gehen davon aus, die gestellte Frage sei dahin auszulegen, daß die Rechtswirkungen der Großjährigkeit in ihrem ganzen Umfang verstanden seien, wonach dem bisher Minderjährigen mit der Großjährigkeit die Fähigkeit zu allen Handlungen des bürgerlichen Lebens gewährt, derselbe in den vollen Besitz der bürgerlichen Unabhängigkeit versetzt wird, die Frau vorbehältlich der Modifikationen, welche die eheherrliche Gewalt und das eheliche Güterrecht mit sich bringt.

Die Gutachten wenden sich zunächst zu der verschiedenartigen Entwicklung, welche unsere Frage im Laufe der Zeiten erfahren hat.

Im römischen Recht hatte die Verehelichung keinen Einfluß auf den Zustand der Minderjährigkeit; der Minderjährige blieb auch nach der Verheirathung bis zum vollendeten 25. Jahr oder bis zu erlangter venia aetatis unter Vormundschaft und auch im letzteren Fall unterlag er noch einzelnen Beschränkungen seiner Handlungsfähigkeit: er konnte Grundstücke ohne obrigkeitliches Dekret nicht veräußern und Nichts verschenken. Für die Haussöhne bestand die lebenslänglich dauernde väterliche Gewalt, während die Töchter aus dieser durch den Uebergang in die manus eines Anderen ausschieden.

Im älteren deutschen Recht dagegen endete mit der Verehelichung sowohl die gewöhnliche als die elterliche Altersvormundschaft; beim männlichen Geschlecht galt die Einwilligung der Familie zu der Verehelichung des Sohnes als Mündigsprechung; die Töchter traten durch ihre Verheirathung unter die Vormundschaft des Mannes, neben welcher eine Altersvormundschaft nicht bestehen konnte. Der Mann erlangte mit der Verehelichung volle Selbstständigkeit, während die Frau in die die Hausherrlichkeit und eheliche Vormundschaft in sich vereinigende Familiengewalt des Mannes überging.

Auch nach der Reception des römischen Rechts blieb dieser Grundsatz in einem Theile Deutschlands durch Statuten oder Gewohnheitsrecht bestehen. Seit dem 16. Jahrhundert aber wurde er, namentlich in Folge der Bestimmungen der Reichspolizeiordnung von 1577, zurückgedrängt, und die Bestimmung, daß die Minderjährigkeit durch Verehelichung nicht aufhöre, in die Codifikationen insbesondere in Oesterreich und Preußen aufgenommen. Wie die interessante historische Erörterung in dem Pfaff'schen Gutachten darthut, lag der Grund der Umwandlung in Oesterreich in dem auch auf anderen Gebieten hervorgetretenen Zug einer wohlgemeinten polizeilichen Bevormundung, in dem Mißtrauen gegen die „zu Freiheit und Ueppigkeit geneigte Jugend, welche sich öfters zu unanständigen Heirathen verleiten lasse".

Ob heutzutage das römische oder das ältere deutsche Recht in dieser Materie als gemeines Recht anzusehen sei, erscheint als eine müßige Frage. Die Entwicklung hat sich im Zusammenhang mit den Bestimmungen über die väterliche Gewalt, über die Vormundschaft und das eheliche Güterrecht in den deutschen Landen so verschiedenartig gestaltet und es bestehen hierüber bekanntlich so viele Zweifel und Controversen, daß von einem gemeinen deutschen Recht wohl nicht die Rede sein kann.

1. Auf der einen Seite stehen die Gebiete, in welchen ungeachtet der Verehelichung der Zustand der Minderjährigkeit bei beiden Geschlechtern fortdauert, insbesondere Preußen und Oesterreich.

Nach dem Allgemeinen Preußischen Landrecht wird durch die Verheirathung eines männlichen Mündels die Vormundschaft nicht aufgehoben; durch die Verheirathung einer Tochter unter ertheilter oder vom Richter supplirter Einwilligung des Vaters hört zwar die väterliche Gewalt auf, die minderjährige Tochter bleibt aber bis zu ihrer Volljährigkeit unter der Vormundschaft des Vaters. Haben Kinder eines Pflegbefohlenen eigenes Vermögen, so hat dessen Vormund in Ansehung dieses Vermögens die nämlichen Rechte und Pflichten, wie bezüglich des Vermögens ihres Vaters; dagegen hat der letztere über die Person der Kinder alle Rechte der väterlichen Gewalt, die sich auf eine Vermögensverwaltung nicht beziehen. Durch eine Reihe von Bestimmungen sucht das Gesetz die Fortdauer der Altersvormundschaft mit den Forderungen des ehelichen Lebens auszugleichen und schafft hiemit einen Rechtszustand, welchen Kraut als einen weder natürlichen noch wünschenswerthen bezeichnet. Die Vormundschaftsordnung von 1875 setzt für sämmtliche Landestheile fest, daß die Großjährigkeit in Folge der Verheirathung nicht eintrete. Auch in Hannover, mit Ausnahme des Landes Hadeln, und in Kurhessen dauerte die Minderjährigkeit trotz der Verehelichung fort.

Nach dem österreichischen bürgerlichen Gesetzbuch wird die Vormundschaft über einen minderjährigen Mann durch Eingehung einer Ehe nicht berührt; eine minderjährige Tochter kommt durch die Verheirathung rücksichtlich ihrer Person unter die Gewalt des Ehemanns, hinsichtlich ihres

Vermögens hat aber ihr Vater bis zu ihrer Großjährigkeit die Rechte und Pflichten eines Curators; stirbt der Mann während ihrer Minderjährigkeit, so kommt sie wieder unter die väterliche Gewalt. Uebrigens hängt es von der Beurtheilung des Gerichts ab, ob bei Verheirathung einer Minderjährigen die Curatel dem Ehemann abgetreten werden soll. Die Rechte der Volljährigkeit werden erworben, wenn der Vater mit Genehmigung des Gerichts das minderjährige Kind aus der Gewalt entläßt, wenn er dem 20 Jahre alten Sohne die Führung einer eigenen Haushaltung gestattet, oder wenn einem bevormundeten 20 Jahre alten Minderjährigen von der Behörde der Betrieb einer Handlung oder eines Gewerbes gestattet wird.

Im Königreich Sachsen hatte unsere Frage für Männer, da bei diesen die Ehemündigkeit und Volljährigkeit gleichmäßig auf das zurückgelegte 21. Lebensjahr festgesetzt war, nur geringe Bedeutung — in Fällen der Dispensation. Nach dem sächsischen bürgerlichen Gesetzbuch erlischt die väterliche Gewalt, wenn das Hauskind eine besondere Haushaltung gründet, bei der Tochter, wenn sie sich verheirathet, und zwar lebt dieselbe nach Beendigung der Ehe nicht wieder auf. Verheirathet sich eine minderjährige Frauensperson, so geht die Verwaltung und der Nießbrauch ihres Vermögens auf den Ehemann über; sie bedarf aber zu Geschäften mit ihrem Ehemann und bei ihrer Mitwirkung zu Verfügungen des Ehemanns über ihr Vermögen der Einwilligung ihres Vormunds.

Für Mecklenburg-Schwerin verordnet das Gesetz v. 31. Januar 1871, daß minderjährige Ehefrauen unter der väterlichen oder der bereits bestehenden Alters-Vormundschaft verbleiben und beim Wegfall der väterlichen unter Alters-Vormundschaft gestellt werden — unbeschadet der nach statutarischen Bestimmungen dem Ehemann am Vermögen der Frau zustehenden Rechte.

Nach dem Rostocker Stadtrecht erlischt zwar durch die Heirath der Tochter die väterliche Gewalt, die minderjährige Ehefrau bleibt aber verpflichtungs-unfähig und wird, wenn sie Wittwe wird, unter Alters-Vormundschaft gestellt. Bei minderjährigen Haussöhnen wird durch die Verheirathung die väterliche Vormundschaft, sofern nicht separata oeconomia eintritt, nicht gelöst.

Hier mögen noch zwei in Seufferts Archiv (VII. 276 und XIII. 99) enthaltene Entscheidungen der Oberappellationsgerichte zu Jena vom 19. November 1821 und Darmstadt vom 22. Februar 1855 angeführt werden, welche aussprechen, daß nach gemeinem sächsischen Recht, beziehungsweise nach constanter, auf die Reichspolizeiordnung von 1577 gegründeter Praxis durch die Verheirathung einer Minderjährigen deren Vormundschaft nicht aufgehoben werde.

2. Auf der entgegengesetzten Seite stehen Bayern, Sachsen-

Weimar, Bremen, sodann das Mainzer, Solmser, Erbacher Landrecht und die Schweizerischen Kantone Bern, Zürich, Aargau, Freiburg, Solothurn, Schaffhausen, Graubünden; hier tritt bei beiden Geschlechtern das gänzliche Aufhören der Vormundschaft und der volle Stand der Großjährigkeit durch die Eheschließung ein.

3. Eine dritte Gruppe bilden diejenigen Gebiete, in welchen nur die minderjährigen Frauenspersonen durch die Verheirathung der Vormundschaft enthoben werden; so früher in Neuvorpommern, Rügen, Schleswig-Holstein, Nassau; jetzt gilt dieser Grundsatz in Hamburg, Lübeck, nach der Verordnung von Wismar vom 9. Dezember 1875, in Oldenburg beim Eingehen gewisser Güterrechtsverhältnisse, und in Württemberg. Das württembergische Gesetz vom 21. Mai 1828 bestimmt, daß minderjährige, in die Ehe tretende Frauenspersonen vom Tage der Trauung an in allen Beziehungen für volljährig zu achten sind, und den Stand der Volljährigkeit behalten, auch wenn noch vor deren natürlichem Eintritt die Ehe gelöst wird. Es kommt hiebei wesentlich in Betracht, daß in Württemberg bis zum Erscheinen des Reichsgesetzes vom 6. Februar 1875 Männer nur nach erreichter Volljährigkeit oder nach erlangter Dispensation, welche die Wirkungen einer Volljährigkeitserklärung hatte, heirathen durften. Eine Vormundschaft über minderjährige Ehemänner konnte daher in Württemberg früher nicht vorkommen; seit dem erwähnten Reichsgesetz ist dies für die Zeit vom zurückgelegten 20. bis 21. Lebensjahr möglich, während die Frau, auch wenn sie jünger ist, durch die Verheirathung die Rechte der Großjährigkeit erlangt.

4. Eine andere Gestaltung, zwar nicht die Verleihung der vollen Rechte der Großjährigkeit, aber doch eine Erweiterung der Geschäftsfähigkeit findet sich in den Ländern des französischen Rechts. Volltönend lautet der Satz: le mineur est emancipé de plein droit par le mariage, und nach den Aeußerungen, die uns aus der Entstehungsgeschichte des code aufbewahrt sind, könnte man meinen, es habe sich um Einführung des alten Rechtssprichworts: „Heirath macht mündig" gehandelt; z. B. l'émancipation du mariage, elle n'a pas besoin d'être justifié (Berlier), und: comment ne pas reconnaitre capable du soin de ses biens celui que l'on a reconnu capable des soins d'epoux et de père! Allerdings haben diese Emanzipirten die laufende Verwaltung ihres Vermögens, aber zu wichtigeren Geschäften bedürfen sie eines Curators, zur Veräußerung von Grundstücken und Aufnahme von Darlehen der Zustimmung des Familienraths und Gerichts.

Aehnliche Beschränkungen finden sich im Frankfurter und Braunschweigischen Rechte.

Die uns vorliegende, nach dem Angeführten im bestehenden Recht so verschiedenartig geregelte Frage hat für das deutsche Reich, was das männliche Geschlecht angeht, viel von ihrer praktischen Bedeutung verloren, seitdem durch die Reichsgesetze vom 6. und 17. Februar 1875 die Ehemündigkeit bei demselben auf das vollendete 20. und die Großjährigkeit allgemein auf das zurückgelegte 21. Lebensjahr festgesetzt ist. Man wird annehmen dürfen, daß in Fällen des Bedürfnisses die Großjährigkeit im Weg der Dispensation nach den in den deutschen Staaten geltenden Normen bewilligt wird. Das Reichsgesetz vom 17. Februar 1875 spricht sich zwar nicht, wie § 28 des Reichsgesetzes vom 6. Februar 1875 bezüglich der Ehemündigkeit, über die Zulässigkeit der Dispensation von der Minderjährigkeit aus; nach den hierüber im Reichstag stattgehabten Erörterungen wird aber über die Zulässigkeit dieser Dispensation kein Zweifel sein. Die preußische Vormundschaftsordnung § 61 läßt die Großjährigkeitserklärung des Mündels, wenn derselbe das 18. Lebensjahr zurückgelegt hat und zustimmt, durch das Vormundschaftsgericht zu. Das sächsische bürgerliche Gesetzbuch § 1967 und 1968 behält die Volljährigkeitserklärung des 18 Jahre alten Pflegbefohlenen dem Landesherrn auf erstatteten Bericht des Appellationsgerichts und des Justizministers vor.

Was dagegen das weibliche Geschlecht betrifft, so ist bei diesem, da dasselbe durch das Reichsgesetz vom 6. Februar 1875 schon mit zurückgelegtem 16. Lebensjahr für ehemündig erklärt ist — und auch hier ist noch Dispensation zulässig —, unsere Frage von eingreifender Bedeutung, ebenso in Oesterreich, wo die Ehemündigkeit schon mit dem zurückgelegten 14., die Großjährigkeit erst mit dem vollendeten 24. Lebensjahr eintritt.

Unsere beiden Gutachter sprechen sich für die Bejahung der uns vorliegenden Frage aus, hauptsächlich in Rücksicht des Wesens der Ehe, der ethischen Natur und Aufgabe derselben und der Stellung des Ehemanns als Herr des Hauses, als Haupt der Familie innerhalb dieser und in deren Beziehungen gegen außen.

Ich darf voraussetzen, daß die Ausführungen der Gutachter den verehrten Mitgliedern des Juristentags bekannt sind und erlaube mir daher, nur kurz das Wesentliche zusammen zu fassen.

Der Sohn — wird ausgeführt — begründe durch seine Verheirathung eine neue Familie, deren Haupt er sei; ein neuer Kreis von Interessen trete hiemit in das Leben; die Beziehungen zu der alten Familie treten zurück gegenüber von dem, was ihm jetzt in erster Linie stehen solle, Weib und Kind. Die Frau solle ihm Achtung und Gehorsam zeigen; die Leitung des Hauswesens, die Erziehung der Kinder stehe ihm zu. Die Gesetzgebung halte ihn für reif und fähig zur Stellung als Familienhaupt; da erscheine es als innerer Widerspruch, ihn zur selbstständigen Besorgung bürgerlicher Geschäfte, zur Führung einer Vermögensverwaltung unfähig zu erklären. Es sei mit dem Wesen der Ehe unvereinbar, wenn der Mann unter Vormundschaft stehe oder bei wichtigen Handlungen in der Ehe noch an die Zustimmung eines Anderen gebunden sei, sich dessen Widerspruch und Tadel gefallen lassen, sogar die Vertretung seiner Frau nach außen einem Anderen überlassen müsse.

Die Gewalt über die Person der Frau lasse sich von der Verwaltung des Vermögens nicht trennen, ohne daß Mißstände und Nachtheile entstehen; oft genug könne eine die Person betreffende Verfügung ihre Ausführung nur durch eine die Vermögensverwaltung betreffende Maßregel finden; bei Meinungsverschiedenheiten gebe es keine befriedigende Lösung; denn: behalte der Vater oder Vormund Recht, wo bleibe dann die dem Mann zustehende Leitung und behalte der Mann Recht, wo bleibe dann das Recht des Vaters oder Vormunds?

Nothwendig leide das zarte Verhältniß, wie es unter Ehegatten bestehen soll, wenn Angelegenheiten, welche außer ihnen Niemand etwas angehen, dem Vormund mitgetheilt werden müssen; und die Achtung der Frau vor dem Manne müsse leiden, wenn derselbe Nichts von Wichtigkeit ohne des Vormunds Einwilligung vornehmen könne.

Der beabsichtigte Schutz könne sich aber auch in Nachtheil verkehren, wenn der Vormund und die Vormundschaftsbehörde nicht gehörig eingeweiht, vielleicht zu ängstlich sei, z. B. wenn für die ökonomische Lage der Eheleute, zur Beschaffung eines Betriebskapitals ein Verkauf, eine Darlehensaufnahme nothwendig oder nützlich, eine Bekanntgebung der Vermögenslage aber nicht rathsam wäre, und nun Seitens der Vormundschaft zum Nachtheil des Kredits des Mannes eine Veräußerung oder Verpfändung von Vermögenstheilen der Frau nicht gestattet, sondern umgekehrt die Sicherstellung ihres Vermögens verlangt und so die Thätigkeit und der Erwerb des Mannes gelähmt wird; leicht könne in solchen Fällen, auch wenn die Frau mit dem Mann einverstanden sei, der Grund zu Mißtrauen, Unfrieden und zur Zerrüttung der Ehe gelegt werden, indem der Mann auf den Glauben kommen könne, die Zustimmung seiner Frau beruhe auf Verstellung und die Weigerung des Vormunds sei von ihr angestiftet.

Weiter wird ausgeführt: der Vater, beziehentlich die Mutter oder der Vormund können, wenn sie wegen Mangels an Reife oder Vertrauenswürdigkeit Bedenken haben, bis zum zurückgelegten 25. Jahr des Sohnes und 24. Jahr der Tochter ihre Einwilligung zur Verehelichung versagen, und eine Klage auf richterliche Ergänzung gebe das Gesetz erst nach erlangter Volljährigkeit; auch könne durch bindende Eheverträge bei Eingehung der Ehe einer minderjährigen Tochter für diese von ihren Eltern oder dem Vormund gesorgt werden. Sei aber die Einwilligung zur Ehe erfolgt, so erscheine damit die Berechtigung zur privatrechtlichen Selbstständigkeit anerkannt. Berechtigten Interessen des Vaters werde damit nicht zu nahe getreten: indem derselbe in die Ehe willige, gebe er zu soviel tiefer greifenden Consequenzen — Entstehung von eventuellen Alimentations- und Erbansprüchen künftiger Enkel — seine Zustimmung, daß damit verglichen die Einwirkung auf die Vermögensverwaltung bis zum Eintritt der Großjährigkeit von verschwindender Bedeutung sei.

Ueberdieß werde durch die erlangte Selbstständigkeit manche bisher schlummernde Kraft geweckt und ein stärker zur Thätigkeit wirkender Antrieb, als die Sorge für die eigene Familie, sei nicht denkbar.

Der nächste und berufenste Beschützer nicht bloß der Person, sondern auch des Vermögens seiner Frau sei der Ehemann, und dieser werde schon um seines eigenen Interesses willen den Schutz in der großen Mehrzahl der Fälle zum mindesten so gut besorgen als ein Vormund. Die Gefahr, falls ein Mann pflichtvergessen sei, bestehe ebenso für eine großjährige Frau, die Schutzbedürftigkeit liege viel mehr im Geschlecht als im Alter. Das Weib werde, wie vom Gesetz anerkannt sei, viel früher reif als der Mann; daher sei auch ihre früher eintretende Selbstständigkeit nicht zu beanstanden. Mit ihrer Verehelichung löse sie sich von ihrer bisherigen Familie, an die Stelle des elterlichen Schutzes trete der Schutz des Ehemanns, neben welchem das Bedürfniß einer staatlichen Vormundschaft nicht gegeben sei. Die Ehe bedinge, daß die Ehefrau sich in ungetheilter Lebens- und Interessengemeinschaft mit dem Ehemann fühle; das gesammte deutsche Eherecht und Frauenrecht ruhe auf dem Satze, daß der Ehemann der Herr des Hauses, das Haupt des Weibes sei. In diese Interessengemeinschaft können sich weder Vater noch Vormund vollständig hineinfühlen; wenn die Frau im wirklichen Interesse der Ehe Vermögensopfer zu bringen gesonnen wäre, werde der Vormund für seine Pflicht halten, Einspruch zu erheben, und das Opfer werde unterbleiben, wenn es auch auf der ethisch richtigsten Gesinnung beruhen würde.

Hiernach sprechen sich unsere beiden Gutachter dafür aus, daß durch die Verheirathung nicht bloß der Mann, sondern auch die Frau selbstständig werde, daß die Frau als Herrin des Hauses da selbstständig auftreten dürfe, wo nicht das Verwaltungsrecht des Mannes Platz greift oder wo der Mann sie nicht vertreten kann, z. B. wenn sie mit ihm ein Geschäft abschließt.

Pfaff will diese Selbstständigkeit der Ehefrau fortdauern lassen, auch wenn die Ehe gelöst wird, ehe die Frau das Alter der Volljährigkeit erreicht hat, würde übrigens Nichts dagegen einwenden, wenn das Gesetz einer schutzlosen minderjährigen Wittwe gestatten würde, sich einen Vormund zu erbitten; während Lang für solche Fälle, wenn die Frau keine Eltern als natürliche Beschützer und Berather hat, die Anordnung einer Vormundschaft zulassen würde.

Beide Gutachter heben noch die Gefahr der Rechtsunsicherheit hervor, welche für dritte Personen durch den Zustand der Minderjährigkeit von Eheleuten entsteht. Während die rechtlichen Verhältnisse von Hauskindern oder unter Vormundschaft stehenden Personen dem Publikum in der Regel wohl bekannt seien, erscheinen durch die Heirath und Gründung eines eigenen Hausstandes die Eheleute gegen außen als eine selbstständige Familie und werden gar leicht als großjährig angesehen; wie viele Prozesse seien schon dadurch entstanden, daß Einer mit einem Anderen, den er für großjährig hielt, Geschäfte abschloß oder daß er sich auf dessen Redlichkeit verließ, dann aber in Schaden kam, weil der Vertrag von den Contrahenten oder wenn dieser starb oder in Gant kam, von seinen Erben oder Gläubigern nicht gehalten wurde.

Die Ehre des Referats in dieser Sache ist mir von der ständigen Deputation des Juristentags wohl hauptsächlich aus dem Grund übertragen worden, weil ich einem Lande angehöre, in welchem gesetzlich seit 52 Jahren der Grundsatz gilt, daß die minderjährige Frau mit ihrer Verheirathung die Rechte der Großjährigkeit erlangt. Man hatte damals bei uns zur Beseitigung der mancherlei über die Handlungsfähigkeit minderjähriger Ehefrauen bestehenden Controversen und der aus deren Bevormundung sich ergebenden Mißstände dringend die Aufhebung jeder Bevormundung der Ehefrauen verlangt und es wurden hierfür weniger eine ideale Auffassung der Ehe, als recht praktische Gründe in's Feld geführt; Bedenken bestanden bei der ständischen Berathung nur darüber, ob nicht bei Geschäften der minderjährigen Frau mit dem Mann Sicherungsmaßregeln für die Frau nothwendig seien. Man sah aber hiervon ab; die von einer Seite befürchteten Nachtheile haben sich inzwischen nicht bemerklich gemacht und nirgends ist ein Wunsch nach Aenderung der nun seit mehr als 50 Jahren erprobten Einrichtung bei uns laut geworden.

Daß dieselbe Anschauung auch in anderen Theilen Süddeutschlands die herrschende ist, ergeben das in Bayern geltende Recht, sowie der Civilgesetzbuchsentwurf für das Großherzogthum Hessen vom Jahr 1844 und der bayerische Entwurf eines Gesetzes über das Vormundschaftswesen vom Jahr 1874; beide Entwürfe lassen mit der Verheirathung einer minderjährigen Person die Vormundschaft endigen.

Ich erlaube mir, aus den Motiven des bayerischen Entwurfs Folgendes anzuführen:

„Die Bestimmung, daß eine Vormundschaft über eine minderjährige Person nicht stattfinden soll, wenn sie sich verehelicht hat, ist hauptsächlich veranlaßt durch die Rücksicht auf die Familie und die Schonung des ehelichen Verhältnisses. Die Fortsetzung der Vormundschaft nach Schließung der Ehe würde nothwendig eine Beschränkung in der Selbstständigkeit der Familie mit sich bringen, welche auf das eheliche Verhältniß nur störend einwirken könnte, da dieses die Einmischung eines Dritten nicht wohl verträgt. Nachtheile sind nicht zu befürchten, da zur Ehe eines bevormundeten Minderjährigen die Zustimmung des Familienraths erforderlich ist, welche nur dann erfolgen wird, wenn die betreffende Person einen solchen Grad geistiger Entwicklung besitzt, daß eine Bevormundung nicht mehr geboten erscheint. Wer die nöthige Reife besitzt, um die Pflichten zu erfüllen, welche die Eingehung einer Ehe mit sich bringt, dem muß man auch genügende Erfahrung zutrauen, um Rechtsgeschäfte abschließen und sein Vermögen selbstständig verwalten zu können. Es wäre ein innerer Widerspruch, wenn man einerseits eine Person geeignet erachten würde, das Haupt einer Familie zu sein oder die Pflichten einer Hausfrau und Mutter zu erfüllen, ihr aber andererseits die Fähigkeit zu geordneter Vermögensverwaltung absprechen wollte."

So in Bayern.

Anders fiel die Entscheidung in Preußen, dessen Vormundschaftsordnung von 1875, wie ich schon erwähnte, entsprechend dem in dem weitaus größten Theil der Monarchie geltenden Recht, den Grundsatz ausspricht, daß Großjährigkeit in Folge der Verheirathung nicht eintrete. Diese Entscheidung erfolgte aber erst nach mehrfachem Schwanken. In einem Entwurf des preußischen Justizministeriums vom Jahr 1870 war der Satz „Heirath macht mündig" aufgenommen gewesen und bei der Berathung des Landtags hatte anfänglich die Commission des Herrenhauses, welchem der Entwurf zuerst vorlag, mit 11 gegen 5 Stimmen den Satz angenommen: mit der Verheirathung wird die minderjährige Frau großjährig; bei der zweiten Lesung in der Commission wurde aber der Regierungsentwurf wiederhergestellt. Im Plenum des Herrenhauses stellte Beseler den Antrag, den alten deutschrechtlichen Grundsatz „Minderjährige werden durch Verheirathung großjährig" wieder einzuführen. Der verstorbene Justizminister Leonhardt äußerte: es möge zweifelhaft sein, ob der Antrag besser anzunehmen oder abzulehnen sei; im Ministerium habe man die Sache lange erwogen, aber nicht die Kühnheit gehabt, den Wurf zu thun; es komme hier wesentlich auf die sittliche und rechtliche Anschauung des Volkes an; sei die Landesvertretung der festen Meinung, daß man den Schritt thun solle, so glaube er nicht, daß die Regierung erhebliche Bedenken haben werde. — Der Regierungskommissar Kurlbaum hob hervor: in Preußen sei der Mann nicht Herr des Vermögens der Frau, das eingebrachte Vermögen habe er allein zu verwalten, bei dem vorbehaltenen Vermögen derselben habe er Nichts zu sagen; bei jenem sei er für gewisse Geschäfte an die Zustimmung seiner Frau gebunden und diese bedürfe hier und bezüglich ihres vorbehaltenen Vermögens während ihrer Minderjährigkeit einer Vertretung gerade ihrem Manne gegenüber, da sie als minderjährig noch nicht richtig disponiren könne; ähnlich sei das Verhältniß bei der Gütergemeinschaft; durch das Gesetz selbst sei die Frau da, wo ihre Zustimmung erforderlich sei, in einen Gegensatz zu dem Mann gebracht, weil das Gesetz annehme, es stehen sich zwei verschiedene Interessen gegenüber; werde die Ehe während der Minderjährigkeit der Frau getrennt, so greifen diese Erwägungen noch viel mehr Platz.

In der Debatte des Herrenhauses wurde hauptsächlich die Schutzbedürftigkeit der minderjährigen Ehefrau betont; es wurde geltend gemacht, daß frühe Ehen überhaupt nicht zu begünstigen seien, daß die Zustimmung der Eltern oder des Vormunds oft keine freie, sondern durch eine Zwangslage herbeigeführt sei, und daß das Recht der Anfechtung einer ohne diese Zustimmung geschlossenen Ehe leicht illusorisch gemacht werden könne. — Schließlich erfolgte die Ablehnung des Beseler'schen Antrags. — Der Commissionsbericht des preußischen Abgeordnetenhauses spricht als die einstimmige Ansicht der Commission aus, daß die Entscheidung der Frage zweckmäßig dem künftigen Reichscivilgesetzbuch zu überlassen sei. — Die Annahme des Gesetzesentwurfs im Abgeordnetenhaus erfolgte en bloc ohne Debatte.

Von der deutschen Civilgesetzbuchscommission soll, wie verlautet, schon vor 4 Jahren beschlossen worden sein (per majora), zu bestimmen, daß die Heirath minderjährige Frauen nicht volljährig mache; während bezüglich der Männer ein Beschluß nicht gefaßt worden sei, da es sich zunächst frage, ob minderjährigen, nicht für volljährig erklärten Männern die Verehelichung überhaupt zu gestatten sei.

Ich möchte von dieser letzteren Frage meinen Ausgangspunkt nehmen.

Die Bedenken gegen die Bejahung der uns vorliegenden Frage werden vorzugsweise dann geltend gemacht, wenn bei der Eheschließung sowohl der weibliche als auch der männliche Theil noch minderjährig sind. So schön es lautet: „jung gefreit hat noch Niemand gereut", so ist ja die Berechtigung der Einwände gegen die Kinderehen gewiß nicht zu verkennen. Die Nachtheile treten natürlich bei allzu jugendlichem Alter des Mannes am meisten hervor. Für das deutsche Reich hat die Gesetzgebung gegen zu frühe Heirathen von Männern dadurch gesorgt, daß sie deren Ehemündigkeit, vorbehaltlich der Dispensation in besonderen Fällen, auf das zurückgelegte 20. Lebensjahr festsetzte. Eine Dispensation von dieser Vorschrift tritt wohl nur selten ein; in Württemberg ist sie bis jetzt noch nicht vorgekommen. Auch der Prozentsatz der während des 21. Lebensjahrs in die Ehe tretenden Männer wird gegenüber der Zahl der Eheschließungen überhaupt ein verschwindend kleiner sein.

Nach meiner Anschauung von der Ehe und von der Stellung des Mannes als Haupt der Familie sollte der Mann volle Selbstständigkeit in vermögensrechtlicher Beziehung haben; ein bevormundeter Ehemann erscheint mir als etwas so in sich selbst Widersprechendes, daß ich, wenn man Bedenken trägt, dem 20 Jahre alten Ehemann volle bürgerliche Selbstständigkeit zu gewähren, vielmehr vorschlagen möchte, dem Manne erst nach erlangter oder verliehener Großjährigkeit die Verheirathung zu gestatten, wie dies in Württemberg gesetzlicher Grundsatz war, bei dem man sich wohl befunden hat; also für die Regel nach dem zurückgelegten 21. Lebensjahr, während für Ausnahmsfälle durch die der Obervormundschaftsbehörde nach Erwägung der besonderen Umstände vorzubehaltende, wohl durch das vollendete 18. Lebensjahr bedingte Großjährigkeitserklärung gesorgt würde. Neben das Erforderniß eines gewissen Lebensalters würde hiemit das Erforderniß der juristischen Volljährigkeit treten, somit für die Zeit vom 20. bis 21. Lebensjahr Volljährigkeitserklärung, für die Zeit vom 18. bis 20. Lebensjahr Volljährigkeitserklärung u n d Dispensation von der Eheunmündigkeit. Die Sache würde sich einfach dahin regeln, daß die Fähigkeit zur Eheschließung bei Männern durch den Besitz der natürlichen oder verliehenen Großjährigkeit bedingt wäre. Würde die Grenze des zurückgelegten 18. Lebensjahrs für die Zulässigkeit der Dispensation vom Heirathsalter festgehalten, so wäre allerdings die Heirath eines noch jüngeren Mannes unstatthaft; einer solchen Beschränkung würde aber meines Erachtens nach der Gestaltung unserer Lebens- und Verkehrsverhältnisse ein legislatives Bedenken nicht entgegenstehen.

Findet der Vorschlag Billigung, so glaube ich ist ein gut Theil der in unserer Frage aufgeworfenen Bedenken beseitigt. An die Stelle des Satzes „Heirath macht mündig" tritt dann für das männliche Geschlecht der Satz: nur der großjährige oder für großjährig erklärte Mann darf heirathen. Der Verehelichung allzu unreifer Jünglinge ist dann vorgebeugt, da auf die Dispensation kein Rechtsanspruch besteht, und dieselbe von dem Vormundschaftsgericht, wie man annehmen darf, nur ertheilt werden wird, wenn sie nach Lage der persönlichen, Familien- und Vermögensverhältnisse gerechtfertigt erscheint. Von selbst ist sodann auch die Frage bereinigt, ob mit der Verheirathung des Sohnes die elterliche Gewalt beendigt werde, da wohl nicht zu zweifeln ist, daß der von dem zwölften (Nürnberger) Juristentag einstimmig angenommene Satz: „die väterliche Gewalt erlöscht mit der Großjährigkeit (und der Großjährigkeitserklärung) des Hauskinds" in das deutsche Civilgesetzbuch aufgenommen werden wird.

Mit seiner Verheirathung würde so der junge Mann die ihm als Haupt einer neu gegründeten Familie gebührende bürgerliche Selbstständigkeit erlangen.

Bei dem weiblichen Geschlecht erscheint eine Hinaufrückung des von dem Reichsgesetz auf das zurückgelegte 16. Lebensjahr (vorbehältlich der Dispensation) festgesetzten Alters nicht thunlich. Die Frau bedarf ja der Selbstständigkeit in viel geringerem Grade und Maße, als der Mann, und ihre Reife tritt früher ein. Daß die minderjährige Frau schutzbedürftig ist, wird von keiner Seite geläugnet, wiewohl die Individualitäten bekanntlich sehr verschieden sind und unter dem weiblichen Geschlecht Hang zur Verschwendung und Mangel an Ueberlegung in ökonomischen Dingen vergleichsweise seltener zu Tage tritt, als bei jungen Männern, im Gegentheil viel eher Sparsamkeit und kluge Berechnung zu finden ist. Die Frage ist nur, ob die Gesetzgebung sich mit dem Vertrauen in den Verstand und die ganze Haltung der von ihr für heirathsfähig erklärten jungen Frau und mit dem natürlichen Schutz und Beistand ihres Ehemanns begnügen darf, oder ob neben der Hausherrlichkeit und der cura maritalis des Ehemanns für die Verwaltung des Vermögens der Frau bis zu deren erlangter oder verliehener Großjährigkeit noch ein vormundschaftlicher Schutz für erforderlich zu halten ist.

Wo die Ehe ist, wie sie sein soll, eine individua vitae consuetudo, omnium humanarum divinarumque rerum consortium, und wo der Mann ist, wie er sein soll, da ist der Schutz eines Vormunds für die junge Frau sicherlich nicht von Nöthen, und man wird, so viel auch über Verschlechterung der Sitten geklagt wird, doch annehmen dürfen, daß bei der großen Mehrzahl der Eheschließungen Seitens des Mannes nicht lediglich Sucht nach Gelderwerb oder unlautere Motive zu Grund liegen. Wo kein Vermögen in die Ehe gebracht wird, wie bei den Kinderehen in Fabrikdistrikten, erscheint unsere Frage ziemlich bedeutungslos.

So beschränkt sich denn der Umfang unserer Erörterung auf diejenigen Ehen, bei welchen nach der Persönlichkeit der Eheleute eine Vernachtheiligung des Vermögens der Frau durch den Ehemann zu befürchten ist. Das Mißtrauen gegen den Mann, soweit es auf dessen jugendliches Alter basirt wird, erscheint bei Annahme des Vorschlags, nur großjährigen oder für großjährig erklärten jungen Männern die Verheirathung zu gestatten, beseitigt; denn von der Großjährigkeit an ist ja der Mann von dem Gesetz für vollständig reif, selbstständig und handlungsfähig erklärt, insbesondere kann er zum Vormund bestellt werden.

Das durchschnittliche Lebensalter der in die Ehe tretenden Männer ist übrigens ein erheblich höheres; wie oft haben schon Männer in reifem Lebensalter, Wittwer mit Kindern junge Mädchen geheirathet. Bei solchen wird die Präsumtion des Mißtrauens noch viel weniger gerechtfertigt sein. Es ist auch das Mißtrauen nicht sowohl in den Verstand als in die sittlichen Grundsätze des Mannes, was der Ansicht, daß die minderjährige Frau eines Schutzes gegen denselben bedürfe, zu Grunde liegt. Gleichwohl, indem man so das Erforderniß einer Altersvormundschaft aufstellt, wird andererseits anerkannt, daß der Ehemann der berufenste Vertreter, der natürliche Schutz der Frau ist, wie denn die preußische Vormundschaftsordnung von 1875 (§ 17 Schluß) bestimmt, daß vor jedem Berufenen der Ehemann zum Vormund der minderjährigen Frau bestellt werden darf, und auch nach österreichischen Recht die Curatel über dieselbe von dem Gericht in vielen Fällen dem Ehemann übertragen wird.

Der Umfang der Handlungsfähigkeit der Ehefrau und der vermögensrechtlichen Beziehungen, in welchen sie durch den Mann vernachtheiligt werden kann, ist ein verschiedener je nach dem ehelichen Güterrecht. Man wird davon ausgehen dürfen, daß in dem deutschen Civilgesetzbuch der Frau neben der Führung des Hauswesens zum mindesten die Fähigkeit zugestanden wird, selbstständig Geschäfte über dasjenige Vermögen, auf welches sich das Verwaltungs- und Nutznießungsrecht des Mannes nicht erstreckt, einzugehen, sodann daß der Ehemann in gewissen Fällen an die Mitwirkung oder Zustimmung seiner Frau gebunden ist und daß Rechtsgeschäfte unter den Eheleuten selbst vorkommen können. Um die junge Frau in diesen Fällen vor möglichem Schaden zu bewahren, verlangen diejenigen, welchen der Schutz und die Vertretung durch den Ehemann nicht genügt, eine Altersvormundschaft bis zu erreichter Großjährigkeit der Frau. Dasjenige Vermögen der letzteren, auf welches sich das Verwaltungsrecht des Ehemanns erstreckt, bleibt von der Einwirkung des Vormunds ausgenommen. Meines Dafürhaltens kann es nicht ausbleiben, daß bei solcher Trennung die Befugnisse des Ehemanns und des Vormunds leicht in Collision kommen; die Consequenz würde vielmehr dahin führen, dem Ehemann während der Minderjährigkeit der Frau überhaupt nicht zur Verwaltung von Vermögenstheilen derselben zuzulassen. Denn premirt man bei dieser Verwaltung die Möglichkeit divergirender Interessen von Mann und Frau, so werden sich solche ebensowohl bei dem eingebrachten als bei dem vorbehaltenen Vermögen der Frau zeigen. So bringt meines Erachtens die zum Schutz der Frau empfohlene Bevormundung derselben die Nachtheile einer halben Maßregel mit sich. Wegen der Befürchtung einer möglichen Beschädigung wird der Apparat einer staatlichen Bevormundung auf die Dauer einiger weniger Jahre in Bewegung gesetzt, nach deren Ablauf der Staat nicht weiter sorgen kann, während ein pflichtvergessener Mann Mittel genug hat, um trotz der Vormundschaft, wenn nicht während deren Dauer, so doch nach ihrem baldigen Ende seine Zwecke zu erreichen und hiermit, weil er dann auf unlautere Weise und verdeckt handeln wird, schließlich den Schaden nur zu vergrößern.

Hiernach erscheint mir die Zweckmäßigkeit der Altersvormundschaft über minderjährige Ehefrauen ziemlich problematisch; für die große Mehrzahl der Fälle wird sie entbehrlich sein, und in denjenigen Fällen, wo die Furcht vor der Vermögensverwaltung des Mannes gegründet ist, wird sie nicht viel helfen.

Anderer Seits aber enthält dieselbe für alle ordentlichen Ehen eine Beschränkung der dem Manne als Haupt der Familie und Herrn des Hauses gebührenden Stellung und eine Gefährdung des Wesens der Ehe selbst, welche auf inniges Vertrauen, aufrichtige Treue der Ehegatten zu einander gegründet sein soll; wie dies in den Ausführungen unserer beiden Gutachter und in den Motiven des bayerischen Gesetzesentwurfes des Näheren ausgeführt ist.

Man hört in unseren Tagen so oft, daß eine Besserung unserer Zustände durch die Stärkung des Familienlebens, durch Heilighaltung der Ehe bedingt sei; um so mehr sollte man sich bedenken, wegen der Befürchtung einer möglichen Vermögensbeschädigung Einrichtungen zu treffen, welche die Eintracht und den Frieden in der Ehe von Anfang an zu stören, die Ehegatten in einen Gegensatz zu einander zu bringen geeignet und doch die befürchteten Folgen nicht absolut zu verhindern im Stande sind.

Die Abhülfe für die befürchteten Fälle wird viel sicherer eine präventive sein, und hiezu bietet das Gesetz in der zur Eheschließung bis zum 25. und 24. Jahr erforderlichen Zustimmung der Eltern und des Vormunds die beste Garantie. Wird diese Zustimmung unter vertragsmäßig den Umständen des Falls entsprechend festgestellten Bestimmungen über die Vermögensverwaltung ertheilt, so ist hiedurch für die minderjährige Frau gewiß zum mindesten so gut gesorgt wie durch eine Vormundschaft. — Wäre aber nach der Persönlichkeit des Mannes Grund zur Verweigerung der Zustimmung gegeben und wird diese besonderer Umstände (Zwangslage) wegen doch ertheilt, so ist eben das kleinere Uebel gewählt worden und auch in solchen Fällen wird von gewissenhaften Eltern oder Vormündern bei Eingehung der Ehe für das Mündel noch gehörig gesorgt werden können.

Schließlich glaube ich doch den Befürchtungen gegenüber auf die während einer langen Reihe von Jahren bei uns in Württemberg und in anderen Staaten gemachten Erfahrungen hinweisen zu dürfen, wonach jene Befürchtungen nicht eingetreten sind.

Ich empfehle Ihnen daher sich dafür auszusprechen, daß mit der Verheirathung die minderjährige Frau die Rechte der Großjährigkeit erlangt.

Noch ist die Frage zu erörtern, wie es zu halten, wenn die Ehe, noch ehe die Frau das 21. Lebensjahr zurückgelegt hat, wieder getrennt wird. Ist die Frau durch die Verheirathung einmal großjährig geworden, hat sie damit die Fähigkeit zur selbstständigen Eingehung von Rechtsgeschäften erlangt, so erscheint es mir als eine Forderung der Consequenz, daß ihr in der Folge diese Selbstständigkeit nicht wegen eines außer ihrer Person gelegenen Grundes wieder entzogen werde. Das alte deutsche Rechtssprüchwort lautet: die Frau, welche Ein Fleisch und Leib mit ihrem Mann geworden, hat des Mannes Kraft gewonnen, und wird sie Wittwe, so kann sie selbst ihr Vormund sein, weil sie in dieser Einleibschaft der Ehe gewesen ist. — Unser württembergisches Gesetz vom Jahre 1828 bestimmt: Frauenspersonen werden durch die Trauung den Volljährigen gleich und behalten den Stand der Volljährigkeit auch wenn die Ehe vor dem Eintritt des Volljährigkeitsalters wieder getrennt wird. Dieselbe Bestimmung gilt in Bayern und Sachsen-Weimar. — Bedarf die junge Wittwe eines Berathers und Beistands, so wird es ihr wohl an Hülfe nicht fehlen. Eine gesetzliche Anordnung hat sich für solche Fälle als Bedürfniß bei uns nicht geltend gemacht. Indessen würde ich nicht beanstanden, wenn nach dem Vorschlage unserer Gutachter hier für schutzlose Wittwen die Möglichkeit einer vormundschaftlichen Fürsorge offen gehalten würde.

Ich fasse meine Anträge dahin zusammen: die Abtheilung wolle sich für folgende Bestimmungen aussprechen:

1. Nur der großjährige oder für großjährig erklärte Mann darf heirathen.
2. Die Frau erlangt mit der Verheirathung die Rechte der Großjährigkeit.

   Wird die Ehe getrennt, ehe sie das Alter der Großjährigkeit erreicht hat, so kann der schutzlosen Wittwe auf deren Ansuchen ein Vormund bestellt werden.

(Beifall.)

Präsident: Verlangt Jemand das Wort über die Vorschläge des Herrn Referenten? — Da sich Niemand meldet, werden wir wohl gleich zur Abstimmung schreiten.

Ich glaube, daß es angemessen sein wird, den zweiten Satz, welcher die Frau betrifft und den der Herr Referent in einen Antrag zusammengezogen hat, in zwei Anträge auseinander zu ziehen, nämlich zuerst blos die Frage zur Abstimmung zu bringen, ob die Frau mit der Verheirathung die Rechte der Großjährigkeit erlangt, und dann einen zweiten Antrag dahin zur Abstimmung zu bringen, ob, wenn die Ehe getrennt wird, ehe die Frau das Alter der Großjährigkeit erlangt hat, der schutzlosen Wittwe auf ihr Ansuchen ein Vormund bestellt werden soll.

Ich frage, ob der Herr Referent damit einverstanden ist.

(Der Referent erklärt sein Einverständniß.)

Professor Dr. **Brunner** (Berlin): Ich glaube, daß der Satz, den uns der Herr Referent in der ersten Thesis vorschlägt, nicht auf der Tagesordnung steht. Wenn die Frage lautet: Erscheint es angemessen, mit der Verheirathung die Rechtswirkungen der Großjährigkeit zu verbinden? — so beantworten wir sie nicht, sondern ziehen eine vollständig neue Materie, eine Materie des Eheschließungsrechtes, herein, durch Aufstellung des Satzes: es darf nur ein großjähriger Mann sich verheirathen. Ich möchte daher, daß diese erste These entweder ad separatum verwiesen wird oder daß überhaupt nur über die beiden letzten Thesen des Herrn Referenten abgestimmt wird. Es bleibt dann allerdings eine Lücke in der Beantwortung der ganzen Frage. Das würde mir aber immer noch empfehlenswerther scheinen, als daß wir heute ohne genügende Vorbereitung über einen Antrag abstimmen, der eine Aenderung unserer Reichsgesetzgebung involvirt und nicht unmittelbar mit der gestellten Frage in Zusammenhang steht.

Referent Oberstaatsanwalt **v. Köstlin**: Ich glaube doch, daß die Beziehung meines Vorschlags 1 zur gestellten Frage eine sehr enge ist, und die geehrte Versammlung wird meine Motivirung wohl dahin aufgefaßt haben, daß ich, um die Bedenken gegen die Bejahung unserer Hauptfrage zu beseitigen, diese Vorfrage wesentlich mit in den Kreis unserer Berathung hereinziehen zu müssen geglaubt habe. Ein bestehendes Reichsgesetz würde allerdings in tantum dadurch abgeändert, da durch das Gesetz von 1875 das Alter der Ehemündigkeit festgestellt und die Bestimmung des früheren Reichsgesetzes vom 4. Mai 1868, wonach die Befugniß zur Verehelichung nicht beschränkt werden durfte, wegen Mangels eines bestimmten die Großjährigkeit überschreitenden Alters, beseitigt worden ist. Es würde sich allerdings um einen Widerspruch gegen ein Reichsgesetz handeln. Aber ich glaube, das darf uns, wenn wir den Gegenstand im Ganzen behandeln, nicht abhalten, unsere Ansicht auszusprechen. Ohnedies kommt die Sache in den Kreis der Berathung gerade in der Civilgesetzbuchscommission, wo diese Frage speziell vorbehalten worden ist.

Reichsgerichtspräsident Dr. **Drechsler**: M. H., ich habe den Herrn

Referenten so verstanden: Er sagt: für Männer verneine ich die Frage, da soll die Verheirathung nicht die Wirkungen der Großjährigkeit haben, für Frauen bejahe ich die Frage; für Männer aber gebe ich das Auskunftsmittel, daß ein Minderjähriger nur, wenn er für großjährig erklärt wird, heirathen darf, daß also, wenn die Großjährigkeitserklärung nicht erfolgt ist, eine Heirath gar nicht zulässig ist. Er hat die Bedenken der Bejahung der Frage, die bei Frauen ihm gar nicht bedenklich erscheint, für Männer hervorgehoben und motivirt. Er sagt so: Männer, die minderjährig sind, sollen nicht durch Verheirathung großjährig werden. Deshalb ist eine Aufhebung der bisherigen Gesetzgebung nothwendig. Man kann Männer, die sich verheirathen, nicht mehr unter Curatel belassen, folglich schlage ich vor, sie überhaupt nicht heirathen zu lassen, solange sie unter Curatel stehen, und darüber muß die Abtheilung sich schlüssig machen. Es wäre doch vielleicht wünschenswerth, wenn die Debatte auf die einzelnen Punkte näher einginge.

Justizrath v. **Wilmowski**: Ich halte allerdings die erste Frage für mit der Sache zusammenhängend, ich würde sie für meine Person aber gegen den Vorschlag des Herrn Referenten verneinen, ich würde nicht der Meinung sein, daß nur ein Großjähriger heirathen darf, die sachlichen Gegengründe liegen nahe.

Wenn das Reichsgesetz, was damals sehr sorgfältig berathen wurde, einen bestimmten Termin der Ehemündigkeit festsetzt, so hat man sich zu überlegen, ob vielleicht mit Rücksicht auf den deutschen Verkehr und die deutsche Sitte dieses Alter der Ehegroßjährigkeit — wenn man es so bezeichnen will — das richtig getroffene ist. — Meines Erachtens ist es aber nicht folgerecht, zu sagen, daß das Alter, was an und für sich für die Großjährigkeit bestimmt ist, allein dasjenige sein soll, was abgesehen von einer Dispensation im Wege einer Gnade, gesetzlich auch über die Verheirathungsfähigkeit des Mannes absolut entscheiden soll.

Außerdem bin ich der Meinung, daß eine solche Unterscheidung in Betreff der Verhältnisse des Mannes und der Frau sachlich nicht haltbar ist. Je nach den Ständen, je nach den Verkehrsverhältnissen, mitunter auch je nach den Gegenden sind die sachgemäßen und mitunter nothwendigen Zeitalter für Männer und Frauen hinsichtlich ihrer Verheirathung nicht immer dieselben; sondern sie sind vielfach von besonderen Verhältnissen abhängig. Wenn aber ein Unterschied gemacht und zumal wenn der erste Antrag des Referenten nicht abgewiesen werden sollte, würde ich allerdings dafür sein, daß diese Frage des ersten Antrags und eventuell die gesammte Berathung vertagt oder jener ad separatum verwiesen würde. Ich halte es für außerordentlich bedenklich, den absoluten Satz aufzustellen: der Großjährige allein darf heirathen und ebenso halte ich es für unrichtig und den Verhältnissen einer Ehe widersprechend, zu erklären: für den Mann wird die Frage verneint, daß die Verheirathung die Folgen der Großjährigkeit habe, nur für die Frau wird die Frage bejaht mit der Unterbestimmung, daß im Falle des Wittwenthums ein tutor gegeben werden solle.

Ich bitte, jedenfalls über die Fragen getrennt abstimmen zu lassen und den ersten Vorschlag des Herrn Referenten zu verneinen, eventuell stelle ich den Antrag, die erste Frage zu vertagen.

Professor Dr. **Althoff** (Straßburg): Ich bin ebenfalls der Meinung, daß über die erste These des Herrn Referenten, wonach die Ehemündigkeit des männlichen Geschlechts erst mit der Großjährigkeit oder Großjährigkeitserklärung eintreten soll, gegenwärtig nicht entschieden werden kann. Es handelt sich dabei um eine Frage des Eheschließungsrechts, welche im Grunde genommen nicht hierher gehört, die jedenfalls mit dem Gegenstande unserer Tagesordnung nur in sehr entferntem und mittelbarem Zusammenhange steht und die überdies nicht in der ihrer eminenten Wichtigkeit entsprechenden Weise vorbereitet ist. Durch den Herrn Referenten ist diese Frage aber geradezu als eine präjudizielle hingestellt worden. Die Folge davon ist, daß der Gegenstand unserer Tagesordnung in den Thesen des Herrn Referenten nicht zu seinem Rechte gelangt. Die Frage, ob mit der Verheirathung die Rechtswirkungen der Großjährigkeit eintreten sollen, diese den Gegenstand der Tagesordnung bildende Frage ist in ihrer Beziehung auf Personen männlichen Geschlechts von dem Herrn Referenten umgangen, aber nicht beantwortet. Und auch bezüglich der Personen weiblichen Geschlechts ist sie nur für den Fall erledigt, wenn die erste These des Herrn Referenten im Civilgesetzbuche angenommen, wenn also die Ehemündigkeit des männlichen Geschlechts von der Großjährigkeit oder Großjährigkeitserklärung abhängig gemacht wird. Ich glaube demnach, daß die Fragestellung sich nicht einfach an die Thesen des Herrn Referenten anschließen darf. Die Einwirkung der Eheschließung auf die Großjährigkeitsfrage darf auch bezüglich der Männer nicht unentschieden bleiben. Denn es ist sehr wahrscheinlich, daß die gegenwärtigen Bestimmungen über die Ehemündigkeit auch in das Civilgesetzbuch übergehen werden und selbst wenn dieses nicht der Fall sein und das Civilgesetzbuch sich dem Vorschlage des Herrn Referenten anschließen sollte, so würden doch unzweifelhaft wegen der Zulässigkeit der Altersdispense immer noch Eheschließungen von minderjährigen Männern vorkommen können. Ebenso ist bezüglich der minderjährigen Frauen eine Berichtigung der Fragestellung nöthig. Die Frage muß hier allgemein gestellt werden und unabhängig von der beschränkenden Voraussetzung, welche sich aus der ersten These des Herrn Referenten ergiebt.

Professor Dr. **Meyer** (Jena): M. H., ich glaube, daß wir vollkommen in der Lage sind, diese Frage zu entscheiden. Wenn sie auch formell nicht gestellt ist, so hängt sie doch mit dem ganzen Gegenstand so eng zusammen, daß die Anträge des Referenten in der That als eine materielle Beantwortung der ganzen Frage anzusehen sind. Der Herr Referent ist der Ansicht, daß es wünschenswerth ist, die Großjährigkeit und die Verheirathung mit einander zu verbinden, er will es nur in anderer Weise erreichen, in der Weise, daß die Möglichkeit der Verheirathung, die Ehemündigkeit, abhängig gemacht wird von der Volljährigkeit, und darin sehe ich materiell eine Beantwortung der gestellten Frage, wenn sie auch nicht ganz coincidirt mit der Form, in welcher die Frage gestellt ist. Ich glaube auch nicht, daß es möglich ist, heute lediglich über die eine Frage zu entscheiden und die andere ad separatum zu verweisen; beide Fragen stehen in einer so untrennbaren Verbindung, daß es nothwendig erscheint, entweder beide heute zu beantworten oder beide zu vertagen. Ich würde mich für die sofortige Beantwortung beider Fragen auf Grund der Ausführungen des Herrn Referenten entscheiden.

Reichsgerichtsrath **Schlomka** (Leipzig): Ich wollte mir erlauben einige Bedenken vorzubringen gegen den zweiten Theil der zweiten Frage.

Wenn ich recht verstehe, ist gesagt, die Wittwe, die durch Eingehung der Ehe großjährig geworden ist, die schutzlose Wittwe soll nachher das Recht haben, sich einen Vormund zu erbitten. Das kann ich nur so verstehen, daß sie durch ihren Willen sich wieder entmündigen darf. Das scheint mir doch eine große Anomalie gegen das jetzt bestehende Recht zu sein — es kommen zwar ähnliche Erscheinungen im deutschen Recht, vielleicht auch im römischen Recht vor — daß ich doch große Bedenken trage, die Frage zu bejahen. Es ist das auch vom Standpunkt der Sicherheit der Verkehrsverhältnisse sehr bedenklich. Wenn Jemand wegen Verschwendung entmündigt wird, so wird das nach der Civilprozeßordnung öffentlich bekannt gemacht. Man wird doch diese Untervormundschaftstellung der Frau, diese Entmündigung, die ganz anomal lediglich auf ihren eigenen Willen geschehen soll, nicht bekannt machen wollen, wenigstens aus dem Antrage ergiebt sich das nicht. Ich würde daher für dieses ganze Entmündigen mich nicht erklären können und mir den Antrag erlauben, die beiden Fragen jedenfalls zu scheiden, also die zweite Frage in die beiden Theile zu zerlegen, in die sie naturgemäß zerfällt.

Präsident: Wünscht noch einer von den Herren das Wort?

M. H., ich schlage vor, daß wir zuerst darüber abstimmen, ob die Versammlung überhaupt sich auf die Frage wegen der Großjährigkeit des minderjährigen Ehemanns erklären will oder nicht. Wird diese Frage verneint, dann kommen wir blos zu der zweiten Frage und haben nur über die Rechtswirkungen der Großjährigkeit bei der sich verheirathenden minderjährigen Frau abzustimmen.

Es hat Herr Prof. Althoff aus Straßburg noch den Antrag gestellt, daß subsidiär eine Frage gestellt werde. Ich bitte, für den Fall daß eine Abstimmung verlangt wird, den Antrag schriftlich zu stellen.

Professor **Althoff**: Es war nicht meine Absicht, einen selbstständigen Antrag zu stellen. Ich wollte mir nur erlauben, einige Bedenken gegen die ursprüngliche Fragestellung aufzuwerfen. Die Bedenken haben indeß durch die jetzige Fragestellung ihre Erledigung gefunden.

Reichsgerichtspräsident Dr. **Drechsler**: Für mich ist gar keine Abstimmung möglich, wenn die beiden ersten Fragen getrennt werden. Der dritte Punkt kann auf sich beruhen, die Frage nämlich, ob die minderjährige Wittwe großjährig bleiben soll, das ist eine Frage, die ganz für sich behandelt werden kann. Aber ich kann doch unmöglich die Frage bejahen: hört mit der Verheirathung der Frau die Minderjährigkeit auch für den Fall auf, wenn sie einen Mann heirathet, der unter Curatel bleibt? Wenn der minderjährige Mann unter Vormundschaft bleibt, dann kann ich mir nicht denken, daß die minderjährige Frau nicht unter Vormundschaft steht. Das ist ganz unmöglich, das kann keine Gesetzgebung vernünftigerweise bestimmen. Deshalb hängen die Fragen so eng zusammen, daß man sagen muß: entweder ich will kategorisch sagen, sowie zugestanden wird, daß ein minderjähriger Mann heirathet, hört die Vormundschaft auf; dasselbe soll gelten für die Frau Eine solche Bestimmung kann ich mir denken. Wenn man beides für den Mann und die Frau bejahen will, dann ist die Frage rein beantwortet. Wenn man aber das Bedenken hat, die Frage für den Mann zu bejahen, dann giebt es gar kein anderes Mittel als den Ausweg des Herrn Referenten. Also ich bin der Meinung, dann muß eine ganz neue Frage formulirt werden, und dann muß das erläutert werden in einem Bericht für das Plenum. Bejaht die Majorität die Frage, so ist die Sache erledigt. Sollte das nicht die Majorität erlangen, dann muß ungetrennt Nr. 1 und 2 des Köstlin'schen Antrags verhandelt werden, während die zweite Hälfte von Nr. 2 für sich behandelt wird.

Justizrath **v. Wilmowski**: Ich will den positiven Antrag stellen, daß die Abtheilung ausspricht:

> Es erscheint angemessen, mit der Verheirathung die Rechtswirkungen der Großjährigkeit zu verbinden.

Das gilt dann für den Mann wie für die Frau, es ist nur die bejahende Form der Frage, wie sie unter 3. auf der Tagesordnung steht.

Präsident: Ich schlage vor, dann die Abstimmung so eintreten zu lassen, daß zuerst in Gemäßheit des eben gestellten Antrags des Herrn Justizrath v. Wilmowski die Frage gestellt wird:

Erscheint es angemessen, mit der Verheirathung die Rechtswirkungen der Großjährigkeit zu verbinden?

Wird diese Frage bejaht, dann sind damit alle ferneren Fragen erledigt. Für den Fall, daß diese Frage verneint wird, glaube ich, können wir nicht sagen, daß den übrigen Fragen präjudizirt ist. In diesem Falle schlage ich vor zur Abstimmung zu bringen — trotz des Widerspruchs des Herrn Präsidenten Drechsler, der es allerdings für inkonsequent erklärt — erst die Frage:

Ist es angemessen, daß nur der großjährige oder für großjährig erklärte Mann heirathen darf?

Dann die zweite Frage:

Ist es angemessen, daß die minderjährige Frau mit der Verheirathung die Rechte der Großjährigkeit erlangt?

Und dann die Unterfrage hierzu:

Ob die minderjährige Frau, deren Ehe getrennt wird, auf ihren Antrag wieder unter Vormundschaft gestellt werden soll.

Ich bitte die Herren, die gegen diese Fragestellung Bedenken haben, sich darüber zu äußern. — Da ein Widerspruch nicht erfolgt, so werde ich in dieser Reihenfolge die Fragen stellen.

Prof. Dr. **Brunner**: Wir haben bisher nur zur Geschäftsordnung gesprochen und Anträge gehört, auf das Materielle der Anträge ist in der Debatte noch nicht eingegangen worden. Wir haben die Anträge des Herrn Referenten, die sehr eingehend motivirt worden sind, aber es ist plötzlich ein Gegenantrag aufgetaucht, der in Bezug auf den Mann gerade das Entgegengesetzte beantragt wie der Herr Referent. Ich glaube, es wäre sehr wünschenswerth, wenn wir uns über diesen Punkt noch näher informiren könnten, und ich möchte zunächst den Antragsteller Herrn v. Wilmowski auffordern, seinen Antrag zu motiviren, damit auf diese Weise auch dem Herrn Referenten wiederum Gelegenheit gegeben wird, die von ihm gestellte entgegengesetzte Thesis zu vertheidigen.

Präsident: Ich habe nichts dagegen, wenn Herr v. Wilmowski noch zu der Frage reden will.

Justizrath **v. Wilmowski**: Die Begründung liegt wesentlich in den Gutachten von Pfaff und Lang und in den verhältnißmäßig allerdings kurzen Bemerkungen, welche jetzt hier gemacht sind.

Der Mann muß Herr im Hause sein und zwar sowohl, wenn er selbst minderjährig ist, als auch wenn seine Frau minderjährig ist. Andererseits können für den Mann ebenso gut, wie für die Frau, Gründe vorliegen, die Ehe vor der Großjährigkeit wünschenswerth und unter Umständen nothwendig zu machen. Ich bin der Meinung, daß es nicht sachgemäß ist, in einer dieser Beziehungen zwischen Mann und Frau Unterschiede aufzustellen. Im Geschlecht sind sie nicht begründet, Ausnahmen können in verschiedenen Umständen begründet sein, welche aber für den Mann ebenso eintreten können, wie für die Frau. Die Regel bleibt immer, daß der Mann nur heirathet, wenn er großjährig und im Stande ist, eine Familie zu begründen. Ausnahmen können für den Mann wie für die Frau, namentlich in wirthschaftlichen Verhältnissen liegen, die es nothwendig machen, daß in einem Alter, in welchem sonst an eine Heirath nicht zu denken ist, auch der Mann heirathet, obgleich er die Jahre der Großjährigkeit noch nicht hat. Jedem Dritten gegenüber giebt jedoch der Zustand des Verheirathetseins, der Begründung einer Familie, ein so wesentliches Moment nothwendiger Selbstständigkeit, daß man bei keinem Ehemanne, zumal da Niemandem das Alter im Gesicht angeschrieben ist, annehmen kann, wenn er wirklich eine Familie begründet hat, er habe nicht diejenigen rechtlichen Eigenschaften, die ihn qualifiziren, Rechtsgeschäfte zu übernehmen. Diese wirthschaftlich und ethisch für einen Ehemann nothwendige rechtliche Qualifikation ist eben die Folge der Großjährigkeit, ist und muß auch für gesunde Familienverhältnisse die Folge der Begründung einer Familie sein, und aus diesem Grunde sollen mit der Verheirathung die Rechtswirkungen der Großjährigkeit verbunden und weder der Mann noch die Frau noch von Dritten abhängig sein.

Der Satz: man muß großjährig sein, um heirathen zu können, wäre nur unter recht beträchtlichen Ausnahmen zu halten, welche nicht bloß durch eine, immerhin von einer Art von Gnade abhängige Großjährigkeitserklärung berücksichtigt werden können. Wenn wir diese Ausnahmen nicht auch fixiren oder zugleich in dem Vorschlag mindestens so umfassend vorbehalten, daß der Regelgrundsatz dadurch wieder aufgehoben würde, so würde der absolute Satz ein praktisch gar nicht durchführbarer sein. Ich halte es für geradezu praktisch unmöglich, nur zu sagen: es muß Jemand großjährig oder großjährig erklärt sein, um heirathen zu können. Nehmen wir aber dabei andere Ausnahmen auch nur als Vorbehalt an, dann verliert der Satz wieder seine Bedeutung.

Ich bin andererseits damit einverstanden, daß die Frage selbst mit unserer Tagesordnung in Verbindung steht; die Frage, der erste Antrag des Referenten wird durch die Annahme meines Antrages verneint; ebenso der fernere Vorschlag, daß die noch minorenne Wittwe oder geschiedene Ehefrau wieder bevormundet werden solle. Auf die Fragestellung unserer Tagesordnung, welche nicht zwischen Mann und Frau unterscheidet, haben wir daher meines Erachtens die positive unbedingt bejahende Antwort zu geben.

Präsident: Verlangt noch Jemand das Wort? — Dann werde ich die Frage so zur Abstimmung bringen, wie ich vorhin schon erklärt habe.

Ich bitte diejenigen Herren, welche folgende Frage bejahen wollen:

Erscheint es angemessen, mit der Verheirathung die Rechtswirkungen der Großjährigkeit zu verbinden?

sich zu erheben.

(Nach Probe und Gegenprobe.)

Das Bureau ist einstimmig der Meinung, daß diejenigen Herren, welche die Frage bejahen wollen, in der Majorität sind.

Damit sind die übrigen Fragen erledigt.

(Die Abtheilung beschließt, den gefaßten Beschluß dem Plenum zur Kenntnißnahme durch den Referenten Oberstaatsanwalt v. Köstlin mitzutheilen.)

(Schluß der Sitzung 12 Uhr 50 Minuten.)

Zweite Sitzung der ersten Abtheilung in der Aula der Universität am 10. September 1880,

Vormittags 9 Uhr,

unter Vorsitz des Oberlandesgerichtspräsident Kühne (Celle).

Präsident: M. H., ich erkläre die heutige Sitzung der I. Abtheilung für eröffnet.

Ehe wir in die Tagesordnung eintreten, wollen wir diejenigen Mitglieder bestimmen, welche in Gemäßheit des § 10 des Statuts des Juristentags bestimmt sind, dem zweiten Plenum die Vertrauensmänner zur Wahl der ständigen Deputation vorzuschlagen.

Nach Absatz 1, § 10 des Statuts hat die I. Abtheilung 10 Vertrauensmänner zu wählen. Der Gebrauch ist bisher der gewesen, daß der Vorsitzende der Abtheilung mit Mitgliedern des Bureaus zusammengetreten ist und diejenigen Mitglieder vorgeschlagen hat, welche zu Vertrauensmännern der Abtheilung vorgeschlagen werden sollen. Wir sind auch in diesem Jahre diesem Gebrauche gefolgt, haben noch einige andere Herren zu Rathe gezogen und wollen der Abtheilung diejenigen Herren, die hiernach vorgeschlagen werden sollen, bezeichnen.

Es ist, obgleich es mir nicht in Erinnerung war, mir mitgetheilt worden, daß immer als Vertrauensmänner vorgeschlagen worden seien: der Vorsitzende und der Stellvertreter des Vorsitzenden. Ich bitte deshalb, es mir nicht als Anmaßung auszulegen, wenn ich mich selber vorschlage; es geschieht nur in Folge dieses Gebrauchs.

M. H., wir haben beschlossen, Ihnen folgende Mitglieder als Vertrauensmänner zur Wahl der Abtheilung vorzuschlagen:

1. mich selbst,
2. Herrn Geh. Justizrath Dorn als Stellvertreter des Vorsitzenden,
3. Herrn Professor Dr. Brunner aus Berlin,

4. Herrn Professor Dr. Meyer aus Jena,
5. Herrn Landgerichtspräsidenten Degener aus Leipzig,
6. Herrn Oberrechtsanwalt Freiherrn v. Seckendorf, Exc.,
7. Herrn Reichsgerichtsrath Dr. Fleischauer von hier,
8. Herrn Reichsanwalt Dr. Hillig von hier,
9. Herrn Rechtsanwalt Triebsees aus Rostock,
10. Herrn Landgerichtspräsident v. Stößer aus Constanz.

Ich frage die Versammlung, ob sie damit einverstanden ist, daß diese genannten 10 Herren ihre Vertrauensmänner für die Wahl der Mitglieder der ständigen Deputation sein sollen? Ich bitte diejenigen Herren, welche dagegen sind, daß diese Liste hier im Ganzen angenommen wird so, wie ich sie vorgetragen habe, sich zu erheben.

(Es erhebt sich Niemand.)

Es hat sich Niemand erhoben; ich werde in Folge dessen dem Schriftführer des Juristentages mittheilen, daß diese 10 Herren zu Mitgliedern der ständigen Deputation gewählt sind.

M. H., nun wollen wir in die Tagesordnung eintreten.

Es stehen zur Verhandlung für die Abtheilung noch aus:

1. die Frage:

   Was ist im deutschen Civilgesetzbuche über die Vindication beweglicher Sachen im Verhältnisse zum redlichen Erwerbe zu bestimmen?

und 2. die Frage:

   Ob und unter welchen Voraussetzungen das constitutum possessorium mit der Wirkung der Besitzübertragung für bewegliche Sachen auszustatten ist?

M. H., ich habe schon gestern erwähnt, daß man wohl auf den Gedanken kommen könne, über beide Themata zugleich zu verhandeln. Nachdem ich aber die Ansichten der Herren Referenten und Gutachter eingeholt habe, habe ich mich davon überzeugt, daß es doch besser sein wird, die beiden Fragen zu sondern. Ich schlage Ihnen deshalb vor, daß wir zunächst über die erste Frage verhandeln.

Wenn Niemand dagegen Widerspruch erhebt, erkläre ich, daß in dieser Weise verfahren wird.

Ich bitte demgemäß den Referenten Herrn Rechtsanwalt Dr. Reuling das Referat vorzutragen.

Referent Rechtsanwalt Dr. **Reuling** (Leipzig): M. H., bezüglich der Regelung der hier zur Erörterung stehenden Frage bestehen bekanntlich in Deutschland 3 verschiedene Systeme: das eine System, des gemeinen Rechts, welches ohne Rücksicht auf einen etwaigen redlichen Erwerb dritter Personen dem bisherigen Eigenthümer ohne jede Einschränkung die Vindicationsbefugniß verleiht; im schroffsten Gegensatz dazu das zweite System, das ja, und zwar von allen 3 Systemen allein, für sein specielles Gebiet, das specielle Gebiet des Handelsrechts, allgemein geltendes Recht, deutsches Reichsrecht ist, das ist das System des Handelsgesetzbuchs, welches niedergelegt ist in Artikel 306 des Handelsgesetzbuchs, welches, abgesehn von dem Vorbehalt bezüglich gestohlener und verlorener Sachen, eine Vindication von Seiten des bisherigen Erwerbers ausschließt und, wie ich dabei gleich hinzufügen will, von dem Gedanken ausgeht, daß nicht etwa blos dem bisherigen Eigenthümer nur die Vindicationsbefugniß entzogen ist, sondern in der That auch den gutgläubigen Erwerber wirklichen Eigenthümer werden läßt. Zwischen diesen beiden Systemen hat gleichsam eine Mittelstellung gleichsam zwischen den Interessen der beiden Betheiligten einen Ausgleich, einen Compromiß suchend, das preußische Landrecht und vor ihm schon das lübische Recht den Standpunkt, daß dem bisherigen Eigenthümer das Recht der Vindication nicht entzogen ist, aber der redliche Erwerber die Sache nicht ohne weiteres, sondern nur gegen Ersatz der von ihm aufgewendeten Anschaffungskosten herauszugeben hat.

Zwischen diesen 3 Systemen hat, soweit bekannt geworden ist, die Commission zur Ausarbeitung des bürgerlichen Gesetzbuchs das landrechtliche System gewählt, es ist aber nicht bekannt geworden, daß dabei etwa die Meinung gewesen wäre, daß bei einer demnächstigen Revision des Handelsgesetzbuchs auch für das Gebiet des Handelsrechts Artikel 306 beseitigt werden solle, sondern es scheint die Meinung die gewesen zu sein, daß für das Handelsrecht, auch bei der demnächstigen Revision des Handelsgesetzbuchs, das bisherige System beibehalten, dagegen für die rein civilen Geschäfte das landrechtliche System angenommen werden soll, das System, wonach der Vindicant die Sache von dem gutgläubigen Erwerber einlösen muß.

Ueber die vorliegende Frage nun, meine Herren, liegt uns ein Gutachten von Seiten des Herrn Professor Dr. Franken zu Greifswald vor, welches in formulirten, gleichsam einen Gesetzentwurf bildenden Schlußanträgen gipfelt. Meinerseits, meine Herren, wird es mir jedenfalls unmöglich sein, dem so überaus reichen Inhalt dieses Gutachtens auch nur entfernt in meinem Referat gerecht zu werden. Das Gutachten enthält eine Fülle sehr durchgearbeiteten, bis in die feinsten Beziehungen der Materie durchgearbeiteten Materials, es enthält eine sehr reiche Fülle feiner und bedeutsamer Gesichtspunkte. Ich bemerke, daß schon diese Fülle es in der That Ihrem Referenten unmöglich macht, diesem Gutachten seinem Inhalte nach gerecht zu werden. Aber ich glaube, daß auch die

Aufgabe ihres Referenten eine viel beschränktere ist. Während der Herr Gutachter in der Lage war, zur tieferen Begründung seiner speciellen die Frage berührenden Vorschläge weiter auszuholen und gleichsam das gesammte Gebiet der Mobiliarveräußerungsgeschäfte nach allen Richtungen in den Kreis seiner Betrachtungen zu ziehen, hat Ihr Referent jedenfalls nur die Aufgabe, durch einleitende Bemerkungen die Debatte vorzubereiten und muß sich jedenfalls auf die vorliegende Frage selbst beschränken. Nur nach einer Richtung hin möchte ich mir erlauben, auch etwas über die Frage selbst, wie sie hier vorliegt, wenigstens kurz hinauszugehen, ich muß es, weil es sich ja um den wesentlichen Ausgangspunkt des Herrn Gutachters handelt.

Derselbe hat nämlich, indem er einerseits die sogenannte Traditionstheorie und andererseits zu gleicher Zeit noch die sogenannte Vertragstheorie bezüglich des Eigenthumserwerbs bei Veräußerungsgeschäften verwirft, eine ganz neue Theorie des Eigenthumserwerbs aufgestellt, dahin gehend, daß die seiten des Erwerbers vollständig vollzogene Gegenleistung an den Veräußerer es sein soll, welche den Eigenthumserwerb auf Seiten des Erwerbers begründet. Er ist dabei, wie es scheint, im Wesentlichen geleitet worden von der Rücksicht, die er glaubte nehmen zu sollen zu Gunsten des unbezahlten Verkäufers. Aber nach dieser Richtung hin, indem ich gegenüber dieser neuen Theorie des Herrn Gutachters Stellung nehme, möchte ich gleich hervorheben, daß ich meinerseits in keiner Weise einsehe, warum auf das Interesse des unbezahlten Verkäufers eine derartige besondere Rücksicht genommen werden soll. Es handelt sich ja hier nicht entfernt um eine Rechtsbildung wie bei dem stoppage in transitu, was eine Correktur desjenigen Rechtssystems ist, das durch bloße Absendung der Waare ohne Rücksicht darauf, ob sie bei dem Empfänger eingegangen ist, also ohne Rücksicht darauf, ob sich der Traditionsakt selbst bereits vollzogen hat, gleichzeitig mit dem Gefahrübergang Eigenthum an der Waare auf den Adressaten, auf den Destinateur übergehen läßt. Hier aber handelt es sich darum, daß Jemand, mag er nun eine specielle Creditfrist vereinbart haben oder mag dies nicht geschehen sein, auf alle Fälle doch seinem Erwerber Credit gewährt hat, und ich sehe nicht ein, warum der unbezahlte Verkäufer in dieser Richtung günstiger gestellt sein soll, wie jeder Andere, der Jemandem Credit gewährt hat, wie also etwa der Schneider, der mir einen Rock aus meinem Stoffe gemacht hat, so wenig dem ein besonderes Eigenthums- oder Pfandrecht an diesem Rocke vorbehalten bleibt, so wenig kann meines Erachtens dem marchand tailleur das Recht vorbehalten bleiben, um deswillen, weil er wegen des Credits, den er mir gewährt hat, noch nicht befriedigt ist. Ganz in gleicher Lage ist derjenige, der mir ein Darlehn gegeben hat. Und so meine ich, daß alle die Rücksichten die, wie es scheint, für diese neue Eigenthumserwerbstheorie des Herrn Gutachters maßgebend gewesen sind, nämlich die Rücksicht zu Gunsten des unbezahlten Verkäufers, überhaupt nicht in die Wagschaale fallen können und daß damit die Gründe, die wie ich glaube, die zunächst leitenden Motive für seine neu aufgestellte Theorie sind, an und für sich nicht ausreichen. Aber, m. H., die ganze Theorie als solche scheint mir durchaus unberechtigt zu sein. Zu welchen Consequenzen führt sie! Um in die Geschäfte des täglichen Lebens zu greifen — m. H., wir alle, die wir unsere Bedürfnisse beim Fleischer, beim Bäcker auf Rechnung zu nehmen pflegen, werden nachher von dem Eigenthum Anderer leben. Allerdings blieben wir vom Standpunkt des Gutachtens berechtigt die Semmel zu verzehren, die wir auf Credit entnommen haben, aber wir werden doch immer eine Semmel verzehren, die in dem Augenblicke, wo wir sie in den Mund stecken, Eigenthum eines Andern ist. Das, m. H., kann keine gesunde, keine richtige Theorie sein, welche so mit der wirklichen Sachlage, mit dem realen Leben in Widerspruch steht. Derjenige, der das Recht der Consumtion hat, das äußerste Recht, das überhaupt dem Eigenthümer eingeräumt werden kann, muß doch auch vom Rechte als Eigenthümer anerkannt werden, ohne Rücksicht darauf, ob er das wirthschaftliche Aequivalent für dieses ihm eingeräumte Consumtionsrecht bereits gegeben oder mit Rücksicht auf den ihm gewährten Credit noch nicht gegeben, also noch nicht bezahlt hat.

So glaube ich, m. H., daß in der That diese Theorie eine verfehlte ist. Aber nehmen Sie, wenn wir in den weiteren Handelsverkehr gehen, noch andere Gesichtspunkte. In allen den Fällen, in denen z. B. Käufer und Verkäufer in Contocurrent stehen, wird das Eigenthum erst übergehen in dem Augenblicke, wo der Saldo von Seiten des einen gezogen und von Seiten des anderen anerkannt ist; denn bis zu diesem Augenblicke ist ja immer der Kaufpreis für diejenigen Waaren, die in Contocurrent geliefert sind, noch nicht bezahlt, noch nicht gedeckt und folgeweise würde das Eigenthum noch bei dem bisherigen Eigenthümer geblieben sein. Ebenso in allen Fällen, wo die Geschäfte auf laufende Rechnung gehen, würde das Eigenthum erst übergehen, wenn der Ausgleich stattgefunden hat, worüber vielfach erst nach Jahren Gewißheit erlangt wird.

So glaube ich in der That, m. H., daß der ganze Ausgangspunkt des Herrn Gutachters, die neu von ihm aufgestellte Eigenthumserwerbstheorie durchaus unzutreffend ist und daß wir keine Veranlassung haben, an Stelle unserer bisherigen Rechtsbildungen auf diesem Gebiete diese neue Theorie zu acceptiren.

Damit, m. H., glaube ich gesagt zu haben, was ich zu sagen hatte über die Ausführungen des Herrn Gutachters, die über die speciell zur

Berathung stehende Frage hinausgehen. Ich wende mich nunmehr zum Standpunkt des Herrn Gutachters bezüglich der Vindication, zu der Frage, wie der redliche Erwerber zu stellen ist.

Da hat nun der Herr Gutachter — wenigstens dem praktischen Erfolge nach — den Standpunkt des Landrechts eingenommen: es soll nämlich der bisherige Eigenthümer auf alle Fälle berechtigt sein, ohne Rücksicht auf den gutgläubigen oder auf den unredlichen Erwerb des Erwerbers, des derzeitigen Inhabers, die Sache von dem neuen Erwerber herauszuverlangen, es soll aber der redliche Erwerber titulo oneroso, der eine Gegenleistung für den Erwerb bezahlt hat, berechtigt sein, mit Rücksicht auf diesen redlichen Erwerb Ersatz für seine Aufwendungskosten zu verlangen. Der unredliche Erwerber soll natürlich einen solchen Anspruch nicht haben, soll vielmehr nach der Auffassung des Herrn Gutachters nicht blos zur Herausgabe, sondern außerdem auch noch zum Schadensersatz verpflichtet sein. Was diesen letzteren anbelangt, so stellt damit der Herr Gutachter ein neues Delict auf, indem ja nach den bisherigen Rechtsbildungen, wenn an und für sich nichts weiter geschieht, als daß ich eine fremde Sache erwerbe und ich nicht irgendwie Hehler oder sonstwie derart betheiligt bin, an und für sich ein Delict nicht vorliegt. Ich muß anerkennen, daß ich nach dieser Richtung gegen den Standpunkt des Verfassers kein Bedenken habe. Es mag durchaus berechtigt sein zu sagen, daß derjenige, der bewußt eine Sache erwirbt von Jemandem, der zur Dispositon darüber nicht befugt ist, damit allerdings in die Rechtsspäre des wirklich Berechtigten eingreift und damit eines, wenn auch vielleicht nicht strafrechtlich, so doch jedenfalls civilrechtlich zu ahnenden Delicts sich schuldig macht. Doch, wie gesagt, ist dies eine untergeordnete, jedenfalls auch außerhalb unserer eigentlichen Materie liegende Frage.

Was nun die theoretische Begründung dieses Standpunktes, also das Einlösungsrecht und resp. die Einlösungspflicht des Vindicanten betrifft, so giebt es da zwei Standpunkte. Der eine Standpunkt ist der, den das Landrecht eingenommen hat, daß es einfach bei der bisherigen Vindicationstheorie bleibt: der Eigenthümer fordert die Sache kraft seines Eigenthums, aber sein Vindicationsrecht ist ohne Erfolg, es ist ihm der redliche Erwerber zur Herausgabe nicht verpflichtet, ehe ihm ersetzt ist, was er aufgewendet hat. Oder — und diesen Standpunkt nimmt der Herr Gutachter ein — es wird — so verstehe ich wenigstens sowohl seine Ausführungen als auch die speciell formulirte Fassung seiner Vorschläge — es wird anerkannt ein Eigenthumsübergang, aber es wird nun in der Person des neuen Eigenthümers eine obligatorische Verpflichtung anerkannt, an den bisherigen Eigenthümer gegen Ersatz der Aufwendungskosten die Sache herauszugeben. Ich muß sagen, daß beide Auffassungen, sowohl die von der Vindication, der nur diese Beschränkung beigefügt wird, wie andererseits diese Verbindlichkeit des neuen Erwerbers, herauszugeben gegen Ersatz der Aufwendungskosten, mir nicht recht verständlich sind. Vom Standpunkt der Vindicationstheorie aus sage ich: wenn der Mann Eigenthümer ist, so steht er zum neuen Erwerber um deswillen, weil redlich erworben ist, noch in keinem obligatorischen Nexus; ist der bisherige Eigenthümer Eigenthümer geblieben, dann muß auch der redliche Erwerber trotz seines redlichen Erwerbs die Sache herausgeben, denn eine obligatorische Verbindlichkeit des Eigenthümers, dem Dritten um seines redlichen Erwerbs willen seine Aufwendungskosten zu ersetzen, ist nicht erfindlich. Und nimmt man andererseits die andere Auffassung, von der, wie gesagt, der Herr Gutachter ausgeht, zur Hand: das Eigenthum ist auf den neuen redlichen Erwerber übergegangen, aber er ist nun verpflichtet herauszugeben, so frage ich: wenn er Eigenthümer geworden ist, welcher obligatorische Nexus besteht zwischen dem neuen Erwerber und dem früheren Eigenthümer? Es ist nicht erfindlich, warum nun eine obligatorische Verbindlichkeit in diesem Sinne begründet sein soll. Wie gesagt, meines Erachtens bietet das Civilrecht keine Rüstkammer dar, um diese Dinge überhaupt civilistisch zu begründen. Es sind meines Erachtens theoretisch zu rechtfertigen: der Standpunkt des römischen Rechtes, das keine Rücksicht auf den redlichen Erwerb nimmt, der den bisherigen Eigenthümer Eigenthümer bleiben läßt, oder der Standpunkt des „Hand wahre Hand" des Art. 306 des Handelsgesetzbuches, der redliche Erwerber wird unter gewissen Voraussetzungen Eigenthümer und damit ist die Sache zu seinen Gunsten entschieden.

Das sind die Bedenken, die ich gegen den Standpunkt des Herrn Gutachters von theoretischen Gesichtspunkten aus habe. Aber viel gewichtiger scheinen mir die Bedenken, die man gegen seinen Standpunkt haben muß, vom Gesichtspunkt des Bedürfnisses des Verkehrs.

Der Herr Gutachter unterscheidet nicht, wie meines Erachtens vielleicht wenigstens die Commission zu unterscheiden beabsichtigt, zwischen Handels- und Civilrecht. Er will seinen Standpunkt durchgeführt wissen, eben sowohl für das Handelsrecht wie für das Civilrecht. Da muß ich nun sagen: für das Handelsrecht ist dieser Standpunkt, ist diese Theorie meines Erachtens unannehmbar, sie ist so unannehmbar, daß selbst das Landrecht nach dieser Richtung hin sein System zu durchbrechen sich veranlaßt gesehen hat und für den eigentlichen Handelsverkehr ausdrücklich eine Ausnahme gemacht hat, für den Handelsverkehr fällt dieses Einlösungsrecht des bisherigen Eigenthümers fort, der redliche Erwerber erwirbt ohne weiteres Eigenthum und der bisherige Eigenthümer hat sein Eigenthum verloren. Der Herr Gutachter erkennt selbst an, daß die weitaus überwiegende Zahl der Mobilien, der beweglichen Sachen, im gesammten Verkehr lediglich zu einander gleichartigen Sachen im Verhältniß der Fungibilität stehen, daß es für Jeden gleichgiltig ist, ob er den einen oder den anderen Rock hat, ob er den oder jenen Tisch hat, daß mit verhältnißmäßig vereinzelten Ausnahmen der Werth des Eigenthums gerade nicht in seiner Individualität, nicht darin steckt, daß man diese specielle Sache hat, sondern daß man den wirthschaftlichen Werth — Gebrauchs- oder Tauschwerth — der in der Sache steckt, hat, während jede andere gleichartige Sache Einem ganz dieselben Dienste thut. Am fühlbarsten, durchgreifendsten ist dieser Gesichtspunkt der Fungibilität beim Handelsverkehr. Für den Kaufmann ist ja die Waare nicht diese Individualität, sondern sie ist etwas, womit er Handel treibt, was er nicht hat, um es zu haben, sondern was er hat, um es mit Vortheil zu verkaufen. Damit kommen wir aber gerade auf den wesentlichen Gesichtspunkt, der unabweisbar dieses ganze Resultat des Herrn Gutachters zurückweisen lassen muß, nämlich auf die speculative Tendenz des Handelsverkehrs. Was der Herr Gutachter will und was das preuß. Landrecht für die civilen Rechtsgeschäfte auch festgesetzt hat, hiervon nimmt das Landrecht — eine Durchbrechung seines Systems — den eigentlichen Handelsverkehr aus. Der Kaufmann erwirbt die Dinge in der Absicht, die Sachen demnächst bei steigender Conjunctur zu besseren Preisen wieder zu verkaufen. Dem redlich erwerbenden Kaufmann ist also keineswegs damit gedient, daß ihm das ersetzt wird, was er für die Sache aufgewendet hat. Wenn er heut eine Waare kauft und diese Waare nun empfängt statt irgend einer gleichen Quantität anderer Waaren, die er gekauft haben würde, und nach einem Jahre, wenn die Conjunctur gewechselt hat, wenn die Waare vielleicht das Doppelte werth ist, will man ihm sagen: gieb die Waare her, du sollst entschädigt werden, du erhältst das, was du vor einem Jahre zu Zeiten des schlechten Preises aufgewendet hast, ersetzt — da wird der Kaufmann sagen: damit ist mein Interesse nicht gewahrt, mein Interesse ist gewahrt, wenn der speculativen Tendenz meines Geschäfts Genüge geleistet ist, wenn ich erhalte nicht blos, was ich aufgewendet habe, sondern was ich an der Waare in Folge der steigenden Conjunctur, durch meine richtig berechnete Speculation verdient habe. Statt dieser Species würde ich eine andere Waare erworben haben, wenn ich von dem Rechte des Dritten Kenntniß gehabt hätte. So tritt also deutlich hervor, daß dieses Compromiß für den Handelsverkehr durchaus ungeeignet ist, das Interesse auszugleichen. Ja, man kann sogar, wenn man die Sache weiter verfolgen will, noch weiter gehen und sagen: es bietet dieser Standpunkt für den Handelsverkehr sogar die Möglichkeit, auf Kosten eines Anderen zu speculiren. Es ist ja ganz klar. Heute erfahre ich, daß ein Anderer mein Eigenthum redlicher Weise vom Nichteigenthümer, von einem Dritten erworben hat, nehmen Sie z. B. an, mein ungetreuer Commis hat größere Quantitäten Waare verkauft. Statt daß ich heute sofort die Waare vindicire gegen Ersatz der Anschaffungskosten, die dem heutigen Preise entsprechen, warte ich vielleicht, bis ein Jahr verflossen ist oder bis über die Conjunctur entschieden ist. Ist der Preis inzwischen gefallen, da lasse ich dem gutgläubigen Erwerber seine Waare, es fällt mir nicht ein, sie von ihm zu vindiciren gegen Ersatz des von ihm Aufgewendeten. Ist inzwischen die Waare im Preise gestiegen, dann sage ich: gieb mir die Waare, die du zwar redlicher Weise, aber von einem Nichtberechtigten erworben hast, heraus, hier ist der von dir aufgewendete Anschaffungspreis. Sie sehen, daß für den Handelsverkehr dieser ganze Standpunkt absolut zurückzuweisen ist und daß wir für den Handelsverkehr absolut festzuhalten haben an Art. 306, dessen Aufnahme in das Handelsgesetzbuch ja eine wesentliche Errungenschaft überhaupt der neuern Rechtsbildung auf dem Gebiete unseres modernen Verkehrs gewesen ist.

Wenn ich mich nun aber zu der Frage wende: soll denn nun für die Civilgeschäfte abgewichen werden von dem, was für das Handelsrecht gelten soll, so sage ich: nein, dazu fehlt es an genügenden Gründen, es würde das an und für sich eine Calamität sein, eine Calamität, die, wenn es irgend geht, zu vermeiden ist. Hier, wo in Wahrheit gar keine durchschlagenden Gründe für dieses andere System sprechen, würde es gewiß nicht berechtigt sein, abzuweichen, würde es gewiß nicht berechtigt sein, die so werthvolle Harmonie zwischen Handels- und Civilrecht zu durchbrechen. Ich habe bereits vorhin hingewiesen auf die Fungibilität, die die Mobilien, nicht blos im Verkehr, sondern auch schließlich in der einzelnen Privatwirthschaft, in der Haushaltung haben, daß der eine Tisch, das eine Möbel, der eine silberne Löffel durch den anderen ersetzt wird. Das gilt allerdings nicht für alle Mobilien, es gilt nicht für diejenigen vereinzelten Fälle, wo es sich etwa um ein Andenken handelt, wo in der That in der einzelnen Sache ein wirklich berechtigter Affectionswerth enthalten ist, ein Affectionswerth, der ja theils in diesen gemüthlichen Rücksichten, theils auch jenachdem in wissenschaftlichen und künstlichen Interessen seine Grundlage haben kann. Ich gebe zu, wenn es sich z. B. um ein seltenes Buch, vielleicht um einen einzelnen Band aus einer größeren Collection handelt, der nicht leicht ersetzt werden kann, daß da in der That gewisse Rücksichten dafür sprechen mögen, daß man dem bisherigen Eigenthümer das Vindicationsrecht giebt. Aber, m. H., das sind so vereinzelte Fälle, daß sie nicht für die Rechtsbildung maßgebend sein können. Ich würde an und für sich nichts dagegen haben, wenn man darauf Gewicht legt, daß in unser bürgerliches Gesetzbuch demnächst ein Satz kommt, der sagt: Für derartige Fälle eines besonderen nachgewiesenen Affectionsinteresses — es giebt ja auch noch andere Gesichtspunkte, unter denen die Rechtsbildung das Affectionsinteresse berücksichtigt, — soll ausnahmsweise, im Gegensatz zu den allgemeinen Grundsätzen, eine Vindication gegen Ersatz der Anschaffungskosten zulässig sein. Aber doch glaube ich kaum, daß die Gesetzgebung Anlaß hat, auf derartige vereinzelte Fälle, die an und für sich für den wirklichen Verkehr doch keine Bedeutung haben, besondere Rücksicht zu nehmen. Abgesehen davon sehe ich in der That nicht das geringste Interesse für die Rechtsbildung, die der Herr Gutachter eingeführt wissen will. Wenn wir davon ausgehen, daß die Anschaffungskosten dem wirklichen Werth der Sache entsprechen, dann hat ja der Vindicant gar kein Interesse an der Vindication, er kann dasselbe Geld, was er aufwendet, um die Sache zu vindiciren, ja wieder verwenden, um sich die Sache neu anzuschaffen. Oder wir gehen davon aus, daß der Erwerber gut gekauft hat, redlicher Weise, aber zu einem billigen Preise, dann ist in der That kein Anlaß, diese günstige Chance, dieses günstige Geschäft ihm zu entziehen und dem Vindicanten zuzuweisen.

So glaube ich, m. H., daß in der That das System des preußischen Landrechts ein verfehltes Compromiß zwischen den beiderseitigen Interessen ist, daß es ein Compromiß ist, welches weder dem Bedürfniß des Verkehrs entspricht, noch auch irgendwie sich vereinbaren läßt mit dem vom Standpunkte unserer Wissenschaft aus zu berücksichtigenden theoretischen Gesichtspunkte. Ich komme vielmehr zu dem Resultat, das ich mir hiermit erlaube als Antrag der hohen Versammlung zu unterbreiten. Ich komme zu meinen Anträgen:

1. Es empfiehlt sich für den Handesverkehr an dem Systeme des Artikel 306 des Handelsgesetzbuchs festzuhalten etwa mit der Modification, daß für die gestohlenen und verlorenen Sachen eine Ausnahme ferner nicht gemacht wird,

und zwar möchte ich noch lieber das „etwa" streichen, so daß es heißt:

mit der Modification, daß für die gestohlenen und verlorenen Sachen eine Ausnahme ferner nicht gemacht wird.

Ich werde hierauf noch mit einem Worte zurückkommen.

2. Es empfiehlt sich nicht, für den sonstigen Verkehr ein abweichendes System aufzunehmen.

Zur weiteren Begründung dieser meiner Anträge möchte ich mir noch wenige Bemerkungen erlauben, mit denen ich zu gleicher Zeit theilweise auch den theoretischen Ausführungen des Herrn Gutachters entgegentreten werde.

Vor allem, m. H., ist es jedenfalls ein Mißverständniß, aber ein Mißverständniß, das dem Herrn Gutachter keineswegs zur Last fällt, denn er nimmt ja nach dieser Richtung hin einen anderen Standpunkt ein, — es ist ein Mißverständniß, wenn man meint, der Art. 306 entziehe dem Eigenthum irgendwie etwas an seinem Inhalte und Rechtsschutze. Davon ist keine Rede. Wer Eigenthümer ist, hat nach Art. 306 so gut, wie nach römischem Recht volle, uneingeschränkte Vindicationsbefugniß. Was Art. 306 dem römischen Systeme gegenüber statuirt, das ist, daß das Eigenthum leichter verloren wird, daß der bisherige Eigenthümer es verlieren kann, ohne daß er seinerseits es aufgeben will. Während das römische Recht diesen Verlust des Eigenthums durch den bisherigen Eigenthümer ohne dessen Willen nur statuirt für den Fall, daß die Verjährung dazwischen tritt, wo also die Zeit gleichsam ihre heilende Wirkung gethan hat, statuirt Art. 306 des Handelsgesetzbuches ohne Verjährung, daß sofort Eigenthum verloren wird, obgleich der bisherige Eigenthümer es nicht verlieren will, und insofern läßt sich ja allerdings die vom Herrn Gutachter erwähnte, in der französischen Doctrin hervorgetretene Analogie zwischen diesem System und der Usucapion statuiren, während es dagegen — darauf komme ich gleich noch — falsch ist, im Falle des Art. 306 eine originäre Erwerbsart zu sehen, im Gegensatz zu einer derivativen. Was gerade diesen Punkt anbelangt, so muß ich den Ausführungen des Herrn Gutachters entgegentreten. Er glaubt, daß dieses System des Art. 306 eine neue, neben die Usucapion gestellte originäre Erwerbsart aufstelle. Nein, das ist gewiß nicht richtig; es handelt sich um einen derivativen Erwerb, bei dem alle erforderlichen Voraussetzungen eines derivativen Erwerbs festgehalten werden. Es ist nöthig ein Rechtsgeschäft, ein rechtsgiltiger Vertrag mit allen Voraussetzungen eines solchen rechtsgiltigen Vertrags. Nicht bloß in der Person des Erwerbers, sondern auch in der Person des Uebertragenden müssen alle Voraussetzungen eines rechtsgiltigen Uebertragungsgeschäftes gegeben sein, es muß auf seiner Seite der Wille vorhanden sein, er muß dispositionsfähig sein — alles dies gerade wie bei jedem anderen Veräußerungsgeschäft. Das Einzige, wovon der neue Erwerber dispensirt wird, ist das Erforderniß, daß der Uebertragende, daß derjenige, von dem er Eigenthum erwirbt, selbst Eigenthümer ist. Von diesem einzigen Erforderniß ist dispensirt mit Rücksicht auf den gutgläubigen Erwerb des Erwerbers. Nun fragen wir, auf welche theoretische Gesichtspunkte hin sich das rechtfertigen läßt?

Was speciell Art. 306 anbetrifft, der die gestohlenen und verlorenen Sachen ausschließt, da ließe sich noch geltend machen ein Gesichtspunkt, den der Herr Gutachter auch berührt, nämlich daß man sagt: derjenige, der mir die Sache anvertraut, giebt mir damit gleichsam die Vollmacht nach außen hin, dritten gegenüber über die Sache zu disponiren, wenn auch mein Auftrag vielleicht dahin geht, nicht zu disponiren, sondern ihm die Sache zu restituiren, und mit Rücksicht auf diese Vollmacht, die ihm ertheilt, die für Jeden ersichtlich ist, dadurch daß ich dem Urheber die Dispositionsgewalt thatsächlich in die Hand gegeben habe, mit Rücksicht auf diese Vollmacht, die wenigstens für Dritte scheinbar gemacht ist, muß die Befugniß dieses an und für sich unberechtigten Disponenten des neuen Erwerbers anerkannt werden.

Geht man weiter, wie ich es thue und sagt: es müssen auch verlorene und gestohlene Sachen in dieses Rechtssystem hineingezogen werden, so reicht der Gesichtspunkt des Anvertrauens nicht mehr aus. Aber ich glaube, der Gesichtspunkt der Vollmacht ist auch nicht der richtige, ich glaube, daß der theoretisch richtige Gesichtspunkt hier derselbe ist, den wir auch im Grundbuchrechte haben, wo wir ja auch Fälle haben, in denen der Eigenthümer mit Rücksicht auf den öffentlichen Glauben des Grundbuchs, sein Eigenthum verliert, ohne es aufgeben zu wollen, lediglich um deswillen, weil ein Anderer es erworben hat. Da haben wir ganz dieselbe Analogie. Derjenige, der gutgläubig titulo oneroso von Demjenigen erwirbt, der in das Grundbuch eingetragen ist, erwirbt Eigenthum mit Rücksicht auf den öffentlichen Glauben des Grundbuchs, ohne Rücksicht darauf, daß er in Wahrheit erwirbt von dem Nichteigenthümer, und daraus geht hervor, daß der ganze Gesichtspunkt, es handelt sich um originären Erwerb, nicht richtig ist, sondern es handelt sich in der That um derivativen Erwerb, gerade wie bei derartigen Uebertragungen im Grundbuche. Wir haben den Gesichtspunkt der Legitimation eines Nichteigenthümers, eines Quasieigenthümers nach außen um deswillen, weil bei Mobilien die factische Innehabung der Sache nach außen hin Eigenthum repräsentirt, weil die factische Dispositionsgewalt den Inhalt des Eigenthums erschöpft und damit für Dritte kein Anlaß ist, eine Incongruenz zwischen äußerer Erscheinung und innerem Rechtsverhältniß zu unterstellen. Wie der öffentliche Glaube beim Grundbuche wirkt, wie der Eingetragene mit Rücksicht auf diesen öffentlichen Glauben legitimirt wird Dritten gegenüber, ganz in der gleichen Weise erscheint Dritten gegenüber der Inhaber, der Besitzer der Sache als zur Disposition legitimirt und mit Rücksicht auf diese Legitimation ist er in der Lage, die Sache zu übertragen, obgleich er nicht Eigenthümer geworden ist, und kraft des derivativen Erwerbstitels die Sache so zu übertragen, daß gerade wie beim Erwerb eines Grundstückes der bisherige Eigenthümer sein Eigenthum verliert.

Damit, m. H. glaube ich meine Aufgabe soweit erschöpft zu haben und möchte jedenfalls Ihre Geduld nicht länger in Anspruch nehmen und nicht länger die Zeit der Hauptaufgabe, der Debatte entziehen.

Vicepräsident, Geheimer Justizrath Dr. **Dorn** (Berlin): M. H., ich habe vorübergehend den Vorsitz übernommen, weil der erste Herr Vorsitzende augenblicklich verhindert ist. Ich bitte jetzt diejenigen Herren, die ihre Bemerkungen vortragen wollen, sich zum Worte zu melden. Zunächst ertheile ich das Wort dem Herrn Gutachter.

Professor Dr. **Franken** (Greifswald): Ich bitte Sie, m. H., es nicht falsch zu verstehn, wenn ich auf das Referat zuerst das Wort nehme. Ich möchte nicht etwa eine Controverse über mein Gutachten hier einführen, sondern mir vielmehr nur eine Berichtigung dem Herrn Referenten gegenüber gestatten, — die allerdings auf einen fundamentalen Punkt fällt.

Sie müssen (nach dem, was vorgetragen worden ist) ein falsches Bild von dem diesseits Gewollten bekommen haben. Ich stehe — um das gleich voranzuschicken — nicht principiell auf dem Standpunkt des Landrechts, sondern ich habe in einer gleich zu erwähnenden Weise das System der Einlösung nur nebenher, secundär in meine Vorschläge eingeführt. Aus welchen Gründen, wird sich bald zeigen. Der Standpunkt, auf dem ich principaliter stehe, ist der des Handelsgesetzbuchs, nur mit der Modalität, die auch der Herr Referent in die uns seinerseits unterbreiteten Vorschläge hineingetragen hat: daß nämlich die Ausnahme für gestohlene und verlorene Sachen wegfällt, und außerdem mit einer constructiven Aenderung. Während nämlich das Handelsgesetzbuch durch seinen Art. 306 nur eine Art Ausnahme in ein übrigens widerstrebendes Rechtssystem hineinpflanzt, soll hier die von ihm verfolgte Tendenz principiell und consequent ausgestaltet werden. Ich gehe dabei aus von der Vorstellung, es sei beabsichtigt, den redlichen Erwerber zu schützen. Der typische Fall, der mir vorschwebt, ist der Erwerb a non domino. Schutz des redlichen Erwerbers aber bedeutet Sicherstellung desselben gegen Angriffe, welche basiren auf dem Mangel im Rechte des Autors, mit anderen Worten, Sicherstellung gegen Vindicationen. Das führt mich dazu, vorzuschlagen: die Vindication der Mobilien wird im Interesse des dem redlichen Erwerber zu gewährenden Schutzes beseitigt. Auf der anderen Seite aber will Niemand den Erwerber schlechtweg schützen, sondern Sie wollen schützen den redlichen Erwerber. Der unredliche Erwerber nun — ich rectificire einstweilen nur und stelle klar, was ich gewollt habe, deshalb spreche ich in dieser positiven Form — der unredliche Erwerber ist meiner Anschauung nach quasi in delicto und deshalb liegt auf ihm obligatorisch, — und das ist die Ausfüllung der durch die Beseitigung der Vindication entstandenen Lücke — die Restitutionspflicht. Das sind also meine beiden Sätze, die ich principaliter aufstelle: erstens keine Vindication, zweitens Restitutionspflicht des unredlichen Erwerbers, durch die die Vindication ersetzt werden soll.

Nun bitte ich mir einen Augenblick zu gestatten, daß ich ausführe, wie ich constructiv zur Beseitigung der Vindication zu kommen gesucht habe.

Es ist vom Handelsverkehr ausgegangen worden, — auch seitens des Herrn Referenten, und mit vollem Recht. Also will auch ich von dort ausgehen. Demjenigen, der eine Waare als Fabrikant oder Handelsmann vertreiben will, liegt am Körper der Sache nichts, sondern alles am Preise der Sache. Ihm können Sie, wenn man übertreiben will, die Waare wegnehmen und das Geld dafür hinlegen, und er ist vollständig befriedigt. Wenn ich diese Wahrnehmung brüsk zu einer Consequenz ausführe, so heißt es: in der Hand dieser Leute ist Eigenthum eher ein Recht am Werthe oder auf den Werth der Sache, als ein Recht am Körper der Sache. Mißverstehen Sie mich nicht! Es ist das Wort „Eigenthum", das ich einigermaßen erläutern muß, um diesen Satz klarzustellen. Ich verstehe unter Eigenthum das Stück Anspruch auf Rechtsschutz, das der Inhaber gegen den Staat erhebt, und in diesem Sinne wird das Eigenthum ohne Zweifel in seinem Inhalte bestimmt durch die Qualität des Objects, das Gegenstand des Eigenthums ist. Anspruch auf Staatsschutz würde danach der Handelsmann hinsichtlich seiner Waare vernünftigerweise nur soweit haben, als er verletzt wird mit Bezug auf den Werth der Sache. Dadurch komme ich — worüber hier die Verweisung auf mein Gutachten genügen muß — zu dem Satz, daß, insbesondere zunächst im Handelsverkehr alle Mobilien gleicher Art als fungibel zu betrachten seien, und von da zu dem Satz, daß die Vindication wegfallen könne, wenn nur gesorgt würde, daß jedesmal in die richtigen Hände der Geldwerth der Sache zurückgebracht wird.

Dem gegenüber verkenne ich nun auf der anderen Seite nicht, daß die Individualität der Sache oft genug von erheblicher Bedeutung für den Eigenthümer ist, und es nicht logisch wäre, ihn auch da, also schlechtweg mit dem Werth abfinden zu wollen. Deshalb proponire ich correctorisch neben meinem ersten Satz, daß die Vindication beweglicher Sachen zu beseitigen wäre, — neben meinem ersten Systeme, will ich lieber sagen, durch welches die Vindication wegfiele, ein zweites System, wonach demjenigen, der seine Sache eingebüßt hat, in allen Fällen die Einlösung gestattet sein möge. Also erst hier trete ich auf den Standpunkt des Landrechts, und nur electiv, und zwar gebe ich die Wahl demjenigen, der die Sache eingebüßt hat, einfach nach folgender Erwägung. Wenn mir meine Sache abhanden gekommen ist und ich habe vorwiegend ein Interesse auf ihren Werth, dann mag ich beweisen, daß auf der anderen Seite eine Unredlichkeit vorliegt, und das giebt mir die Restitutionsklage, die mir jedenfalls zum Ersatz der Sache in Geld verhilft. Bin ich dagegen in der

Lage, vorwiegend an der Sache selbst, an dem Körper, am Individuum ein Interesse zu haben, dann kann ich den Weg beschreiten, daß ich im Wege der Einlösung die Sache an mich ziehe. Ich opfere so, weil ich vielleicht nicht im Stande bin, zu beweisen, daß auf der andern Seite eine Unredlichkeit vorliegt, den Werth und rette die Individualität der Sache für mich. Dem gegenüber ist nun ein Einwurf seitens des Herrn Referenten gemacht worden, den ich hier beiläufig erledigen möchte. Er hat von einem Fall gesprochen, wo etwa eine Masse Korn auf Speculation gekauft ist, der Preis in die Höhe geht und nachdem das geschehen ist, derjenige, dem ursprünglich das Korn gehört hat, kommt und das Gut dem gegenwärtigen Besitzer aus den Händen ziehen will. — Man könnte das vielleicht einfach schon so beseitigen: In meinem Vorschlage steht allerdings, es könne jedem Eigenthümer freigestellt werden, die Sache einzulösen. Dem Einwurf des Herrn Referenten gegenüber ließe sich indeß enger sagen: jedem Eigenthümer einer nicht fungiblen Sache könne es freigestellt werden, die Sache im Wege der Einlösung an sich zu ziehen. Ich bemerke das blos beiläufig, weil ich auch aus andern Gründen nicht glaube, daß der Einwurf, der in diesem Exempel gemacht worden ist, von großem Inhalte sei.

Ich recapitulire mich also, m. H., da es sich mir nur um Richtigstellung des gleich im Anfang genannten Punktes handelt. Was in diesem Vorschlage Ihnen von mir unterbreitet wurde, ist Folgendes:

Sie wollen in erster Linie für bewegliche Sachen die Vindication fallen lassen und wollen statt dessen — wie das constructiv möglich ist, wird vielleicht noch näher auszuführen sein, ich kann nicht soviel Zeit für mich in Anspruch nehmen — die Restitutionsklage gegen den unredlichen Besitzer geben, durch welche der gekränkte Eigenthümer den Werth der Sache an sich zieht. Daneben ist dann electiv in die Hand des geschädigten Eigenthümers gelegt die Möglichkeit, wenn er Interesse an der Individualität der Sache hat, sich zu beschränken darauf, daß er dem anderen Theile das ausgelegte Geld erstattet und seinerseits dafür das Object zurückerhält.

Ich glaube mich hier zunächst auf diese Bemerkungen, die den Kern meines Vorschlags treffen, beschränken zu sollen.

Professor Dr. **Leonhard** (Göttingen): M. H., ich bin mit dem Herrn Präsidenten darin durchaus einverstanden, daß die beiden Fragen, welche heute zur Erörterung stehen, die Frage nach den Voraussetzungen des Eigenthumserwerbs und die Frage nach dem Umfang des Eigenthumsschutzes getrennt werden. Es läßt sich jedoch schlechterdings nicht vermeiden, bei Erörterung der letzteren Frage, welche jetzt zur Debatte steht, die erstere zu berühren. Das ist bisher geschehen und eben weil es geschehen ist, möchte ich mir gestatten, Ihre Aufmerksamkeit bei dieser Frage noch einen Augenblick in Anspruch zu nehmen.

M. H., es ist vorhin die Rede davon gewesen, daß der Gutachter, Herr Professor Franken, auch in der Frage vom Eigenthumserwerbe eine ganz neue Theorie vertrete, und diese Theorie ist zum Gegenstande der Erörterung seitens des Herrn Referenten gemacht worden. Schließen die Herren sich nun durch Ihren Beschluß den Ausführungen des Herrn Referenten an, so wird nothwendigerweise der anderen Frage, welche heute noch erörtert werden soll, der Frage über die Voraussetzungen des constitutum possessorium, präjudicirt. Ich möchte daher nur das klar gestellt wissen, daß, wenn auch im Uebrigen vielleicht der Ansicht des Herrn Referenten beigetreten wird, doch in diesem einen Punkt jedenfalls vorläufig die Abstimmung noch nicht erfolgen soll, sondern daß die Frage nach den Voraussetzungen des Eigenthumserwerbs zunächst noch eine offene bleibt.

Da ich, m. H., Sie mit dieser Erörterung behelligen mußte, so möchte ich auch ganz kurz noch die zuletzt erwähnte Hauptfrage berühren, nämlich die eigentlich zur Debatte stehende Frage nach dem Umfange des Eigenthumsschutzes.

Der Herr Professor Franken hat soeben behauptet, seine Theorie sei nicht diejenige des preuß. Landrechts, und diese Behauptung in eingehender Weise zu begründen gesucht. Ich habe leider doch nicht die Ueberzeugung gewinnen können, daß die Ausführungen des Herrn Referenten widerlegt worden sind. In der That scheint mir auch, nach dem, was wir soeben gehört haben, die Ansicht des Herrn Professor Franken mit den Vorschriften des preuß. Landrechts in praktischer Hinsicht durchaus übereinzustimmen. Der Herr Gutachter hat seine Anträge zwar ganz anders formulirt, als wir im preuß. Landrechte angeordnet finden. Im preuß. Landrechte bleibt derjenige, dessen Sache widerrechtlich von einem Anderen veräußert ist, allerdings Eigenthümer und hat eine Vindication, welche eingeschränkt ist. Nach Ansicht des Herrn Professor Franken bleibt er nicht Eigenthümer, sondern der dritte Erwerber wird Eigenthümer. M. H., dieses Eigenthum aber hat, wie es im Gutachten des Herrn Professor Franken ausdrücklich heißt, keinen Vindicationsschutz. Ein Eigenthum ohne allen und jeden Vindicationsschutz ist für mich jedoch nur ein Messer ohne Klinge, dem der Stiel fehlt. Ich weiß in der That nicht, worin dieses Eigenthum bestehen soll. Derjenige, welcher die Eigenthumsbefugniß hat, würde nach meiner Meinung, auch wenn wir die Ansicht des Herrn Professor Franken annähmen, doch immer nur diejenige, welcher die Vindication hat, sein können — seine Vindication ist aber nur in der Richtung beschränkt, nach welcher auch das preuß. Landrecht sie einengt.

Professor Dr. **Franken** (Greifswald): Verzeihen Sie, m. H., wenn ich nochmals das Wort ergreife.

Es ist der Satz aufgestellt worden, ein Eigenthum ohne Vindication sei kein Eigenthum. Dem ist doch nicht so, und diese Bemerkung geht zu sehr von den Anschauungen aus, die aus dem römischen Rechte einmal überkommen sind, oder besser: von einseitig romanistischen Anschauungen. Die heut herrschende Theorie der Romanisten sagt: es erwächst aus dem Eigenthum eine Klage durch die bloße Thatsache der Trennung des Eigenthümers vom Besitze; selbst wenn der Eigenthümer sich vom Besitze seiner Sache freiwillig trennt, selbst dann erwächst die Vindication. Das ist der heute siegreich gebliebene Standpunkt. Bekanntlich ist derselbe aber bei den Romanisten lange Zeit zweifelhaft gewesen, und bekanntlich haben auch die Römer selbst eine lange Zeit gezweifelt, ob nicht die Vindication eigentlich nur gegen denjenigen zu richten sei, der als juristischer Besitzer erscheint. Der Unterschied zwischen diesen beiden Systemen ist der: wenn nur gegen den juristischen Besitzer die Vindication geht, so unterstellt das Recht, damit eine Vindication gegeben sei, auf der verklagten Seite eine Aneignungsintention, und zwar — denn sonst wäre die Klage nicht gerechtfertigt — eine rechtswidrige Aneignungsintention. Halten Sie nun neben diesen Gegensatz den Gegensatz der Begriffe des redlichen und des unredlichen Erwerbers, so werden Sie finden, daß weitaus für die Mehrzahl der praktischen Fälle die Person des Verklagten in dem Falle, wenn die Klage nur gegen den unredlichen Erwerber gegeben wird, die Person des Verklagten in ganz ähnlicher Weise bezeichnet ist, als wenn die Klage nur gegen den juristischen Besitzer gegeben wird. Die Differenz ist lediglich die, daß ich meine Klage erwachsen lasse nicht schon aus dem reinen Umstande der Trennung von Besitz und Eigenthum, sondern daß ich unterstelle, es müsse auf der anderen Seite eine Rechtswidrigkeit der Aneignung vorliegen, damit eine Ersatzpflicht ex delicto entstehe. Ich schütze also das Eigenthum genau ebenso stark, wie es von der anderen Seite geschützt werden kann. Nur baue ich die Klage nicht dinglich auf, sondern ich baue sie auf mit Zuhilfenahme einer obligatio ex delicto.

Reichsgerichtsrath Dr. **Wiener** (Leipzig): In Betreff des praktischen Werths der Differenz möchte ich mir eine Frage erlauben.

Der Herr Referent betont, indem der Herr Gutachter bei der Collision zwischen dem bisherigen Eigenthümer und dem redlichen Besitzer die Einlösung zum Erwerbspreise des Letzteren statuire, adoptire er das Princip des Landrechts. Der Herr Gutachter sagt, das Landrecht statuire die Vindicabilität auch gegenüber dem redlichen Besitzer, nur beschränkt durch die Pflicht, die Sache durch Erstattung des Erwerbspreises an Letzteren auszulösen.

Er aber wolle übereinstimmend mit dem Handelsgesetzbuch Beseitigung der Vindicabilität gegenüber dem redlichen Besitz und statt dessen nur ein Recht des bisherigen Eigenthümers auf Wiedererlangung der Sache durch Erstattung des Erwerbspreises. Ist das nicht blos ein Unterschied in der rechtlichen Construction ohne unterschiedliche praktische Consequenzen? Oder sind dem Herrn Gutachter solche verschiedene praktische Consequenzen aufgestoßen? Und, wenn nicht, ist denn nicht sein System wenigstens in der ökonomischen Wirkung das des Landrechts?

Professor Dr. **Franken**: Dem möchte ich entgegnen, daß das zwar praktisch zu ähnlichen Resultaten führt, daß aber die juristische Construction eine durchaus andere ist. Ich kann meine Aufgabe nicht lediglich darin sehen, ein bestimmtes praktisches Resultat überhaupt nur zu erzielen, sondern ich muß es als Jurist im Wege einer durchgeführten Construction zu erzielen suchen. In Folge dessen komme ich zu einer anderen Auffassung.

Ich bemerke bei dieser Gelegenheit zugleich, daß ich mit meinen Vorschlägen nicht glaube materiell etwas Neues zu schaffen, — weit entfernt, Sie werden, wenn Sie die Sache verfolgen, sehen, daß das Resultat sein wird, wie es auch unter dem heutigen Rechte wesentlich herrscht. Was ich bringe, ist eine andere Construction, meinem Bestreben nach eine bessere.

Das ist die Differenz, die ich vorhin betonte.

Professor Dr. **Leonhard**: Als ich um das Wort bat, so wollte ich nur dasjenige hervorheben, was Herr Reichsgerichtsrath Wiener inzwischen ausgesprochen hat.

Auf die Bemerkungen des Herrn Professor Franken möchte ich jedoch noch in aller Kürze erwidern, daß mir die Aufgabe einer juristischen Construction in erster Linie darin zu liegen scheint, mit den Anschauungen, welche in der Juristenwelt herrschen, Fühlung zu behalten. Ich meine jedoch, daß die Formulirung, die Professor Franken seinen Vorschlägen gegeben hat, diese Eigenschaft nicht an sich trägt.

Nehmen wir an, unser Gesetz enthalte eine Vorschrift des Inhaltes, daß allerdings der Veräußerer in einem gewissen Falle das Eigenthum verliere, dennoch aber die Sache, allerdings nur gegen Ersatz des Werthes, zurückfordern könne, und daß andererseits der dritte Erwerber Eigenthümer werde, jedoch gar keine Klage habe, welche sein Eigenthum schützt, so würde, glaube ich, jeder Jurist darüber stutzig werden.

Herr Professor Franken sagt, es sei nicht unerhört, daß das Eigenthum keinen unbedingten Rechtsschutz habe, und meint, daß die entgegengesetzte Anschauung eine romanistische sei. Ich meine, gerade im römischen Recht haben wir das nudum jus Quiritium, auf welches ich nicht näher eingehen will; denn, daß wir ein derartiges Rechtsgebilde bei uns nicht aufnehmen wollen, darüber herrscht wohl Einstimmigkeit. Diese Duplicität des Eigenthums hatte im römischen Recht ihre volle Rechtfertigung, für die heutige Zeit hat sie nicht die geringste Bedeutung. In dem Vorschlage des Herrn Gutachters sehe ich aber in der That den Vorschlag eines ganz neuen „nudum jus Quiritium“, ja eines nudissimum, denn das nudum jus der Römer hatte im römischen Patronatrechte und einigen anderen Punkten noch gewisse praktische Consequenzen, dieses Eigenthum aber, was Herr Professor Franken uns vorschlägt, hat gar keine Wirkung mehr und man kann die Berechtigung desselben nicht anerkennen.

Professor Dr. **Brunner** (Berlin): Ich glaube, daß der Herr Gutachter nicht die Absicht gehabt hat, seine Vorschläge so zu formuliren, wie sie etwa in das künftige Gesetzbuch aufgenommen werden sollen. Ich erblicke in diesen sechs formulirten Vorschlägen vielmehr nur das Resumé dessen, was er im Vorausgehenden ausgeführt hat. Für diese Ausführungen müssen ihm alle sehr dankbar sein, da er die Frage von einer neuen Seite angepackt und die Materie in vollem Zusammenhange aller in Betracht kommenden Gesichtspunkte erörtert hat. Nichtsdestoweniger glaube ich, daß wir uns diesen von ihm gestellten Anträgen bei der schließlichen Abstimmung nicht ihrem Wortlaute nach anzuschließen haben, weil sie zu dem auf dem letzten Juristentage gefaßten Beschlüssen über das Traditionsprincip in Widerspruch stehen. Auch wird sich die Abstimmung wesentlich vereinfachen, wenn wir uns halten an die in der früheren Literatur formulirten Gegensätze: System des Landrechts, System der unbeschränkten Vindication des römischen Rechts und System des Handelsrechts. Ich glaube, daß dies namentlich deshalb vorzuziehen sein wird, weil im Einzelnen sich die Tragweite der Theorie, welche der Herr Gutachter aufgestellt hat, nicht vollständig übersehen läßt. Ich habe wenigstens, so vielfach mich auch das Gutachten angeregt hat, gegenüber den Vorschlägen des Herrn Gutachters eine gewisse Unsicherheit. Mit meinen Vorschlägen stimmt vollständig überein, was sich eben als Resultat einer Anfrage des Herrn Dr. Wiener ergeben hat, daß nämlich der Gegensatz des Gutachtens zur Vindicationstheorie im Wesentlichen ein constructiver sei. Es verschlägt wenig, wenn wir sagen: die Vindication beweglicher Sachen findet nicht statt; während wir auf der anderen Seite doch das praktische Resultat eines auf der Vindication beruhenden Rechtszustandes erreichen wollen. Ich denke daher, daß es sich bei der Abstimmung im Wesentlichen darum handeln wird, ob wir uns entscheiden für eins der drei überlieferten Systeme, nämlich des römischen Vindicationssystem oder des System des Landrechts oder des System des Handelsrechts.

Was das System des Handelsrechts betrifft, so ist von dem Herrn Referenten eine Modification vorgeschlagen worden, gegen die ich mich meinerseits aussprechen möchte. Der Herr Berichterstatter hat den Vorschlag gemacht, es möge das System des Handelsrechts in einer Beziehung modificirt werden. Das Handelsrecht schließt bekanntlich die Vindication gegen den redlichen Erwerber aus, soweit es sich nicht handelt um gestohlene oder verlorene Sachen. Wenn ich recht verstanden habe, will nun der Herr Berichterstatter diesen Vorbehalt beseitigen, so daß in dieser Beziehung das Handelsrecht, wie es für die Inhaberpapiere gilt, zu Gunsten des redlichen onerosen Erwerbs allgemein eingeführt werden soll. Ich möchte mich nun meinerseits für die handelsrechtliche Beschränkung erklären, nämlich für den Satz, daß die Vindication statthaben soll, wenn es sich handelt um gestohlene oder verlorene Sachen; zu Gunsten der Vindication spricht zunächst ein gewisser wohlberechtigter Conservativismus. Sie ist historisch hergebrachtes Recht, und es ist unsere Aufgabe nicht, in erster Linie wenigstens nicht, etwas vollständig Neues zu machen, sondern wir sollen uns möglichst dem überlieferten Rechte anschließen. Es ist nun ein alter deutschrechtlicher Grundsatz, daß die Vindication bei gestohlenen Sachen statthaft sein soll. Schon das ältere deutsche Recht giebt in diesem Falle die Anfangsklage. Es hat sich ja überhaupt die Eigenthumsklage im großen und ganzen aus der Diebstahlsklage herausentwickelt. Die ursprüngliche Eigenthumsklage war in jener Zeit, als sich Criminal- und Civilrecht noch nicht vollständig geschieden hatten, eine Diebstahlsklage. Das römische Recht faßt den Begriff des furtum bekanntlich weiter und nimmt furtum an auch in den Fällen, wo wir von Unterschlagung sprechen. Daher ist die römische Vindication auch angewendet auf den Fall der Unterschlagung, während das germanische Recht das furtum enger faßt und furtum nur dann annimmt, wenn eine Sache dem Eigenthümer wider dessen Willen abhanden gekommen ist. Damit mag es zusammenhängen, daß die deutschrechtliche Vindication beschränkt ist, nämlich auf den Fall, daß der Eigenthümer die Sache wider seinen Willen aus seinem Besitze verloren hat.

Von bestehenden Rechten ist mir nur das österreichische bekannt, welches in einer Beziehung an das, was der Herr Referent uns vorgeschlagen hat, hinanreicht, nämlich in Bezug auf Sachen, die man von einem Gewerbsmanne gekauft hat. Da unterscheidet es nicht, ob sie gestohlen oder verloren seien oder nicht, während es im Uebrigen den Grundsatz „Hand wahre Hand" hat.

Der Herr Gutachter hat uns in sehr geistvoller Weise ausgeführt, was eigentlich der Grund ist, weshalb man die Vindication bei gestohlenen und verlorenen Sachen aufrecht erhalten hat, nämlich daß in Bezug auf solche Sachen der naheliegende Verdacht vorliegt, daß der Besitzer dieselben nicht in redlicher Weise erworben habe. Das scheint mir ein sehr gegründeter Verdacht zu sein. Wir dürfen in der Beziehung die Sache nicht schlechtweg in das Ermessen des Richters stellen, wir dürfen nicht einfach sagen: es liegt im Ermessen des Richters zu entscheiden, ob der Erwerber redlicher oder unredlicher Weise erwarb, sondern wir thun gut, wenn wir eine ganze Kategorie von Fällen, in welchen sehr häufig unredlicher Besitz vorliegt oder doch der Verdacht des unredlichen Besitzes begründet ist, nämlich die Kategorie von gestohlenen und verlorenen Sachen, aus dem Ermessen des Richters ausschließen. Es ist zwar jetzt gewissermaßen Zug der Zeit, dem Ermessen des Richters immer mehr und mehr anheimzustellen. Allein wenn wir aber auf dieser schiefen Ebene fortschreiten, kommen wir schließlich dahin, daß wir ein Civilgesetzbuch in einigen wenigen Artikeln abfassen können, von denen der letzte etwa lautet: Im Uebrigen entscheidet das Ermessen des Richters, wer Recht hat.

Ich würde Sie also bitten, die von dem Herrn Referenten beantragte Modification des Handelsrechts nicht anzunehmen, sondern sich auf den Boden des Handelsrechts zu stellen, so daß also die Vindication von gestohlenen und verlorenen Sachen nach wie vor auch dem redlichen Besitzer gegenüber stattfindet.

Referent Rechtsanwalt Dr. **Keuling**: Ich habe nur wenige Bemerkungen noch zu machen.

Den Ausführungen des Herrn Professor Franken gegenüber glaube ich auf das Ergebniß der Debatte verweisen zu dürfen. Er hat darauf hingewiesen, daß die Römer selbst seiner Zeit bezweifelt hätten, ob überhaupt das Eigenthum mit der Vindicationsbefugniß ausgestattet sein müsse, da sie gezweifelt hätten, ob gegen den bloßen Inhaber, den bloßen Detentor die Eigenthumsklage stattfindet. Ja, m. H., die Römer haben nicht darüber gezweifelt, daß, wer Eigenthümer ist, dieses Recht verfolgen kann gegen denjenigen, der es angetastet hat, sondern die Römer waren darüber zweifelhaft, wer in solchen Fällen der Passivlegitimirte ist, ob die Klage sich zu richten hat gegen den Detentor oder gegen denjenigen, namens dessen der Detentor detinirt, nämlich den juristischen Besitzer. Das war der Zweifel. Aber ein Eigenthum, dem der Rechtsschutz versagt sein soll, das verstehe ich nicht. Und wenn man dem Artikel 306 jemals diesen Vorwurf gemacht hat, so ist es geschehen, weil man übersehen hat, daß es sich nur handelt um leichtere Verlierbarkeit des Eigenthums, nicht daß dem Eigenthume etwas an Rechtsschutz entzogen sei.

Was die Ausführungen des Herrn Professor Brunner betrifft, so bin ich eigentlich nicht in der Lage, ihm irgend etwas entgegensetzen zu können. Ich selbst habe meinen Vorschlag dahin formulirt „etwa mit der Modification" und dann gesagt, man könnte ja das „etwa" streichen. Die

Sache liegt so, daß ich durch meinen Antrag die Frage der Entscheidung des Juristentags unterbreiten will, indem jedenfalls dieser zweite Satz zu einer besonderen Abstimmung Anlaß geben wird. Also ich halte die Frage für ziemlich gleichgiltig. Es wird eine principiell umfassendere und insbesondere der Analogie des Grundeigenthums besser folgende Rechtsbildung sein, wenn wir für gestohlene oder verlorene Sachen keine Ausnahme machen. Wir haben sie ja auch bei den Inhaberpapieren nicht, gerade denjenigen Objecten, die eigentlich die wichtigsten Objecte für den Diebstahl sind, viel wichtiger, als etwa silberne Löffel oder Kleidungsstücke. Ich sehe in sofern also auch keinen durchschlagenden Grund gegen die Beseitigung dieser Ausnahme. Ich werde dafür stimmen, wenn die Frage zur Entscheidung kommt, aber ich halte sie allerdings nicht für eine Frage, die von großer Bedeutung ist. Entscheidend ist, daß am Systeme des Artikel 306 festgehalten wird gegenüber dem Systeme, das Herr Professor Franken aufstellt, von dem ich auch nicht verstehen kann, wie es etwas anderes sein soll, als das System des preußischen Landrechts.

Präsident: M. H., wenn ich den Herrn Professor Franken richtig verstanden habe, so verlangt er Abstimmung über die formulirten Vorschläge, die in sieben Paragraphen zusammengefaßt sind?

Professor Dr. **Franken:** Das war mein Gedanke nicht. Es ist richtig von Herrn Dr. Brunner bemerkt worden, daß das blos eine Zusammenfassung des Gedankengangs, nicht ein Antrag zur Abstimmung sei.

Präsident: M. H., es stehen sich gegenüber 2 Anträge, der Antrag des Herrn Referenten und der des Herrn Professor Brunner. Ich glaube, daß, wenn wir über die drei Systeme: römisches Recht, Handelsgesetzbuch, preußisches Landrecht abstimmen, mit einer Modification, die ich gleich erwähnen will, die Abstimmung auch erfolgt sein wird über die Anträge des Herrn Referenten. Ich will die Fragen, die ich zu stellen beabsichtige, mag auch die Redaction eine noch etwas andere werden müssen, Ihnen vorlegen. Ich schlage Ihnen vor, die Fragen im Anschluß an das, was Herr Professor Brunner gesagt hat, zu stellen: zuerst den weitestgehenden Antrag: Ist es angemessen, im deutschen Civilgesetzbuche die Statthaftigkeit der Vindication beweglicher Sachen nach den Grundsätzen des römischen Rechts zu normiren? Sodann würde ich die zweite Frage stellen, ob die durch das Handelsgesetzbuch angenommenen Grundsätze auch in das deutsche Civilgesetzbuch aufzunehmen sind, wenn nicht der Antrag des Herrn Dr. Reuling nach der dem römischen Rechte entgegengesetzten Seite hin noch weiter ginge als das Handelsgesetzbuch; denn dieser will auch wegen der gestohlenen und verlorenen Sachen keine Ausnahme machen. Ich meine also, daß dieser auf der anderen Seite am weitesten gehende Antrag des Herrn

Dr. Reuling an zweiter Stelle zur Abstimmung zu bringen ist. Die Frage würde wohl dahin zu fassen sein: Ist es angemessen, im deutschen Civilgesetzbuche die Statthaftigkeit der Vindication beweglicher Sachen nach den Grundsätzen des Handelsgesetzbuchs, jedoch mit der Abweichung zu normiren, daß eine Ausnahme für gestohlene und verlorene Sachen nicht gemacht wird?

Referent Rechtsanwalt Dr. **Reuling**: Ich würde vorschlagen, daß das Letztere als ein Zusatz behandelt wird, über den separat abgestimmt wird.

Präsident: Ich meine nur, daß das der am weitesten gehende Antrag ist. Dann ist mein Vorschlag der, daß sodann darüber abgestimmt wird, ob das System des Handelsgesetzbuchs ohne jene Modification zu empfehlen sei, und endlich, daß abgestimmt wird über dasjenige, was eigentlich in der Mitte liegt zwischen beiden, nämlich das System des preuß. Landrechts. Ich glaube, es wird genügen, wenn man allgemein fragt: Ist es zweckmäßig, daß im deutschen Civilgesetzbuche das System des Landrechts adoptirt wird?

Ich glaube, daß auf diese Weise alle Meinungen zum Ausdruck kommen können. Ich frage Herrn Dr. Reuling, ob er Bedenken gegen diese Art der Abstimmung hat. (Wird verneint.)

Hat noch sonst einer der Herren Bedenken gegen diese Art der Abstimmung, so bitte ich, daß er das Wort ergreift. Ich frage, ob mein Vorschlag der Intention des Herrn Professor Brunner entspricht?

(Wird bejaht.)

Dann will ich zur Abstimmung schreiten und frage die Herren:

> Ist es angemessen, im deutschen Civilgesetzbuche die Statthaftigkeit der Vindication beweglicher Sachen nach den Grundsätzen des römischen Rechtes zu normiren?

Ich bitte diejenigen Herren, welche das römische Recht in dieser Beziehung adoptiren wollen, sich zu erheben.

(Es erhebt sich Niemand.)

Einstimmig abgelehnt.

Nun kommen wir zur Abstimmung über die zweite Frage:

> Ist es angemessen, im deutschen Civilgesetzbuche die Statthaftigkeit der Vindication beweglicher Sachen nach den Grundsätzen des Handelsgesetzbuchs, jedoch mit der Abweichung zu normiren, daß eine Ausnahme hinsichtlich der gestohlenen und verlorenen Sachen nicht gemacht wird?

Ich bitte diejenigen Herren, welche diesen Antrag des Herrn Dr. Reuling annehmen wollen, sich zu erheben.

(Geschieht.)

Das ist die Minorität, der Antrag ist abgelehnt.

Nunmehr frage ich die Herren:

Ist es angemessen, im deutschen Civilgesetzbuche die Statthaftigkeit der Vindication beweglicher Sachen nach den Grundsätzen des Handelsgesetzbuchs — (also den jetzt nach dem Handelsgesetzbuche geltenden Grundsätzen) — zu gestalten?

Ich bitte diejenigen Herren, welche diese Frage bejahen wollen, sich zu erheben.

(Geschieht.)

Das ist die Majorität.

Es ist also angenommen, daß das System des Handelsgesetzbuchs zu acceptiren sei.

Dadurch erledigt sich die vierte Frage. Ist dagegen ein Bedenken vorhanden, daß Frage vier dahingehend: ob rücksichtlich der Vindication der Mobilien die Grundsätze des preußischen Landrechts für das neue Civilgesetzbuch zu empfehlen sind? — durch die soeben erfolgte Abstimmung erledigt ist? — Da sich Niemand zum Worte meldet, so nehme ich an, daß ein solches Bedenken nicht vorliegt.

Damit, m. H., haben wir diese Frage erledigt. Die Verhandlung über die folgende Frage wird wahrscheinlich längere Zeit in Anspruch nehmen, und ich schlage deshalb vor, jetzt eine halbstündige Pause zu machen.

Vorher aber frage ich die Herren, ob sie wollen, daß unser Beschluß über die eben verhandelte Frage dem Plenum nur zur Kenntnißnahme mitgetheilt werden soll, oder ob Sie wünschen, daß nochmals eine Debatte darüber eröffnet wird.

Ich bitte diejenigen Herren, welche wünschen, daß unser Beschluß dem Plenum nur zur Kenntnißnahme mitgetheilt werden soll, sich zu erheben.

(Geschieht.)

Das ist die Majorität.

Nach dem gewohnten Usus würden wir den Referenten, Herrn Rechtsanwalt Dr. Reuling bitten, das Referat zu übernehmen.

(Rechtsanwalt Dr. Reuling erklärt sich bereit.)

(Pause.)

Präsident: Meine Herren! Wir gehen nun über zum zweiten Gegenstand unserer heutigen Tagesordnung, zu der Frage wegen des constitutum possessorium.

Ich ersuche den Herrn Referenten, Herrn Reichsgerichtsrath Dr. Wiener, uns Vortrag zu erstatten.

Referent Reichsgerichtsrath Dr. **Wiener** (Leipzig): Meine Herren! Es ist lebhaft zu bedauern, daß die Umstände dem bestimmten ersten

Referenten, dem verehrten Herrn Präsidenten Albrecht nicht gestatten, das Referat heute vor Ihnen vortragen zu können. Ich speziell bedauere es noch lebhafter aus dem Grunde, weil eigentlich dieses Referat einen eingefleischten Traditionisten — um mich einmal so auszudrücken — gegenüber einem Pactisten voraussetzt, d. h. einen, der die Theorie von der Nothwendigkeit der Tradition für den Eigenthumserwerb an Mobilien zu einem Dogma erklärt, gegenüber demjenigen, der nicht einsieht, warum solche Wirkung nicht schon dem Eigenthumsüberlassungs- und Erwerbswillen einzuräumen ist, und leugnet, daß durch die Form der Tradition etwas Besonderes gewonnen werde.

Der Streit, ob Tradition oder Vertrag, ist ja ziemlich alt. Den Einen erscheint die Nothwendigkeit, daß nur vermöge der Tradition das Eigenthum bei der Veräußerung von Mobilien erworben werden solle, eine absolut natürliche, sodaß von einer Abänderung gar nicht die Rede sein könne, als das naturgemäßeste Postulat für den Erwerb eines absoluten zur Wirksamkeit gegen Dritte bestimmten Rechts wie das Eigenthum, weil alles Eigenthum nur von dem Besitz ausgehen könne. Den Anderen erscheint sie — wie Thibaut sich ausgedrückt hat — als das Willkürlichste und Kahlste auf der Welt. Man nimmt jetzt allgemein an, daß die Tradition eigentlich nur als eine Form des Eigenthumsüberlassungsvertrags anzusehen ist. Aber mit der in fortschreitender Entwicklung der Theorie erzielten Construction des dinglichen Vertrags wird für die Entscheidung unserer Frage noch nichts gewonnen, weil es sich darum handelt, im Interesse welcher Erfolge eine bestimmte Form uns gerade die der Tradition wünschenswerth erscheint und inwieweit diese solche Erfolge zu bewirken vermöge.

Es ist deshalb auf dem 14. deutschen Juristentag für und gegen hauptsächlich aus Utilitätsgründen gekämpft worden. Den Anhängern der Traditionstheorie schien vom Utilitätsstandpunkt aus mit Rücksicht auf die Wirkung der Tradition für Dritte die Tradition sehr viel zu leisten. Sie sollte nach ihrer Meinung leisten: Sicherung der Gläubiger des Veräußerers für Erhaltung ihres Executionszugriffs gegenüber dem Auftreten von Eigenthumsprätendenten auf Grund verborgen gebliebener Eigenthumsübertragungsverträge, bez. Schutz des Gläubigers gegen eine Ueberschätzung der Creditwürdigkeit des Schuldners durch die Annahme seines Eigenthums an Gegenständen, die sich in seinem Gewahrsam finden. Sie sollte leisten: Schutz der redlichen Erwerber gegen latent gebliebene Singularsuccessoren des Veräußerers, die vorher durch Vertrag erworben hatten.

Gleichviel wie man die Frage nun endgiltig entscheiden will, soviel, glaube ich, haben die Debatten des vorigen Juristentags zu Tage gebracht, daß die Tradition, das Moment des Besitzübertragenwerdens, dies nicht zu leisten vermag, daß vielmehr verwechselt wird dieses ephemere Moment, welches jeden Augenblick wieder durch den Wiederbesitz des Veräußerers beseitigt werden kann, mit einem dieses Moment begleitenden dauernden factischen Zustand.

Es wurde geltend gemacht, daß die gewünschte Verkehrssicherheit nicht von der Tradition, sondern nur von einem System der Beschränkung der Verfolgbarkeit erworbenen Eigenthums zu Gunsten der Verkehrswirkungen der aus dem Besitz gefolgerten anscheinenden Fortdauer des früheren Eigenthums geleistet werden könne, nach welchem trotz schon erfolgter Veräußerung von dem in der Gewahrsam verbliebenen, bez. in dieselbe wieder getretenen Veräußerern ein dritter bona fide Erwerber Eigenthum erwerben, vielleicht auch der Concurs- und Pfändungsgläubiger des Veräußerers den Eigenthumsanspruch des Erwerbers zurückschlagen kann, wenn die Sachen in dem Gewahrsam des Veräußerers gefunden werden. Es wurde hervorgehoben, daß, wenn man Prinzipien nach dieser Richtung hin gewonnen habe, die Frage, ob überhaupt das Eigenthum inter partes durch Tradition oder Vertrag übergehe, eine Frage von secundärem Werth sei.

Der vorige Juristentag hat sich für das Prinzip der Aufrechterhaltung des Erfordernisses der Tradition erklärt, und ich glaube nicht fehl zu gehen, wenn ich aus der ja hin und her wogenden Debatte vom Standpunkt der Rücksichten des Verkehrs auf Dritte zwei Gesichtspunkte als die für maßgebend erachteten ansehe.

Der eine Gesichtspunkt war: Wenn das Eigenthum seiner ökonomischen Natur nach dazu bestimmt ist, absolut, gegen Dritte, zu wirken, wenn aber für diese absolute Wirkung der Besitz, factisches Haben, die Voraussetzung ist, so erscheint es logisch und zweckmäßig, daß für den Erwerb die Tradition erfordert wird, da, wenn sie auch selbst nicht das Zustandsmoment des Behaltens bildet, sie doch dessen Voraussetzung und Beginn ist.

Speziell, wenn es für zweckmäßig erachtet werden muß, daß ein Erwerber doch gegenüber den Concurs- und Pfändungsgläubigern des Veräußerers keine Vindicationsrechte soll geltend machen können, sobald sich die Sachen nicht in seiner Gewahrsam, sondern in der des Veräußerers befinden, so ist es eine Inconsequenz und Duplicität, das Eigenthum inter partes durch bloßen Vertrag ohne Tradition erwerben zu lassen, wenn sich aber dieses Eigenthum in seiner Wirkung auch nur gegen die Gläubiger des Veräußerers manifestiren soll, ihm die Wirkung zu versagen.

Zweitens: ist der Zweck ernstlicher Eigenthumsüberlassung im Durchschnitt Verfügen, Haben, Gebrauchen Seitens des Empfängers, ökonomische Lossagung von der Sache Seitens des Gebers, während, wo dies nicht beabsichtigt ist, Schein zu vermuthen ist, so provocirt das Erforderniß der

Uebergabe, je nach der Art, wie man sich mit demselben abfindet, wenn in Wahrheit doch der Veräußerer haben, verfügen und gebrauchen soll, daß die Indizien der Simulation hervortreten. Läßt man dagegen das Eigenthum durch Vertrag übergehen, so sind die Contrahenten in keiner Weise gezwungen, irgend wie durch einen Act neben der Eigenthumsübertragung das Wollen des factischen Behaltens des Veräußerers zu manifestiren.

Es sind aber auch Gesichtspunkte geltend gemacht worden im Interesse der Betheiligten selbst, indem gesagt worden ist, es sei die Tradition erforderlich, damit für den Richter erkennbar wäre, ob die bloße obligatorische Wirkung gewollt sei oder schon wirklich die dingliche, sie sei ganz wesentlich erforderlich, damit sich der betreffende Veräußerer selber klar sei, ob er durch seine Erklärung, trotzdem er noch keine Gegenleistung hat, sich des Rechtes auf die Sache begebe, was am eindringlichsten damit erzielt würde, wenn er die Sache vollständig aus der Hand geben müsse, es sei endlich eine vollständig unrichtige oder doch zu großen Zweckwidrigkeiten führende Auffassung, welche gestatte, daß Jemand veräußern könne, der in Wahrheit selbst gar nicht einmal Besitz habe, was ja allerdings nach dem reinen Vertragssystem des französischen Rechts möglich ist.

Bei den gedachten Erörterungen spielte das constitutum eine große Rolle. Uebergabe durch constitutum — sagten die Gegner der Tradition — ist Uebergabe durch bloßen Vertrag und alle Utilitäten, die man der Tradition für die Verkehrssicherheit vindicirt, gehen durch die Zulassung des constituti verloren. Dagegen erwiederten die Vertheidiger der Tradition, man solle nicht das Princip von der Suppeditirung eines schrankenlos zulässigen constituti aus entscheiden, sondern nach entschiedenem Princip das constitutum entsprechend modificiren oder aufheben.

Ich könnte nun die Frage erörtern, ob wir Veranlassung haben, die Entscheidung des vorigen Juristentages als res judicata zu betrachten. Wenn wir sie nicht als solche zu betrachten hätten und wenn von der Auffassung ausgegangen würde, die Tradition sei, weil sie in Wahrheit eine Sicherheit für Dritte nicht leiste und weil sie inter partes entbehrlich, überhaupt aufzugeben, und es könne sich nur um die Feststellung von Grundsätzen für Collisionen zwischen dem Erwerber ohne Besitz und den Gläubigern oder mit Besitz ausgestatteten Rechtsnachfolgern des besitzenden Veräußerers handeln, so existirte überhaupt die Frage des constitutum nicht. Ich bin indessen doch der Meinung, daß es meine Aufgabe sein wird, das in dieser Beziehung von dem vorigen Juristentag beschlossene als die Voraussetzung zu betrachten, auf welcher hier weiter gebaut wird, und so wenig ich mich in der Sache selbst für überzeugt halte, daß das System der Tradition nothwendig sei, so glaube ich doch auch, daß eine erneute Berathung der Sache schließlich schon von einem gewissen Conservativismus aus, da sich Gründe und Gegengründe die Wage halten mögen, kaum zu einem anderen Resultat kommen würde.

Unter constitutum verstehe ich nun — ich möchte dies gleich geltend machen gegenüber der Auffassung eines der Herren Gutachter, des Herrn Professor Leonhard — nur dasjenige, was jeder Praktiker darunter versteht: Die Erklärung des bisherigen Besitzers, den eigenen Besitzwillen aus der Sache zurückzuziehen und dieselbe von nun an für einen anderen als nunmehrigen Besitzer innehaben zu wollen. Ich scheide also alle diejenigen Detentionsbewegungen, die im Handelsverkehr durch Waaren- und Lagerpapiere vor sich gehen, aus dem Gebiet des constitutum aus. Ich will mich auf theoretische Erörterungen, wie diese Dinge zu construiren sind, nicht einlassen; im Wesentlichen wird man aber zugeben — mag das eine Connivenz dem Handelsverkehr gegenüber oder eine natürlche Construction sein — daß es sich hierbei um einen Ersatz der Besitzbewegung der Waare selbst durch eine entsprechende Circulation der die Zugangsmöglichkeit zu ihr gewährenden Papiere handelt und daß der Besitzübergang in Betreff der Waare selbst auf den Papiererwerber nicht auf die Construction von lauter Constituten der Vormänner, sondern nur auf eine Willenserklärung des Waareninhabers, die Waare für Jeden besitzen zu wollen, auf welchen das betreffende Papier übergeht, zu gründen ist. Mit dem constitutum in seiner rechtlich technischen Bedeutung hat das nichts gemein.

Das constitutum hat zweierlei Gegner. Die Einen sind es von dem Theorem der Nothwendigkeit der Tradition zum Eigenthumsübergang aus, welches hinfällig wird, wenn daneben das constitutum in der Allgemeinheit gilt, die vielfach behauptet worden ist. Es hat andererseits Gegner von dem praktischen Gesichtspunkt aus, daß das constitutum jenen Zustand sanctionirt, vermöge dessen eine Rechtsveränderung sich ohne für Dritte sichtbare thatsächliche Veränderung vollzieht, und weil es die natürliche Schutzwehr gegen Simulationen, die darin besteht, daß, was ich ökonomisch brauche, ich auch behalten, was ich haben, auch ökonomisch brauchen will, auf künstlichem Wege zu beseitigen geeignet ist.

Alle drei Gutachter begegnen sich darin, daß sie das constitutum, als einem legitimen Bedürfniß zu dienen geeignet, für nicht zu beseitigen erachten. Leonhard, anscheinend ohne Beschränkung, Exner und Behrend in Beschränkung auf das Vorhandensein einer justa causa detinendi. Exner berührt die Wirkung auf Dritte gar nicht, weil er den Standpunkt, die Tradition sei im Interesse Dritter zu erfordern, überhaupt verwirft. Leonhard wirft einen Blick auf die Wirkung gegen Dritte mit der Conclusion, je mehr man diese Wirkung einzuschränken gewillt sei, desto unbedenklicher könne man es inter partes zulassen. Aber er will anscheinend diese Wirkung gegen Dritte so wenig als möglich einschränken. Es hängt dies mit wirthschaftlichen Gesichtspunkten zusammen, die er vertritt, und auf die ich noch zurückkommen werde. Behrend hat die Gesichtspunkte der früheren Debatte am meisten berücksichtigt. Er disponirt in Bezug auf die Parteien und auf Dritte. Gilt Tradition im Gegensatz zum bloßen Vertrage, so muß das constitutum als allgemeines Traditionssurrogat fallen, denn in dieser Allgemeinheit ist es der verworfene Vertrag. An sich kann nach der herrschenden Lehre allerdings der Besitz durch den bloßen Willen übertragen werden. Aber dies beweist noch nicht, daß eine solche constructive Besitzübertragung bei Veräußerungen der Tradition gleich erachtet werden muß. Auch läßt sich nicht behaupten, daß eine ernstliche Besitzentäußerung durch bloßen Willen nichts Thatsächliches, Gegenständliches sei. Die ernstliche Herausziehung oder Diminuirung des Willens, den ich habe, zu einem geringeren und das Hereinlassen des Willens eines Anderen wird sich im Laufe der Bethätigung dieses Zustandes auch in der äußeren Behandlung der Sache manifestiren. Indessen solche Veränderung in der Behandlung wird nur im intimen Verkehr mit den Betheiligten und auch da nicht schon im Moment des vereinbarten Besitzwechsels erkennbar sein. In der Regel ist der Fall der ernstlichen Besitzübertragung durch den Willen daher nicht von dem Fall zu unterscheiden, daß man nur die rechtlichen Wirkungen einer solchen hervorbringen will, ohne dieselbe selbst in Wahrheit zu wollen. Dies muß entscheiden, um auf dem Boden des Traditionsprincips die bloß constructive Besitzübertragung — durch den Willen — für unwirksam zu erklären, ohne auf individuelle Fälle, in welchen der zeitigen körperlichen Uebergabe vielleicht erhebliche Hindernisse entgegenstehen, Rücksicht zu nehmen. Den Fällen der simulirten, wie der constructiven Tradition sind aber gegenüberzustellen die Fälle der gesparten Tradition. Es kann nicht bestritten werden, daß in zahlreichen Fällen der Veräußerung mit der Veräußerung Rechtsgeschäfte verknüpft werden, vermöge deren die Sache von dem Erwerber, die Uebergabe an ihn vorausgesetzt, wieder in die Gewahrsam des Veräußerers zurückgegeben werden müßte. Derartige Combinationen von Geschäften mit der Wirkung zu behaften, daß, weil die Sache an den Veräußerer wegen des an die Veräußerung geknüpften weiteren Rechtsgeschäfts zurückgegeben wird, die vorausgegangene Hingabe nicht Eigenthum zu übertragen vermochte, wäre schlechterdings unmöglich. Ganze Categorien von Gewerbetreibenden verbinden das Geschäft der Veräußerung von Gegenständen mit dem der Aufbewahrung derselben für die Erwerber, unmöglich kann man dieselben verhindern wollen, Eigenthum zu übertragen, weil und solange sie die Sache selbst in Aufbewahrung nehmen. Man denke an den Pferdehändler, der Pferde verkauft und sie zugleich für den Erwerber wieder in Verwahrung nimmt, an den Bankier, der Papiere verkauft und sie für seine Kunden in Depot nimmt. Gleiche Geschäftscombinationen werden durch individuelle Bedürfnisse täglich geschaffen. Diese Rechtsverhältnisse können wir nicht aus der Welt schaffen, noch die Wirkung beseitigen wollen, daß wenn wirklich manuell übergeben ist, dadurch allein, daß zurückübergeben worden ist, die Thatsache der manuellen Uebergabe und ihre Wirkung als Eigenthumsübertragung nicht alterirt wird. Ist dem aber so, dann hat es keinen Sinn, in solchen Fällen auf den beiden Arten der körperlichen Hingabe und Rückgabe zu bestehen. Ist neben der Veräußerung eine causa für die Rückübertragung des Besitzers an den Veräußerer begründet, so darf dem Willen die Kraft eingeräumt werden, die Ausführungshandlungen zu verkürzen, beziehungsweise Hingabe und Rückgabe gewissermaßen im Wege der Compensation zu erledigen.

So kommen wir also zu dem Satz: Das constitutum kann vom Standpunkt der Aufrechterhaltung der Traditionstheorie nur unter der Voraussetzung für wirksam erachtet werden, daß neben der Veräußerung ein ferneres Rechtsgeschäft begründet ist, vermöge dessen der Empfänger, unter der Voraussetzung daß er empfangen hätte, zur Wiederübergabe in die Gewahrsam des Veräußerers berechtigt beziehentlich verpflichtet wäre. Und für die Beweisinstanz, wenn die Sache streitig wird, wird natürlich die bloße erfolgte Erklärung der Contrahenten, daß eine solche causa detentionis vorhanden, daß ein solches Rechtsgeschäft neben der Veräußerung begründet sein solle, nicht genügen. Es wird vielmehr vom Standpunkt der freien Beweiswürdigung, welche auf declarationes facto contrariae keinen Werth legen wird, zu prüfen sein, ob nach den factischen Verhältnissen ein solches Rechtsverhältniß auch in Wahrheit begründet worden ist. Diese Beschränkung des constituti erscheint allerdings als das unvermeidliche Ergebniß des früher angenommenen Beschlusses. Denn wenn auch zuzugeben ist, daß auch das unbeschränkte constitutum sich insofern von der nackten französischen Vertragstheorie unterscheidet, als es wirklichen Besitz auf Seiten des Veräußerers voraussetzt, während das reine Vertragssystem auch nicht einmal diesen erfordert, so kann andererseits doch nicht bezweifelt werden, daß die Besitzübertragung blos durch Willensänderung, geknüpft lediglich an die Erklärung, den Willen geändert zu haben, weil die thatsächlich gewordene Aenderung sich dem Einblick entzieht, nichts Anderes als die Vereinbarung der rechtlichen Wirkungen einer Uebergabe durch Vertrag ist.

Herr Professor Behrend will nun aber die Wirksamkeit des constitutum bei vorhandener justa causa noch weiter beschränken, indem er es nur bei solchen mit der Veräußerung verknüpften Rechtsgeschäften wirksam erachten will, vermöge deren ein Gebrauchsrecht auf Seiten des Constituenten hergestellt wird. Er geht von der Meinung aus, daß, wenn diese Einschränkung nicht gemacht würde, man sehr leicht dazu kommen würde, die justa causa bei jedem Falle als vorhanden zu erachten, da, wenn der Veräußerer nicht körperlich übergebe, gleichviel aus welchem Grunde, weil er nicht kann oder will, er immer verpflichtet sein werde, die Sache für den Erwerber, dem sie rechtlich gelten soll, aufzubewahren, also immer das Rechtsgeschäft des depositum als mit der Veräußerung combinirt aufgestellt werden könne.

Ich stimme weder der Einschränkung noch der Auffassung, von der aus sie vorgeschlagen ist, bei. Nach dieser Einschränkung wäre nicht blos das wahre depositum, sondern auch die Hingabe zu Faustpfand von den justae causae ausgeschlossen, während das precarium, das sich ebenso beliebig bei der Umgehung körperlicher Uebergabe construiren läßt, wie die Aufbewahrungspflicht, zu ihnen gehörte. Auch zieht Behrend nicht etwa den Schluß, daß bei den Rechtsgeschäften, die als justae causae ausgeschlossen sein sollten, auch der wirklich erfolgten körperlichen Uebergabe auf Grund der Veräußerung die rechtliche Wirkung zu versagen sei, sobald ihr eine Rückübertragung auf Grund gedachter Rechtsgeschäfte gefolgt ist. Das Bestehen auf Ausführung beider Uebertragungsacte hätte also eine praktische Bedeutung nur in den Fällen, in welchen die erste körperliche Uebergabe im Zeitpunkt des erklärten constituti gar nicht ausführbar ist, z. B. weil sich die Sache anderwärts befindet. Aber ich leugne die Berechtigung des ganzen Bedenkens. Wenn die Parteien die rechtlichen Wirkungen einer Uebergabe eintreten lassen wollen, obwohl man nicht körperlich übergeben kann oder will, so mag sich hieraus wohl eine Aufbewahrungspflicht für den Veräußerer folgern lassen. Dies Aufbewahrungsverhältniß ist aber nicht die causa, weshalb nicht übergeben, beziehungsweise behalten wird, sondern nur die Folge des Nichtübergeben-Könnens oder Willens, kann also niemals die justa causa im Sinne unserer Darlegungen darstellen. Ganz anders, wenn die Benutzung einer Verwahrungsthätigkeit, bezüglich der Verwahrungsräume des Veräußerers ökonomischer Selbstzweck eines mit der Veräußerung verbundenen Rechtsgeschäfts ist. Darin allein besteht ja die praktische Erheblichkeit der Einschränkung des constituti auf die justa causa, daß deren ernstliches Vorliegen nicht nach den bloßen Erklärungen der Contrahenten, sondern nach den faktischen Umständen und ökonomischen Unterlagen frei geprüft wird. Ich glaube also, daß es vollkommen ausreicht, den Satz so zu präcisiren, wie ich versucht habe, dies in der ersten These zu thun, bei welcher allerdings der Hauptwerth auf dem Worte „Wieder-" liegt.

1. „Es erscheint als gebotene Consequenz einer Aufrechthaltung des Erfordernisses der Uebergabe für den Eigenthumsübergang bei Mobiliarveräußerungen,"

ich glaube, diese hypothetische Wendung für mich, der ich auf einem anderen Standpunkt stehe, reserviren zu dürfen, ich glaube aber auch, daß sie dem heutigen Juristentag, der immerhin eine nicht vollkommen identische Körperschaft mit dem vorigen ist, als richtige Reservation wohl ansteht,

„das constitutum possessorium nur unter der Voraussetzung als Uebergabe wirken zu lassen, daß neben der Veräußerung ein besonderes Rechtsverhältniß begründet ist, welches den Veräußerer zur Wiederübernahme der Gewahrsam an der veräußerten Sache berechtigt oder verpflichtet."

Wenn also der Fall so liegt, daß in Wahrheit die wirkliche erste Uebernahme gar nicht hätte stattfinden können, z. B. weil die Sache nicht am Orte des Vertragsschlusses ist und daß nur aus dem Pactum, es solle als bereits übergeben gelten, was augenblicklich nicht übergeben werden kann, eine Verwahrungspflicht folgt, so liegt die Voraussetzung der Wirksamkeit des constituti nicht vor.

Der Unterschied läßt sich meines Erachtens ganz deutlich manifestiren, wenn man sich den Zustand vergegenwärtigt, der vorliegen würde, wenn der Veräußerer körperlich übergeben hätte.

Der Veräußerer hat die Gewahrsam behalten; hätte sie, im Falle er übergeben hätte, statt zurückzubehalten, der Erwerber, so kann keine justa causa vorliegen; hätte sie trotzdem doch der Veräußerer, weil er sie zurückerhalten hätte, so wird justa causa vorliegen.

Nun ist mit gedachter Einschränkung der Wirksamkeit des constituti das Theorem von der Tradition gerettet, bezüglich der Vorwurf der Principlosigkeit und des Bruches in das Traditionssystem beseitigt. Es mag ferner für die Angriffe von Geschäften wegen Simulation ein erweiterter Boden geschaffen sein.

Praktisch gewonnen ist kaum etwas Nennenswerthes. Ja die Consequenzen sind ganz eigenthümliche. Denn diejenigen Fälle, in welchen nach der betreffenden Einschränkung das constitutum zulässig ist, sind grade die für den Verkehr in Bezug auf die Collision namentlich mit den Pfändungsgläubigern und Concursgläubigern des Veräußerers gefährlichen. Nach den entwickelten Principien liegt die Sache so: Wenn ein Handwerker auf einer fremden Ausstellung oder Messe Gegenstände hat und er will sie heute hier verkaufen und der betreffende Erwerber will das Eigenthum haben, weil er gesichert sein will, so ist dies nicht möglich. Der Erwerber giebt dem Handwerker das Kaufgeld, es wird ein constitutum vollzogen. Schließlich wird der Handwerker zahlungsunfähig, ehe noch eine körperliche Uebergabe stattgefunden hat. In diesem Falle werden die Waaren von den Gläubigern des betreffenden Handwerkers zu ihrer Befriedigung weggenommen, obwohl diese vielleicht niemals bei ihrer Creditertheilung von der Existenz jener Gegenstände etwas gewußt, auf sie Werth gelegt haben, das constitutum ist hier rechtsunwirksam blos dem Theorem von der Erforderlichkeit der Tradition zu Liebe, obwohl es kein praktisches Verkehrsinteresse schädigt.

Dagegen kann ich Gegenstände, die ganz ostensiv im Verkehr als mein Eigenthum erscheinen, die allein für jeden Dritten das Urtheil über meine Creditwürdigkeit begründen, mein Waarenlager, meine Bibliothek, mein Pächterinventarium, zum Gegenstand einer neuen Creditverschaffung machen, ohne mich ihres Gebrauchs zu begeben und sie irgendwie von der Stelle zu rücken. Ich brauche mich nur ernstlich des Eigenthums zu Gunsten des Geldgebers zu begeben und ein Mieths- oder Nießbrauchsverhältniß zu begründen. Geräuschlos und für Dritte unerkennbar vollzieht sich der Eigenthums,- beziehungsweise Besitzwechsel. Das so begründete constitutum ist nach der Theorie ein gutes, richtiges und doch steht gerade dieses in Widerspruch mit der Verkehrssicherheit.

Diese Unzulänglichkeit des Grundsatzes von der Einschränkung des constituti auf die Fälle einer justa causa ist auch die Ursache, daß der Grundsatz selbst so wenig in die Praxis eingedrungen ist. Bei den Rechtswirkungen inter partes hat sich die Praxis für eine Einschränkung des constituti überhaupt niemals interessirt. Bei Collisionen mit den Rechten Dritter erweist sich aber gedachte Einschränkung unzulänglich. Und was die erweiterte Anfechtbarkeit wegen Simulation anlangt, welche die Theorie von der justa causa gewährt, so verwerthet der Praktiker die Momente, welche für die Simulation der Uebergabe sprechen, ohne Weiteres schon für die Annahme, daß das Veräußerungsgeschäft selbst simulirt sei. Ich thue mir also wenig zugut auf die These 1.

Es fragt sich vielmehr und ist selbstständig zu entscheiden, welche Wirkung kann und soll ein constitutum, ein beschränktes oder unbeschränktes, in Bezug auf Dritte haben? Ich gehe stillschweigend nun immer von dem beschränkten aus, weil nur bei diesem Conformität mit dem Traditionsprincip vorhanden ist. Der Fall der Collision des durch constitutum erworbenen Rechts mit anderen dinglichen Rechten macht keine besonderen Schwierigkeiten.

Erste Frage: Unter welchen Voraussetzungen geht das durch constitutum erworbene Recht zu Gunsten späterer Sacherwerber verloren? Der Constituent oder ein Rechtsnachfolger desselben in der Detention veräußert die durch Constitut übergebene Sache in Treulosigkeit nochmals an einen Anderen und übergiebt sie diesem körperlich. Hier reichen die allgemeinen Grundsätze in Bezug auf die Vindikabilität beweglicher Sachen aus, ohne daß Veranlassung ist, den früheren Erwerb durch Constitut besser oder schlechter als den durch körperliche Uebergabe zu stellen. Nach dem heute von Ihnen adoptirten Princip, wonach der später redliche Erwerb das früher begründete Eigenthum überwindet, muß selbstverständlich auch der frühere Erwerb durch Constitut durch den späteren redlichen Erwerb mittelst körperlicher Uebergabe überwunden werden, während ihm der unredliche Erwerb gedachter Art nicht zu schaden vermag. Es muß hier das Princip des Artikels 1141 Code civil gelten und die Aufstellung einer These in Bezug auf diesen Punkt erschien mir überflüssig.

Etwas complizirter erscheint vielleicht der entgegengesetzte Fall, die zweite Frage: wenn nach dem adoptirten Princip gutgläubiger Besitz früher begründetes Eigenthum überwindet, ist als solcher überwindender Besitz auch der blos durch constitutum entstehende, oder nur der körperliche anzusehen?

Zwei Fälle werden zu scheiden sein.

Erster Fall. Ich erwerbe durch constitutum von demjenigen, der Detentor für den bisherigen Eigenthümer oder sonst dinglich Berechtigter ist. In diesem Fall kann das constitutum meines Erachtens schon nach rechtlicher Auffassung keine Wirkung haben, weil der betreffende Detentor eben in Wahrheit nicht Besitzer gewesen ist. Der redliche Besitz, der früheres Eigenthum überwinden soll, das ist ein Besitz, der gewissermaßen originär wirkt — wie das in recht geistreicher Weise Herr Professor Franken ausgedrückt hat — in der Person desjenigen, der die Sache erhalten hat. Kommen wir einmal zu einer blos constructiven, also doch immerhin vertragsähnlichen Besitzergreifung, wodurch der Empfänger nur dadurch Besitz ergreift, daß ein Anderer erklärt, er wolle seinen eignen Besitz aufgeben und nur für ihn detiniren, so stehen wir immerhin insofern auf dem Vertragsstandpunkt, als, wenn dieser, der das erklärt, in Wahrheit gar nicht Besitzer ist, er einen Besitz für den Gegencontrahenten noch nicht zu begründen vermag. Die Gleichstellung erscheint mir aber auch vom ökonomischen, vom Verkehrsstandpunkt nicht möglich, weil derjenige, für den der Contrectant bisher detinirt hat, wohl eine Contrectation durch die That, durch Weggabe der Sache noch rechtzeitig bemerken, beziehungsweise durch Versetzung des Erwerbers in malam fidem zu verhindern in die Lage kommen kann, nicht aber eine, die blos durch gegen Dritte geäußerte Worte gegenständlich wird.

Zweiter Fall. Der Constituent ist nicht Detentor des bisherigen

Eigenthümers oder dinglich Berechtigten, sondern ein Dritter bonae oder malae fidei possessor. Die Sache ist durch verschiedene Hände gegangen, er ist aber noch nicht Eigenthümer geworden. Er überträgt mir natürlich in der Absicht Eigenthum zu übertragen, durch constitutum possessorium. Ich glaube, daß auch in diesem Falle das constitutum possessorium der wirklichen Hingabe in Betreff der das frühere Eigenthum überwindenden Kraft nicht gleichzustellen ist, und zwar, weil nicht schon der Umstand, daß Jemand sich mir gegenüber durch Worte als Eigenthümer der von ihm innegehabten Sache ausgiebt, beziehungsweise durch Worte über die Sache disponirt, sondern erst der Umstand, daß er sich im Stande zeigt, mir dieselbe thatsächlich zu übergeben, die gerechtfertigte Annahme seines Eigenthums in mir erzeugt.

Aus dieser Auffassung komme ich zu dem Satz, wie er in meiner These Nr. 2 steht:

> 2. „Der Besitz durch constitutum darf nicht zum Nachtheil früherer dinglich Berechtigter auf diejenigen Vortheile Anspruch machen, welche das einzuführende Vindicationssystem gutgläubigen Besitz zum Nachtheil eines vorher erworbenen dinglichen Rechtes zuerkennen sollte.“

Ich mußte mich ziemlich unbestimmt fassen, weil ich nicht wußte, welches Vindicationssystem angenommen werden würde.

Von Herrn Professor Behrend weiche ich hierbei nur in einem, übrigens nach dem Vindicationssystem, welches Sie adoptirt haben, nicht mehr in Betracht kommenden Punkte ab. Derselbe will die Nichtgleichstellung des Erwerbs durch constitutum mit dem Erwerb durch körperliche Uebergabe in Betreff seiner Wirkung gegenüber dem früheren Eigenthum nur gelten lassen, wenn das Prinzip Hand wahre Hand oder das handelsrechtliche System angenommen wird, während er bei Beibehaltung des landrechtlichen Prinzips, wo also der betreffende redliche Besitzer ja nicht Eigenthümer wird, aber das Recht hat, die Erstattung des Preises zu beanspruchen, in Betreff des Rechts auf Erstattung des Preises das constitutum der wirklichen Uebergabe gleichstellen will.

Ich habe nicht recht finden können, welcher Grund vorhanden ist, diese beiden Fragen verschieden zu beurtheilen. Besondere Gründe sind nicht gegeben. Indem das Landrecht dem redlichen Besitzer das Recht, den Anschaffungspreis erstattet zu erhalten, verleiht, hebt es allerdings das Vindicationsrecht des früheren Eigenthümers nicht auf, beschränkt es aber doch wesentlich, verleiht also immer dem redlichen Besitz eine das frühere Eigenthum beschränkende Kraft. Die drastische Bezeichnung des Herrn Professor Franken, das Landrecht statuire zweierlei Eigenthum, das eine an der Fungibilie, welches der redliche Besitzer zum Nachtheil des früheren Eigenthümers erwirkt, das andre am Individuum, das der bisherige Eigenthümer behält, ist ökonomisch sicher zutreffend. Ich sehe also nicht ein, weshalb dieselben Grundsätze, die auf den Besitz durch constitutum Anwendung zu finden haben, wenn dem redlichen Besitz eine das frühere dingliche Recht überwindende Kraft beigemessen wird, nicht auch angemessen sein sollten, wenn dem Besitz zwar nicht solche überwindende, aber doch eine das frühere Recht beschränkende Kraft beigemessen wird.

Die letzte Frage und meines Erachtens die wirthschaftlich wesentlichste ist eine Frage, für die ich eine wirklich befriedigende praktische Lösung der möglichen Inconvenienzen vorzuschlagen außer Stande bin, die Frage: was soll das constitutum possessorium wirken im Verhältniß zu den Concurs- beziehentlich Pfändungsgläubigern des Veräußerers?

Professor Behrend, der nach dieser Richtung eine bestimmte These gestellt hat, kommt zu dem Ergebniß, es sei das Vindicationsrecht dem Erwerber durch Constitut nicht zu versagen, aber es empfehle sich, die Erwerbe durch Constitut und mit Tradition, der baldige Rücktradition folgt, gegenüber den Concurs- und Pfändungsgläubigern des Veräußerers in Anknüpfung an den § 24 Nr. 2 der Reichsconcursordnung und den § 3 Nr. 2 des Reichsgesetzes vom 21. Juli 1879 mit der Präsumtion der Fraudulosität zu behaften, so daß dem Vindicanten der Beweis des guten Glaubens obliege.

Wiederholt ist legislatorisch gegen das constitutum, beziehungsweise die Verkehrsbeeinträchtigungen, welche durch Ansprüche aus Traditionen, die von dauernder Besitzveränderung nicht begleitet waren, resultiren, vorgegangen worden. Eine Bremer Verordnung vom 19. April 1848 erklärt schlechtweg bei Veräußerungen bestimmter Dinge, wie Geräthschaften, Handwerkszeug, Hausmobilien, das constitutum possessorium wie auch körperliche Uebertragung bei bald darauf eingetretenem Wiederbesitz des Veräußerers nicht blos Dritten gegenüber sondern sogar inter partes für rechtlich unwirksam. Gesetze von Luzern und Bern haben ausdrücklich ausgesprochen, daß dem constitutum dingliche Wirkung gegenüber den Concurs- und Pfändungsgläubigern zu versagen sei. Der Entwurf eines schweizerischen bürgerlichen Gesetzbuchs schlägt eine Präsumtion der Betrüglichkeit beim Erwerbe durch Constitut im Falle der Collision mit gedachten Gläubigern vor. In England existirt schon seit alter Zeit eine faktische Präsumtion der Betrüglichkeit bei Veräußerungsgeschäften, wenn man ungeachtet derselben den Veräußerer im Besitz findet. In Nordamerika streitet man, ob bei Veräußerungen der Mangel der Besitzübertragung nur prima facie oder schlechthin evidence of fraud sei. Man kann die ganze Frage zu 3, in Betreff der Wirkung

Dritten gegenüber von dem spezifischen Gehalt des constituti loslösen. Es ist die beim vorigen Juristentage offen gehaltene Frage: welche Wirkungen soll der Umstand, daß gegenüber einem Tradirtwordensein doch der begleitende dauernde Besitz desjenigen, dem tradirt worden ist, fehlt, vielmehr der Besitz des Veräußerers geblieben oder wiedergekehrt ist, Dritten gegenüber hervorbringen, oder — um es vom Standpunkt der Vertragstheorie gegenüber der Traditionstheorie ganz einfach auszudrücken — was soll gegenüber dem lediglich durch Vertrag erzeugten rechtlichen Eigenthumsübergang in Collisionsfällen der in Wahrheit gebliebene faktische Besitz auf Seiten des Veräußerers in Hinblick auf Dritte, die jenen Besitz für fortdauerndes Eigenthum genommen haben, für Wirkungen hervorbringen?

Das Odium gegen den Eigenthumserwerb durch Constitut oder durch eine Tradition, die nicht von dauerndem Besitz des Erwerbers begleitet ist, beruht wesentlich auf drei Gründen.

Zunächst bedient man sich dieser Procedur als geeigneter Einkleidung für das in Wahrheit gewollte Behalten Seitens des Veräußerers erfahrungsmäßig vielfach bei simulirten Geschäften. Deshalb aber alle Geschäfte, bei denen sich constitutum oder baldige Rückübertragung an den Veräußerer vorfindet, bei Collisionen mit Gläubigern des Veräußerers mit der Präsumtion der Unredlichkeit zu behaften, nehme ich Anstand, da unter solcher Präsumtion ganz legitime Geschäfte, welche gedachte Urkunde aufweisen — ich erinnere wieder an den Bankier, der von ihm verkaufte Papiere in Depot nimmt, an die Geschäftsleute, die gleichzeitig aus dem Verkauf und der Aufbewahrung von Sachen ein Gewerbe machen — zu Unrecht leiden würden und ich in der freien richterlichen Ueberzeugung ein wirksameres, nach beiden Seiten gerechteres Correctiv, als in irgend einer Präsumtion, erblicke.

Aber auch bei ernstlichen Geschäften stellt man der Wirkung des Constituts, beziehungsweise der Tradition ohne dauernden Besitzübergang gegen Gläubiger des Veräußerers nicht ohne Grund den Gesichtspunkt entgegen, daß, was einmal Eigenthum einer Person war, als solches auch für Dritte im Verkehr in die Erscheinung getreten sein kann, ja bei manchen Categorien von Gegenständen getreten sein wird und das Urtheil über die Creditwürdigkeit beeinflußt haben kann und daß der Gläubiger in seiner Erwartung getäuscht wird, wenn er, ohne daß ostensible Besitzveränderung stattgefunden, einem latent gebliebenen Erwerber weichen soll.

Muß aber zugegeben werden, daß für zahlreiche Fälle des Constituts, beziehungsweise der Tradition ohne dauernden Besitzübergang jene Erwägung durchaus unzutreffend ist, so kann man auch nicht generell das Vindicationsrecht des Erwerbers ausschließen wollen. Es wäre durchaus ungerecht, im Concurse des Bankiers individualisirte Depots von ihm an Kunden verkaufter Papiere zur Concursmasse ziehen zu wollen. Will man aber den Versuch machen, besondere Fälle herauszugreifen und gesetzgeberisch zu ordnen, so kommt man bald zu dem Ergebniß, daß es dem ganzen Gesichtspunkt an der Festigkeit und Greifbarkeit ermangelt, welche Voraussetzung eines Einschreitens der Gesetzgebung ist. Von welchen Gegenständen läßt sich mit Sicherheit sagen, daß sie dem Publikum als Eigenthum ihres Inhabers erscheinen dürfen oder müssen? Der Kaufmann führt vielfach Commissionswaare. Das Verleihen von Möbeln bildet einen umfangreichen Geschäftszweig. Sollte es nicht zweckmäßiger sein, statt einem vagen Urtheil des Publikums eine Sanction durch Gesetze zu verleihen, das Publikum dazu zu erziehen, daß es beim Personalcredit auf Mobilienbesitz wegen der mannigfachen und unostensiblen causae eines solchen keinen erheblichen Werth legen solle? Und worauf beruht im einzelnen Falle die Sicherheit der Ueberzeugung, daß gerade im Vertrauen auf den Besitz eines oder des anderen Sachencomplexes creditirt worden sei? Wo die Fälle so flagrant sind, daß hierüber kein Zweifel obwalten kann, da wird bereits strafbarer Betrug vorliegen.

Der dritte Gesichtspunkt gegen die Veräußerung mit Constitut oder Tradition, die nicht von dauerndem Besitz begleitet ist, — immer dabei ernstliche Geschäfte vorausgesetzt — beruht auf der Möglichkeit, auf gedachtem Wege die Grundsätze, nach welchen nur das wahre Faustpfand Vorzugsrechte, bez. Rechte auf abgesonderte Befriedigung verleiht, zu umgehen. Die augenblickliche Rechtsentwickelung drängt überall zu einer Regelung der Gläubigerconcurrenz in dem Sinne, daß Niemand ein Recht auf ausschließliche bezw. vorzugsweise Befriedigung aus einer Sache haben soll, die er nicht bereits, bezw. noch selbst in Händen hat. Vermag man aber durch Veräußerung mit Constitut oder Tradition und Rücktradition eine Sache oder einen Sachencomplex wirksam als Sicherheit für eine Creditgewährung einzusetzen, ohne sich des betreffenden Sachbesitzes begeben zu müssen, so ist mittelst eines Umweges die Spezialhypothek ohne Besitz des Gläubigers wieder hergestellt. Rechtlich mag das Geschäft als Verkauf mit eingeräumtem Nießbrauch, Gebrauch, Miethsrecht des Veräußerers seine besonderen Wege gehen. Immerhin wird es nicht zu schwer fallen, dasselbe so zu gestalten, daß es ökonomisch gerade nur diejenigen Bedürfnisse befriedigt, welchen für beide Contrahenten ein Darlehn mit wirksamer Pfandbestellung entsprechen würde.

Herr Professor Leonhard ist es nun, der in dieser Fähigkeit des Constituts gerade einen besonderen Vorzug findet und es deshalb so wenig als möglich beschränkt wissen will. Er wünscht und sieht als in Zukunft bevorstehend voraus eine rückläufige Bewegung auf dem Gebiete des Pfandcredits. Was dem Handelsverkehr möglich ist, meint er, müsse auch dem gewöhnlichen wirthschaftlichen insbesondere landwirthschaftlichen Verkehr möglich sein können. Der Handelsverkehr habe seine Organe und Repräsentanten, durch die er die zahlreichen Surrogate der wirklichen ostensiblen Besitzübertragung geschaffen und wegen eines vorhandenen Bedürfnisses zur Anerkennung gebracht habe. Der Landwirth, der kleine Mann entbehre solcher Organe. Sei es denn nicht auch ein dringendes, legitimes Bedürfniß für diese Leute, wenn sie andre Einsätze für eine Crediterlangung nicht machen könnten, ihr wirthschaftliches Inventar, ihre Geräthschaften, ihr Werkzeug zum Gegenstand der Creditsicherheit zu machen? Die herrschenden Grundsätze, welche kein Pfandrecht ohne Besitz gegenüber den anderen Gläubigern anerkennen, hinderten diese Leute daran. Leonhard betrachtet also das constitutum in dieser Richtung als Aushilfsmittel, als Anfangspunkt einer Rückwärtsbewegung, welche möglicherweise eines schönen Tages mit der Beseitigung oder erheblichen Einschränkung der über das Pfandrecht geltenden Grundsätze schließen möchte. Ich möchte diese Perspective nicht weiter verfolgen. So beachtenswerth diese Gesichtspunkte auch sind, so werden wir schwerlich uns bei dem Votum über die vorliegende Materie heute von Erwägungen bestimmen lassen, durch welche wir ein eben erst in der Reichsconcursordnung zum Ausdruck gebrachtes Princip wieder in Frage stellen. Das aber wird auch Herr Professor Leonhard zugeben, daß es eine, nicht in letzter Reihe auch die Interessen, die er schützen will, berührende Inconvenienz bleibt, wenn es der Willkür des Richters überlassen ist, ob er in einem bona fide unternommenen Geschäft — dies ist immer vorausgesetzt, also daß der Geldmann wirklich eine entsprechende Summe gegen Einsetzung der Sachen als sicherndes Object gegeben hat — eine wirksame Umgehung der Vorschriften über die Rechte aus Verpfändungen, weil ein ernstlicher Kauf mit Miethe oder sonstigem Gebrauchsrecht des Veräußerers geschlossen, oder eine unwirksame, nur in die Scheinform des Kaufs verhüllte Pfandbestellung finden will. Einen sicheren Anhalt für die eine oder andre dieser beiden Annahmen kann man aber nicht geben. In der Erwägung, daß der mögliche Mißbrauch des Constituts, bez. der Uebergabe mit einer auf dem mit der Veräußerung combinirten Rechtsgeschäft beruhenden Rückübertragung nicht die Wirksamkeit der legitimen Fälle desselben soll verhindern oder erschweren dürfen, eine Aussonderung der illegitimen Fälle zu besonderer gesetzgeberischer Behandlung an den Gesetzgeber aber eine nicht erfüllbare Zumuthung stellt, wurzelt der erste Satz in These 3:

„Gegenüber den Concurs- und Pfändungsgläubigern des Veräußerers ist dem Erwerb durch constitutum das Vindicationsrecht nicht grundsätzlich zu versagen, noch derselbe mit einer rechtlichen Präsumtion des Scheines oder Betruges zu behaften."

Doch habe ich geglaubt, in Rücksicht auf die gezeigten Inconvenienzen am Schlusse eine gewisse Perspective eröffnen zu sollen. Dieselbe ist in ihrer Fassung etwas schärfer gerathen als es in meiner Absicht lag. Wenn es möglich ist, für Verpfändung oder Veräußerung von Mobilienkomplexen, die nicht von dauerndem Besitzwechsel begleitet sind, ein Mittel der Kundbarmachung zu finden, durch welches das interessirte Publikum von diesen Rechtsveränderungen Kenntniß erhält oder erhalten kann, so wäre einmal für ein Bedürfniß, auch solche Gegenstände wirksam für eine Crediterlangung einsetzen zu können, der Weg gefunden, während unbedenklich allen Transactionen, welche dieses dargebotene Mittel der Kundmachung verschmähten, jede Wirksamkeit zum Nachtheil Dritter versagt werden könnte. Es existiren nun gesetzgeberische Versuche — inwieweit sie gelungen sind, vermag ich nicht zu beurtheilen — seit langen Jahren in dieser Richtung in England. Zunächst existirt daselbst schon seit langer Zeit die Doctrin des sog. anscheinenden Eigenthums für den Fall des Concurses. Der mit Genehmigung des wahren Eigenthümers vorhandene Besitz des Kridars, der den Anschein seines Eigenthums für den Verkehr erweckt, wird als dessen Eigenthum behandelt und das Vindicatiansrecht des wahren Eigenthümers zurückgeschlagen. Bekanntlich ist eine sich an diese Doctrin anlehnende Bestimmung des Entwurfs zur Reichsconcursordnung, wonach der Vindicationsanspruch des Ehegatten an Gegenständen des Gemeinschuldners, die dieser zum Betriebe seines Gewerbes gebraucht, ausgeschlossen sein sollte, wenn gedachtes Eigenthum nicht äußerlich erkennbar war, nicht Gesetz geworden.

An gedachte Doctrin haben sich in den Jahren 1854, 1866 und 1879 in England zur Verhütung betrüglicher Mobiliargeschäfte besondere Gesetze sog. bills of sale actes — Gesetze über Kauf- und Verpfändungsbriefe — angereiht, welche sich bestreben, dem Bedürfniß, auch Mobiliar-Verkäufe wie Verpfändungen kundbar zu machen, Ausdruck zu verleihen. Es ist ein öffentliches Buch, das von der Queen's Bench geführt wird, angelegt, in welches solche Geschäfte eingetragen werden können. Wenn die betreffenden Uebertragungsurkunden nicht innerhalb sieben Tagen nach ihrem Abschluß eingetragen sind und nicht die Gegenleistung ausdrücklich angegeben, so wird das auf Grund des Geschäfts beanspruchte dingliche Recht als nichtig und durch Betrug erlangt zurückgeschlagen, sobald die Sache im Besitz oder anscheinenden Besitz des Veräußerers bei Concurs oder Executionsvollstreckung über denselben vorgefunden wird. Ausgenommen sind von der Vorschrift des Gesetzes Veräußerungen von Waaren im gewöhnlichen Handels- oder Gewerbsbetriebe, Schiffe, Gegenstände, die sich außerhalb auf dem Transport, namentlich auf See befinden, Gegenstände, die nach dem Geschäftsbetrieb des Betreffenden ihm zur Aufbewahrung, zur Spezification, zur Verarbeitung übergeben sind. Die betreffenden Acte sind, wenn sie nicht dem Präjudiz unterliegen sollen, daß sie in ihrer Wirkung beseitigt sind, von fünf zu fünf Jahren zu erneuern. Die Casuistik dieser Gesetze ist eine große und macht für die continentalen Anforderungen an ein Gesetz den Eindruck des Dilettantenhaften. Aber es scheint mir doch zweckmäßig, auf diese Gesetze hinzuweisen.

Ich möchte also bitten, den Schluß der These insoweit abzuschwächen. Es kann ja allerdings nicht entfernt meine Absicht sein, mit apodictischer Sicherheit sagen zu wollen: das muß eingeführt werden — dazu sind auch die Erfolge namentlich dieses letzteren 79er Gesetzes in England viel zu wenig bekannt — aber ich glaube nicht, daß es außerhalb der Aufgabe des Juristentags sei, zu sagen:

These 3 Satz 2:

„Es wird zur Erwägung anheimgegeben, ob nicht behufs Eintragung von Veräußerungen zu wirthschaftlichem und gewerblichem Gebrauch bestimmter Mobiliencomplexe, die nicht von wirklichem und dauerndem Besitzwechsel begleitet sein sollen, die Anlegung eines öffentlichen Buches mit der Wirkung, daß dann nur die eingetragenen Geschäfte und zwar späteren Gläubigern gegenüber Vindicationsrecht geben, zweckmäßig sei."

Was die letzte These anbetrifft:

4. „Zur Begründung eines Pfandrechts an Mobilien ist das constitutum nicht ausreichend,"

so bedarf dieselbe nach dem Vorausgeschickten meines Erachtens keiner weiteren Motivirung. Nach der geltenden Auffassung kann ja gar kein Zweifel sein, daß zum Pfand gehört der Besitz und zwar der dauernde Besitz, daß also mit der Wiederrückgabe das Pfandrecht aufhört. Ich habe gesagt, daß das constitutum nicht ausreiche. Damit ist ja vorbehalten, daß die Erfüllung besonderer anderer Requisite, wie solche ein Vorgehen der Gesetzgebung entsprechend dem eben bewährten englischen Beispiel aufstellen und erfüllbar machen möchte, möglicherweise in Zukunft eine Einwirkung auf die Unfähigkeit des constituti, Pfandrecht zu begründen, ausüben kann.

Ich wüßte nicht, was ich im Augenblick noch hinzuzufügen hätte.

(Lebhafter Beifall.)

Vor Eintritt in die Debatte über die vorliegende Frage und die dazu gestellten Anträge bemerkt der Präsident, daß infolge eines Versehens als Vertrauensmänner der 1. Abtheilung gewählt worden sind der bereits von der 3. Abtheilung gewählte Oberreichsanwalt Freiherr v. Seckendorf, sowie der bereits als Vicepräsident des Plenums die Eigenschaft eines Vertrauensmanns besitzende Landgerichtspräsident Degener und es schlägt der Vorsitzende an Stelle der obengenannten Mitglieder vor, zu wählen die Herren Senatspräsident Ukert aus Leipzig und Justizrath v. Wilmowski aus Berlin. Der Vorschlag des Präsidenten findet den Beifall der Abtheilung. Danach sind als Vertrauensmänner von der 1. Abtheilung gewählt:

Geheimer Justizrath Dr. Dorn aus Leipzig,
Professor Dr. Brunner aus Berlin,
Professor Dr. Meyer aus Jena,
Senatspräsident Ukert aus Leipzig,
Justizrath v. Wilmowski aus Berlin,
Reichsgerichtsrath Dr. Fleischauer aus Leipzig,
Rechtsanwalt Dr. Hillig aus Leipzig,
Rechtsanwalt Triebsees aus Rostock und
Landgerichtspräsident v. Stößer aus Constanz.

(Hierauf wird die Debatte eröffnet und es erhält zunächst das Wort.)

Professor **Leonhard** aus Göttingen: M. H., es ist für mich eine ganz außerordentlich schwierige Position, nach dieser in jeder Hinsicht vortrefflichen Rede des Herrn Referenten das Wort zu ergreifen und eine Ansicht auszusprechen, welche sich mit derjenigen des Referenten nicht unbedingt deckt, ich sage, nicht unbedingt; denn in allen wesentlichen Punkten sind wir eigentlich miteinander einverstanden. Es werden hier tiefgreifende Differenzen berührt, welche in der jetzigen Wissenschaft schweben und gerade in diesen Differenzen befinden wir uns auf der einen Seite, während wir Beide wohl wissen, daß uns bedeutende Gegner auf der andern Seite entgegenstehen. Nun kann es nicht meine Sache sein, eine Widerlegung der Gründe, welche von unsern Gegnern gegen unsere Meinung angeführt werden können, hier zu anticipiren. Ich will mich darauf beschränken, hervorzuheben, inwieweit ich den Anträgen des Referenten beitrete, inwieweit ich aber auch den Versuch machen möchte, die Ansicht, welche ich in meinem Gutachten begründet habe, aufrecht zu erhalten. M. H., der Referent behauptet, ich stände in meiner Auffassung des constitutum nicht ganz auf seinem Standpunkte. Das ist bis zu einem gewissen Grade richtig, insofern ich nur ganz gelegentlich bemerkt habe, ich hielte einige wichtigere Geschäfte des Handelsrechtes, nämlich die Ausstellung der allbekannten Papiere, welche im Handel und Wandel wie eine Waare hin- und hergehen, der Conossemente, Ladescheine u. dergl. eigentlich auch nur für eine Modification des constitutum possessorium. Der Referent scheint das nicht zu billigen, ich bin aber nicht gewillt, hierauf einzugehen; denn ich glaube, daß der hohe Juristentag nicht die Absicht hat, diese rein juristische Frage hier einer Beschlußfassung zu unterziehen, da wir alle wohl darüber einig sind, daß in der neuen Reichscivilgesetzgebung für diese Materie besondere Vorschriften in Vorschlag werden gebracht werden und daß daher die allgemeine Frage über das constitutum possessorium diese Institute nicht mit zu berühren braucht. M. H., der Herr Referent hat uns einen Vortrag gehalten, dessen wesentlicher Kern etwa folgender war: „Ich möchte die Vertragstheorie als deutsches Recht eingeführt wissen, ich darf dies aber nicht befürworten, weil res judicata für das Gegentheil vorhanden ist. Ich will diese res judicata ehren und daher im Sinne des vorigen Juristentags meine Ansicht modificiren und zwar in einer Weise, welche praktisch, wie der Herr Referent selbst ausgeführt hat, im höchsten Grade nachtheilig sein kann."

Der Herr Referent hat uns in so schlagender Weise auseinandergesetzt, wie ich es nicht vermag, daß die Einschränkung des constitutum possessorium eine Reihe von Gewerbsleuten verhindern würde, ihre Fabrikate zu verwerthen, daß die Gewerbeausstellungen, Institute des modernen Verkehrs, auf welche wir ein so großes Gewicht legen, daß wir selbst zu internationalen Ausstellungen vorgegangen sind, plötzlich in die Lage kommen werden, ihren Werth zum Theil zu verlieren; denn auf den Hauptabsatzgebieten der Fabrikate, den Messen und Märkten, bei welchen der Fabrikant nicht selbst zugegen zu sein braucht und in seinem Besitze der Waaren durch einen Stellvertreter ersetzt zu werden pflegt, würde er nach den Ausführungen des Herrn Referenten seine Waaren nicht mehr ohne eine wirkliche Tradition veräußern können. So würde eine Menge von Verkaufsgelegenheiten aus dem Verkehre verschwinden und eine Menge von Produkten würde nicht mehr verkauft werden können. Ich behaupte, m. H., geradezu: Wenn wir das constitutum possessorium in irgendwelcher erheblichen Weise einschränken, so machen wir unser deutsches Vaterland um eine ganz beträchtliche Summe ärmer, wir vermindern unser Nationalvermögen ohne jegliches Aequivalent. M. H., Sie werden vielleicht einwenden: Dadurch, daß wir durch Einschränkung des constitutum possessorium Scheingeschäfte verhüten, verhindern wir, daß Gläubiger um ihr Vermögen kommen, wir retten also das Vermögen der Gläubiger. Allein dies ist kein Ersatz für den materiellen Verlust, welchen die Einschränkung des constitutum possessorium nach sich zieht; denn durch eine solche retten wir den Gläubigern immer doch nur ein Vermögen, welches auch ohnedies der Regel nach im Inlande ist und im Inlande auch bleibt. Wenn wir aber durch jene Einschränkung andererseits Credit und Handel untergraben, so verhindern wir die Erzeugung ganz neuer Werthe. Es handelt sich hier nicht blos um Theorien, sondern es handelt sich um die Existenz von Produktionen, auf welche die neuere Industrie und der Handel stolz sind. Wenn ich also meine Position zu wahren suche und wenn meine Absicht dahin geht, diese Interessen zu vertheidigen, so werden Sie mir zugeben, daß ich nicht auf dem Standpunkte abstracter Theorien stehe. Es handelt sich hier weder um den abstracten Begriff des Vertrags, noch um denjenigen der Tradition. Ich bin der Ansicht, daß, wenn ein Gesetzgeber es für gut findet, eine Vorschrift zu erlassen, welche mit den bisherigen juristischen Begriffen, seien sie auch noch so fundamentale, im Widerspruch steht, der Theoretiker verpflichtet ist, einen neuen Begriff aufzustellen, welcher dem neuen praktischen Bedürfnisse entspricht, nicht aber daß der Gesetzgeber an die Begriffe, welche lediglich Formulirungen des bisher Geltenden sind, unbedingt gebunden ist. Trotzdem, m. H., stehe ich bis auf einen einzigen Punkt auf einem durchaus conservativen Standpunkte. Ich will nichts Neues vorschlagen, ich will nur, daß die Beibehaltung des Bisherigen ausgesprochen wird, das einzige für einen großen Theil Deutschlands Neue, was ich gern vorschlagen möchte, — ich muß es offen sagen, — ist die Zulassung der vertragsmäßigen Hypothek beim Mobiliarpfande. Das wage ich aber nicht vorzuschlagen, weil ich mir sage, daß gegen eine so mächtige Strömung, wie sie mir hier entgegentritt, anzukämpfen ein vergebliches Unternehmen sein würde. Ich meine, daß derartige Umwälzungen nur langsam vorbereitet werden können. Weil ich also eine so starke Position auf einen Anlauf nicht nehmen kann, andererseits aber, wie der Herr Referent hervorgehoben hat, diese Frage mit der Eigenthumserwerbsfrage in der Praxis enge zusammenhängt, so will ich wenigstens meine Ansicht rechtfertigen. M. H., die wissenschaftlichen Gründe, welche vorhin für die Beibehaltung des constitutum possessorium angeführt wurden, betreffen nicht nur das Gebiet des Handels, sondern vor allem auch das Gebiet des Credits und das, m. H., ist einer der unangenehmsten und delicatesten Punkte sowohl in nationalökonomischer, als rechtswissenschaftlicher Hinsicht. Sie wissen, daß über Credit heutzutage außerordentlich viel gelehrt und geschrieben wird und ich glaube fast in den Verdacht zu kommen, die Debatte in allzu allgemeine Erörterungen hineinzuziehen, wenn ich diesen Gegenstand berühre. Ich halte es jedoch für eine wesentliche Aufgabe des Gesetzgebers, dafür zu sorgen, daß ehrliche und redliche Geschäftsleute, wenn sie in Noth sind, auf ihre Werthobjecte hin Darlehen erhalten. Ich halte das darum für wesentlich, weil, wenn das Gegentheil eintritt, eine Menge Kapital und eine Menge Arbeitskräfte nutzlos liegen bleiben. Ich glaube, es ist das ein unzweifelhafter nationalökonomischer Grundsatz, daß Kräfte und Werthe, welche erzeugt werden können, nicht vernachlässigt werden dürfen. Untergraben und ruiniren wir den soliden Credit, so schädigen wir den Nationalwohlstand auf das Allererheblichste. Ich bin aber der Ansicht, daß das in der That nicht nur leicht geschehen kann, sondern nach dem heutigen im größeren Theil von Deutschland geltenden Recht schon geschieht, indem nämlich — aus Gründen, für welche mir das politische Verständniß abgeht, aus rein juristischen Gründen — die Möglichkeit einer Verpfändung von Mobilien heutzutage in vielen Fällen abgeschnitten ist.

M. H., der Grund, warum man sie nicht durch bloßen Vertrag verpfänden kann, liegt ja auf der Hand. Der Dritte, der dritte redliche Darleiher soll geschützt werden, er soll nicht in die Gefahr kommen, daß man ihm ein Pfand aufdrängt, welches schon vorher einem Anderen verpfändet worden ist. Ich frage nun: kann er geschützt werden? Und ich möchte dem mit Bestimmtheit widersprechen, ich möchte behaupten, einen solchen Schutz kann man dem redlichen Dritten auf dem Wege des Civilrechts überhaupt nicht gewähren. Es ist vorhin hervorgehoben worden, daß der Eigenthümer durchaus nicht immer in der thatsächlichen Detention seiner Sache ist. Sie wissen, nicht nur der Faustpfandgläubiger hat fremde Sachen in seiner Hand, nicht nur der Miether hat Sachen bei sich, welche ihm nicht gehören, sondern jeder Inhaber eines größeren Vermögens läßt Theile desselben durch Inspektoren, durch fremde Personen, durch Beamte verwalten. Daraus, daß Jemand eine Sache in der Hand hat, daraus, daß er äußerlich sich so darstellt, als sei er der Herr derselben, daraus folgt noch gar nichts; und wer Jemandem, welcher in einer gut möblirten Wohnung wohnt, auf diese schönen Möbel hin Geld borgt, ohne sonst über die Redlichkeit und Zuverlässigkeit des Darlehensuchers sich zu informiren, der borgt eben leichtsinnig. Dies führt uns zu der Erwägung, daß der Credit dann allerdings gefährlich und der Beförderung unwürdig ist, wenn er unsolide ist; denn nur der solide Credit ist des Schutzes werth.

Unter solidem Credite verstehe ich aber denjenigen, bei welchem der Darlehnsgeber unter gewöhnlichen Umständen annehmen muß, keinen Schaden zu nehmen. Wenn Jemand mir seine Werthobjecte verpfändet, dann darf ich als vorsichtiger Geschäftsmann annehmen, daß er auch in der Lage ist, sie verpfänden zu dürfen. Nach dieser Richtung muß mich das Strafrecht schützen. Ich habe gar keinen Zweifel, daß es eine Unterdrückung einer wahren Thatsache ist, wenn mir Jemand Geld abverlangt, seine Uhr als Pfand offerirt und dabei verschweigt, daß die Uhr schon einem Anderen als Pfand haftet. Ist gegenwärtig der Schutz des Strafrechts hier zu schwach, so soll man ihn verstärken, so soll man das Minimum der Strafe des Betrugs, welches ohnehin schon ziemlich niedrig gegriffen ist, hinaufsetzen; man soll aber nicht, um derartige Personen vor einer vielleicht harten Bestrafung zu schützen, die wirklichen Bedürfnisse des Lebens hintansetzen. Diese führen aber ganze Berufszweige dahin, mit Mobiliarcredit zu arbeiten. Wer sein Vermögen in Werthpapieren anlegt, der hat an der Beibehaltung des constitutum possessorium freilich kein Interesse, er hat auch kein Interesse daran, daß eine Verpfändung durch constitutum possessorium ermöglicht wird; er kann seine Papiere hingeben und die Coupons behalten und veräußern, er kann also sein Vermögen doppelt verwerthen, denn er behält einmal die Coupons und zweitens kann er auf das Kapital hin Geld aufnehmen. Der Handwerker, der Fabrikant, der Landwirth, Stände, welche vielleicht nicht ohne Grund behaupten, daß sie sich in gedrückter Lage befinden, haben das Hilfsmittel nicht, sie sind den Kapitalisten gegenüber schlechter gestellt; denn wenn sie auf ihre Mobilien Geld aufnehmen wollen, so müssen sie sie weggeben, d. h. sie müssen aufhören zu arbeiten, sie müssen sich selbst vernichten. Und nun frage ich: Cui bono? Wem geschieht damit ein Gefallen, daß sie sich in einem solchen Falle ruiniren müssen? Dem Handelsstand gewiß nicht, denn die Stände verhalten sich im wirthschaftlichen Leben zu einander genau wie nach der bekannten Fabel des Menenius Agrippa im politischen Leben, wenn ein Stand leidet, so leiden alle Stände. Ich will in keiner Weise den Handelsstand hier dem landwirthschaftlichen Stand gegenüber herabsetzen, diesen Vorwurf lehne ich von vornherein ausdrücklich ab, ich meine aber, daß allen Ständen die Möglichkeit gegeben werden soll, unter möglichst gleichen Voraussetzungen zu arbeiten und diejenigen Werthe zu realisiren, welche ihnen zugänglich sind, und das sind bei dem Viehzüchter, bei dem Landwirth, bei dem Handwerker, und wir können auch den Gelehrten hier erwähnen, die Mobilien, mit welchen er arbeitet. Muß er sie weggeben, so ist er ruinirt. Darum, meine ich, müssen wir das constitutum possessorium als Eigenthumsübertragungsform beibehalten nicht obgleich, sondern weil es doch eigentlich in vielen Fällen nur ein Scheingeschäft ist, denn die Rückkaufsgeschäfte mit constitutum possessorium sind allerdings nichts anderes, als Scheingeschäfte. Ich bin weit entfernt davon, den juristischen Unterschied zwischen Rückkaufsgeschäft und Pfandgeschäft zu verkennen, im Gegentheile beklage ich es, daß unser Mobiliarverkehr dahin gedrängt wird, zu diesen Scheingeschäften zu greifen. Bei diesen Rückkaufsgeschäften liegt die Gefahr des Untergangs der Sache nicht bei demjenigen, welcher sich das Geld borgt, sondern bei demjenigen, welcher das Geld giebt; bei den Pfandgeschäften liegt die Gefahr des Untergangs der Sache dagegen bei demjenigen, welcher sich das Geld borgt. Sie sehen, daß ein Fabrikant, ein Handwerker weit eher Geld auf ein Pfandgeschäft bekommen würde, weil der Gläubiger bei dem Rückkaufsgeschäfte die Gefahr übernehmen muß. Ich meine also, daß der Mobiliarcredit, selbst wenn sie einen Beschluß annehmen, welcher die erwähnten Rückkaufsgeschäfte weiterhin bestehen läßt, immerhin gelähmt ist und dem wird nicht eher aufgeholfen werden, als bis wir an Stelle des bisherigen unsoliden Credits, welchen uns England und Amerika so vielfach zum Vorwurf machen, einen soliden Credit haben, der sich auf das Pfand gründet. Davon sind wir noch weit entfernt, das Wort Pfandleiher hat bei uns jetzt noch einen unangenehmen Beigeschmack, aber ich bin fest davon überzeugt, daß unsere Entwicklung, wenn nicht sogleich, doch später einmal dahin drängen wird, diesen Punkt gänzlich umzugestalten.

M. H., noch Eines muß ich berühren. Es sind zwei Fragen hier angeregt worden, welche sehr leicht miteinander verwechselt werden können. Erstlich: welches sind die Voraussetzungen des constitutum possessorium? Und zweitens: unter welchen Voraussetzungen soll man dieses constitutum possessorium zulassen resp. mit rechtlicher Wirkung ausstatten? Ich habe in meinem Gutachten nur die letztere Frage beantwortet, die erstere nur gelegentlich in den Gründen, nicht in der Formulirung meines Antrages. Mir scheint der Antrag des Herrn Referenten unter 1 auch die erste Frage mit in Betracht zu ziehen, und ich weiß in der That nicht, ob der hohe Juristentag darüber beschließen will. Sollte ein Beschluß auch darüber gefaßt werden, unter welchen Voraussetzungen man überhaupt ein constitutum possessorium anzunehmen habe, so habe ich keineswegs etwas dagegen.

Ich bin nun der Ansicht, daß ein constitutum possessorium überall da vorliegt, wo der Veräußerer erklärt, hiermit das Eigenthum an einer von ihm besessenen Sache übertragen zu wollen und dabei — m. H., das möchte ich recht scharf betonen — sich verpflichtet, die Sache im Namen des Erwerbers aufzubewahren. Diesen letzteren Gesichtspunkt beachtet man gewöhnlich nicht zur Genüge, ich lege aber darum hierauf großes Gewicht, weil dies der Punkt ist, durch welchen sich das constitutum possessorium immer noch von dem französischrechtlichen Eigenthumübertragungsvertrage erheblich unterscheidet, und der es uns daher ermöglicht, auch nach der Verwerfung der Vertragstheorie des constitutum possessorium uneingeschränkt beizubehalten. Nach französischem Rechte kann ich eine Sache mit der Maßgabe veräußern, daß ich ausdrücklich erkläre, für deren Aufhebung nicht weiter sorgen zu wollen. Ich kann erklären: ich habe meine Pferde, die nach Hause zu schaffen mir nicht mehr lohnt, draußen auf der Weide gelassen, ich veräußere sie hiermit an dich, gehe hin, suche sie dir, ich kümmere mich nicht darum. Ich kann erklären, daß ich ein Stück Land, welches im fernsten Osten liegt und mir werthlos erscheint, einem Anderen veräußere, jedoch mich nicht verpflichte, eine Tradition vorzunehmen, sondern es dem neuen Eigenthümer überlasse, Mittel und Wege zu suchen, um das Stück Land in seinen Gewahrsam zu bringen. Das kann ich nach französischem Rechte, aber nicht nach römischem Rechte, selbst wenn man das constitutum possessorium noch so liberal auffaßt. Wenn daher mein prinzipaler Antrag, welchen ich in dem Gutachten vorlege, nicht angenommen werden sollte, so würde ich einen eventuellen Antrag stellen und schriftlich formuliren. In diesem Antrage werde ich mich, um nicht zu sehr von der äußerst glücklich gewählten Fassung der Vorschläge des Herrn Referenten abzuweichen, an dem Wortlaut der Nr. 1 dieser Vorschläge möglichst anschließen und den Antrag folgendermaßen fassen:

> Erscheint es als gebotene Consequenz einer Aufrechthaltung des Erfordernisses der Uebergabe für den Eigenthumsübergang bei Mobiliarveräußerungen, das sogenannte constitutum possessorium

— m. H., da ich definiren will, so möchte ich hier das Wort „sogenannt" einschalten —

> nur unter der Voraussetzung als Uebergabe anzusehen, daß neben der Veräußerung der Veräußerer sich verpflichtet, die veräußerte Sache im Namen des Erwerbers aufzubewahren.

Professor Dr. **Brunner** (Berlin): M. H., ich will vorerst ganz kurz einen Punkt berühren, über welchen mein Herr Vorredner gesprochen hat, derselbe hat sich ziemlich eingehend ausgelassen über die Nachtheile, die es im Gefolge habe, daß eine Verpfändung von Mobilien nur durch Besitzübergabe möglich sei. Er hat darin einen Ruin des Credits gesehn. Ein bestimmter Antrag ist von ihm zwar nicht gestellt worden. Ich glaube aber, daß es schädlich wäre, wenn derartige Ansichten hier ohne Widerspruch geäußert werden. Es mag genügen darauf hinzuweisen, daß die Hypothek an Mobilien aus unserem Rechte beseitigt worden ist, nicht etwa um den Credit zu ruiniren, sondern um den Credit zu heben. Es ist wesentlich der Motor des Credits gewesen, der die Rechtsentwicklung in Deutschland bestimmt hat, die blos vertragsmäßige Hypothek zu beseitigen. Wenn andererseits betont wird, es liege eine Härte darin und eine Verminderung unserer Creditfähigkeit, daß Arbeitsleute, daß Gelehrte u. s. w. ihre Arbeitsgeräthe nicht verpfänden können, so möchte ich dem entgegnen, daß es doch im Allgemeinen kein wünschenswerther Zustand ist, wenn die Gewerbs-, die Arbeitsleute u. s. w. ihr Arbeitszeug verpfänden. Ich sehe keinen Nachtheil darin, wenn sie daran gehindert sind durch den einfachen Rechtssatz, daß ein Pfand an Mobilien eben nur als Faustpfand entstehen kann.

Was dann die Abänderung der ersten Thesis des Herrn Referenten betrifft, die Herr Professor Leonhard vorgeschlagen, so ist sie, wenn ich nicht irre, eingegeben von der Absicht, die Anwendung des constitutum zu erweitern. Ich glaube aber, daß er dieser seiner Absicht nicht vollständig gerecht wird, wenn er als Fall des constitutum nur den Fall der Aufbewahrung gelten läßt, wogegen der Antrag des Herrn Referenten jedes beliebige Rechtsverhältniß gelten läßt, welches den Veräußerer zur Wiederübernahme in seine Gewahrsam berechtigt oder verpflichtet. Mir ist der Antrag des Herrn Referenten daher lieber, als der des Herrn Professor Leonhard. Andererseits will ich aber nicht verhehlen, daß ich das constitutum gern erweitern möchte auch über die Grenzen hinaus, wie sie im ersten Antrage unseres Herrn Referenten gesteckt sind. Ich muß zu dem Zweck zurückgreifen auf die Frage, die in Jena so lebhaft ventilirt worden ist, nämlich auf die Frage der Uebereignungsform bei der Uebertragung des Eigenthums von Mobilien. Es ist meines Erachtens für die Gesetzgebung absolut unmöglich, Vorschriften aufzustellen betreffend die Uebereignungsform bei Mobilien, ohne daß nicht die Parteien irgendwie die Möglichkeit haben, sie zu umgehen, zu übertreten, oder um mich anders auszudrücken, ohne daß die Parteien dennoch die Möglichkeit haben, eine Eigenthumsübertragung in anderen als den durch das Gesetz aufgestellten Formen herbeizuführen. Keinen Zweifel leidet dies vom Standpunkt des Vertragssystems. Wenn man sagt, daß durch Vertrag Eigenthum übergeht, so ist es immerhin möglich, daß die Parteien eine Eigenthumsübertragung nicht de praesenti, sondern de futuro vereinbaren. Nicht viel anders liegt die Sache in Bezug auf das Traditionssystem. Auch wenn das Gesetz sagt: es ist für die Uebertragung des Eigenthums nothwendig die Uebergabe oder Tradition, so bleibt doch die Möglichkeit offen, auf eine andere Weise Eigenthum zu übertragen, nämlich thatsächlich durch bloßen Vertrag. Diese Möglichkeit bietet das constitutum.

Lassen wir das constitutum zu, wie es ja durch den in Jena gefaßten Beschluß geboten ist, so ist ein Zweifaches möglich: entweder läßt man nur ein individualisirtes constitutum, oder neben demselben zugleich ein abstractes constitutum zu. Erlauben Sie, daß ich den Gegensatz etwas näher erkläre.

Die Romanisten unterscheiden bekanntlich das Versprechen beim Schuldvertrage in ein abstractes Versprechen und in ein individualisirtes Versprechen. Beim individualisirten Versprechen ist der Wille rechtlich an seine causa gebunden, der Promittent erklärt: ich will schuldig sein für ein Pferd, das ich bekommen soll, als Käufer und dergleichen. Liegt ein abstractes Versprechen vor, so erklärt der Promittent nur, daß er leisten werde, daß er schuldig sei, es löst sich der Wille rechtlich los von der causa, die ja thatsächlich immer zu Grunde liegt, die aber in diesem Falle nicht einen integrirenden Bestandtheil des Schuldenwillens bildet. In ähnlicher Weise kann man zwischen individualisirtem und abstractem constitutum unterscheiden.

Der in der Theorie in Bezug auf die Voraussetzungen des constitutum herrschende Gegensatz dreht sich wesentlich um das Bedürfniß, neben dem individualisirten constitutum noch ein abstractes constitutum zu schaffen. Denn nichts anderes wie ein abstractes constitutum, ein constitutum, das nicht an seine causa gebunden ist, wollen diejenigen, die sagen: es genügt, wenn die Partei erklärt hat: ich will an deiner Stelle besitzen, ich will die Sache als tradirt betrachten, ohne die thatsächliche Uebergabe des Besitzes. Beschränken wir uns auf das individualisirte constitutum, auf das constitutum, das rechtlich an seine causa gebunden ist, so wird das Rechtsleben gezwungen zu Scheingeschäften seine Zuflucht zu nehmen. Ich möchte, was diesen Punkt betrifft, dem Herrn Referenten mehrere Urkunden aus dem Jahrhundert Justinians, aus dem 6. Jahrhundert, Urkunden Roms und Ravennas zur Erwägung anheimstellen. Es handelt sich darin zwar um Grundeigenthum, wir können aber davon abstrahiren, bei Mobilien würde sich die Sache ebenso machen lassen. Den Gegenstand der gedachten Urkunden bilden Schenkungen von Grundeigenthum. Für die Schenkung verlangt das römische Recht bekanntlich die Tradition. Allein die Tradition des Grundeigenthums wird in diesen Urkunden thatsächlich nicht vollzogen, sondern der Veräußerer behält sich den ususfructus des Grundstücks vor, in einer Urkunde für 30 Tage, in einer anderen für 10, in einer anderen für 5 Tage, wie es ausdrücklich daneben heißt: zu dem Zwecke, damit dadurch dem Erforderniß der Tradition genügt sei. Es wird blos ein Scheingeschäft geschlossen, es ist ein besonderes Rechtsverhältniß begründet, allein dieses Geschäft ist nur geschlossen worden zu dem Zwecke, um das Erforderniß der Tradition zu umgehn. Wir haben eine Urkunde aus dem 13. Jahrhundert, worin dieser Vorbehalt des ususfructus bis auf eine Stunde zusammenschrumpft. Ich befürchte, daß wir analoge Erscheinungen wiederum wahrnehmen werden, wenn das constitutum possessorium so eingeschränkt wird, wie es nach dem Antrage des Herrn Referenten, zu seinem eigenen Leidwesen, wie er hervorgehoben hat, geschehen soll. Ich möchte daher zur Erwägung anheimstellen, — einen formulirten Antrag werde ich in dieser Beziehung noch nicht stellen — ob es nicht passend wäre, zu sagen, daß ein constitutum nicht blos wirken soll als Uebergabe, wenn ein besonderes Rechtsverhältniß begründet werden soll, sondern daß das constitutum auch als abstractes constitutum möglich sein soll. Man könnte einwenden: damit werfen wir den vorjährigen Beschluß vollständig um, denn wenn ein abstractes constitutum zulässig ist, so ist das Erforderniß der Tradition beseitigt. Mein Vorschlag geht aber auch nur dahin, daß man ein abstractes constitutum soll gelten lassen unter gewissen Voraussetzungen, nämlich unter den Voraussetzungen, daß es in einer bestimmten Form zu Stande gekommen ist. Aehnliches ist ja in Bezug auf das abstracte Schuldversprechen von verschiedenen Seiten in Anregung gebracht worden. Man könnte etwa sagen, daß das abstracte constitutum nur gelten soll unter der Voraussetzung, daß ein schriftlicher Vertrag vorliegt. Nicht schrecken würde mich der Einwand von Romanisten, daß das kein constitutum wäre, weil es dem quellenmäßig überlieferten Begriffe des constitutum widerspreche. Es wäre dies ein bloßer Wortstreit; wir können füglich das Wort constitutum im Einklang mit der älteren nunmehr vielfach aufgegebenen Theorie zum Nothbehelf in weiterem Sinne nehmen. Es wäre noch zu erwägen, ob nicht für die Giltigkeit des abstracten constitutum geradezu ein notarieller Vertrag zu verlangen sei. Das Eigenthum würde dann als übertragen gelten, einmal im Falle der handhaften Tradition, dann wenn ein individualisirtes constitutum vorliegt und dann endlich 3. wenn ein constitutum vorliegt in einem schriftlichen und notariellen Vertrage.

Im Uebrigen kann ich nur die Thesen des Herrn Referenten empfehlen, namentlich Punkt 2 u. 4. Was aber Punkt 3 anbetrifft, so habe ich für den von ihm gestellten Antrag ebensowenig übrig, wie er selbst dafür übrig zu haben behauptet. Bezüglich der Fassung wäre „in Erwägung zu ziehen" besser, als „es empfiehlt sich". Was mich abschreckt von dem Antrage ist unter anderen der Umstand, daß wir etwas zuviel Register bekommen. Wie haben bereits: Geburtsregister, Heirathsregister, Sterberegister, Handels- u. Genossenschaftsregister, Schiffsregister, die Patentrolle, die Grundbücher, Register für die Hülfskassen u. s. w. Schließlich wird es soviel Register geben, daß es nicht möglich sein wird, sie alle einzusehen, so daß die Register sich in ihrer practischen Wirksamkeit gegenseitig werden illusorisch machen.

Reichsgerichtsanwalt Dr. **Reuling** aus Leipzig: Ich wollte mir zunächst erst Herrn Professor Leonhard gegenüber eine Bemerkung erlauben und zwar eine Bemerkung weniger vom Standpunkte des Juristen, als des Nationalökonomen aus. Er will — auch ganz abgesehen von dem, was er für die Zukunft in Aussicht nehmen will — jedenfalls für die Gegenwart in Wahrheit nicht einen gesunden Credit, sondern einen ungesunden Credit befördern. Es ist ein Irrthum zu glauben, daß derjenige Credit ein gesunder sei, der nur das Eine erreicht, daß der Creditgeber nichts verliert. Ein gesunder Credit ist nur derjenige, der den Creditnehmer selbst fördert. Nun ist es eine bekannte Sache, daß ein jedes wirthschaftliche Unternehmen in seiner Wurzel gefährdet ist, wo nicht ein genügendes Anlagekapital und dann auch noch ein genügendes Betriebskapital vorhanden ist. Das, was er will, ist, daß auf dem Wege des Credits ein Kapital in das Unternehmen gezogen wird, das, wenn das Unternehmen gesund bleiben soll, das eigene Kapital des Unternehmers sein muß. Ich weise darauf hin, daß in der Geschäftswelt soviel darüber geklagt wird, daß Leute, um selbstständig zu werden, selbstständige Unternehmungen gründen, ohne das erforderliche Kapital in den Händen zu haben. Man giebt mit dem, was Herr Professor Leonhard will, solchen Leuten, die ohne wirthschaftlich berechtigt zu sein, Unternehmer zu werden, die Mittel an die Hand, um leichter noch ungesunde Unternehmungen zu gründen, und, was sie mit eigenem Kapitale nicht ausführen können, mit fremdem Gelde möglich zu machen. Für den Handelsverkehr gilt das nicht.

Im Uebrigen möchte ich Herrn Professor Brunner gegenüber gegen dessen abstractes constitutum, wie er es nennt, bemerken, in Wahrheit ist dies nichts anderes, als die reine Vertragstheorie, die nur anders genannt wird, und wenn ich seiner Argumentation folge, so bitte ich um Vergebung, wenn es vielleicht etwas scharf klingt, aber es ist eigentlich eine Argumentation, wie die, wenn man sagt, schaffen wir das Eigenthum ab, dann haben wir keinen Diebstahl mehr; denn er will dieses Geschäft legalisiren lediglich um deswillen, damit die simulirten Geschäfte aus der Welt geschafft werden. Damit kein Geschäft, das diesen Makel an sich hat, stattfinde, sollen also alle diese Geschäfte, die an sich maculös sind, für legitim erklärt werden. Das ist meines Erachtens nicht richtig. Der Richter mag über das Geschäft entscheiden, der Richter mag es feststellen, und wir haben nun die freie Beweistheorie, der Richter mag entscheiden, ob ein legales Geschäft oder ein simulirtes vorliegt. Liegt ein simulirtes Geschäft vor, dann verfällt es der Kritik des Richters, liegt ein legales Geschäft vor, dann ist die Sache in Ordnung. Aber keinesfalls kann meines Erachtens, wenn man den Standpunkt der Traditionstheorie aufrecht erhält, ein abstractes constitutum geschaffen werden, bei dem jede causa fehlt, so daß der, der die Sache angeblich tradirt, in Wahrheit dieselbe behält, während hierfür jeder Anlaß fehlt und das Geschäft also seiner innern Natur nach verdächtig ist. Das ist das allein berechtigte constitutum und darin allein liegt in Wahrheit eine Tradition in der Form des constitutum vor, wo besondere Rechtsgründe vorhanden sind, die Anlaß geben, die Sache, anstatt sie herauszugeben, zu behalten, wo eben zwei Geschäfte in eins zusammengezogen werden und das constitutum nichts anderes ist, als die Ersparung einer überflüssigen Bewegung aus einer Hand in die andere und wieder zurück aus der Hand des Empfängers in die des Gebers. Von diesem Standpunkte aus muß ich mich entschieden gegen dieses abstracte constitutum aussprechen.

Professor Dr. **Leonhard** aus Göttingen: M. H., ich muß dem Herrn Professor Brunner meinen Dank dafür aussprechen, daß er durch Berichtigung einiger Mißverständnisse mir jetzt Gelegenheit giebt, meine Anträge besser zu formuliren. Das letzte Wort in meiner Formulirung hat durch meine Schuld zu einem Mißverständnisse Anlaß gegeben. Ich habe da von „Aufbewahren" gesprochen und habe dadurch den Anschein erweckt, daß ich nur im Falle des Depositum von einem constitutum possessorium etwas wissen wolle, für mich sollte jedoch das „Aufbewahren" nur eine Uebersetzung dessen sein, was die Schule bei uns „Detiniren" nennt, also eine bloße Detention im Gegensatze zum Besitze bezeichnen. Ich habe daher meinen Antrag nunmehr anders formulirt und folgendermaßen gefaßt:

> „Es erscheint als eine gebotene Consequenz einer Aufrechterhaltung des Erfordernisses der Uebergabe für den Eigenthumsübergang bei Mobiliarveräußerungen, das sogenannte constitutum possessorium nur unter der Voraussetzung als Uebergabe anzusehen, daß der Veräußerer neben der Veräußerung sich verpflichtet, die veräußerte Sache im Namen des Erwerbers in seiner Gewahrsam zu behalten."

Dann ist unter den Gründen, welche man gegen mich angeführt hat, noch ein anderer, welchen ich in der That für sehr erheblich halte, der sowohl von Professor Brunner als von Herrn Dr. Reuling hervorgehoben worden ist. Zunächst möchte ich das historische Factum der Aufhebung der Hypothek ganz kurz beleuchten. Es wurde vorher bemerkt, die Conventionalhypothek sei aufgehoben worden, weil sie dem Credit schädlich sei. Das ist bekanntlich richtig; aber die Conventionalhypothek hatte überhaupt eine eigenthümliche Gestaltung erlangt. Als das römische Recht altersschwach geworden war, ist allerdings das Pfandrecht zu Grunde gegangen, ich sehe aber diesen Ruin des römischen Pfandrechts nicht in der Beibehaltung der Conventionalhypothek, sondern in der Gewährung der vielen Pfandprivilegien und in den Generalhypotheken. Das sind zwei Institute, die so verkehrsfeindlich sind, daß ich kein Wort darüber zu verlieren brauche. Man hat das römische Pfandrecht in Deutschland, als es sich schädlich erwies, vielfach beseitigt; ich glaube aber, man hat das Kind mit dem Bade ausgeschüttet; denn, als man das Recht der Generalhypothek und die vielen Privilegien über den Haufen warf, so hat man die reine Vertragsmäßigkeit der Verpfändung für Mobilien mit beseitigt und wenn man dem Credit dadurch zu helfen gemeint hat, so glaube ich, daß man sich geirrt hat. Allerdings ist es sehr richtig, daß, wenn der Handwerker seine Werkzeuge, der Fabrikant seine Utensilien vollständig verpfänden würde, dies als normaler Zustand wirthschaftlich völlig unhaltbar sein müßte.

Ferner will ich auch zugeben, daß durch die Möglichkeit einer rein vertragsmäßigen Verpfändung mancherlei leichtfertige Pfandgeschäfte erleichtert werden, allein ich glaube, daß der Schutz, welcher durch die Unterdrückung solcher Geschäfte den Handwerkern gewährt wird, wesentlich einen bevormundenden Charakter hat — daran läßt sich doch nicht zweifeln, es soll dem Handwerker etwas verwehrt werden, weil man ihn nicht für reif hält, den richtigen Gebrauch davon zu machen. Ich sage das nicht im tadelnden Sinne, ich halte eine gewisse Bevormundung auf allen Gebieten keineswegs für schädlich, aber ich meine, daß man hier doch nicht so weit gehen darf. Man kann nämlich den Handwerker hierdurch dennoch nicht verhindern, sich den Gläubigern und namentlich den Wucherern, welche ohne Sicherheit borgen, in die Arme zu werfen; und, wenn ich Jemandem auf die Mobilien, welche ich nur bei ihm sehe, borge, so ist das von meiner Seite ein unsolides Geschäft, ich müßte denn ein ganz lebhaftes Vertrauen zu demjenigen haben, welchem ich das Geld gebe. Zu diesem unsoliden Geschäft wird der Handwerker jetzt hingedrängt. Schließlich verliert er doch sein Handwerkszeug, und dann ist es ganz gleichgiltig, ob er es durch das Pfandrecht verliert oder im Wege der gewöhnlichen Execution. Nur das Eine gebe ich zu, daß Jemand leichter auf ein Pfand borgen wird, als auf den bloßen Besitz des Handwerkszeugs hin, und ich muß nochmals wiederholen, daß mir in dieser Hinsicht das Bedenken nicht unerheblich erscheint.

Was weiter die Vorschläge des Herrn Professor Brunner betrifft, so habe ich die darin angeregten Fragen auch in meinem Gutachten berührt, aber mehr — wie ich offen eingestehe — in einer umgehenden Weise. Ich war der Ansicht, daß die sehr schwierige Frage von der causa des Eigenthumüberlassungsvertrags mit der Frage nach der Beibehaltung des constitutum possessorium nicht nothwendig zusammenhänge, und ich hatte gehofft, daß diese Frage von der letzteren Frage getrennt werden würde. Da aber einmal der Vorschlag gemacht worden, ein nicht individualisirtes constitutum, also ein constitutum ohne causa, das in schriftlicher Form abgefaßt sein muß, der Gesetzgebung behufs Anerkennung vorzuschlagen, so scheint mir dies bedenklich, und zwar in erster Linie aus einem formalistischen Grunde. Ich halte es für sehr schlimm, wenn Gesetze Worte enthalten, über welche keine Einigkeit in der Jurisprudenz herrscht, und wenn ein Begriff so streitig ist, daß es kaum fünf Gelehrten giebt, welche eine Meinung darüber haben, daß ein technischer Ausdruck für einen solchen Begriff in einen Vorschlag, der zu einem Gesetze führen soll, hineinkommt. Man weiß leider nicht recht, was die causa ist, oder wenn man es zu wissen glaubt, so ist man nicht ganz sicher, ob derjenige, mit welchem man darüber spricht, auch genau dieselbe Vorstellung hat. M. H., mir hat ein Mathematiker einmal erzählt, eine Zeit lang habe man im Mittelalter die Unbekannte statt mit x mit causa bezeichnet, denn das sei ein so verzweifeltes Wort, daß es gar kein besseres gebe, um das Unbekannte zu bezeichnen. Dieses Unbekannte, dieses x, möchte ich in unsere Gesetzgebungsnormen nicht aufgenommen haben.

Aus diesem Grunde möchte ich auch das Wort „Rechtsverhältniß" nicht darin aufgenommen sehen. Wir haben ja unter uns bekannte Civilprozeßordnungscommentatoren, aber ich appellire an sie und frage sie, ob ihnen die Auslegung des § 231 durch das Wort „Rechtsverhältniß" leichter geworden ist. Es ist das ein Wort, welches überall als bekannt vorausgesetzt wird, aber nirgends logisch scharf definirt ist — ich habe eine solche Definition, welche ich als wissenschaftlich anerkennen könnte, nirgends gefunden, ich finde in den römischen Quellen auch keine Vocabel, welche strict wiedergiebt, was die bei uns herrschende Meinung unter einem derartigen abstracten Begriffe versteht — ich meine ein derartiges Wort in eine Gesetzesthese aufzunehmen, ist bedenklich. Ich würde daher bitten, die andern Anträge abzulehnen und meinem Antrag beizustimmen.

Landgerichtsrath Dr. **Seitz** (Schweinfurt): Ich möchte mir gestatten, die Debatte auf einen practischen Punct zu lenken, der meines Erachtens eigentlich noch gar nicht berücksichtigt ist, nämlich auf die Ziffer 4 der Thesen des Herrn Referenten über das constitutum possessorium.

Alle Gutachten stimmen darin überein, daß beim Faustpfand kein constitutum zulässig ist. Diese Anwendung glaube ich, führt zu einem Princip hin. Die bisherige Besitzlehre enthält meines Erachtens zweierlei sich widersprechende Begriffe. Es gibt einen sog. Besitz mit animus domini und einen Besitz ohne animus domini; es giebt die römische possessio, den sog. Besitz mit animus domini, und den Besitz ohne animus domini, welchen ich als das deutsche Besitzrecht bezeichnen möchte. Diese Unterscheidung möchte ich hervorheben, weil dieselbe nothwendig sein wird, um uns zu sagen, wann wir ein constitutum anwenden müssen und wann nicht.

M. H., gestatten Sie mir, daß ich hier etwas aushole. Das Versprechen, das ich in meinem Gutachten über die Traditionsfrage dem letzten Juristentage gegeben habe, das Versprechen, den Nachweis zu liefern, daß die römische possessio in der That nie unser deutscher Besitz war, habe ich seitdem versucht zu erfüllen. Ich habe in drei auf einanderfolgenden Heften des letzten Jahrgangs von Grünhut's Zeitschrift, wie ich meine, neue Beweise zusammengestellt, die meines Erachtens überzeugend darthun werden, daß die römische possessio etwas anders war, als unser heutiger Besitz. Die römische possessio war ein Eigenthum, das durch Besitz blos „erworben" wird, aber nicht selbst Besitz ist. Wir werden das römische Eigenthum der possessio vollständig erfassen, wenn wir bedenken, daß diese neben dem absoluten auch das relative Eigenthum in sich schloß. Dann haben Sie die ganze Stufenreihe des römischen Eigenthums. Zuerst obsiegt in Rom derjenige, welcher eine Sache justa causa erworben hat; in dieser ersten Anwendung als absolutes Eigenthum ist possessio und dominium unter Justinian gleichgestellt worden. Eventuell obsiegt in Rom derjenige als Eigenthümer, welcher bona fide oder mit sogenannter putativa causa die Sache erworben hat; das ist die possessio bona fide oder dasjenige relative Eigenthum der possessio, dessen Klage die Publiciana actio ist. Das ist die zweite Stufe des römischen Eigenthums. Die dritte subeventuelle Stufe ist: die possessio ad interdicta; der Titel dieses Eigenthums ist der Besitz allein, die „possession vaut titre" des Artikel 2279 Code civil. Auch diese ist plus juris, wörtlich gesagt: besseres Recht und Eigenthum gegenüber denjenigen, die gar kein Recht haben.

M. H., das ist die eine Gruppe der Rechte, wie sie in unserer bisher herrschenden Besitzlehre enthalten ist. Dieser eine Begriff der possessio oder des Eigenthums ist materiell vollständig einheitlich trotz äußerer Verschiedenheiten der verschiedenen Arten der possessio. Die römische possessio ist ein Eigenthum, selbst auch wenn sie als sog. possessio ad interdicta nur gegenüber Einzelnen, z. B. gegenüber demjenigen, der gar nicht besitzt oder schlechter berechtigt ist, als Eigenthum gilt; sie ist ferner ein Eigenthum, obgleich die Interdicte blos ein Jahr zur Verjährung brauchen, während die Publiciana und die Vindication in 30 Jahren verjähren; denn für den materiellen Begriff dieses Eigenthums ist es vollständig gleichgiltig, wie lange sein äußerer Schutz dauert und wie viel Personen gegenüber es als Eigenthum gilt; es genügt, daß es materiell eine unbeschränkte Herrschaft ist, solange und wo es Schutz findet.

M. H., dieser possessio und diesem besseren Recht gegenüber enthält unser Besitzbegriff auch noch ein anderes Recht; nämlich das aus der deutschen Gewohnheit der Gewere 2c. entstandene eigentliche deutsche Besitzrecht, welches wir finden einmal in dem sog. abgeleiteten Besitz; in dieser Form hat das gemeine Recht ein Besitzrecht ohne animus domini schon von jeher anerkannt; dann hat auch die Reichsgesetzgebung den Besitz ohne animus domini bereits in einzelnen Anwendungen anerkannt: im Faustpfand, in dem Concursverwalter; dann, m. H., ist das deutsche

Besitzrecht auch sonst noch juristisch und logisch, gemein- und partikularrechtlich begründet; z. B. beim Retentionsberechtigten, beim Besitzer unter suspensivem Eigenthumsvorbehalt eines Dritten, beim Finder ohne animus domini, Lehensträger, Depositor, Pächter, Miether, Verwalter, Pfründebesitzer &c. &c. Nun, m. H., wenn Sie lediglich den Faustpfandgläubiger von dem constitutum ausschließen, so sind noch mehr Rechte da, die gleichfalls kein constitutum vertragen. Nehmen Sie z. B. den Retentionsberechtigten, der in verschiedenen Particularrechten — ich erwähne das preußische und das bayerische Landrecht — bereits als besitzberechtigt anerkannt ist. Auch das Retentionsrecht verträgt kein constitutum, keinen Erwerb ohne factischen Besitz. Denn ich habe ja das Retentionsrecht erst, nachdem ich den factischen Besitz erworben habe.

Damit haben wir den Unterschied erschöpft. Während der Erwerb der römischen possessio oder des besseren Rechtes und Eigenthums das sogenannte constitutum possessorium das ist einen Erwerb ohne factische Besitzübertragung niemals entbehren kann, sofern wir nicht den Verkehr, den Handel zwischen Abwesenden u. s. w. ersticken wollen, liegt dagegen umgekehrt das ganze Wesen des gesammten reinen deutschen Besitzrechtes darin begründet, daß der Erwerber den factischen Besitz, (das Innehaben, den Gewahrsam) erhält. Ich glaube also, daß wir aus der einen Anwendung, welche der Herr Referent in der Ziffer 4 aufgestellt hat, aus der Vorschrift, daß beim Pfandrecht ein constitutum auszuschließen sei, das Princip erschließen müßten: bei allen deutschen Besitzrechten, also auch dem Retentionsrechte u. s. w. bedarf es einer wirklichen Besitzübertragung, nicht eines bloßen Constitutums.

Das wollte ich noch ergänzend einfügen. Im Uebrigen werden doch auch noch einige juristische Constructionen vielleicht von Werth sein: Es ist z. B. ein Zweifel aufgetaucht zwischen der Fassung in These 1 des Herrn Referenten: „als Uebergabe wirken lassen" und „als Uebergabe ansehen". M. H., ich glaube allerdings, daß die Fassung der These des Herrn Referenten da vorzuziehen ist. Allerdings ist die herrschende Meinung die: das constitutum ist eine „Besitzübertragung"; allein, m. H., die herrschende Theorie nimmt dabei an: es ist dies ein Besitz alieno nomine, ein Besitz durch Stellvertreter. Schon die Fassung Ihrer Juristentagsfrage hat diese Lehre beanstandet und: wird diese Annahme factisch und logisch möglich sein? Ist es überhaupt möglich, einen factischen Zustand für einen Anderen zu vollführen? M. H., ich stehe hier, kann ich hier für Sie stehen? Nehmen Sie eine andere Thatsache, nehmen Sie die gewöhnlichsten Vorgänge: das Essen, Trinken, Schlafen; kann ich „für einen Anderen", für Sie essen, trinken, schlafen? So wenig ich das kann, so wenig kann ich thatsächlichen Besitz für einen Anderen haben. Nun werden Sie mir einwenden, meine Herren: es handelt sich nicht um das Factum des Besitzes, sondern um das Recht des Besitzes. Allein, m. H., darin liegt ja gerade der Irrthum. Es handelt sich bei der Tradition nicht schon um das Recht des Besitzes, sondern allein um das Factum, durch welches das Recht des Besitzes erst erworben werden soll: um den Erwerbact allein. Ich gebe zu, daß das Recht des Besitzes, Eigenthum und was alles Rechte des Besitzes sind, alieno nomine ausgeübt werden können, allein, m. H., auch noch das Factum selbst alieno nomine ausüben, bethätigen zu wollen, das geht nicht an, und darum ist, glaube ich, das constitutum nicht als Besitzübertragung aufzufassen, sondern als einfache Erklärung.

Nun glaube ich aber, um auf eine weitere Anregung der Debatte einzugehen, auch das constitutum ist trotzdem mit der Tradition in Einklang zu bringen. Der Begriff der Tradition hat nämlich im Laufe der Jahrhunderte gewechselt, und wir haben uns am letzten Juristentage zwar schlüssig gemacht, daß wir eine Tradition, uns aber noch nicht schlüssig gemacht, welche Tradition wir wollen. Es giebt eine römische und eine hievon verschiedene heutige deutsche Tradition oder Besitzübertragung, und, m. H., wählen Sie die römische Tradition, dann fällt das sog. constitutum nicht unter die Ausnahme, sondern unter die Regel und den Begriff dieser Tradition. Gestatten Sie, daß ich das kurz ausführe.

Die römische Tradition ist im Principe keine Besitzübertragung. Die römische Tradition ist das römische corpus oder die Verkörperung des animus domini: des animus, Eigenthum zu überlassen; diese Willensverkörperung ist zwar auch eine Thatsache, aber nicht im entferntesten nothwendig die Thatsache des Besitzes und der Besitzübertragung, sondern die Thatsache der „Erklärung“. Wie die Tradition das in Rom geworden ist, erklärt sich einfach dadurch, daß sie entstand im jus gentium, wo der civis mit dem Nicht-civis klagbare Verträge nicht schließen konnte, wo der Vertrag ein bloßes nudum pactum, einen unklagbaren Vertrag erzeugte; da mußte an Stelle des Vertrags, der im jus civile allein Eigenthum übertrug, ein Surrogat des unmöglichen Vertrages, etwas anderes treten, und dieses Andere war die Thatsache der Willenserklärung. Das war aber noch kein Besitz, das sehen Sie an Hunderten von Beispielen. Die gewöhnlichste Form der römischen Tradition ist z. B. das Vorzeigen. Macht mich das Vorzeigen allein schon zum Besitzer? Wie, wenn mir die Herren dies Haus vorzeigen, bin ich dadurch schon factischer Besitzer des Hauses. Eine andere Form der traditio ist die longa manu traditio, welche Einige schon dann als gegeben annehmen, wenn ein Dritter, nicht ich, fortfährt zu besitzen. Trotzdem liegt bei der traditio longa manu eine römische Tradition an mich vor, der ich nicht besitze; ergo ist die römische Tradition keine factische Besitzübertragung. Ebenso beim constitutum; hier behält der Veräußernde selbst den Besitz. Wie soll da die römische Tradition Besitzübertragung an mich sein? Der Eigenthümer eines Grundstückes kann ferner bei der vacua possessio den Besitz frei lassen und einen Dritten hindern, daß er mihi ingredienti vim facit. M. H., da habe ich noch lange nicht Besitz erworben und doch liegt eine römische traditio an mich vor. Ja die Römer gingen so weit, daß sie sogar consensus, also den bloßen Vertrag als Besitzübertragung bezeichneten. Bei schwer beweglichen Sachen, z. B. bei columnae heißt es: es sind die Sachen in re praesenti durch Consens allein für tradirt zu halten. Aus all' diesem ergiebt sich, daß die römische traditio keine Besitzübertragung ist und daß sie in dieser Weise das sog. constitutum allerdings mit einer Tradition in Einklang bringen können, ohne eine Ausnahme zu machen. Zugleich wirft dies ein Licht auf die Art und Weise, wie das constitutum zu fassen sein wird. Es bedarf nichts, als die Thatsache der Verkörperung des Willens, Eigenthum zu überlassen und dann haben Sie nicht bloß die Vorschrift des römischen Rechtes über Tradition vollständig erschöpft, sondern es ist auch vollständig das geschehn, was nothwendig ist, um die Thatsache des Eigenthumsüberganges zu vollenden.

Ich muß nun noch um Ihre gütige Entschuldigung bitten, daß ich hier Fragen angeregt habe, die eigentlich längerer Ausführung bedürfen. Ich habe mir erlaubt ein kleines Schriftchen über das „heutige Besitzrecht" abzufassen, welches nachweisen soll, daß das deutsche Besitzrecht unabhängig ist von der römischen possessio, und welches diese vorliegenden Fragen ausführlicher behandeln wird. Es ist neuerdings in der Verlagsbuchhandlung des Juristentags erschienen und der Verleger hatte mir versprochen, es auf dem Tische des hohen Hauses niederzulegen. Ich weiß nicht ob es geschehen ist, ich werde mir jedenfalls gestatten, es noch zu hinterlegen und bitte dasselbe anzunehmen als ein Werk, mit dem ich den Arbeiten des Juristentags und der Idee des nationalen Rechtes dienstbar sein wollte, einen Versuch, vielleicht ein nationales Recht anzubahnen.

Rechtsanwalt **Boyens** (Stettin): Ich bin der Meinung, daß für den Praktiker bis jetzt sowohl im Vortrage des Herrn Referenten, wie in der Debatte zu wenig davon die Rede gewesen ist, daß das constitutum possessorium in den zahlreichsten Fällen gemißbraucht wird, um fraudulose Rechtsgeschäfte in die Welt zu setzen. Ich meine, daß gerade wir Praktiker eines Rechtsmittels bedürfen, um diese Fraudulosität der Rechtsgeschäfte, die durch das constitutum possessorium in dem Rechtsleben überwuchert, zu bekämpfen. Ich möchte mir in dieser Beziehung zunächst erlauben, mitzutheilen, daß wir in einem Rechtsgebiete Deutschlands bis zur Einführung der neuen Justizgesetze bereits eine Rechtsvorschrift hatten, die weder im Vortrage des Herrn Referenten erwähnt worden ist, noch in den Gutachten eine Beachtung gefunden hat, die meiner Meinung nach durchaus empfehlenswerth ist und nach meiner eigenen Kenntniß ungemein segensreich gewirkt hat. Es bestimmte nämlich eine holstein'sche Verordnung vom 17. Juni 1859, die also bis zur Einführung des Reichsgesetzes vom 21. Juli 1879 galt, in § 4:

> Ohne Beschränkung auf einen bestimmten Zeitraum unterliegen der Anfechtung Veräußerungen beweglicher Güter, sofern dieselben sich zur Zeit des Antrags auf Eröffnung des Concurses noch in der Detention des Gemeinschuldners befinden und nicht Umstände nachgewiesen werden, welche die Vermuthung ausschließen, daß bei Abschluß des Handels eine Benachtheiligung der Gläubiger beabsichtigt ist.

Sie sehen, es ist ungefähr dasselbe, was Herr Professor Behrend unter Nr. 4 seiner Vorschläge will. Es unterscheidet sich diese gesetzliche Bestimmung von dem Vorschlage des Herrn Professor Behrend nur darin, daß er dieselbe beschränken will auf einen bestimmten Zeitraum vor Eröffnung des Concurses, diese gesetzliche Vorschrift aber ohne Beschränkung auf einen bestimmten Zeitraum die bestehenden Rechtsgeschäfte anfechten will, ferner dadurch, daß dieses Gesetz sich blos bezieht auf die Fälle im Concurs, während Herr Professor Behrend die Bestimmung ausdehnen will auf die Fälle außerhalb des Concurses. Das Letztere ist meiner Meinung nach durchaus nothwendig und die holstein'sche Verordnung ist nur deshalb nicht auf die Fälle außerhalb des Concurses ausgedehnt, weil diese Materie in Holstein damals überhaupt noch nicht neu gesetzgeberisch geordnet war; später ist dieses Gesetz auf das Herzogthum Schleswig durch eine provisorische Verordnung von 1863 ausgedehnt worden. Ich meine, daß eine ähnliche Bestimmung nothwendig ist. Jeder von uns Praktikern wird wissen, daß von hundert solchen Verträgen über Mobilien, die in der Gewahrsam des Schuldners zurückgeblieben sind, die nachher zur richterlichen Cognition kommen, wenigstens 99 fraudulose sind. Es ist hier in der Debatte vorwiegend von den Fällen eines legitimen constitutum die Rede gewesen. Diese kommen sehr wenig zur Verhandlung in den Gerichtshöfen. Die Fälle des legitimen constitutum possessorium, namentlich die Bankgeschäfte wickeln sich ganz ruhig ab, damit haben wir Praktiker selten etwas zu thun und wenn Sie wirklich eine Vorschrift aufnehmen, wie sie die holstein'sche Gesetzgebung getroffen und wie sie Professor Behrend vorschlägt, so werden Sie durchaus nicht diese Fälle des legitimen constitutum possessorium schädigen; denn es ist ja ganz klar, daß in diesen Fällen der Nachweis der Umstände, welcher die Vermuthung ausschließt, daß beim Abschluß des Handels eine Benachtheiligung des Gläubigers beabsichtigt war, leicht geführt wird. Jeder Richter wird sagen: das sind Umstände, die eine fraudulose Absicht ausschließen. Zweitens ist aber auch in Erwägung zu ziehen, daß nur im Falle des Concurses oder der nachherigen Insolvenz überhaupt die Anfechtung Platz greift. Die Fälle des legitimen constitutum possessorium wickeln sich meist ab, ohne daß es zu einer Zahlungsunfähigkeit des Schuldners kommt, sie werden auch aus dem Grunde schon nicht getroffen. Es ist nun vom Herrn Referenten hervorgehoben worden, daß es vollständig genügend sei, sich mit der allgemeinen gesetzlichen Vorschrift über die Anfechtbarkeit frauduloser Geschäfte zufriedenzustellen. Meines Erachtens keineswegs. Theoretisch mag es ganz richtig sein, wenn man sagt: der Richter bei der freien Beweistheorie wird den Fall herauszufinden wissen, den Fall des fraudulosen constitutum possessorium; aber es stellt sich die Sache im praktischen Leben doch ganz anders. Wenn Sie eine Bestimmung aufnehmen, wie sie in der holstein'schen Verordnung enthalten ist, so ist die Beweislast umgekehrt, es hat der, welcher sich auf das constitutum possessorium beruft, zu beweisen, daß das Geschäft nicht ein frauduloses ist, während, wenn es bei den allgemeinen Vorschriften sein Bewenden hat, der Gegner die Beweispflicht hat. Das ist sehr wichtig und ich kann das speciell aus meiner preußischen Praxis bezeugen, daß trotz der Einführung der freien Beweistheorie bezüglich dieser Anfechtungsfrage in den meisten Erkenntnissen es schließlich darauf hinausgekommen ist, daß trotz der Anführung einer Reihe von verdächtigen Umständen, vom Richter auf den Eid erkannt wurde und zwar dahin, der Dritte, der die Sache durch constitutum possessorium an sich gebracht hat, solle schwören, daß bei Abschluß des Geschäftes, die Absicht, die Gläubiger zu benachtheiligen, nicht vorgelegen habe, ein Eid, der in den meisten Fällen geleistet worden ist, weil der Betreffende sich die Sache so zurechtgelegt hatte, wie es ihm gut schien und es ein Eid über ein Urtheil war. Ich kann ferner bezeugen, daß die Ansichten der Richter sehr schwankend und verschieden sind, so daß eben deshalb eine solche Directive, die wir wünschen, in das Gesetz aufzunehmen ist. Ich kann es aus Stettin bezeugen. Wir haben dort fünf Proceß-Amtsrichter, von denen es bekannt ist, daß der Eine dieser Frage anders gegenübersteht, wie der Andere, so daß es ganz darauf ankommen kann, ob der Name des Beklagten mit dem einen oder andern Buchstaben anfängt und sich je nachdem entscheiden kann, ob er mit dem Geschäfte durchkommt oder nicht. Ein solcher Zustand ist meiner Meinung nach durchaus nicht zu dulden.

Ich weiß auch aus Holstein, daß vor Einführung dieses Gesetzes, das ich Ihnen vorhin vorführte und das dort segensreich gewirkt hat, die fraudulosen Geschäfte einen solchen Umfang erreicht hatten, daß ein Amtsrichter, bei dem ich als Referendar thätig war, erzählte: es sei ihm einmal in seiner Praxis der Fall vorgekommen, daß die ganze Cuncursmasse schließlich nur aus einem Schemel bestand. — Endlich hat der Herr Referent vorgeschlagen, die Einführung öffentlicher Bücher zur Eintragung jener Rechtsgeschäfte in Erwägung zu ziehen. Eine solche Einrichtung wäre meiner Meinung nach sehr precär. Ich meine, daß sie gar nichts helfen würde den fraudulosen Geschäften gegenüber, weil nur eine Ergänzungsform nothwendig würde und die Leute, die solche Geschäfte machen, auch sehr leicht diese Eintragung besorgen lassen und auch diese Form noch erfüllen würden. Aber zweitens würden diese Bücher, glaube ich, noch mehr schaden. Sie würden diese Geschäfte mit dem Scheine der Reellität und der Realität umgeben, sie würden den Glauben im Publicum erwecken, daß diese Geschäfte durch die Eintragung besonders sanctionirt wären. Sie würden die Hypotheken an Mobilien, die allerdings von Seiten des Herrn Referenten und namentlich von Herrn Prof. Leonhard sehr wohlwollend betrachtet werden, auf einem Umwege wieder einführen. Es würde gewissermaßen ein Grundbuch für Mobilien eingerichtet und es würde das, was beseitigt werden soll, erst recht eingeführt werden. Ich bin der Meinung, daß der Juristentag sich dahin aussprechen muß, daß ein Bedürfniß vorhanden sei für einen Anfechtungsparagraphen und ich habe mir erlaubt, da Herr Prof. Behrend nicht anwesend zu sein scheint, um seine eigene These zu vertreten, selbst einen Antrag zu stellen und wie folgt zu formuliren:

> „Es unterliegt der Anfechtung die Veräußerung beweglicher Güter, sofern dieselben sich zur Zeit des Antrages auf Eröffnung des Concurses oder außerhalb des Concurses zur Zeit der Erhebung der Anfechtungsklage noch in Gewahrsam des Gemeinschuldners, beziehungsweise des zahlungsunfähigen Schuldners befinden und nicht Umstände nachgewiesen werden, welche die Vermuthung ausschließen, daß bei der Veräußerung eine Benachtheiligung der Gläubiger beabsichtigt ist."

Professor Dr. **Brunner** (Berlin): Ich werde, m. H., Ihre Geduld nicht länger in Anspruch nehmen, als nöthig ist, um einige gegen meine Aeußerungen vorgebrachte Bemerkungen zurückzuweisen. Es ist vonseiten des Herrn Dr. Reuling bemerkt worden, durch meinen Vorschlag werde nur erreicht, daß, wie man sich ausdrückt, „maculöse" Geschäfte legalisirt werden. Er hat diesen meinen Vorschlag verglichen mit dem Vorschlage, den Diebstahl zu beseitigen durch Aufhebung des Eigenthums. Ich finde,

m. H., diese Bemerkung durchaus nicht schroff, ich finde sie aber auch nicht scharf, da der Diebstahl durch Aufhebung des Eigenthums nicht beseitigt werden würde. Andererseits möchte ich aber doch ja zu bedenken geben, daß ich weiter nichts vorschlage, als eine Form für das abstracte constitutum. Woher der Herr Opponent weiß, daß gerade maculöse Geschäfte diese Form benutzen werden, ist mir unklar. Es kann ja ebensogut, wenn eine causa verlangt wird, eine solche nur zum Schein begründet werden. Nicht um Dritte zu übervortheilen wird man zum abstracten constitutum greifen, sondern weil der Veräußerer die Sache, die er übereignen will, momentan nicht zu übergeben in der Lage wäre. Für solche Fälle handelt es sich die Möglichkeit der Uebereignung zu schaffen. Was dann den Einwurf des Herrn Collegen Leonhard betrifft, man dürfe den Ausdruck abstractes constitutum nicht in's Gesetz aufnehmen, so fällt mir gar nicht ein, das deutsche Civilgesetzbuch mit diesem Ausdrucke bereichern zu wollen. Ich möchte Ihnen vielmehr vorschlagen: eventuell unter 1. folgenden Satz hinzuzufügen:

> . . . Das constitutum possessorium nur unter der Voraussetzung als Uebergabe wirken zu lassen, daß neben der Veräußerung ein besonderes Rechtsverhältniß begründet ist, welches den Veräußerer zur Wiederübernahme der Gewahrsam an der veräußerten Sache berechtigt oder verpflichtet, oder daß der Uebereignungswille durch gerichtlich oder notariell beurkundeten Vertrag zum Ausdruck gekommen sei.

Professor Dr. **Leonhard**: Ich muß noch ein Mal um das Wort bitten, weil vorhin etwas gegen mich erwähnt worden ist. Ich erkenne an, daß der Ausdruck „abstractes constitutum" auch nach den Worten des Herrn Professor Brunner gar nicht in das Gesetz aufgenommen werden sollte, aber es handelt sich hier doch immerhin um den praktischen Vorschlag an den Gesetzgeber, daß er ein solches Geschäft anerkennen solle, und auch schon hierzu erscheint mir seine Bezeichnung zu abstract. Ich bin in den wesentlichsten Puncten kein Gegner der Ansicht des Herrn Professor Brunner, ich möchte sie nur aus demselben Grunde nicht empfehlen, aus welchem ich meine eigene Ansicht über die Zulassung der Conventionalhypothek nicht empfehlen mag: ich glaube, daß die Wissenschaft hier noch nicht genug vorgearbeitet hat und daß also der Boden zur Aufnahme einer derartigen Festsetzung noch nicht reif ist.

Was m. H., aber den neuen Vorschlag betrifft, welcher von Seiten des Herrn Rechtsanwalt Boyens gemacht ist, so kenne ich die Praxis in Holstein zu wenig, um zu wissen, wieweit das dortige Gesetz sich bewährt hat. Andererseits läßt sich nicht leugnen, daß durch dieses Gesetz auch die Nachtheile einer Einschränkung des constitutum zum Theil würden herbeigeführt werden können. Ueberhaupt dürfte Alles davon abhängen, ob dem Juristentage die Nachtheile, welche das constitutum possessorium in der Praxis unzweifelhaft hat und die vorhin von Seiten der Herren Professoren Brunner, Dr. Reuling und Rechtsanwalt Boyens hervorgehoben worden sind, erheblich genug scheinen, um andererseits dem Verkehr den Verlust der vielen Vortheile zuzumuthen, welche das Institut mit sich bringt. Ich möchte nur hervorheben, m. H., die Scheingeschäfte, welche vor die Gerichte kommen, sind nicht die Majorität der constituta possessoria, welche abgeschlossen werden; vor Gericht kommen nur die Krankheitserscheinungen des täglichen Lebens, im gewöhnlichen soliden Geschäftsverkehr kommt es der Regel nach nicht zum Prozesse; nur dann, wenn etwas nicht in Ordnung ist, ist dies der Fall und darum würde ich es für sehr schädlich halten, wenn man nach Maßgabe dieser Krankheitserscheinungen die gesunden Functionen des Verkehres behandeln wollte.

Rechtsanwalt **Boyens**: Ich wollte mir nur zu bemerken erlauben, daß ich dem Antrag noch hinzugefügt habe:

> „Die Anfechtung außerhalb des Concurses steht jedoch nur denjenigen Gläubigern zu, deren Forderungen vor der Veräußerung entstanden sind."

Professor Dr. **Franken**: Ich möchte mir nur die thatsächliche Berichtigung gestatten, daß der hier vorgeschlagene Gedanke, der angeblich aus Holstein kommt, nicht etwa unberücksichtigt geblieben ist. Er gilt anderswo auch und findet sich gleichfalls in dem zu meinem Gutachten als Anhang gegebenen Material. In Luzern z. B. heißt es, daß durch constitutum das Eigenthum übergehe, daneben aber — so folgt wörtlich — „haben die Gläubiger des Uebergebers das Recht, wenn derselbe an den Concurs (Geldstag) geräth, die von ihm auf diese Weise übergebenen aber nicht förmlich ausgelieferten Sachen zur Masse zu ziehen". Das läuft im Wesentlichen auf dasselbe hinaus. Ebenso ist es nach dem Entwurf für das Schweizerische Obligationenrecht, indem es da wörtlich so heißt: „Bleibt die veräußerte Sache im Gewahrsam des Veräußerers zurück, so geht das Eigenthum nur insofern über, als nicht eine Benachtheiligung der Gläubiger beabsichtigt wurde?"

Referent Reichsgerichtsrath Dr. **Wiener** (zum Schluß): Nur wenige Worte zu den Anträgen der Herren Professoren Leonhard und Brunner.

Ich erkläre, daß ich für den anderen besitzen will, aber ich will eigentlich nicht. Dies ist der einfachste Fall, der der Simulation.

Zweiter Fall: Ich will in Wahrheit, aber ich will nur, weil ich will, weil ich, statt körperlich zu übergeben, durch den Willen übergeben will.

Ich bestreite, daß das an sich keine Realität hat. Meine Zurückziehung eignen Willens aus der Sache und des Hereinlassens eines anderen kann wohl eine gewisse Realität haben. Ich sehe als Pferdehändler das zur Verwahrung erhaltene Pferd anders an als das eigene, das eine schone ich, das andere gebrauche ich; die eigene Sache lege ich in leichteren, die aufbewahrte in festeren Verschluß. Aber der Fall hat deshalb keine praktische Realität, weil das Wollen, weil ich will, für Dritte und Richter in praxi nicht zu unterscheiden ist von dem Fall, daß ich blos die rechtliche Wirkung der Besitzübetragung will, aber in Wahrheit doch nicht diese Besitzveränderung selbst, sondern den Besitz behalten will. Hierauf beruht das Erforderniß der justa causa, und da meine ich, der Begriff der justa causa schließt das aus, was Herr Professor Brunner befürchtet. Herr Professor Brunner kommt zu dem abstracten, aber formalisirten constitutum, weil er sagt: das abstracte constitutum ist nicht zu verhindern, es kann ja, um den Erfordernissen eines individualisirten constituti zu genügen, dem Veräußerer auf eine Stunde ususfructus bestellt werden. Das bestreite ich. Der wirkliche Kern der justa causa beruht meines Erachtens in der zugelassenen, nunmehr freien Prüfung, ob in Wahrheit nach den ökonomischen Verhältnissen der Contrahenten aus ihren Bethätigungen die behauptete Eingehung des neben der Veräußerung aufgestellten Rechtsgeschäfts begründet erscheint oder ob die Aufstellung nur erfolgt ist, um die Tradition zu umgehen. Letzteren Falls ist die justa causa nicht da. Ich habe ja kein besonderes Herz für die These 1, aber wenn der frühere Beschluß bestehen bleibt, so ist das Erforderniß dieses sogenannten individualisirten constituti die unvermeidliche Consequenz.

Das abstracte constitutum enthält aber auch der Antrag des Herrn Professor Leonhard, wenn er meint, es sei ausreichend, daß der Veräußerer die Verpflichtung übernehme, zu detiniren. Ja, diese Verpflichtung übernehme ich immer, wenn ich überhaupt Eigenthum der von mir besessenen Sache übertragen will, ohne zu übergeben. Es kommt aber nicht auf die Verpflichtung an zu detiniren, die daraus entspringt, daß ich noch nicht übergeben habe, also ex emto, sondern auf die Verpflichtung, die daraus entspringt, daß ich ein, als übergeben gesetztes Eigenthum in depositum, commodatum, ususfructum u. s. w. zurücküberkommen habe.

Ich lege keinen Werth darauf, ob Sie sagen „als Uebergabe wirken zu lassen" oder „als Uebergabe anzusehen", nur möchte ich glauben, daß, wenn vom juristischen Gesichtspunkt aus nicht zu bestreiten ist, daß man durch den bloßen Willen einen Anderen zum Besitzer machen kann, daß es sich aber hier rechtspolitisch darum handelt, ob diese Besitzerzeugung der Tradition vom Standpunkt unserer Polemik gleichzustellen ist, das

Wort „wirken zu lassen" treffender als der Ausdruck „anzusehen" ist. Ich lege aber darauf keinen Werth.

Was nun den Antrag des Herrn Rechtsanwalt Boyens anlangt, so möchte ich befürworten, daß man sich bei den die Materie betreffenden legislatorischen Festsetzungen nicht zu ausschließlich von dem Eindrucke leiten lasse, den die mit Hülfe des constituti vielfach betriebenen Exekutionsvereitelungspraktiken zu erzeugen geeignet sind. Gewiß haben vielfach Gesetzgebungen dies gethan. Das betreffende Material ist ja durch Herrn Professor Franken in seinem Gutachten vollständig mitgetheilt. Ich habe mir erlaubt, die einschlagenden Bestimmungen von Bern, Luzern, aus Bremen zu erwähnen. Wenn es auf eine absolute Vollständigkeit ankommt, so kann ich bemerken, daß mir durch die Güte eines meiner Herrn Collegen noch eine ganz ähnliche Verordnung für Oldenburg vom April 1876 suppeditirt worden ist, welche dem constitutum jede Wirkung Dritten gegenüber versagt. Vielleicht ist es aber nicht ganz ohne Wichtigkeit, daß diese Perhorrescirung jeden Constituts nur in verhältnißmäßig kleinen Territorien Sanction gewonnen hat, in welchen beim Mangel großen Verkehrs gerade nur die Mißbildungen, welche durch das Constitut begünstigt werden, in den Vordergrund getreten sind. Sie haben jetzt die freie richterliche Prüfung, ob nicht das Veräußerungsgeschäft simulirt ist. Sie haben ferner bei Beschränkung des constituti auf vorhandene justa causa die gleiche freie Prüfung, ob nicht die causa, vermöge deren die Tradition gespart sein soll, bloß vorgegeben ist. Sie haben endlich die gleiche freie spezielle Prüfung, ob nicht, selbst bei legitimster Absicht, doch bloß ein in die Kaufsform eingekleidetes unwirksames Pfandgeschäft vorliegt. Das sind doch rechtliche Handhaben genug, um verdächtige constituta zu Falle zu bringen. Und was erreichen Sie mit Präsumtionen? Ich will kein Gewicht darauf legen, daß Schein und Fraudulosität eigentlich zwei ganz verschiedene Dinge sind. Eine Präsumtion des Scheins wird die Simulanten nur besonders anreizen, noch besondere Scheinhandlungen zur Erzeugung des Eindrucks der Ernsthaftigkeit, wie Beurkundung der Geldhingabe, vorzunehmen. Dies ist Alles schon dagewesen. Herr Professor Franken hat die Thätigkeit der freien richterlichen Würdigung auf dem fraglichen Gebiet präcis bezeichnet. Sie soll die factischen Verhältnisse prüfen und eventuell aussprechen: „auf deine Erklärung gebe ich nichts, die Thatsachen sprechen dagegen."

Herr Dr. Boyens erkennt selbst an, daß auch sehr legitimer Verkehr durch constitutum, bez. Uebergabe mit Rückübertragung vermittelt wird und solcher Vermittelung nicht entbehren kann. Dieser Verkehr muß sich, wenn allgemein die vorgeschlagene Präsumtion gelten soll, derselben durch den Gegenbeweis erwehren, das ist nicht so harmlos, wie es erscheinen mag. Vermag der Richter nicht sich ein klares Bild von der Sache zu machen, so stützt er sich auf den Behelf: „Du hast zu beweisen und hast mir nicht bewiesen." In Frankreich, wo das reine Vertragssystem gilt, besteht der Behelf gegen Mißbrauch lediglich in dem Grundsatz des Artikels 1167 des Code, der sagt: was in fraudem der Gläubiger geschehen ist, gilt nicht, und es ist mir nicht bekannt geworden, daß man irgendwie dort erklärt hätte, es wäre damit nicht auszukommen.

Was die Zukunft anbelangt, so habe ich viel eher die Befürchtung, daß der deutsche Richter von dem Rechte der freien Würdigung einen zu schrankenlosen, zu souveränen, als einen zu geringen, timiden Gebrauch machen werde.

Präsident: M. H., wir kommen zur Abstimmung. Es kann sich bei der Abstimmuug nur fragen, wie sich der Antrag des Herrn Professor Leonhard verhält zu dem durch den Zusatz des Herrn Professor Brunner erweiterten ersten Antrag des Herrn Referenten. Meine Meinung ist die, daß am weitesten geht der Antrag, wie er erweitert ist von Herrn Professor Brunner ad Nr. 1. Denn dieser stellt es mit zu unserer Beurtheilung, ob durch sogenannten abstracten Vertrag ein wirksames constitutum possessorium soll zu Stande kommen können. Demnächst würde zur Abstimmung kommen als eine Erweiterung des Antrags des Herrn Referenten ad 1 der Antrag des Herrn Professor Leonhard, weil er nach der Erläuterung, die gegeben ist, weiter geht, als der Antrag des Referenten. An dritter Stelle würde ad 1 der Antrag des Referenten zur Abstimmung gelangen.

Dann liegt vor der Antrag 2 des Herrn Referenten, zu welchem weiter keine Anträge eingegangen sind, und der Antrag 3, zu dem als Unterantrag oder vielmehr, da beide Anträge neben einander stehen, als Zusatzantrag zu Nr. 3 angesehen werden muß der Antrag des Herrn Rechtsanwalts Boyens. Endlich würde 'abzustimmen sein über den Antrag Nr. 4.

Ich eröffne die Discussion, ob diese Reihenfolge in der Abstimmung als richtig angesehen wird.

Rechtsanwalt **Boyens:** Ich glaube nicht, daß mein Antrag als Zusatzantrag angesehen werden kann, mein Antrag sagt ja das Gegentheil von dem des Herrn Referenten.

Präsident: Nicht als Unterantrag, sondern als Nebenantrag.

Ich werde soeben darauf aufmerksam gemacht, Herr Reichsgerichtsrath Wiener, daß Sie im Referate gesagt haben: es empfehle sich in Nr. 3 die Worte zu setzen: „es wird zur Erwägung gegeben".

Reichsgerichtsrath Dr. **Wiener**: Es wird sich zweckmäßig erweisen, über beide Theile des Antrags 3 getrennt abzustimmen.

Präsident: Nun, m. H., wird zuerst der Antrag 1 zur Abstimmung kommen, wie er erweitert ist durch den Zusatzantrag des Herrn Professor Brunner. Er lautet darnach so:

> Es erscheint als gebotene Consequenz einer Aufrechthaltung des Erfordernisses der Uebergabe für den Eigenthumsübergang bei Mobiliarveräußerungen, das constitutum possessorium nur unter der Voraussetzung als Uebergabe wirken zu lassen, daß neben der Veräußerung ein besonderes Rechtsverhältniß begründet ist, welches den Veräußerer zur Wiederübernahme der Gewahrsam an der veräußerten Sache berechtigt oder verpflichtet oder daß der Uebereignungswille durch notariell oder gerichtlich beurkundeten Vertrag zum Ausdruck gekommen sei.

Diejenigen Herren, welche den Antrag in dieser Weite annehmen wollen, bitte ich sich zu erheben.

(Geschieht.)

Das ist die Minorität.

Nun kommen wir zur Abstimmung über den Antrag des Herrn Professor Leonhard, welcher lautet:

> Es erscheint als gebotene Consequenz einer Aufrechthaltung des Erfordernisses der Uebergabe für den Eigenthumsübergang bei Mobiliarveräußerungen, das sog. constitutum possessorium nur unter der Voraussetzung als Uebergabe anzusehn, daß neben der Veräußerung der Veräußerer sich verpflichtet, die veräußerte Sache im Namen des Erwerbers in seiner Gewahrsam zu behalten.

Diejenigen Herren, welche diesen Antrag annehmen wollen, bitte ich, sich zu erheben.

(Geschieht.)

Das ist die Minorität.

Nun kommen wir zur Abstimmung über den Antrag 1 des Herrn Referenten. Derselbe lautet:

> Es erscheint als gebotene Consequenz einer Aufrechthaltung des Erfordernisses der Uebergabe für den Eigenthumsübergang bei Mobiliarveräußerungen, das constitutum possessorium nur unter der Voraussetzung als Uebergabe wirken zu lassen, daß neben der Veräußerung ein besonderes Rechtsverhältniß begründet ist, welches den Veräußerer zur Wiederübernahme der Gewahrsam an der veräußerten Sache berechtigt oder verpflichtet.

Diejenigen Herren, welche diesen Antrag des Referenten annehmen wollen, bitte ich sich zu erheben.

(Geschieht.)

Das ist die Majorität; es ist also der Antrag 1 angenommen.

Der 2. Antrag des Herrn Referenten lautet:

> Der Besitz durch constitutum darf nicht zum Nachtheil früherer dinglich Berechtigter auf diejenigen Vortheile Anspruch machen, welche das einzuführende Vindicationssystem gutgläubigem Besitz zum Nachtheil eines vorher erworbenen dinglichen Rechtes zuerkennen sollte.

Diejenigen Herren, welche diesen Antrag annehmen wollen, bitte ich sich zu erheben.

(Geschieht.)

Das ist die Majorität.

Nun bringe ich zur Abstimmung nur den 1. Satz der Nr. 3 des Herrn Referenten, sowie er es selber beantragt hat:

> Gegenüber den Concurs- und Pfändungsgläubigern des Veräußerers ist dem Erwerb durch constitutum das Vindicationsrecht nicht grundsätzlich zu versagen, noch derselbe mit einer rechtlichen Präsumtion des Scheins oder Betruges zu behaften.

Diejenigen Herren, welche diesen Satz annehmen wollen, bitte ich, sich zu erheben.

(Geschieht.)

Das ist die Majorität.

Dazu beantragt der Herr Referent folgenden Zusatz:

> Es wird zur Erwägung anheimgegeben, behufs Eintragung von Veräußerungen zu wirthschaftlichem und gewerblichem Gebrauche bestimmter Mobiliencomplexe, die nicht von wirklichem und dauerndem Besitzwechsel begleitet sein sollen, die Anlegung eines öffentlichen Buches mit der Wirkung, daß dann nur die eingetragenen Geschäfte spätern Gläubigern gegenüber Vindicationsrecht geben.

Ich bitte die Herren, welche diesen Zusatz annehmen wollen, sich zu erheben.

(Geschieht.)

Das ist die Minorität.

Bei der ferneren Abstimmung wird der Antrag des Rechtsanwalts Boyens aus Stettin, lautend:

> „Es unterliegt der Anfechtung die Veräußerung beweglicher Güter, sofern dieselben zur Zeit des Antrags auf Eröffnung des Concurses oder außerhalb des Concurses zur Zeit der Erhebung der An-

fechtungsklage noch im Gewahrsam des Gemeinschuldners, beziehungsweise des zahlungsunfähigen Schuldners sich befinden und nicht Umstände nachgewiesen werden, welche die Vermuthung ausschließen, daß bei der Veräußerung von den Contrahenten eine Benachtheiligung beabsichtigt ist. Die Anfechtung außerhalb des Concurses steht jedoch nur den Gläubigern zu, deren Forderungen vor der Veräußerung entstanden sind,"

abgelehnt.

Der Antrag Nr. 4, lautend:

Zur Begründung eines Pfandrechts an Mobilien ist das restitutum nicht ausreichend,

wird angenommen.

Hiernach sind angenommen die Sätze:

1. Es erscheint als gebotene Consequenz einer Aufrechthaltung des Erfordernisses der Uebergabe für den Eigenthumsübergang bei Mobiliarveräußerungen, das constitutum possessorium nur unter der Voraussetzung als Uebergabe wirken zu lassen, daß neben der Veräußerung ein besonderes Rechtsverhältniß begründet ist, welches den Veräußerer zur Wiederübernahme der Gewahrsam an der veräußerten Sache berechtigt oder verpflichtet.
2. Der Besitz durch constitutum darf nicht zum Nachtheil früherer dinglich Berechtigter auf diejenigen Vortheile Anspruch machen, welche das einzuführende Vindicationssystem gutgläubigem Besitz zum Nachtheil eines vorher erworbenen dinglichen Rechtes zuerkennen sollte.
3. Gegenüber den Concurs- und Pfändungsgläubigern des Veräußerers ist dem Erwerb durch constitutum das Vindicationsrecht nicht grundsätzlich zu versagen, noch derselbe mit einer rechtlichen Präsumtion des Scheins oder Betruges zu behaften.
4. Zur Begründung eines Pfandrechts an Mobilien ist das constitutum nicht ausreichend.

Es wird ferner beschlossen, die von der Abtheilung in dieser Frage gefaßten Beschlüsse dem Plenum zur Kenntnißnahme mitzutheilen und Reichsgerichtsrath Wiener als Referent gebeten, im Plenum über diesen Gegenstand Bericht zu erstatten.

Der Präsident schließt hierauf die Sitzung um 2 Uhr 50 M. Nachmittags.

Erste Sitzung der zweiten Abtheilung im Saale der ersten Bürgerschule am Donnerstag, 9. September 1880.

Justizrath **Makower** (Berlin) eröffnet um 11 Uhr 15 Minuten die Sitzung mit folgenden Worten:

M. H., im Auftrag der Deputation erlaube ich mir, Ihnen den Herrn Präsidenten Becker (Oldenburg) als Präsidenten der Versammlung vorzuschlagen und ich würde Ihr Einverständniß annehmen, falls kein Widerspruch erhoben wird.

Widerspruch erfolgt nicht, ich bitte den Herrn Präsidenten Becker, die Leitung gütigst zu übernehmen.

Landgerichtspräsident **Becker** (Oldenburg): Ich übernehme hiermit den Vorsitz und bemerke, indem ich die Verhandlungen eröffne, zunächst, daß die Stellvertretung übernehmen wird Herr Justizrath Anschütz (Leipzig) und die Schriftführung die Herren Rechtsanwalt Dr. Langbein (Leipzig) und Justizrath Bärwinkel (Arnstadt).

Im Interesse der Beschleunigung des geschäftlichen Theils würde ich es für wünschenswerth halten, wenn bezüglich der Wahl von 10 Vertrauensmännern bestimmte Vorschläge von Ihnen bis zur nächsten Pause dem Vorstand mitgetheilt würden, der dann sofort die Liste aufstellen und sie der wiederbeginnenden Sitzung zur Genehmigung, beziehungsweise Abänderung, vorlegen wird.

Herr Justizrath Makower hat das Wort.

Justizrath **Makower** (Berlin): M. H., ich glaube wir kommen noch schneller zum Ziel, wenn wir sofort 10 Herren nennen. Ich meinerseits würde vorschlagen:

Herrn Präsident Becker (Oldenburg),
Herrn Rechtsanwalt Gotthelf (München),
Herrn Landgerichtspräsident Bardeleben (Berlin),
Herrn Justizrath Anschütz (Leipzig).

Aus der Mitte der Versammlung erfolgen noch folgende Vorschläge:
Justizrath Makower (Berlin),
Justizrath Oehme (Leipzig),
Justizrath Joel (Bromberg),
Rechtsanwalt Hänel (Dresden),
Amtsrichter Mosse (Berlin).

Präsident: Wenn sich kein Widerspruch erhebt, nehme ich an, daß die Versammlung die Wahl der genannten 10 Herren zu unseren Vertrauensmännern ausspricht. Dies ist der Fall.

Als Themata haben wir die in der Tagesordnung unter Nummer 4—6 stehenden Fragen zu erledigen.

Da der Herr Hauptreferent über Frage 4 noch nicht anwesend ist, schlage ich vor, mit Nr. 5 zu beginnen.

Da kein Widerspruch erfolgt, bitte ich den Herrn Referenten Justizrath Makower um Erstattung seines Vortrags.

Referent Justizrath **Makower** (Berlin): M. H., Herr Dr. Heinsen hat ein Gutachten über die Frage erstattet:

> Rechtfertigt sich eine allgemeine Vorschrift des Inhalts: daß wer ein Handelsgeschäft übernimmt oder in ein solches als offener Theilhaber eintritt, falls die Firma unverändert bleibt, ohne Weiteres Activa und Passiva übernimmt?

Der Verfasser bemerkt zur näheren Bestimmung und Beschränkung der Frage, daß es sich nicht um das Verhältniß der Contrahenten zu einander, sondern um dasjenige Dritten gegenüber handle, namentlich um den Uebergang der Forderungen und Schulden auf den Uebernehmer des Geschäfts oder auf denjenigen, welcher als Theilhaber in das Geschäft eines Einzelkaufmanns eintritt, und daß die Frage, ob „ohne Weiteres“ die Activa und Passiva übergehen sollen, die besonderen Umstände ausschließt, aus welchen schon nach dem geltenden Recht jener Uebergang sich ergiebt. Andererseits erweitert der Verfasser die Frage dahin: ob schon die Uebernahme eines Handelsgeschäfts oder der Eintritt in ein solches als offener Theilhaber jenen Uebergang bewirken soll oder nur dann, wenn die Firma unverändert bleibt.

Das Bedürfniß einer gesetzlichen Regelung erkennt der Verfasser an, weil die Art. 113, 114 des Handelsgesetzbuches nur den Fall regeln, wenn in eine bestehende Societät ein neuer Theilnehmer eintritt, nicht aber die Fälle, wenn Jemand das Geschäft eines Einzelkaufmanns oder einer Societät allein übernimmt oder in das Geschäft eines Einzelkaufmanns eintritt, so daß eine Gesellschaft erst entsteht, und weil die Doctrin wie die Judicatur darüber auseinandergingen, ob und inwieweit in den gedachten

3 Fällen ein Uebergang der Rechte und Verbindlichkeiten auf den Erwerber oder neuen Theilhaber des Geschäfts stattfinde. Das Reichsoberhandelsgericht habe für diese Fälle angenommen, daß ein Uebergang der Activa und Passiva nicht ohne Weiteres stattfinde, daß namentlich die Haftung für die Passiva nur durch einen besonderen obligatorischen Dispositivact des Uebernehmers oder Hinzutretenden in öffentlichen Anzeigen, Circulären und dgl. entstehe, wenn nicht der Veräußerer sich die Uebernahme der Passiva von dem Erwerber auch für die Gläubiger versprechen lasse, in welchem Falle diese den zu ihren Gunsten geschlossenen Vertrag acceptiren könnten.

Der Verkehr sei daher in diesen täglich vorkommenden Fällen auf mehr oder minder unzuverlässige Nachforschungen verwiesen, und entbehre der Rechtssicherheit, welche eines seiner ersten Erfordernisse sei.

Es müsse dieselbe durch Annahme des Satzes geschaffen werden, daß auch in den gedachten 3 Fällen der Uebergang der Activa und Passiva auf den Erwerber bezw. neuen Theilhaber nothwendig Dritten gegenüber stattfinde, namentlich wenn die Firma unverändert beibehalten werde.

Dies entspreche der regelmäßigen Absicht der Contrahenten, welche die Geschäftsfortsetzung beabsichtigten, ihrem geschäftlichen Interesse, sowie den Motiven, welche zur Annahme des Art. 113 des Handelsgesetzbuches geltend gemacht worden, ferner dem Interesse der alten Gläubiger und Schuldner des Geschäfts, namentlich wenn es sich nicht um bloße Geldzahlungen, sondern um schwebende Verbindlichkeiten handle, endlich dem Interesse aller derer, welche in Dienstmieths-Verträgen zu dem Geschäfte ständen.

In hervorragendem Maße gelte alles dies, wenn die frühere Firma beibehalten werde, denn anderenfalls seien alle diejenigen, welche den Verkehr mit der Firma fortsetzten, auf das Höchste gefährdet, und zwar ohne alles Verschulden; die Kenntniß aller Bekanntmachungen aus den Handelsregistern sei doch nur eine Fiction, und nütze auch dann nicht, wenn es sich um undatirte Schulden z. B. Accepte handele. Nöthige man aber zur jedesmaligen Erforschung des Firmeninhabers, so hebe man dadurch im Grunde das Institut der Firma wieder auf. Lasse das Gesetz ausnahmsweise unwahre Firmen zu, so müsse es Dritte auch gegen Täuschungen durch den erwähnten Rechtssatz schützen. Derselbe werde die Handhabung des Firmenregisters, namentlich die Prüfung ob mit der Firma auch das Handelsgeschäft übergegangen sei, erleichtern, und der Eintragung nicht blos für die Zukunft sondern auch für die Vergangenheit eine Bedeutung beilegen, endlich eine sachgemäße Fortbildung des Rechts in der durch Art. 113 eingeschlagenen Richtung auf der Grundlage der Selbstständigkeit des Handelsgeschäfts enthalten, wie dies durch das Markenschutzgesetz bereits geschehen sei.

Ob etwa hinsichtlich der Erben und Minderjährigen schützende Bestimmungen zu treffen sind, läßt Herr Dr. Heinsen dahingestellt.

Er gelangt zu dem Resultate, daß vorbehaltlich des unschädlichen Rechts des Geschäfts-Veräußerers gewisse ausstehende Forderungen von dem Uebergange auszuschließen, wenn er dies den Geschäftsschuldnern ausdrücklich bekannt mache, und unter der Voraussetzung, daß der Uebergang der Geschäftspassiva auf den Uebernehmer keine novirende Wirkung gegenüber dem ursprünglichen Rechtsverhältnisse habe, sondern der Uebernehmer nur neben den Veräußerer als Haftpflichtiger trete, ein Gesetz des Inhalts sich empfehle:

> Wer ein Handelsgeschäft übernimmt oder in ein solches als offener Theilhaber eintritt, übernimmt ohne Weiteres die Forderungen des Geschäfts an diejenigen Schuldner, denen das Gegentheil nicht bekannt gemacht ist, und haftet für alle vor seinem Eintritt oder der Uebernahme des Geschäfts bezüglich desselben begründeten Verbindlichkeiten. — Ein entgegenstehender Vertrag ist gegen Dritte ohne rechtliche Wirkung.

Der Herr Gutachter bemerkt, daß da die Firma nur ein Name sei, ein juristischer Unterschied zwischen einer Geschäftsübertragung mit oder ohne Firma nicht vorhanden sei, und es deshalb rationeller wäre, wie im Art. 113, nicht zu unterscheiden, ob die Firma beibehalten oder verändert werde. Eventuell empfiehlt er den erwähnten Rechtssatz mindestens für den Fall, daß die Firma unverändert bleibt, anzunehmen.

In den meisten von dem Herrn Gutachter bezeichneten Richtungen kann ich mich mit ihm einverstanden erklären, namentlich ist mir das Vorhandensein eines dringenden Bedürfnisses, welchem jedoch erst bei der Revision des ganzen Handelsgesetzbuches abzuhelfen sein wird, zweifellos. Indeß differire ich in einem wesentlichen Punkte. Mir scheint der Rechtssatz, welchen er für die 3 mehrbezeichneten Fälle empfiehlt, nicht schon dann wünschenswerth, wenn das Geschäft übernommen, sondern nur dann, wenn es mit der Firma übernommen wird, wie der event. Antrag lautet.

Die Firma ist mehr als ein bloßer Name des Geschäfts. Das Letztere kann in allen seinen einzelnen Theilen oder als Ganzes übernommen werden. Wer die Firma mit übernimmt und fortführt, giebt zu erkennen, daß er das Letztere wolle, während derjenige, welcher die Firma wechselt, obschon er einzelne oder alle Theile des Geschäfts übernommen hat, grade zu erkennen giebt, daß er das Geschäft nicht als Ganzes übernehmen und fortsetzen, sondern ein neues Geschäftsindividuum bilden will. Der Uebergang der Rechte und Pflichten kraft allgemeinen Rechtssatzes auf den Erwerber rechtfertigt sich jedenfalls im ersteren Falle und erledigt wohl auch das Bedürfniß in der großen Masse der Fälle. Allerdings wird der Firma dadurch eine höhere Bedeutung gegeben, als sie nach dem Handelsgesetzbuch hat, aber doch nur eine solche, welche sie nach der gewöhnlichen Meinung der Kaufmannswelt hat, daß sie nämlich das Geschäft individualisire.

Beschränkt man den Satz wie angegeben, daß die Beibehaltung der Firma entscheidet, so kann man nicht wie im Art. 113 den Wechsel derselben für irrelevant erklären; ich würde deshalb auch für den Fall des Eintritts in eine bestehende Societät den Rechtssatz nur insoweit eintreten lassen, als die Firma unverändert bleibt und den Zusatz im Art. 113: „es mag die Firma eine Aenderung erleiden oder nicht", streichen.

Mit einer solchen Ordnung der Materie wird in der Uebernahme der Firma für den Verkehr ein bequemes Erkennungszeichen zur Entscheidung der Frage geschaffen, ob die Rechte und Pflichten auf den Uebernehmer oder neuen Theilhaber übergehen, während nach dem Vorschlage des Dr. Heinsen die Uebernahme des Geschäfts entscheiden soll; es ist aber, wie er selbst auseinandersetzt, wenn größere oder geringere Theile des Geschäfts von der Uebertragung ausgeschlossen werden, oft zweifelhaft ob man noch annehmen kann, das Geschäft sei übertragen und namentlich ist der Dritte schwer in der Lage dies zu beurtheilen. Meines Dafürhaltens würde es sich daher nur empfehlen, den event. Antrag des Dr. Heinsen anzunehmen, welcher eine Vorschrift folgenden Inhalts befürwortet:

> „Wer ein Handelsgeschäft übernimmt oder in ein solches als offener Theilhaber eintritt, übernimmt, falls die Firma unverändert bleibt, ohne Weiteres die Forderungen des Geschäfts an diejenigen Schuldner, denen das Gegentheil nicht bekannt gemacht ist, und haftet für alle vor seinem Eintritt oder der Uebernahme des Geschäfts bezüglich desselben begründeten Verbindlichkeiten. — Ein entgegenstehender Vertrag ist gegen Dritte ohne rechtliche Wirkung."

Präsident: Der Antrag des Herrn Referenten liegt der Versammlung gedruckt vor. Herr Dr. Heinsen hat zunächst das Wort.

Rechtsanwalt Dr. **Heinsen** (Hamburg): Der Herr Referent, meine geehrten Herren, hat sich mit dem von mir in dem Gutachten gestellten Antrage in seiner eventuellen Gestalt einverstanden erklärt. Er hat ein Bedürfniß der Regelung der Frage und zwar in dem vorgeschlagenen Sinne anerkannt für den Fall, daß das Geschäft eines Einzelkaufmanns mit der Firma erworben werde, und auch für die anderen Fälle, die noch nicht durch das Handelsgesetzbuch regulirt sind, vorausgesetzt, daß die Firma beibehalten werde. Ich werde also zur Rechtfertigung meines Standpunkts bezüglich dieses Punkts nichts weiter hinzuzufügen haben, sondern mich darauf beschränken, meinen principalen Antrag zu vertheidigen. Der Herr Referent weicht darin von mir ab, daß er den Uebergang der Forderungen und Schulden auf den neuen Geschäftserwerber und resp. den neuen Theilhaber des Einzelkaufmanns nicht zugestehen will für den Fall, daß nicht zugleich die Firma mit übergeht. Er hat nun zunächst dafür angeführt, die Firma sei nicht bloß der Name des Geschäfts, und wer die Firma wechsele, gebe dadurch zu erkennen, daß er eigentlich nicht das frühere Geschäft fortsetzen, sondern ein neues Subject von Rechten und Pflichten bilden wolle. Meine Herren, das steht theils im Widerspruch mit den Bestimmungen des Handelsgesetzbuchs, theils enthält dies eine petitio principii. Das Handelsgesetzbuch erklärt nicht nur nicht, daß die Firma mehr sein solle, als der Name des Geschäfts, sondern das Handelsgesetzbuch sagt, sie soll gar nicht der Name des Geschäfts sein, nach dem Handelsgesetzbuch ist die Firma viel mehr der Name des Kaufmanns, unter welchem er sein Handelsgeschäft betreibt. Dann aber, wenn man davon ausgeht: wer die Firma wechselt, giebt zu erkennen, daß er nicht das frühere Geschäft fortführen wolle, sondern ein neues Rechtssubject gründen wolle (das ist nicht juristisch sondern nur thatsächlich gemeint), so ist das ersichtlich eine petitio principii. — Wenn man davon ausgeht, daß der Nachfolger eines früheren Geschäftsinhabers eigentlich gar nicht das Geschäft übernimmt, sondern daß derselbe nur ein neues Geschäft führen will, mit den Mitteln, die der frühere Geschäftsinhaber zu dem gleichen Geschäfte verwandte, ja, dann allerdings könnte man dem Herrn Referenten zustimmen. Aber ich bin der Meinung, daß wir ja gerade den Fall im Auge haben: daß ein Geschäft übertragen wird, und dies die Meinung der Contrahenten ist und handelt es sich nur darum: welcher Inhalt mit dieser Uebertragung gesetzlich verbunden werden soll? Wenn die Contrahenten erklären, das Geschäft zu übertragen und nicht nur einzelne Mittel der Geschäftsbetreibung, so darf man nicht sagen, daß es dann nicht ihre Meinung ist, daß das Geschäft übergehen soll, dann vielmehr wollen die Contrahenten eben, daß dasselbe Geschäft bleiben soll, und daß nicht ein neues mit denselben Mitteln betrieben wird. Die Betheiligten — ich betrachte einmal den Fall des Einzelkaufmanns, der sein Geschäft veräußert oder die Mittel dazu, und den Erwerber — haben zwei Wege. Es kann der Inhaber eines Geschäfts das Local, in dem er dasselbe betreibt, dem Erwerber abtreten, er kann ihm das ganze Waarenlager, den laufenden Miethscontract rc., auch sonst Einzelnes, z. B. das Personal rc. überlassen;

damit wird noch nicht das Geschäft fortgesetzt, sondern werden nur die Mittel für ein neues anderes Geschäft übertragen und erworben. Das Geschäft wird dadurch fortgesetzt, daß — und das ist das wesentliche Moment, weshalb das Geschäft übernommen wird und nicht die einzelnen Mittel, mit denen das Geschäft betrieben wird, — der Erwerber in die Lage gebracht wird, das frühere Geschäft fortzuführen, daß ihm die Verbindungen gesichert werden, die das Geschäft früher hatte, die Bezugsquellen des früheren Geschäfts, die Kundschaft des früheren Geschäfts. Und um das zu haben, wodurch sich der Erwerb eines Geschäfts von dem der Mittel, mit denen es betrieben wird, unterscheidet, werden die Contrahenten, wenn das Geschäft und nicht nur dessen Betriebsmittel übertragen werden soll, auch die Mittel wollen, die geeignet sind, diesen Zweck zu realisiren. Ich glaube nun, diese Mittel bestehen ganz wesentlich in dem Uebergang der Forderungen und Schulden auf den neuen Erwerber, und wenn das die wesentlichen Mittel sind, um den gewollten Zweck zu erreichen, dann muß man auch annehmen, daß nach der Intention der Parteien auch der Uebergang der Forderungen und Schulden als wesentliches Mittel zum Zweck von ihnen gewollt ist. —

Um mir die Bezugsquellen zu sichern, muß ich die Schulden übernehmen, die der frühere Geschäftsinhaber gehabt hat; dadurch komme ich in Verbindung mit ihnen, bezahle die laufenden Rechnungen meiner Lieferanten, mache neue Bestellungen u. s. w. Um andrerseits mir die Kundschaft zu sichern, soll sie, wenn ich das Geschäft erwerbe, mit mir in Verbindung treten, sie soll mir zahlen und bei der Gelegenheit neue Bestellungen machen. Gehen Forderungen und Schulden nicht über, so kann mit Creditoren und Debitoren nicht abgerechnet werden; sondern muß baar ausgeglichen werden, das alte Geschäft ist abgeschlossen und erloschen, ein neues Geschäft wird organisirt, für dieses und mit diesem muß nun, ohne Anknüpfung an alte Verhältnisse, contrahirt werden, eine neue Geschäftsverbindung tritt ein oder — unterbleibt. Wenn aber Forderungen und Schulden übergehen, so ist activ und passiv ein Creditverhältniß vorhanden, das fortläuft. Dadurch grade sichert man sich den Fortbestand der vorhandenen Geschäftsverbindungen und deshalb eben wollen regelmäßig Veräußerer und Geschäftserwerber den Uebergang der Forderungen wie der Schulden.

Und dazu kommt noch etwas anderes. Bisher habe ich zunächst von Geldschulden gesprochen. Denken Sie nun aber an laufende Lieferungscontracte, die der Veräußerer des Geschäfts nicht mehr in der Lage ist, benutzen oder erfüllen zu können. Er will natürlich deren Uebernahme von seinem Nachfolger, sie ist für ihn eine Nothwendigkeit. Der Nachfolger aber verdient bei Ausführung solcher Verträge, auch er will sie deshalb übernehmen, er will sich auch die Verbindung sichern, er will die Kundschaft, den Verdienst haben.

Als Beispiel nehmen Sie den Verkauf einer Zeitung. Der Veräußerer der Zeitung kann den Abonnenten keine Zeitung mehr liefern, umgekehrt der Erwerber thut es gern, er will die Abonnementsgelder dafür haben.

Denken Sie ferner an das in dem in „Antwort auf die Abhandlung von Simon" in der Zeitschrift für Handelsrecht in Busch' Archiv für Handelsrecht abgedruckten Aufsatz von Ladenburg erwähnte Beispiel eines Theaterverkaufs. Der Veräußerer kann keine Vorstellungen mehr veranstalten, der Erwerber kann und will es thun. Es wird die regelmäßige Intention der beiden Parteien sein, daß die laufenden Activ- und Passiv-Verbindlichkeiten auf den neuen Erwerber übergehen.

Einen anderen speciell zu erwähnenden Fall, in welchem der Uebergang der Forderungen und Schulden bei Uebertragung des Geschäfts sich als eine unabweisbare Nothwendigkeit darstellt, bietet die Dienstmiethe, die ich in dem Gutachten erwähnt habe. Was soll der Veräußerer mit dem Personal, dem Commis, dem Lehrling u. s. w. machen und was der Erwerber ohne das Personal? Denken Sie an den Fabrikarbeiter u. s. w. Der Geschäftsveräußerer kann sich ihrer nicht mehr bedienen, der Erwerber aber würde sein Geschäft in Stockung bringen, wenn die früher begründeten Contracte nicht übergehen würden.

Es ist also nothwendig, eine auf den Uebergang der Forderungen und Schulden gerichtete Absicht der beiden Contrahenten zu präsumiren, es ist aber ebenso wohl ein dahingehendes Bedürfniß beim Gläubiger und Schuldner des Geschäftes anzuerkennen, und dabei ist es ganz gleichgiltig, ob die Firma übergeht oder nicht, Gläubiger und Schuldner haben ein Interesse, insbesondere, wenn Creditverhältnisse bestehen, an den neuen Geschäftsinhaber zu zahlen und von ihm zu empfangen, sie wollen die laufende Geschäftsverbindung fortsetzen und den früheren Absatz erhalten; sie wollen zahlen, wenn sie dagegen neue Waare bekommen können, es würde sie aber sehr beschweren, wenn sie an den früheren Veräußerer des Geschäfts zahlen sollen und nun bei dem neuen Erwerber wiederum Credit beanspruchen müßten. Bei Lieferungsverträgen ist es dasselbe. Der neue Erwerber allein kann das brauchen, was die Schuldner des Geschäfts zu liefern haben, der Veräußerer kann es nicht, und umgekehrt ist es mit den Lieferungen: Die Gläubiger können sich an den Erwerber des Geschäfts als allein zu ihrer Befriedigung Befähigten halten, während der Veräußerer sie nicht befriedigen kann. Das wesentliche Interesse der dritten Personen, der Gläubiger und Schuldner eines bestehenden Geschäftes geht übereinstimmend dahin, daß Forderungen und Schulden auf den neuen Erwerber übergehen.

Sollen ohne die Firma Forderungen und Schulden nicht übergehen, so müßte nicht nur mein principaler Antrag verworfen, sondern es müßte Artikel 113 des Handelsgesetzbuchs eingeschränkt werden. Das Handelsgesetzbuch bestimmt, daß, wenn Jemand in eine Societät eintritt, die Forderungen und Schulden pro rata für seine Betheiligung auf ihn übergehen, einerlei ob die Firma verändert wird oder nicht. Die Consequenz der Ansicht des Herrn Referenten, welche in dem Uebergang der Firma das Merkmal findet, ob das Geschäft als solches übergeht oder nicht, ist nun die, daß also wieder eingeschränkt werden müßte. Die Handelsgesetzgebungscommission ist aber zu diesen Artikel 113 gekommen, weil sie dem dringenden Bedürfniß Rechnung tragen mußte, das sie nicht ableugnen konnte. In der Commission ist gesagt, es läßt sich nicht machen, daß eine Societät abrechnet, wenn Jemand eintritt mitten im Lauf des Geschäftsjahres; wir müssen also denjenigen, der neu eintritt, haftbar erklären für die Schulden und berechtigt erklären für die Forderungen, deshalb ist diese Bestimmung getroffen. Das ist unvereinbar mit der Ansicht des Referenten, daß beim Wechsel der Firma das frühere Geschäft nicht fortgeführt, sondern ein neues Rechtssubject gegründet werde. Man müßte Art. 113 hiernach wieder einschränken und also auch da, wo das Handelsgesetzbuch und resp. die Urheber des Handelsgesetzbuchs ein Bedürfniß für den Uebergang der Forderungen und Schulden anerkannt haben auch für den Fall, daß die Firma nicht beibehalten wird, müßten wir das dem anerkannten Bedürfniß zum Trotz wieder streichen, um nur consequent zu bleiben. Wenn wir aber das nicht thun, führt, glaube ich, die Consequenz in umgekehrter Richtung dahin, dasjenige, was das Handelsgesetzbuch im Artikel 113 über den Beitritt zu einer Societät bestimmt, auch gelten zu lassen für den Beitritt zum Geschäfte eines Einzelkaufmanns und für die Veräußerung des Geschäfts eines Einzelkaufmanns oder einer Gesellschaft. Was zunächst dasjenige betrifft, was für die betreffende Bestimmung des Art. 113 die zwingenden Gründe gewesen sind für die Commission, nämlich die Schwierigkeit der Abrechnung, ist diese etwa nicht ebensogut vorhanden, wenn die sämmtlichen Theile, das ganze Handelsgeschäft, der Societät übertragen wird, als wenn es nur zum Theil übergeht, und ist die Schwierigkeit der Abrechnung bei dem Einzelkaufmann nicht gerade so schlimm, wenn dieser einen Associé aufnimmt, als wenn zwei Leute einen Associé aufnehmen, die gemeinschaftlich das Handelsgeschäft geführt haben? Ich glaube, daß diese Gründe, welche zu der fraglichen Bestimmung des Art. 113 führten, insofern man ihnen Bedeutung beimißt, ebenso zwingend und dringend sind beim Einzelkaufmann, und bei der Veräußerung des Geschäfts, wie beim Eintritt in das Geschäft einer Handelsgesellschaft. — Dann aber scheint es mir durchaus inconsequent, wenn man diese Bestimmung nicht gelten lassen wollte auch bei Uebergabe, Veräußerung des ganzen Geschäfts von Seiten der Societät. Gesetzt A, B und C bilden die Societät. Wenn nun D eintritt und den Theil von A übernimmt, dann haftet er als Inhaber des Antheils, den A bisher in der Societät gehabt hat, und ist berechtigt als Inhaber dieses Theils. Wenn er von A und B übernimmt, ist es ebenso mit ihren Antheilen. Wenn nun E kommt und C's Antheil übernimmt, ist es ebenso; also welcher Theil einer Societät übernommen werden mag, durch die Uebernahme jeden Antheils gehen Forderungen und Schulden auf den neuen Erwerber über. Nun sollte ich aber doch denken, daß dasjenige, was von jedem einzelnen Theile gilt, auch vom Ganzen gelten muß. Es ist wahr, was vom Theil gilt, gilt noch nicht vom Ganzen; aber wenn es von jedem Theile des Ganzen gilt, dann muß es auch vom Ganzen gelten. Anderenfalls kommen wir auch praktisch zu Schwierigkeiten und Widersinnigkeiten. Es kommt nämlich bei der Veräußerung des Geschäfts lediglich auf die Worte, auf die Form an, welche gewählt wird, und auf die Reihenfolge, in der dieselben Acte stattfinden, damit ganz verschiedene Rechtsfolgen eintreten. Gesetzt A und B bilden die Societät. C soll künftig das Geschäft haben. Nun gehen sie hin zum Firmenrichter und machen es so: C tritt ein in die Societät, die A und B inne haben, die also künftig von A, B und C gebildet wird. Am anderen Tage tritt A, oder treten A und B aus; dann haftet C für die alten Schulden; denn er ist erst der Societät beigetreten, und erst am folgenden Tage ist A oder sind A und B ausgetreten; — oder A tritt erst aus oder A und B gehen hin und sagen: C übernimmt das Geschäft, dann haftet C nicht. Also es kommt lediglich auf die Façon an, in der eine solche Sache vorgenommen wird, um verschiedene Rechtsfolgen zu gewinnen. Wenn nun aber, wie das gewöhnlich geschieht, die Leute diese Acte an einem und demselben Tage vornehmen, dann kommt es auf die Reihenfolge an, in welcher dies protokollirt wird: Es tritt C bei, und A tritt aus. Würde nun A erst austreten, dann würde C einem Einzelkaufmann B beigetreten sein und würde nicht haften; tritt aber C erst ein, und A tritt dann aus, dann haftet er. Also je nach der Reihenfolge, wie das protokollirt wird, nach diesen kleinen Differenzen, denen die betreffenden Personen, die zum Firmenprotokoll gehen, sich schwerlich einmal bewußt sind, darnach entscheidet sich, ob Jemand haftet oder berechtigt ist bei materiell und praktisch demselben Resultate. —

Es ist von dem Herrn Referenten angeführt, daß, wenn die Firma übertragen werde, das dieß Erkennungsmittel sei, daß man an die solchergestalt vorgenommene Geschäftsübertragung den Uebergang der Forderungen und Schulden knüpfe. Soll die Firmenübertragung ein festes Unterscheidungsmerkmal für den Uebergang der Forderungen und Schulden bilden, so muß man aber weiter gehen und sagen: wird die Firma übertragen, so gehen die Forderungen und Schulden über; wird das Geschäft übertragen ohne Firma, gehen sie nie über. Dann allerdings wäre die sonst bestehende Rechtsunsicherheit zu heben aber nicht nur im Widerspruch mit dem Bedürfniß von Gläubigern und Schuldnern, sondern es wäre auch gewiß höchst unbillig zu verlangen, daß, wenn das Geschäft ohne Firma übertragen wird, nun einzig und allein deshalb Forderungen und Schulden nicht übergehen sollten. Aus irgend welchem Grund, z. B. in Folge testamentarischer Verfügung kann gegen die Uebertragung der Firma ein Hinderniß obwalten, in solchem Falle wäre den Betheiligten zu ihrem und Dritter größten Nachtheil die Möglichkeit abgeschnitten, Forderungen und Schulden übergehen zu lassen. Außerdem auch können Zweifel eintreten, ob die Uebertragung der Firma „A. C. Meier" in der Form „A. C. Meier Nachfolger" auch jene Consequenz des Nichtübergehens der Forderungen und Schulden erleiden soll. Ich glaube deshalb, daß bei meinem Principalantrag stehen zu bleiben ist, und daß es keinen Unterschied macht, ob die Firma beibehalten wird oder nicht. Das ist auch ganz in Uebereinstimmung mit dem, was wir schon für einen Fall im Handelsgesetzbuch bestimmt haben, und eine solche Harmonie innerhalb des Gesetzes ist gewiß höchst wünschenswerth.

Ich will nur noch bemerken: wenn bezüglich des Einzelkaufmanns und der Geschäftsveräußerung im Handelsgesetzbuche nicht dem Art. 113 entsprechend weiter bestimmt ist, so lag das nicht daran, daß man dies für unstatthaft und unzulässig gehalten hätte, sondern man hat in diesen Fällen nur das Bedürfniß nicht für genügend nachgewiesen erachtet. Man hat außerdem auch Schwierigkeiten gefunden und gemeint, daß eine derartige Anordnung bei der Veräußerung des Geschäftes wegen des beneficium inventarii der Erben und wegen der restitutio minorum u. s. w. allerlei nähere Bestimmungen voraussetzte, die man bei Gelegenheit des Handelsgesetzbuches nicht gut treffen könne. Man hat die Frage einfach offen gelassen.

Ich bitte hiernach, meinen Principalantrag anzunehmen, der sich von dem des Herrn Referenten dadurch unterscheidet, daß die Worte „falls die Firma unverändert bleibt" wegbleiben sollen.

Justizrath **Joel** (Bromberg): M. H., ich habe mich durch den Herrn Gutachter Dr. Heinsen nicht überzeugen lassen; ich kann vielmehr nur dem Referat des Herrn Justizrath Makower beistimmen, und zwar sind die Erwägungen, die mich dazu führen, eigentlich sehr einfach, so daß ich Sie nicht lange damit aufhalten werde. Das Bedürfniß einer gesetzlichen Regelung ist anerkannt; ich glaube aber, man muß dies Bedürfniß nach dem Antrag des Herrn Referenten einschränken und muß sagen: eo ipso gehen Activa und Passiva nur über, wenn die Firma beibehalten wird. Ist nun das Bedürfniß vorhanden für die beiden Contrahenten? Unstreitig nicht! Die haben eine Menge Hilfsmittel, zu erreichen, was sie wollen; sie können durch Verträge aller Art und durch kaufmännische Manipulationen alles das erreichen, wovon Herr Dr. Heinsen gesagt hat, daß es ihnen, namentlich dem Uebernehmer, wünschenswerth ist. Dazu bedarf es gesetzlicher Regelung nicht, und diesen Verträgen, diesem Willen der beiden Contrahenten zu Gefallen, glaube ich, hat die Gesetzgebung gar nicht nöthig, sich einzumischen. Das Bedürfniß ist vielmehr vorhanden für den Dritten, für die Gläubiger einmal, für die Schuldner das andere Mal. Die Schuldner, m. H., haben nur ein Bedürfniß in dieser Beziehung und das ist dasjenige, daß sie mit Sicherheit weiterzahlen können. Für alles Andere lassen wir die beiden Contrahenten, den Uebernehmer und Ueberlasser selbst sorgen. Daß aber der Schuldner mit Sicherheit an den Uebernehmer zahlen könne, das ist ein Bedürfniß, welches eben eine Regelung seitens der Gesetzgebung nothwendig macht, und da ist es vollständig genügend, — das werden Sie anerkennen, — wenn er die Verpflichtung hat zu zahlen und die Berechtigung, falls die Firma dieselbe bleibt. Denn wie kommt er dazu, m. H., bei einer Aenderung der Firma an den Uebernehmer zu zahlen? Der Herr Referent hat uns zwar gesagt, die Firma ändert sich nur mit dem Zusatze „Nachfolger", da kann Jeder sehen, daß es dieselbe ist. Aber dies ist nur ein einzelner Fall. Wie, wenn die Firma erst Müller und dann Schulze heißt? Er hat mit Schulze nicht contrahirt, mit der Firma geht das Rechtssubject zu Grunde, mit dem er contrahirt hat, und wenn die Firma wechselt, m. H., — ich kann mir die Sache nicht so einfach denken, wie der Herr Dr. Heinsen aufgestellt hat; da müßte doch liquidirt werden. Die eine Firma geht zu Grunde, die andere wird eröffnet. Das ist ein ganz neues Geschäft; der Handelsrichter löscht die eine, trägt die andere ein; also zwei Rechtssubjecte, die nach außen hin mit einander gar nichts gemein haben. Was sie nach innen mit einander gemein haben, regeln sie unter einander und sind dazu nach allen Seiten so berechtigt, wie im Stande; für die brauchen wir keine Ergänzung der Gesetzgebung. Das ist die Seite der Schuldner. Die Schuldner bedürfen eines Rechtsschutzes stets und nur wenn die Firma nicht wechselt, indem sie an einen Andern übergeht; sie bedürfen des Rechtsschutzes, mit

Erfolg, mit Sicherheit zahlen zu können. — Die Gläubiger haben ein anderes, ähnliches Interesse. Die Gläubiger, m. H., haben von der alten Firma zu fordern. Mit einer neuen Firma stehen sie in gar keinem Connex. Wenn die Firma Müller geheißen hat, und heißt nachher Müllers Nachfolger oder Söhne oder auch Schulze, so haben die Gläubiger gar keine innere Berechtigung, von der neuen Firma, mit der sie in ein Geschäft nicht eingetreten sind, irgend welche Zahlung zu verlangen. — Aber die Abwickelungen — sagt der Herr Gutachter — machen die Schwierigkeit, und im Interesse derer ist es wünschenswerth, daß der volle Uebergang stattfinde, so wie er von dem Herrn Gutachter vorgeschlagen ist. Ja, die Abwickelungen mögen für die Contrahenten, den Unternehmer und den Ueberlasser wünschenswerth sein; für den Dritten, außenstehenden sind sie es nur dann, wenn die Firma dieselbe bleibt. Wenn ich ein Geschäft kaufe ohne die Firma und mache eine neue Firma, dann, m. H., habe ich für die alte keine Verpflichtung, ich habe eben das Bedürfniß, wie Herr Rechtsanwalt Makower sagte, gefühlt, ein ganz neues Geschäft zu machen, in eine neue Aera einzutreten.

Warum wird die Firma nicht mit übernommmen, warum geht sie nicht über? Das muß doch einen Grund haben. Es sind uns einzelne Gründe angeführt, die jedoch meiner Ansicht nach nicht stark genug sind, um den Satz des Herrn Gutachters zu rechtfertigen. Es sei testamentarisch bestimmt, an einen Dritten solle das Geschäft mit derselben Firma nicht übergehen. Das kommt sehr häufig vor; für diesen Fall hat der Testator gleichzeitig aber auch das verboten, — meiner Ansicht nach, — was der Herr Gutachter herstellen will, denn das ist des Pudels Kern: nicht blos der Name. Der Testator hat gesagt: ich will nicht, daß mein Geschäft, wenn es aus der Familie kommt, an einen Dritten übergehe derartig, daß es ganz dasselbe bleibt. Er will dem Dritten die neue Verpflichtung auferlegen, selbst ein Geschäft zu begründen, selbst seinen Namen groß zu machen, aber nicht unter dem alten Namen weiter zu handeln. Deshalb kann ich diesen Grund nicht gelten lassen. Der Wille des Erblassers würde nur der Form, nicht dem Wesen nach erfüllt werden. Ich glaube also, das Bedürfniß ist nur vorhanden für die Gläubiger und Schuldner der Firma, und nur dann vorhanden, und dann ist der Uebergang der Activa und Passiva eo ipso gerechtfertigt, wenn die Firma beibehalten wird, nicht aber, wenn sie geändert wird. Die minutiösen Unterscheidungen, die der Herr Gutachter noch bei den Gesellschaftsfirmen gemacht hat, glaube ich, können gar nicht in Betracht kommen, und sie sind auch nicht ganz richtig, denn wenn der Eintritt auf die Weise geschieht, wie er gesagt hat: A B und C sind Socien; und D tritt ein und erwirbt erst den Theil des A u. s. w., so bleibt ja die Firma dieselbe; es vergißt der Herr Gutachter, sowie die Firma anders wird, wird die Sache anders; da wird die Firma im Gesellschaftsregister gelöscht und es wird eine neue Firma eingetragen; bleibt sie aber dieselbe, dann ist er ja d'accord mit Herrn Makower und mir. Ich glaube, daß nicht nur das Bedürfniß ausreichend gewahrt ist, wenn der Satz aufgestellt wird: eo ipso gehen Activa und Passiva nur dann über, wenn die Firma mit übergeht, sondern daß das Uebergehen ohne diese Beschränkung keine Berechtigung hat und sogar für Gläubiger und Schuldner mancherlei Mißstände, auf welche ich nicht weiter eingehen will, mit sich bringen wird. Ich schlage also vor, den Antrag Makower anzunehmen.

Professor und Rechtsanwalt Dr. **Pann** (Wien): Ich muß ebenfalls bekennen, daß ich mich dem Antrag des Herrn Referenten anschließen möchte. Es ist nur dann Ordnung in das ganze Gebiet des Firmenwesens zu bringen, wenn der Uebergang des Geschäfts mit der Firma gleichzeitig erfolgt, und die Firma dann das entscheidende Moment ist für das Entstehen der Verbindlichkeit. Ich glaube, daß man hier den Begriff der Firma als juristischer Person, der täglich mehr in unsrem Rechtsleben zum Bewußtsein gelangt, festhalten muß. Die Firma schwebt gewissermaßen über dem Vermögen der Gesellschaft, die Firma ist die Form, in welcher alle Rechtsverbindlichkeit eingegangen wird, es ist der Name, unter welchem das Geschäft betrieben wird und die Unterschriften gegeben werden, mit einem Wort es ist Alles, was den Kaufmann der Außenwelt gegenüber repräsentirt. Die Uebertragung des Geschäfts ohne Firma halte ich überhaupt für ein juristisch gar nicht definirbares Etwas; denn es läßt sich absolut ohne eine solche feste Grundlage der gleichzeitigen Uebertragung der Firma keine klare Basis finden.

Wenn wir uns vergegenwärtigen, was der Gläubiger der Firma für Rechte hat gegenüber der Firma und gegenüber dem Geschäft, so erkennen wir, daß es nur dann möglich ist, dem dritten Gläubiger die Rechte auf die Firma zu gewähren, wenn der Uebergang des Geschäfts mit der Firma erfolgt. Ich glaube daher, mit dem vorliegenden Antrag ist überhaupt nur der Fall ins Auge gefaßt, wenn ein Handelsgeschäft übernommen wird von einem Einzelnen, oder wenn zu dem Handelsgeschäft, welches ein einzelner Kaufmann betreibt, ein offner Gesellschaftstheil eintritt, wenn das Geschäft schon besteht. Es ist dadurch das bereits formell getroffen. Wird also ein Dritter Theilhaber eines Geschäfts, so muß er auch mit zur Firma beitreten, die Firma muß irgendwie in diesem Falle verändert werden.

Ich glaube also, daß der Antrag des Herrn Referenten, so wie er gestellt ist, das einzig Mögliche wäre, womit man diese dubiösen Rechts-Verhältnisse regeln kann.

Rechtsanwalt Dr. **Heinsen** (Hamburg): M. H., auf die Einwürfe, die von zwei Seiten gegen meinen Principalantrag gemacht sind, gestatten Sie mir ein Wort zu erwiedern.

Herr Dr. Joel sagt, für die Contrahenten, die nun bestimmen könnten, was sie wollten, bedürfe es keiner gesetzlichen Bestimmungen. Damit stimme ich überein, die Rücksicht auf die Contrahenten soll keine Rechtfertigung meines Antrages sein, sondern ich habe nur geglaubt zeigen zu müssen, daß die Intentionen der Contrahenten auf den Uebergang der Forderungen und Schulden gehen, und zwar deshalb, weil, wenn wir für den Inhalt eines Vertrags eine interpretative gesetzliche Bestimmung treffen, wir sie dem regelmäßigen Willen der Contrahenten conformiren sollen. Das entscheidende Moment für die Rechtfertigung meines Antrags ist das Bedürfniß der dritten Person und da muß man doch anerkennen: das Bedürfniß der dritten Person geht nur auf Rechtssicherheit, und zwar dahin, mit Sicherheit an den Uebernehmer zahlen oder mit ihm abrechnen zu können. Das ist das Wesentliche. Es ist eingeworfen: auch ohne dies können sie zahlen. Ja, wenn es sich lediglich um einzelne Verhältnisse handelte und sie weiter keine Geschäftsverbindung fortsetzen wollten, dann wäre es einerlei, dann wäre kein Interesse da; da könnten sie an den früheren Geschäftsinhaber zahlen; aber die Geschäftsverbindung soll ja fortgeführt werden und deshalb sollen sie auch zahlen können an den spätern Geschäftsinhaber und zwar in Abrechnung mit Leistungen, die sie machen, mit Leistungen, von denen der Veräußerer des Geschäfts keinen Gebrauch machen kann, nur darauf eben kommt es an, daß der Dritte nicht baar zu zahlen braucht, sondern daß er mit Lieferungen bezahlen kann, und diese Lieferungen kann er machen nur an den Erwerber. Zwar ist gesagt worden: das alte Geschäft müsse doch liquidirt werden. Dies trifft schon dann nicht zu, wenn in das Geschäft eines Einzelkaufmanns Jemand eintritt; dann wird es eben nicht liquidirt, sondern es kommt nur ein neuer Theilhaber hinzu. Ferner aber: der Liquidation steht auch meinerseits nichts entgegen; muß dann aber nur so liquidirt werden, daß der frühere Geschäftsinhaber seine Außenstände einzieht? Warum kann nicht der Erwerber des Geschäfts die Außenstände einziehen und an den frühern Besitzer abliefern oder kann er sie mit 20 pCt. Dekort übernehmen? Das im Gegentheil vereinfacht die Liquidation für den frühern Geschäftsinhaber außerordentlich. — Man hat sich weiter darauf berufen: es bestehe kein Recht, daß die Dritten, die Gläubiger der neuen Firma von dieser Zahlung verlangen. An und für sich gewiß besteht kein Recht darauf, wohl aber unter Umständen nach unserem höchsten Gerichtshofe und das Recht soll ihnen nach meinem Vorschlage eben gegeben werden zur Beseitigung der Rechtsunsicherheit und weil ein Bedürfniß dafür besteht. Es ist ein Bedürfniß da, daß die Dritten Zahlung erlangen können von dem neuen Erwerber, daß z. B. die Abonnenten einer Zeitung von dem Erwerber die Zeitung verlangen können, daß er ihnen die Exemplare liefert, und nicht von Demjenigen, der keine Zeitung mehr hat, und daß der neue Theaterdirector, der neue Theatererwerber Schauspiele giebt, und nicht Derjenige, der kein Theater mehr besitzt, in dem er Schauspiele geben könnte, und ebenso mit anderen Leistungen, zu denen der frühere Besitzer nicht im Stande ist und der neue es ist. Sodann ist gesagt, die Versagung des Uebergangs der Forderungen und Schulden sei nicht schlimm, denn wenn man das wirklich beabsichtigte, dann würde man die Firma übertragen, und die von mir erwähnte Ausnahme von der Uebertragbarkeit der Firma, wenn testamentarisch verfügt sei, daß eine Firma nicht übergehen solle, sei eine Ausnahme, und diese zeige auch nur, daß man dann wolle, daß bei der Geschäftsveräußerung auch die Activa und Passiva, Forderungen und Schulden, nicht mit übergehen sollten. Es wird hier ein Wille des Testators supponirt, für den es an jedem Beweise mangelt und ich glaube nicht, daß der Wille des Testators dahin geht, daß sein Erbe geschädigt werde, daß er durch das Verbot der Firmenübertragung die Veräußerung des Geschäfts als Ganzes mit Forderungen und Schulden habe verhindern wollen, damit der Erbe nicht zu viel bekomme, daß die Meinung des Testators sei, der Erbe solle nur einzelne Theile veräußern. Freilich bekommt er dann weniger, aber das thut nichts; meine Herren, ein solcher Wille des Testators ist nicht anzunehmen, er hat vielmehr einen ganz anderen Grund; er will seinen Namen seinem Erben, zu dem er persönliches Vertrauen hat, wohl lassen, aber nicht jedem Dritten, den er nicht einmal kennt, und da er gar nicht weiß, in wessen Hand das Geschäft dermaleinst kommen wird. Uebrigens ist das keineswegs der einzige Fall einer Unthunlichkeit der Firmenübertragung. Nehmen Sie an, es ist von einer Societät das Geschäft veräußert worden; und es will Einer der Socien, daß sein Name nicht übergeht oder es sind mehrere Erben, von denen einer dies nicht will; es giebt verschiedene Fälle, die den Uebergang der Firma verhindern, obgleich der Wille besteht, daß das Geschäft mit allen Forderungen und Schulden übergehe. — Ich habe in meinem früheren Vortrage darauf Bezug genommen, wie sich die Sache zur Zeit praktisch stelle, je nachdem zu A und B der C erst hinzutritt, und dann A austritt, oder die umgekehrte Reihenfolge beobachtet wird, dies ist nicht zutreffend erachtet, weil dann die Firma dieselbe bleibt. Das ist aber nicht nöthig.

Warum kann nicht in das Geschäft von A und B der C eintreten ohne Beibehaltung der Firma? Diese kann verändert werden, und dann wird nach Art. 113 C berechtigt und verpflichtet trotz Veränderung der Firma. Es ist also dieses mir entgegengesetzte Argument nicht richtig.

Von Herrn Dr. Pann ist bemerkt worden, es sei anders nicht als wenn die Firma übergehe Ordnung zu halten. Ich glaube das Gegentheil. Wenn Herr Dr. Pann sagt, sonst mangle es an der nöthigen Basis, so habe ich dieses sein Zugeständniß der mangelnden Basis für den Schutz des Gläubigers und Schuldners, wenn das Geschäft ohne Firma übergeht, zu acceptiren. Ich will durch meinen Vorschlag eben Schutz gewähren gegen die jetzt bestehende Unsicherheit über den Uebergang von Forderungen und Schulden bei Uebertragung eines Geschäfts, während nach dem Vorschlage des Herrn Referenten diese Unsicherheit für die Fälle erhalten wird, in denen die Firma nicht mit übergeht.

Rechtsanwalt Dr. **Hoyer** (Oldenburg): Ich stehe nicht an, mich auf die Seite des Herrn Referenten zu stellen. Es soll hier dispositiv ein Rechtssatz geschaffen werden, der dann eintritt, wenn die Parteien geschwiegen haben. Da muß der Gesetzgeber sich wohl hüten vor irgend welchen Unbestimmtheiten in Bezug auf die faktischen Voraussetzungen. Zunächst muß das objective Criterium vorhanden sein, wann dieser Rechtssatz eintreten soll. Nach dem Antrage des Herrn Referenten ist es der allgemein erkennbare Uebergang der Firma von einem Anderen, die Eintragung in's Handelsregister; da ist vollständige Klarheit vorhanden. Wenn man mit Herrn Dr. Heinsen die Sache verstellen will auf die Frage, ob ein Geschäftsübergang vorliegt oder nicht, so kommt man aus dem Regen in die Traufe. Bisher war zu entscheiden nach den thatsächlichen Umständen, nach den Aeußerungen, welche die Parteien gemacht haben, jetzt soll der Uebergang des Geschäfts entscheiden, das ist etwas ganz Unbestimmtes ohne die Aeußerungen der Betheiligten selbst. Es ist ja im kaufmännischen Leben üblich, daß man Circulare erläßt; verpflichtet ist kein Kaufmann dazu. Wenn Circulare erlassen werden, werden die Parteien alle Ursache haben, sich klar auszusprechen. Haben sie aber das Bedürfniß oder das Geschick nicht, so lassen sie den 3. Betheiligten, ihren Geschäftskunden Zweifel übrig; aber mit dem Rechtssatz, den Herr Dr. Heinsen statuiren will, wird durchaus nichts gewonnen.

Dann haben wir mit Thatsachen zu rechnen, die darüber entscheiden sollen, ob das Geschäft als Ganzes übergegangen ist oder nicht und das ist ja von dem Herrn Vorredner schon vorgeführt, daß gerade die Frage, ob ein Geschäft übergegangen ist, ob das Geschäft als Ganzes übernommen ist, ob der Nachfolger in einen einzelnen Theil des Geschäfts eingetreten ist u. s. w., immer zweifelhaft bleiben wird. Der Richter würde, statt auf die Aeußerungen der Parteien, schließlich nur auf die Beurtheilung derartiger äußerer Umstände verwiesen werden, um diesen präsumtiven Rechtssatz zur Anwendung zu bringen, und das ist meiner Meinung nach nicht genügend; ich glaube, wir würden die Schwierigkeiten der Entscheidung derartiger Fragen nur vermehren, wenn wir einen solchen Rechtssatz statuiren wollten. Das Einzige, was zur Entscheidung dienen kann, ist der Uebergang der Firma in's Handelsregister. Es wird sich empfehlen, daß man an diese ganz bestimmte und allgemein erkennbare Thatsache die Nachfolge anknüpft, die der Antrag damit verbunden wissen will. Wollen die Parteien es nicht haben, so mögen sie es deutlich aussprechen. Ich entscheide mich also für den Antrag des Herrn Referenten.

Dr. **Heinsen**: Ich möchte nur ein Mißverständniß berichtigen. Ich habe gerade diesen Zweifel, ob das Geschäft übergeht oder nicht, umgehen wollen. Wenn die Parteien erklären, es ist das Geschäft übertragen, dann soll dadurch die Berechtigung und Verpflichtung des Erwerbers und neuen Theilhabers bezüglich Forderungen und Schulden begründet sein. Die Erklärung der contrahirenden Parteien soll vollständig entscheiden.

Präsident **Becker**: Ich schließe nunmehr die Verhandlung. Wünscht der Herr Referent das Wort?

(Rechtsanwalt Beckh (Nürnberg) bittet um's Wort).

Wenn der Herr Referent keinen Widerspruch erhebt nach geschlossener Verhandlung, so haben Sie noch das Wort.

Rechtsanwalt **Beckh** (Nürnberg): Nur ein paar Worte! Es ist bei den bisherigen Ausführungen immer davon ausgegangen worden, daß die Sache glatt und normal sich verhält bei solchem Uebergange. Allein wir haben den Gesichtspunkt besonders ins Auge zu fassen, wenn bei diesem sogenannten Uebergange eines Geschäfts die Sache nicht ganz glatt und normal sich verhält, und da ist es vor allen Dingen der Standpunkt und die Lage des Gläubigers, die wir zu berücksichtigen haben. Der Schuldner kann sich bei einem solchen Geschäftsübergange immer noch mehr salviren, als der Gläubiger. Wenn bei dem Uebergange eines Geschäfts Alles so regelrecht gemacht wird, wie die Herren annehmen, daß die An- und Abmeldung beim Handelsregister stattfindet, daß dort zu sehen ist, wie der Geschäftsübergang stattgefunden hat, dann mag es gehen, aber in so und so vielen Fällen findet eine solche An- und Abmeldung eben nicht statt. Wir haben in Folge des Handelsgesetzbuchs eine Menge Leute, welche als Kaufleute zu betrachten sind, die nie in's Handelsregister eingetragen werden, deren Geschäft aber in derselben Weise zu behandeln ist, wie das Geschäft derjenigen Leute, die im Handelsregister eingetragen sind. Nun nehmen Sie den Fall an, es wird nicht etwa übertragen, wie vorhin geäußert worden ist, die Firma Müller auf eine Firma Schulze, sondern es wird einfach übertragen die Firma Joh. Müller sen. oder früher bloß Joh. Müller, auf einen Joh. Müller jun.; oder es wird übertragen von einen Joh. Nepomuk Karl auf einen Joh. Zacharias Karl. M. H., derartige Manipulationen, welche die Gläubiger dann im höchsten Grade schädigen würden bei entsprechenden Verträgen, die von den Contrahenten abgeschlossen würden, werden erst recht hervorgerufen, wenn Sie sagen, das entscheidende Merkmal ist nur, ob die Firma verändert wird oder unverändert bleibt. Meines Erachtens ist wesentlich das ganze Geschäft. Die Firma bezeichnet bloß das Geschäft, ist bloß der Name für das Geschäft; wesentlich ist das Geschäft selbst. Unter Geschäft verstehe ich das ganze Geschäft, wie es geht und steht, mit Gläubigern und Schuldnern, Activis und Passivis. Wenn das Geschäft übertragen wird, so ist das natürlich, daß auch alle zustehenden Forderungen und Schulden, welche damit verbunden sind, auf den Erwerber des ganzen Geschäfts übergehen. Das ist meines Erachtens wie beim Todesfall, so beim Erwerb durch einen neuen Geschäftsinhaber einfach das Natürliche.

Sie sagten vorhin, es müsse eine Liquidation stattfinden, wenn das Geschäft in andrer Weise übertragen würde. Dies findet wohl bei größeren Kaufhäusern statt, aber bei den kleineren nicht. Da wird das Geschäft, wie es geht und steht, übertragen zu dem und dem Preise, und damit ist die Liquidation fertig; da wird nicht viel liquidirt, nicht so genau gerechnet. Und eine Hauptsache, m. H.! processualisch! Wenn ein Gläubiger des bisher bestandenen Geschäfts kommt, und es ist gesagt worden: das ist der neue Inhaber, der hat die ganzen Geschäftsutensilien übernommen, die Kunden u. s. w., aber mit den Geschäftsschulden befaßt sich der Mann nicht; — in der Art und Weise, — ja, wen trifft nun der Beweis? Wenn Sie annehmen, so wie der Herr Gutachter proponirt, dann wird der, der das Geschäft übernommen hat, und der dabei angeblich eine unredliche Manipulation vorgenommen hat, zu beweisen haben, daß in der That die Sache so liegt, daß er es bona mente und im guten Glauben so übernommen hat, ohne die Gläubiger zu schädigen, und dann wird in dem betreffenden Falle er den Beweis führen müssen, außerdem aber, wenn Sie das so annehmen würden, wie der Herr Referent Makower vorschlägt, dann würde, wenn die Firma geändert wird, dem Gläubiger obliegen, den Beweis seinerseits zu führen, daß es nicht mit rechten Dingen zugegangen ist. Das ist aber eine viel größere Schwierigkeit. Der redliche Uebernehmer wird das durch den Ausweis seiner Bücher gut darlegen können; dagegen, wenn dem Gläubiger ein unredlicher Uebernehmer gegenübersteht, hat der Gläubiger eine viel schwierigere Lage. Ich möchte Sie deshalb bitten, daß Sie in Anbetracht, daß es ausdrücklich heißt sowohl in dem Antrage des Herrn Referenten als des Herrn Gutachters: wer ein Handelsgeschäft übernimmt, das ganze Handelsgeschäft, die Pointe nicht hineinsetzen in die Firma, sondern gerade in dieses Ganze, das Handelsgeschäft.

Ich spreche mich daher für den Antrag des Herrn Gutachters aus.

Justizrath **Küchendahl**, Rechtsanwalt (Stettin): M. H., es stehen hier zwei Fragen in Rede, die von wesentlich verschiedenen Gesichtspunkten betrachtet werden müssen. Die Frage, ob bei der Beibehaltung der Firma die Schulden übergehen, und die Activa auch, ist de lege lata zu behandeln und zu bejahen, weil das Rechtssubject, welches durch die Firma repräsentirt wird, dasselbe bleibt, mithin, da keine singuläre sondern universale Succession vorliegt, der Uebergang stattfinden muß. Daß beim Uebergange der Firma auch Schulden und Activa übergehen, ist daher aus dem bestehenden Recht zu folgern. Ich würde deshalb noch einen Zusatz zu dem Vorschlage des Herrn Referenten empfehlen: ein entgegenstehender Vertrag ist Dritten gegenüber ohne rechtliche Wirkung.

Anders liegt die Sache, wenn die Firma verändert wird. Damit hört die frühere Firma und das durch sie repräsentirte Rechtssubject auf zu existiren und man kann nur de lege ferenda aus rechtspolitischen Gründen dahin gelangen, den Uebergang der Schulden und der Activa zu statuiren. Ob in dieser Beziehung die Versammlung heut schon genügend orientirt ist, muß ich dahingestellt sein lassen. Wer in der Praxis viel mit Fällen zu thun gehabt hat, in welchen mit dem Verkauf von Geschäften Schwindel getrieben ist, der wird allerdings auch den zweiten Vorschlag des Herrn Gutachters befürworten können. Es kommt sehr häufig vor, daß ein Geschäft auf Credit eingerichtet wird; der Betreffende lebt von diesem Geschäft, während seine Wechsel laufen. Kommt aber die Verfallzeit der Wechsel, dann befindet sich plötzlich das Geschäft in anderen Händen. Der protestirende Notar findet zwar dieselben Einrichtungen, dieselben Waaren und dieselben Gesichter nur mit Ausnahme des Herrn Chefs, welcher hinter dem Ladentische steht und sagt: bedaure, der Herr so und so hat das Geschäft nicht mehr, seit gestern bin ich Inhaber desselben; sehen Sie gefälligst draußen nach der Firma. Es ist nämlich die alte Firma schleunigst überstrichen und eine andere an deren Stelle gesetzt. Das geht auf Betrug hinaus und es würde sich daher rechtspolitisch gewiß empfehlen, eine Bestimmung dahin zu treffen, daß jeder, welcher ein Geschäft d. h. den Waarenbestand desselben als Ganzes oder auch nur einen aliquoten Theil desselben veräußert, für die Schulden des Geschäfts ganz oder im Verhältniß des aliquoten Theils verhaftet ist.

Ich betone nochmals, daß dafür de lege ferenda ein rechtspolitischer Grund spricht, weshalb die Sache wohl noch näherer Erörterung und Prüfung bedürfen wird.

Wenn ich auch die Veräußerung aliquoter Theile heranziehe, so habe ich dabei besonders Detailgeschäfte im Auge. Der Detailist betreibt den Waarenhandel im Kleinen. Nehmen wir den Detailisten, welcher mit Cigarren handelt. Derselbe verkauft vielleicht bis zu 1 oder 2000 Stück auf einmal, was wohl schon ziemlich hoch gegriffen ist. Plötzlich verkauft er 50000 Stück von seinem Lager, etwa den 3., 4. Theil desselben, um sich Geld zu machen. Das geht über die Verhältnisse des Detailgeschäfts hinaus; hier handelt der Detailist bewußter Weise gegen das Interesse seiner Gläubiger, also unredlich. In einem solchen Falle läßt sich annehmen, daß auch der Erwerber recht wohl gewußt hat, die Sache ist nicht in Ordnung. Es läßt sich daher rechtspolitisch begründen, daß der Erwerber eines solchen die Grenzen des Detailsgeschäfts überschreitenden aliquoten Theils auch für den aliquoten und natürlich zu bemessenden Theil der Geschäftsschulden verhaftet ist. Das ist aber eine Frage, welche meiner Ansicht nach späterer Erwägung und Beschlußfassung vorbehalten werden kann. Ich schlage deshalb vor, den Antrag des Herrn Referenten dahin anzunehmen, daß, wenn mit Beibehaltung der Firma ein Geschäft veräußert wird, oder wie ich es correcter ausdrücken möchte, daß bei dem Uebergange einer Firma auch Activa und Passiva übergehen und daß ein Anderes durch Vertrag nicht festgesetzt werden darf; dagegen die zweite Frage, welche seitens des Herrn Gutachters herangezogen ist, ob auch ohne den Uebergang der Firma, oder wenn die Firma wesentlich geändert wird, — jede Aenderung der Firma ist übrigens wesentlich, — ob auch dann der Uebergang der Schulden und der Activa eintreten soll, als de lege ferenda noch nicht spruchreif späterer Berathung bezw. Beschlußfassung vorzubehalten.

Präsident: Ein Antrag wird nicht gestellt?

Rechtsanwalt **Küchendahl** (Stettin): Ich habe mich überzeugen lassen, daß das bereits in dem Antrage liegt.

Referent **Makower**: Nur zwei Worte, m. H.! Es ist kein Zweifel, daß wir nur de lege ferenda Beschluß fassen, und daß, wenn der Antrag, wie ich ihn gestellt habe, angenommen würde, darüber natürlich nichts entschieden ist, ob nicht auch, wenn die Firma verändert wird, doch unter Umständen der Geschäftsübernehmer aus anderen Gründen haftbar wird z. B. durch Erklärungen in Circularen, die er versendet, oder durch anderweite directe Rechtsgeschäfte. Es ist nicht richtig, was bemerkt worden ist, daß, wenn die Firma nicht übernommen wird, in keinem Falle der Geschäftsinhaber Dritten gegenüber haften würde; er kann es erklären, wenn er sich haftbar machen will. Der wesentliche Unterschied zwischen der Auffassung des Herrn Dr. Heinsen und der meinigen liegt, wenn ich es etwas drastisch ausdrücken darf, darin, daß ich das obligatorische Element fest halte, und Herr Dr. Heinsen gleichsam ein dingliches Recht herstellen will. Er betrachtet das Geschäft als Haftcapital und meint: wechselt diese Einheit der Eigenthümer, so gehen mit innerer Nothwendigkeit alle Schulden auf den neuen Inhaber des Complexes über; während ich der Meinung bin, daß die Haft des Erwerbers nur aus seinem erklärten Willen entspringe und daß man diese Erklärung darin finden könne, wenn er die Firma kundbar übernimmt. Er sagt dadurch allen Dritten gegenüber: was bis jetzt eine Einheit gewesen ist, Activa und Passiva, will ich als solche Einheit fortführen. Die Definition des Handelsgesetzbuchs, daß die Firma der Name ist, unter welchem der Kaufmann seine Geschäfte betreibt, ist richtig, aber nicht erschöpfend, denn sie ist mehr als der bloße kaufmännische Name des Inhabers.

Die Gründe, weshalb ich eine Beschlußfassung nur nach dem event. Antrag des Herrn Gutachters empfehlen möchte, beruhen darauf, daß ich das praktische Bedürfniß damit befriedigt glaube. Die Fälle, die Herr Dr. Heinsen anführte (der Uebernahme eines Theaters, einer Zeitung 2c.), kann ich mir kaum denken, ohne daß auch die Firma übernommen wird.

Ich glaubte darauf hinweisen zu müssen, daß, wenn man an den bloßen Uebergang des Geschäfts die Uebernahme der Activa und Passiva knüpft, es schwer sein wird zu sagen, wann eigentlich ein Geschäft übergegangen ist. Es ist nicht entscheidend, ob die Waaren, das Geschäftslokal, das Personal übergingen; man müßte also fragen, ob die Forderungen und Schulden des Geschäfts übergingen. Indessen kommt es vor, daß solche zur Zeit des Ueberganges gar nicht vorhanden sind; daher erscheint in den Circularen nicht selten die Klausel: Passiva sind nicht vorhanden.

Herr Dr. Heinsen will Gewicht darauf legen, ob die Absicht bestand, die Kundschaft mit zu übertragen und die Bezugsquellen kennen zu lernen. Es ist aber sehr leicht möglich, daß das Geschäft übergeben und übernommen wird, ohne daß die Absicht vorwaltet. Uebernimmt z. B. Jemand ein Geschäft, in welchem er lange Jahre Buchhalter oder Reisender war, so kennt er die Bezugsquellen und die Kundschaft, und die letztere kann schon vor der Geschäftsübernahme mit ihm so nahe Beziehungen haben, daß sie ihm folgen würde auch wenn er ein neues Geschäft begründete.

Es ist daher kein rechtliches Kriterium zu finden, wann ein Geschäft als übernommen gelten soll.

Mein Freund Beckh übersieht, daß der Uebergang eines Geschäfts bei einem Todesfalle von dem Falle der vertraglichen Uebernahme eines solchen dadurch sich unterscheidet, daß in dem letzteren Falle der Veräußerer in der Regel nicht das ganze Geschäft überträgt, sondern dies und das vom Verkaufe ausschließt, was in ersterem Falle nicht zu geschehen pflegt.

Sollte, m. H., mit der Zeit die Rechtsentwickelung dahin kommen, daß man das Wesen eines Geschäfts sicherer wird bezeichnen können, so wird man vielleicht später dahin kommen können, den Rechtssatz noch etwas zu erweitern. Man thut aber nicht gut, sprungweise vorzugehen und es ist besser, sich vorläufig mit der Abschlagszahlung zu begnügen, welche Herr Dr. Heinsen eventuell befürwortet hat.

Präsident: Wir kommen zur Abstimmung. Alle Redner und wohl die ganze Versammlung sind darüber einig, daß, wenn die Firma unverändert bleibt, der Antrag angenommen werden soll, und es fragt sich nur, ob auch dann, wenn die Firma nicht verändert wird, in Betreff des Uebergangs der Activa und Passiva das gelten soll, was der Antrag besagt. Ich werde daher einfach zur Abstimmung bringen, ob die Worte: „falls die Firma unverändert bleibt" dem Antrage des Gutachters gemäß gestrichen werden sollen. Wird dieser Antrag abgelehnt, so gilt der Antrag des Referenten in seinem ganzen Umfang für angenommen.

Ich ersuche daher diejenigen Herren, die die Worte im Antrag des Herrn Referenten: „falls die Firma unverändert bleibt" gestrichen haben wollen, die Hand zu erheben.

Es ist eine ganz geringe Minderheit. Der Antrag des Herrn Referenten ist angenommen.

Wenn kein Widerspruch erfolgt, nehme ich an, daß Sie damit einverstanden sind, daß der Herr Referent das Resultat unserer Berathung dem Plenum zur Kenntnißnahme mittheilt. (Pause.) Es ist so von der Abtheilung beschlossen.

Wir kommen nun zu der Frage Nr. 4.

Für dieselbe liegen der Abtheilung folgende Anträge des Referenten Herrn Dr. Jaques gedruckt vor:

Anträge des Referenten:

1. Jedem Actionär soll das Recht zustehen, die Einberufung der statutengemäßen Generalversammlung gegen weigernde oder zögernde Gesellschaftsorgane durch handelsgerichtliche Verordnung zu erwirken.

   Rechtzeitig vor Abhaltung der ordentlichen Generalversammlung ist jedem Actionär Einsicht in die Jahresrechnung und Bilanz, sowie in die Berichte des Vorstandes, des Aufsichtsrathes und der Revisoren zu gewähren.

2. Jedem Actionär soll das Recht zustehen, Beschlüsse der Generalversammlung wegen Verletzung wesentlicher Förmlichkeiten oder Ueberschreitung der der Generalversammlung durch Gesetz oder Gesellschaftsvertrag ertheilten Befugnisse im Wege der Klage gegen die Gesellschaft anzufechten.

Ebenso soll es jedem Actionär zustehen, gegen die Gesellschaft auf Aufrechterhaltung eines Generalversammlungsbeschlusses zu klagen, wenn der Vorstand die Giltigkeit bestreitet.

3. Ein Actionär oder Mehrere, deren Actien zusammen mindestens den 10. Theil des Grundkapitals darstellen, sollen berechtigt sein, sofern sie die Behauptung glaubhaft machen können, daß bei der Errichtung oder Geschäftsführung der Gesellschaft Unredlichkeiten oder gröbliche Verletzungen des Interesses der Actionäre unterlaufen sind, beim Handelsgericht unter Hinterlegung ihrer Actien nebst Zins- und Dividendenscheinen die Vornahme einer Untersuchung der von ihnen behaupteten Thatsachen oder der Geschäftsführung während eines bestimmten Zeitraumes zu beantragen. Im Falle doloser oder muthwilliger Aufstellung ihrer Behauptungen haften die Antragsteller der Gesellschaft für den derselben durch die Stellung des Antrages und die Verhandlung über denselben entstandenen Schaden.

4. In gleicher Weise und unter den gleichen Cautelen soll Actionären das Recht zustehen, aus wichtigen vom Handelsgericht zu prüfenden Gründen die Auflösung der Actien-Gesellschaft vor Ablauf ihrer statutenmäßigen Dauer auch gegen einen die Auflösung ablehnenden Beschluß der General-Versammlung im Wege der Klage zu erwirken, ferner die Bestellung von Liquidatoren durch den Richter anstatt der Erwählung derselben nach Statut, endlich die Abberufung der gewählten und Ersatz derselben durch richterlich zu bestellende zu verlangen.

5. Jedem Actionär soll das Recht zustehen, die bei dem Beschlusse über die Decharge vorbehaltenen Entschädigungsansprüche gegen Gesellschaftsorgane, wenn sie nicht innerhalb bestimmter Zeit geltend gemacht sind, sowie, trotz erfolgter Decharge durch die Generalversammlung, auf Vorsatz oder grobem Versehen beruhende Beschädigungen geltend zu machen.

Präsident: Ich ersuche den Herrn Referenten Dr. Jaques, das Wort zu nehmen.

Hof- und Gerichtsadvocat Dr. **Jaques** (Wien): Verehrte Collegen. Ich muß vor Allem um Entschuldigung bitten, daß ich, obgleich der Gegenstand, über den ich zu referiren habe, als erster unter denen erscheint, die der 2. Abtheilung zugewiesen sind, bei Eröffnung der Sitzung nicht anwesend war. Ich glaube, meine Rechtfertigung wird darin gelegen sein, daß ich geglaubt habe, als negotiorum gestor für die Abtheilung fungiren zu sollen, und daß ich glaube, das Resultat dieser negotiorum gestio sei für die Abtheilung sehr zweckmäßig. Die Herren werden mit mir der Ueberzeugung sein, daß es in Betreff der Materie, die uns hier beschäftigen wird, sehr wünschenswerth war, daß das ausgezeichnete Mitglied des hiesigen Reichsgerichts, der Mann, welcher zugleich in ganz eminentem Sinne für Fragen dieser Art Fachmann ist, ich meine Herrn Reichsgerichtsrath Dr. Wiener, an unseren Verhandlungen über den Gegenstand Antheil nehme. Nun war die Frage eine offene, ob derselbe nicht etwa heute noch als Referent in der 1. Abtheilung zu fungiren haben und dadurch die Unmöglichkeit seiner Mitwirkung bei uns herbeigeführt werde. Das war der Grund, daß ich so frei war, drüben nach Kräften dahin zu wirken, die Tagesordnung eine solche Wendung nehmen zu lassen, daß wir die Freude haben, Herrn Dr. Wiener in unserer Mitte zu sehen; dieses Resultat ist erreicht. Ich hoffe demnach, Amnestie in Anspruch nehmen zu können.

Präsident: Die Versammlung wird die gern ertheilen.

Referent Dr. **Jaques** (Wien): Ich komme zur Sache selbst. Die Frage, über die ich zu referiren habe, lautet:

„In welchem Umfange sind gesetzlich Sonderrechte der Actionäre anzuordnen, und welche Schutzmittel sind ihnen dafür zu gewähren?"

Im Gegensatze zur Gepflogenheit des Juristentags wird über diesen Gegenstand heute hier verhandelt, ohne daß ein Gutachten zu Grunde liegt, und das ist um so bedauerlicher, weil die Frage, wie es den verehrten Collegen allen bekannt ist, zu denjenigen gehört, bei denen man mehr als bei irgend welchen anderen die eingehendste Vorbereitung als wünschenswerth erachten müßte. Als ich nun unter diesen Umständen daran ging, da dachte ich anfangs, daß es zweckmäßig sein werde, über den Gegenstand eigentlich nur eine Discussion einzuleiten und dieselbe dann mit einem Vertagungsantrage zu dem Behufe zu schließen, damit für den nächsten Juristentag Gutachten eingeholt werden könnten. Ich danke es nur dem außerordentlich freundlichen Entgegenkommen einer Anzahl von verehrten Collegen und Freunden, die hier zu nennen ich für Pflicht halte, daß ich im Stande bin, mit bestimmten Anträgen vor die Abtheilung zu treten. Ich habe von unserem hochverehrten Goldschmidt in Berlin, von Laband in Straßburg, von Wolffon in Hamburg, von Keißner in Berlin, eine Reihe brieflicher Aeußerungen erhalten, welche es mir wesentlich erleichtert haben, der Sache näher zu kommen, und — last not least — hat zu diesem Resultate beigetragen, daß Herr Reichsgerichtsrath Wiener, der dem Juristentage das vorher verlangte Gutachten nicht erstattet hatte, die außerordentliche Liebenswürdigkeit gehabt hat, mir in brieflichen Aeußerungen ein förmliches Gutachten zu geben. Und wenn nun meine Anträge — wie ich es hoffe — wenigstens in mannigfacher Beziehung die Zustimmung der verehrten Herren erringen dürften, so muß ich ganz speciell hervorheben, daß der größere Theil der Arbeit und also eventuell des Verdienstes auf Rechnung Wiener's, und nicht auf die meine, zu setzen ist.

Die Frage, die uns beschäftigt, hängt aufs engste zusammen mit den mannigfachen Peripetien, die das Actienwesen in Deutschland und Oesterreich erfahren hat. Ich setze die Ereignisse, die in dieser Richtung stattgefunden haben, als den verehrten Herren bekannt voraus. Ich setze voraus, man wisse allgemein, daß an Stelle sovieler utopistischer Gedanken, die man seinerzeit mit dem Actienwesen verbunden hatte, sehr große Enttäuschungen getreten sind, daß aus dem Eldorado, das man vielfach geträumt, zum großen Theil ein Trümmerfeld geworden ist und daß nun an die Gesetzgebung die Aufgabe herankommen mußte, zu sehen, ob den vielen Uebelständen, die da eingetreten, nicht im Wege legislatorischer Vorschriften wenigstens für die Zukunft entgegengearbeitet werden könne.

Ich muß hinzufügen daß, wenn gerade unter solchen Umständen, nach vielen und traurigen Erfahrungen, die Gesetzgebung sich daran macht, reformirend vorzugehen, die Gefahr einer Gelegenheitsgesetzgebung ganz außerordentlich nahe liegt, die Gefahr, daß man unter dem starken und deprimirenden Eindruck dessen, was vorausgegangen, Institutionen zu treffen sucht, durch die man sanguinisch hofft, der Wiederkehr der alten Uebel ein Halt geboten zu haben, während man der neuen vergißt, die man vielleicht selbst hervorruft. Bei Erörterung dieser Frage hat man demnach alle Veranlassung, so behutsam wie nur irgend möglich zu sein und vor dem Zuviel mehr Angst zu haben, als vor dem Zuwenig. Ich weiß nun nicht, ob die verehrten Herren in meinen Anträgen etwa noch zuviel finden werden; ich meines Theils habe geglaubt, daß, wenn die Frage überhaupt präcisirt werden kann und soll, dies ungefähr die Ideen seien, die man mit Ruhe aussprechen könne, ohne auf der einen Seite fürchten zu müssen, daß die alten Uebelstände bestehen bleiben oder auf der anderen, daß der Bewegung im Actienwesen, die denn doch sehr wichtige und nicht zu beseitigende Theile des gesammten heutigen wirthschaftlichen Lebens in sich schließt, zu stark entgegengewirkt werde.

Es ist hier zuerst die Frage zu stellen, was man unter Sonderrecht der Actionäre eigentlich zu verstehen hat, eine Frage, die nicht so ganz leicht zu lösen ist und zwar deshalb nicht, weil Verschiedene sich sehr Verschiedenes unter dem Begriffe denken. Ich möchte hierbei folgende Betrachtung vorausschicken. Es will mir scheinen, als ob die durch solange Jahre bestandene Controverse zwischen der Construction der Actiengesellschaft als Societät oder aber als juristische Person mit dazu beigetragen habe, die damit verbundenen Fragen nicht zu so vollkommener Klarheit kommen zu lassen, wie es wünschenswerth gewesen wäre. Man hat durch sehr lange Zeit die Actiengesellschaft ihrer Wesenheit nach nach den Grundsätzen der römischen societas beurtheilt. Diese Ansicht ist denn so ziemlich überwunden worden mit geringen, wenn auch in Bezug auf die Persönlichkeiten, durch die sie repräsentirt wird, außerordentlich beachtenswerthen Ausnahmen, und die Anschauung, daß es sich hier um eine juristische Person handelt, hat sich Bahn gebrochen. Unwillkürlich ist man aber durch den langen Streit veranlaßt worden, sich nicht mehr mit der Frage zu befassen, was denn eigentlich an Rechten der Einzelnen, welche zu dieser juristischen Person im Verhältniß von Actionären stehen, noch übrig geblieben ist, nachdem man einmal den großen Sprung in das neue Grundprincip gemacht hatte. Dadurch ist es gekommen, daß gewisse Begriffe nicht zur vollen Klarheit gebracht worden sind.

Es wird in Theorie und Praxis zwischen dem Begriff Individualrecht und Sonderrecht in der Regel kein scharfer Unterschied gemacht, es wird gewöhnlich so argumentirt: Alles, was dem Einzelnen, welcher zur Gesellschaft als Mitglied, als Actionär gehört, durch die Organisation, die Verfassung der Gesellschaft als Recht gegeben ist, das ist nothwendig als Individualrecht oder als Sonderrecht — beide Bezeichnungen werden so ziemlich promiscue gebraucht — aufzufassen. Der Mangel einer Unterscheidung beider mag zum Theil darauf zurückzuführen sein, daß der Begriff „Sonderrechte" herübergenommen ist aus dem öffentlichen Rechte, in welchem man durch lange Zeit — ich weise hin auf die interessante Behandlung von Laband, Hirth's Annalen, Jahrgang 1874, — unterschieden hat diejenigen Rechte, die den Angehörigen einer Corporation oder den einzelnen Gliedern einer Staatseinheit zukommen als Theilen dieses Corporations-Verbandes oder als organischen Gliedern dieser Staatenverbindung, corporative Rechte und andere, die ihnen außerdem noch zustehen, Sonderrechte. Daß rücksichtlich dieser letzteren Rechte die Majorität nicht entscheiden kann, wird in den verschiedenen Erörterungen, die das öffentliche Recht zum Gegenstande haben, ausgesprochen, und um Ihnen eine prägnante Stelle in der Richtung in Erinnerung zu bringen, will ich erwähnen, daß in einer alten Denkschrift der evang. Stände von 1719, die vielfach citirt wird, weil sie bei Feststellung der Schlußacte der alten deutschen Bundes-Verfassung berücksichtigt worden ist, gesagt wird:

Constat enim Statibus peculiaria esse jura, usu ac legibus quaesita, in quae caeteris constatibus nullum jus est; quae proinde per majora nemini adimi possunt, cum nunquam ea mens fuerit unionis Statuum in unum corpus ut caeteris potestas esset jura cuiquam sua adimendi, sed ut omnium et singulorum jura communi studio tuerentur.

Es darf aber nicht vergessen werden, daß diese jura quaesita innerhalb des Corporationsverbandes bestehend gedacht sind, während die jura singulorum außerhalb des Corporationsverbandes und seiner Competenz bestehen, und auch beide die Eigenschaft theilen, durch Majoritätsbeschluß nicht abänderlich zu sein. Es zeigt sich also schon hier, daß die Grenze zwischen diesen corporativen Antheilrechten, die der Einzelne ausübt, gegenüber Rechten, welche den einzelnen Mitgliedern der Corporation zustehen, ohne aber aus dem Corporationsverbande als nothwendige Consequenzen dieses Corporationsverbandes hervorzugehen, nicht so leicht festzuhalten ist, und so bleibt man nun gewöhnlich bei dem einfachen Gegensatze der Corporativrechte, die die Gesammtheit ausübt zu den Sonderrechten, die innerhalb des Corporativverbands der Einzelne ausübt, stehen. Die Gesetzgebungen auf dem Gebiet des Privatrechts haben das auch durchaus nicht scharf präcisirt, denn Sie finden z. B. in § 68, II., 6. Abschnitt des allgemeinen Landrechts eine Bestimmung, worin es heißt: „Gesellschaftliche Rechte, welche nicht sämmtlichen Mitgliedern, sondern nur Einem oder dem Andern unter ihnen, als Mitglied, zukommen, können denselben, mit ihren Willen, durch die bloße Stimmenmehrheit nicht genommen oder eingeschränkt werden,“ womit also nur das Bestreben zu Tage tritt, eine Grenze zu finden zwischen dem, worin man dem Majoritätswillen unterliegt, und dem, was als Einzelrecht der Majoritätsherrschaft nicht unterworfen werden soll; und etwas bestimmter der § 54 des sächsischen Gesetzbuchs, welcher sagt:

„Die Sonderrechte einzelner Mitglieder von Personen, Vereinen können weder durch die Vertreter, noch durch Beschlüsse der Mitglieder beeinträchtigt werden“ —

denn — das ist Zusatz der Theorie — die „Sonderrechte einzelner“ Mitglieder können nur im Gegensatz zu den „allen einzelnen“ oder „den einzelnen“ Mitgliedern zustehenden Rechten, die eben darum keine besonderen Rechte sind, verstanden werden.“

Nun, wie gesagt, die Begriffe Individualrechte und Sonderrechte werden demgemäß in der Wissenschaft und in der Praxis so ziemlich promiscue gebraucht, und es ist sehr interessant, daß selbst in den vortrefflichen und für Deutschland wie Oesterreich gleich bedeutungsvollen Entscheidungen des Reichs-Oberhandelsgerichts die Auseinanderhaltung des Begriffs Sonderrecht und des Begriffs Individualrecht, soweit ich die Entscheidungen habe übersehen können, nicht stattgefunden hat, indem es z. B. in einer Entscheidung des Reichs-Oberhandelsgerichts vom 20. Octbr. 1877 heißt „Sonderrechte im eigentlichen Sinne: ein Recht, durch dessen Constituirung die Gesellschaft sich aus dem gesellschaftlichen Verhältnisse zu Leistungen an den Einzelactionär als dessen Schuldnerin verpflichtet hätte.

Oder in der Entscheidung vom 26. Oktober 1874: der Anspruch auf Dividende gehört zu den Sonderrechten der Actionäre.

Und am eingehendsten in der Entscheidung vom 9. September 1879, wo gesagt wird:

— Als Rechte, welche dem Einzelactionär im Gegensatze zur Gesammtheit der Actionäre zustehen, sind aber hiernach anzusehen nicht blos diejenigen Rechte, die ihnen als Träger selbstständigen Individualwillens aus dem Gesellschaftsverhältnisse gegen die Gesellschaft als die Verpflichtete zustehen, nicht blos diejenigen, welche ihnen als Mitträger des Gesammtwillens behufs Mitwirkung, damit diese zur Erscheinung komme, eingeräumt sind, sondern, und zwar eigentlich in erster Reihe . . . . das Recht, daß die Gesellschaft die gesetzlichen und statutarischen Vorschriften zur Geltung bringe und befolge.

Wir sehen also in dieser letzten Entscheidung einen bedeutsamen Schritt in Bezug auf die Begriffsbestimmung von Sonderrechten.

Es wird in erster Linie als Sonderrecht aufgestellt das Recht, daß die Gesellschaft die gesetzlichen und statutarischen Vorschriften zur Geltung bringe und befolge.

Ich möchte nun überhaupt nicht auf eine theoretische Unterscheidung, wie im gegebenen Fall etwa zwischen „jura singulorum“ und „jura singularia“ oder wie angedeutet, zwischen Individualrechten und Sonderrechten einen besonderen Werth legen, möchte es nicht als für die Praxis außerordentlich wichtig ansehen, diese Unterscheidung streng festzuhalten; und ich nehme es dem hochverehrten Reichs-Oberhandelsgerichte daher auch nicht im allerentferntesten übel, daß es keinen sehr großen Werth darauf gelegt hat. Nur ließe sich meines Erachtens wohl, wenn man den Gegenstand möglichst scharf zu durchdenken sucht, folgende Unterscheidung rechtfertigen:

Individualrechte sind diejenigen Rechte, welche dem einzelnen Actionär zustehen als *von ihm selbst* auszuübende *Mitgliedschaftsrechte* aus dem Actiengesellschaftsverbande, und Sonderrechte solche Rechte, welche unabhängig von dem Verbande aber in Beziehung auf denselben dem Einzelnen vorbehalten bleiben sollen.

Um ein concretes Beispiel anzuführen, möchte ich sagen: das Recht auf Dividende oder das Recht auf Antheilnahme an der General-Versammlung wäre ein Individualrecht; das Recht, daß der Gegenstand der Unternehmung nicht verändert werden darf, daß nicht eine Fusion stattfinden darf — ich nehme an, es stände Art. 215 nicht im Handelsgesetzbuch — außer unter Zustimmung aller Betheiligten ist ein Sonderrecht, und die Natur des Sonderrechts zeigt sich darin, daß die Zustimmung aller Betheiligten erforderlich ist, um solch ein Resultat herbeizuführen.

Ich wiederhole, vom Standpunkt des praktischen Rechts ist darauf kein besonderer Werth zu legen; denn nicht das sind unsere Sorgen, wie man die Rechte abstract bezeichnet, sondern wie man sie zur Ausübung bringt, so daß das wirthschaftliche Wohl der Gesammtheit möglichst sichergestellt und die Rechte des Einzelnen vor Gefährdung geschützt werden.

Ich möchte nun für einen Moment anknüpfen an den letztangeführten Satz des Reichs-Oberhandelsgerichts, weil ich in der Behauptung, es bestehe ein fundamentales Recht des Actionärs darin, „daß die Gesellschaft die gesetzlichen und statutarischen Vorschriften zur Geltung bringe und befolge", eine wahre Quelle für die Feststellung derjenigen Rechte finde, von denen ich der bescheidenen Meinung bin, daß sie den Actionären sollen eingeräumt werden. Und wenn ich diese Rechte etwas näher specialisire, so möchte ich folgende zwei Hauptkategorien aufstellen, indem ich zugleich die Aufmerksamkeit der verehrten Herren von vorn herein darauf lenke, daß meine Anträge die Präcisirung des ersten Rechts zum Gegenstande haben werden, nicht aber des zweiten, auf das ich am Schlusse mit einigen Worten zurück komme.

I. Rechte aus der Rücksicht auf die Vollziehung des gesellschaftlichen Zweckes, (in demselben Sinn, wie ich unter Hinweis auf die Aeußerung des verehrten Reichs-Oberhandelsgerichts angedeutet habe).

II. Rechte in Betreff der Veränderung des gesellschaftlichen Zwecks und der gesellschaftlichen Organisation.

Aus dem ersten Grundgedanken gehen nach meinem Erachten eine Reihe von Rechten als nothwendige Consequenzen hervor. Vor Allem — und das berührt einen der wundesten Punkte in unserem bisherigen Actienrechte — das Recht auf Information, das ist der Anspruch darauf, daß der einzelne Actionär nicht bloß eines schönen Tags, wenn die Generalversammlung zusammenkommt, hört, was man im Laufe eines Jahres gethan hat, es häufig nur sehr unbestimmt, sehr unvollständig hört, und nun gedrängt wird, sofort irgend einen Beschluß zu fassen, ohne daß er eigentlich weiß, um was es sich handelt, sondern daß dem einzelnen Actionär die Möglichkeit gegeben werde, die Controle, die Aufsicht, die ja im Sinne aller vernünftiger Gesetzgebungen sowie des Handelsgesetzbuchs wenigstens in thesi unbedingt dem Actionär zugestanden wird, in concreto auch durch Kenntnißnahme von der ganzen Gestion des Vorstandes der Actiengesellschaft zu üben. Das wäre also das Recht der Information, zu dessen näherer Präcisirung nach meinem Erachten die Bestimmungen des Handelsgesetzbuches sehr wenig gethan haben, und es ist nicht nothwendig, dabei länger zu verweilen, denn die Erfahrungen in der Praxis zeigen drastisch und deutlich, daß die Generalversammlungen äußerst häufig Scheinversammlungen, daß die Actien durch Strohmänner vertreten waren, und daß sich oft erst später, zu spät herausstellte, der Vorstand, Aufsichtsrath oder Verwaltungsrath habe in nachtheiliger Weise gewirthschaftet.

Ein zweites Recht aus jenem Grundprincip ist das Recht, gesetz- oder statutenwidrige Beschlüsse der Generalversammlung anfechten zu können. Soviel ist ja doch gewiß, daß der einzelne Actionär, indem er eingewilligt hat, daß ein Gesammtvermögen, zu dem er auch seinen Theil beigetragen hat, durch eine Organisation verwaltet werde, auf welche, auf deren Durchführung, deren praktische Handhabung er nicht täglich und im Einzelnen Einfluß zu nehmen im Stande ist — soviel ist gewiß, der Actionär hat nicht verzichten wollen, Einfluß darauf zu nehmen, daß diese Generalversammlung, dieses geschäftsführende Organ, nur innerhalb des Rahmens agire, welcher durch Gesetz und Statut festgestellt worden ist; es muß also, wenn erweisbar ist, daß die Generalversammlung Beschlüsse gefaßt hat, welche gesetz- oder statutenwidrig sind, dem Actionär das Anfechtungsrecht hinsichtlich dieser Beschlüsse zustehen.

Ich glaube ferner, daß in allen denjenigen Fällen, wo begründete Ursache vorliegt anzunehmen, daß bei der Führung und Verwaltung der Actiengesellschaft Mißbräuche durch Unredlichkeit oder grobes Verschulden stattgefunden haben, es ein Recht des Actionärs sein muß, eine Untersuchung eintreten zu lassen, damit die Mißbräuche zu Tage treten, und ihm nicht weiter ein Schaden zugefügt werden könne. Das ist also ein U n t e r s u c h u n g s r e c h t des Einzelactionärs innerhalb näher zu bezeichnender Grenzen.

Ich glaube weiter, daß, wenn Umstände eintreten, welche in bestimmter und überzeugender Weise den Nachweis erbringen lassen, daß der Zweck einer Gesellschaft nicht mehr erreicht werden kann, daß somit der weitere Fortbestand der Gesellschaft den Interessen der Actionäre nachtheilig ist, daß dann auch dem einzelnen Actionär oder doch einer Anzahl von Actionären, welche einen nicht unbeträchtlichen aliquoten Theil des Actiencapitals repräsentiren, das Recht gegeben werden muß, auf Auflösung der Gesellschaft zu dringen. Nun, meine verehrten Herren, indem ich diese beiden Punkte: Untersuchungs- und Auflösungsrecht — ich halte es für praktisch eine kurze Formel zu wählen — erwähne, so bin ich mir dessen völlig bewußt, wie ich mir ja auf dem ganzen Gebiete unserer Frage dessen bewußt bin, daß mit jeder Einräumung eines Rechts an die Actionäre, an einen oder an mehrere, die eine Quote des Actiencapitals repräsentiren, eine gewisse Gefahr für den regelmäßigen, stetigen Betrieb der Actiengesellschaft verbunden ist, daß dieselben Rechte, in welchen ich wichtige Cautelen sehe, um Mißbräuche hintanzuhalten, selbst mißbräuchlich angewendet werden können, daß sie angewendet werden können zum Zwecke von Intriguen, von Erpressungen, daß man demnach in der That genöthigt ist, sehr umsichtig zu fragen, ob nicht die Ausübung jedes einzelnen solchen Rechts wieder an gewisse Cautelen gebunden werden soll, welche die Gefahr eines Mißbrauchs möglichst beseitigen, möglichst dagegen schützen. Ich weiß es sehr wohl, — und es gehört nicht zu den angenehmen Dingen, dies auf dem Gebiet der Wissenschaft einräumen zu müssen, daß diese Fragen alle eine sozusagen relative Natur haben, und daß man bei keiner einzigen Lösung derselben mit derselben Ruhe, mit der wir es bezüglich einer ganzen Reihe wissenschaftlicher Probleme aussprechen können, sagen kann: das ist das Richtige, das wissenschaftlich Gebotene, zugleich das praktisch Entsprechende. Aber es scheint mir dessenungeachtet, daß man an der Hand des Satzes, daß der Vorstand der Actiengesellschaft und die Generalversammlung gebunden sind, unter allen Umständen Gesetz und Statut einzuhalten und nach bestem Wissen und Gewissen für das wirthschaftliche Wohl der betreffenden Actienunternehmung und der Unternehmer thätig zu sein, eine genügende Grundlage findet, um unter entsprechenden Cautelen das Recht auf die Untersuchung und das Recht auf Erzielung der Auflösung einzuräumen.

Es kommt ein letztes, ein fünftes Recht hinzu, von dem ich glaube, daß es den Actionären eingeräumt werden soll und kann unabhängig von der Generalversammlung, und das ist das Recht, unter Umständen Entschädigung gegenüber den gesellschaftlichen Organen in Anspruch zu nehmen. Dieses Recht würde sich nun nach meiner Auffassung untertheilen haben in zwei verschiedene Momente resp. es würden zwei verschiedene Ausübungsfälle zu unterscheiden sein.

Der erste Ausübungsfall wäre der, daß in einer Generalversammlung anerkannt worden ist, die Situation liege so, daß gewisse Entschädigungsrechte gegenüber dem gemeinschaftlichen Organe möglicherweise Platz greifen, weßhalb man sich die Geltendmachung solcher Entschädigungsrechte vorbehalten hat; es trete nun aber der Fall ein, daß der Vorstand der

Actiengesellschaft es bei diesem Vorbehalt bewenden läßt, ohne zur praktischen Ausführung zu schreiten. In solchen Fällen ist eine Vorsorge von Wichtigkeit, wonach den Actionären, wenn eine bestimmte Frist verlaufen ist, die Möglichkeit geboten wird, das Entschädigungsrecht auf eigene Faust geltend zu machen. Ein zweiter Fall, von dem ich glaube, daß er nach allgemeinen Rechtsgrundsätzen keiner eingehenden Erörterung bedarf, weil er für sich selbst spricht, ist, daß ganz unabhängig von der Ablehnung der Generalversammlung, ganz unabhängig von der etwaigen Decharge, die von seiten der Generalversammlung dem Vorstand ertheilt worden ist, doch dem einzelnen Actionär das Recht gewahrt bleiben soll, solche Schäden, welche auf dolus oder culpa lata beruhen, also auf Vorsatz oder grobem Versehen, geltend machen zu können.

Es schien mir zweckmäßig, zuerst im Allgemeinen die vorausgegangene Uebersicht zu geben und dann erst auf einzelne Positionen meiner Anträge einzugehen. Bezüglich des Gesammtcomplexes der angegebenen Rechte aber glaube ich, daß man innerhalb der Grundidee und Grundprincipien, auf welchen die Actiengesellschaft beruht, dieselben den einzelnen an der Actiengesellschaft Betheiligten einzuräumen habe.

Die 2. Gruppe von Rechten enthielte nun solche, welche außerhalb des Rahmens des regelmäßigen Geschäftsbetriebs der Actiengesellschaft fallen, wie Abänderung des Gegenstandes der Unternehmung, oder Fusion und eine Reihe von Rechten, welche in der Verfassung der Gesellschaft selbst gelegen jura quaesita des Einzelactionärs sind z. B. der statutarische Anspruch auf Dividende (wohl zu unterscheiden von dem concreten Anspruch aus dem Gebahrungsresultat eines abgelaufenen Jahres), bezüglich deren sich aber doch im Laufe der Zeit die Nothwendigkeit ergeben oder es als wünschenswerth erscheinen kann, Abänderungen vorzunehmen. Da tritt nun das ein, was ich mir früher erlaubt habe, speciell als Sonderrecht zu qualificiren und bezüglich dessen man sagen muß, das Majoritätsprincip lasse uns dabei im Stiche; man sei berechtigt oder es sei zweckmäßig zu sagen, der einzelne Actionär solle rücksichtlich solcher Rechte und solcher Fragen, wo er seine jura quaesita hat und wo es sich um den Grundgedanken des ganzen Unternehmens handelt, ein specielles Sonderrecht haben, welches so beschaffen ist, daß die Majorität nicht mehr die Herrscherin über die renitente oder passive Minorität sein kann. Da komme ich an den Punkt, — ich scheue nicht öffentlich dieses testimonium paupertatis abzulegen, — wo mein redlichstes Bestreben, zur Lösung zu kommen, mich nicht zum Ziele geführt hat, wo ich weder an der Hand der leitenden Principien unserer Gesetzgebung, die ich da leider nicht mehr als den Ariadnefaden bezeichnen kann, der aus den Labyrinth herausführt, noch auch an der Hand der fremden Gesetzgebungen, beispielsweise der französischen und englischen zu voller Klarheit gelangen könnte. Auch bei diesen, wo man sich um die Frage ob juristische Person oder Societät viel weniger bekümmert hat als um die Frage der Rechte der Actionäre und des Verhältnisses der Actionäre zum Vorstand und zur General-Versammlung, resp. zur Actiengesellschaft als solcher, auch hier begegnet man einem ganz merkwürdigen Schweigen in Bezug auf diese Frage. Es hat das ältere französische Societätsrecht z. B. von Modificationen der Statuten, von Prolongation der Dauer der Actiengesellschaft oder von Verkürzung derselben innerhalb der ursprünglichen statutarisch bestimmten Grenzen ohne Zustimmung aller Actionäre gar nichts wissen wollen. Das heute geltende Gesetz von 1867 hat unterschieden und gesagt, die drei Rechte der Statutenveränderung, der Verlängerung oder Verkürzung der Actiengesellschaft soll von der General-Versammlung beschlossen werden, in welchen die Hälfte des Actiencapitals vertreten ist. Dabei ist aber die französische Praxis und sind die französischen Gerichtshöfe im allergrößten Zweifel darüber, wieweit dieses Recht der Statutenmodification innerhalb dieses schon so weit gespannten Rahmens noch zu gehen hat und die französischen Gerichtshöfe haben schon eine Reihe von Entscheidungen gefällt, in welchen gesagt ist, eine Fusion oder eine Aenderung des Gegenstandes der Unternehmung könne nicht unter der Firma einer Statutenänderung passiren, sondern die lex contractus sei die Basis, auf welcher die Vereinigung stattgefunden hat. So erwähnt beispielsweise Alauzet in der neuesten Auflage seines Commentars zum französischen Societätsrechte dies als das heute von ihm und einer großen Anzahl französischer Gerichtshöfe für einzig richtig anerkannte Recht.

Im englischen Recht ist der Grundsatz ausgesprochen, daß Statutenänderungen stattfinden können und daß die Majorität zu entscheiden hat, provided such matter do not affect its constitution, vorausgesetzt, daß eine solche Entscheidung nicht die Verfassung berührt. Da stehen wir wieder vor dem verschleierten Bilde zu Sais in Betreff der Frage, was denn alles zur Verfassung gehört, was eigentlich das Wesen der Verfassung ausmacht. Es giebt englische Gerichtshöfe, welche wiederholt gesagt haben: wenn es im Statut vorgesehen ist, so kann eine ganze Reihe von Statutenänderungen vor sich gehen. Mir ist aber nicht erinnerlich, daß bei den Entscheidungen, die ich in dem Werke von Shelford nachgesehen, auch vorgekommen wäre, daß eine Fusion oder eine Aenderung des Gegenstandes der Unternehmung vor sich gehen könne ohne Zustimmung aller Interressenten. Ich habe eine bezügliche Stelle notirt, die besondere Beachtung verdient, weil sie von den englischen Juristen in der bekannten

Weise angeführt wird, daß man eine große juristische Autorität vor sich habe, deren Ausspruch gleichsam maßgebend ist für das, was zu gelten hat. Lord Eldon meint, wenn Aehnliches zulässig wäre, dann würde ein einzelnes Individuum oder es würden mehrere Individuen, die einem speciellen Unternehmen beigetreten sind, wider ihren Willen implicirt werden in irgend eine andere Unternehmung, wie verschieden auch immer deren Beschaffenheit wäre, (an individual or individuals by engaging in one specified concern might be implicated in any other concern however different in its nature against his consent).

Wenn also die deutsche Gesetzgebung es mit der Sache so leicht nimmt, wie unser Handelsgesetzbuch, welches in Artikel 215 eine Aenderung des Unternehmens und eine Fusion zuläßt, wenn dies im Gesellschaftsvertrag vorgesehen worden ist, wenn weiter die französischen und englischen Gesetzgebungen unsicher sind, indem sie nirgends mit scharfen präcisen Worten die Grenze zwischen dem, was in dieser Beziehung Individual- oder Sonderrecht ist und dem, was Recht der Gesellschaft ist, ziehen, dann bekenne ich ganz unumwunden, den Muth, die Frage jetzt zu lösen, habe ich auch nicht; ich habe diesen Muth auch deshalb nicht, weil eben kein Gutachten vorliegt, die Frage also nicht nach allen Seiten so erörtert worden ist, wie sie es sein sollte, wenn der deutsche Juristentag, der ja doch noch immer den Ruf eines Areopags deutscher Rechtsgelehrsamkeit genießt, einen Ausspruch thun soll. Ich habe diesen Muth um so weniger, weil ich ja nicht verkennen kann, daß die Sache so liegt: auf der einen Seite muß man den dringendsten Wunsch hegen, daß Beweglichkeit der Actiengesellschaft bestehe, daß sie nicht sozusagen vinculirt sei, irgend welche Einzel-Rechte gleichsam versteinert in ihren Statuten fortbestehen zu lassen und auch dann noch zur Ausführung zu bringen, wenn die bei der Gründung bestandenen Verhältnisse sich total geändert haben; auf der anderen Seite stellt wieder die Pietät des gut erzogenen Juristen vor dem jus quaesitum die Anforderung, daß man dasselbe Niemandem wegnehme, wenn er nicht zugestimmt hat, es sei denn etwa, daß er schon von vorn herein unter genauer Kenntniß sämmtlicher Verhältnisse, also auch in bestimmter Form und für ganz bestimmte vorhergesehene Eventualitäten, nicht aber in dem unbestimmten Dunkel möglicher ganz verschiedenartiger Gestaltung der Verhältnisse seine Zustimmung dazu ausgesprochen hat.

In Folge dessen werde ich mir also erlauben, rücksichtlich dieses zweiten Punktes, nämlich rücksichtlich der Frage, in wie weit und welche Rechte bestehen sollen, bezüglich deren das Majoritätsprincip nicht zur Geltung zu kommen hat, sondern Entscheidungen resp. Modificationen nur getroffen werden dürfen unter Zustimmung Aller, keinen positiven Antrag zu stellen, sondern nur den Antrag, die Entscheidung der Frage zu vertagen und Gutachten über dieselbe einzufordern.

In Bezug auf den ersten Theil meiner Aufgabe möchte ich mir aber nun erlauben, die einzelnen Anträge vorzulesen und daran die wenigen Bemerkungen zu knüpfen, mit denen ich glaube, die Sache erledigen zu können.

Ziffer 1 lautet also nach meinem Antrage:

> 1) Jedem Actionär soll das Recht zustehen, die Einberufung der statutengemäßen Generalversammlung gegen weigernde oder zögernde Gesellschaftsorgane durch handelsgerichtliche Verordnung zu erwirken.
>
> Rechtzeitig vor Abhaltung der ordentlichen Generalversammlung ist jedem Actionär Einsicht in die Jahresrechnung und Bilanz, sowie in die Berichte des Vorstandes, des Aufsichtsrathes und der Revisoren zu gewähren.

Antrag 1 hat also wesentlich zum Gegenstande das Informationsrecht. Ich betrachte es als feststehend, daß dem Actionär das Recht zustehen soll, die Einberufung einer statutengemäßen Generalversammlung gegen weigernde oder zögernde Gesellschaftsorgane zu erwirken. Ich accentuire hier das Wort „statutengemäße Generalversammlung" und zwar deshalb, weil an dieser Stelle nicht unterschieden werden darf zwischen einer etwaigen ordentlichen und einer außerordentlichen Generalversammlung. Die Gründe, welche dafür bestehen — wir wollen annehmen, sie sind gesetzlich oder statutarisch normirt — eine außerordentliche Generalversammlung einzuberufen, können praktisch geworden sein und es kann sich der Vorstand weigern, eine solche außerordentliche Generalversammlung einzuberufen. Ich will also, daß in diesem Falle das Recht der Einberufung der Generalversammlung, wenn sie überhaupt statutengemäß ist, gleichviel ob ordentliche oder außerordentliche, den einzelnen Actionären gewährt werde gegen zögernde oder weigernde Gesellschaftsorgane.

Nun steht hier der Passus „durch handelsgerichtliche Verordnung" und da mag ein kleiner Fehler unterlaufen sein, indem in Deutschland zum Theil Verhältnisse der Gerichtscompetenz obwalten, wonach nicht das Handelsgericht in solchen Fällen zu agiren hat und auch der Begriff „Verordnung" nicht am Platze ist. Ich gebe also unter diesen Umständen vollständig anheim, wenn in dieser meiner Vermuthung nicht ein Irrthum sein sollte, an Stelle dieser handelsgerichtlichen Verordnung zu setzen: „durch gerichtliche Verfügung". Das würde dem Zwecke, den ich dabei im Auge habe, vollständig entsprechen, und die Verschiedenheiten berücksichtigen, die in einzelnen Ländern bestehen.

Der zweite Absatz des 1. Punktes lautet:

Rechtzeitig vor Abhaltung der ordentlichen Generalversammlung ist jedem Actionär Einsicht in die Jahresrechnung und Bilanz, sowie in die Berichte des Vorstandes, des Aufsichtsrathes und der Revisoren zu gewähren.

Ich möchte da gleich erwähnen, was ich auch bitte gütigst weiter zu berücksichtigen, es ist uns die möglichste Knappheit der Formulirung auferlegt durch den Umstand, daß wir nur sehr kurze Zeit haben, nicht in das ganze Detail der Frage dringen können, und es ist weiter nöthig, sich an die Frage, wie sie von Seiten der Deputation zur Berathung gestellt ist, so strikt als möglich zu halten. Darum habe ich bei diesem Satze als das Entscheidende nur aufnehmen können und wollen: Einsicht in die Jahresrechnung und Bilanz, in die Berichte des Vorstands, des Aufsichtsraths und der Revisoren. Ich kann also z. B. über die Frage, ob Revisoren überhaupt bestehen müssen, welche Competenz denselben gegeben werden soll u. s. w., nicht ins Detail eingehen; es genügt, wenn dem Gedanken Ausdruck gegeben ist, daß die Actionäre rechtzeitig insoweit Einblick in die Gestion haben müssen, um in Kenntniß der Sachlage Beschlüsse über die Vertheilung der Dividende u. s. w. fassen zu können. Damit ist das „rechtzeitig", ein sonst vielleicht unbestimmter Begriff durch den Zweck, den wir mit der Sache verbinden, wohl genügend präcisirt.

Ich komme zu Punkt 2.

(Zwischenrufe: Im Einzelnen debattiren!)

Ich glaube, daß es zweckmäßig ist, das Referat im Zusammenhange entgegenzunehmen, und erst dann positionsweise zu debattiren, wenn man nicht noch eine Generaldebatte über das Ganze, wie in unseren politischen Versammlungen, vorausgehn lassen will.

Der 2. Punkt lautet:

2) Jedem Actionär soll das Recht zustehen, Beschlüsse der Generalversammlung wegen Verletzung wesentlicher Förmlichkeiten oder Ueberschreitung der der Generalversammlung durch Gesetz oder Gesellschaftsvertrag ertheilten Befugnisse im Wege der Klage gegen die Gesellschaft anzufechten.

Ebenso soll es jedem Actionär zustehen, gegen die Gesellschaft auf Aufrechterhaltung eines Generalversammlungsbeschlusses zu klagen, wenn der Vorstand die Giltigkeit bestreitet.

Hierüber ist, die Debatte und mein etwaiges Schlußwort vorbehalten, für jetzt nur mehr wenig zu sagen. „Verletzung wesentlicher Förmlichkeiten oder Ueberschreitung der der Generalversammlung durch Gesetz oder Gesellschaftsvertrag ertheilten Befugnisse", das spricht wohl für sich selbst, wenigstens von dem Standpunkte, wonach der Actionär das Recht hat, die correcte

Einhaltung der Bestimmungen des Gesetzes und des Statuts zu verlangen. Das „im Wege der Klage gegen die Gesellschaft" entspricht wohl unseren allgemeinen Rechtsgrundsätzen. Und es scheint zugleich ein correctes Princip und eine nothwendige Consequenz, daß, wenn es sich um Aufrechterhaltung giltiger Generalversammlungsbeschlüsse handelt und der Vorstand die Giltigkeit nicht anerkennt, das zuletzt erwähnte Recht dem einzelnen Actionär zustehen soll.

Ich komme zum 3. Punkt:

> Ein Actionär oder Mehrere, deren Actien zusammen mindestens den 10. Theil des Grundkapitals darstellen, sollen berechtigt sein, sofern sie die Behauptung glaubhaft machen können, daß bei der Errichtung oder Geschäftsführung der Gesellschaft Unredlichkeiten oder gröbliche Verletzungen des Interesses der Actionäre unterlaufen sind, beim Handelsgericht unter Hinterlegung ihrer Actien nebst Zins- und Dividendenscheinen, die Vornahme einer Untersuchung der von ihnen behaupteten Thatsachen oder der Geschäftsführung während eines bestimmten Zeitraumes zu beantragen.
>
> Im Falle doloser oder muthwilliger Aufstellung ihrer Behauptungen haften die Antragsteller der Gesellschaft für den derselben durch die Stellung des Antrages und die Verhandlung über denselben entstandenen Schaden.

In Bezug auf das Erste, den zehnten Theil des Grundkapitals muß ich zugestehen, daß das eine willkürliche Bestimmung ist, wie sie ja willkürlich auch in dem bekannten Artikel des Handelsgesetzbuchs getroffen wurde. Die Tendenz ist natürlich die, daß ein gewisses Interesse, welches nicht als ein ganz unwesentliches erscheint, dort zum Grunde liegen soll, wo ein solches Recht eingeräumt wird. Ich gebe gerne zu, daß man über die Grenze streiten kann. In der Wesenheit wird man nichts Unzweckmäßiges thun, wenn man ein mezzo termine, wie dort im Handelsgesetzbuch, auch hier feststellt.

Daß dieses Verlangen nur dann soll gestellt werden können, wenn es sich um Unredlichkeiten oder gröbliche Verletzungen des Interesses der Actionäre handelt, rechtfertigt sich wohl von selbst, und ebenso rechtfertigt sich nach meinem Erachten selbstverständlich die Hinterlegung der Actien nebst Zins- und Dividendenscheinen während einer solchen Untersuchung, weil die Actionäre dadurch allein ihr dauerndes Interesse an der Sache bethätigen können.

Sehr wichtig scheint mir nun, daß im Hinblick auf die Gefahren, die mit einem solchen Rechte unausbleiblich verbunden sind, der Grundsatz aufgestellt wird, es hätten im Falle doloser oder muthwilliger Aufstellung ihrer Behauptungen die Antragsteller für den etwaigen Schaden zu haften. Allerdings läßt sich nicht verkennen, daß der Schädenprozeß in Oesterreich, und zum Theil auch in Deutschland sehr im Argen liegt, und daß man da somit ein sehr bedenkliches Terrain betritt. Wir sprechen aber nicht de lege lata sondern de lege ferenda, und müssen überhaupt wohl ins Auge fassen, daß in Bezug auf den Entschädigungsprozeß eine größere Freiheit der Würdigung der Verhältnisse durch den Richter sich mehr und mehr Bahn bricht. Das rechtfertigt wohl diesen Antrag.

4. In gleicher Weise und unter den gleichen Cautelen . . .

— es ist wohl nicht mißzuverstehen, daß hier sowohl der zweite Absatz heranzuziehen ist als die Bestimmung, daß es sich um die 10 pCt. des Grundkapitals handelt —

> . . . soll Actionären das Recht zustehen, aus wichtigen vom Handelsgericht zu prüfenden Gründen die Auflösung der Actiengesellschaft vor Ablauf ihrer statutenmäßigen Dauer auch gegen einen die Auflösung ablehnenden Beschluß der Generalversammlung im Wege der Klage zu erwirken, ferner die Bestellung von Liquidatoren durch den Richter anstatt der Erwählung derselben nach Statut, endlich die Abberufung der gewählten und Ersatz derselben durch richterlich zu bestellende zu verlangen.

Sind die allgemeinen Grundsätze, von denen ich ausgegangen bin, richtig, so erscheint das als eine Consequenz und bedarf keiner weiteren speciellen Begründung.

Erwähnen will ich in Bezug auf 3 und 4, daß ich hier pari passu mit der englischen Gesetzgebung gehe, welche ganz analoge Rechte im heutigen Gesellschaftsrechte eingeräumt hat.

5. Jedem Actionär . . .

— hier fällt die Begrenzung bezüglich des 10. Theils des Grundkapitals weg mit Rücksicht auf die Natur dessen, um was es sich handelt —

> . . . soll das Recht zustehen, die bei dem Beschlusse über die Decharge vorbehaltenen Entschädigungsansprüche gegen Gesellschaftsorgane, wenn sie nicht innerhalb bestimmter Zeit geltend gemacht sind, sowie trotz erfolgter Decharge durch die Generalversammlung, auf Vorsatz oder grobem Versehen beruhende Beschädigungen geltend zu machen.

Nach allgemeinen Rechtsgrundsätzen ist, wenn es sich um dolose oder culpose Beschädigungen (letztere im Sinne der culpa lata) handelt, dem einzelnen Actionär dieses Recht zuzugestehen, ohne daß eine Nothwendigkeit, dieses Recht an eine bestimmte Höhe des repräsentirten Capitals zu binden, vorhanden wäre. Uebrigens liegt hier auch für die Gesellschaft selbst eine große Gefahr nicht vor, da es sich ja um Entschädigungsansprüche an die Gesellschaftsorgane und nicht an die Gesellschaft selbst handelt.

Das ist der ganze Complex der Anträge, die ich mir zu stellen erlaube.

Es kommt dazu der Vertagungsantrag rücksichtlich des von mir angedeuteten zweiten Punktes. Ich muß anerkennen und ich anerkenne gern und freiwillig, daß alle diese Sätze oder wenigstens ein großer Theil derselben nicht mit solcher Sicherheit und Ruhe ausgesprochen werden kann, wie das bei apodictischen wissenschaftlichen Wahrheiten der Fall ist, denn überall haben wir mit außerordentlichen, wandelbaren, schwankenden, verwickelten und sich mannigfach gestaltenden Verhältnissen zu kämpfen. Ich glaube aber doch, daß wesentliche Uebelstände durch diese Bestimmungen beseitigt werden könnten, und ich bitte also die verehrte Abtheilung, diese Anträge anzunehmen.

Präsident: Den Vertagungsantrag bitte ich schriftlich einzureichen.

Was die Frage der weiteren Behandlung angeht, so hat der Herr Referent selbst zugegeben, daß sein Antrag kein untheilbarer ist, daß über die einzelnen Anträge getrennt debattirt und abgestimmt werden kann, natürlich auch dann wenn dies beschlossen werden sollte, unter Freistellung für jeden Redner, von einem Gesammtgesichtspunkt über alle Anträge auszugehen, wie auch Jedem freistehen muß, andere Anträge hinzuzufügen. Indessen ist es mir doch recht zweifelhaft geworden, ob es wünschenswerth ist, diesen Weg sofort zu beschreiten. Ich würde Ihnen ohne Weiteres den diesfallsigen Vorschlag unterbreiten, wenn ich der sicheren Ansicht wäre, daß die Anträge auf diesem jetzigen Juristentag wirklich zur Erledigung kommen sollteu. Der Herr Referent ist der Ansicht in Betreff seiner fünf Anträge, indessen sein Auge ist ein anderes wie das Auge derjenigen, die erst heut seine Anträge vor einer halben Stunde bekommen, erst soeben sein Referat gehört haben, und da bin ich doch zweifelhaft, ob es nicht wünschenswerth ist, zunächst den Versuch zu machen einer — wie von dem Herrn Referenten angedeutet wurde — Generaldebatte, die uns die Möglichkeit eröffnet zu übersehen, ob es nicht wünschenswerth ist, statt den Weg der Discussion des Einzelnen mit der Aussicht auf definitive Erledigung zu beschreiten, zu einem Gesammtantrag zu kommen, der die sämmtlichen Anträge, etwa mit der Anheimgabe an die ständige Deputation, darüber Gutachten einzuziehen, an den nächsten Juristentag überweist. — Wenn kein Widerspruch erfolgt, würde ich zunächst diesen Weg beschreiten und die Redner, die sich über die Gesammtheit äußern wollen, bitten, sich zunächst zum Wort zu melden.

Rechtsanwalt Dr. **Keuling:** Ich würde gegen diesen letzten Vorschlag mir das Bedenken erlauben, daß gerade diese Frage ja im Augenblick unsere gesetzgeberischen Organe beschäftigt und daß bis zum nächsten Juristentag vielleicht die Frage aufgehört haben würde, für den Juristentag eine offene zu sein.

Präsident: Ihr Antrag geht also dahin, daß wir sofort in die Debatte über Antrag 1. eintreten?

Rechtsanwalt Dr. **Reuling:** Ich meine, daß wir sofort in die Materie eintreten sollten.

Präsident: Das wollen wir unter allen Umständen. Es fragt sich nur, ob wir jetzt über Frage 1 die Discussion eröffnen sollen oder über alle Fragen. Ich nehme das Letztere an, bis aus der Versammlung der Antrag kommt abzubrechen, und zur Specialdebatte überzugehen.

Wer wünscht das Wort über alle Fragen? — Herr Justizrath Makower.

Justizrath **Makower:** Der Herr Vorsitzende hat bereits bemerkt, daß die Anträge heute erst zu unserer Kenntniß gekommen sind, ein erschöpfendes Eingehen auf alle 5 Punkte kann also natürlich nicht erwartet werden. Ich darf jedoch sagen, daß ich Bedenken tragen würde, die 5 Sätze zu unterschreiben. Theils gehen sie mir nicht weit genug, theils gehen sie mir zu weit. Im Augenblick aber zu präcisiren, wieweit ich mit dem Herrn Referenten gehen möchte, ist mir unmöglich. Indessen gestatten Sie mir vielleicht gegenüber den mehreren angeregten Fragen doch Stellung zu nehmen, und nachher zu sehen, ob wir vielleicht dahin kommen, die Fragen zur schriftlichen Erörterung zu vertagen.

Wird die Gesammtheit der gestellten Anträge angenommen, so möchte es fraglich werden, ob mit denselben eine Actiengesellschaft noch bestehen kann. Es würden zwar die Sonderrechte der Actionäre bestehen, aber die Actiengesellschaft nicht. Es wird ein solches Ueberwuchern des Sonderrechts Platz greifen, daß bei einer Gesellschaft, deren Mitglieder oft nach Tausenden zählen, der Bestand gefährdet erscheint. Bei einer so großen Gesellschaft muß sich der Einzelne unterordnen und in sehr erheblichem Maße binden; er kann nicht verlangen, daß er annähernd dieselben Rechte haben soll wie bei einer offenen Gesellschaft, die aus wenigen Mitgliedern besteht, und bei welcher er mit seinem ganzen Vermögen betheiligt ist. Ein Bedenken ergiebt sich gleich, wenn Sie an dasjenige denken, was der Herr Referent über die Frage der Information und Untersuchung bemerkt hat. Wenn Sie in einer Actiengesellschaft Jedem der zahlreichen Mitglieder das Recht geben, genügende Information zu verlangen, sofort zu klagen, wenn ihm sein Recht nicht widerfährt, und die Untersuchung durch den Richter wegen „gröblicher Verletzungen des Interesses der Actionäre" hinsichtlich der Geschäftsführung während eines bestimmten Zeitraumes, so ist eine solche Gesellschaft nicht mehr lebensfähig, denn das kaufmännische Geschäft erfordert Geheimhaltung der gemachten Transactionen, der Bezugsquellen, der Verbindungen, der gesuchten und erlangten Vortheile und der Mittel, sie zu erreichen. Man muß nur nicht vergessen, daß jeder einzelne Actionär mit irgend einer geringen Summe betheiligt sein kann und es ihm dann für seinen Actienbesitz manchmal gleichgültig ist, ob das ganze Unternehmen untergeht oder nicht; er riskirt vielleicht nichts dabei, kann aber möglicherweise bei einer andern Gesellschaft, zu deren Gunsten er etwas erfahren will, höher betheiligt sein. Es liegen also die Sachen anders, als bei offenen Handelsgesellschaften und das Untersuchungsrecht der Socien, welches bei diesen gewährt werden muß und gewahrt werden kann, weil sie persönlich für den Verlust haften, ist nicht leicht auf Actiengesellschaften übertragbar. Der Vorschlag besagt im ersten Satze, es solle der Actionär verlangen können nicht etwa bloß Einsicht in die Bilanz und Jahresrechnung, die er in der Regel ja auch erhält, sondern außerdem noch Einsicht in die Berichte des Vorstandes, des Aufsichtsrathes und der Revisoren. Was erzielen Sie mit einer solchen Vorschrift? Wenn man weiß, daß jeder Einzelne dies verlangen kann, so werden solche Berichte gemacht werden, aus denen der Actionär doch nichts Wesentliches erfährt; dadurch unterdrückt man zu Gunsten der für die Oeffentlichkeit bestimmten Berichte die ernsten Berichte, welche die Direction und der Aufsichtsrath macht und die ordentlichen Berichte der Revisoren. Wenn diese Verhandlungen geheim bleiben und nur diese Organe sich mit der Sache befassen, so theilen sie sich die Wahrheit mit; wenn man aber weiß, daß Leute, die vielleicht ein ganz anderes Interesse als das der Gesellschaft haben, sie studiren werden, so berichtet man ganz anders; man macht die Berichte farblos, wenngleich calculatorisch richtig. Außerdem würde es wegen der Concurrenten unzulässig sein, genau zu sagen, wie man die Geschäfte gemacht hat. Was erzielen Sie also durch eine solche Vorschrift? Sie erzielen nicht, daß der einzelne Actionär wirklich eine Information von der Sache bekommt, sondern daß die ganzen Berichte etwa so gemacht werden, wie sie jetzt schon veröffentlicht werden. Nun tröstet uns der Referent hinsichtlich des Untersuchungsrechts durch einen besonderen Absatz, daß derjenige nämlich, welcher muthwillig oder böswillig die Untersuchung veranlaßt hat, für den durch die Stellung des Antrags und die Verhandlung über denselben entstandenen Schaden haften soll. Ja, für Oesterreich, das mag sein, wird es sehr schwer halten, diesen Schaden geltend zu machen. Wir sind ja jetzt in der glücklichen Lage, daß der Richter einen solchen Schaden arbitrirt, aber den Schaden wird der Actionär meistentheils nicht bezahlen können, denn wenn der Antrag so gefahrbringend ist, wird ein Zahlungsunfähiger zu seiner

Stellung vorgeschoben. Außerdem ist der einer Gesellschaft durch solche Untersuchungen bereitete Schaden, selbst wenn diese keinen Erfolg haben, oft gar nicht mehr gut zu machen. Der Credit und das Ansehen ist geschädigt. Noch bedenklicher sind andere Punkte. Es wird selbst die Möglichkeit gegeben, daß eine Minorität Auflösungsanträge bei dem Richter stellen kann. Kann denn in der That ein Unternehmen prosperiren, wenn jederzeit über ihm das Damoklesschwert schwebt, daß ein Theil der Actionäre die Auflösung beantragen kann? Bedenken Sie, daß ein namhafter Theil der Actien sehr häufig in der Hand eines Menschen, daß dieser also formell legitimirt ist, wann er will, die Auflösung zu beantragen. Die geschäftsleitenden Organe großer Actiengesellschaften werden gehindert, auf lange Jahre hinaus Dispositionen zu treffen, wenn diese durch Auflösungsklagen, und zwar durch mehrere auf einander folgende, gekreuzt werden können, und Dritte werden Bedenken tragen auf lange Jahre hinaus mit Actiengesellschaften zu contrahiren, wenn der Bestand derselben immer wieder durch einen Theil der eigenen Actionäre angefochten werden kann.

Das Klagerecht ist in den vorliegenden Anträgen zu freigebig gewährt.

Dieselben Beschlüsse der Generalversammlung können von verschiedenen Gruppen von Actionären angegriffen werden und es kann nach der Natur der Civilprozesse verschieden erkannt werden. Dadurch entstehen leicht unlösbare Verwickelungen, wenn die Natur des Beschlusses eine gleichmäßige Ausführung allen Actionären gegenüber erfordert.

Mit diesen wenigen Bemerkungen habe ich nur andeuten wollen, wie gefährlich es ist, wenn wir schon nach so kurzem Ueberlegen uns schlüssig machen sollen, ob und inwieweit diese Anträge anzunehmen wären. Ich würde es für zweckmäßig halten, wenn wir über die angeregten Punkte uns Zeit zur Ueberlegung gönnten und die ganze Materie der Deputation zur Vorbereitung überwiesen.

Reichsgerichtsrath Dr. **Wiener** (Leipzig): M. H.! Es fragt sich, welche Aufgabe der Juristentag sich in dieser Angelegenheit und gegenüber der gestellten Frage vindizirt. Mit Worten sehr liebenswürdiger Courtoisie hat unser Herr Referent die Thatsache, daß ich der ständigen Deputation ein Gutachten über diese Frage zugesagt hatte, aber nicht geliefert habe und in meinem Gewissen mich verbunden erachtet habe, wenigstens einige Sentiments dem Herrn Referenten zu suppeditiren, mir zu einem Lobe angerechnet, welches abzulehnen ich alle Veranlassung habe. In gleicher Weise muß ich es entschieden ablehnen, auf dem Gebiete des Actienwesens als eine irgendwie besonders berufene Person behandelt zu werden. Meine Sentiments konnten deshalb für den mit gedachtem Gebiete, wie Sie sich selbst überzeugt haben und wie hinlänglich bekannt ist, auf das Ausgiebigste vertrauten Herrn Referenten lediglich von ganz secundärem Einfluß sein. Nun ist aber meines Erachtens die mir zur Last liegenden Unterlassung nicht unentschuldbar. Als ich mich anschickte, die von der Deputation gestellte Frage zu beantworten, kam ich dazu, zu empfinden, daß doch mehr gefragt werden könne, als ein Menschenkind zu beantworten im Stande ist. Was provocirt die gestellte Frage, wenn sie gewissenhaft beantwortet werden soll, m. H.? Nichts mehr und nichts weniger als die Vorlegung eines vollständigen Entwurfs eines Actiengesetzes, denn die Frage der Einzelrechte des Actionärs setzt zu ihrer Lösung die Betrachtung und Analysirung des Organismus der Actiengesellschaft in allen möglichen Functionsstadien von der Geburt bis zur Verwesung voraus. Abgesehen nun davon, daß ein einzelnes Individuum überhaupt nicht in der Lage ist, diese Aufgabe in seiner Muße vollführen zu können, möchte ich doch glauben, ohne der Autorität dieser Versammlung zu nahe zu treten, daß auch sie in dieser kurzen Spanne Zeit, wieweit sie auch ihre geistige Thatkraft ausdehnen wollte, kaum über ein solches Werk sich schlüssig machen könnte. Die Ausstellungen aber, welche Herr Justizrath Makower gegen die vom Herrn Referenten proponirten Thesen macht, gehen stillschweigend von der meines Erachtens unzutreffenden Voraussetzung aus, diese Thesen prätendirten eine sofort als Gesetz einführbare Regelung der Materie der Einzelrechte der Actionäre zu sein. Sicherlich wäre es zweckmäßig, wenn einmal ein auf das Praktische hinauslaufende exacte Erörterung über die Grenze zwischen Gesammtheitsrecht und Mitgliedsrecht angestellt und eingehend geprüft würde, ob die soviel gebrauchten Worte „Individualrecht" und „Sonderrecht" das Wesen der Sache richtig treffende Bezeichnungen sind, ob sie nicht vielmehr dazu verleitet haben, schiefe Begriffe oder doch wenigstens Unterscheidungen, die praktisch ohne Werth sind, zu statuiren. Wenn das Wesen des Grundvertrages, auf welchen hin eine Actiengesellschaft entsteht, bez. der Betheiligung an einer solchen darin besteht, daß die sich Betheiligenden bestimmte Vermögenstheile unter Aufgebung der eigenen individuellen Herrschaft der Herrschaft der aus ihnen Allen gebildeten, aber zu einer organisirten Einheit zusammengefaßten Gesammtheit unterstellen, welche Gesammtheit für einen bestimmten Zweck über das ihr von den Einzelnen zugewiesene Vermögen nach einer ihr gesetzten, zugleich Art und Maaß der Einwirkung der Einzelnen bestimmenden Rechtsordnung herrschen soll, so würde ich die Rechte, welche den Einzelnen in Austausch für seine Einbuße an eigner Herrschaft und seine Unterordnung unter die organisirte einheitliche Gewalt dieser gegenüber erlangt, weder Sonderrechte noch Individualrechte nennen, sondern einfach Mitgliedschaftsrechte, oder, wie es Thöl gethan hat, Einzelrechte. Für eine doctrinelle wie legislatorische Behandlung der Materie ergeben sich nun meines Erachtens drei hauptsächliche Gesichtspunkte.

Erstens: Aus der Natur des Actiengesellschaftsverhältnisses ergeben sich gewisse Mitgliedschaftsrechte als natürliche und nothwendige von selbst. In Bezug auf sie hat aber der Gesetzgeber zu prüfen, ob und welche Schutzmittel für ihre Geltendmachung zu vermissen und anzuordnen sind.

Zweitens: Die innere Schwäche der rechtlichen und wirthschaftlichen Organisation der Actiengesellschaft kann aber die Stärkung der Einzelrechte und damit die Einführung weiter greifender Mitgliedschaftsrechte, als sich ohne Weiteres aus dem Wesen des Actiengesellschaftsverhältnisses ergeben, durch positive Satzung als zweckmäßig erscheinen lassen. Hierbei kann es sich handeln einmal um bloße, aber ohne ausdrückliche Festsetzung fehlende Behelfe zum Zwecke erfolgreicher Ausübung der natürlichen Mitgliedschaftsrechte — hierhin gehören alle auf Aufklärung des Einzelnen abzielenden Behelfe, — ferner aber um ausnahmsweise Statuirung eigner Ausübung der Rechte der Gesammtheit durch den Einzelnen, falls die Gesammtheit die Ausübung weigert oder unterläßt.

Drittens: Ob und inwieweit kann und soll die Actiengesellschaft, bezüglich die Gesammtheit, das Recht haben, unabhängig von neuer vertragsmäßiger Einigung ihrer Mitglieder ihre Verfassung fortzuentwickeln und zu ändern und damit die vorhandenen Mitgliedschaftsrechte zu alteriren? Nur für diesen dritten Gesichtspunkt haben die Ausdrücke: „Sonderrecht, Individualrecht" eine Bedeutung.

Was nun den ersten Gesichtspunkt, die natürlichen Mitgliedschaftsrechte, anlangt, so ergeben sich als solche unzweifelhaft: das Mitwirkungsrecht des Einzelnen zur Bethätigung des Gesammtheitswillens durch Stimmabgebung auf dem der Aeußerung des Gesammtheitswillens durch Generalversammlungsbeschluß eingeräumter Gebiete, in welches Gebiet aber auch insbesondere die Prüfung der Verwaltung und ihres Ergebnisses nach Zeitabschnitten obligatorisch zu verweisen ist, das entsprechende Anrecht auf die erzielten Erträgnisse und auf die Liquidationsquote. Damit sind aber die natürlichen Mitgliedschaftsrechte noch keineswegs erschöpft und es ist wesentlich mit der irreführenden Bedeutung der Worte: „Individual- und Sonderrecht" zuzuschreiben, daß man in der Praxis geneigt ist, nur solche Rechte als Einzelrechte des Actionärs anzuerkennen, welche entweder auf einer Exemtion von der Gleichheitsordnung zu Gunsten Einzelner durch den Gesellschaftsvertrag beruhen oder die Entlassung von Vermögensstücken aus dem Herrschaftsgebiet der Actiengesellschaft zu Gunsten der Einzelnen — wie die Dividende — zum Gegenstande haben. Beruht das Wesen der Betheiligung an der Actiengesellschaft in der Aufgebung der eignen

Herrschaft über Vermögen zu Gunsten der organisirten Einheit, die nach einer ihr gesetzten Rechtsordnung für einen bestimmten Zweck über das Vermögen herrschen soll, so hat der Einzelne überhaupt ein Recht auf diese Zweckerfüllung und auf Einhaltung dieser aus gesetzlichen und gewillkürten Bestimmungen bestehenden, die Einheit überhaupt erst individualisirenden, Rechtsordnung, so lange diese nicht — was unter den dritten Gesichtspunkt fällt — rechtmäßig geändert sind. Dies ist natürlichen Rechtens und lex lata. Der Art. 224 des Handelsgesetzbuches sagt nichts Entgegenstehendes. Er spricht nur aus, daß die Actiengesellschaft nicht nach dem Willen aller einzelnen Actionäre regiert werden kann, sondern nur durch einen Willen, wie er sich durch Organisirung aller Einzelnen zur Gesammtheit als Gesammtheitswillen darstellt und daß daher, soweit nach Gesetz und Statut die Actionäre berufen sind, durch ihr Wollen und Handeln das Wollen und Handeln der Gesammtheit darzustellen, als hierzu berufen die durch die Generalversammlung organisirte Gesammtheit gedacht ist. Ueber das rechtliche Verhältniß des Gesammtwillens zum Mitgliedschaftsrecht des Einzelnen ist damit nichts gesagt. Sicherlich kann sich Ersterer nur insoweit wirksam bethätigen, als ihm nicht Letzteres Halt zu gebieten befugt ist.

Ich vermag nun die Aufgabe des Juristentages in der vorliegenden Sache nur im Sinne eines summarischen Verdicts darüber aufzufassen, welche Schutzmittel für die von gedachter Rechtsauffassung aus natürlichen Einzelrechte und welche positiven, neuen, wegen der natürlichen Schwäche der ganzen Organisation gebotenen Einzelrechte sich nach den gemachten Erfahrungen zur Einführung empfehlen, ob von den vorgeschlagenen einerseits ausreichende Abhilfe der gefundenen Mißstände zu erwarten ist, andrerseits mit denselben die Actiengesellschaft zu existiren vermag. Im Sinne der Extrahirung eines solchen Verdicts fasse ich die Vorschläge des Herrn Referenten auf.

Dabei ist natürlich bei jedem einzelnen Punkt der erforderliche Ausbau Seitens des Gesetzgebers zu suppeditiren. Man kann also z. B. nicht den Vorschlag 2 des Herrn Referenten, betreffend die Anfechtung von Generalversammlungsbeschlüssen, welcher eigentlich auf bereits geltendem Recht fußt, damit bemängeln, daß auf Anträge verschiedener Actionäre in verschiedenen Prozessen über dieselbe Anfechtungsfrage verschieden erkannt werden könne. Es ist ja selbstverständlich, daß im Rahmen eines zu machenden Gesetzes hinter dem Satze, daß jeder Actionär das Anfechtungsrecht hat, für die Ausführungsmöglichkeit im Sinne eines einzigen, die Frage rechtskräftig für alle Interessenten entscheidenden Prozesses Sorge zu tragen ist durch Anordnung öffentlicher Bekanntmachung der erhobenen Klage und Ordnung des Anschlußverfahrens wie Feststellung der Parteirollen durch den Richter. Das kann unmöglich speciell von einem Referenten hier im Einzelnen proponirt, noch von Ihnen im Einzelnen entschieden werden. Was die einzelnen Vorschläge anlangt, so sind sie alle schon in Fachschriften, in wissenschaftlichen Arbeiten, in Vereinen geltend gemacht und Gegenstand der Verhandlung gewesen und ich bin überzeugt, daß der Herr Referent und überhaupt kein Einzelner sich das Verdienst beimißt, sie erfunden zu haben. Die Aufgabe einer heutigen Berathung in dieser Versammlung kann meines Erachtens nur die sein, ob gerade dieser Complex von Rechten und Schutzmitteln das wesentliche Rüstzeug darstellt, von dem eine wahre Erweckung des genossenschaftlichen Elements gegenüber dem Scheindasein und Coteriewesen in den bisherigen Generalversammlungen zu erwarten steht oder ob schon damit ein Ueberwuchern des Einzelrechts eintritt, welches mit der Existenz der Actiengesellschaft unverträglich erschiene.

Wenn ich von diesem Gesichtspunkte aus die einzelnen Nummern in Betracht ziehe, so glaube ich nicht, daß der Herr Referent bei Nummer 1 Satz 2 mit den Worten: „Rechtzeitig ist jedem Actionär Einsicht zu gewähren in die Jahresrechnung und Bilanz, sowie in die Berichte des Vorstandes, des Aufsichtsrathes und der Revisoren", etwas anderes hat sagen wollen, als daß verhindert werden soll eine Gebahrung — um diesen kleinen Austrialismus des Herrn Referenten beizubehalten —, wie sie wiederholentlich stattgefunden hat, daß man die Jahres-Abschlußberichte, die ja für die Information der Actionäre behufs Feststellung der Bilanz und Ertheilung der Decharge erforderlich sind, die Berichte, die man ja zur Information geben will, und die Jahresrechnung und Bilanz nicht, wie wiederholt vorgekommen, am letzten Tage vor der Generalversammlung oder erst in dieser selbst giebt, sondern daß durch das Gesetz angeordnet werden soll: Diejenige Information, die der Actionär zur Ausübung seiner Mitwirkung bei den Abschlußprüfungen haben muß, muß ihm so früh zur Verfügung gestellt sein, — eine bestimmte Frist ist festzusetzen — daß er in der Lage ist zu urtheilen, in der Generalversammlung sachgemäße Fragen thun, sich mit Mitactionären besprechen und eventuell sich der um glatte Durchbringung der Sache bemühten Coterie der Verwaltungsfreunde erwehren zu können.

Nicht wird durch jenen Vorschlag bezweckt, die gesammte Jahrescorrespondenz, welche von oder zwischen den betreffenden Organen geführt worden, und Geschäftsgeheimnisse zum Gegenstand der Mittheilung an den einzelnen Actionär zu machen.

Was das Recht jedes einzelnen Actionärs betrifft, die Beschlüsse der Generalversammlung anzufechten, so habe ich bereits angedeutet, daß der

Actionär viel weitergehende Rechte schon de lege lata hat, Rechte, deren sich die Praxis gar nicht voll bewußt ist.

Wird die Actiengesellschaft durch die Rechtsordnung, die ihr Gesetz und Willkür gesetzt haben, individualisirt, so hat der einzelne Actionär, der sein Geld unter die Herrschaft dieser individualisirten Gesellschaft gestellt hat, als Aequivalent das Recht auf Einhaltung dieser Rechtsordnung, soweit diese nicht — dies immer vorbehalten — rechtmäßig abgeändert wird. Danach habe ich als Actionär ein Recht darauf, daß der angegebene Gesellschaftszweck bethätigt wird, sofern er zu bethätigen ist, daß, wenn die Bethätigung unmöglich geworden, die Gesellschaft sich auflöse, daß jeder Zeichner gleichmäßig zur Zahlung in Anspruch genommen wird, daß gesetzwidrige Transactionen, um der Zahlungsverbindlichkeit zu entgehen oder Sachen statt Geld zu geben, nicht getroffen werden, beziehentlich daß, wenn sie getroffen sind, sie als unwirksam behandelt werden, daß die Bilanz rechtzeitig und nach den gesetzlich richtigen Grundsätzen gezogen wird, daß meine Betheiligung nach Maßgabe des Statuts mit dem Stimmenverhältniß, welches mir danach zukommt, zugelassen, daß die Gesellschaft nach Außen vertreten werde, daß die Functionen der einzelnen Organe der Gesellschaft in ihren statutarischen Zuständigkeitsgrenzen eingehalten und ausgeübt werden, daß, wenn die Gesellschaft in Liquidation tritt, wirklich liquidirt und nicht das Vermögen in natura getheilt wird, daß im Liquidationsverfahren die im Rückstande befindlichen Actionäre behufs der erforderlichen Ausgleichung in Anspruch genommen und nicht bloß deren Rückstände den Ausgleichungsberechtigten zur eignen Einziehung überwiesen werden. Kurz und gut, ich könnte Ihnen eine erschreckende Reihe von zulässigen und von Generalversammlungsbeschlüssen unabhängigen Einzelbethätigungen anführen, die alle auf dem Recht des Einzelnen auf Einhaltung der individuellen Rechtsordnung beruhen. Erst wenn wegen Unmöglichkeit, den Bruch der Rechtsordnung wieder zu beseitigen, die bloße Ausgleichungsfrage in das Bereich der Erörterung tritt, befinden wir uns wieder auf dem bloßen Opportunitätsboden, auf welchem die Generalversammlung herrscht. Wer, von der Menge dieser Einzelrechte erschreckt, meint, damit könne eine Actiengesellschaft nicht existiren, meint in Wahrheit, daß sie mit Einhaltung der Rechtsordnung nicht existiren könne, die ihr Gesetz und Willen einmal gesetzt haben.

Das Recht der Untersuchung des Geschäftsstandes bei Verdacht von Unredlichkeiten — Vorschlag 3 — ist in allen Gesetzen, die neuerdings gemacht, bez. proponirt worden sind, anerkannt. Es ist, wie der Herr Referent bereits hervorgehoben, geltendes Recht in England; ich müßte mich sehr täuschen, wenn es nicht auch im belgischen Gesetze ausdrücklich ausgesprochen wäre. Es steht auf den Programmen der neuen französischen Reformgesetzentwürfe; es hat auf den Programmen aller Fachversammlungen der letzten 10 Jahre, welche über die Actienreform verhandelt haben, gestanden. Das einzige Bedenken dagegen, es heute noch besonders zu erwähnen, wäre daher — welches Bedenken ich aber allerdings nicht theile, da ich die Aufgabe des Juristentages in vorliegender Sache, wie schon erwähnt, anders auffasse —: Damit sagt der Juristentag eigentlich nichts Neues. Davon, daß der einzelne Actionär als solcher das Recht auf Beantragung der Untersuchung habe, ist nicht die Rede, sondern von Actionären, die ein Zehntel des Grundkapitals haben.

Hier kommt der schon berührte Gesichtspunkt wieder, daß der Herr Referent meines Erachtens nicht die Aufgabe hatte, dieses Recht besonders hier so zu ordnen, daß morgen daraufhin ein Antrag beim Richter gestellt und von diesem darüber entschieden werden könne. Gewiß gehört zu diesem Recht, — das beseitigt meines Erachtens einen ganz großen Theil der Einwendungen —, als Complement, daß der Regel nach den Antragstellern die Pflicht zur Cautionsbestellung obliege.

Wer wird bestreiten, daß unter Umständen ein derartiges Recht auf empfindliche Weise in den Actiengesellschaftsorganismus eingreifen, das Vertrauen zu derselben erheblich schädigen kann. Der Gesetzgeber wird nicht so einsichtslos sein, in thesi das Correctiv der Schadenersatzpflicht hinzustellen und dabei zu übersehen, daß solches gegenüber zahlungsunfähigen Actionären effectlos wird.

Dieses Untersuchungsrecht gehört bereits der Sphäre derjenigen positiven neuen Satzungen an, durch welche Rechte, die eigentlich nur der Gesammtheit zustehen, zur Ausübung Einzelnen oder Minoritäten übertragen werden. In diese Sphäre gehören auch die Vorschläge 4 und 5, das Recht von Minoritäten, die Auflösung der Gesellschaft wie Aenderungen in den Personen der Liquidatoren vor dem Richter zu betreiben, und des Einzelactionärs, Entschädigungsansprüche gegen die Organe bei Vorsatz oder grobem Versehen in deren Geschäftsführung zu verfolgen, welche die Generalversammlung unverfolgt läßt. Daß es sich hierbei um exceptionelle Satzungen handelt, wird Niemand leugnen. In Wahrheit lehnen sich aber doch gedachte Bestimmungen an den allgemeinen Rechtssatz an, wonach eventuell die Ausgleichung zwischen den verschiedenen Ansichten mehrerer Theilnehmer durch Richterarbitrium stattfinden soll. Daß das statutarische und eigentlich natürliche Bestimmungsmoment der Mehrheitswille ist, kann solche besondre Ausnahmen nicht hindern, wenn nach den gemachten Erfahrungen auf bestimmten Gebieten die Mehrheitsbildung leicht im Interesse der Vergewaltigung der wahren Interessen der Gesellschaft gewonnen wird.

Auch herrscht in solchen Fällen dann nicht statt der Mehrheit die Minderheit. Vielmehr kann nur die letztere den Richter angehen, der zwischen Minderheit und entgegengesetzt wollender oder unthätiger Mehrheit ausgleichen soll. Daß der Richter im einzelnen Falle fehlen kann, ist nicht zu leugnen. Aber haben wir einen idealeren Vertreter der Rechtsordnung im einzelnen Streitfalle?

Was speciell das Untersuchungsrecht anlangt, so wird es sich der Richter sehr überlegen, ehe er solchem Antrage, über den zunächst contradictorisch zu verhandeln, stattgeben wird. Es genügt ja nicht, daß die Besorgniß unredlichen Gebahrens oder der Mißwirthschaft bloß behauptet werde. Sie muß glaubhaft gemacht sein.

Es kann da nicht Jemand kommen unter schlecht verbrämenden Redensarten und bloß sagen: es wäre mir höchst interessant zu wissen, wie ein bestimmter Contract mit der Gesellschaft geschlossen ist, wie die Eisenpreise darin festgestellt sind, sondern es muß ein von der Gesellschaft erzeugter Schein einer Mißwirthschaft vorhanden sein. Ich halte es aber bereits für ein peccatum des Organs einer Gesellschaft, dieselbe in den Schein der Mißwirthschaft, bezüglich sich in den eines unredlichen Gebahrens kommen zu lassen. Die Gesellschaft hat bei Wahrung aller ihrer Geschäftsgeheimnisse, — wir müssen die Sache nicht outrirt darstellen, sehr wohl die Mittel, sich den Eindruck der Loyalität und dasjenige Vertrauen zu erhalten, das ihr von Anfang an entgegengetragen worden ist. Sie hat bereits parirt, wenn ein vernünftiger Richter in die Lage kommen muß, zu sagen, hier scheint doch eine furchtbare Wirthschaft zu herrschen. Was englische und belgische Actiengesellschaften ertragen, müssen auch die unsrigen ertragen können und, wenn sie danach vorsichtig auch den schlechten Schein vermeiden, so wird dies nicht zu beklagen sein.

Was Punkt 4 anlangt, so sagt hier Herr Makower: wie soll einer jeden Augenblick mit der Auflösung bedrohten Actiengesellschaft gegenüber überhaupt noch ein Contrahiren auf längere Dauer hinaus möglich sein? Aber die Actiengesellschaft kann sich ja auch in der Regel jederzeit durch Majoritätsbeschluß auflösen. Welcher große Anhalt ist nun für den, der nach dieser Richtung Sicherung sucht, dafür, daß die Auflösung durch Majoritätswillen unterbleiben wird? Oder sollte der Majoritätsbeschluß längerer Zeit bedürfen, als der durch drei Instanzen betriebene Prozeß auf Auflösung? Die Actiengesellschaft ist eben ein künstlich construirtes Gebilde, das jeden Tag durch Willen der Gesammtheit, die jeden Tag eine andere sein kann, aufhören kann, und das Gesetz hat nur Fürsorge zu treffen, daß ihr Vermögen den Befriedigungs- bez. Schadloshaltungsansprüchen ihrer Gegencontrahenten nicht entschlüpfe.

Uebrigens hängt die gedachte Bestimmung eng zusammen mit dem Punkte, den Herr Dr. Jaques vertagt wissen will, nämlich mit der Frage, wieweit die Competenz der Gesellschaft, bez. Generalversammlung zur Fortentwickelung, bez. Aenderung der Grundverfassung gehe. Wenn man sich auf den Standpunkt stellt, der doch eigentlich der Strömung der Zeit entspricht, wenn diese auch vielleicht noch nicht als völlig abgeklärt zu erachten ist, nämlich auf den Standpunkt der möglichsten Beweglichkeit, der möglichsten Veränderlichkeit durch Majoritätswillen in der Wahl der Mittel bei Erhaltung des identischen Zweckes, so kann man ja sehr leicht dazu kommen, daß auf diesem Wege des Majoritätswillens in Wahrheit, wenn nur äußerlich der Zweck gewahrt bleibt, doch die wesentlichsten Aenderungen stattfinden. Solche Aenderungen vollziehen sich unbeanstandet schon heute. Streng genommen stellt ein flagrantes Eingreifen in die bisherige Verfassung einer Actiengesellschaft schon eine Erhöhung des Grundcapitals durch Emission neuer Actien dar, welche doch schlechtweg bei allen Gesellschaften, sowohl bei denen, welche die Statutenänderung als zur Competenz der Generalversammlung gehörig ausdrücklich erwähnen, wie bei denen, bei welchen sich solche Erwähnung nicht findet, zugelassen wird.

Gleich flagrant erscheint die in gleicher Weise zugelassene Capitalherabsetzung, insbesondere diejenige, welche wegen Capitalsverlust, der auf der geringeren bilanzmäßigen Bewerthung der bei der Einbringung zu hoch ästimirten Sachenwerthe beruht. Noch flagranter wird eine solche Herabsetzung in Verbindung mit einer neuen Emission. Wenn das alles vom Gesichtspunkt der freien Beweglichkeit aus innerhalb des Rahmens einer und derselben Gesellschaft zulässig sein soll — und ich möchte es nicht für unzulässig erachten —, so möchte es doch andrerseits auch einer derartiger Umbildungen und Neubelebungsversuchen müden Minorität zustehen müssen, eine auf offenbare Aussichtslosigkeit und die schädigende ökonomische Veränderung gegründeten Anspruch auf Auflösung der Gesellschaft vor den Richter zu bringen. Ich sehe nicht ab, weshalb dasselbe Recht, welches dem Contracte zuwider oder ihn ergänzend bei der gewöhnlichen Gesellschaft zur Auflösung durch Richterspruch aus wichtigen Gründen führt, nicht entsprechend auch bei der Actiengesellschaft anwendbar sein soll.

Herr Makower sagt: bei der offenen Gesellschaft ist es etwas anderes, weil ich mit meinem ganzen Vermögen betheiligt. Aber sind die gleichen Grundsätze nicht auch bei der Commanditgesellschaft anwendbar und sollten sie es nicht auch für die stille Gesellschaft sein? Ein Recht endlich, was an sich discutabel wäre, obgleich es heute noch nicht discutirt wurde, ist das in Nr. 5 vorgeschlagene Recht des Einzelactionärs auf Verfolgung der Ersatzansprüche gegen die Gesellschaftsorgane wegen schweren

Verfehlungen, welche die Gesammtheit zu verfolgen sich weigert oder unterläßt. Es bietet das nothwendige Complement zu dem Recht des Einzelactionärs, daß Gesetz und Statut befolgt werde, welches Recht illusorisch wird, wenn es in der unbeschränkten Macht der Gesammtheit liegt, Verfehlungen gegen Gesetz und Statut zu dechargiren. Beruht allerdings die Statutenverletzung lediglich auf Ueberschreitung einer Competenz, so muß die Generalversammlung, sofern die Genehmigung der Ueberschreitung innerhalb ihrer Competenz liegt, zugleich auch zur entsprechenden Entlastung allein wirksam befugt sein.

In Summa kann ja eine erhitzte Phantasie über die Vorstellung erschrecken, es möchte eine und dieselbe unglückliche Actiengesellschaft dazu ausersehen sein, daß an ihrem Körper diese sämmtlichen Rechte 1—5 executirt würden,

(Heiterkeit)

aber m. H., — das ist auch kein neuer Gesichtspunkt, den ich geltend mache, — es soll die Existenz dieser Vorschriften ja hauptsächlich nur das Mittel sein, auch eine der Majorität sichere Verwaltung — und die in der Verwaltung sitzenden Capitalkräfte haben fast in der Regel die Mittel, eine Majorität anzuziehen — auf dem Boden der Vorsicht, Mäßigung und Loyalität festzuhalten und die Generalversammlungen statt zum Schauplatz bloßer auf vorheriger Abrede beruhenden Niederstimmens zur Stätte der wirklichen Verständigung und des Interessenausgleiches zu machen.

Ich will Ihre Aufmerksamkeit nicht ermüden. Ich bin Betreffs des letzten Punkts, inwieweit der Generalversammlung ein Statutenänderungsrecht zustehen soll, insofern mit dem Herrn Referenten vollständig einverstanden, als ich nicht glaube, daß wir hierüber heute Gesichtspunkte aufstellen können. Ich gehe nur weiter insofern, als ich glaube, daß sich hier überhaupt concretere Gesichtspunkte nicht aufstellen lassen, als: die Fortentwickelung und Aenderung der Grundverfassung der Gesellschaft liegt nicht außerhalb der Competenz der Generalversammlung, soweit nicht solche Aenderung die wesentlichen Grundlagen der Gesellschaft antastet.

Die überwiegende Meinung in Deutschland vindicirt der Actiengesellschaft die Kraft zur Fortentwickelung und Umbildung ihrer Verfassung. Auf diesem Gebiete hat die Erwägung, die Actiengesellschaft könne nicht bestehen, wenn sie in Betreff jeder Veränderung ihrer Satzungen an die freie Einwilligung aller ihrer Mitglieder als Contrahenten eines neuen Vertrages gebunden sein solle, ihre Berechtigung. Aber eine concretere Feststellung der Grenzen dieser Befugniß läßt sich nicht aufstellen, weil das Wesentliche in einer Grundverfassung bei jeder einzelnen Actiengesellschaft ein andres sein kann und es keine abstracten Wesentlichkeiten, die als solche in den Zügen jeder Gesellschaft sich finden müßten, giebt. Wollte man solche herausfinden, so wären sie so kahl und materiell wesenlos, daß ihre Festsetzung nicht lohnte. Selbst der sogenannte Zweck oder doch wenigstens dasjenige, was die Interessenten unter der Rubrik „Zweck" im Statute angeben, kann bei den verschiedenen Gesellschaften von verschiedener Bedeutung sein. Bei der einen kann die Zwecksbethätigung mit bestimmten Mitteln, bei der anderen die Zwecksbethätigung in ihrer Wirkung auf einen Ertrag ohne Rücksicht auf die angegebenen Mittel, bei einer dritten die Anwendung der Mittel auch bei Veränderung des Zwecks das Wesentliche sein. In der Regel wird auch die für alle Actionäre gleichmäßig stattfindende Veränderung des auszuzahlenden Dividendenprocentsatzes — selbstverständlich ohne Wirkung auf bereits percipirte Dividende — innerhalb der Competenz der Gesellschaft zu Aenderungen liegen. Es lassen sich aber auch wohl Fälle denken, in denen gerade die Erlangung des im Statut angegebenen bestimmten Procentsatzes wesentlich ist. Besonders schwierig wird es sein, welche Stelle für diese Wesentlichkeit man den Motiven der ersten Zeichner, wie sie sich aus den in den Prospecten hervorgehobenen Momenten ergeben, beimessen soll. Als wirklich abstracte Wesentlichkeiten werden sich nur hervorheben lassen, daß die im Urvertrage statuirte Gleichheit der Berechtigungen der Actionäre nicht in Ungleichheit verwandelt, die daselbst statuirte Ungleichheit nicht beseitigt werden kann, damit ist aber noch nichts gewonnen. Man wird meines Erachtens nur im Allgemeinen davon auszugehen haben, daß im Zweifel für die Abänderlichkeit zu entscheiden ist. Daß schon percipirte Dividende nicht mehr genommen werden kann, ist selbstverständlich, aber auch als keine besondere Errungenschaft auf diesem Forschungsgebiet zu erachten. Daß eine Einholung neuer Gutachten über den gedachten Gesichtspunkt für dessen Klärung von Nutzen sein kann, bezweifle ich übrigens nicht.

Präsident: Nachdem jetzt von beiden verschiedenen Seiten aus die Frage der geschäftsordnungsmäßigen Behandlung eingehend beleuchtet worden ist, ersuche ich die nächsten Redner, um thunlichste Beschränkung auf den Antrag Makower; nach dessen Ablehnung würde die Special-Debatte über die einzelnen Anträge zu Raum kommen.

Rechtsanwalt am Reichsgericht **Erythropel** (Leipzig): M. H., aus dem eingehenden Vortrage des Herrn Reichsgerichtsrath Dr. Wiener hat sich mir die Ueberzeugung aufgedrängt, daß der Antrag Makower der richtige ist. Es ist eine solche Fülle von Gesichtspunkten in demselben hervorgetreten, daß ich der Meinung bin, daß wir bei den heutigen Verhandlungen dieselben kaum werden bewältigen können. Ich bin practisch ziemlich viel im Actienwesen beschäftigt gewesen und muß doch gestehen, daß in dem Vortrage des Herrn Reichsgerichtsraths Dr. Wiener mir so viel Neues entgegengetreten ist, wovon ich mir erst ein Bild machen möchte, daß ich wenigstens erkläre: es ist nicht möglich, heute, ohne daß eingehende Gutachten über diese sämmtlichen in Frage kommenden Gegenstände vorliegen, sich definitiv auszusprechen. Was wollen wir eigentlich hier beschließen? Es ist gesagt: mit der Gesetzgebung haben wir uns nicht zu befassen. Aber, m. H., um allgemeine Principien aufzustellen, dazu sind die Beschlüsse nach dem Vorschlage des Herrn Referenten viel zu specialisirt. Man muß sich doch auf den Standpunkt stellen: wie ist die heutige Gesetzgebung? und ist daran Etwas zu ändern? oder: welche Einzelrechte sind den Actionären noch durch die Gesetzgebung zu ertheilen? Und wenn ich die Frage so stelle, würde ich außer den vielen Gesichtspunkten, die schon hervorgetreten sind im Vortrage des Herrn Referenten und dem Vortrage des Herrn Reichsgerichtsraths Wiener — würde ich mir vor allem die Frage vorlegen: ist denn das Wesen der Actiengesellschaft, die Absicht des Gesetzes, daß durch das zusammengebrachte Capital von einzelnen Leuten, die nur mit der Actie haften, ein gemeinsamer ökonomischer Zweck verfolgt wird, erreichbar, wenn alle diejenigen Rechte den einzelnen Actionären gegeben werden, die in den einzelnen Punkten vom Herrn Referenten vorgeschlagen sind? Es ist die Frage nicht lediglich auf philosophischem und nicht lediglich auf abstractem Wege zu lösen. Man wird sich in erster Linie fragen müssen: wie macht sich die Sache praktisch, und wie ist mit der Gesetzgebung zu marschiren, wenn jeder Actionär diejenige Befugniß hat, wie sie in den einzelnen Nummern hier vorgeschlagen sind? Auf das Einzelne einzugehen würde mich zu weit führen. Ich will nur einen Punkt hervorheben. Was die Nummer 4 betrifft, so wird vorgeschlagen: Es soll dem Actionär das Recht zustehen, aus wichtigen, vom Handelsgericht zu prüfenden Gründen die Auflösung der Actiengesellschaft vor Ablauf ihrer statutenmäßigen Dauer auch gegen eine die Auflösung ablehnenden Beschluß der Generalversammlung im Wege der Klage zu erwirken. Es ist gesagt worden: Ja, es muß auch der einzelne Actionär geschützt werden gegen die Majorität und zwar durch die Entscheidung des Richters, dessen Unparteilichkeit wir überhaupt nicht anzweifeln dürfen. M. H., ich bin der Meinung, daß im Großen und Ganzen dasjenige, was für das Wesen der Gesellschaft das Beste ist, von der Majorität der Actionäre — vorausgesetzt, daß die Verhältnisse ordnungsmäßig liegen, — am besten gewahrt wird. Warum soll ein Mann, der mit seinem Geldbeutel stark betheiligt ist, schlechter in der Lage sein die Verhältnisse der Gesellschaft zu beurtheilen, als der Richter, der auf diesem Gebiete, namentlich auch, soweit commercielle Verhältnisse in Betracht kommen, kaum

Erfahrungen besitzen möchte? und dann frage ich: ist das Recht des Actionärs, der den Fortbestand der Gesellschaft wünscht, ein geringeres, als das desjenigen Actionärs, der wünscht, daß sie aufgehoben werde? Darin steht doch Einzelrecht gegen Einzelrecht. Die Majorität, die die Auflösung nicht wünscht, setzt sich zusammen aus einzelnen Leuten, die die Fortsetzung wünschen, und die Fortsetzung entspricht ja gerade der statutenmäßigen Bestimmung. Der Richter würde nicht mehr über eine Rechtsfrage, sondern darüber zu entscheiden haben, ob die Fortsetzung oder die Auflösung der Gesellschaft materiell vortheilhafter für die Betheiligten sei. Ich meine, m. H., daß Sie den Antrag Makower annehmen müssen, daß wir heute nicht in der Lage sind, ohne Einholung von Gutachten und gründliche Erörterung der Frage über die Vorschläge, wie sie uns unterbreitet sind, abstimmen zu können.

Rechtsanwalt **R. Schanz** (Dresden): M. H., ich glaube doch, es lassen sich vielleicht die beiden entgegengesetzten Richtungen vereinigen. Ein Theil sagt: es ist nothwendig, daß der Juristentag sich schon jetzt über diese Frage ausspricht, schon um deswillen, weil im Moment die Gesetzgebung sich mit diesem Stoffe beschäftigt, und wir sonst post festum kommen würden, und der andere Theil sagt: die Sache läßt sich heute nicht erschöpfen. Ich wollte mir erlauben, einen Vermittelungsvorschlag — wiewohl ich nicht in der Lage war, ihn sofort zu präcisiren — in der Richtung zu machen: „der deutsche Juristentag erkennt an, daß der einzelne Actionär in den vom Herrn Referenten angegebenen Richtungen eines größeren Schutzes gegenüber dem Majoritätswillen der Generalversammlungen bedarf, und holt darüber weitere Gutachten ein." Es würde dadurch gewonnen, daß die Corporation des deutschen Juristentags, auf deren Ausspruch sicherlich großer Werth gelegt wird, wenigstens in dieser allgemeinen Weise sich ausspricht. Es kann ja darüber weiter gestritten werden: wieweit darf man gehen in einzelnen Punkten? Als Praktiker bin ich allerdings der Ansicht des Herrn Collegen Makower, daß Manches mir sehr gefährlich dünkt in den Vorschlägen des Herrn Referenten, wenn ich mich auf den Standpunkt der Verwaltungs-Organe derartiger Gesellschaften stelle. Ich halte namentlich den Vorschlag in Punkt 5, wonach nach Befinden, selbst wenn die Generalversammlung bereits ein begangenes Versehen sanirt und dechargirt hat, trotzdem jeder einzelne mißgünstige Actionär das betreffende Verwaltungs-Organ soll verfolgen können, für sehr bedenklich, so daß es alsdann wirklich für einen vorsichtigen und tüchtigen Geschäftsmann fast außerhalb der Möglichkeit liegen würde, einen derartigen Posten künftig hin noch fortführen zu können. Aber von praktischem Werthe ist es sicherlich, m. H., wenn wir uns nicht blos mit dem formellen Beschlusse begnügen; es sollen Gutachten darüber ausgearbeitet werden. Es ist vom größtem Interesse für alle Betheiligten, daß der Juristentag jetzt schon, weil es eben an der Zeit ist, im Großen und Allgemeinen seine Ansicht ausspricht. Und dies möchte ich soweit als möglich gefaßt sehen, und ich glaube, da ist der Herr Referent der richtige Mann, um in diesem Sinne zu präcisiren. Ich wiederhole daher meinen Wunsch, dahingehend: es möge der Juristentag aussprechen, nach seiner Ansicht bedürfe der Actionär eines größeren Schutzes gegenüber dem Majoritätswillen der Generalversammlungen — persönlich habe ich auch nichts dagegen einzuwenden, wenn hinzugefügt wird; „in den vom Herrn Referenten angegebenen allgemeinen Richtungen" — holt aber im Uebrigen Gutachten darüber ein und behält sich specielle Beschlußfassung vor. Wenn es dem Herrn Referenten nicht genehm sein sollte, selbst zu präcisiren, so behalte ich mir vor, es in der nächsten Minute zu bewirken. Ich glaube, in dieser Weise haben wir alsdann immerhin dasjenige praktische Resultat erzielt, welches im Momente erreichbar ist. Etwas anderes können wir bei der Divergenz der zu Tage getretenen Meinungen kaum erzielen. Es würde wohl schwerlich möglich sein, die ganze Frage im Detail bis morgen zum Abschluß zu bringen.

Präsident: Will Herr Makower sich hierüber äußern?

Justizrath **Makower** (Berlin): Dem letzteren Antrage würde ich mich nicht anschließen.

Justizrath **v. Wilmowski** (Berlin): Ich wollte nur die thatsächliche Mittheilung machen, daß die Deputation vor der definitiven Stellung dieser Frage bereits wiederholt und zwar nicht nur in diesem, sondern schon im vorigen Jahre verschiedene bewährte Herren um Gutachten für diese Frage ersucht hat. Die Antworten darauf sind sehr natürlich diejenigen gewesen, die Frage sei eine sehr umfangreiche; der Juristentag möge die Litteratur über Actiengesetzgebung studiren und würde darin nach allen möglichen Richtungen Vorschläge finden. Ich fürchte daher, mit einem allgemeinen Vorschlage, Gutachten einzuholen, werde man nichts erreichen. Man hat sie in der That in der Litteratur. Wenn ferner ein Gutachten erfordert werden soll zur Beantwortung für eine voraus bestimmte Basis, so wird, nachdem sich bis jetzt Niemand gefunden hat, um ein Gutachten abzugeben, sich hernach ebensowenig Einer finden, um ein Gutachten mit bindenden Grundsätzen, welche er etwa nicht für richtig hält, abzugeben.

Zur Sache stehe ich im Wesentlichen auf dem Standpunkte des Referenten, muß aber dem Bedenken des Justizraths Makower insoweit Rechnung tragen, daß mir diese Specialisirung im Antrage, selbst wenn sie nur eine Andeutung von Grundsätzen sein soll vorbehältlich näherer Ausführung, sowohl für die Stellung des Juristentags zur Aufstellung von nur allgemeinen Grundsätzen, als auch sachlich als eine solche Principienaufstellung zu weit geht und namentlich nicht auf alle Actiengesellschaften paßt, was meines Erachtens ungemein wesentlich ist. Man wird sagen können, jedem Actionär sollen gewisse Rechte zustehen: auf Einberufung einer statutenmäßigen Generalversammlung, — beiläufig würde ich nicht sagen, sie durch handelsgerichtliche Verordnung zu erwirken, sondern allgemeiner — durch gerichtliche Entscheidung zu erwirken, eine Information vor Abhaltung der ordentlichen Generalversammlung zu erlangen, auch im Wege der Klage ein Anfechtungsrecht auf Aufrechthaltung durchsetzen zu können; aber ich würde über ein solches allgemeines Maß, mit Rücksicht auf die Verschiedenheit der Zwecke der Actiengesellschaften nicht hinausgehen. Jedenfalls würde uns das Mittel, noch weitere Gutachten zu erfordern, weder im Allgemeinen, noch für entsprechende Specialisirung fördern.

Präsident: Ich bemerke, der Antrag 1 des Herrn Referenten ist redactionell mit dessen Zustimmung dahin abgeändert, daß es heißt statt „durch handelsgerichtliche Verordnung" — „durch gerichtlichen Beschluß". Wird eine andere Aenderung noch gewünscht, so muß ich bitten, sie schriftlich zu beantragen. Es ist der Antrag von Herrn Schanz auf dem Bureau folgendermaßen formulirt worden:

> „Der 15. deutsche Juristentag erkennt an, daß der einzelne Actionär gegenüber dem Majoritätswillen eines größern Schutzes in der vom Referenten angedeuteten Richtung bedarf, ersucht aber die ständige Deputation, darüber eingehende Gutachten einzuholen."

Rechtsanwalt **Schanz** (Dresden): Ich habe die Präcisirung nunmehr so gefaßt:

> „Die Abtheilung empfiehlt dem Plenum, auszusprechen, daß bei Emanirung der neuen Actiengesetzgebung vorzugsweise der Gesichtspunkt ins Auge zu fassen sei, die Rechte des einzelnen Actionärs gegenüber den Mehrheitsbeschlüssen der Generalversammlungen zu verstärken."

Präsident: Wünschen Sie (zu Justizrath Makower) das Wort zur Geschäftsordnung?

Justizrath **Makower** (Berlin): Wenn Sie „vorzugsweise" weglassen,

(Ja!)

dann werden wir uns auf einem und demselben Boden befinden.

Präsident: Die Herren haben nichts dagegen?

Reichsgerichtsrath **Wiener** (Leipzig): Der abstracte Satz ist schon einmal ausgesprochen worden auf dem eilften Juristentage, als Wolffson

Referent war. Da war auch schon von Sonderrechten die Rede. Also möchte ich glauben, daß der Juristentag entweder die Sache absetzen oder etwas Concreteres sagen müßte, als er damals gesagt hat. Der ganze Werth einer heutigen Beschlußfassung kann nur darin liegen, daß wir sagen, wir legten auf die Summe der hier proponirten Schutzmittel und Einzelrechte das entscheidende Gewicht.

Präsident: Die Herrn Redner kommen in die sachliche Debatte hinein. Sie dürfen aber anderen Rednern, die sich vorher gemeldet haben, nicht vorgreifen. Der Antrag lautet:

> „Die Abtheilung empfiehlt dem Plenum auszusprechen, daß bei Emanirung einer neuen Actiengesetzgebung der Gesichtspunkt in's Auge zu fassen sei, die Rechte des einzelnen Actionärs gegenüber den Mehrheitsbeschlüssen der Generalversammlung zu verstärken."

Das Wort hat Herr Dr. Heinsen!

Rechtsanwalt Dr. **Heinsen** (Hamburg): Ich bin, m. H., übereinstimmender Meinung mit denjenigen, welche es angemessen halten, die Frage, die hier heute vorliegt, zu vertagen und neue Gutachten einzufordern oder überhaupt erst Gutachten zu beschaffen. Dagegen hat Herr Justizrath v. Wilmowski darauf hingewiesen, daß der Versuch schon mehrfach vergeblich gemacht worden sei. Ich glaube aber, die Schuld, daß der Versuch ein vergeblicher blieb, hat vielleicht zum Theil darin gelegen, daß die Frage, wie sie hier vorliegt, eine außerordentlich allgemeine ist. Wenn an Jemand die Aufforderung tritt, ein Gutachten abzugeben, welche Sonderrechte einem Actionär zuzugestehen sein sollen, und welche Schutzmittel dafür einzuführen sind, so heißt das an ihn die Forderung stellen, ein Actiengesetz mit Motiven zu liefern und das mag vielleicht dem Einzelnen zu viel sein. Wenn man dagegen sich beschränkte und Gutachten einforderte nach speziellen Richtungen hin, also z. B. soll dem einzelnen Actionär ein Anklagerecht gegen die Organe der Gesellschaft eingeräumt werden, soll ihm eingeräumt werden das Recht auf Information und in welcher Weise soll er das Recht ausüben, sollen die Organe der Gesellschaft dem Actionär gegenüber nicht nur für Gesetzwidrigkeiten, für Statutenwidrigkeiten, sondern auch dafür haften, daß ihre Handlungen mit der Sorgfalt eines ordentlichen Geschäftsmannes vorgenommen werden? So würde man über so begrenzte Fragen vielleicht ein Gutachten erlangen können. Ich möchte deshalb vorschlagen, daß allerdings die Sache vertagt und der ständigen Deputation anheimgegeben würde Gutachten einzufordern, mit genauer Präcisirung und Theilung des heute zur Debatte stehenden Gegenstandes.

Präsident: Es ist das eine Modification des Makower'schen Antrags. Ich bitte um schriftliche Einreichung.

Rechtsanwalt **Sachs** (Leipzig): M. H., ich kann dem Antrag des Herrn Rechtsanwalt Schanz in keiner Weise zustimmen. Es kommt das, was er beantragt, darauf hinaus, daß der Juristentag anerkennen soll, was alle Welt längst anerkannt hat und was der Juristentag früher selbst schon anerkannt hat. Ich glaube, Niemand wird bestreiten, daß die Einzelrechte der Actionäre im Allgemeinen erweitert werden müssen und daß das Handelsgesetzbuch in dieser Richtung einer Reform bedarf. Wenn der Juristentag nichts weiter als dies ausspricht, so ist meines Erachtens nichts ausgesprochen, und die Gesetzgebung wird über diesen Beschluß des Juristentags ruhig hinweggehen. Ich meine, daß der Juristentag allerdings, um die Angelegenheit legislatorisch zu fördern, das auszusprechen hat, — und ich für meine Person sehe nicht das geringste Bedenken das auszusprechen, daß eine Reform in der angedeuteten Richtung erforderlich sei und daß das Mindeste, was die Gesetzgebung in dieser Richtung anzuerkennen hat, diejenigen Sätze sind, die hier aufgestellt sind, wobei ich allerdings einen Vorbehalt mache.

Mir scheint der vierte Satz mancherlei Anfechtungen hervorzurufen. Die Frage, inwieweit der Einzelne sich einem Auflösungsbeschluß widersetzen oder einen Auflösungsbeschluß hervorrufen kann, scheint mir gegenüber den übrigen Fragen weniger aufgeklärt zu sein.

Was aber die übrigen Fragen betrifft, so scheinen mir die Bedenken, die heute hier vorgebracht worden sind, in der That nicht im Geringsten stichhaltig zu sein. Es wird ja allgemein anerkannt, daß in der That die Einberufung einer Generalversammlung geschehen muß, wenn sie ein einzelner Actionär nach dem Statut fordern kann und sie nicht geschieht. Ich will übrigens bei dieser Gelegenheit einschalten, daß, wo in diesen Anträgen vom Handelsgericht die Rede ist, ich immer befürworten würde zu sagen: ein collegialischer Gerichtsbeschluß. Bekanntlich ist die Frage der Handelsgerichte nach der jetzigen Gerichtsverfassung eine sehr zweifelhafte, weil wir mannigfaltige Zustände in Deutschland haben statt eines einheitlichen Zustands. Das Wesentliche, worauf es mir anzukommen scheint, ist, daß eine collegialische Beschlußfassung stattfindet. In dieser Beziehung würde ich eine Amendirung wünschen.

Was die Vorlage der Berichte betrifft, so entspricht das nur einem Erforderniß, was heutzutage jede loyale Actiengesellschaft anerkennt, die Berichte werden vorgelegt, nur nicht früh genug. Eine Specialisirung in der Darstellung, eine Aufdeckung der Geschäftsgeheimnisse u. s. w. ist nicht gefordert worden. Was das Recht betrifft, daß Anfechtungen zugelassen werden sollen von statutenwidrigen Beschlüssen der Generalversammlung, so ist die Judicatur des Reichs-Oberhandelsgerichts schon darüber hinausgegangen, das Reichsgericht hat darüber auch noch nicht einen Zweifel gehabt, und ich habe ernstliche Zweifel in dieser Richtung noch nicht aussprechen hören.

Endlich, was das Wichtigste ist, daß das Gesetz es neu ausspricht, ist, daß eine Unterstützung in vorläufiger Art von dem Handelsgericht, und zwar wie ich wiederum betone — von einem collegialisch zusammengesetzten Gericht vorgenommen werden soll. Das ist etwas ganz Neues, was geschaffen werden muß, was in vielen anderen Ländern schon geschaffen worden ist und worüber auch, wie mir scheint, der Zeitgeist schon sein Urtheil gesprochen hat. Das muß geschehen, eine solche Information muß da sein, sonst helfen alle Klagrechte der einzelnen Actionäre nicht; und wenn gegen einen Mißbrauch solche Cautelen gegeben sind, wie sie hier beantragt sind, so ist dagegen nicht das geringste Bedenken zu erheben.

Bei dem fünften Punkt hat Herr Rechtsanwalt Schanz das Bedenken erhoben, man dürfe dem einzelnen Actionär das Recht nicht zugestehen, wenn die Generalversammlung einmal gesagt habe: wir wollen die Decharge ertheilen, wir wollen eine Entschädigung nicht beanspruchen — dennoch Entschädigungsansprüche geltend zu machen. Es ist aber nun gesagt worden „auf Vorsatz oder grobem Versehen beruhende Entschädigungsansprüche".

Ich möchte gern erfahren, ob noch mehr Herren außer Herrn Justizrath Makower meinen, daß wirklich diese vier Punkte Bedenken erregen können. Wenn die Versammlung zu dem Resultate kommt: nein, in diesen Beziehungen haben wir kein Bedenken — dann weiß ich auch nicht, warum wir den Satz nicht aufstellen wollen: Der Juristentag beschließt, daß eine Reform des Actiengesetzes in dieser und dieser Richtung stattfinde und dabei mindestens das gesagt werde, was in den vier Punkten gesagt wird. Ich bitte dabei die Nummer vier wegzulassen, weil ich anerkenne, daß nicht gleichviel Sicherheit bezüglich dieses Punktes vorhanden ist.

Rechtsanwalt Dr. **Keuling**: Ich wollte gegen den Antrag des Herrn Rechtsanwalts Schanz sprechen, allein ich muß anerkennen, daß er nur einer geringen Modification bedarf, daß auch ich ihm zustimmen könnte.

Ich hatte vorhin hervorgehoben, daß wir eigentlich post festum kommen, wenn wir jetzt über das Einzelne uns zu entscheiden vorbehalten bis zu späterer weiterer Aufklärung der Materie, weil dann wahrscheinlich die gesetzgeberischen Organe bereits weiter gearbeitet haben, aber ich glaube, daß die heutige Discussion und vor allem das so eingehende Gutachten des Herrn Referenten für die gesetzgeberischen Organe an Material alles das wird geleistet haben, was überhaupt eine heutige Beschlußfassung über diese Details leisten konnte, und verkennen kann ich nicht, daß nach verschiedenen Richtungen hin doch Bedenken bezüglich einzelner dieser Bestimmungen geltend zu machen sind. Ich glaube, einen Schutz des Actionärs gegen Majoritätsbeschlüsse der Generalversammlung kann derselbe nur in Anspruch nehmen, insoweit es sich darum handelt, daß die Rechtsordnung, die theils in dem Gesetz, theils in den Statuten für die Actiengesellschaft gegeben ist, eingehalten wird. Ob nun schlecht oder gut gewirthschaftet wird, das sind Dinge, die jedenfalls der Kontrolle des einzelnen Actionärs sich entziehen. Gerade deswegen muß ich von diesem Standpunkt aus Bedenken dagegen erheben, daß, wenn die Generalversammlung Decharge ertheilt hat, der einzelne Actionär berechtigt sein soll trotz dieses Factums, wo die Actiengesellschaft als solche kraft eines wirksamen Beschlusses Rechte aufgegeben hat, solche Rechte noch geltend zu machen.

So glaube ich allerdings, wir können uns dem Eindrucke nicht entziehen, daß in allen diesen einzelnen Fragen beschlußfassend einzugreifen über das hinausgeht, was wir uns für den Augenblick zutrauen dürfen, und da im Wesentlichen der Zweck erreicht sein wird, so möchte ich dem Antrag des Herrn Rechtsanwalt Schanz zustimmen, wenn er dahin modificirt wird, daß gesagt wird: Die Rechte des Actionärs gegenüber einem Majoritätsbeschluß sollen gekräftigt werden, insofern es sich um Aufrechthaltung oder Schutz gegen Beeinträchtigung der gesetzlich oder statutarisch für die Actiengesellschaft gegebenen Rechtsordnung handelt.

Alles Andere liegt meines Erachtens außerhalb des Gebietes, wo der einzelne Actionär überhaupt Schutz beanspruchen kann.

Präsident: Ich bemerke aber, ich kann nur formulirte Anträge zur Abstimmung bringen.

Rechtsanwalt Dr. **Reuling**: Ich werde den Antrag gleich einreichen.

Präsident: Das Wort hat Herr Dr. Jaques.

Hof- und Gerichts-Advocat Dr. **Jaques**: M. H., ich möchte mir vor allem erlauben, ein Paar Worte über die Details der einzelnen Anträge zu sagen, die gestellt worden sind, und dann auf das zurückkommen, was die verehrten Herren, die selbst keine Anträge formulirten, gesagt haben, in eingehender Ausführung namentlich mein verehrter Herr College Makower und Herr College Erythropel.

Präsident: Ich muß mir erlauben Sie zu unterbrechen.

Die Sache liegt jetzt so, daß zunächst, wenn Sie gesprochen haben — und ein Schlußantrag angenommen wird — zur Abstimmung kommt der Antrag Makower, wie er sich gestaltet nach der Fassung des Herrn Dr. Heinsen. Wird er angenommen, ist die Sache erledigt, wird er nicht angenommen, so kommt zur Abstimmung der Antrag des Herrn Rechtsanwalt Schanz. Wird dieser angenommen, so ist gleichfalls die Sache erledigt, wird er abgelehnt, so treten wir heute bezw. morgen in die Spezialdebatte über die einzelnen Anträge des Herrn Referenten. Ich gebe anheim, ob unter diesen Umständen eine Erörterung der einzelnen Punkte angemessen ist.

Referent Dr. **Jaques**: M. H.! die Stellung, die ich glaube in diesem Augenblicke einnehmen zu sollen, ist diejenige, wie sie dem Referenten nach allen Geschäftsordnungen zusteht, daß er nämlich berechtigt sei, ehe die Entscheidung darüber, ob Spezialdebatte oder nicht, gefallen ist, seine Aeußerung über den Stand der Sache abzugeben. Von diesem Gesichtspunkte aus bin ich wohl sogar verpflichtet, den Gegenanträgen gegenüber Stellung zu nehmen. Nun möchte ich zunächst auf Eins aufmerksam machen. Bezüglich der Anträge die da gestellt sind mit der Tendenz, daß die Sache an die ständige Deputation zum Behuf der Einholung von Gutachten geleitet werden soll, bitte ich nicht zu verkennen, daß deren Annahme nichts ist als eine einfache Resignation des Juristentags auf jede Aeußerung in der Sache. Es ist das ganz vollkommen gleichbedeutend, denn ich bitte nicht zu vergessen: es hat das Reichsjustizamt bereits den Reformentwurf vorbereitet, der demnächst oder wenigstens in nicht zu ferner Zeit an das Licht der Oeffentlichkeit treten wird; in Oesterreich, wo ein Entwurf schon vorgelegen hatte — beiläufig bemerkt ein Entwurf, der manches den hier vorgelegten Normen Analoge enthält — ist ebenfalls eine Reform der Actiengesetzgebung in Bälde zu gewärtigen. Da nun die große Wahrscheinlichkeit dafür spricht, daß wir nicht demnächst, resp. auch nicht nach einem Jahre, sondern sehr wahrscheinlich erst nach zwei Jahren wieder zusammenkommen, so läßt sich mit annähernder Sicherheit aussprechen, daß ein Votum, womit man die Sache lediglich zum Behuf der Einholung weiterer Gutachten vertagt, ohne jedes praktisches Resultat bleiben muß. Nun bitte ich weiter zu erwägen: Herr College Heinsen sagt: bisher sind die Fragen den Herren in allgemeinster Form zur Begutachtung vorgelegt worden; da weigerten sie sich; jetzt aber sollen sie ihnen specialisirt vorgelegt werden, und da werden die Herren gewiß bereit sein, Gutachten zu erstatten. Da ist denn nun zu bedenken: jenen Herren, eminenten Fachmännern auf dem Gebiete des Actienwesens, ist es doch wohl gleichgiltig, ob unsere Frage in allgemeiner oder in Detail, in präciser Form ihnen vorgelegt wird, denn die Antwort, die sie geben, geht immer aus festen wissenschaftlichen Grundsätzen über die gesammte Materie hervor. Sie mögen formuliren, wie Sie wollen: entweder wir bekommen Gutachten oder nicht, aber durch die Modification in der Formulirung bekommen Sie ganz gewiß kein einziges Gutachten. Jenes zu hoffen ist meines Erachtens bloße Selbsttäuschung. Ebenso bedenklich und zwar vom Standpunkt der Würde des Juristentags, schien es mir, ganz im Allgemeinen den Beschluß zu fassen, es sollen die Rechte der Actionäre verstärkt werden. Das würde im Wesentlichen liegen in dem Antrage Schanz, es ist auch unterstützt worden von Herrn Dr. Reuling. Was ist damit gesagt? Soll eine Fachmännerversammlung ein allgemeines, ganz abstractes und in seiner Allgemeinheit zu Nichts führendes Princip aussprechen? Wenn etwa in einer Versammlung von Nationalökonomen oder von praktischen Geschäftsleuten, beispielsweise in einer Handelskammer so etwas ausgesprochen wird, so lasse ich das gelten. Aber der Juristentag, der aus allen Gauen Deutschlands und Oesterreichs zusammenkommt, der soll in Bezug auf Fragen, die längst ventilirt worden, über die wir selbst bereits vor mehreren Jahren Gutachten von Wiener, Behrend, Goldschmidt erhielten, über welche ferner Gutachten von Adolf Wagner und Anderen in nationalökonomischer Beziehung vorliegen, über welche endlich eine ganze Literatur, ich möchte fast sagen: multorum camelorum onus — vorhanden ist, nichts anderes, nichts weiter zu sagen in der Lage sein als: es sollen die Rechte der Actionäre verstärkt werden? Da ziehe ich denn doch vor, daß gar Nichts gesagt wird als etwas, was mit der ganzen Stellung des Juristentags absolut nicht in Einklang zu bringen ist. Ganz dasselbe gilt von dem Antrage des verehrten Collegen v. Wilmowski, der zwar der Sache eine specialisirtere Form geben will — es soll von dem Anfechtungsrechte die Rede sein, möglicherweise auch von dem Auflösungsrechte — aber auch nicht über den Rahmen allgemeiner, abstracter Sätze hinauskommt und nicht thut, was die Aufgabe des Juristentags ist: entweder sich zu getrauen, ein ganz bestimmtes Princip auszusprechen, oder aber gar nichts zu sagen, gewiß aber nicht etwas, was ebensogut Nichtfachmänner, Laien aussprechen können. Es ist immer eine außerordentlich mißliche Sache, wenn man gegenüber einer Versammlung, in deren Mitte ausgezeichnete Fachmänner sitzen, die da sagen: wir sind nicht vollkommen informirt, gleichsam gewaltsam den Beschluß des Informirtseins provociren will; das sieht einer Ueberhebung außerordentlich ähnlich. Aber die Sache ist vielfach durchgesprochen, und durchdebattirt; zum Theil wurzeln die Grundsätze, die hier gegeben sind, in fremden Gesetzen oder sind bereits vorlängst angeregt von Gesetzgebungsfactoren bei uns: mit Einem Wort, die Sache ist reif, zumal wir die Lösung des Problems in ganz ökonomischer Form versuchen. Lassen Sie uns also schon heute über die einzelnen Anträge verhandeln.

Nun muß ich mir noch erlauben, mich mit meinen ganz speziellen Gegner, mit dem hochverehrten Collegen Justizrath Makower ein bischen zu beschäftigen; schon ad salvandam conscientiam gegen den möglichen Vorwurf, etwa gar leichtfertig in die Sache eingetreten zu sein. Makower sagt vor Allem: eine Actiengesellschaft kann mit den Rechten, die wir einräumen wollen, nicht bestehen, wenn Information und Untersuchung jedem Einzelnen zustehen, dann wird das Wesen des gesellschaftlichen und geschäftlichen Lebens, das Geheimniß aufgehoben. Darauf habe ich nur Eine Antwort: ist denn dabei ganz vergessen, daß diese Information immer erst nach Ablauf eines ganzen Geschäftsjahres erfolgt? Soll es das geschäftliche Leben und das geschäftliche Geheimniß turbiren, wenn die Actionäre nach Ablauf eines ganzen Jahres kommen und sagen: gebt nunmehr Rechenschaft über das, was Ihr mit unserem Vermögen gemacht habt? Will Justizrath Makower wirklich, daß der Geschäfts-Bericht, der ja schon jetzt nach Ablauf eines Jahres regelmäßig gegeben wird, eine bloße Fiction sein soll? Und der Actionär sollte nicht das Recht haben, Einsicht in den Bericht des Vorstands, des Aufsichtsraths zu nehmen, sondern sich begnügen müssen, formell an dem Beschlusse der Generalversammlung zu participiren, zu dessen Fassung er materiell gar nicht informirt ist. Soll er aber informirt sein, dann muß Makower zugeben, daß Verwaltungsrath und Vorstand verpflichtet seien, die Information zu geben. Er hat früher den Actionär mit dem Reactionär verwechselt; ich meine aber, wenn die Leute gar nichts von dem erfahren sollen, was ihre eigensten Interessen tangirt, so ist das wirklich so reactionär, daß es auf keine Weise vom Juristentage zum Gegenstande eines Beschlusses gemacht werden soll. Nun sagt man weiter: man muß die einzelnen Actionäre beschränken, das Leben beschränkt sie ja doch. Ich aber nach meiner eigenen Erfahrung, der ich seit zwanzig Jahren in Actiengesellschaften thätig bin, theils mitverwaltend, theils als Rechtsconsulent, meine, es besteht bei den Actiengesellschaften eine sehr große Tendenz, die Rechte der Actionäre zu beschränken. Es ist das so eine Art von leitendem Gedanken, der instinctiv die Vorstände und Aufsichtsräthe beherrscht. Diese Methode soll man aber nicht sanctioniren, indem man sagt: es ist wegen des Geschäftsgeheimnisses ganz gerechtfertigt, wenn nur farblose Berichte gemacht werden. Wahren Sie ein Jahr lang das Geschäftsgeheimniß, aber dann müssen doch die Dinge an den Tag treten. Ich meinerseits wenigstens möchte nicht die Hand dazu bieten, daß man unter der Firma: „Wahrung des Geschäftsgeheimnisses" die Abdication der Generalversammlung decretirt zu Gunsten der oft genug zu Gunsten ihrer eigenen Interessen ihren eigenen Weg wandelnden Vorstände und Aufsichtsräthe. Der verehrte College sagt ferner in Betreff der Cautel, die von mir damit gegeben wird, daß, wenn muthwillig Anträge auf Auflösung einer Gesellschaft oder auf Untersuchung gestellt werden, Entschädigung geleistet werden soll: das sei eine Illusion, der betreffende Antragsteller würde einen Anderen vorschieben, der nichts hat als eine Actie im Werthe von 200 Gulden und der Schaden wird nicht ersetzt werden. Dem gegenüber bedenken Sie: wir sprechen hier von der Frage etwaiger verfrühter Auflösung einer Actiengesellschaft oder Prüfung der Geschäftsführung wegen etwaiger Mißbräuche. Haben denn da der eine oder haben die mehreren Actionäre, die den 10. Theil des Actienkapitals in Händen haben, nicht selbst ein sehr reelles Interesse an dem Bestande der Actiengesellschaft, wenn diese Actiengesellschaft zu bestehen verdient und Prosperität verspricht? Sind diese nicht wirklich engagirt und was nützt es da dem Einen, wenn er einen Anderen vorschiebt? Trifft denn nicht die Schadenersatzpflicht, wenn die Antragstellung als eine muthwillige erkannt wird, alle diejenigen, welche zusammen jenen 10. Theil des Actiencapitals besitzen? Werden also diese Besitzer des 10. Theils des Actiencapitals ihr eigenes Interesse schädigen? Liegt die stärkste Garantie dagegen nicht eben darin, daß wir einen namhaften aliquoten Theil des gesammten Actiencapitals verlangen, wenn solche Anträge überhaupt gestellt werden?

Der verehrte College Wiener hat Ihnen gesagt, wir hätten dabei auch Cautionslegung im Auge und dem ist auch in der That so. Hätten wir die aber auch nicht, würde nicht das Interesse, das ich hier accentuire, welches in der Betheiligung mit dem 10. Theil des Actiencapitals besteht, hinlängliche Garantie sein gegen die Ausführung des Rechts zum Nachtheil dessen, der sich in dieser Weise an der Actiengesellschaft betheiligt hat? Den kann man getrost mit zum Hüter des Bestandes der Actiengesellschaft machen. Es wird ihm kein Vergnügen sein, den Werth der Actiengesellschaft so zu depreciren, daß der 10. Theil, den er und einige Andere in Händen haben, nicht einmal den 10. Theil von dem werth ist, was er früher werth war. Diese Meinung ist also, wenn man ihr auf den Leib rückt, eine Illusion. Wenn Personen vorgeschoben werden, so geschieht dies bei dem heutigen Stand der Dinge, wo Leute, die nichts besitzen, in die Generalversammlung geschickt werden, um eine künstliche Majorität zu machen, was ich beiläufig einem der verehrten Herrn Redner bemerken will, der da gesagt hat, die Generalversammlung sei eine bessere Garantie als der Richter. Ja wenn die Generalversammlung eine wahrhafte wäre, dann hätte er vollkommen Recht. Bedenken Sie aber, daß sehr häufig, wenn man die Majorität für die Decharge haben will, eine namhafte Anzahl von Actien sechs Wochen vor der Generalversammlung von Personen, die dieselbe nach dem technischen Ausdruck „in Kost genommen haben", welchen sie aber nicht gehören, deponirt werden; diese nehmen dann an dem Dechargebeschluß mit Theil, um die Actien darauf ihren Eigenthümern wieder zurückzugeben.

Justizrath Makower sagt endlich, es schwebt nach unseren Anträgen in jedem Augenblick das Damoklesschwert der Auflösung über dem Haupt der Gesellschaft; die Frage sei immer offen; jeden Tag könne jemand anders an anderem Orte mit dem Antrag kommen. Dabei scheint vergessen, daß Actiengesellschaften immer einen bestimmten Sitz und immer ein bestimmtes Forum haben, daß sie keine Wanderversammlungen sind, die immer verschiedene Fora haben, sodaß bei jedem derselben andere Beschlüsse gefaßt werden können und daß man an dem einen Forum von dem Beschluß bei dem andern nichts weiß. Wird ein gerichtlicher Beschluß gemäß Nr. 3 u. 4 gefaßt, so geschieht das von Seiten des competenten Gerichtsstandes der Actiengesellschaft und wenn dieser oder dieselbe höhere Instanz einmal erkannt hat, es liegen wichtige Gründe für die Auflösung vor oder nicht, es ist glaubhaft gemacht oder nicht, daß Unredlichkeit oder grobe Verletzungen des Statuts stattgefunden haben, so sehe ich nicht ab, wie so ein anderes Forum kommen und diesen Beschluß reformiren könnte, sodaß das Domoklesschwert der verschiedensten Beschlüsse über dem Haupte der Gesellschaft schweben bliebe.

Dazu kommt noch die bekannte Anschlußfrage, von der heute schon bei den Commandit- und Actiengesellschaften im Handelsgesetzbuch die Rede ist. Wir gehen von der Voraussetzung aus, daß der Beschluß ein präjudicieller sein soll, der entscheidend ist für sämmtliche Actionäre. Dann ist der Fall, wie Herr Justizrath Makower ihn supponirt, erst recht nicht denkbar.

Die Frage spitzt sich dahin zu: ist nicht das, was in diesen Anträgen gesagt ist, das Minimum dessen, was nach dem Stande der gemachten Erfahrungen, nach dem Stande der Wissenschaft und mit Rücksicht auf die Bestimmungen der übrigen Gesetzgebungen der Actionär verlangen soll und kann? Einige von uns, darunter Reichsgerichtsrath Wiener und ich, sind der Ueberzeugung: 1. Das ist das Minimum, 2. die Frage ist so durchgearbeitet, daß sie reif ist und 3. wenn wir sie vertagen, machen wir einen Streich in's Wasser, was wir für keine zweckmäßige Procedur des Juristentags halten.

Auf die verschiedenen Modificationen der Vertagungsbegehren kann ich daher nicht eingehen, sondern muß an dem Referentenantrag festhalten.

Präsident: Ich schließe nunmehr die Verhandlung und wir kommen, wenn nicht eine Vertagung der Abstimmung gewünscht wird, zur Abstimmung. Vorhin habe ich zu erwähnen, daß der Specialantrag des Herrn Dr. Heinsen lautet:

> Der Juristentags vertagt den Antrag 4 mit dem Anheimgeben an die ständige Deputation, Gutachten einzufordern unter Ein-

schränkung derselben auf einzelne das Einzelrecht der Actionäre betreffende Fragen.

Ferner lautet der bereits angekündigte Antrag des Herrn Dr. Jaques:

Der Juristentag erkennt an, daß das Maaß der dem einzelnen Actionär gegen die Gesellschaft und die Gesellschaftsorgane zustehenden Rechte gegenüber den Vorschriften des deutschen Handelsgesetzbuchs erweitert werden muß und daß dabei wesentlich folgende Grundsätze zu berücksichtigen sind.

Und darauf folgen die Nummern 1, 2, 3, 5 des Antrags des Herrn Referenten.

Es würde nun meines Erachtens zunächst abzustimmen sein über den Antrag Dr. Heinsen, dann über den durch ihn nicht ausgeschlossenen allgemeinen Vertagungsantrag von Makower. Würden beide abgelehnt, so kommt der Antrag Schanz. Wird auch der abgelehnt, kommt der Antrag Sachs, wird auch der abgelehnt, dann wird auf die Specialdiscussion einzugehen sein.

Zur Geschäftsordnung Herr Justizrath Joel.

Justizrath **Joel** (Bromberg): M. H., ich möchte bitten, daß die Versammlung beschließt, für jetzt zu schließen und morgen früh die Verhandlungen fortzusetzen, ebenso auch die Abstimmungen, welche der Herr Präsident jetzt eingeleitet hat. Unsere Reihen sind bereits stark gelichtet und ich glaube die große Mehrzahl wünscht mit mir diese Bitte auszusprechen; morgen werden wir, so zu sagen, ruhiger an die weiteren Geschäfte gehen können.

Justizrath **v. Wilmowski**: Ich möchte dem Antrage entgegentreten. Wir finden uns morgen nicht wieder so zusammen, wie heute, es ist theilweise wegen der Betheiligung bei anderen Abtheilungen nicht möglich. Ich möchte bitten, zunächst über die Anträge, abgesehen vom gedruckten Antrage zu Nr. 4, getrennt abstimmen zu lassen, es wird sich dann finden, ob einer der Anträge, ohne weitere Specialdiscussion nöthig zu machen, schon jetzt angenommen wird. Geschieht es nicht, dann können wir uns immer bis morgen vertagen.

Reichsgerichtsrath Dr. **Wiener**: Wird denn überhaupt eine Specialdebatte gewünscht? Ich habe nach dieser Richtung hin keinen Wunsch gehört. Die einzige Differenz, die entstanden, geht meines Erachtens dahin: wollen wir überhaupt die Sache absetzen, oder die gemachten Vorschläge mit oder ohne Weglassung von Nr. 4 annehmen?

(Widerspruch.)

So fasse ich die Sache auf. Für mich bleibt kein Residuum für die Spezialdebatte.

Präsident: Der Antrag Wiener würde einfach dahin gehen: statt Eingehens auf eine Specialdebatte sofort die Anträge des Herrn Referenten en bloc anzunehmen.

M. H., wenn Niemand das Wort zur Geschäftsordnung will, so schreite ich jetzt, nach vorläufiger Zurückziehung des Antrags Sachs zur Abstimmung in der von mir angegebenen Weise. Ich ersuche zunächst diejenigen Herren, die dem Antrag Heinsen:

> Der Juristentag vertagt Antrag 4 mit Anheimgabe an die ständige Deputation, Gutachten einzufordern, unter Einschränkung derselben auf die die Einzelrechte der Actionäre betreffende Frage

zustimmen wollen . . .

Hof- und Gerichtsadvocat Dr. **Jaques**: Antrag 4 ist nicht Nr. 4 des Antrags, sondern der 1. Antrag.

Präsident: Ja, der das ganze Thema umfaßt.

. . . die dem zustimmen wollen, die Hand zu erheben.

(Geschieht.)

Das ist eine kleine Minorität, der Antrag ist abgelehnt.

Nunmehr ersuche ich diejenigen Herren, die dem Antrage Makower:

> unter Abbrechung der ganzen Verhandlung die ständige Deputation um die Erwägung zu ersuchen, ob und in wie weit sie Frage 4, die uns jetzt beschäftigt, und die vom Herrn Referenten gestellten Anträge dem nächsten Juristentage wieder vorlegen will

zustimmen wollen, die Hand zu erheben.

(Geschieht.)

Auch das ist die Minderheit.

Ich ersuche jetzt die Herren, die den Antrag Schanz:

> die Abtheilung empfiehlt dem Plenum auszusprechen, daß bei Abfassung der neuen Actiengesetzgebung der Gesichtspunkt ins Auge zu fassen sei, die Rechte des einzelnen Actionärs gegenüber dem Mehrheitsbeschlusse in der Generalversammlung zu verstärken

annehmen wollen, die Hand zu erheben.

(Geschieht.)

Auch das ist die Minderheit.

Wünscht jetzt Herr Reichsgerichtsrath Dr. Wiener eine Abstimmung darüber, ob die Anträge des Herrn Referenten en bloc angenommen werden sollen? Sonst gehen wir morgen früh zur Specialdiscussion über.

Rechtsanwalt **Werner** (Stettin): Ich bitte über die fünf Nummern des Herrn Referenten, aber ohne Discussion, abstimmen zu lassen mit der Sachs'schen Einleitung. Ich halte die Sache für ausreichend discutirt, so daß wir morgen doch nicht weiter kommen.

Präsident: Wollen die Herren diesen Antrag noch zulassen, oder der Frage widersprechen?

Hof- und Gerichtsadvocat Dr. **Jaques**: Zuzulassen ist er, weil der Antrag zur Geschäftsordnung für die Specialdebatte ist. Insofern ist er zuzulassen, aber ich würde nicht für den Antrag sein.

Präsident: Wird Widerspruch gegen den Antrag erhoben? — Da es nicht der Fall ist, so kommt er mit zur Abstimmung.

(Zu Dr. Wiener gewendet):

Wollen Sie einen besonderen Antrag auf Enbloc-Annahme stellen?

Reichsgerichtsrath Dr. **Wiener**: Ich schließe mich dem Antrage, der jetzt eingebracht worden ist, vollkommen an.

Rechtsanwalt Dr. **Heinsen** (Hamburg): Ich möchte diesem Antrage gegenüber einwenden, daß es eine irrige Auffassung der bisherigen Verhandlung ist, es seien jetzt die einzelnen Anträge unter Ausschluß der Specialdebatte zur Abstimmung zu bringen. Bisher ist nach demjenigen, was wir beschlossen haben, die Specialdebatte unterblieben. Es würde also abgeschnitten, einmal über die einzelnen Anträge zu sprechen und sodann erst abzustimmen.

Präsident: Ich erlaube mir den Redner zu unterbrechen. Wir sind nicht mehr in der Debatte über den Antrag. Er muß zur Abstimmung kommen, wie er gestellt ist. Jeder muß sich sagen, was er bedeutet.

Rechtsanwalt Dr. **Heymann** (Hamburg): Ich wollte Widerspruch gegen den Antrag erheben.

Präsident: Dann muß ich fragen: soll der Antrag Werner noch zugelassen werden oder nicht?

Amtsrichter **Mosse** (Berlin): Ich stelle den formellen Antrag, die Verhandlungen jetzt zu vertagen, das ist ein neuer Antrag, der jederzeit zulässig ist. Ich beantrage das, weil ich glaube, daß die Versammlung nicht mehr in der Lage ist, über einen Antrag von so bedeutender, materieller Tragweite abzustimmen. Deshalb beantrage ich, die Verhandlung abzubrechen.

Präsident: Der Vertagungsantrag geht allen anderen vor. Ich ersuche diejenigen Herren in der Versammlung, die jetzt die Verhandlungen abbrechen und die Fortsetzung der Abstimmung auf morgen vertagen wollen, die Hand zu erheben.

(Geschieht.)

Das ist die Minderheit.

Ich ersuche nunmehr diejenigen Herren, die den Antrag, ohne Discussion über die einzelnen Anträge 1, 2, 3, 4, 5 des Referenten abzustimmen, mit der Sachs'schen Einleitung annehmen wollen, die Hand zu erheben.

(Geschieht.)

Das ist auch die Minderheit, der Antrag ist ebenfalls abgelehnt.

Hiernach treten wir morgen früh, und zwar um $9^1/_2$ Uhr, in die Specialdebatte ein.

Ich schließe die heutige Verhandlung.

(Schluß der Sitzung 3 Uhr 20 Min.)

Zweite Sitzung der zweiten Abtheilung im Saale der ersten Bürgerschule.

Freitag, den 10. September 1880.

Der **Präsident** Becker (Oldenburg) eröffnet um 9 1/2 Uhr die Sitzung: Wir beginnen mit der Specialdiscussion über Nr. 1 der Thesen des Herrn Referenten.

Ich bemerke, daß es wünschenswerth sein wird, den Antrag Sachs, der gestern gar keinen Widerspruch erfahren hat, der Versammlung nochmals zur Kenntniß zu bringen und zu fragen, ob er einen Widerspruch findet. Würde er allseitig angenommen, so wäre damit für die einzelnen Anträge des Referenten eine vielleicht zur Abkürzung der Debatte beitragende Charakterisirung gegeben. Er lautet:

> Der Juristentag erkennt an, daß das Maaß der dem einzelnen Actionär gegen die Gesellschaft und die Gesellschaftsorgane zustehenden Rechte gegenüber den Vorschriften des deutschen Handelsgesetzbuchs erweitert werden muß und daß dabei wesentlich folgende Grundsätze zu berücksichtigen sind:

Würde die Versammlung mit dieser Einleitung für die einzelnen zu beschließenden Thesen des Herrn Referenten einverstanden sein?

Wenn kein Widerspruch erfolgt, nehme ich den Satz als beschlossen an; er ist beschlossen.

Wir kommen zu These 1:

> Jedem Actionär soll das Recht zustehen, die Einberufung der statutengemäßen Generalversammlung gegen weigernde oder zögernde Gesellschaftsorgane durch collegialgerichtlichen Beschluß zu erwirken.
>
> Rechtzeitig vor Abhaltung der ordentlichen Generalversammlung ist jedem Actionär Einsicht in die Jahresrechnung und Bilanz,

sowie in die Berichte des Vorstandes, des Aufsichtsrathes und der Revisoren zu gewähren.

Herr Rechtsanwalt Schanz (Dresden) hat den Antrag gestellt:

Zu Paragraph 1 Absatz 2 hinzuzufügen:

Gegen mißbräuchliche Anwendung dieses Rechts sind Schutzmaßregeln zu verfügen.

Herr Justizrath Makower hat das Wort.

Justizrath **Makower** (Berlin): Der 1. Absatz, wie er von Herrn Dr. Jaques gefaßt ist, geht dahin, daß dem Actionär das Recht zustehen soll, die Einberufung der statutenmäßigen Generalversammlung gegen weigernde oder zögernde Gesellschaftsorgane durch Beschluß zu erwirken. Gegen diesen Satz habe ich nichts einzuwenden. Er reicht mir aber für das Bedürfniß bei weitem nicht aus. Es kommen nicht selten Fälle vor, in denen die zur Berufung von Generalversammlungen statutenmäßig nothwendigen Erfordernisse fehlen und in dem Statute kein Ersatz vorgesehen ist. So kann z. B. plötzlich der Vorstand oder der Aufsichtsrath fehlen oder der Aufsichtsrath nicht vollzählig sein oder es kann an einem Publicationsorgan fehlen. Wenn also die Klage nur in der Beschränkung zulässig ist, wie vorgeschlagen, so nützt ein Beschluß des Gerichts auf ordnungsmäßige Einberufung der Generalversammlung nichts, weil seiner Ausführung ein Hinderniß entgegensteht. Es muß dann außerdem der Richter diesen gebrochenen Organismus irgendwie herstellen. Es steht in einer Reihe von Statuten, daß die Generalversammlung nur durch den Aufsichtsrath berufen werden kann. Wie nun, wenn derselbe nicht ordnungsmäßig gewählt ist? In anderen Statuten heißt es, daß irgend ein Mitglied des Aufsichtsraths den Vorsitz in den Generalversammlungen führen muß. Wenn überhaupt ein gültiger Aufsichtsrath nicht vorhanden ist, dann müssen Maßregeln getroffen werden, damit eine ordnungsmäßige Generalversammlung abgehalten werden kann. In einem mir bekannten Falle waren gewisse Personen als Liquidatoren gewählt, in das Handelsregister eingetragen, demnächst jedoch war die Wahl als ungültig erklärt worden. Wie sollte man nun zu einer ordentlichen Generalversammlung gelangen? Der Uebelstand kann, wenn es sich um große Actiengesellschaften handelt, von Bedeutung werden, und hat sogar die staatlichen Verwaltungsbehörden schon genöthigt einzuschreiten, obschon ihre Competenz hierzu in Frage gestellt werden kann. Für die bezeichneten Fälle wünschte ich, daß der Richter soweit eingreifen dürfte, als erforderlich ist, damit das ordnungsmäßige Organ wiederhergestellt wird, um die Generalversammlung herbeizuführen; das ist der Sinn meines Antrags: „jedem Actionär soll das Recht zustehen, diejenigen Maßregeln, welche zu Einberufung und Abhaltung der statutenmäßigen Generalversammlung erforderlich sind, durch collegialgerichtlichen Beschluß zu erwirken."

Justizrath **Haarmann** (Celle): Ich bitte Sie den zweiten Absatz: „Rechtzeitig vor Abhaltung der ordentlichen Generalversammlung ist jedem Actionär Einsicht in die Jahresrechnung und Bilanz, sowie in die Berichte des Vorstands, des Aufsichtsraths und der Revisoren zu gewähren," abzulehnen, und werde einen auf Streichung dieses Absatzes gehenden Antrag stellen. Ich bin der Meinung, zunächst, daß eine gesetzliche Bestimmung dieser Art unnöthig ist, daß vielmehr in jedem Falle jede Actiengesellschaftsverwaltung auf einfache Anforderung eines einzelnen Actionärs in dem Sinne wie gestern hier von Herrn Dr. Wiener die Sache erläutert ist, ohne Weiteres die Einsicht in die für die Generalversammlung bestimmten Rechnungsablagen und Bilanzen, Berichte des Verwaltungs- und Aufsichtsraths und der Revisoren gewähren werde; ich sehe also keine Nothwendigkeit für diese Bestimmung. Auch ist der Zweck, der erreicht werden soll, daß nämlich in jeder Generalversammlung eine genügende Instruction der Actionäre erreicht wird, von untergeordneter Bedeutung, denn wenn man Bilanzen und Berichte zu lesen versteht, so wird man in der Regel in der Lage sein, die entsprechenden Anträge als Actionär auch zu stellen, die in der Generalversammlung nothwendig sind. So aber, wie hier die Bestimmung lautet, geht sie mir zu weit. Wenn es heißt: es ist jedem Actionär Einsicht zu gewähren, so ist es eine Formalität, die von dem Gesetze hingestellt wird, welche, wenn Sie die 2. These annehmen, jeden Actionär berechtigen würde, für den Fall, daß die Formalität nicht eingehalten sein sollte, die Beschlüsse, die in den betreffenden Generalversammlungen gefaßt werden, zu annulliren, denn es würde dadurch, daß man diese vorherige Mittheilung des Inhalts der betreffenden Mittheilungen gesetzlich hinstellt, zu einer wesentlichen Formalität, worauf sich jeder einzelne Actionär demnächst würde berufen können, indem er sagt: da ist ein Beschluß gefaßt worden, den ich nicht anerkenne, denn es ist die wesentliche Formalität, die in der ersten These hingestellt ist, nicht beobachtet. Ich bin aber auch der Meinung, daß durch eine gesetzliche Bestimmung, wie sie der Antrag will, die Actiengesellschaft gefährdet würde, durch die Actionäre. Wenn die Jahresrechnung und die Bilanzen, also Zweierlei, zur Einsicht vorgestellt werden soll, und die Berichte des Vorstands, des Aufsichtsraths und der Revisoren, so wird dadurch die Möglichkeit gegeben, daß der Actionär die gesammte Buchführung der betreffenden Actiengesellschaft einsehen kann; Jahresrechnung und Bilanz ist zweierlei; die Jahresrechnung sind die Bücher, und die Bilanz ist der Extract aus den Büchern. Es würde also nach dieser These den betreffenden Actionären das Recht gegeben, die Buchführung der Actiengesellschaft rechtzeitig vorher einzusehen, um dann entsprechende Anträge zu stellen. Nun ist die Actiengesellschaft aber eine Einrichtung, die ihrer Natur nach bewirkt, daß der Actionär in der Regel der schlimmste Feind der Actiengesellschaft als solcher ist, weil seine persönlichen Interessen immer viel höher stehen als die der Actiengesellschaft im Allgemeinen. Wenn eine solche Einsicht gewährt wird, entsteht daraus für die Actiengesellschaft eine Gefahr. Wenn die Berichte und Bilanzen, die für die General-Versammlung bestimmt sind, was immer etwas anderes ist, als die Rechnungsablegung und die sämmtlichen Berichte, die zur Vorbereitung der Rechnungsablegung dienen, von den betreffenden Organen mitgetheilt würden, so wäre dagegen nichts zu erinnern. Das ist aber ein ganz unwesentlicher Schutz für die Actionäre.

Ich bitte, den 2. Absatz zu streichen.

Präsident: Wenn vorbehaltlich des letzten Wortes des Herrn Referenten Niemand mehr das Wort verlangt, schließe ich die Debatte über Ziffer 1. Der Herr Referent hat das Wort.

Referent Dr. **Jaques** (Wien): Es sind zwei Anträge gestellt. Ich wende mich zunächst gegen den des Herrn Justizrath Makower.

Der verehrte College nimmt an, der Fall, daß es sich um weigernde und zögernde Gesellschaftsorgane handelt, könne ex hypothesi etwa gar nicht Platz greifen, sondern es könnten durch besondere Verwickelung und Verkettung von Umständen diese Organe gar nicht vorhanden sein, welche die Verpflichteten sein sollen, um die Einberufung der Generalversammlung vorzunehmen. Man müsse also auf einen Schutz auch dann bedacht sein, wenn man jene Möglichkeit statuirt; in solchem Falle solle dann das Gericht mittelst Beschlusses die Einberufung der Generalversammlung bewerkstelligen. Mit dem Princip wäre ich vollkommen einverstanden; aber das Princip wird durch die hier vorliegende Formulirung nicht gedeckt, was sich sogleich zeigt, wenn man der Sache ein wenig auf den Grund geht. Dem Actionär soll also das Recht zustehen, diejenigen Maßregeln, welche zur Einberufung und Abhaltung der Generalversammlung erforderlich sind, durch collegialgerichtlichen Beschluß zu erwirken. Es wären die dazu erforderlichen Maßregeln demnach die Herbeiführung des Umstandes, daß der Vorsitzende oder der Aufsichtsrath die Generalversammlung einberuft. Nun ist aber nach der Hypothese des Herrn Makower dieser Vorsitzende und Aufsichtsrath im gegebenen Moment gar nicht da. Das Gericht kann aber gar nicht durch Beschluß herbeiführen, daß sie wirklich da seien. Mindestens würde durch das, was Herr Makower will, wieder eine große Verzögerung eintreten. Das Gericht müßte dann erst zu erwirken bestrebt seien, daß die Organe, welche nach der Hypothese des Collegen Makower im gegebenen Falle nicht vorhanden sind, erst wieder vorhanden seien, damit dann diese Organe die Generalversammlung einberufen. Daß der Makower'sche Satz so interpretirt werden müsse, wie ich es eben thue, daß er wenigstens so interpretirt werden könne, darüber ist ein Zweifel meines Erachtens nicht einmal möglich. Es heißt: „Jedem Actionär soll das Recht zustehen, diejenigen Maßregeln, welche zur Einberufung und Abhaltung der statutenmäßigen Generalversammlung erforderlich sind, durch gerichtlichen Beschluß zu erwirken.“ Statutenmäßig sind z. B. erforderlich: Kundmachung, unterschrieben vom Vorsitzenden des Aufsichtsraths; der ist nicht vorhanden, das Gericht kann ihn nicht vorhanden sein machen, sondern höchstens dahin wirken, daß Einer bestellt wird; das kann aber lange dauern, und der Zweck, den wir wollen, wird also nicht erreicht. Das Bedenken aber, das Herr College Makower gegen meine Auffassung hat, wird nach meinem Erachten durch eine im Geiste des ausgesprochenen Grundsatzes sich von selbst verstehende Interpretation vollständig beseitigt. Denn wenn ich den Actionären das Recht zugestehe, gegen weigernde oder zögernde Gesellschaftsorgane durch gerichtliche Verfügung die statutenmäßige Generalversammlung zu erwirken, so ist ganz gewiß im Geiste dieses Princips gelegen, daß, wenn zögernde oder weigernde nicht da sind, aber ein Verhältniß vorhanden ist, welches einem Zögern oder Weigern vollständig analog erscheint, daß in solchem Falle die Einberufung ebenfalls stattfinde. Auf dem Wege der Annahme meines Princips erlangt man also, nur in einer nach meinem Erachten sichern Weise das, was Herr College Makower will, nämlich durch eine ganz unabweisliche Interpretation. Mit seinem Antrage aber könnte sogar das Gegentheil von dem erreicht werden, was er will; denn das Gericht kann leicht sagen: es ist nicht meine Aufgabe, dahin zu trachten, daß, wenn ein Aufsichtsrath verreist ist, die Anwesenheit des ganzen Aufsichtsraths aber zum Beschlusse der Einberufung der Generalversammlung nothwendig ist, dieser von der Reise zurückkommt. Es müßte also formulirt werden: jedem Actionär soll das Recht zustehen, die Abhaltung einer Generalversammlung durch gerichtlichen Beschluß zu erwirken — unter Weglassung des Passus: diejenigen Maßregeln, welche zur Einberufung und Abhaltung der statutenmäßigen Generalversammlung erforderlich sind, — was aber wieder gewisse Bedenken hätte, denn dann könnte in jedem gegebenen Momente, wenn von Seiten der Gesellschaft auch nichts im Wege steht, Einer zum Gericht laufen und Beschluß vom Gerichte erwirken. Folglich halte ich es selbst den Wünschen des Herrn Collegen Makower entsprechender, wenn man die Anträge annimmt, die ich mir erlaubt habe vorzuschlagen.

Der zweite Absatz hat Anfechtung von Seiten des Herrn Justizrath Haarmann gefunden und zwar in dem Sinne, daß er gestrichen werden soll; entscheidendes Moment war dabei der Gedanke, daß nach der Formulirung des Satzes mit dieser Gestattung der Einsicht eine Möglichkeit für den Actionär geboten wäre, Beschlüsse zu annulliren, wenn diese Einsichtnahme nicht stattfand. Ich acceptire diese Consequenz vollkommen, mit vollstem Bewußtsein. Ich betrachte die Möglichkeit für den Actionär, Einsicht zu nehmen in die Jahresrechnung, Bilanz, in die Berichte des Vorstands und Aufsichtsraths, in der That als eine der „wesentlichen Förmlichkeiten" und es ist mir vollkommen recht, wenn in dem Falle, daß diese Einsicht verweigert würde, dem einzelnen Actionär das Recht zustehe, Nullität der in einer ohne diese Voraussetzung einberufenen Generalversammlung gefaßten Beschlüsse zu behaupten. Ich finde dagegen nicht das entfernteste Bedenken, denn sind wir von der Ueberzeugung durchdrungen, wie ich davon durchdrungen bin, daß die Actionäre informirt sein sollen, wenn sie in die Generalversammlung kommen, — dann ist ein Beschluß, der auf mangelnder Information beruht, als ein correcter gar nicht zu denken; die Leute kommen dann eben ohne diejenige Voraussetzung in die Generalversammlung, welche sie allein in die Lage bringt, rite zu Stande kommende Beschlüsse zu fassen. Würde dies nicht der Fall sein, dann hätten allerdings unsere Bestimmungen gar keinen Werth, dann würden wir nur sanktioniren, was bisher besteht, daß nämlich Generalversammlungen abgehalten werden, ohne daß die Leute wissen, um was es sich eigentlich handelt.

Der verehrte College hat nun gesagt, eigentlich ist jeder Actionär der Feind seiner Gesellschaft; denn er hat andere Interessen. Man muß nun denn doch bei der Beurtheilung dieser Dinge nicht so sehr weit gehen, daß man geradezu outrirt. Ich bitte zu bedenken, daß von den Actien, die bezüglich der verschiedenen Gesellschaften circuliren, immer ein großer Theil in festen Händen ist, wenigstens successive in feste Hände gelangt. Wenn einmal der Börsenspectakel vorüber ist, dann pflegt, — das ist im Geschäftsleben bekannt genug, — falls es sich überhaupt um eine halbwegs solide Unternehmung handelt, die Sache sich zu befestigen. Es legt eine Anzahl von Leuten einen aliquoten Theil ihres Vermögens in den Papieren der Gesellschaft an und diese Anzahl, die eine Art Grundstock von Actionären bildet, besteht aus lauter Leuten, welche in eigenem Interesse Freunde der Gesellschaft sind. Was für ein Princip auch immer auf den Gedanken basirt werden wollte, daß der Actionär eigentlich der Feind seiner Gesellschaft ist, dasselbe würde mit der Lage des praktischen Wirthschaftslebens in dem allerentschiedensten Widerspruch stehen. Ich meinerseits könnte nur Protest erheben gegen ein solches Princip und gegen alle seine Consequenzen. Da die Beseitigung jenes Satzes auch als Consequenz dieses Princips dargestellt ist, so muß ich natürlich auch für Aufrechterhaltung desselben, der übrigens ganz unbedenklich ist, eintreten. Es soll damit ja nicht gesagt werden, daß man jedem einzelnen Actionär etwa die Jahresrechnung zuschickt, das könnte allerdings zu Nullitäten, Chicanen, Schwierigkeiten führen. Darin aber, daß jeder Actionär Einsicht davon nehmen kann, liegt keine Gefahr.

Was die Auseinanderhaltung der Jahresrechnungen und Bilanzen anbelangt, so ist dies eine aus der Natur der gesellschaftlichen Manipulation hervorgehende Gewohnheit: die Jahresrechnung ist die Grundlage, an sie schließt sich regelmäßig die Bilanz, die Alles zusammenfaßt. Aus all' diesen Gründen bin ich für Beibehaltung der beiden Anträge.

Präsident: Wir kommen zur Abstimmung. Gegen die Theilung wird der Herr Referent nichts einzuwenden haben. (Nein!) Dann nehme ich den ersten Absatz allein. Es ist der Antrag gestellt, an Stelle dieses Absatzes folgenden Satz zu setzen: Antrag Makower. Wird dieser Antrag angenommen, so ist damit der Antrag des Herrn Referenten erledigt; wird er abgelehnt, bringe ich den 1. Absatz des Antrags des Referenten zur Abstimmung.

Der Antrag Makower lautet:

An die Stelle des 1. Absatzes folgendes zu setzen:

Jedem Actionär soll das Recht zustehen, diejenigen Maßregeln, welche zur Einberufung und Abhaltung einer statutenmäßigen Generalversammlung erforderlich sind, durch collegialgerichtlichen Beschluß zu erwirken.

Die Herren, die diesen Antrag annehmen wollen, bitte ich, die Hand zu erheben.

Es ist die Minderheit.

Der Antrag des Herrn Referenten lautet:

Jedem Actionär soll das Recht zustehen, die Einberufung der statutengemäßen Generalversammlung gegen weigernde oder zögernde Gesellschaftsorgane durch collegialgerichtlichen Beschluß zu erwirken.

Die Herren, die diesen Antrag annehmen wollen, bitte ich die Hand zu erheben.

Es ist die Mehrheit.

Wir kommen zum 2. Absatz, zu ihm ist der Zusatzantrag gestellt:

Hinzuzufügen: Gegen mißbräuchliche Anwendungen dieses Rechts sind Schutzmaßregeln zu verfügen.

Außerdem ist der Antrag gestellt, den Absatz zu streichen.

Ich werde zuerst fragen, ob die Herren für den Fall der Annahme des 2. Absatzes, demselben die von dem Herrn Rechtsanwalt Schanz beantragten Worte hinzufügen wollen.

Wie die Abstimmung auch ausfallen mag, bringe ich dann den 2. Absatz selbst zur Abstimmung; damit ist dem Antrage des Herrn Justizraths Haarmann Rechnung getragen. Die Herren, welche für den Fall der Annahme des 2. Absatzes des Herrn Referenten demselben die Worte hinzufügen wollen:

„Gegen mißbräuchliche Anwendung dieses Rechts sind Schutzmaßregeln zu verfügen",

bitte ich die Hand zu erheben.

(Geschieht.)

Das ist die Minderheit. Jetzt bitte ich die Herren, welche den 2. Absatz in der Fassung des Herrn Referenten annehmen wollen, wie folgt:

„Rechtzeitig vor Abhaltung der ordentlichen Generalversammlung ist jedem Actionär Einsicht in die Jahresrechnung und Bilanz, sowie in den Bericht des Vorstands, des Aufsichtsraths und der Revisoren zu gewähren" —

die Hand zu erheben.

(Geschieht.)

Der Antrag ist angenommen.

Wir kommen zu Nr. 2, zu der bis jetzt ein Abänderungsantrag nicht vorliegt.

Wünscht Jemand das Wort zu Ziffer 2?

Herr Justizrath Makower!

Justizrath **Makower** (Berlin): Der zweite Absatz der Nr. 2 geht dahin:

„Ebenso soll es jedem Actionär zustehen, gegen die Gesellschaft auf Aufrechterhaltung eines Generalversammlungsbeschlusses zu klagen, wenn der Vorstand die Giltigkeit bestreitet."

Das scheint mir juristisch nicht zutreffend zu sein. Die Generalversammlung hat einen Beschluß gefaßt. Wie könnte man nun gegen die Gesellschaft klagen, weil der Vorstand behauptet, es sei nicht giltig beschlossen? Man könnte doch nur gegen den Vorstand klagen, und zwar darauf, er solle den Beschluß ausführen, falls er es unterläßt. Mag dann der Vorstand excipiren: es liegt kein Generalversammlungsbeschluß d. h. kein verbindlicher vor. Dann kommt die ganze Angelegenheit processualisch in Ordnung, wobei ich jedoch dahingestellt lasse, ob überhaupt der einzelne Actionär ein materielles Recht hat, den Vorstand zu zwingen, daß er seinem Principal, der Generalversammlung, Folge leiste.

Assessor **Löwenfeld** (Berlin): M. H., ich möchte mir erlauben, Ihnen zu Passus 1 des Antrags ad 2 einen Abänderungsvorschlag zu unterbreiten. Ich gestehe, daß man die Anträge, so wie sie jetzt vorliegen, mit viel leichterem Herzen acceptiren kann, als in ihrer ursprünglichen Fassung, nachdem ihnen heute die Einleitung vorangesetzt worden ist, welche gemäß dem Antrage des Herrn Collegen Sachs soeben einstimmig beschlossen wurde. Denn es ist nunmehr möglich, die vorliegende Sätze einfach als nützliche und verbessernde Rechtssätze für ein künftiges Actienrecht gelten zu lassen, ohne daß man ihre Sufficienz und die wissenschaftliche Frage, was Sonderrecht und was nicht Sonderrecht ist, mit zur Entscheidung zu bringen braucht. Aber gerade in dieser neuen Einleitungsformel ist ein Ausdruck enthalten, der mir gegenüber dieser Nr. 2 von Gewicht zu sein scheint. Es ist darin gesagt, daß unser Actienrecht in Bezug auf die den einzelnen Actionären zustehende Rechte einer Erweiterung bedürfe. Wenn dies als Voraussetzung der vorliegenden Anträge angenommen ist, so liegt darin zugleich das Anerkenntniß, daß die hier unter 1—5 vorgeschlagenen Bestimmungen in dem jetzt geltenden Actienrecht noch nicht enthalten seien. Diese Nummer 2 ist nun der wichtigste der fünf vorliegenden Anträge. Denn es wird darin definirt, wie in Zukunft Sonderrechte praktisch geltend gemacht werden sollen. Dadurch wäre eine werthvolle Verbesserung des geltenden Actienrechts geboten. Nur ist nicht zu leugnen, daß die Befugniß des Actionärs, gegen die Gesellschaft zu klagen, wenn die Generalversammlung z. B. Beschlüsse in den Bereich ihrer Cognition gezogen hat, welche nach dem Gesetz, insbesondere nach Art. 224 des Handelsgesetzbuchs nicht zur Machtsphäre der Generalversammlung gehören, daß das Recht des Actionärs, hiergegen eine Klage anzustellen, in einer Reihe von Fällen schon jetzt als geltendes Recht angesehen werden kann. Es scheint mir daher bedenklich, daß der Juristentag, dessen Votum immerhin von nicht zu unterschätzender Bedeutung für zweifelhafte Rechtsfragen ist, durch einen solchen Beschluß gewissermaßen zugleich seine Ansicht dahin ausspräche, es sei das, was hier in Punkt 2 verlangt ist, in Deutschland noch gar nicht geltendes Recht. Man würde sich darauf vielleicht in künftigen Rechtsausführungen berufen wollen, und es scheint mir angezeigt zu verhindern, daß hier absichtslos die erwähnte Rechtsanschauung documentirt werde, während thatsächlich Uebereinstimmung dahin besteht, daß jenes Anfechtungsrecht für eine große Reihe von Fällen schon aus dem geltenden Recht hergeleitet werden kann. Es ist deshalb mein Vorschlag, die ersten Worte der Nummer 2 so zu fassen:

„Jedem Actionär soll durch ausdrückliche Gesetzesvorschrift das Recht zuerkannt werden" ꝛc.

Dadurch würde der an sich werthvolle Beschluß von einer bedenklichen Beimischung befreit werden.

Präsident: Ich bitte um schriftliche Eingabe des Antrags.

Wünscht Jemand noch das Wort zu Ziffer 2, vorbehaltlich des letzten Wortes des Referenten?

Es ist nicht der Fall, ich schließe die Debatte über Nr. 2. Der Herr Referent!

Referent Dr. **Jaques** (Wien): M. H., es sind zwei Anträge gestellt und ich werde sie der Reihenfolge nach besprechen. Der Antrag des Herrn Löwenfeld geht dahin, daß im 1. Absatz Aliena 2 die Worte aufgenommen werden sollen „durch ausdrückliche Gesetzesbestimmung". Nun ich glaube, der verehrte College hat dabei die Einleitung, die durch einstimmige Annahme des Antrags Sachs bereits angenommen worden ist, ignorirt, worin es heißt:

> Der Juristentag erkennt an, daß das Maaß der dem einzelnen Actionär gegen die Gesellschaft und die Gesellschaftsorgane zustehenden Rechte gegenüber den Vorschriften des deutschen Handelsgesetzbuchs erweitert werden muß und daß dabei wesentlich folgende Grundsätze zu berücksichtigen sind.

Die Hinweisung auf eine beabsichtigte neue gesetzliche Vorschrift steht schon als der für das Ganze leitende Gedanke darin, und dafür, daß man nun bei dem Einzelnen auch noch sagen soll: „durch ausdrückliche Gesetzesbestimmung", sehe ich nicht das allergeringste Motiv. — Die Begründung des Herrn Collegen Löwenfeld scheint mir aber auch nicht vollkommen zutreffend zu sein, denn eigentlich liegt die Sache so: Ich anerkenne selbstverständlich und zwar mit größter Freude, daß das Reichsoberhandelsgericht in seinen Entscheidungen zu wiederholten Malen jenes Recht zum Ausdruck gebracht hat; aber darüber wird doch wohl unter uns Juristen kein Zweifel sein, daß zwischen Präjudicat und Gesetzesbestimmung, also zwischen einzelnen Fällen, in welchen eine bestimmte Entscheidung getroffen wird, ohne daß das zu Grunde liegende Princip überhaupt ausgesprochen wird, indem vielmehr nur seine Consequenzen gezogen werden, oder doch jedenfalls ohne daß es legislativ besteht und zwischen der Geltung eben dieses Princips als legislative Norm ein kolossaler Unterschied obwaltet. Nun ist evident, — es geht aus der ganzen Action des Juristentags und speciell aus der Fassung der Einleitung hervor, daß der Juristentag nicht etwa im Auge hat die Praxis innerhalb des bestehenden Gesetzes zu belehren, (es wäre denn, daß er dies einmal speciell ausspricht,) sondern daß er de lege ferenda redet; das ist ja geradezu der Begriff des Juristentags. Ist das richtig und ist außerdem im gegebenen Falle die Idee der Reform des Handelsgesetzbuchs in Betreff unserer Themas zum Ausdruck gebracht, so ist um so weniger eine Nothwendigkeit vorhanden, dies bei diesen einzelnen Sätzen mit aufzunehmen, als das wieder Zweifel erwecken würde in Bezug auf die anderen Absätze, bei welchen man einen solchen Zusatz nicht macht; es müßte denn vom Collegen Löwenfeld bei allen analogen Positionen dieser Antrag wieder neu eingebracht werden. Aus diesem Grunde der Ueberflüssigkeit einerseits und der Widerspruchsmöglichkeit andererseits bin ich gegen diesen Zusatz. Was den Absatz 2 anbelangt und die Proposition des verehrten Collegen Makower, so acceptire ich vollkommen, daß es correcter ist, anstatt von der Gesellschaft, hier von dem Vorstande zu reden und schließe mich also diesem Amendement unbedenklich an. Ich hätte auch nichts dagegen, daß der Passus am Schlusse: „wenn der Vorstand die Giltigkeit bestreitet", gestrichen werde. Nur kommt in der Formulirung ein gewisser Hiatus heraus, wenn man sagt: „Ebenso soll es jedem Actionär zustehen, gegen den Vorstand auf Ausführung eines Generalversammlungsbeschlusses zu klagen", ohne daß zum Ausdruck gebracht wird, wieso und warum man denn überhaupt in die Lage kommt, klagen zu müssen. Das kann aber denn doch nur dann zulässig sein, wenn der Vorstand die Giltigkeit bestreitet oder innerhalb eines näher zu normirenden Zeitraums den Beschluß nicht zur Ausführung bringt. Ohne diese nähere Bestimmung würden Mißverständnisse sehr nahe liegen.

Präsident: Wenn der Antrag des Herrn Referenten von der Versammlung nicht wieder aufgenommen wird, nehme ich an, daß jetzt der Antrag Makower, dem der Herr Referent zugestimmt hat, an seine Stelle tritt. — Niemand beharrt bei dem ursprünglichen Antrage; wir haben demnach an dessen Stelle den Antrag Makower, und nur noch vorher abzustimmen über den Antrag Löwenfeld, den ich dahin zur Abstimmung bringe, daß ich diejenigen Herren, die für den Fall der Annahme der ganzen Ziffer 2 die ersten Worte fassen wollen, wie folgt:

„Jedem Actionär soll durch ausdrückliche Gesetzesbestimmung das Recht zuerkannt werden 2c."

bitte die Hand zu erheben.

(Geschieht.)

Das ist die Minderheit. Ich ersuche jetzt diejenigen Herren, die den Antrag Nr. 2 des Herrn Referenten annehmen wollen, in folgender von ihm angenommener, durch den Antrag Makower veränderter Fassung des 2. Absatzes:

Jedem Actionär soll das Recht zustehen, Beschlüsse der Generalversammlung wegen Verletzung wesentlicher Förmlichkeiten oder Ueberschreitung der der Generalversammlung durch Gesetz oder Gesellschaftsvertrag ertheilten Befugnisse im Wege der Klage gegen die Gesellschaft anzufechten.

Ebenso soll es jedem Actionär zustehen, gegen den Vorstand auf Ausführung eines Generalversammlungsbeschlusses zu klagen,

die Hand zu erheben.

Es ist die große Mehrheit.

Wir kommen zu Ziffer 3. Hier ist folgender Antrag gestellt von Dr. Heinsen (Hamburg):

Die Ziffer 3 zu fassen, wie folgt:

Der einzelne Actionär ist berechtigt, unter näheren gesetzlichen Bestimmungen von dem competenten Gericht zu verlangen, daß die Geschäftsführung der Gesellschaft durch Sachverständige geprüft und das Ergebniß der Prüfung ihm mitgetheilt werde.

Referent Dr. **Jaques** (Wien): Ich habe es übernommen, im Namen des Collegen Gotthelf, welcher heute nicht hier anwesend ist, der verehrten Abtheilung bekannt zu geben, daß er wünscht, es möge bei Ziffer 3, in Zeile 3 nach den Worten „unter Hinterlegung ihrer Actien nebst Zins- und Dividendenscheinen" noch eingefügt werden „unter Leistung genügender Sicherheit". Ferner wünscht er, daß es aus Ihnen bekannten, in der baierischen Gerichtsverfassung gelegenen Gründen anstatt „Handelsgericht" heißen möge „Landgericht" oder „Collegialgericht". Ich meinerseits habe dagegen keine Einwendung zu erheben.

Präsident: Im Falle eines Widerspruchs glaube ich, daß Einer diese Anträge übernehmen müßte. Wenn sich kein Widerspruch erhebt, werde ich diese von einem abwesenden Mitglied gestellten Anträge zur Debatte zulassen.

Das Wort hat Herr Dr. Heinsen.

Rechtsanwalt Dr. **Heinsen** (Hamburg): Die Abweichungen, die ich hier beantrage, bestehen darin, daß ich in den Beschluß nicht aufzunehmen wünsche die Bedingungen, unter denen den einzelnen Actionären ein Prüfungsrecht zuzugestehen ist, sondern daß die nähere Feststellung darüber dem Gesetz überlassen bleibe, ebenso welche Bedingungen der Actionär zu erfüllen hat durch Hinterlegung 2c., ferner daß das Recht der Actionäre nicht beschränkt werde auf Unredlichkeiten oder gröbliche Verletzungen.

Ich habe dabei folgendes im Auge. Dem Actionär soll ein Prüfungsrecht zustehen und das Recht, daraufhin Anträge auf Untersuchung zu stellen, um nöthigenfalls Klage gegen die Organe der Gesellschaft zu erheben, daß es aber nicht unbedingt zu erfordern ist, daß er schon sofort bei dem Antrage seine Behauptung glaubhaft macht, daß bei der Geschäftsführung Unredlichkeiten oder gröbliche Verletzungen des Interesses der Actionäre vorgekommen sind. Es kommt nämlich sehr häufig erst infolge der Prüfung dazu, zu wissen, ob Unredlichkeiten oder grobe Verletzungen vorgekommen sind oder nicht. — Um ein Beispiel zu gebrauchen — es findet sich in Jahresrechnung und Bilanz ein ganz außerordentlich großer Posten aufgeführt unter dem Namen: Handlungsunkosten. Darin kann Gott weiß was enthalten sein. Nun meine ich, soll dem Actionär, dem auf seine Erkundigung bei den Organen der Gesellschaft eine genügende Auskunft nicht zu Theil wird, das Recht gegeben werden, den Antrag an das Gericht zu stellen daß der Posten untersucht wird, damit er Aufklärung erhält und nun sieht, ob dadurch Unregelmäßigkeiten und Unrechtmäßigkeiten verdeckt sind oder nicht. Wenn ihm das Recht nicht gegeben wird, daß er sich erst instruirt darüber, ehe er mit der Behauptung hervortritt und diese Behauptung glaubhaft macht, daß Unredlichkeiten vorgekommen sind, so wird ihm das Prüfungsrecht sehr häufig gerade da, wo dazu ein Bedürfniß vorhanden ist, nicht nützen. Sodann glaube ich, daß man nicht nothwendigerweise sich auf gröbliches Verschulden zu beschränken hat. Das Handelsgesetzbuch stellt allgemein den Grundsatz auf, daß der Geschäftsmann die Sorgfalt eines ordentlichen Geschäftsmannes zu prästiren habe. Warum sollen nun die Organe der Actiengesellschaft, die Mitglieder des Aufsichtsraths und des Vorstandes nicht dasjenige thun, was das Handelsgesetzbuch allgemein verlangt? Meines Erachtens ist ein Anspruch darauf anzuerkennen, daß mit der Sorgfalt eines ordentlichen Geschäftsmannes zu Werke gegangen wird, was nicht nur gröbliches Verschulden ausschließt, sondern überhaupt Nachlässigkeit, und es soll auch darauf ein Anspruch auf Untersuchung begründet werden können; z. B. ist es nicht ein grobes Verschulden, aber es ist nicht die Sorgfalt eines ordentlichen Geschäftsmannes, wenn Capitalien, die disponibel sind, nicht nutzbringend angelegt werden, u. dgl. Fälle lassen sich manche denken. Ich glaube deshalb, daß wir uns nicht darauf beschränken sollen, ein Prüfungsrecht des Actionärs lediglich bei glaubhaft gemachter Unredlichkeit oder grobem Verschulden anzuerkennen. Um aber nicht zu sehr ins Detail einzugehen, meine ich, wird es richtig sein, nur allgemein den Satz hinzustellen, wie mein Antrag will, daß der Actionär berechtigt ist, Untersuchung gerichtsseitig über die Geschäftsführung zu veranlassen, um eben die ihm nöthige Information zu erwirken, und der Gesetzgebung die nähere Bestimmung über die Modalitäten und Bedingungen für die Ausübung dieses Rechts anheimzustellen.

Rechtsanwalt **Sachs** (Leipzig): M. H. Ich glaube, daß der Antrag nicht annehmbar ist, den wir soeben haben vertheidigen hören. Wenn ich recht verstanden habe, soll nicht einmal das erste Hinderniß, welches für Einbringung von Beschwerden aufgestellt worden ist, daß Jemand den 10. Theil des Grundcapitals repräsentiren soll, aufgenommen werden, sondern es soll jeder Actionär im Besitze auch nur einer einzigen Actie berechtigt sein, vor den Richter zu treten und zu sagen: ich bin nicht genügend aufgeklärt über einen Posten, der in der Bilanz veröffentlicht worden ist, oder über dasjenige, was mir im Berichte des Vorstands oder des Aufsichtsraths aufgestoßen ist; ich wünsche nähere Aufklärung darüber zu haben, weil ich Ansprüche erheben will wegen Verletzung des Interesses der Actionäre, und ich verlange deshalb eine gerichtliche Untersuchung. Diese muß dann das Gericht veranlassen, ohne daß es im Geringsten glaubhaft gemacht ist, daß der Anspruch werde begründet werden können. In dieser Weise das Gericht veranlassen, die Geschäftsbücher einzusehen, etwa eine große Enquête über das gesammte Gebahren der Actiengesellschaft zu veranlassen — ich meine, die Bedenken, die gestern schon hervorgehoben worden sind gegen ein Uebermaß der Berechtigung der einzelnen Actionäre überhaupt, namentlich gegen das Recht auf Information insofern, als dadurch das Geschäftsinteresse der Gesellschaften — die ja Kaufleute sind — auf das Erheblichste beeinträchtigt wird — alle die Bedenken kommen im höchsten Grade hier zur Sprache, wo ein so exorbitantes Recht dem einzelnen Actionär eingeräumt wird. Ich glaube, das, was berechtigt ist, ist der Grundgedanke des Antrags des Herrn Referenten, und es ist zugleich in derjenigen Mäßigkeit dargestellt, die hier eben wegen jener Geschäftsinteressen unbedingt erforderlich ist. Es scheint, daß Herr Dr. Heinsen den letzten, 2. Absatz aufrecht erhalten wissen will, und er möchte entgegnen, daß ja hier bereits eine Cautel vorgesehen ist, daß nicht muthwillig oder dolos solche Aufstellungen geschehen. Allein das genügt denn doch nicht, um zu veranlassen, daß eine Untersuchung stattfindet ganz ins Blaue hinein. Mag auch später ein Schadenanspruch gegen den Antragsteller geltend gemacht werden können und dies deshalb, weil man vielleicht, worüber man wohl noch zu sprechen haben wird, in den 1. Absatz hineinzufügen haben wird, daß Caution zu stellen ist, — so reicht dies doch immer noch nicht aus, um zu rechtfertigen, was Herr Dr. Heinsen hier eingefügt wissen will. Es ist dann gar keine Sicherheit geboten, daß nicht täglich Untersuchungen gegen die Actiengesellschaften stattfinden; denn unruhige Actionäre werden immer bereit, und jedenfalls für ganz Geringes zu gewinnen sein, um fortwährend den Kampf auf Leben und Tod in den Actiengesellschaften aufrecht zu erhalten.

Ich bitte Sie deshalb, den Antrag abzulehnen.

Justizrath **Makower** (Berlin): Ich schließe mich ganz diesen Ausführungen an.

Assessor **Löwenfeld**: M. H., ich möchte Sie ersuchen, diesen Antrag dahin einzuschränken, daß Sie anstatt der Worte „Errichtung oder Geschäftsführung" nur das Wort „Geschäftsführung" setzen. Wenn dies geschieht, so würde durch Annahme des Antrags 3 dem deutschen Handelsgesetzbuch ein im englischen und französischen Recht bereits bestehendes Institut eingefügt. Das englische Recht schreibt vor, wenn ein Actionär Grund habe zu glauben, daß die Verwaltung nicht redlich verfahre, so solle er befugt sein, sich an das Handelsamt zu wenden, um von diesem eine Untersuchung der Lage der Actiengesellschaft zu verlangen. Das Handelsamt soll diese Untersuchung anordnen, sofern nicht etwa der Verdacht bestehe, daß der Antrag nur aus Böswilligkeit gestellt sei. Und je nachdem mehr oder weniger Anlaß zu dem Antrag vorgelegen habe, solle die Untersuchung auf Kosten der Gesellschaft oder auf Kosten der Antragsteller erfolgen.

Das französische Recht hat zwar keine ausdrückliche Bestimmung gleichen Inhalts, aber die Anordnungen des französischen Civilrechts über die Einsetzung eines Sequesters werden auf dieses Verhältniß angewendet, und es liegt eine Reihe praktischer Fälle vor, wo so mit Erfolg verfahren worden ist. Es ist auch nicht zu leugnen, daß eine Institution dieser Art für die Praxis der Actiengesellschaften in gewissen äußersten Fällen wünschenswerth erscheint. Es braucht sich dabei nicht immer um Unredlichkeiten, um direkt strafbare Fälle zu handeln. Für diese müßte ja auch eine Denunziation bei der Staatsanwaltschaft ausreichen. Es lassen sich aber grobe Mißgriffe denken, welche eine Gesellschaft in unabsehbare Nachtheile stürzen können, die einen lähmenden Einfluß auf das Ansehen der Gesellschaft, auf den Coursstand der Actien und damit auf die Vermögensinteressen weitverzweigter Kreise üben, über welche am raschesten Klarheit gewonnen wird, wenn ein staatlicher Beamter — nach unseren Verhältnissen am zweckmäßigsten der Handelsrichter — unterstützt von geschäftskundigen und unabhängigen Leuten einschreitet, um den Actionären über den wahren Stand der Dinge zu berichten. Gewiß muß man dabei sehr vorsichtig sein, es müssen sehr schwerwiegende Gründe vorliegen, um eine Actiengesellschaft durch Einleitung einer solchen civilrechtlichen Untersuchung nach außen zu compromittiren. Denn daß sie durch dieses Einschreiten, selbst wenn die behaupteten Thatsachen sich als durchaus unwahr erweisen, auf Jahre hinaus in ihrem Ansehn arg geschädigt wird, ist für Jeden, der die Praxis kennt, zweifellos. Ueberhaupt muß man, wenn man eine Reform des Actienrechts unternimmt, nie vergessen, daß eine gewisse Sorte von Geschäftsleuten immer bereit ist, aus der Verfolgung der Verwaltungsorgane von Actiengesellschaften ein gewinnreiches Gewerbe zu machen. Wenn man solchen Leuten allzu bereitwillig Mittel an die Hand giebt, um mit einem Schein von Loyalität ihre Schraube ansetzen zu können, so kann man, statt den Verhältnissen zu dienen, sie vielleicht noch erheblich schädigen. Aus diesem Grunde würde ich es auch für wünschenswerth halten, — dies alles betrifft aber nicht den Punkt, den ich eigentlich zum Gegenstande meines Antrags gemacht habe — wenn der in Rede stehenden These ein Satz des Inhalts eingefügt würde, — es sollen Diejenigen, welche ein solches Einschreiten dolos oder muthwillig herbeiführen, Schadensersatz leisten. Man muß nämlich andererseits auch wieder daran denken, daß durch unzweckmäßige Cautelen nach der entgegengesetzten Seite die Gutgläubigen leicht abgeschreckt werden können, welche dann ihre wohlberechtigten Anträge aus Furcht vor eigenen Nachtheilen unterlassen. Und zu allerletzt muß man in solchen Dingen als Gesetzgeber an seine eigene Weisheit keine übertriebenen Ansprüche stellen. Deshalb ist es am besten dem Richter zu überlassen, daß er sich seinen Mann ansehe, indem man bestimmt, das „Handelsgericht könne die Einleitung der Untersuchung von angemessener Caution abhängig machen". Allerdings giebt man durch eine solche Vorschrift dem Richter eine große Gewalt in die Hand; aber es ist doch besser, sie dem Richter zu geben, als gehässigen und boshaften Erpressern. Der Richter kennt die Leute seines Sprengels ein wenig; er weiß erfahrungsmäßig einigermaßen, wen er vor sich hat, und kann die Frage, ob er Caution fordern soll, oder ob er, weil der Mann ihm sicher ist, ohne Weiteres einzuschreiten habe, von der Persönlichkeit des Petenten abhängig machen. Daher scheint es mir am besten, eine Vorschrift zu geben, die einerseits weiter geht, als die jetzige Alinea 2, andererseits aber nicht die Gefahr hervorruft, daß die besten Absichten durch Bedenken gegen etwaige eigene Nachtheile beeinträchtigt werden. Das alles führt mich auf ein zweites Amendement. Die Hauptsache aber wäre für mich, daß der Ausdruck „Errichtung" aus der vorliegenden These entfernt wird. M. H., die Ausdehnung der These auf die Vorgänge bei der Errichtung einer Actiengesellschaft führt uns auf ein ganz anderes ungleich größeres und schwierigeres Feld. Und hierin liegt für den Werth des proponirten Beschlusses zugleich eine große Gefahr, weil dadurch ein ziemlich willkürlicher Einschnitt in ein neuerdings viel behandeltes, aber noch auf keiner Seite geklärtes Gebiet unternommen wird, nämlich in die Frage, welche Cautelen gegen die unberechtigten Vortheile bei der Gründung von Actiengesellschaften zu treffen seien. Sie müssen gestehen, eine richterliche Untersuchung der Vorgänge bei der Errichtung der Gesellschaft wäre nicht gegen die Gesellschaft selbst gerichtet. Denn die Errichtung ist vollzogen, wenn die Gesellschaft da ist. Es wird also in dieser Nr. 3 proponirt, sowohl über die Thätigkeit des Vorstands, als auch über diejenige der Gründer event. eine Untersuchung verhängen zu lassen. Es mag dahingestellt bleiben, m. H., ob das nicht unter Umständen ganz wünschenswerth sein kann. Jedenfalls hat aber eine Untersuchung solchen Inhaltes mit jener zuerst erwähnten gar nichts gemein, und der Juristentag würde meines Erachtens nicht gut thun, zwei einander so fremde Gebiete des Actienrechts durch ein und dieselbe These miteinander gewissermaßen zu confundiren. Es würde, wenn dieser Antrag angenommen und Rechtens würde, die Folge davon sein, daß die ganze Frage, wie man gegen die Uebervortheilung bei der Gründung von Actiengesellschaften zu verfahren habe, gewissermaßen über den Haufen geworfen wäre. Die Käufer fertiger Actien könnten, wenn sie zusammen den zehnten Theil der Actienmasse besäßen, beim Eintritt des geringsten Verlustes zum Richter gehen: und unter Hinweis auf die Wahrscheinlichkeit eines von den Gründern erzielten Gewinnes und des Causalnexus des letztern mit dem ihnen widerfahrenen Nachtheils eine Untersuchung über die Gründung fordern. Gründe für eine solche Untersuchung wären bei jeder Actiengesellschaft, sofern sie nicht eine reine Geldgesellschaft ist, leicht aufzufinden. M. H., mir erscheint dieser Ausweg als ein so grobes Mittel, — Sie verstehen diesen Ausdruck gewiß nur in dem Sinne, in dem ich ihn gemeint haben will, daß man sich im Falle seiner Annahme über andere feine Cautelen gegen jene Uebervortheilung gar nicht weiter herumzustreiten hätte. Und diese ganze wichtige Frage kann doch wahrlich hier nicht so nebenher, gewissermaßen im Vorübergehen abgemacht werden sollen. Die Ausdehnung der These auf die Errichtung der Actiengesellschaft führt sie überdies auf ein Gebiet, auf das sie anscheinend garnicht einmal hat geführt sein wollen. Wir würden die ganze Frage jener Cautelen mit einem Schnitt beseitigen, und zwar in einer Weise, von der es doch sehr fraglich ist, ob sie dem Interesse des Actienrechts wirklich entspräche. Das Letztere bestreite ich schon aus dem Grunde, weil, wie auch College Sachs treffend andeutete, es im Allgemeinen nicht im Interesse der Rechtsentwicklung liegen kann, daß man bei den Actiengesellschaften den Contact mit der Criminaljustiz, mit der Justiz überhaupt verewigt: dieser Contact ist vielmehr soviel als möglich einzuschränken. Und weil ich also in Summa eine Vermischung von etwas nicht genügend Erwogenem und mit etwas ganz Lobenswerthem in dieser Zufügung des Wortes „Errichtung" erblicke, stelle ich bei Ihnen den Antrag, dieses unfertige Gebilde auszuscheiden und das projectirte Verfahren auf die Grenzen zu beschränken, auf welche die fremden Rechte und zahlreiche Vorschläge deutscher Juristen — ich berufe mich dabei auch hauptsächlich auf die Ausführungen des Herrn Reichsgerichtsraths Wiener — sie bisher beschränkt haben.

Rechtsanwalt **Sachs** (Leipzig): Mit dem 2. Antrag des Herrn Assessor Löwenfeld, der eine Cautionsbestellung verlangt, bin ich ganz einverstanden. Es scheint mir aber angemessener zu sein, die Cautionsbestellung fakultativ zu machen und im einzelnen Falle erst prüfen zu lassen, ob die Cautionsbestellung nothwendig ist oder nicht, damit es nicht den Unbemittelten unmöglich gemacht wird, ihre Anträge zu stellen.

Mit dem Löwenfeld'schen Antrag ist ferner, wenn ich ihn richtig verstanden, die Absicht verbunden, das 2. Alinea ganz zu streichen. Das geht nicht an. Wenn Caution verlangt wird, so ist damit noch nicht gesagt, welcher Schadensanspruch aus der Caution nachher soll gedeckt werden dürfen. Wir haben in Deutschland im Augenblick so unfertige Zustände über Schadenersatzanspruch, daß sich das Actiengesetz nicht damit wird beruhigen können, auf allgemeine Grundsätze in dieser Richtung zu recurriren, sondern es empfehlenswerth ist, diese Alinea 2 ganz besonders aufrecht zu erhalten.

Ich bitte deshalb von dem Löwenfeld'schen Antrag nur den Theil anzunehmen, welcher die Cautionsbestellung fakultativ macht.

Präsident: Den Gesammtantrag des Herrn Dr. Heinsen brauche ich wohl nicht zu wiederholen; den Antrag Gotthelf, den der Herr Referent acceptirt hat, würde ich vorschlagen so zu fassen: vor den Worten „die Vornahme" in Zeile 7 einzuschalten die Worte „und Leistung genügender Sicherheit bei einem Collegialgericht die Vornahme", — denn collegialgerichtliche Vornahme ist nicht richtig. Das ist jedoch nur redactionell, der Antrag Löwenfeld geht dahin: an Stelle des 2. Absatzes folgende Worte zu sagen: „Das Handelsgericht muß befugt sein, die Vornahme der Untersuchung von der Bestellung einer annehmbaren Caution abhängig zu machen" — und für den Fall, daß dieser Antrag abgelehnt wird, dieselben Worte oben dem 2. Absatz als 3. Absatz in Nr. 3 einzufügen. So die Anträge, die jetzt zur Discussion stehen.

Referent Dr. **Jaques** (Wien): Ich wollte mir eine kleine Bemerkung aus stilistischen Gründen erlauben. Der Wunsch, den Herr College Löwenfeld und andere Herren hegen, wird durch den Gotthelf'schen Antrag erfüllt, wenn zwei kurze Worte demselben hinzugefügt werden, die Worte: „nach Befinden", und da würde man ersparen, einen neuen Zusatz zu machen, der stilistisch der Sache keine gute Wendung giebt. Ich würde bitten, — Herr College Löwenfeld ist hoffentlich einverstanden — daß der Antrag die Formulirung erhält, die der Herr Präsident vorgeschlagen hat, mit den Worten „nach Befinden", und daß kein dritter Absatz gemacht werde.

Rechtsanwalt **Hartmann** (Nürnberg): M. H. Ich möchte mich gegen Annahme der Forderung einer Caution erklären. Ich halte es nämlich für eine allzugroße Beschränkung des Rechts der Actionäre, daß denselben noch die Stellung einer Caution auferlegt wird. Ich glaube aber auch, daß der Annahme dieses Antrags erhebliche processuale Bedenken und Schwierigkeiten entgegenstehen, denn ich kann mir das Verfahren, durch welches den antragstellenden Actionären die Stellung einer Caution auferlegt wird, nicht anders denken, als in dem Rahmen eines contradictorischen Verfahrens. Ist der Gesellschaft und dem Vorstande der Gesellschaft die Möglichkeit geboten, hierüber erst noch einen Proceß anzustrengen über die Größe der Caution oder über die Frage, ob überhaupt Caution zu bestellen ist, so scheint mir das eine allzuweit gehende Beschränkung des Rechts der Actionäre zu sein. Ich glaube auch, daß das Interesse der Gesellschaft dies nicht erheischt. Wenn ein Streit darüber anhängig ist, ob eine Untersuchung nothwendig ist, und dieser Streit sich auch nur auf dem Gebiete der Cautionsfrage bewegt, dann sind schon alle die Befürchtungen möglich, die überhaupt erhoben werden können, wenn einmal eine solche Untersuchung eingeleitet ist, denn es besteht für den Credit der Actiengesellschaft dieselbe Gefahr, wenn einmal eine Anzahl Actionäre aufgetreten, die eine Untersuchung verlangen und dieses Begehren in die Oeffentlichkeit gedrungen ist, ob ihnen die Stellung einer Caution auferlegt wird, oder ob sofort die Einleitung der Untersuchung erfolgt. Ich glaube, daß durch den Absatz 2 genügende Cautel gegen muthwillige und dolose Ausübung des Rechts getroffen ist, und bitte Sie deshalb, diesen Unterantrag abzulehnen.

Präsident: Es ist dem Herrn Antragsteller Löwenfeld anheimgegeben, statt seines Doppelantrags sich damit zu begnügen, daß in dem Gotthelf'schen Antrage vor dem Worte „Leistung" eingefügt werde „nach Befinden".

Ist der Herr Antragsteller damit einverstanden?

(Wird bejaht.)

Herr Dr. Heinsen hat das Wort.

Rechtsanwalt Dr. **Heinsen**: M. H., ich habe meinen Antrag nur gestellt unter der Einschaltung, daß das Recht dem Actionär gegeben werden soll unter näheren gesetzlichen Bestimmungen, und ich habe mir dabei gedacht, daß bestimmt werden könnte, daß der Richter zu prüfen hat, ob nicht der Actionär nur einen Vorwand ergreift, um eine Untersuchung stattfinden zu lassen, während er auf anderem Wege vollständig erreichen kann, was er haben will. Die näheren gesetzlichen Bestimmungen werden die nöthigen Cautelen zu enthalten haben, damit nur dann die Untersuchung einzutreten hat, wenn nicht grundloser Weise ein solcher Antrag gestellt wird, worüber das Gericht zu befinden hat. Ebenso könnte möglicherweise auch hinzugefügt werden, daß nicht nur der Actionär ohne Weiteres eine Untersuchung beantragen könne, sondern dies vom Besitz eines gewissen Quantum Actien abhängig gemacht wird. Ich glaube aber, es ist nicht richtig, ohne weiteres zu sagen, er muß ein Zehntel besitzen. Warum sollte es nicht ebensogut eine andere Quote sein können. In Frankreich ist es 1/20, im ungarischen Gesetzbuch 1/10, in England 1/5. Ich bemerke hier, daß im ungarischen Handelsgesetzbuch (Art. 175) z. B. das Recht auf eine Untersuchung durch vom Handelsgericht bestellte Sachverständige nicht abhängig ist von dem vorherigen Nachweis, daß Unredlichkeiten oder gröbliche Verletzungen vorgekommen sind und daß ebenso in England (25, 26 Vict. c. 89) ein solcher vorgängiger Nachweis nicht erfordert wird, sondern nur, daß der Richter sich die Ueberzeugung zu bilden hat, ob nicht leichtfertigerweise ein solcher Antrag gestellt wird. Also würde der Antrag, den ich stelle, nicht gerade etwas sein, das unerhört ist, und nirgends sonst existirt, sondern ich glaube, daß es etwas ist, womit man anderwärts, wie die Erfahrung gelehrt hat, hat auskommen können.

Präsident: Wenn Niemand weiter das Wort verlangt, will ich zunächst, ehe ich die Debatte vollständig schließe, doch noch eine neue Fassung des nunmehr combinirten Gotthelf-Löwenfeld'schen vom Herrn Referenten acceptirten Antrags vorlesen. — Ich erlaube mir vorzuschlagen: statt der Worte: „beim Handelsgericht" bis „die Vornahme" zu sagen: „beim zuständigen Collegialgericht unter Hinterlegung ihrer Actien nebst Zinsen und Dividendenscheinen, auch nach Befinden des Richters Leistung genügender Sicherheit die Vornahme u. s. w." Sind die betreffenden Herren damit einverstanden?

(Einverstanden.)

Ist die Abtheilung einverstanden, daß an Stelle der Worte des ursprünglichen Vorschlags des Herrn Referenten jetzt diese Fassung tritt?

(Einverstanden.)

Es steht nun noch zur Abstimmung der Antrag des Herrn Dr. Heinsen und der Antrag des Herrn Löwenfeld, welcher dahin geht, die Worte „der Errichtung oder" zu streichen.

Ich schließe die Debatte über den Antrag Nr. 3 und gebe das Schlußwort dem Herrn Referenten.

Referent Dr. **Jaques** (Wien): Durch die nunmehrige Vereinfachung liegt die Sache so, daß wir 2 Anträge haben, den des Herrn Dr. Heinsen, welcher an Stelle unserer Formulirung sagen will: „Der einzelne Actionär ist berechtigt, unter näheren gesetzlichen Bestimmungen von competenten Gerichten zu verlangen, daß die Geschäftsführung der Gesellschaft durch Sachverständige geprüft und das Ergebniß der Prüfung ihm mitgetheilt werde" — unter Aufrechterhaltung des 2. Absatzes, und den Antrag des Herrn Löwenfeld, der dahin geht, daß die Worte: „bei der Errichtung oder" in der 4. Zeile der Nr. 3 gestrichen werden sollen. Diese beiden Anträge betreffen also das Wesen der Sache, und ich muß gleich von vorn herein erklären, daß ich mich gegen beide Anträge entschieden aussprechen muß, gegen den einen, weil er geradezu gefährlich ist — der Heinsensche; gegen den Löwenfeld'schen, weil er nach meiner Meinung nachtheilig und zwecklos ist. — Ich schließe mich in dieser Beziehung zunächst der Ausführung des Herrn Collegen Sachs an und will zugleich anknüpfen an das, was Herr Makower gestern gesagt hat, weil gerade mit Rücksicht auf unseren Gegensatz von gestern es mir Vergnügen macht zu constatiren, wo wir in Harmonie mit einander gehen können. Auf den Antrag, von welchem ich spreche, würde in der That das passen, was gestern nicht gepaßt hat, daß er nämlich die Existenz der Gesellschaft unmöglich macht. Und zwar verhält es sich damit so: der Antrag des Herrn Dr. Heinsen verfehlt nach meinem Erachten die Adresse. Er sagt: sowie der Actionär in Folge seiner ersten Prüfung der Jahresbilanz oder Jahresrechnung auf irgend Etwas nicht kommt, worauf er gern kommen möchte, soll er sich nicht etwa zunächst an geeigneter Stelle informiren, sondern er soll zum Handelsgericht gehen respective zum Landgerichte, und soll die Untersuchung verlangen. Ehe dies geschehen kann, sollen ja aber doch wohl erst alle anderen Wege erschöpft sein; das ist die erste Nothwendigkeit; und die zweite: es muß glaubhaft gemacht sein, — ich sage das gegenüber Herrn Dr. Heinsen, der in seinen zwei Aeußerungen von dem Nachweise gesprochen hat, — es muß bescheinigt sein, wie wir in Oesterreich sagen, daß eine Unredlichkeit oder grobe Verletzung vorliegt. Stellt man diese Cautelen nicht auf, so beschwört man geradezu mit einem gewissen Grade von Muthwillen, — der dem Antragsteller ganz gewiß nicht zur Last zu legen ist, — in praxi eine permanente Gefährdung des Bestands der Actiengesellschaften und außerdem eine permanente und unaushaltbare Ueberbürdung der Gerichte herauf; es ist evident, daß aus dem mindesten Anlaß die Leute an die Gerichte herankommen werden. Das ist bequemer. Ein Actionär findet in der Bilanz einen Posten unter der Rubrik: „Handlungsunkosten", er weiß nicht, was er darunter zu verstehen hat, fragt nun aber nicht an berufener Stelle, den Aufsichtsrath u. s. w., — er muß sie wenigstens nicht fragen — sondern er begehrt eine Untersuchung. Das halte ich für außerordentlich gefährlich und es ist nicht zu rechtfertigen. Wir haben es für nothwendig erachtet, daß gerade diese Bestimmung, welche unstreitig eine große Störung in dem regelmäßigen Geschäftsgange der Actiengesellschaft und ihrer Gestion nach sich zieht, an Cautelen geknüpft werde dreifacher Art: daß glaubhaft gemacht wird, es habe Unredlichkeit oder gröbliche Verletzung stattgefunden; ferner an die

Cautel der Cautionsbestellung; — was gestern schon von College Wiener und mir ausdrücklich gesagt worden ist, wenn es auch im Antrage nicht wörtlich enthalten war, — und drittens an die Cautel der Schadenersatzpflicht im Falle doloser oder muthwilliger Behauptungen; das scheint uns, wenn man nicht die wirthschaftliche Action dieser Gesellschaft schwer beeinträchtigen will, geradezu unerläßlich. Wohin käme man, um nur noch dies Eine anzuführen, wenn man wegen einer culpa levis oder gar levissima sofort berechtigt sein sollte, die Untersuchung gegen die Gesellschaft zu verlangen? Das wäre ja in der Praxis gar nicht durchführbar.

Es kommen noch 2 technische Momente hinzu, die nicht unberücksichtigt bleiben können. Das erste ist, daß, wenn man sagt, der einzelne Actionär sei berechtigt Das und Jenes nach den näheren gesetzlichen Bestimmungen zu verlangen, man gerade dasjenige nicht ausspricht, was das Wesentliche bei der ganzen Sache ist; man hüllt das ein in die allgemein abstracte Formel von den „näheren gesetzlichen Bestimmungen", während ja doch die Pointe ist: wann, und unter welchen Umständen soll es geschehen dürfen? Das ist wieder vom Standpunkt der Verpflichtung des Juristentags, fachmäßige Vota im strengsten Sinne des Worts abzugeben, nicht gerechtfertigt.

Das 2. technische Bedenken ist, daß ein eigenthümlicher Zwiespalt herauskommt, wenn Sie im 1. Absatz nach Dr. Heinsen nichts anderes sagen als: der einzelne Actionär ist berechtigt „unter näheren gesetzlichen Bestimmungen" Untersuchung zu verlangen und nun im 2. Absatz von dolosen oder muthwilligen Behauptungen sprechen, von denen früher gar nicht die Rede gewesen ist. Das ist formell und stylistisch nicht haltbar. Nun komme ich zu dem Antrag Löwenfeld, den ich für nicht so gefährlich halte, wie den Antrag Heinsen, aber für nachtheilig und unzweckmäßig und für nicht im Einklang mit der eigenen Begründung des Antragstellers. Die principiell völlig annehmbare Begründung der Absicht, den Actionär zu schützen, paßt ihrem ganzen geistigen und wörtlichen Inhalt nach ganz ebenso für die Fälle der Unredlichkeit bei Errichtung einer Gesellschaft als für die bei der Geschäftsführung und es ist sonach kein Grund abzusehen, warum man jene Unterscheidung will Platz greifen lassen.

Die Begründungsversuche des verehrten Collegen Löwenfeld basiren nach meiner Ansicht auf einer nicht ganz genauen Durchdringung der Frage, um die es sich hier handelt.

Das vergleichende Studium des Rechts, welches so außerordentlich werthvoll ist, und dessen Werth auch in dem sehr schätzenswerthen Buch des geehrten Collegen Löwenfeld zu Tage tritt, hat — ich habe diese Erfahrung öfters gemacht — die eine mitunter bedenkliche Consequenz, daß man sich unwillkürlich daran gewöhnt zu meinen, das, was in fremden Ländern besteht, sei gut und nur das sei gut; sowie es sich dann um Reformen handelt, ist man sogleich bereit, zu sagen: nehmen wir das englische, das französische Recht an, da ist Alles außerordentlich gut. Diese dictatorische Gewalt, die das fremde Recht mitunter auf uns ausübt, möchte ich, was z. B. das englische Recht anlangt, schon a priori nicht gelten lassen, weil in Bezug auf Feststellung allgemeiner Rechtsgrundsätze, soweit ich in der Lage war, englisches Recht und englische Juristen kennen zu lernen, das englische Recht weit hinter dem deutschen Recht zurücksteht. Und zwar steht dies Recht zurück gerade wegen des Umstandes, daß die englische Jurisprudenz in ihrer Wesenheit immer casuistisch ist und nie von bestimmt ausgesprochenen Grundprincipien ausgeht. Nun kann es also ganz leicht sein, daß für irgend eine Lehre ein paar famose Präcedenzfälle, wonach man sich also auf the Case X versus Y und auf irgend einen berühmten Chief Justice berufen kann, nicht vorgekommen sind, und mag dieß z. B. in Bezug auf die Errichtungsfrage der Fall sein. Da werden dann die Engländer bei ihrer außerordentlichen Scheu vor dem Aussprechen abstracter Principien und oberster Rechtsgrundsätze sich ganz gewiß begnügt haben, nur das zu tangiren, was in ihrer Praxis in eclatanten Fällen sich ergeben hat, z. B. die Unredlichkeit in der Geschäftsführung. Daß das aber ein Grund sein soll, um die Unredlichkeit oder grobe Verletzungen des Statuts gleich bei der Errichtung der Gesellschaften nicht unter dieselbe Sanction zu stellen, wie die Unredlichkeit bei der Geschäftsführung, das ist gar nicht abzusehen. Oder sollten wir vielleicht als einen solchen Grund das anerkennen, was der Herr College auch noch ausgesprochen hat, daß nämlich mit unsrem Antrag ein „Einschnitt" gemacht werde in das Gebiet, welches sich auf die Gründungsfrage bezieht und auf die Berechtigung der Actionäre gegenüber den Gründern. Ja, m. H., tangiren wir nur ganz getrost dieses Gebiet! Wir geben dem Actionär ein bestimmtes Recht oder wollen es ihm geben, das Recht, wenn Unredlichkeit und grobe Verletzung bei der Errichtung der Gesellschaft — ich will die Geschäftsführung jetzt einmal ganz beiseite lassen, — stattgefunden haben, die Vornahme einer Untersuchung zu verlangen. Hat das mit den Rechtsverhältnissen, die sich aus der Stellung des Gründers und aus irgend welchem dolosen Vorgehen desselben ergeben, etwa den Connex, daß das, was in dieser Beziehung vielleicht schon gesetzlich besteht, irritirt wird durch das, was wir beschließen? Davon sehe ich nicht die geringste Spur. Wir geben höchstens ein superplus an Rechten dort, wo diese Gründungsfrage etwa schon sehr detailirt geregelt wäre, was übrigens kaum irgendwo der Fall ist. Wenn aber nicht, so sichern wir dem Actionär ein wesentliches Recht.

Wo ist da der „Einschnitt" in irgend Etwas? wo werden zwei Gebiete confundirt? und welche erheblichen sachlichen Bedenken stehen da entgegen? Wenn Herr College Löwenfeld sich dabei auch auf maßgebende Autoritäten, auf unsern Reichsgerichtsrath Dr. Wiener berufen hat, so bin ich in der erfreulichen Lage, ihm sagen zu können, da er gestern nicht an der Sitzung Theil genommen hat, daß all' diese Anträge sich der Zustimmung Wiener's erfreut haben, somit auch dieser Passus insbesondere. Die Ausführungen Wiener's hier und anderwärts stehen dem hier beantragten Passus nicht im allerentferntesten entgegen.

Es erübrigt mir nunmehr nur noch ein Wort zu sagen in Bezug auf das Bedenken des Herrn Collegen Haarmann betreffs der Caution. An ein contradictorisches Verfahren, in welchem festgesetzt werden soll, ob eine Caution zu bestellen sei oder nicht, im strengen Sinne des Worts, so daß etwa mit einem Urtheile entschieden würde, hat Niemand von uns gedacht, sondern nur an eine summarische causae cognitio, die in einer Vernehmung der Parteien besteht, worauf der Richter durch Beschluß oder Verfügung erkennt. Daß irgend eine Complication wegen dieser von uns beabsichtigten Cautionsbestellung eintreten könnte, ist gar nicht denkbar. Vollends ist gerade durch den Zusatz, über den wir uns unmittelbar früher geeinigt haben, daß nämlich nur nach Befinden des Gerichtes die Cautionsbestellung Platz greifen soll, auch für die Fälle vorgesorgt, in welchen, wenn Unredlichkeiten oder grobe Verletzungen von Seiten solcher Actionäre glaubhaft gemacht sind, denen gegenüber es dem Richter nicht am Platze erscheint, Caution zu verlangen, derselbe freie Hand hat, es zu unterlassen. Damit wird dem Bedenken, daß die Actionäre genirt sein könnten in dem Bestreben das Untersuchungsrecht auszuüben, die Spitze abgebrochen. Es dürfte nach all' dem wohl das Zweckmäßigste sein, den Antrag 3 so zu belassen, wie er gestellt ist, mit der Modification, die er erfahren hat durch die Einigung mehrerer Herren in Bezug auf das Gotthelf'sche Amendement und es wäre demnach der von dem Herrn Präsidenten in entsprechender Weise modificirte Antrag, und ebenso der Passus 2 ohne weiteren Zusatz beizubehalten.

Präsident: Es liegen jetzt, nachdem die Versammlung dem zuletzt erwähnten, von mir modificirten Antrag zugestimmt hat, nur noch 2 Anträge vor, die beiden den 1. Antrag betreffen. Herr Dr. Heinsen will den ganzen Absatz beseitigen, Herr Löwenthal nur die Worte in demselben: „Errichtung oder".

Wir müssen nun zuvor wissen, was dem Antrage Dr. Heinsen gegenübersteht, ob der Antrag des Referenten unverändert oder mit der Abänderung.

Ich ersuche diejenigen Herren, die für den Fall der Annahme des Antrags des Herrn Referenten in demselben die Worte beim Beginne der 4. Zeile „Errichtung oder" streichen wollen, die Hand zu erheben.

Das ist die Minderheit.

Ich ersuche jetzt diejenigen Herren, die an Stelle des 1. Absatzes des Antrages des Referenten mit der von mir vorgeschlagenen und bereits genehmigten Fassung den folgenden Satz des Herrn Dr. Heinsen setzen wollen:

> Der einzelne Actionär ist berechtigt, unter näheren gesetzlichen Bestimmungen von dem competenten Gericht zu verlangen, daß die Geschäftsführung der Gesellschaft durch Sachverständige geprüft und das Ergebniß der Prüfung ihnen mitgetheilt werde

die Hand zu erheben.

Das ist die Minderheit.

Somit ist der Antrag des Herrn Referenten angenommen. Ich darf constatiren, daß auch der 2. Absatz des Antrags von der Versammlung angenommen ist?

Das ist der Fall.

Der ganze Antrag lautet jetzt, wie folgt:

> Ein Actionär oder mehrere, deren Actien zusammen mindestens den 10. Theil des Grundkapitals darstellen, sollen berechtigt sein, sofern sie die Behauptung glaubhaft machen können, daß bei der Errichtung oder Geschäftsführung der Gesellschaft Unredlichkeiten oder gröbliche Verletzungen des Interesses der Actionäre unterlaufen sind, beim zuständigen Collegialgericht unter Hinterlegung ihrer Actien nebst Zins- und Dividendenscheinen, auch nach Befinden des Gerichts unter Leistung genügender Sicherheit, die Vornahme einer Untersuchung der von ihnen behaupteten Thatsachen oder der Geschäftsführung während eines bestimmten Zeitraumes zu beantragen.
>
> Im Falle doloser oder muthwilliger Aufstellung ihrer Behauptungen haften die Antragsteller der Gesellschaft für den derselben durch die Stellung des Antrages und die Verhandlung über denselben entstandenen Schaden.

Der Antrag 3 ist in dieser Fassung im Ganzen angenommen.

Wir kommen zu Punkt 4. Bis jetzt liegt hier nur ein Antrag vor, auf Streichung, gestellt von Herrn Rechtsanwalt Schanz.

Rechtsanwalt **Schanz** (Dresden): M. H., was ich gegen Nr. 4 zu sagen habe, läßt sich in den Spruch zusammenfassen: ne quid nimis!

Wir haben gestern sehr ausgezeichnete theoretische Deductionen gehört;

dabei ist aber gleichzeitig von allen Seiten anerkannt worden, daß die ganze Materie viel mehr praktischer als theoretischer Natur sei. Da fürchte ich denn nun vom rein praktischen Gesichtspunkt aus, daß wir durch Nr. 4 des Guten zu viel thun.

Meines Erachtens sind wir auch gestern bei dem ersten Gegenstande der Tagesordnung nach dem Princip gegangen, nicht zu viel thun zu wollen. Bekanntlich war bei diesem Punkte der Vorschlag des Herrn Begutachters viel weiter gehend, als der des Herrn Referenten. Der Herr Referent drang aber durch, indem er sagte: Lassen Sie uns doch nicht sprungweise verfahren! Es wäre aber auch bei dem gegenwärtigen Berathungsgegenstand ein Fehler, zu weit zu gehen. Ich stelle mir den jetzigen Fall so vor. Unsere Tendenz geht dahin, die Rechte des einzelnen Actionärs zu erweitern. Das muß meines Erachtens auf dem allmählichen Wege der Entwickelung geschehen, nicht aber sprungweise. Es wäre sicherlich ein Fehler, wenn die Gesetzgebung sich plötzlich überstürzte und dann genöthigt sein sollte, sich späterhin wieder einschränkend zu verhalten. Der natürliche Weg ist offenbar der: wir erweitern, — oder soweit es innerhalb unserer Competenz liegt, — wir befürworten, die Befugnisse der Actionäre in dem und dem beschränkten Maße zu erweitern; wir überlassen es aber der Zukunft, ob sie damit zufrieden sein oder das Gewährte nur als Abschlagszahlung ansehen will. Dies ist meines Erachtens der allein richtige Weg. Ich glaube, es liegt nahe ein Beispiel aus dem deutschen Anwaltstage. Wir haben uns da ungeheuer viel Mühe gegeben, die Taxen zu verbessern. Der Reichstag hat fast alle unsere Verbesserungsvorschläge abgelehnt; einzelne Herren des Reichstags haben dies damit motivirt: Beruhigen Sie sich, m. H., wenn wir unterschätzt haben; wenn wir etwa merken sollten, daß Sie zu sehr abmagern, dann können wir dem sehr leicht abhelfen; wenn wir aber überschätzen, wenn wir Ihnen zu viel geben, dann kennen wir Sie, da ist es unmöglich, das Plus zurückzuerlangen, und so ist es fast immer im gesetzgeberischen Wege. Hier aber, wenn wirklich einer Minderheit, sei es auch einer Quote von 10 Prozent des Grundkapitals, das Recht eingeräumt werden soll, die Auflösung der Gesellschaft durch den Richter zu ertrotzen, trotzdem die competente Generalversammlung die Auflösung abgelehnt hat, so halte ich dafür, daß dies etwas Schädliches ist. Es ist ja denkbar, daß die Minorität Recht hat; es ist gestern — dächte ich — einmal gesagt worden: es kann sehr gut vorkommen, daß eine pessimistisch gesinnte Minorität klüger handelt, als die optimistisch gesinnte fünffache Majorität, aber im Allgemeinen sollte ich doch meinen, daß durch solche Grundsätze die Autonomie der Gesellschaften in der allerbedenklichsten Weise erschüttert wird. Man muß doch meines Erachtens davon ausgehen, daß eine Gesellschaft in erster Linie dazu berufen ist, richtig zu beurtheilen, ob sie existenzfähig sei oder nicht. Hat die Minorität so außerordentlich stichhaltige Gründe zu beweisen, es sei gar nicht möglich, mehr fortzuexistiren, nun, so müßte ich als Praktiker mir sagen, dann müßte es doch dieser Minorität möglich sein, ihre Gründe durch den gewöhnlichen Apparat, durch die General-Versammlung, durch die Presse ꝛc., zur endlichen Geltung zu bringen. Wozu soll es erst da des drastischen Mittels bedürfen, nachdem es der auflösungslustigen Minorität nicht gelungen ist, ihre Ansicht in der Generalversammlung durchzusetzen, nachdem die Generalversammlung ausgesprochen hat: nein, wir wollen fortbestehen, — doch den Richter anzurufen, der nunmehr nach Maßgabe der Umstände die Befugniß haben soll zu sagen: ich — wenn auch: ich Collegium — ich muß das besser verstehen wie Ihr selbst, Ihr hört auf zu existiren! Meine geehrten Herren, dies wäre meines Erachtens eine ziemlich gefährliche Sache, und da ich diese ganze Materie weniger von dem Standpunkte aus betrachte, ob sich der oder jener Satz in ein schönes, wissenschaftliches System fein säuberlich einrenken läßt, sondern die Sache lediglich als Praktiker ansehe, so sage ich mir: das kann sehr gefährlich sein. Ich will als Beispiel eine Baugesellschaft annehmen. Die geht langsam ihren Weg, es besteht kein augenblicklicher Bedarf an Baustellen, aber der Nutzen liegt in der Zukunft. Nun existirt eine Minorität, die gern die Gesellschaft zur Auflösung bringen will, um das Areal dann selbst für sich zu kaufen und zu verwerthen. Ich rede eminent praktisch, m. H., rein indem ich vorgekommene Fälle im Auge habe, und ich weiß, daß diejenigen, welche mich kennen, jetzt merken werden, worauf es hinaus will. Es wird also in dem gegebenen Falle der Antrag auf Auflösung gestellt und die Generalversammlung lehnt die Liquidation ab. Nunmehr klagt die fragliche Quote beim Richter auf Auflösung der Gesellschaft. Käme nun vielleicht noch dazu, daß die Verwaltungsorgane wesentlich auf Seite der Minorität ständen, — nun, was will da der Richter machen? er muß mit dem Material arbeiten, das ihm unterbreitet wird. Die speculative Minorität wird ausgezeichnete Zeugen und Sachverständige dem Richter vorführen, welche sagen: es ist nothwendig, daß die Gesellschaft liquidirt, und die Verwaltungsorgane, die verklagt sind, die Vertreter der Gesellschaft werden keine wesentlich bessere Vertheidigung führen. Dann ist es möglich, daß in der That aus Gründen der Speculation ein Minoritätsbeschluß, von dessen Unzweckmäßigkeit sich die Majorität früher überzeugt hatte, durch richterlichen Befehl nunmehr praktisch ausgeführt wird und daß die Gesellschaft aufgelöst werden muß.

Das halte ich für so bedenklich, daß ich Ihnen empfehlen möchte, diesen Punkt lieber zu streichen. Es ist damit nichts Schädliches gethan.

Ist es denn in der That so nothwendig, daß diese Bestimmung schon jetzt in das Gesetz kommt? Ich glaube, auf gesetzgeberischem Wege wird sich die ganze Materie nach und nach entwickeln, aber ich bin nicht der Meinung, daß wir jetzt schon nöthig haben, solche drastische weitgehende Vorschläge zu machen.

Referent Dr. **Jaques**: Ich möchte nur behufs Erleichterung vielleicht Abkürzung der Debatte ein paar Worte sagen.

Ich bin vom Standpunkt des Referenten aus vollkommen einverstanden, wenn über diesen Passus hinweggegangen, wenn er nicht zum Beschluß erhoben wird; ich möchte aber an eine bedauerliche Consequenz erinnern, die daraus resultiren könnte. Die Sache liegt so: Streichen wir diesen Passus einfach, so erscheint es als die Ueberzeugung des Juristentags, daß das ganze Princip nicht zweckmäßig ist. Das liegt nicht in dem Gedanken selbst des verehrten Herrn, der eben gesprochen hat. Unser aller Gedanke ist lediglich: „non liquet“. Es erscheint uns die Frage noch nicht völlig reif. Nun erinnere ich Sie daran, daß ich gestern selber am Schlusse den Antrag stellte, die weitere Prüfung über die Rechte, welche nur mit Zustimmung aller Actionäre abgeändert werden sollen, der ständigen Deputation zuzuweisen.

Würden die Herren nun, — es wird vorzubehalten sein, in welcher Form Sie das geschäftsordnungsmäßig richtig finden, — mir gestatten, einen Antrag zu stellen, etwa dahin: Die Frage, inwieweit den Actionären das Recht zustehen soll, die Auflösung einer Actiengesellschaft aus wichtigen Gründen vor Ablauf der statutenmäßigen Dauer zu verlangen, und ferner die Frage, inwieweit gewisse Rechte der Actionäre nur unter Zustimmung jedes Einzelnen abgeändert werden können, wird an die ständige Deputation zum Zwecke weiterer Begutachtung und Beschlußfassung verwiesen, so würde ich damit einverstanden sein.

Rechtsanwalt **Schanz** (Dresden): Zu Gunsten dieses Antrags des Herrn Referenten ziehe ich meinen Antrag zurück.

Rechtsanwalt **Sachs** (Leipzig): M. H., die Streichung der Nr. 4 wird hoffentlich weiter keinen erheblichen Bedenken unterliegen. Das formelle Bedenken bezüglich unserer gestrigen Berathung ist schon von dem Herrn Referenten anerkannt. Gestern haben wir uns wohl darüber geeinigt, daß man unterscheiden muß zwischen verschiedenen Rechten der Actionäre; daß man die Geltendmachung derjenigen Rechte erweitern muß, welche der einzelne Actionär auf Grund des bestehenden Statuts und des bestehenden Gesetzes hat; daß aber die Rechte, welche einem einzelnen Actionär oder einer Minderheit von Actionären einzuräumen seien gegenüber einer statuten- und gesetzmäßig verfahrenden Mehrheit, noch nicht genügend geklärt seien, um darüber schon jetzt einen Beschluß zu fassen und daß man hier die Sache durch neue Gutachten noch einmal beleuchten lassen wolle. In diese letztere Kategorie von Rechten gehört die Nr. 4, wo eben ausgesprochen ist, daß die Auflösung verlangt werden kann entgegen der Bestimmung des Statuts, entgegen der Generalversammlung, welche nach Maßgabe des Statuts die Auflösung nicht herbeiführen will; es soll verlangt werden können die Ernennung von Liquidatoren durch den Richter, obgleich nach den Statuten die Generalversammlung die Liquidatoren zu ernennen hat, und sogar daß solche durch die Generalversammlung statutenmäßig erwählte Liquidatoren durch den Richter abberufen und durch andere ersetzt werden können. Das sind alles Maßregeln gegen die Statuten, und das steht auf einem ganz anderen Gebiete, als die übrigen Nummern des Antrags. Aus diesem formellen Grunde wird es gerechtfertigt sein, Nr. 4 abzulehnen, und wenn Sie davon absehen wollten und sagen wollten: es ist ein zu wichtiges Princip, als daß wir heute darüber beschließen könnten, so meine ich, daß auch dies zutrifft, und dem Herrn Collegen Schanz darin Recht zu geben ist, daß die volle, zwingende Nothwendigkeit dafür in der That noch nicht anzuerkennen ist, daß ein solcher Satz schon heute aufgestellt wird. Ich bin aber einverstanden damit, daß so verfahren wird, wie der Herr Referent will, nur weiß ich nicht, ob es sich empfiehlt, diesen einen Punkt nur hervorzuheben und Nichts davon zu sagen, daß noch andere Punkte in diese zweite Kategorie gehören.

Präsident: Meine Ansicht ist die: ich bringe Nr. 4 zur Abstimmung, wenn der Herr Referent dieselbe nicht vollständig zurückzieht; dann gehen wir weiter zu Nr. 5, demnächst zu dem ein Ersuchen an die ständige Deputation betr. Antrage, den der Herr Referent gestern schon gestellt hat, und auf den heute von ihm gestellten, und sollte der heutige noch nicht von ihm in voller Fassung vorliegen, so werde ich die Versammlung fragen, ob sie einverstanden ist, das Ersuchen an die ständige Deputation um Einziehung eines Gutachtens auch auf eine Frage des Inhalts der Ziffer 4, wie sie im Einverständniß mit dem Herrn Referenten vom Bureau formulirt wird, zu erstrecken.

Assessor **Löwenfeld** (Berlin): M. H. Ich hatte mich bei Nr. 4 zum Worte gemeldet, um zu beantragen, es mögen die Gedanken des Punkts 4 der ständigen Deputation mit dem Ersuchen überwiesen werden, sie zum Gegenstande neuer Gutachten und resp. neuer Erörterungen auf dem nächsten Juristentage machen zu lassen. Ich war hierzu bestimmt durch folgende Gründe. Einerseits vermag ich nicht zuzugestehen, daß, wie Herr College Schanz ausgeführt hat, diese Frage noch nicht ausreichend ventilirt sei, um hinsichtlich ihrer etwas de lege ferenda zu bestimmen. Sie ist sehr wichtig und in vielen Fällen sehr brennend. Unser Gesetz kennt als Gründe für die Auflösung der Actiengesellschaft den Ablauf der vertragsmäßigen Zeit, einen Beschluß der Generalversammlung, den Concurs und außerdem den auf Grund seines Hoheitsrechtes bekundeten Willen des Staats, also eine Art von Expropriationsrecht. Es ist aber anerkannt, und nicht bloß in der Wissenschaft, sondern auch in der Praxis, daß es mancherlei andere höchst wichtige Gründe giebt, die eine Actiengesellschaft zur Auflösung nöthigen können. Ich will einige davon anführen. Ein wichtiger Fall ist es z. B. wenn die Actiengesellschaft den ihr vorgeschriebenen Zweck thatsächlich erfüllt hat. Eine Terraingesellschaft hatte sich z. B. constituirt zum nutzbringenden Verkauf eines Terrains und hat das ganze Terrain wirklich verkauft. Sie besitzt also statt dessen nur noch baares Geld; die Actionäre sind aber aus irgend welchen Gründen in ihrer Majorität nicht dazu zu bringen, die Auflösung der Gesellschaft herbeizuführen. M. H., das ist gegen das natürliche Recht; wenn die Gesellschaft ihren Zweck erfüllt hat, so muß ich als Actionär doch fordern können, daß sie mir meine Einlage zurückgebe resp. das herausgebe, in was sich meine Einlage verwandelt hat. Der nicht weniger wichtige umgekehrte Fall wäre der, wenn eine Gesellschaft ihren statutarischen Zweck nicht weiter zu verfolgen vermag. Nehmen Sie an, eine Eisenbahngesellschaft, die zum Zwecke des Baues und Betriebs einer Eisenbahn gegründet ist, hat die Bahn aus irgend welchen Motiven verkaufen müssen, und besitzt statt der Eisenbahnlinie nur baares Geld, das sie verzinslich anlegen kann, dessen Zinsen alljährlich statt Dividende unter die Actionäre vertheilt werden. Eine solche Gesellschaft hat zweifellos nicht das Recht gegen den Willen der Einzelnen weiter zu bestehen; denn man hat sich nicht zusammengethan, um baares Geld zu besitzen, dessen Zinsen vertheilt werden; der wahre Zweck ist weggefallen. Ein anderer ähnlicher Fall wäre der, wenn eine Actiengesellschaft ihren Zweck nicht mehr zu verfolgen vermöchte, weil sie durch force majeure daran gehindert wäre. Eine Fabrik war z. B. an einem Platze gebaut, der für den Fabrikationszweig von entscheidender Wichtigkeit ist, wegen der Nähe des Rohmaterials, der glücklichen Hilfsmittel für Zufuhr und Abfuhr 2c. Diese Fabrik würde nun wegen Baues einer Eisenbahnlinie expropriirt. Die Gesellschaft bekäme also statt ihrer baares Geld. Sollte dann der Einzelne genöthigt sein, zu dulden, daß aus irgend welchen Privatinteressen die Actiengesellschaft noch weiter aufrecht erhalten würde? Noch andere Gründe, m. H.! Eine Actiengesellschaft hätte sich in der Qualität ihres Zweckes geirrt; sie vermöchte statt des erhofften Gewinns nur mit Schaden zu arbeiten; es wären vielleicht neue Erfindungen gemacht worden, die den Gesellschaftszweck als durchaus verfehlt erscheinen ließen. Warum sollte hier der Einzelne gezwungen sein auszuharren während der 30 oder 50 Jahre, auf welche vielleicht im Statut die Dauer der Gesellschaft fixirt ist?

Die Erwägung aller dieser Gesichtspunkte vermisse ich nun aber in der vierten These. Sie enthält — ich sage das ungern — einen nicht ausreichend durchdachten Vorschlag. Es ist etwas Richtiges angeregt, aber noch nicht so weit abgeklärt, daß der Juristentag sagen könnte, er würde es billigen, wenn der bezügliche Vorschlag in einem künftigen Gesetze Aufnahme fände.

Daher wäre es meines Erachtens besser, die an sich wichtige Frage nicht einfach durch Ablehnung der Nr. 4 fallen zu lassen, sondern sobald als möglich wieder zum Gegenstande einer eingehenden Discussion im Bereich des Juristentages zu machen, zu diesem Behufe aber zunächst tiefer eingehende Gutachten zu extrahiren und diese von der ständigen Deputation zu erbitten.

Präsident: Wenn Niemand weiter das Wort zu Nr. 4 verlangt, schließe ich die Debatte.

Der Herr Referent!

Referent Dr. **Jaques**: Ich kann nur auf das zurückkommen, was ich mir bereits zu sagen erlaubt habe. Ich ziehe den Antrag 4 zurück in der Anhoffung, die natürlich möglicherweise auch illusorisch sein könnte.

Präsident: Wenn Niemand ihn wieder aufnimmt, gehen wir weiter zu Nr. 5.

Hierzu liegt vor 1. der Antrag des Herrn Rechtsanwalts Schanz, die Worte zu streichen: . . . .

„sowie trotz erfolgter Decharge durch die Generalversammlung auf Vorsatz oder grobem Versehen beruhende Beschädigung."

2. Der Antrag des Herrn Dr. Heinsen: statt Nr. 5 folgende 2 Sätze aufzunehmen:

1. Die Mitglieder des Vorstands und des Aufsichtsraths haben bei der ihnen obliegenden Geschäftsführung die Sorgfalt eines ordentlichen Geschäftsmannes aufzuwenden.
2. Sie haften hiefür, wie für die Gesetz- und Statutenmäßigkeit ihrer Handlungen den einzelnen Actionären, denen unter näheren gesetzlichen Bestimmungen ein directes Klagerecht gegen die Mitglieder des Vorstands und des Aufsichtsraths zusteht.

Herr Schanz hat das Wort.

Rechtsanwalt **Schanz** (Dresden): Ich halte die Worte, deren Streichung ich bei Nr. 5 beantragt habe, für zu weitgehend. Es soll jedem einzelnen

Actionär, — und derartige einzelne Actionäre werden sich unter allen Umständen immer finden — das Recht zustehen, auf Schaden zu klagen. Setzen Sie den Fall, es existirt ein vorzüglich tüchtiger Betriebsdirector, er hat aber einmal ein Versehen begangen irgendwelcher Art, nehmen wir an, er hat einen Posten verjähren oder er hat eine Waare verderben lassen, oder irgend so etwas. Die Generalversammlung sieht aber völlig ein, es muß dieses Versehen, welches meinetwegen auch unter die Kategorie der culpa lata fallen mag, dem Director verziehen werden in Rücksicht auf seine sonstigen Verdienste, er muß der Gesellschaft erhalten werden; und nun soll trotzdem jeder einzelne Actionär ohne irgend welche Sicherheit, mit welchem Theile er wirklich materiell betheiligt ist, die Befugniß haben zu klagen?

Das wäre ganz schrecklich, namentlich wenn Sie dabei an die schon so oft markirten Fälle denken, wo der einzelne Actionär geradezu entgegengesetzte Interessen verfolgt, als die Gesammtheit der Actionäre. Hier liegt eine Actienbrauerei auf der einen Seite der Straße, und drüben eine andere, und die Actionäre von drüben kaufen sich ein paar Actien der Concurrenzgesellschaft und schädigen die erste Brauerei dadurch, daß sie vielleicht alle einzeln gegen den ihnen unbequemen Director auf Schadenersatz u. s. w. klagen und ihn lahm zu legen suchen. M. H., das ist meines Erachtens eben viel zu gefährlich, es muß da die Decharge — ja, ist sie erschlichen oder sonst wie in unrechtmäßiger Weise zu Stande gekommen, so ist dies natürlich etwas Anderes! — das Maßgebende sein, und meines Erachtens dürfte es sich sicherlich empfehlen, die von mir angefochtenen Worte wegzustreichen.

Rechtsanwalt Dr. **Heinsen** (Hamburg): Der Herr Vorredner, meine Herren, geht in entgegengesetzter Richtung von meinem Antrage noch viel weiter. Ich habe beantragt: Vorstand und Aufsichtsrath sollen die Sorgfalt eines ordentlichen Geschäftsmannes aufwenden und dafür verantwortlich sein; der Herr Vorredner will sogar, daß eine nicht ordentliche nicht nur, sondern auch grobes Versehen enthaltende Geschäftsführung dem Vorstand und respective dem Aufsichtsrath wiederum verziehen werden könnte durch die Generalversammluug — zur Präjudiz für die einzelnen Actionäre. Ich halte das für unstatthaft, denn die Generalversammlung würde dadurch verfügen über das Einzelrecht des Actionärs, dessen Dividende dadurch geschmälert wird. Daß Derjenige, der durch ein grobes Verschulden eine Statutenwidrigkeit begangen, die Gesellschaft — und damit die Dividende des Einzelnen verkürzt hat, von der Generalversammlung liberirt werden könne, widerspricht sogar schon die bisherige Rechtsprechung. Ich glaube aber weiter, daß mein Antrag, daß die Mitglieder des Vorstands und des

Aufsichtsraths bei der ihnen obliegenden Geschäftsführung die Sorgfalt eines ordentlichen Geschäftsmannes aufzuwenden haben, gar nicht etwas Besonderes enthält. Das Handelsgesetzbuch, wie bereits erwähnt, bestimmt ganz allgemein, daß man in Geschäftsangelegenheiten die Sorgfalt eines ordentlichen Geschäftsmannes aufzuwenden hat, und ich bin nur deshalb und dadurch dazu gekommen diesen Satz aufzustellen, weil in den Entscheidungen des Reichs-Oberhandelsgerichts mehrfach ausgesprochen ist, daß der Actionär weder direct noch indirect durch die Generalversammlung die Organe der Gesellschaft wegen Nachlässigkeiten bei ihrer Geschäftsführung zur Verantwortung ziehen könne. Es ist mir z. B. ein Fall erinnerlich, in welchem dem Vorstande und resp. dem Aufsichtsrathe vorgeworfen wurde, daß die Gelder in außerordentlichen gefährlichen Angelegenheiten verwandt seien, in denen die Privatinteressen der Directoren und der Aufsichtsrathsmitglieder mitgespielt hatten, und dadurch eine Schädigung eingetreten sei. Darauf ist in der abweisenden Entscheidung des Reichs-Oberhandelsgerichts erwidert worden: das sind Dinge, die dich nichts angehen; nach den Statuten hat der Aufsichtsrath lediglich den Vorstand zu dechargiren und resp. die Generalversammlung, wenn dieser die Dechargeertheilung beigelegt ist, dahinein kannst du dich allein nicht mischen, was du rügst ist weder gesetzwidrig noch statutenwidrig, und wegen Nachlässigkeiten, wenn sie auch immerhin vorgekommen sein mögen, sind von Seiten der einzelnen Actionäre die Mitglieder des Aufsichtsraths und des Vorstandes nicht zur Rechenschaft zu ziehen, weder direct noch auf dem Umwege der Klage gegen die Gesellschaft darauf hingehend, daß sie ihre Organe zur Pflichtmäßigkeit anhalte oder wegen Verletzung der pflichtmäßigen Sorgfalt gegen sie vorgehe und können die einzelnen Actionäre weder directe Schädigungen der Actionäre, soweit ihr Interesse geht, geltend machen noch auch einen Anspruch dahin, daß Vorstand und Aufsichtsrath zur Gesellschaftskasse einzahle dasjenige, um was sie die Gesellschaft geschädigt haben. Das ist der Grund, weshalb ich glaube, es ist richtig, ausdrücklich dasjenige aufzustellen, was meiner Meinung nach allerdings von selbst sich ergiebt, daß Vorstand und Aufsichtsrath verpflichtet sind, mit der Sorgfalt eines ordentlichen Geschäftsmannes zu verfahren. Es knüpft sich hieran der 2. Satz meines Antrages, es sollen die Organe den Actionären verantwortlich sein für die Gesetz- und Statutenmäßigkeit ihrer Handlungen und auch verantwortlich für die Sorgfalt eines ordentlichen Geschäftsmannes. Daß sie verantwortlich sind für die gesetz- und statutenwidrigen Handlungen ist auch schon in der Judicatur anerkannt, aber ich wollte eben hinzufügen, daß sie auch verantwortlich sein sollen für die Nichtwahrung der Sorgfalt eines ordentlichen Geschäftsmannes; denn wenn man ihnen die Verpflichtung dieser Sorgfalt auferlegt, muß man sie auch für die Vernachlässigung dieser Pflicht verantwortlich machen.

Ein 2. Punkt ist der, daß ein directes Klagrecht den Actionären gegegeben wird. In dem Antrage des Herrn Referenten ist bereits gesagt, daß gegen die Gesellschaftsorgane solle geklagt werden können; insofern bin ich also mit ihm conform. Nur dehne ich dies aus auf die Sorgfalt des ordentlichen Geschäftsmanns und lasse nicht nur für grobe Verschulden haften und ich sehe auch nicht ein, warum lediglich der Fall des Vorbehalts bei der Dechargeertheilung in der Generalversammlung beachtet werden soll. Dagegen halte ich allerdings eine Einschränkung für nothwendig und sage deshalb: unter näheren gesetzlichen Bestimmungen. Ich glaube nämlich, daß, wenn die Actiengesellschaft die Sache selbst in die Hand nimmt und gegen das Organ vorgeht, dann muß nicht der einzelne Actionär vorgehen dürfen, sondern die Organe der Gesellschaft sind der Gesellschaft selbst, sind der Generalversammlung zunächst verantwortlich.

Ferner könnten gesetzliche Bestimmungen erfordert werden, wie das gestern schon von Herrn Reichsgerichtsrath Wiener erwähnt ist, über den Anschluß verschiedener Actionäre, sodaß stets nur eine solche Klage erhoben wird und über die präjudicielle Natur der Entscheidung überhaupt für alle Actionäre.

Ich glaube jedoch, daß ein näheres Eingehen hierauf uns zu sehr in's Detail führen würde, und sage deshalb in meinem Antrage, daß die Klage unter näheren gesetzlichen Bestimmungen einzuräumen ist, wünsche aber als wesentlich festzustellen 1) es müssen der Vorstand und die Mitglieder des Aufsichtsraths die Sorgfalt eines ordentlichen Geschäftsmannes aufwenden und 2) sind sie verantwortlich dafür direct den Actionären.

Unter den gesetzlichen Einschränkungen habe ich, wie gesagt, namentlich im Auge, daß zunächst die Ablehnung von der Generalversammlung erfolgt sein muß, ehe der einzelne Actionär klagen kann.

Präsident: Wenn Niemand weiter das Wort zu Nummer 5 wünscht, schließe ich die Discussion.

Der Herr Referent!

Referent Dr. **Jaques:** Es liegen auch hier 2 Anträge vor und ich bin zu meinem Bedauern wieder in der Lage, beiden entgegentreten zu müssen.

Der Antrag des verehrten Herrn Collegen Dr. Heinsen scheint mir unannehmbar, abgesehen davon, daß er uns in eine Materie führt, die außerhalb des Bereichs dessen liegt, was wir behandeln. Wir haben mehrfach Grund gehabt, diesen Rahmen eher einzuengen als zu erweitern, — aber ganz abgesehen davon erscheint mir der Antrag unannehmbar aus dem Grunde, weil wir kein directes Rechtsverhältniß zwischen dem Vorstand und dem einzelnen Actionär der Gesellschaft als Regel aufstellen können; das hieße ja die Grundlage des ganzen Actiengesellschaftswesens total verkehren. Während wir also davon ausgehen müssen, daß der Vorstand dem Organismus der Gesellschaft mit einem gewissen Pflichtenkreis gegenübersteht, kehrt das der Herr Dr. Heinsen eigentlich vollständig um und stellt den einzelnen Actionär dem Vorstande der Gesellschaft direct gegenüber. Ich halte diesen Grundsatz für so bedenklich, daß ich hoffe, es werde keiner näheren Begründung mehr bedürfen, wenn ich Sie bitte, diesen Antrag abzulehnen. Nicht anders verhalte ich mich zu dem Antrage des Herrn Collegen Schanz. Diesem Antrage steht nach meinem Erachten ein juristischer Gedanke entgegen und ein praktischer, und ich werde mir erlauben, diesen praktischen besonders zu accentuiren, weil Herr College Schanz früher mit einer leisen Wendung von Ironie gegen die Theorie sich wandte, welche Ironie ich immer, auch in der leisesten Form, perhorrescire. Was den wissenschaftlichen oder rein juristischen Grund anbelangt, so verhält es sich damit nach meinem Erachten folgendermaßen: Ich bin der Anschauung — und Reichsgerichtsrath Dr. Wiener und ich hoffe auch mehrere andere Herren mit mir — daß in dem Falle, wenn durch die gesellschaftlichen Organe begangene auf Vorsatz oder grobem Versehen beruhende Schädigungen bescheinigt werden, auch unabhängig von einer etwa erfolgten Decharge dem Actionär das Klagrecht zustehen soll. Wenn ich dieser Sache principiell auf den Grund gehe, so heißt das eigentlich in der Wesenheit, daß ebenso wie in gar keinem civilrechtlichen Vertrage auf Geltendmachung des dolus und der culpa lata soll verzichtet werden können, dies auch hier nicht der Fall sei. Das ist in Bezug auf den dolus so sehr ein recipirter Grundsatz des Civilrechts, daß darüber gar nicht zu sprechen ist, während man bezüglich der culpa lata vielleicht noch irgend einen Zweifel zu erheben versuchen kann. Aber es wird doch wohl als ein fundamentales Rechtsprincip anerkannt werden müssen, daß Jedem, der einen Contract eingeht, das Recht gewahrt bleibe, gegen dolus und grobe culpa sich durch Klage zu schützen. Mehr wird eigentlich in diesem Satze gar nicht verlangt, denn die inzwischen liegende Decharge der Generalversammlung ändert an diesem ursprünglich jedem Einzelnen zustehenden und ihm nicht wegzunehmenden Rechte eigentlich nicht das Geringste, ändert daran um so weniger, weil unter solchen Umständen der Decharge ein wesentlicher Irrthum zu Grunde liegt, wenn diese nicht gar, was, wie wir Alle sehr gut wissen, nicht selten vorkommt, eine arrangirte Comödie ist. Daß die Generalversammlung mitunter so beschaffen ist, wie ich eben andeute, das erkennt Herr College Schanz, der eben gerade den praktischen Gesichtspunkt hervorhebt, ganz gewiß an. Da möchte ich denn nun wissen, ob wir irgend einen erheblichen Grund haben, in dieser Decharge ein Motiv zu sehen, um dem einzelnen Actionär das Recht zu versagen, sich gegen dolus und gegen grobe culpa — und weiter reicht nicht das Verlangen unseres Satzes 5 — zu schützen. Nun kommt aber der eminent praktische Gesichtspunkt, von dem Herr College Schanz gesprochen hat, das Beispiel mit dem guten Director, der ein Versehen begangen hat. Da sind aber doch wohl 2 Fälle möglich: hat der Director sich bloß eine culpa levis zu Schulden kommen lassen, — ich glaube nur dann wird er als sehr guter Director vom eminent praktischen Standpunkte aus bezeichnet werden können, — da ist er schon durch die Begrenzung unseres Satzes geschützt. Hat er ein grobes Versehen sich zu Schulden kommen lassen, so weiß ich nicht, ob er die Bezeichnung eines guten Directors verdient und ob der besondere Schutz, der ihm zu Theil werden soll, sich vollkommen rechtfertigt. Würde aber wirklich der Ausnahmefall einmal eintreten, daß ein ausgezeichnet guter Direktor, den zu erhalten für die Gesellschaft ganz besonders wichtig ist, sich in einem gegebenen Falle eine culpa lata habe zu Schulden kommen lassen, — dolus wird der Herr College selbst ihm wohl nicht imputiren wollen, wenn er ein ausgezeichneter Director ist (Heiterkeit), — so wird wohl die Generalversammlung auch noch einen Schritt weiter gehen. Sie wird Mittel und Wege finden, damit dieser etwaige Anspruch eines gar so fürchterlich renitenten Actionärs, der durchaus auch in diesem Falle, wo sein Interesse durch Beibehaltung des Directors besser gewahrt ist, als durch Erstattung der Schadensquote, die auf seinen Theil fällt, ihr keine zwecklose Verlegenheit bereite. Sie wird es mit einer gewissen Beruhigung dem Gesammtvorstande überlassen können, vom eminent praktischen Standpunkte aus, mit diesem einzelnen Actionär, der das enfant terrible der Gesellschaft ist, fertig zu werden.

Minima non curat praetor, — der Fall, den Herr College Schanz anführte, ist so speciell, daß er vielleicht eine Specialbestimmung rechtfertigen könnte, aber niemals kann er rechtfertigen, daß man die nothwendigen Grundlagen für wichtige Normen deshalb nicht acceptirt. Darum kann ich der verehrten Versammlung von meinem Standpunkte aus nur dringend an's Herz legen, daß sie in den Fällen, wo Vorsatz oder culpa lata vorliegt, nicht etwa um einer Decharge willen, die vielleicht durch eine Majorität von Strohmännern, vielleicht durch den Vorstand selbst eingesetzten Strohmännern herbeigeführt ist, dem einzelnen Actionär das Recht entziehen lasse, seine Ansprüche geltend zu machen. Ich bin also für Aufrechterhaltung unseres Antrags.

Präsident: Wir haben hier dieselbe Abstimmung, wie bei Ziffer 3. Der Antrag auf Modification des Antrags des Herrn Referenten geht voran. Nur dürfte die Fassung desselben anders lauten müssen, also statt: „Jedem Actionär soll das Recht zustehen, die beim Beschlusse rc. geltend gemacht sind, geltend zu machen“ —: „Wenn die beim Beschlusse rc. ... geltend gemacht sind, soll jedem Actionär das Recht zustehen, dieselben geltend zu machen.“

Gegen diese veränderte Fassung erfolgt kein Widerspruch.

Wir kommen zur Abstimmung. Diejenigen Herren, die für den Fall der Annahme des Antrages des Herrn Referenten in demselben die Worte

> „trotz erfolgter Decharge durch die Generalversammlung auf Vorsatz oder grobem Versehen beruhende Beschädigung“

streichen wollen, bitte ich, die Hand zu erheben.

Das ist die Minderheit.

Ich ersuche nun diejenigen Herren, die an Stelle des Antrags des Referenten Nr. 5 folgenden Antrag des Herrn Dr. Heinsen setzen wollen:

> 1. Die Mitglieder des Vorstands und des Aufsichtsraths haben bei der ihnen obliegenden Geschäftsführung die Sorgfalt eines ordentlichen Geschäftsmannes aufzuwenden;

die Hand zu erheben.

Der Antrag ist abgelehnt.

Da der 2. Antrag des Herrn Dr. Heinsen soeben von ihm zurückgezogen wird, bringe ich den Antrag des Herrn Referenten selbst zur Abstimmung. Die Herren, die den Antrag des Herrn Referenten Nr. 5, der folgendermaßen lautet:

> 4. Jedem Actionär soll das Recht zustehen, die bei dem Beschlusse über die Decharge vorbehaltenen Entschädigungsansprüche gegen Gesellschaftsorgane, wenn sie nicht innerhalb bestimmter Zeit geltend gemacht sind, sowie, trotz erfolgter Decharge durch die Generalversammlung, auf Vorsatz oder grobem Versehen beruhende Beschädigungen geltend zu machen.

annehmen wollen, bitte ich die Hand zu erheben.

Das Büreau ist zweifelhaft. Ich bitte zu zählen.

Die Mehrheit ist constatirt, Nr. 5 ist angenommen.

Damit sind die einzelnen Beschlüsse erledigt und wir kommen zu dem weiteren Antrage des Herrn Referenten, der von ihm jetzt in 2 Sätzen zusammengefaßt ist und zur Debatte gestellt wird.

Ich bitte den Herrn Referenten, den Antrag vorzulesen.

Referent Dr. **Jaques**: Die Fragen:

> wieweit etwa einer näher zu bestimmenden Anzahl von Actionären das Recht zustehen soll, die Auflösung einer Actiengesellschaft

aus wichtigen Gründen vor Ablauf der statutenmäßigen Dauer zu verlangen;

inwieweit ferner gewisse Rechte der Actionäre nur unter Zustimmung jedes Einzelnen derselben abgeändert werden können;

desgleichen über die Rückgängigmachung eines Auflösungs-Beschlusses seitens der Generalversammlung

werden an die ständige Deputation zum Zwecke der Einholung von Gutachten und demnächstigen weiteren Verhandlung verwiesen.

Präsident: Wenn nicht gesonderte Debatte verlangt wird, stelle ich den Antrag in seiner Gesammtheit zur Berathung.

Herr Löwenfeld hat das Wort.

Gerichtsassessor a. D. **Löwenfeld** (Berlin): M. H., dieser Antrag besteht aus 2 Theilen. Der eine Theil bezieht sich auf die Frage, inwieweit aus wichtigen Gründen die Auflösung solle erzwungen werden können, von einer Minorität von Actionären oder auch von Einzelnen. Hierauf bezieht sich das, was ich mir bereits bei Punkt 4 zu bemerken erlaubte, und damit wäre ich also vollkommen einverstanden. Durchaus nicht einverstanden erkläre ich mich aber mit dem andern Theil dieses Antrags, der die Frage behandelt, inwieweit gewisse Rechte nur unter Zustimmung aller Actionäre sollen abgeändert werden können. M. H., das hieße doch nichts Anderes als eine nochmalige Erörterung des Begriffs der Sonderrechte; das sind ja gerade diejenigen Rechte, über welche gestern und heute hier debattirt worden ist. Ist das der Sinn des Antrages, so wüßte ich nicht, warum unsere heutige Debatte und Beschlußnahme stattfinde. Ich habe dieselbe dahin aufgefaßt, daß man über das Capitel der Sonderrechte jetzt schlüssig werden wolle. Allerdings kann ich mich hiermit, da ich gestern noch nicht anwesend war, irren, und ich möchte aus einzelnen Zurufen auf einen Irrthum schließen, womit dann natürlich das Hauptmotiv für das, was ich ausführen will, wegfiele. Ich verstehe den Antrag als das Verlangen einer neuen materiellen Erörterung der Sonderrechte auf Grund eines neuen Gutachtens. Daß Sie das, m. H., gemäß ihrer gestrigen Beschlüsse beabsichtigen, konnte ich nicht annehmen und wollte deshalb nicht verfehlen auf den großen materiellen Umfang dieses 2. Passus des Antrags aufmerksam zu machen.

Justizrath **Haarmann**: Ich beantrage, die Frage nach der Rückgängigmachung eines Auflösungsbeschlusses der Generalversammlung durch die Minoritat zur Einholung von Gutachten an die ständige Deputation zu verweisen.

Präsident: Wünscht noch Jemand das Wort?

Es ist nicht der Fall, ich schließe die Debatte. Der Herr Referent!

Referent Dr. **Jaques** (Wien): Ich kann mich nicht conformiren, m. H., so leid es mir auch thut, daß ich so schrecklich eigensinnig erscheinen muß; aber es geht leider nicht anders. Der Antrag des Herrn Collegen Löwenfeld beruht wohl darauf, daß der Antragsteller gestern an den Verhandlungen nicht Theil genommen hat; insoweit dies nicht der Fall beruht er darauf, daß derselbe das Verhältniß, das offen geblieben ist, sich nicht ganz vergegenwärtigt. Beschlossen sind eine Reihe von Sonderrechten für die Actionäre in der Fassung, wie wir sie angenommen haben, aber offen gelassen sind gewisse andre Fragen, welche in das Gebiet der Sonderrechte der Actionäre gehören, als z. B., ob der Gegenstand des Unternehmens geändert werden darf mittelst Majoritätsbeschlusses oder nur mittelst Zustimmung Aller, ob eine Fusion stattfinden darf auf Grund Majoritätsbeschlusses oder nur mittelst Zustimmung Aller, und ob die Bestimmung des Artikels 215 des Handelsgesetzbuchs gerechtfertigt ist, welche die Möglichkeit solcher Abänderungen durch den Gesellschaftsvertrag vorsehen läßt. Wir sind der Meinung, daß eine Reihe von Fragen vorliegt, über welche reifliche Erörterungen um so dringender nothwendig sind, als, wie ich mir gestern erlaubte darzulegen, die ausländische Praxis uns zeigt, daß noch nirgends klare Begriffe, bestimmte Ueberzeugungen über diese Punkte gewonnen worden sind. Ich bin also gegen den Antrag des Herrn Collegen Löwenfeld. Was den Zusatzantrag anlangt, daß sich diese Resolution auch auf die Rückgängigmachung eines Auflösungsbeschlusses beziehen soll, so bin ich, ohne daß die Sache besonders schwerwiegender Beschaffenheit wäre, deshalb dagegen, weil das auch wieder in die Specialisirung hineingehört. Wenn ich es schon darum nicht für zweckmäßig erachte, daß wir darauf eingehen, so können wir ja auch das Vertrauen zu der ständigen Deputation und zu den Gutachtern haben, daß sie — bei der Erörterung der Frage über die Auflösung der Gesellschaft vor der statutenmäßigen Dauer die Frage der etwaigen Rückgängigmachung eines solchen Beschlusses als ein nothwendiges Correlat nicht ignoriren werden. Ich bin weiter deshalb nicht dafür, weil die vorliegende Fassung soviel heißen würde, als sich mit der Idee, daß die Zulässigkeit dieser Rückgängigmachung in irgend einer Gestalt ausgesprochen werden soll, schon vertraut machen und sie principiell acceptiren. Wir haben nun aber die Frage gar nicht erörtert, sie ist nicht spruchreif, es scheint mir da das ne nimis vor Allem beachtenswerth. Es wird behutsamer sein, diese Vorschläge fallen zu lassen.

Präsident: Wir wollen über die einzelnen Anträge abstimmen.

Ich ersuche die Herren, welche die Fragen,

wieweit etwa einer näher zu bestimmenden Anzahl von Actionären das Recht zustehen soll, die Auflösung einer Actiengesellschaft aus wichtigen Gründen vor Ablauf der statutenmäßigen Dauer zu verlangen;

an die ständige Deputation zum Zwecke der Einholung von Gutachten und demnächstigen weiteren Verhandlung verweisen wollen, die Hand zu erheben.

Es ist die große Mehrheit.

Dann ersuche ich die Herren, welche gleichfalls die Fragen,

inwieweit gewisse Rechte der Actionäre nur unter Zustimmung jedes Einzelnen derselben abgeändert werden können,

an die ständige Deputation zum Zwecke der Einholung von Gutachten und demnächstigen weiteren Verhandlung verweisen wollen, die Hand zu erheben.

Auch das ist die Mehrheit.

Dann ersuche ich die Herren, die dasselbe thun wollen rücksichtlich der Fragen,

über die Rückgängigmachung eines Auflösungs-Beschlusses seitens der Generalversammlung,

die Hand zu erheben.

Auch das ist angenommen.

Damit ist dieser Gegenstand erledigt.

Bezüglich der Behandlung desselben im Plenum sind die Herren wohl damit einverstanden, daß wir unseren Herrn Referenten bitten, dem verdienten Dank für seine mühevolle Arbeit noch einen weiteren Grund dadurch zu geben, daß er die Mühe übernehme, dem Plenum unsere Beschlüsse vorzutragen.

Ferner nehme ich an, daß, wenn kein Widerspruch erfolgt, die Versammlung einverstanden ist, daß die Beschlüsse nur zur Kenntnißnahme mitgetheilt werden.

Es erfolgt kein Widerspruch, die Versammlung beschließt demgemäß.

Wenn die Versammlung es wünscht, brechen wir nun auf $1/2$ Stunde die Versammlung ab.

(Pause von $12^1/_4$ bis $12^3/_4$ Uhr Nachmittag.)

Vicepräsident Justizrath **Anschütz**: Meine geehrten Herren! Wir kommen nun zum dritten und letzten Punkte unserer Tagesordnung, nämlich zur Behandlung der Frage:

Ist zur Begründung der Wechselklage im Urkundenprozesse gegen den Acceptanten eines gezogenen bezüglich den Aussteller eines eigenen Wechsels auch die unter urkundlichen Beweis zu stellende Behauptung der Präsentation des Wechsels erforderlich?

Unser geehrter Herr Präsident selbst wird die Berichterstattung übernehmen.

Referent Oberlandesgerichtspräsident **Becker** (Oldenburg): Die soeben von dem Herrn Vorsitzenden mitgetheilte Frage ist begutachtet worden von den Herren Kreisrichter Dr. Schulze-Delitzsch zu Potsdam und Amtsrichter Mosse zu Berlin.

Beide Herren verneinen die Frage, indem sie, durch den Wortlaut derselben veranlaßt, ihr Gutachten zunächst für den das bestehende Recht anwendenden Richter abgeben; doch geht aus der Begründung genugsam hervor, daß solche verneinende Antwort auch dem Gesetzgeber gegeben sein soll.

Ich komme auf diesen für das Votum des Juristentages nicht unerheblichen Unterschied später zurück. Zunächst möchte ich mit beiden Herren Gutachtern die Frage richtig begrenzen.

Ausgeschlossen sind:

einmal die Wechsel-Regreßklagen, weil durch zeitigen Protest beurkundete Präsentation des Wechsels zur Ausübung des Regresses erforderlich ist (Art. 41 d. W.-O.);

ferner Klagen des domicilirten Wechsels, weil durch Versäumung rechtzeitiger Protesterhebung beim Domiciliaten der wechselmäßige Anspruch gegen Aussteller und Acceptanten verloren geht (Art. 43 d. W.-O.);

ferner Klagen aus Sichtwechseln, weil diese erst bei oder nach der Vorzeigung fällig werden (Art. 31 d. W.-O.).

Es bleiben nur die direkten Klagen des Inhabers eines gewöhnlichen Wechsels gegen die Hauptverpflichteten: den Acceptanten des gezogenen und den Aussteller des eigenen Wechsels, — oder mit andern Worten:

diejenigen Wechselklagen, bei denen es nach Artikel 44 und dem Zusatz zu Artikel 90 der Wechselordnung zur Erhaltung des Wechselrechts weder der Präsentation am Zahlungstage, noch der Erhebung eines Protestes bedarf.

Es steht ferner nur die Begründung der Wechselklage überhaupt in Frage, nicht diejenige eines Anspruchs für Verzugszinsen, Proceßzinsen, Proceßkosten, — doch will ich mit den Herren Gutachtern am Schlusse auch diese Nebenpunkte kurz berühren.

Die so begrenzte Frage ist eine alte Streitfrage, und, wie beide Herren Gutachter mit Recht annehmen, durch die Reichscivil-Proceßordnung in keine wesentlich neue Lage gekommen, ja wohl nicht einmal durch unsere Wechselordnung, sie bestand schon früher; sie ward schon früher u. A. in Bremen — und wird seit längerer Zeit von Theorie und deutscher Gerichtspraxis mit nur wenigen Ausnahmen verneinend entschieden.

Ihre Entscheidung fällt zusammen mit Entscheidung der Frage:

Gehört die Präsentation des Wechsels zu den zur Begründung

des Anspruchs gegen den Acceptanten eines gezogenen oder den Aussteller eines eignen Wechsels erforderlichen Thatsachen?

wobei ich mit den Herren Gutachtern davon ausgehe, daß zu diesen Thatsachen auch diejenigen gehören, welche nach Maßgabe des zur Anwendung kommenden materiellen Rechts die Nativität des Anspruchs begründen.

Der veränderte Urkunden- oder Wechselproceß ist hier nur soweit von Einfluß, als vor der Reichscivil-Proceßordnung in einzelnen deutschen Landen, namentlich in Altpreußeu, für die letztgedachten Thatsachen die Eideszuschiebung ein zulässiges Beweismittel war; in den meisten deutschen Landen, so auch in meiner Heimath Oldenburg, war dies jedoch nicht der Fall.

Nach den maßgebenden Normen des materiellen Rechts aber wird die Frage von beiden Herren Gutachtern verneint, weil — abgesehen von eingetretenen Aenderungen der berechtigten oder verpflichteten Person —

1. die Existenz des hier fraglichen Wechselanspruchs bewiesen wird durch Existenz und Besitz des Wechsels

m. E. nicht zu bestreiten: die wechselmäßige Verpflichtung folgt aus der Annahme beziehungsweise der Ausstellung, sagt Art. 23 d. W.-O.

2. die Fälligkeit bewiesen wird durch den Ablauf des im Wechsel bestimmten oder gesetzlichen Zahlungstages.

M. E. gleichfalls nicht zu bestreiten.

„Ist in dem Wechsel ein bestimmter Zahlungstag bezeichnet, so tritt die Verfallzeit an diesem Tage ein", sagt Art. 30 d. W.-O.

„Meß- oder Marktwechsel werden zu der gesetzlichen Zahlungszeit u. s. w. fällig. Dauert die Messe nur 1 Tag, so tritt die Verfallzeit des Wechsels an diesem Tage ein: Art. 35 d. W.-O.

An diesen Tagen beginnt auch die Verjährung: (Art. 77, 100 der W.-O.).

Welche andern Thatsachen gehören aber zur Begründung eines Anspruchs, als dessen Existenz und Fälligkeit? im Allgemeinen: keine; des hier fraglichen Wechselanspruchs insbesondere? Fragen wir die einschlagenden Bestimmungen der Wechselordnung.

Aus Art. 40 der Wechselordnung ergiebt sich, daß, wenn die Zahlung des Wechsels zur Verfallzeit nicht gefordert wird, die Verpflichtung des Acceptanten nicht aufhört; nur die Befugniß zur Deposition ist ihm gegeben. Dasselbe gilt nach Art. 98 Z. 5 für den Aussteller eigner Wechsel.

Artikel 44 und 99 bestimmen ferner, daß es zur Erhaltung des Wechselrechts gegen beide Personen weder der Präsentation am Zahlungstage noch der Protesterhebung bedarf.

Hieraus ist jedoch noch kein Schluß gegen die — aus andern Bestimmungen der Wechselordnung etwa zu folgernde — Nothwendigkeit der Begründung des Anspruchs durch Präsentation des Wechsels zu ziehen, denn der Artikel 44 will nur, im Gegensatze zu Artikel 41 und 43, die Nothwendigkeit des formellen Aktes der Präsentation zur Zahlung oder Protesterhebung verneinen, spricht deshalb auch von einer Präsentation gerade am Zahlungstage, und verneint nicht die Nothwendigkeit einer Präsentation überhaupt.

Auf der andern Seite verpflichtet die Bestimmung des Artikels 39 der Wechselordnung:

> „Der Wechselschuldner ist nur gegen Aushändigung des quittirten Wechsels zu zahlen verpflichtet"

zu keiner Präsentation vor der Zahlung.

Nicht einmal zu den Erfordernissen des solennen Protestes rechnet der Artikel 88 der Wechselordnung eine Erklärung der Bereitwilligkeit zur Aushändigung des Originalwechsels oder eine Beurkundung seiner Vorzeigung.

Es wird auch nicht angenommen, daß der Wechselkläger verpflichtet sei, sich in der Klage ausdrücklich zur Aushändigung des quittirten Wechsels zu erbieten, und selbst für das verurtheilende Erkenntniß gilt diese Aushändigungsverpflichtung — wie die gemeinrechtliche Verpflichtung zur Ausstellung einer Quittung — als selbstverständlich. Man pflegt sie nicht im Urtheile auszusprechen, und das Reichs-Oberhandelsgericht hat mehrfach angenommen:

> einmal: daß ein dem Wechselschuldner zur Wechselzahlung verurtheilendes Erkenntniß stillschweigend die Clausel enthalte: „gegen Aushändigung des quittirten Wechsels"
>
> und ferner: daß auch in der Executionsinstanz der Gläubiger verpflichtet sei, durch Vorzeigung des Wechsels zu erweisen, daß er noch Wechselgläubiger sei.

Sollte aber auch in Klagepetitum und Urtheil auszusprechen sein:

> daß Beklagter verpflichtet sei, gegen Aushändigung des quittirten Wechsels zu zahlen,

so folgt hieraus nichts für die Nothwendigkeit einer Präsentation vor der Zahlung selbst.

Wie der Verpflichtung des Gläubigers zur Aushändigung des quittirten Wechsels im Vollstreckungsverfahren der Civilproceßordnung Genüge zu leisten sei, wollen wir später sehen, vorher lassen Sie mich noch den Einfluß der Verpflichtung des Gläubigers, das Geld abholen zu lassen, einer Prüfung unterziehen.

Diese Verpflichtung fällt allerdings nicht zusammen mit dem wechselrechtlichen Solennitäts-Akte der „Präsentation zur Zahlung", es ist aber auch der Ausdruck „Präsentation" in unserer Frage nicht so zu fassen; es handelt sich hier nur um die an keinen bestimmten Tag und keine bestimmte Art der Ausführung gebundene Pflicht des dem Schuldner oft unbekannten Wechselinhabers:

> gegen Aushändigung des Wechsels das Geld beim Schuldner zu empfangen.

Mag diese Pflicht aus Art. 40 der Wechsel-Ordnung „... gefordert" oder 91 desselben (bez. 98 Z. 10) gefolgert werden können oder nicht, sie ist älter, als unsere Wechsel-Ordnung (Martens HR. § 95) und unbestritten noch heutiges Recht; wir werden daher von ihr auszugehen haben.

Weil sie keine formelle, solenne Bedeutung für unsere Wechsel-Ansprüche (an Acceptanten und Aussteller) hat, mag sie durch Vertrag erlassen werden, oder durch den Nachweis: „daß Geschäftslokal und Wohnung des Schuldners nicht zu ermitteln; sondern auch durch den Nachweis: daß ihre Erfüllung zwecklos gewesen sein würde, weil der Schuldner die Wechselschuld bestritten, Zahlung behauptet habe u. s. w. ersetzt werden können, — das berührt unsere Frage nur soweit, als, wenn die Frage zu bejahen wäre, auch die an die Stelle der Nothwendigkeit

> der Präsentation des Wechsels bei Aufforderung des Schuldners zur Zahlung in dessen Geschäftslokal ꝛc.

tretenden, dieselben im concreten Falle ersetzenden Umstände: andere Verabredung u. s. w., durch Urkunden erwiesen werden müßten.

Es muß aber aus dem Mangel einer solennen Bedeutung der hier fraglichen Präsentation doch mit Herrn Amtsrichter Mosse die Folgerung gezogen werden, daß die besondere Eigenschaft der Forderung als einer Wechsel-Forderung hier ohne Einfluß ist, daß die Antwort dieselbe sein muß für alle sogenannten „Holschulden", hier daher nur gefragt zu werden braucht: Ist bei solchen Holschulden die Thatsache:

> daß sich der Gläubiger beim Schuldner zum Abholen der Schuld eingefunden hat,

eine zur Begründung des Anspruchs erforderliche?

Auch diese Frage ist meines Erachtens mit den Herren Gutachtern zu verneinen.

Das Klagerecht ist ebensowenig wie die Nativität und Verjährbarkeit durch eine Rechtsverletzung bedingt; selbst die Anerkennung des Anspruchs vor Gericht, und der Umstand: daß Beklagter nur durch sein Verhalten zur Anstellung der Klage Veranlassung gegeben (Civil-Prozeß-Ordnung § 89) schützen nicht vor einer Verurtheilung zur Zahlung der Schuld selbst.

Es muß jedoch das Urtheil, wenn nicht etwa die Holschuld in Folge Verzugs oder unrechtmäßigen Bestreitens in eine Bringschuld verwandelt wird (Erkenntniß des Reichs-Ober-Handels-Gerichts V. S. 386) der Verpflichtung des Schuldners, in seinem Geschäftslokal bzw. seiner Wohnung zu zahlen, entsprechen, mag man es nun für nöthig halten, dies im Urtheil ausdrücklich auszusprechen, oder bei einer Verurtheilung zur Zahlung einer Wechselschuld für ebenso selbstverständlich halten, wie des Schuldners Recht auf Aushändigung des quittirten Wechsels. — Meines Erachtens ist ersteres anzunehmen, eine Wechselschuld kann auch eine Bringschuld sein, das Urtheil muß aussprechen, ob im concreten Falle zu holen oder bringen ist.

Die Aehnlichkeit, wenn auch nicht Gleichartigkeit des gewöhnlichen Falles einer Zahlungspflicht gegen Anshändigung des quittirten Wechsels in des Schuldners Lokal mit demjenigen einer Leistungspflicht „Zug um Zug" ist nicht zu verkennen, und wird es daher gerechtfertigt sein, mit dem Gutachten des Herrn Mosse auch auf die Behandlung dieses Falles im Urkundenprozesse einen Blick zu werfen.

Herr Mosse ist der neuern Ansicht von Windscheid und Anderen beigetreten, nach welcher bei Leistungen „Zug um Zug" die Erfüllung oder ihr Anerbieten nicht zur Klagebegründung gehöre, sondern einredeweise geltend zu machen, und mit einer Replik zu beseitigen sei.

Demgemäß nimmt er für unsere Wechselklagen, — wie für Klagen aus gegenseitigen Verträgen, wo Zug um Zug zu leisten ist — im Urkundenprocesse nicht die Nothwendigkeit eines urkundlichen Nachweises der Präsentation des Wechsels zur Klagbegründung an, wohl aber der vorgeschützten Einrede gegenüber die Nothwendigkeit einer Beseitigung derselben durch eine Replik, die dann gemäß § 558 der Civilprozeß-Ordnung mittelst Eideszuschiebung erwiesen werden kann.

Er hat hiermit meines Erachtens ein für den Juristentag zu bedenkliches Gebiet betreten.

Einmal ist die gedachte Ansicht über die sogenannten exc. non adimpleti contractus noch keine allgemein anerkannte, sondern wird dieselbe durch Bestimmungen deutscher Partikularrechte alterirt, und endlich ist die Anwendung des Urkundenprocesses für Leistungen Zug um Zug eine so bestrittene, daß ich mit den Namen von 3 Commentatoren: Seuffert Sarwey und Struckmann-Koch auch die Vertreter von 3 verschiedenen Ansichten nenne.

Für uns scheint es mir genügend, bei den nach der Civil-Proceß-Ordnung nicht zu bezweifelnden Zulässigkeit und Vollstreckbarkeit eines Urtheils auf „Leistung Zug um Zug" stehen zu bleiben, und dementsprechend auch die Zulässigkeit und Vollstreckbarkeit eines Urtheils auf „Wechselzahlung" oder auf „Zahlung im Geschäftslokal bzw. Wohnung des Schuldners gegen Aushändigung des quittirten Wechsels" nicht zu beanstanden.

Wie wird aber ein solches Urtheil vollstreckt?

Hier stoßen wir leider auf eine absichtliche Lücke, und weiter auf einen mehrfach mißverstandenen, in der Justiz-Kommission des Reichstags veranlaßten Zusatz in unserer Civil-Proceß-Ordnung.

Die Motive zur Civil-Proceß-Ordnung bemerken:

> Der Entwurf giebt keine Bestimmungen über die Vollstreckung von Urtheilen oder Schuldtiteln, welche eine Leistung Zug um Zug betreffen. Die Rechte beider Parteien bestimmen sich nach Civilrecht, und die Erfahrung lehrt, daß besondere Schwierigkeiten hierbei durch die Selbstständigkeit der Gerichtsvollzieher nicht erwachsen.

Es wird aber hervorgehoben:

> Daß derartige Fälle nicht unter die Bestimmung des § 664 fallen, die Ertheilung der Vollstreckungs-Clausel mithin nicht versagt werden kann, weil der Gläubiger seinerseits nicht vorgeleistet hat.

Der ungeändert gebliebene § 664 der Civil-Proceß-Ordnung bestimmt bekanntlich, daß von Urtheilen, deren Vollstreckung nach ihrem Inhalte von dem durch den Gläubiger zu beweisenden Eintritte einer andern Thatsache als von Sicherheitsleistung abhängt, eine vollstreckbare Ausfertigung nur ertheilt werden soll, wenn der Beweis durch öffentliche Urkunden geführt ist.

In der Justiz-Kommission des Reichstages blieb ein Versuch, diese Lücke auszufüllen, ohne Erfolg, weil anerkannt werden mußte, daß wegen Mannigfaltigkeit der hier in Betracht kommenden Fälle die Lösung durch eine generelle processuale Vorschrift unmöglich sei. Dabei wird auch des Unterschiedes zwischen Bringen und Holen der Gegenleistung, welche die Voraussetzung der Leistung bilde, gedacht, sowie des Falles, wo Jemand verurtheilt sei, gegen Löschung eines Bucheintrags, insbesondere einer Hypothek zu zahlen.

Wenn ein Regierungs-Kommissär hierbei äußerte:

> — ja man müsse, wenn man consequent sein wolle, verlangen, daß die vollstreckbare Ausfertigung nicht eher ertheilt werden dürfe, bis das Angebot der Gegenleistung erwiesen sei,

so dürfte wohl nicht anzunehmen sein, daß er sich mit den Motiven habe in Widerspruch setzen wollen. Passen doch auch die Worte des § 664 nur auf Vorleistungen, und nicht auf wirkliche Leistungen „Zug um Zug".

Nun hat aber ein Zusatz der Justiz-Kommission zum § 779 der Civil-Proceß-Ordnung bestimmt:

Ist eine Willenserklärung von einer Gegenleistung abhängig gemacht, so gilt die Erklärung als abgegeben, sobald nach den Bestimmungen der §§ 664, 666 eine vollstreckbare Ausfertigung des rechtskräftigen Urtheils ertheilt ist.

Die meisten Commentatoren haben sich durch diese Bestimmung oft irre machen lassen, in Uebereinstimmung mit den Motiven die Regel festzuhalten, daß bei Erkenntnissen für eine Leistung Zug um Zug die Gegenleistung bei der Vollstreckung selbst, und nicht schon bei Ertheilung einer vollstreckbaren Ausfertigung des Erkenntnisses zu beschaffen sei. Einer (S.) hält dabei die Bestimmung des § 779 als auf einem Irrthum beruhend, für wirkungslos, und Professor Fitting hat aus dem § 779 den Schluß gezogen, daß:

trotz der entgegenstehenden Erklärungen in der Begründung und in den Protokollen der Justiz-Kommission die Vorschrift des § 664 auch auf den Fall zu beziehen ist, wenn die Verurtheilung auf Leistung gegen eine Gegenleistung lautet.

(Civil-Proceß-Ordnung III. Auflage Seite 242.)

Meines Erachtens mit Unrecht; es ist übersehen, daß die bloße Abgabe einer Willenserklärung von Seiten eines Schuldners einen besonderen Fall der Vollstreckung bildet. Mit dem gesetzlichen Ausspruche, daß „die Willenserklärung als abgegeben gelte," ist die Vollstreckung selbst eingetreten, der Vollstreckungsbeamte hat bei Vollstreckung einer Verurtheilung zur Abgabe einer Willenserklärung gar nichts zu thun; das „Zug um Zug", welches in anderen Fällen erst bei der Vollstreckung selbst erreicht werden kann, ist hier erreichbar und soll durch den gesetzlichen Ausspruch erreicht werden, sobald der Gläubiger den zur Ertheilung der vollstreckbaren Ausfertigung des Urtheils erforderlichen Beweis der ihm obliegenden Leistung führt. — Solche besondere Bestimmung des § 779 darf nicht zu Consequenzen gezogen werden auf andere Fälle der Verurtheilung zu einer Leistung Zug um Zug, oder zur Zahlung einer Wechselschuld gegen Aushändigung des quittirten Wechsels.

Diesen unsern Fall insbesondere anlangend, bemerken Wilmowski und Levy zum § 664:

Ist der Beklagte zu einer Wechselzahlung verurtheilt, so ist die Aushändigung des Wechsels zwar nicht die eigentliche Gegenleistung, wie sie denn auch im Urtheil nicht zu erwähnen ist, indessen versteht es sich von selbst, daß die Zwangsvollstreckung nur mit dem Wechsel in der Hand vorgenommen werden kann.

und Rehbein Wechsel-Proceß Seite 149 (in Uebereinstimmung mit früheren Erkenntnissen des Reichs-Ober-Handels-Gerichts.):

Dem Gerichtsvollzieher ist auch der Wechsel behufs Aushändigung an den Schuldner nach erfolgter Zahlung zu übergeben.

Der Schuldner, welcher dem Gerichtsvollzieher die Zahlung in seinem Geschäftslocal beziehungsweise seiner Wohnung gegen Behändigung des quittirten Wechsels offerirt, kann das Eingehen des Gerichtsvollziehers auf diese Offerte durch eine bloße Einwendung in Gemäßheit des § 685 der Civilproceßordnung erzwingen (bedarf nicht der Klage des § 686), und so zu seinem vollen Recht kommen. — Wie man aber auch die aus den §§ 664 ff. und 779 der Civilproceßordnung sich ergebenden Zweifel lösen mag, dahin können diese Bestimmungen jedenfalls nicht führen, daß die Präsentation des Wechsels eine zur Vollstreckung, sondern eine zur Begründung des Anspruchs gegen den Acceptanten eines gezogenen, beziehungsweise Aussteller eines eignen Wechsels erforderliche Thatsache sei.

Jetzt ist es aber Zeit, den Boden des gegebenen Rechts zu verlassen, das eigentliche Gebiet des Juristentages zu betreten, und der heute noch zutreffenden Gründe zu gedenken, welche die Praxis, zum Theil unter Anerkennung der theoretischen Bedenken, zur Verneinung unserer Frage bestimmt haben.

Im Leben gehören Wechselklagen ohne vergebliche Zahlungsaufforderung, oder Wechselklagen, bei denen anzunehmen ist, daß eine etwa nicht erfolgte Präsentation des Wechsels von Erfolg gewesen sein würde, — wenn sie überall vorkommen, zu den äußersten Seltenheiten.

(Gutachten des Bremischen Handelsgerichtsdirectors Heineken siehe Nr. 53 im Oldenburgischen Archiv V., Mosse S. 114.)

In dem gerichtlichen Ausspruch der rechtlichen Verpflichtung des Schuldners liegt ferner keine Verletzung seines Interesses; will man aber solchen Ausspruch im Wechselproceß abhängig machen von einem urkundlichen Nachweis der Präsentation des Wechsels,

so schließt man entweder in Widerspruch mit den Erfordernissen des Wechselverkehrs den schleunigen, gesetzlich an kurze Fristen, dagegen nur an Gerichtsferien, auch für ausländische Gläubiger an keine Sicherheitsleistung für Kosten gebundenen Wechselproceß mit seiner unbedingten vorläufigen Vollstreckbarkeit des zeitigen Urtheils von unsern Wechseln aus,

oder man zwingt zu ganz nutzlosen, den schnellen einfachen Verkehr belästigenden Weitläufigkeiten und unerheblichen, wohl nur selten unter den Kosten einer formellen Protestaufnahme zu bestreitenden Ausgaben, erhöht so den möglichen Verlust des Wechselgläubigers, und erschwert die Lage des Wechselschuldners, bei kleinen Wechseln bis zu einem für das Bedürfniß des Verkehrs unerträglichen Grade. In Bremen waren es hauptsächlich die große Menge kleiner Platzwechsel, deren Einlösung auf den Tag selten in Anspruch genommen wird, welche Protestkosten nicht tragen können, und deshalb zur praktischen Verneinung unserer Frage mitwirkten.

Diese für die Verneinung unserer Frage sprechenden Gründe sprechen im Wesentlichen auch für die Verneinung desselben Erfordernisses und urkundlichen Nachweises der Präsentation des Wechsels für die Ertheilung einer vollstreckbaren Ausfertigung des Urtheils, — bei einer Subsumtion unter § 664 der Civilproceßordnung sogar eines durch öffentliche Urkunden zu bewirkenden Nachweises — nicht aber gegen das Recht des Beklagten, welcher Zahlung offerirt, vom Vollstreckungsbeamten vor Leistung derselben die Herausgabe des quittirten Wechsels zu verlangen.

Solchem Verlangen zu entsprechen, ist eine leicht erfüllbare Pflicht des Gläubigers, und ein weitergehendes rechtliches Interesse hat der Schuldner nicht.

Man kann für den möglichen Fall, daß ein Gläubiger, ohne sich der Zahlungsweigerung des Schuldners zu vergewissern, zu Klage und Vollstreckung schritte, das Interesse des Schuldners geltend machen, daß nicht der Vollstreckungsbeamte als solcher, sondern der Gläubiger oder sein Mandatar mit der Einkassirung beauftragt werde — allein, wer so empfindlich für eine schon durch das Erscheinen des Vollstreckungsbeamten mögliche Creditgefährdung ist, wird derselben schon im Processe vorzubeugen wissen, äußersten Falls durch Ausübung seines Depositionsrechts vorbeugen können, die meist weniger lästig sein wird, wie das sonst erforderliche dauernde Bereithalten des nicht abgeforderten Geldes.

Man könnte statt der von mir empfohlenen Verweisung des sein Recht auf Aushändigung des Wechsels in Anspruch nehmenden Schuldners auf die Vollstreckung selbst den vom Gutachter Herrn Mosse in der Schlußthese 2 empfohlenen Weg der Zulassung einer Eideszuschiebung über die Präsentation des Wechsels betreten — den vor Herrschaft der Civilproceßordnung in Altpreußen betretenen statt des sonst meist in Deutschland üblichen — um im Wesentlichen das gleiche Resultat zu erreichen.

Ich kann dies nicht empfehlen, weil die Zulässigkeit verschiedener Beweismittel für dieselbe Thatsache der gehörigen Präsentation des Wechsels, jenachdem die Wechselsumme oder Zinsen gefordert werden, zu Conflicten führt. Der Satz im Gutachten des Herrn Mosse S. 129:

„Wenn indessen in einem Processe die Präsentation einmal durch Eid zur Feststellung gelangt ist, wird es wohl gestattet sein, sie auch für die Begründung und Beurtheilung des Zinsanspruchs zu verwerthen," mag als Consequenz der §§ 428 ff der Civilproceßordnung nicht unrichtig sein, er würde aber dahin führen, auch für die Forderung von Verzugszinsen die Eideszuschiebung im Wechselproceß zuzulassen, und so auf einem Umwege zu erreichen, was auf gradem Wege verboten sein soll.

Herr Mosse wäre jedenfalls consequenter gewesen, wenn er auch zur Begründung des Anspruchs auf Verzugszinsen die Eideszuschiebung zugelassen, und nicht, wie in These 5 geschehen, den urkundlichen Nachweis der Präsentation gefordert hätte.

Diese These 5 selbst in's Auge fassend und damit zu dem vorbehaltenen Referat über die Nebenpunkte, auf welche sich unsere Frage selbst nicht erstreckt, übergehend, bemerke ich kurz:

Daß der Schuldner nicht schon mit dem Verfalltag, sondern von besondern Umständen, wie Vereinbarung (R.-O.-H.-G. 8 S. 166) abgesehen, erst mit der Präsentation des Wechsels in seinem Geschäftslocal beziehungsweise seiner Wohnung in Verzug komme, zur Begründung des Anspruchs auf Verzugszinsen aber im Wechselproceß der urkundliche Nachweis der Präsentation des Wechsels am Zahlungsorte erforderlich sei, ist zwar fast allgemein anerkannt, meines Erachtens jedoch dem praktischen Bedürfniß nicht entsprechend. Die Zinsen sind selten von der Erheblichkeit, um für sich den Aufwand für die Beschaffung eines urkundlichen Nachweises der Präsentation des Wechsels zu rechtfertigen. Andererseits dürfen jedoch Verzugszinsen auch nicht, wie sonst befürwortet worden, ohne jeden Beweis der mora, oder bis zum Beweise des Gegentheils zuerkannt werden. Wechselgläubiger fordern mitunter absichtlich nicht Zinsen ein, um 6 pCt. zu erhalten.

Dasselbe gilt meines Erachtens von Proceßzinsen. Ist der Beklagte nur verpflichtet, das Geld für den abholenden Gläubiger bereit zu halten, oder bei Zögerung des Gläubigers zu deponiren, wenn er will, aber auch nach der Klageerhebung nicht verpflichtet, das Geld, welches er bereit liegen hat, aber nicht gebrauchen darf, dem Kläger oder zum Gericht zu bringen, so fehlt es an einem allgemeinen Grunde für Proceßzinsen. Diese können nur in Frage kommen, wenn der Beklagte seine wirkliche Verpflichtung, also in unserm Falle seine Pflicht: in seinem Lokale gegen Aushändigung des Wechsels zu zahlen, nicht erfüllt oder bestritten hat (E. d. R.-O.-H.-G. V. S. 316), oder bestreitet (ebendas. XIV. S. 32).

Dies gilt auch im Versäumnißverfahren, und kann ich daher der These 6 des Herrn Mosse nicht zustimmen.

Verschieden liegt die Frage wegen der Proceßkosten.

Seinen Widerspruch bei Gericht vorzubringen, ist Jeder soweit verpflichtet, daß er im Versäumnißfalle die Kosten tragen muß. Nach § 89 der Civil-Proceß-Ordnung sollen zwar, wenn der Beklagte erscheint und den Anspruch sofort anerkennt, aber nicht auch, wie ein von der Justiz-

Kommission abgelehnter Zusatz des Entwurfs der Civil-Proceß-Ordnung bestimmte:

wenn der Beklagte, ohne sich auf den Rechtsstreit einzulassen, das Versäumnißurtheil gegen sich ergehen läßt,

dem Kläger, welchem der Beklagte durch sein Verhalten zur Erhebung der Klage keine Veranlassung gab, die Kosten zur Last fallen. (Prot. S. 518.)

Dieser Grundsatz reicht aus, um in allen Fällen, namentlich wenn Betheiligter lediglich die gehörige Präsentation des Wechsels verneint, oder Wechsel-Summe oder Zinsen bestreitet, oder bei etwa vor dem Urtheil nachgeholter Präsentation nicht zahlt, ein gerechtes Urtheil über die Proceß-Kosten zu ermöglichen. Sollte über einen hiernach relevanten Streitpunkt urkundlicher Beweis nicht zur Hand sein, dürfte es jeder Partei freistehen, die Entscheidung über die Proceßkosten nach § 559 ff. der Civil-Proceß-Ordnung im ordentlichen Verfahren zu veranlassen, so daß es meines Erachtens einer Erklärung des Juristentages über die — doch nicht ganz zweifelsfreien — Thesen 3 und 4 des Herrn Mosse nicht bedarf.

Damit bin ich am Schlusse, bis auf die Formulirung meines Antrags, bei der meines Erachtens zu beachten ist, daß der Juristentag Gesetzgebungs- und nicht Rechts-Fragen zu beantworten hat.

Unsere Aufgabe ist: für die einheitliche Entwickelung des Rechts zu sorgen, indem wir nach Prüfung des bestehenden Rechts, unsere Ueberzeugung von dem aussprechen, was Recht sein soll, um nöthigenfalls unserer Ueberzeugung Eingang in die Gesetzgebung zu verschaffen. — nicht aber: über den Inhalt des bestehenden Rechts und seine Anwendung Aussprüche abzugeben, um unserer Ueberzeugung Eingang in die Urtheilssprüche der Gerichte zu verschaffen.

Diesem stets von uns befolgten Grundsatze lassen Sie uns auch heute treu bleiben, und hier in Leipzig die maßgebende Entscheidung über den Inhalt des bestehenden Rechts dem Reichsgericht überlassen.

Ich beantrage, der Juristentag wolle als seine Ansicht aussprechen:

1. daß zur Begründung der Wechselklage im Urkunden-Processe gegen den Acceptanten eines gezogenen bezw. den Aussteller eines eigenen Wechsels das Erforderniß einer unter urkundlichen Beweis zu stellenden Behauptung der Präsentation des Wechsels nicht aufzustellen sei;
2. daß solches Erforderniß auch zur Ertheilung einer vollstreckbaren Ausfertigung des verurtheilenden Erkenntnisses nicht aufzustellen sei;
3. daß aber das Recht des verurtheilten Beklagten, gegen Zahlung der Wechsel-Schuld in seinem Geschäftslokale bezw. seiner Wohnung

Aushändigung des quittirten Wechsels zu verlangen, bei der Vollstreckung selbst zu berücksichtigen sei.

Bei der vorgeschrittenen Zeit könnte sich die Abtheilung vielleicht mit Annahme des ersten Satzes, über dessen Inhalt Gutachter und Referenten einig sind, begnügen. Will die Abtheilung sich auch über die Zinsfrage aussprechen, so beantrage ich, solchem ersten Satze hinzuzufügen:

daß als Beweismittel für die Präsentation des Wechsels, auch zur Begründung des Anspruchs auf Verzugszinsen, Proceßzinsen und Kosten die Eideszuschiebung zuzulassen sei.

Ich bemerke nur noch, daß es bei der vorgerückten Zeit nicht angemessen sein mag — und ich sowohl wie der Herr Gutachter empfinden das — auf die kleinen Differenzen in Detailfragen, die zwischen uns existiren, einzutreten, und ich gebe anheim, ob Sie sich vielleicht unter Aussetzung der Entscheidung über diese streitigen Nebenfragen auf die allein von der ständigen Deputation gestellte Hauptfrage: „über deren Beantwortung Gutachter und Referenten einig sind", beschränken wollen.

Justizrath **Dorn** (Leipzig): M. H.! In meiner Eigenschaft als zweiter Referent würde ich nur dann noch einen weiteren Vortrag zu halten haben, wenn nach meiner Ansicht der Inhalt des vorliegenden Gutachtens unvollständig referirt worden wäre oder wenn ich neue Gründe pro et contra beizubringen wüßte. Da dies nicht der Fall ist, so enthalte ich mich des weiteren Vortrages. In dem gedruckt Ihnen vorliegenden Antrage, „daß der Juristentag die vom Amtsrichter Mosse Seite 129, 130 der Verhandlungen des XV. Juristentages aufgeführten Thesen unter Nr. 1 bis 6 acceptirt", habe ich diese Thesen zur Geltung bringen wollen. Nach Rücksprache mit dem ersten Herrn Referenten und dem Herrn Amtsrichter Mosse bin ich jedoch einverstanden, daß wir uns hier beschränken auf die Beantwortung der Frage, wie sie von der ständigen Deputation gestellt worden war, und daß wir die Unter- und Nebenfragen, welche in den beiden Gutachten, sowohl dem des Herrn Amtsrichters Mosse als dem des Herrn Kreisrichters Dr. Schulze ins Auge gefaßt worden sind, beiseit lassen. Dahin gehört die Frage des Zinsenpunkts, sowie die Frage, ob eventuell, wenn nicht zur Begründung der Klage der urkundliche Nachweis der erfolgten Präsentation des Wechsels für nothwendig erachtet wird, doch dem Kläger auf erfolgende Einrede die Beweislast trifft und ob dann zum Nachweise der geschehenen Präsentation die Eidesdelation zulässig ist. Es sind dies Fragen, über welche sich sehr verschiedene Meinungen gebildet haben, während die Hauptfrage kaum in verschiedenem Sinne beantwortet werden wird. Sie lautet dahin: „Ist zur Begründung der Wechselklage im Urkundenprocesse gegen den Acceptanten eines gezogenen beziehungsweise dem Aussteller eines eigenen Wechsels auch die unter urkundlichen Beweis zu stellende Behauptung der geschehenen Präsentation des Wechsels erforderlich?" Beide Gutachter sind übereinstimmend der Meinung, daß unter den Worten: „zur Begründung der Klage" hier zu verstehen ist: zur Begründung derjenigen Klage, die sich auf Einklagung des Wechselanspruchs bezieht, abgesehen davon, ob Verzugszinsen zu fordern sind und abgesehen davon, wie es mit der Entscheidung des Kostenpunkts zu halten sein möchte. Zur Begründung jenes Klaganspruchs ist nach meiner Meinung etwas Weiteres nicht erforderlich, als die Vorlegung der Wechselurkunde, aus welcher sich ergeben muß, daß die Fälligkeit des Wechsels eingetreten ist. Wir haben für alle die Momente, die zur Begründung der Wechselklage (bezüglich des Capitals) nothwendig sind, den urkundlichen Beweis in dem Wechsel selbst. Ich stimme hiernach dem ersten Herrn Referenten in Beziehung auf den Vorschlag bei, daß wir uns auf die Beantwortung dieser Frage beschränken. Darnach würden wegfallen die Vorschläge des ersten Herrn Referenten unter Nr. 2 und 3, und in meinem gedruckten Antrage würden wegfallen außer der Nr. 1 sämmtliche weitere Nummern. Die Fassung des Antrages, welcher hiernach stehen bleibt, habe ich im Einverständnisse mit dem ersten Herrn Referenten dahin vorgeschlagen: „der Juristentag wolle als seine Ansicht aussprechen: zur Begründung der Wechselklage im Urkundenprocesse gegen den Acceptanten eines gezogenen beziehungsweise den Aussteller eines eigenen Wechsels ist das Erforderniß einer unter urkundlichen Beweis zu stellenden Behauptung der Präsentation des Wechsels nicht aufzustellen."

Vicepräsident Rechtsanwalt **Anschütz** (Leipzig): Nach dem, was wir soeben gehört haben, m. H., ist ein Einverständniß zwischen beiden Herren erzielt worden, und es handelt sich nur um den gemeinsamen Antrag der beiden Herren Berichterstatter, welcher dahin geht: „zur Begründung der Wechselklage im Urkundenprozesse gegen den Acceptanten eines gezogenen bez. den Aussteller eines eigenen Wechsels ist das Erforderniß einer unter urkundlichen Beweis zu stellenden Behauptung der Präsentation des Wechsels nicht aufzustellen."

Wenn kein Widerspruch sich erhebt, würde ich also Ihr Einverständniß annehmen, daß die beiden Punkte 2 und 3 im Gutachten der Berichterstatter, sowie die Bezugnahme auf die Punkte 2—6 in dem Mosse'schen Gutachten überhaupt nicht mehr zur Sprache kommen. Theilen Sie mit mir diese Ansicht, dann würde es sich nur darum handeln, daß wir über diesen jetzt gestellten Antrag nun die Berathung eröffnen.

Herr Amtsrichter Dr. Peters hat das Wort.

Amtsrichter Dr. **Peters** (Schwedt a. O.): M. H. Mein Antrag ist dem der beiden Herren Referenten entgegengesetzt. Ich beantrage, daß die 2. Abtheilung des Juristentags ihre Ansicht dahin ausspreche,

> daß zur Begründung der Wechselklage im Urkundenprocesse gegen den Acceptanten eines gezogenen bezw. den Aussteller eines eigenen Wechsels das Erforderniß einer unter urkundlichen Beweis zu stellenden Behauptung der Präsentation des Wechsels aufzustellen sei.

Ich bin in einiger Verlegenheit nach dem Schlußwort des ersten Herrn Referenten, der als wesentliche Aufgabe des Juristentags bezeichnete, daß wir de lege ferenda zu verhandeln hätten, hier das Wort zu nehmen de lege lata. Es führt dazu aber die Fragestellung meines Erachtens mit Nothwendigkeit. Ich werde mich deshalb darauf beschränken, meine Ansicht de lege lata auszusprechen.

Es ist in erster Linie von den Herren Gutachtern auf die wirthschaftliche Bedeutung der Frage hingewiesen worden, auf die Kosten, die durch die Nothwendigkeit des urkundlichen Nachweises der Präsentation dem Wechselinhaber verursacht werden. Da hat nun schon Herr Amtsrichter Mosse selbst darauf hingewiesen, daß das bezüglich der Wechsel, die bis zum Betrage von 600 Mark gehen, nicht unwesentlich ins Gewicht falle, denn bezüglich dieser Wechsel kann die Präsentation durch den Postboten im Wege des Postauftrages erfolgen und dessen Vermerk wird zur Erbringung dieses Nachweises genügen. Was aber diejenigen Wechsel betrifft, die sich auf eine höhere Summe belaufen, so kann es meines Erachtens deshalb nicht wesentlich auf die durch die Protestaufnahme verursachten Mehrkosten ankommen, weil hier eine so hohe Wechselsumme in Frage kommt, daß mit derselben die geringen Kosten des Protestes in keinem Verhältnisse stehen. Im Uebrigen aber haben wir ja überhaupt, sobald wir die vorliegende Frage de lege lata beantworten, uns mit Nützlichkeitsgründen und praktischen Rücksichten nicht zu befassen, wir haben lediglich dasjenige auszusprechen, was nach den Grundsätzen des positiven Rechts als das Richtige anzuerkennen ist; und, meine Herren, nach den Grundsätzen des positiven Rechts muß ich in der That annehmen, daß die Vorlegung des Wechsels zur Begründung der Wechselklage auch auf die bloße Wechselsumme erforderlich ist.

Richtig ist, daß Art. 44 der Wechsel-Ordnung nach keiner Seite hin entscheidet, denn er bestimmt nur, daß zur Erhaltung des Wechselrechts gegenüber dem Acceptanten eines gezogenen bezw. Aussteller eines eigenen Wechsels die Präsentation des Wechsels am Zahlungstage und die Protestaufnahme nicht erforderlich ist. Aber ich muß betonen, daß er namentlich auch nicht der gegnerischen Ansicht zur Seite steht, denn er spricht, wie der erste Herr Referent schon hervorgehoben hat, ausdrücklich davon, daß die Präsentation am Zahlungstage nicht für erforderlich erklärt wird; daß die Präsentation überhaupt nicht erforderlich sei, ist in dem Artikel nicht ausgesprochen. Ebensowenig ist entscheidend der Art. 91, der nur festsetzt, wo die Präsentation zu erfolgen hat, wenn sie überhaupt erforderlich ist, — und darum, ob sie im vorliegenden Falle überhaupt erforderlich ist, handelt es sich gerade. Endlich fallen auch nicht ins Gewicht, und zwar namentlich auch nicht für die gegnerische Ansicht, für welche sie als Stützen herangezogen werden, die Art. 77 und 100 der Wechsel-Ordnung, welche bestimmen, daß der Beginn der Verjährung sich feststelle auf den Tag des Verfalls. Wenn es nämlich auch richtig ist, daß die Verjährung regelmäßig dann eintritt, sobald dem Gläubiger die Möglichkeit der Verfolgung seines Rechts gegeben ist, so muß ich doch eben aussprechen, daß hier dem Gläubiger mit dem Verfalltage die Möglichkeit der Verfolgung seines Rechts gegeben ist, unbeschadet des Umstandes, daß er erst noch dem Schuldner den Wechsel zu präsentiren hat, denn das ist nur eine Handlung, die von seiner Willkür, von seinem bloßen Willen abhängt. Er kann das mit dem Augenblicke des Verfalls thun, und deshalb ist es richtig, wenn von diesem Augenblicke an die Verjährung beginnt, auch wenn die Möglichkeit der Rechtsverfolgung erst mit der Präsentation des Wechsels bei dem Wechselschuldner gegeben ist.

Entscheidend aber sind meines Erachtens die Artikel 39 und 40 und endlich Art. 36 der Wechselordnung. Der Art. 39 der Wechselordnung bestimmt, daß der Wechselschuldner nur gegen Aushändigung des quittirten Wechsels zu zahlen verpflichtet sei, und Art. 40, daß, wenn die Zahlung des Wechsels zur Verfallzeit nicht gefordert sei, der Acceptant des gezogenen resp. Aussteller des eigenen Wechsels berechtigt sei, die Wechselsumme zu hinterlegen. Ich muß allerdings zunächst zugeben, daß Art. 39 auch für die gegnerische Ansicht in Anspruch genommen werden kann, weil er dahin lautet, daß die Aushändigung des Wechsels nur Zug um Zug gegen die Zahlung zu erfolgen habe. Jedenfalls bestimmt aber Art. 40 die Nothwendigkeit einer vorgängigen Handlung des Gläubigers, an welche jene Aushändigung des Wechsels sich event. anschließt. Zwar wird dies nur in einem Conditionalsatz ausgesprochen, aber der Conditionalsatz soll doch eine dispositive Bestimmung enthalten. Indem gesagt wird: „Wird die Zahlung nicht gefordert zur Verfallzeit, so tritt die und die Wirkung ein", wird doch ausgedrückt: Der Gläubiger hat zur Verfallzeit zum Schuldner zu gehen und die Wechselsumme einzufordern, — der Schuldner kann abwarten, bis der Gläubiger sich einfindet. Noch mehr tritt aber Art. 36 der von mir aufgestellten Ansicht zur Seite. Dieser Art. 36 handelt von der Verpflichtung des Wechselschuldners, die Legitimation des den Wechsel präsentirenden Gläubigers zu prüfen. Es ist darin ausgesprochen, daß der Schuldner nicht verpflichtet ist, die Echtheit der Indossamente zu prüfen, wohl aber die ununterbrochene Reihenfolge der Indossamente und überhaupt die Identität des Wechsels. Diese Handlung muß meines Erachtens nothwendig der Zahlung vorausgehen; denn es muß dem Schuldner unbenommen bleiben, wenn er sich überzeugt, daß der Wechsel falsch ist, daß er nicht derjenige ist, den er ausgestellt hat, die Zahlung zu verweigern, oder wenn er zu der Ansicht kommt, daß die Indossamente eine Lücke aufweisen, auch dann die Zahlung zu verweigern. Erst, wenn er sich davon hat überzeugen können — und dazu muß ihm die erforderliche Zeit gelassen werden — erscheint er verpflichtet, die Zahlung zu leisten. Das ist also eine vorgängige dem Gläubiger obliegende Leistung. Ich will sie nicht gerade eine Vorleistung nennen, denn das könnte die Ansicht erwecken, als handle es sich um einen zweiseitig verpflichtenden Vertrag. Ein solcher, — bei welchem die Leistung des einen Theils das Aequivalent für die Leistung des andern bildet — steht hier nicht in Frage, wohl aber eine Handlung des Gläubigers bei einem an sich einseitig verpflichtenden — sog. einseitigen — Vertrage, welche nothwendig der von ihm geforderten Zahlung vorauszugehen hat. Nun ist aber nach den Grundsätzen sowohl des gemeinen Rechts wie des preußischen Rechts derjenige, der aus einem Vertrage auf Erfüllung klagt, verpflichtet, nachzuweisen, daß er demselben, wie es das allgemeine Landrecht ausdrückt, von seiner Seite Genüge geleistet habe oder warum er erst in der Folge dazu verbunden sei. In dem gemeinen Recht ist freilich diese Frage nicht unbestritten; der erste Herr Referent hat sogar die gegentheilige Ansicht als die herrschende bezeichnet. Soweit ich die gemeinrechtliche Literatur überblicken kann, ist aber die Frage noch nicht zum Austrag gebracht, man kann weder die eine noch die andere Ansicht als die herrschende bezeichnen. Damit aber hängt wesentlich zusammen, ob die sogenannte exceptio non adimpleti contractus als eine wahre exceptio anzusehen ist oder nur als eine Klageleugnung — eine Frage, welche ich von meinem Standpunkte aus auch für das gemeine Recht als Regel mit einer Bejahung des letzten Theils der Alternative beantworten muß. Nach den Grundsätzen des gemeinen Rechts, für welche ich mich entscheiden muß, und nach dem unzweifelhaften nicht auf sogenannte zweiseitige Verträge zu beschränkenden Princip des allgemeinen Landrechts ist also der Gläubiger, der aus einem Vertrage Erfüllung verlangt, verpflichtet, nachzuweisen, daß er seinerseits alles das gethan habe, was erforderlich ist, damit der Schuldner zur Zahlung verpflichtet werde und damit der Schuldner überhaupt zahlen könne.

Hierzu gehört aber, wie ich vorher dargelegt habe, bei Wechselansprüchen der Regel nach, daß er sich in die Wohnung beziehungsweise in das Geschäftslocal des Schuldners begeben habe, um die Zahlung einzufordern, den Wechsel zur Zahlung vorzulegen, und hiernach gehört die Behauptung der Präsentation wesentlich zu den den Klagegrund bildenden Thatsachen.

Aber, meine Herren, auch noch von einem andern Gesichtspunkte aus ist die Präsentation hierher zu rechnen. Die Motive zur Civilproceßordnung führen richtig aus, daß der Klagegrund aus allen denjenigen Thatsachen besteht, „welche an sich geeignet sind, das vom Kläger behauptete Recht als in seiner Person entstanden und zugleich als durch den Beklagten verletzt erscheinen zu lassen.“ Es muß also erstens nachgewiesen werden, daß der Kläger das Recht überhaupt erworben, und zweitens, daß der Beklagte seinerseits dieses Recht verletzt hat. Es scheint allerdings jetzt, wie ich aus dem Vortrage des ersten Herrn Referenten entnommen habe, in der gemeinrechtlichen Praxis eine andere Ansicht zur Geltung gekommen zu sein, daß es genügt, überhaupt die Existenz des klägerischen Rechts nachzuweisen. Das steht aber mit dem Wesen der Klage in direktem Widerspruch, denn die Klage bezweckt, den thatsächlichen Zustand in Einklang zu bringen mit den Anforderungen der Rechtsordnung, welche durch eine Handlung oder Unterlassung des Gegners gestört worden ist. Die Klage bezweckt also, eine Rechtsverletzung zu beseitigen, ohne Rechtsverletzung ist meines Erachtens eine Klage, wenigstens eine Klage auf Gewährung eines bestimmten Vermögensvortheils und namentlich eine Schuldklage auf Leistung des Geschuldeten undenkbar. Deshalb braucht man noch nicht zu fordern, daß, wenn es sich um eine gewöhnliche Obligation handelt, eine bestimmte Weigerung des Schuldners festgestellt werde; es genügt, wenn es sich namentlich um Bringschulden handelt, daß die Verfallzeit eingetreten ist, weil ja die Fortdauer eines einmal entstandenen Rechtes und somit auch die Nichterfüllung einer Obligation zu den sogenannten allgemeinen gesetzlichen eines Beweises nicht bedürfenden Voraussetzungen gehört. Vollständig anders liegt es aber bei den Holschulden; dort liegt es dem Gläubiger ob, sich zu dem Schuldner zu begeben und die Zahlung einzufordern. Bis dahin ist die Verbindlichkeit des Schuldners überhaupt noch keine gegenwärtig zu erfüllende. Der Schuldner ist also, wenn der Gläubiger dieser seiner Verpflichtung nicht nachkommt, überhaupt nicht in der Lage, das Recht des Gläubigers zu verletzen. Es kann also ohne eine vorgängige Präsentation des Wechsels von einer Verletzung des Rechts des Wechselgläubigers nicht gesprochen werden. Die Abweisung der Klage muß nun aber entsprechend demjenigen, was für die Begründung der Klage erforderlich ist, aus zweierlei

Gründen erfolgen können: entweder es ist der Erwerb des Rechts nicht nachgewiesen oder es ist die Verletzung des Rechts nicht nachgewiesen. In beiden Fällen muß Abweisung der Klage erfolgen. Dem scheint allerdings Art. 89 der Civilproceßordnung entgegenzustehen, aber ich muß gestehen, daß ich bis jetzt diesen Paragraphen mit dem in den Motiven ausgesprochenen Grundsatze, daß zu dem Klagegrund namentlich auch diejenigen Thatsachen gehören, nach welchen das Recht des Klägers als durch den Beklagten verletzt erscheint, nicht habe in Einklang bringen können, wenn er nicht bloß auf die sogenannten Feststellungsklagen beschränkt werden soll.

Meiner Ansicht nach bringen aber auch diejenigen, welche sich für die gegnerische Ansicht entschieden haben, doch mittelbar das Erforderniß wieder zur Geltung, welches ich hier als principiell nothwendig aufgestellt habe, indem sie nämlich die Theorie von der Nothwendigkeit der Möglichkeit einer Einrede des Mangels der Präsentation aufstellen. Meine Herren! Damit wird nichts Andres statuirt als eine Vermuthung der erfolgten Präsentation, während doch eine solche auch von der gegnerischen Meinung, namentlich in dem Gutachten des Herrn Amtsrichters Mosse, an anderer Stelle als juristisch nicht haltbar ausdrücklich verworfen wird. Denn wenn die Vorschützung der Einrede den Erfolg haben soll, daß nun der Gläubiger gezwungen wird, seinerseits nachzuweisen, daß die Präsentation erfolgt sei, so muß, wenn dieser Einwand nicht erhoben wird, doch davon ausgegangen werden, daß vermuthet werde, es sei die Präsentation wirklich erfolgt.

Jene Einrede ist aber in der That überhaupt keine Einrede, denn soweit ich die Thesen des Herrn Mosse und die Ansichten des ersten Herrn Referenten verstanden habe, geht die Theorie dahin, daß die bloße Aufstellung der Behauptung, es sei der Wechsel zur Zahlung nicht präsentirt, genüge, um dem Gläubiger die Verpflichtung aufzuerlegen, seinerseits die geschehene Präsentation zu beweisen. Wäre jenes Vorbringen eine wirkliche Einrede, dann müßte diese negative Thatsache, daß die Präsentation nicht erfolgt sei, durch den Beklagten erwiesen werden; denn eine Einrede, bezüglich deren dem Beklagten die Beweispflicht nicht obliegt, ist keine Einrede.

Man befindet sich aber auch in einiger Verlegenheit, wie man diese Einrede, wenn sie als solche aufzufassen ist, zu classificiren hätte. Bekanntlich giebt es 3 Klassen von Einreden, eine, durch welche geltend gemacht wird, daß dem Beklagten ein in der Collision mit dem Recht des Klägers stärkeres selbstständiges Gegenrecht gegenübersteht, wie etwa für das gemeine Recht der Einwand, der auf dem beneficium competentiae beruht. Unter diese Rubrik ist die Einrede hier sicher nicht zu bringen, aber auch nicht unter die andere Kategorie von Einreden, welche eine Wiederaufhebung des als giltig entstanden zugegebenen Rechts des Klägers behaupten; denn es wird ja eben zugegeben, indem die Einrede zugelassen wird, daß das Recht, die Wechselsumme gegenwärtig zu fordern, noch gar nicht giltig entstanden sei. Endlich gehört sie auch nicht zu den sogenannten rechtsverhindernden Einreden, welche zugeben, daß äußerlich ein bestimmtes concretes Rechtsverhältniß entstanden sei, daß dieses aber aus inneren Gründen keinen Bestand haben könne, wegen Mangels gewisser allgemeiner Voraussetzungen der Entstehung eines Rechtes, die aber nicht Gegenstand des Klagebeweises sind, also etwa der Handlungsfähigkeit, der Verfügungsfähigkeit, ferner der Ernstlichkeit des Willens der Contrahenten.

Ich glaube somit zur Genüge dargethan zu haben, daß diese Einredetheorie unhaltbar sei und kann mich von dem Standpunkte des gegebenen Gesetzes nur für die Bejahung der aufgestellten Frage entscheiden.

Wir müssen uns eben damit trösten: dura lex, sed lex.

Reichsgerichtsrath **Langerhans**: Meine Herren, ich würde den Antrag stellen, dem Antrage der beiden Herren Referenten das Wort vorzusetzen: „Im Interesse des Handelsverkehrs ist es erforderlich," daß 2c.

Die vorliegende Frage ist durch die Befürchtung veranlaßt, daß die Praxis der Gerichtshöfe die aufgestellte Frage verneinen möchte, wodurch der Wechselproceß wesentlich gefährdet, an Bedingungen geknüpft würde, die im Wechselrecht selbst nicht aufgestellt sind.

Die Frage hat nun zwei Seiten, das läßt sich nicht leugnen: 1) wie werden die Gerichtshöfe die Frage beantworten, und 2) was verlangt der Verkehr?

Der erste Herr Referent hat ganz überzeugend dargethan, daß es nicht Sache des Juristentages ist, auszusprechen, die bestehenden Gesetze sagen das oder sagen das nicht. Das würde, wie schon der erste Herr Referent hervorgehoben hat, ein Versuch sein, auf die Rechtsprechung einen directen Einfluß auszuüben, der dem Juristentag gewiß sehr fern ist. Daß der Antrag mißverstanden werden kann, hat die Ausführung meines Herrn Vorredners ergeben, der da sagt, es muß die Frage entgegengesetzt dem Antrage der Herren Referenten beantwortet werden, und zwar auf Grund des bestehenden Gesetzes.

Mein Antrag hat nur den Zweck, klarzustellen, daß die Antwort nicht erfolge auf Grund des bestehenden Gesetzes, sondern daß der Juristentag ausspreche: Das Interesse des Handelsverkehrs verlangt diese Beantwortung der Frage. Daß dies wirklich der Fall ist, darüber bedarf es wohl keiner weiteren Auseinandersetzung.

Die neueren Gesetze, namentlich die Reichsgesetze stellen an den Richter die Forderung, daß er sich über den scheinbaren Sinn der einzelnen Worte des Gesetzes zu dem Standpunkte erhebe, daß er sieht, es ist mit dem Zweck des Gesetzes diese oder jene Interpretation nicht vereinbar und daß er dann diese Interpretation verläßt. Ich glaube nun, daß die Wirkung eines Beschlusses des Juristentages viel größer ist, wenn er ganz präcis ausspricht, das Interesse des Handelsverkehrs erfordert das, was die Herren Referenten aussprechen wollen. Dann fordert er jeden Gerichtshof auf zu prüfen, ist die Berücksichtigung des Interesses, — über welches ja der Juristentag ein wesentliches Urtheil abzugeben hat, durch das Gesetz positiv ausgeschlossen? — Und die Wirkung wird sehr viel größer sein, als wenn der Ausspruch eine Fassung hat, von der man annehmen könnte, der Juristentag sagt in einer Majorität: wir fassen das Gesetz so oder so auf. Nur in diesem Interesse beantrage ich, diese paar Worte dem Antrag vorzusetzen.

Vicepräsident Justizrath **Anschütz** (Leipzig): Ist der Herr Berichterstatter gewillt, den Antrag des Herrn Reichsgerichtsraths Langerhans zu dem seinigen zu machen?

Referent Landgerichtspräsident **Becker** (Oldenburg): Ein Bedenken existirt nicht dagegen. Ich will nur aufmerksam machen, daß wir nicht die Frage, wie sie gestellt ist, als Rechtsfrage in unseren Antrag aufgenommen haben, sondern dahin: „daß das Erforderniß nicht aufzustellen sei."

Vicepräsident Justizrath **Anschütz**: Die Herren haben sich jetzt dahin geeinigt, daß es heißen soll: „Im Interesse des Verkehrs ist erforderlich, daß" u. s. w.

Wenn Niemand weiter das Wort begehrt, können wir zur Abstimmung schreiten.

Der Herr Berichterstatter.

Referent Landgerichtspräsident **Becker**: Noch ein paar Worte möchte ich mir erlauben. Den Herrn Redner, der gegen uns gesprochen, will ich auf dem Boden des bestehenden Rechts nicht vollständig zu widerlegen versuchen; ich will nur bemerken, einmal: daß ich es wenigstens ganz dahin gestellt lasse, ob und welche Art der Einrede hier vorliegt; ferner: daß einem Theile seiner Ausführungen der § 466 der Civilproceßordnung widerspricht, sodann: daß, wenn er bemerkt, es handle sich zwar nicht um eine eigentliche Vorleistung, aber doch um eine vorzeitige Leistung, der Gläubiger muß den Wechsel vorher ansehen können, daß dies von jeder Leistung Zug um Zug gilt. Gegen die Anwendung der Motive, nach welchen: „das Recht des Klägers verletzt erscheinen muß" auf unsern Fall, sprechen § 100 der Wechselordnung und § 89 der Civilproceßordnung. Wer keine Veranlassung gegeben hat zur Klageerhebung, hat kein Recht verletzt und soll doch verurtheilt werden, nur die Kosten nicht tragen.

Vicepräsident Rechtsanwalt **Auschütz** (Leipzig): Wir schreiten zur Abstimmung, und ich trage Ihnen vor den Antrag des Herrn Präsidenten Becker, wie er durch die Worte des Herrn Reichsgerichtsraths Langerhans vervollständigt worden ist. Er lautet:

> Der Juristentag wolle als seine Ansicht aussprechen: im Interesse des Verkehrs ist erforderlich, daß zur Begründung der Wechselklage im Urkundenprocesse gegen den Acceptanten eines gezogenen bez. den Aussteller eines eigenen Wechsels das Erforderniß einer unter urkundlichen Beweis zu stellenden Behauptung der Präsentation des Wechsels nicht aufzustellen sei.

Diejenigen Herren, welche sich dafür erklären wollen, ersuche ich die Hand zu erheben.

(Einstimmig.)

Ich glaube nicht, daß wir nothwendig haben, noch über Punkt 1 abzustimmen; denn der Zusatz ist wohl als selbstverständlich zu betrachten. Somit wäre dieser Punkt und unsere gesammte Tagesordnung erledigt.

Sie sind wohl damit einverstanden, daß ich Herrn Präsident Becker ersuche, unsern Willen dem Plenum kund zu geben mit der Bestimmung: „zur Kenntnißnahme."

(Einverstanden.)

Somit schließe ich diese Sitzung der 2. Abtheilung des 15. deutschen Juristentags.

(Schluß der Sitzung 2 Uhr 15 Minuten.)

Erste Sitzung der dritten und vierten Abtheilung am 9. September 1880.

Auf den Vorschlag des Reichsgerichtsanwalt Stenglein, Beauftragten der ständigen Deputation, welcher die Sitzung um 11 Uhr Vormittags eröffnet, wird Generalstaatsanwalt Dr. v. Schwarze durch Acclamation zum Vorsitzenden gewählt, der die Wahl dankend annimmt.

Auf seinen Vorschlag werden ebenfalls durch Acclamation gewählt: Zum Vicepräsidenten Oberstaatsanwalt v. Köstlin aus Stuttgart und zu Schriftführern Professor Dr. Schütze aus Gratz und Rechtsanwalt Dr. Blum aus Leipzig.

Nachdem der Vorschlag des Präsidenten wegen der Wahl der Vertrauensmänner behufs der Vorschläge für die Mitglieder der ständigen Deputation angenommen, auch vorläufige Bestimmung über die Tagesordnung getroffen worden, ertheilt der Präsident das Wort dem Rechtsanwalt Stenglein zu der Frage über den Gerichtsstand bei den Preßdelicten.

Referent Reichsgerichtsanwalt **Stenglein**: M. H., es liegt über die Frage über das forum delicti commissi in Preßsachen in dem Falle, wenn die Herausgabe der Druckschrift, welcher Gegenstand der Verfolgung ist, an mehreren Orten stattgefunden hat, ein Gutachten des Herrn Professor Liszt in Gießen vor. Ich glaube Ihnen die Anträge desselben empfehlen zu können und habe deshalb keine selbstständigen Anträge gestellt. Das Gutachten, welches in Ihren Händen ist, geht von der Ansicht aus, daß die herrschende Anschauung, wonach das forum delicti commissi in Preßstrafsachen an demjenigen Orte ist, an welchem die Herausgabe der Druckschrift erfolgt, nicht vollständig präcis, wenn auch in den meisten Fällen zutreffend ist. Das forum delicti commissi in Preßstrafsachen, wenn man vorläufig den einzelnen Fall ins Auge faßt, in welchem überhaupt eine Mehrheit von Ausgabeorten nicht in Rede steht, sei da anzunehmen, von wo die Verbreitung der Druckschrift stattgefunden hat. Diese Ansicht dürfte auch viel für sich haben. Die Druckschrift ist zunächst ein Reat, welches in dem Aussprechen eines Gedankens besteht, wobei jedoch dieses Aussprechen auch den Erfolg gehabt haben muß, daß das Publikum Kenntniß von dem ausgesprochenen Gedanken erhalten hat. Ehe diese Kenntnißnahme des Publikums stattgefunden hat, kann auch von dem Thatbestande eines Preßdelicts nicht die Rede sein. Wenn ich dies an einem Beispiel erläutern soll, so wird Niemand von einer durch die Presse begangenen Beleidigung sprechen können, ehe auch andere Personen und zwar, da es sich um eine öffentliche Beleidigung handelt, ehe das Publikum Kenntniß von der ausgesprochenen Beleidigung genommen habe; man wird nicht von einer Aufforderung zum Hochverrath durch die Presse, von einer Aufforderung zum Ungehorsam durch die Presse sprechen können, ehe das Publikum Kenntniß von der Aufforderung erhalten hat und somit die That gegenständlich in den Kreisen verbreitet ist, für die sie bestimmt war. Legt man dies zu Grunde, so wird man zu dem Resultate kommen, daß nicht die verbreitenden Handlungen, welche die Herstellung oder welche auch die Verbreitung des Preßerzeugnisses im Auge haben, dasjenige Moment bilden können, welches für den Thäter, sei es der Verhaftete, sei es der Herausgeber oder irgendwelche andere verantwortliche Person, die Strafbarkeit begründet, sondern dasjenige Moment, durch welches er dem Publikum vom Inhalte des Preßerzeugnisses Kenntniß gegeben hat. In diesem Sinne glaube ich auch die Ausführungen des Herrn Professor Liszt acceptiren zu können, daß man nicht sowohl die Herausgabe, wenn man darin die Versendung, also eine Vorbereitungshandlung finden will, sondern die eigentliche Verbreitung, das Debitiren an das Publikum als den kritischen Act betrachtet. Wenn nun auch in einer Reihe von Fällen diese Ausgabe und Verbreitung in Eins zusammenfällt, wenn dies auch insbesondere der Fall ist bei denjenigen Preßprodukten, in welchen eigentlich eine Mehrheit der Ausgabeorte am leichtesten in Frage kommen wird, nämlich bei der periodischen Presse, so lassen sich doch immerhin Fälle denken, in welchen diese beiden Momente in getrennte Zeitpunkte fallen und deshalb ein Unterschied zu machen ist. Insbesondere ist dies aber der Fall, wenn es sich nicht um Produkte der periodischen Presse, sondern um ein Buch handelt und wenn die Darbietung an das Publikum an einem andern Orte erfolgt, als da, wo der Verleger, der Verfasser, der Herausgeber seinen Wohnsitz hat. In diesem Falle muß unterschieden werden zwischen dem Momente, wo das Buch zur Hinausgabe an das Publikum bestimmt und abgesendet wird und dem Momente, in welchem es wirklich vor das Publikum tritt, in welchem das Publikum sich in den Besitz des Buches uud dadurch in den Besitz der im Buche ausgesprochenen Gedanken setzen kann. Da nun die Möglichkeit denkbar ist, daß der Vertrieb des Werkes, dieses Darbieten an das Publikum an verschiedenen Orten stattfindet, so wird auch die Frage lebendig, wo in einem solchen Falle das forum delicti commissi zu finden sei. Nun glaube ich allerdings nicht, daß mit den Darlegungen, welche unser Gutachter gegeben hat, und welche ich als richtig in einem gewissen Sinne auch adoptire, außerordentlich viel gewonnen ist. Ich muß vor Ihnen das Geständniß ablegen, daß mir die Frage eine solche zu sein scheint, in welcher überhaupt durch juridische Sätze nicht viel zu erzielen ist; denn, wenn wir uns auch über die Ausdrücke verständigen, daß nicht der Ausgabeort, sondern der Verbreitungsort derjenige sein soll, an welchen sich die strafrechtliche Thätigkeit der verantwortlichen Person knüpft, so wird sich im einzelnen Falle ja immer noch fragen, was ist der Verbreitungsort, was ist der Ausgabeort, und bei einer Thätigkeit, wie die in Bezug auf Ausgabe von Preßerzeugnissen, welche aus einer großen Anzahl von einzelnen Handlungen zusammengesetzt ist, wird es sich zuweilen außerordentlich schwer im Rahmen einer theoretischen Formel bestimmen lassen, welches der Ort der Ausgabe und der Verbreitung wirklich ist. Denken Sie sich: jedes Preßerzeugniß muß erst geschrieben, muß dem Herausgeber übergeben, muß von diesem zum Abdruck befördert werden, muß die sämmtlichen Stadien des Druckes und der Correctur durchmachen, dann, wenn das abgeschlossen ist, verschickt werden an den Ort, wo es ausgegeben werden soll und alle diese verschiedenen Stadien, die ich nur in Kürze dargelegt, können an verschiedenen Orten geschehen sein und können in einer Weise getrennt vorgekommen sein, daß dadurch die thatsächliche Frage außerordentlich verdunkelt wird und wir kommen dann dazu, in der ganzen Frage mehr eine Frage der Thatsache, als eine Frage des Rechtes zu erblicken. Immerhin aber glaube ich, wird durch Anerkennung des Satzes, daß mehrere strafbare Handlungen vorliegen, wenn thatsächlich von zwei vollständig getrennten und selbstständigen Mittelpunkten aus der Vertrieb eines Preßerzeugnisses stattfindet, einiges gewonnen und es besteht wohl kein Zweifel, daß dann auch eine Mehrheit von Delicten und zwar eine reale Mehrheit von Delicten gegeben ist. Solche Fälle, die mehrfacher Verleger, insbesondere die des gleichzeitigen Erscheinens eines Werkes in mehreren Sprachen, da es gleichgültig ist, in welcher Sprache ein Gedanke Ausdruck gefunden hat, — denken wir uns z. B., daß englische Werke in der sonst ja vor dem Zugriff der Strafbehörden sehr sicheren Tauchwitz'schen Ausgabe, und gleichzeitig in England bei einem andern Verleger erscheinen, dann ist es wohl keinem Zweifel unterworfen, daß wir es wirklich mit zwei Verbreitungspunkten zu thun haben und sollte einmal einem schriftstellerischen Werke das Unglück passiren, unter das Strafgesetz zu fallen, so wird ein Zweifel darüber nicht bestehen, daß wir es hier auch mit zwei ganz verschiedenen Delicten zu thun haben, wobei ganz verschiedene Personen betheiligt sind. Ich möchte den Vergleich machen, daß, wenn wir uns auf den Standpunkt des Verfassers stellen, dies etwa so aufzufassen ist, als wenn, wie ja mit den Fortschritten der Electricität möglich ist, Jemand die Entzündung einer Mine an zwei verschiedenen Orten durch die Thätigkeit der electrischen Maschine ins Werk setzt und so an zwei verschiedenen Orten Handlungen hervorruft, welche unter das Strafgesetz fallen, wenn er auch selbst dies von einem und demselben Mittelpunkte aus thut. In diesem Falle wird es nicht zweifelhaft sein, daß die an zwei Orten bewirkte Explosion den Thatbestand zweier verschiedener Delicte bildet. Aehnlich wird es auch dann sein, wenn wirklich thatsächlich an zwei verschiedenen Orten als Mittelpunkten des Vertriebes ein Preßerzeugniß an das Publikum hinausgegeben wird; denn soweit darf man, glaube ich, doch wohl nicht gehen, daß man annimmt, daß der Herausgeber in soviel Fällen strafbar wird, als er Sortimentsbuchhändler mit dem Preßerzeugniß versorgt. Es würde dann so ziemlich jeder Ort in Deutschland, der einen Buchhändler überhaupt besitzt, als Ort der That gelten müssen, eine Consequenz, die offenbar zu weit führen würde. Man muß, glaube ich, den Ort der That auf die Mittelpunkte der buchhändlerischen Thätigkeit beschränken. Der Sortimentsbuchhändler erscheint mehr als ein Werkzeug, welches die Thätigkeit des Verlegers und die Herausgabe des Buches in Bewegung setzt. Es muß also das Zusammenwirken von verschiedenen Umständen stattfinden, um einen Mittelpunkt der gesammten Verbreitungsthätigkeit annehmen und hierin ein selbstständig strafbares Delict finden zu können. Wie gesagt, ob alle Erfordernisse in einem gegebenen Falle vorliegen, ist eine thatsächliche Frage und, wie ich bereits die Besorgniß ausgesprochen habe, wir würden mit einem theoretischen Satze über die Schwierigkeiten der thatsächlichen Frage kaum hinwegkommen. Wir können uns aber zu dem theoretischen Satze bekennen, daß, wenn wirklich von verschiedenen Mittelpunkten aus die Thatsache der Verbreitung eingetreten ist, auch an jedem dieser Mittelpunkte eine strafbare That begangen ist und daß eine reale Concurrenz dieser strafbaren Handlung stattfindet. Dies führt aber zur Annahme, daß an jedem der mehreren Orte das forum delicti commissi besteht und nur nach dem Grundsatze der Prävention zu entscheiden ist, welches das einzig competente Forum ist. Von diesem Standpunkte aus glaube ich die Thesen des Herrn Gutachters empfehlen zu können, welche dahin gehen:

1. Die Preßdelicte werden von den an Herstellung und Ausgabe der Druckschrift betheiligten Personen (Verfasser, Herausgeber, Redacteur, Drucker, Verleger) begangen an demjenigen Orte, von dem aus die Verbreitung der Druckschrift (der Vertrieb) erfolgt.
2. Wird die Druckschrift von mehreren Orten aus verbreitet (vertrieben), so haben die genannten Personen in realer Concurrenz so oftmal das Preßdelict begangen, als Verbreitungsmittelpunkte vorhanden sind.
3. Die Bestimmung des Gerichtsstandes der begangenen That erfolgt in diesem Falle nach der in § 12 Str.-Pr.-O. gegebenen Vorschrift.

Der Präsident eröffnet die Discussion, indem er zugleich bestimmt, daß sie auf alle drei Thesen — vorbehaltlich der Abstimmung über die einzelnen — sich erstrecke. Demnächst theilt der Präsident mit, daß ein Antrag des Herrn Dr. Klöppel aus Hamburg eingegangen.

Bei der 1. These beantragt Dr. Klöppel, daß statt der Worte: „die Verbreitung der Druckschrift (der Vertrieb) erfolgt", am Schlusse folgende Worte gesetzt werden:

die Druckschrift zur Verbreitung (zum Vertrieb) ausgegeben wird, also begangen an dem Orte, an welchem die Druckschrift zur Verbreitung (zum Vertrieb) ausgegeben wird. In der These 2 schlägt derselbe zwei Aenderungen vor: 1. statt des Wortes „verbreitet" in der 1. und 2. Zeile zu sagen:

zur Verbreitung, (zum Vertriebe) ausgegeben

und anstatt der Worte am Schlusse „als Verbreitungsmittelpuncte vorhanden sind" zu setzen:

als Ausgabeorte vorhanden sind.

Es würde die These 2 nach dem Antrage des Dr. Klöppel folgendermaßen lauten:

Wird die Druckschrift von mehreren Orten aus zur Verbreitung (zum Vertriebe) ausgegeben, so haben die genannten Personen in realer Concurrenz so oftmal das Preßdelict begangen, als Ausgabeorte vorhanden sind.

Rechtsanwalt **Klöppel** (Berlin): Meine Herren, ich stimme dem Herrn Referenten zunächst vollständig darin bei, daß, welcher Art wir auch unsere juristischen Sätze formeln, für die Praxis nicht viel dabei herauskommen wird. Die Frage scheint mir eine eminent praktische zu sein, eine Frage der Thatumstände, und ich glaube, daß ein Richtercollegium in jedem einzelnen Falle ungleich leichter über die einzelne Thatfrage sich wird einigen können, als wir über theoretische Sätze. Meine Stellung zu den vom Herrn Referenten adoptirten Thesen des Herrn Professor Liszt ist die, daß ich in der Frage, die uns unmittelbar zur Entscheidung vorliegt, nämlich wie das Forum zu bestimmen ist, wenn von mehreren Orten aus eine Druckschrift vertrieben worden ist, in der Hauptsache vollständig übereinstimme, und meine Aenderungen zu dieser zweiten These sind nur die Consequenz derjenigen Aenderung, die ich in der ersten These für nothwendig halte, weil ich die Anwendung dieser ersten These, wie sie aufgestellt ist, in der Praxis allerdings für unglücklich halten würde. M. H., ich gehe von der Bestimmung des Preßdelicts aus, wie sie Seite 62 des Gutachtens gegeben ist, daß es eine normwidrige und strafbare Gedankenäußerung dem Publikum gegenüber ist, begangen durch die Verbreitung von Druckschriften. Das Wort Gedankenäußerung ist von einer so unjuristischen Allgemeinheit, daß ich glaube, es ist adoptirt aus dem gangbaren Sprachgebrauche des Lebens mehr, als aus dem des Strafrechts. Meines Erachtens ist das Kriterium nicht die Gedankenäußerung vor dem Publikum, sondern die Einwirkung auf die Oeffentlichkeit; denn die Gedankenäußerung im Preßdelicte ist vor sich gegangen, ehe von einem Preßdelicte die Rede sein kann und ein Artikel für ein periodisches Blatt oder ein Buch, so lange ich als Manuscript das Buch bei mir habe, ist der Gedanke eigentlich noch nicht aus mir herausgegangen. Sowie ich aber das Manuscript dem Herausgeber einer Zeitung oder das Buch dem Verleger übergebe, ist der Gedanke geäußert, weil bereis eine zweite Persönlichkeit in der Lage ist, Kenntniß davon zu nehmen und in den Redactionen größerer Zeitungen giebt es eine Menge Personen, die davon Kenntniß nehmen. Das Manuscript wandert in die Druckerei, damit vermehrt sich die Zahl noch mehr: es kann vorkommen, daß 30—40 Menschen von der Gedankenäußerung Kenntniß nehmen. Trotzdem ist von einem Preßdelict nicht die Rede, weil das Wesen des Preßdelicts in der Einwirkung auf die Oeffentlichkeit liegt. Nun wird hier weiter als characteristisches Merkmal bezeichnet die Verbreitung der Druckschrift. Das erscheint mir theoretisch ganz unrichtig, die praktische Consequenz würde folgende sein. Herr Professor Liszt ist also der Meinung, wenn an einem kleinen Verlagsort, ich will beispielsweise Bielefeld nehmen, ein Verleger ein Buch druckt und schickt die Ballen seinem Commissionär nach Leipzig, so ist das noch nicht die Verbreitung, sondern die strafbare Verbreitung beginnt erst, wenn der Commissionär die Druckschrift versendet. Bei dieser Annahme wäre also für ungefähr die Hälfte aller in Deutschland außerhalb Leipzigs erschienenen Druckschriften nicht periodischer Art Leipzig eigentlich das forum delicti commissi und zweitens wären die Commissionäre in Leipzig in der Regel jedenfalls in erster Reihe strafbarere Personen, als Diejenigen, die das Preßerzeugniß vertrieben haben. Diese Consequenz hat man praktisch nie gezogen, sowenig man die Consequenz gezogen hat, wenn durch eine periodische Druckschrift ein Preßdelict begangen ist, die Post etwa als Verbreiterin verantwortlich zu machen, da die Post ziemlich in demselben Verhältniß zum Herausgeber steht, wie der Commissionär zum Verleger in Bielefeld, der ihm seine Exemplare zuschickt. Es ist ja richtig, von Verbreitung kann nicht eher die Rede sein, als bis die Druckschrift wirklich an das Publikum gelangt ist. Daraus folgt aber nicht, daß der Act der Verbreitung erst im letzten Moment enthalten ist, sondern es gehört eine ganze Reihe von Momenten dazu, um das eine Factum der Verbreitung vollständig zu machen. Solange das letzte Moment nicht eingetreten, ist allerdings auch die Verbreitung noch nicht erfolgt, das Preßdelict nicht begangen; ist aber einmal die ganze Reihe der Momente erfüllt, so scheint es selbstverständlich, daß auf den Anfang der ganzen Reihe zurückgegangen werden muß. Dort wo die Folge der Momente in Gang gesetzt ist, die erst in ihrem Zusammenhange die Verbreitung darstellt, dort liegt der Ort des begangenen Delicts. Daß der Verleger in Bielefeld seine Exemplare nach Leipzig schickt, ist der bestimmende Anfang der zur Verbreitung gehörenden verschiedenen Acte. Der Commissionär handelt weiter nur als Werkzeug, führt nur den ihm gewordenen Auftrag aus und die Sache geht lediglich in Folge jener ersten Bestimmung ihren weiteren Weg, bis das Delict vollendet ist. Von diesem Falle, daß ein auswärtiger Verleger durch seinen Commissionär in Leipzig die Verbreitung einer Druckschrift besorgen läßt, ist der Fall ganz verschieden, welcher wesentlich der Fall unserer vorliegenden Frage ist, wenn nämlich ein Verleger zwei ganz verschiedene Etablissements, zwei ganz verschiedene buchhändlerische Einrichtungen besitzt, wie wir es ja an manchen Schriften sehen, auf deren Titel steht: „Leipzig und Budapest"; dann ist es noch kein die Verbreitung bestimmender Act, wenn das in Leipzig gedruckte Buch vom Verleger an sein Geschäft in Pest geschickt wird, denn das Buch bleibt auch hier noch in seinen Händen und es gehört eine zweite Geschäftsdisposition dazu, um von hier aus die Verbreitung ins Werk zu setzen. Geht auch die Verbreitung von beiden Punkten gleichzeitig aus, so liegen dennoch zwei Verbreitungsorte vor, da von jedem besonders die Reihe der Verbreitungsmomente ihren Anfang nimmt. In dieser praktischen Consequenz komme ich also mit dem Herrn Gutachter Professor Liszt und mit dem Herrn Referenten vollständig überein, aber um diesen Hauptsatz festzustellen, der uns heute eigentlich beschäftigt, halte ich es weder für nothwendig, die 1. These zu fassen, wie sie gefaßt ist, noch für dienlich, weil das dazu führen würde, in den von mir dargestellten Fällen das forum delicti commissi an einen Ort zu verlegen, wo es nicht liegen kann. Aus diesem Grunde habe ich principaliter beantragt, statt der Worte: „die

Verbreitung (der Vertrieb) der Druckschrift erfolgt", zu setzen: „die Druckschrift zur Verbreitung ausgegeben wird", weil die Ausgabe durch den Verleger, die Disposition desselben, durch welche er seine Leute, sein unmittelbares Personal und seinen Commissionär anweist, die Verbreitung zu vollziehen, der Anfang der Verbreitung ist und auf diesen Anfangspunkt die Vollendung zurückbezogen werden muß, so daß dadurch das forum delicti commissi bestimmt wird. Als Consequenz würde sich ergeben, daß in der 2. These gesetzt würde: „zur Verbreitung ausgegeben" und statt „Verbreitungsmittelpunkte", „Ausgabeorte". Die letztere Aenderung würde sich vielleicht deshalb noch empfehlen, weil das Wort „Ausgabeort" in der Materie sehr gebräuchlich ist, dagegen „Verbreitungsmittelpunkt" bisher noch nicht praktisch recipirt ist. Ich bin also in der Hauptsache mit dem Gutachter und dem Referenten vollständig einverstanden, wenn thatsächlich die Dinge so liegen, daß von zwei getrennten Orten aus die Disposition zur Verbreitung einer Druckschrift gegeben wird, also von zwei getrennten Orten aus der Verbreitungsact wirklich seinen Anfang genommen hat, dann liegen auch zwei concurrirende Delicte vor, zwei verschiedene Fora des begangenen Delicts vor. Wenn dagegen, was These 1 als Nebensatz aufgestellt ist, der Verleger einen bloßen Commissionär an einem andern Orte benutzt, um von hier aus die Druckschrift zu versenden, so ist das kein unabhängiger, kein selbstständiger, kein erster Anfang der Verbreitung, kein Verbreitungsmittelpunkt, sondern der Anfang der Verbreitung liegt da, von wo die geschäftliche Disposition zur Verbreitung ausging, das ist da an dem Ort, wo der Unternehmer, der Verleger sein geschäftliches Domicil hat. Ich möchte dabei noch hinzufügen: bei dem Gutachten des Herrn Liszt scheint mir der Fall immer nur bezüglich der nichtperiodischen Druckschriften vorausgesetzt zu sein. Es kommen aber neuerdings auch derartige Fälle bei periodischen Druckschriften vor. Es sind Zeitungen in Berlin gedruckt worden, bei welchen nur ein gewisser Raum an der Spitze frei blieb, und von verschiedenen Orten aus ist diese identische Zeitung mit verschiedenen beigedruckten Köpfen verbreitet worden. Dieser Weg der Verbreitung war zeitweilig ein sehr beliebter, im Augenblicke scheint man von demselben etwas zurückgekommen zu sein. Also die Frage, die uns hier beschäftigt, kann ebenso bei der periodischen, wie bei der nichtperiodischen Presse Platz greifen.

Professor Dr. Schütze hat einen Gegenantrag eingebracht, an die Stelle der sämmtlichen 3 vorgeschlagenen Thesen folgende Bestimmung aufzunehmen:

> Der Gerichtsstand der begangenen That ist nach Maßgabe der Bestimmungen in den §§ 7, 12 und 13 des Strafgesetzbuches für die durch den Inhalt eines Preßerzeugnisses begangenen straf-

baren Handlungen begründet 1. bei demjenigen Gerichte, von dessen Bezirke aus die Verbreitung des Preßerzeugnisses erfolgt ist; 2. wenn die Verbreitung von mehreren Gerichtsbezirken als Verbreitungsmittelpunkten stattgehabt hat, bei jedem dieser Gerichte, eventuell derselbe Antrag, nur unter Weglassung der Worte im Eingange „nach Maßgabe der Bestimmungen in den §§ 7, 12 und 13 des Strafgesetzbuchs".

Professor **Schütze** (Graz): Ich muß, geehrte Herren, zunächst um Entschuldigung bitten, wenn ich vielleicht wegen Heiserkeit weniger verständlich sein sollte. Ich möchte den Versuch wagen, die Discussion dadurch zu erleichtern, daß ich einen dritten Antrag stelle, welcher sich ablehnend gegen die Anträge des Gutachters, die der Referent zu den seinigen gemacht hat, und ebenfalls ablehnend gegen den Aenderungsvorschlag des Collegen Klöppel verhält, und zwar einen Antrag, der an Einfachheit und Klarheit der Fassung schwerlich etwas zu wünschen übrig lassen kann. Ich gehe nämlich von dem Grundgedanken aus, daß materielle strafrechtliche Gründe für die von uns zu berathende Frage gar nicht in Betracht kommen können. Es handelt sich hier um eine rein processualische Frage, und diese processualische Frage lautet so: „Wie ist das forum delicti commissi für ein Preßerzeugniß zu bestimmen, wenn es von mehreren Orten aus vertrieben worden ist?" Ich will dafür sagen: „verbreitet worden ist." Meine Antwort darauf ist ebenfalls rein processualisch gefaßt. Ich werde gleich angeben, warum ich nicht im Stande bin, sie anders aufzufassen. Ich beantworte diese Frage genau so: Der Gerichtsstand der begangenen That ist, nach Maßgabe der Bestimmungen in den §§ 7, 12 und 13 der Strafproceßordnung, für die durch den Inhalt eines Preßerzeugnisses begangenen strafbaren Handlungen begründet 1. bei demjenigen Gerichte, von dessen Bezirk aus die Verbreitung des Preßerzeugnisses erfolgt ist, demzufolge 2., wenn die Verbreitung von mehreren Gerichtsbezirken als Verbreitungsmittelpunkte aus stattgehabt hat, bei jedem dieser Gerichte. Ich muß zunächst kurz darlegen, warum materielle strafrechtliche Gründe für die Lösung unserer Frage gar nicht in Betracht kommen können. Wenn es feststeht, worin ich mit dem Herrn Gutachter vollkommen übereinstimme, daß im Augenblicke, wo die Verbreitung einheitlich, d. h. von einem einheitlichen Orte aus stattgehabt hat, das in dem Inhalte dieses Preßerzeugnisses gelegene Delict auch begangen ist, so kann nicht zweifelhaft sein, daß, wenn dieser Verbreitungsact in mehrere Gerichtsbezirke fällt, auch jedes dieser Gerichte als Gerichtsstand der begangenen That betrachtet werden muß und damit ist, wie mir scheint, an sich die Frage schon gelöst; und ich würde gar nicht ntöhig haben, ein Wort mehr hinzuzufügen, als daß ich mich dafür auf die §§ 7, 12 und 13 der Strafproceßordnung berufe; wenn nicht der Herr Gutachter eine Begründung gegeben hätte, die ich als eine durchaus verfehlte bezeichnen muß. Es hat der Herr Gutachter nämlich ausgesprochen im 2. Passus: wird die Druckschrift von mehreren Orten aus verbreitet, so haben die genannten Personen in realer Concurrenz so oftmals ein Preßdelict begangen, als Verbreitungsmittelpunkte vorhanden sind; und dazu hat er in der 3. These hinzugefügt, die Bestimmung des Gerichtsstandes der begangenen That erfolgt in diesem Falle nach der im § 12 der Strafproceßordnung gegebenen Vorschrift. Ich muß zunächst bemerken, daß diese 3. These als eine selbstständige gar nicht betrachtet werden kann, weil sie ad 2 und nicht ad 1 einen Zusatz enthält; sie bezieht sich lediglich auf die 2. These, nicht auf die erste. Es kann also die 3. These nicht die Stellung einer 3. These, sondern nur eines Zusatzpassus zur 2. These in Anspruch nehmen. Ich lege auf diese redactionelle Bemerkung weiter kein Gewicht. Nun aber scheint mir ein offenbarer Widerspruch zwischen der 3. und 2. These vorzuliegen; denn, wenn es wahr ist, was ich in Abrede stelle, daß in dem hier fraglichen Falle eine reale Concurrenz vorliegt, so findet nicht die Bestimmung des § 12, sondern einfach die Bestimmung des § 13 der Strafproceßordnung Anwendung. Der § 12 der Strafproceßordnung spricht nicht von dem Falle einer realen Concurrenz, sondern von dem Falle einer einheitlichen strafbaren That, schließt also alle Fälle der Concurrenz völlig aus, worüber auch nach den Motiven und sämmtlichen Commentaren kein Zweifel sein kann; er spricht nur aus, daß, wenn eine einheitliche strafbare Handlung in mehrere Gerichtsbezirke hineinfällt, alle diese Gerichtsbezirke als zuständige anzusehen sind für diese einheitliche strafbare Handlung. Die Frage ist nur: welchem dieser zuständigen Gerichte gebührt der Vorzug? Es ist also entweder zweifelhaft, welches von mehreren Gerichten, oder es ist nicht zweifelhaft, daß mehrere Gerichte zuständig sind; in beiden Fällen, sowohl, wenn es zweifelhaft ist, als wenn es unzweifelhaft ist, daß alle diejenigen Gerichte, in welche die strafbare Handlung hineinfällt, zuständig sind, soll die Prävention, das Zuvorkommen durch Eröffnung der Untersuchung, entscheiden. Hier ist also immer die Negation der Concurrenz vorausgesetzt, eine einheitliche strafbare Handlung, aber eine Mehrheit der zuständigen Gerichte für diese einheitliche strafbare Handlung. Dagegen § 13 bezieht sich unter Anderem auch auf den Fall der realen Concurrenz, nämlich auf den Fall des Gerichtsstandes der sogenannten subjectiven und objectiven Connexität, also im ersteren Falle auf eine Mehrheit von strafbaren Handlungen desselben Subjekts. Wenn es also wahr wäre, daß in unserem Falle eine reale Concurrenz wirklich vorläge, hätte der Gutachter nicht auf § 12, sondern ausschließlich auf § 13 verweisen müssen, der unter Anderm auch vom Falle einer realen Concurrenz handelt, welchen Fall der § 12 durchaus ausschließt. Das wäre das Erste, was ich zu bemerken habe. Nun das Zweite! Die reale Concurrenz liegt gar nicht vor. Ebenso wie ein Hochverrath von mehreren Punkten aus planmäßig unternommen werden kann und wir auch gar nicht im Zweifel sind, nur Einen Hochverrath in solchem Falle anzunehmen, so werden wir, wenn ein Preßerzeugniß, welches z. B. eine Beleidigung oder Verleumdung gegen den X enthält, von mehreren Mittelpunkten aus verbreitet wird, auch nur eine einzige durch dieses Preßerzeugniß begangene strafbare Handlung annehmen. Wäre es wahr, daß durch die Mehrheit der Verbreitungsmittelpunkte eine einheitliche strafbare Handlung zu einer mehrheitlichen würde, so würde auch schon durch jedes Exemplar, welches vom einheitlichen Verbreitungsmittelpunkte aus versandt wird, eine reale Concurrenz hervorgerufen. Es würden in einem solchen Falle, soviel Exemplare verbreitet werden, soviele strafbare Handlungen begangen. Daß aber dies irgend Jemand behaupten wird, darf ich kaum annehmen. Dann aber müssen Sie auch weiter zugeben, daß eine Mehrheit von Verbreitungsmittelpunkten eine strafbare Handlung zu nichts anderem machen kann, als zu dem, was sie ist, nämlich eine einheitliche strafbare Handlung. Denken wir uns, es ist eine Majestätsbeleidigung in einem Preßerzeugnisse begangen. Dieses Preßerzeugniß ist von 3 selbstständigen Verbreitungsmittelpunkten in das Publikum hinausgeworfen worden. Wir werden doch nicht sagen können, es sind 3 Majestätsbeleidigungen, sondern es ist nur eine Majestätsbeleidigung begangen, nur daß die Veröffentlichung von 3 Orten ausgegangen ist. Also stelle ich auf das Entschiedenste in Abrede, daß eine reale Concurrenz vorliegt. Was denken wir uns denn unter realer Concurrenz? Eine Mehrheit noch ungetilgter strafbarer Handlungen derselben Person. Hier dagegen liegt nur eine strafbare Handlung, welche von einer Person begangen wird, vor. Ich will nicht in Abrede stellen, daß es möglich ist, daß in einem Preßerzeugnisse auch mehrere strafbare Handlungen begangen sind. Allein diese Frage löst sich ja von selbst. Es kann in einem Artikel eine Majestätsbeleidigung liegen, eine Privatbeleidigung und eine Aufforderung zum Hochverrath u. s. w. Das sind eben 3 strafbare Handlungen, welche scheinbar in einem Acte begangen sind. Davon redet aber der Herr Gutachter gar nicht. Er setzt eine einzelne strafbare Handlung voraus und meint, sie werde zu einer Mehrheit, zu einer realen Concurrenz durch die Mehrheit von Verbreitungspunkten; und daher ist es mir ganz unmöglich, auf diesen Standpunkt einzugehen. Ich komme also zu dem Resultat: die uns vorliegende Frage muß ohne Rücksicht darauf, ob im Preßerzeugniß mehrere strafbare

Handlungen begangen sind, oder nur eine einzige, ob dieselbe nur von einer Person ausgegangen, oder ob andere Personen daran theilgenommen haben, ohne Rücksicht auf alle diese Fragen einfach processualisch gelöst werden und zwar indem man die Consequenz zieht aus den §§ 7, 12 und 13 der Strafproceßordnung; diese 3 zusammen angewendet auf das Preßerzeugniß als Begehungsmittel ergeben ohne Weiteres die von mir aufgestellten Thesen. Nämlich: liegt nur ein Verbreitungsmittelpunkt vor, so begründet dieser den Gerichtsstand der begangenen That; liegen aber mehrere selbstständige Verbreitungsmittelpunkte vor, so wird die Zuständigkeit sämmtlicher Gerichte, in deren Bezirke die Verbreitung stattgefunden, begründet. Und ich habe nur eingeschoben, „nach Maßgabe der §§ 7, 12 und 13 der Strafproceßordnung", weil der Herr Gutachter einen § der Strafproceßordnung citirt hat. Für nothwendig halte ich es aber nicht und deshalb habe ich eventuell den Antrag gestellt, wenn die Herren gegen diese Citation etwas einzuwenden haben, das Citat zu streichen. Es ist mir ganz gleichgültig, ob unter Weglassung der Worte dieses Einschiebsels mein Antrag angenommen wird, wenn er nur im Uebrigen Annahme findet; doch möchte ich, und deshalb ist mein principaler Antrag auf Aufnahme der Worte gerichtet, es nicht für überflüssig halten, darauf hinzuweisen, daß beide Thesen die einfachen Consequenzen sind aus jenen drei §§ der Strafproceßordnung, welche zusammengenommen dies Ergebniß liefern.

Professor Dr. **v. Liszt**: M. H., die bisherige Debatte hat, wie mir scheint, auf das Klarste gezeigt, daß die Frage, die an uns gerichtet worden ist, eben keine Frage des Strafproceßrechtes, sondern eine Frage des materiellen Strafrechtes ist. Gerade die gegen die Anträge des Referenten gerichteten Gegenanträge scheinen mir dieses Resultat zu einem ganz unzweifelhaften zu machen.

Der Punkt, von dem wir unter allen Umständen ausgehen müssen, ist die Frage nach der Natur des Preßdelicts, eine Frage, die zu den allerschwierigsten gehört, die man stellen kann, eine Frage, über welche einen formellen Beschluß zu fassen dem Juristentage unangenehm sein mag, die wir aber nicht umgehen können, wenn wir zu einem Resultat gelangen wollen. Die Anträge, welche College Klöppel gestellt hat, differiren von den meinigen nach meiner Ansicht in praktischer Beziehung sehr wenig. Ich glaube, daß in praktischen Fällen die Entscheidung auf Grundlage der verschiedenen Thesen ganz genau in demselben Sinne ausfallen wird. Sie differiren aber auch in theoretischer Beziehung nur wenig von den meinigen, wenigstens im Sinne des Antragstellers. Ich muß zurückgreifen auf die von meiner Fassung des Preßdelicts abweichende Fassung, welche der Antragsteller dem Preßdelict gegeben hat. Wenn der Antragsteller das Preßdelict als eine durch Einwirkung auf die Oeffentlichkeit begangene strafbare Handlung hinstellt, so entspricht das vollständig der Auffassung, die ich habe. Es ist nicht ganz richtig citirt, wenn College Klöppel aus meiner Definition des Preßdelicts die Gedankenäußerung als entscheidend hervorgehoben hat. Die Gedankenäußerung an das Publikum ist dasjenige, was mir als maßgebend erscheint, die Gedankenäußerung nicht im abgeschlossenen Kreise, sondern die Gedankenäußerung vor der Oeffentlichkeit, das ist, wie jedem von uns Praktikern und Theoretikern bekannt, vor einem nach Zahl und Individualität nicht abgeschlossenen Kreise von Personen. Das würde mit der „Einwirkung auf die Oeffentlichkeit," die Klöppel besonders betont, vollständig zusammentreffen. Ich sehe hier eine Differenz nicht, dagegen sehe ich eine Differenz in einem anderen Punkte, der mir wesentlich zu sein scheint. College Klöppel definirt das Preßdelict als Einwirkung auf das Publikum. Ich habe es charakterisirt als Gedankenäußerung vor dem Publikum. Mir scheint meine Definition darum die richtige zu sein, weil sie von dem Erfolge, von der Wirkung auf das Publikum vollständig absieht. Sowie eine Beleidigung vor der Oeffentlichkeit begangen ist, wenn sie von unbestimmt welchen und unbestimmt wievielen Personen wahrgenommen werden konnte, wenn sie auch von Niemandem wahrgenommen worden ist; ebenso ist auch eine Gedankenäußerung vor dem Publikum erfolgt, wenn auch damit auf das Publikum nicht der geringste Einfluß ausgeübt wurde. Ich glaube, wenn ich den Antragsteller richtig verstanden habe, daß wir uns in dieser Richtung wahrscheinlich werden vereinigen können, betone aber nochmals, daß auch in meiner Definition des Preßdelictes nicht die Gedankenäußerung als solche, sondern die Gedankenäußerung vor dem Publikum als maßgebend hingestellt wird. Eine andere Differenz zwischen mir und Collegen Klöppel liegt darin, daß ich als Ort der begangenen That bei einem Preßdelicte jenen Ort ansehe, von dem aus die Verbreitung stattgefunden hat, während der Antragsteller zurückkehrt, ich glaube wenigstens, zu der herrschenden Ansicht, welche nicht den Ort, von dem aus die Verbreitung begonnen hat, als maßgebend betrachtet, sondern den Ort, an welchem die Ausgabe erfolgt. Der Streit dreht sich also darum: ist der Ausgabeort oder jener Ort, von dem aus die Verbreitung stattgefunden hat, als Ort der begangenen That zu betrachten. Ich gebe recht gern zu, daß die Wahl zwischen beiden Orten theoretisch recht schwierig sein mag, ich gebe ferner zu, daß praktisch in den meisten Fällen beide Orte gar nicht zu trennen sind. Wenn ich nichtsdestoweniger Gewicht auf die Entscheidung lege, so bestimmen mich dazu zum Theil theoretische, zum Theil aber auch praktische Gründe. Der theoretische Grund liegt in folgendem:

Wenn in der Verbreitung der Druckschrift die Begehung des Preßdelictes besteht, so kann als Ort der begangenen That nur der Ort der Verbreitung angesehen werden. Das ist eine Consequenz, über die ich nicht hinwegkomme. Und wenn wir die Verbreitung als eine kontinuirliche, begrifflich sich gleichbleibende Thätigkeit auffassen, müssen wir, wie ich im Gutachten sage, den Ort, von wo die Verbreitung stattgefunden hat, als Ort der begangenen That betrachten. Nun könnte man den Begriff „Ausgabe" einer Druckschrift fassen als Beginn der Verbreitung. Wenn Sie die Sache in diesem Sinne nehmen, so stimmt diese Fassung vollständig mit der meinigen überein. Wenn Sie nach der Auffassung Klöppel's die Ausgabe zur Verbreitung als den Beginn der Verbreitung auffassen, so ist factisch ein Unterschied zwischen beiden Thesen nicht vorhanden. Ich könnte daher diesen Antrag Klöppel's acceptiren; allein es scheint mir doch auch aus praktischen Gründen wichtig, daß wir zwischen beiden Begriffen unterscheiden und eine allerdings noch nicht fest stehende Terminologie zu einer feststehenden machen, daß wir unterscheiden zwischen Ausgabe einer Druckschrift und Beginn der Verbreitung. Ich erlaube mir darauf hinzuweisen: wenn wir das englische und französische Recht zu Rathe ziehen, werden wir von einem Unterschiede, wie ich ihn gemacht habe in meinem Gutachten, absolut nichts finden.

Publication hier und Publication dort, es ist ein und derselbe Ausdruck für die beiden von mir unterschiedenen Begriffe. Und fragt man einen Buchhändler, woher das kommt — Schürmann hat vor Kurzem eine hübsche Schrift über diesen Gegenstand geschrieben — so werden sie antworten: der Unterschied liegt in der total verschiedenen Gestaltung des deutschen und des französischen und englischen Buchhandels; der Unterschied liegt darin, daß sich in Deutschland ein Unterschied herausgebildet hat zwischen Verlegerthum und Sortimentsbuchhandlung, ein Unterschied, der dem englischen und französischen buchhändlerischen Verkehre völlig fremd ist. Unser deutscher Verlags- oder Sortimentsbuchhändler läßt sich ins Französische und Englische nicht übersetzen. Und dieser Unterschied zwischen Verlegerthätigkeit einerseits und Sortimentsbuchhändlerthätigkeit andrerseits ist in unserer Preßgesetzgebung adoptirt worden, der Unterschied zwischen Verleger und Verbreiter ist ein gesetzlich anerkannter und ich glaube, man thut am besten, wenn man diesen durch die praktischen Verhältnisse gebotenen und von der Gesetzgebung anerkannten Unterschied festhält. Die Verlegerthätigkeit ist die Ausgabe, die Sortimenterthätigkeit ist die Verbreitung der Druckschrift. Mein Gutachten beschränkt den Begriff der Ausgabe auf die Verlegerthätigkeit. Wenn der Verleger mit seiner Thätigkeit fertig ist und an seinen Commissionär in Leipzig schickt, damit der Commissionär verbreite, so hat der Verleger die Ausgabethätigkeit vollendet. Der Verleger hat in dem Augenblicke, in welchem er die Schrift an den Commissionär geschickt hat, ausgegeben und der Commissionär ist es nun, der verbreitet. Es war kein glücklicher Vergleich von Seiten des Antragstellers, wenn er zur Widerlegung meiner Behauptung, daß der Commissionär in Leipzig der Verbreiter sei, darauf hingewiesen hat, daß dann auch die Post als Thäterin bei den Preßdelicten betrachtet werden müsse. Es ist selbstverständlich, daß man von Thäterschaft nicht sprechen kann, wenn die subjective Voraussetzung, die Schuld nicht vorliegt. Ich glaube nicht, daß irgend ein Commissionär durch unsere Thesen sich in seiner Rechtssicherheit bedroht fühlen wird. Es ist selbstverständlich, daß ohne die Voraussetzung einer subjectiven Verschuldung von einer strafbaren Verbreitung von Seiten des Commissionärs nicht die Rede sein kann. Ich würde mich also im Allgemeinen als mit den Anträgen Klöppel's einverstanden erklären können, halte aber darum an meinen Anträgen fest, weil in den Anträgen Klöppel's zwei Begriffe zusammengeworfen sind, die man ganz gut auseinanderhalten kann und die auseinanderzuhalten wir in praktischer, wie in theoretischer Hinsicht Grund haben. Klöppel spricht von Ausgabe zur Verbreitung, ich spreche vom Beginn der Verbreitung, ich vermeide das Wort Ausgabe, weil ich das Wort auf die Thätigkeit des Verlegers als solchen im Gegensatze zu der Thätigkeit des Sortimentsbuchhändlers beschränken möchte. Ich möchte also bitten, die Anträge Klöppel's abzulehnen, um den Gegensatz zwischen Ausgabe und Verbreitung, zwischen Verlegerthätigkeit und Verbreiterthätigkeit, zwischen der Thätigkeit des Verlegers und der des Sortimentsbuchhändlers festzuhalten. Anders stehe ich den Anträgen gegenüber, welche Professor Schütze gestellt hat. Ueber die Frage, ob in der Verbreitung von mehreren Mittelpunkten aus ein Preßdelict oder mehrere gelegen sind, über diese Frage kann man, das gebe ich zu, verschiedener Ansicht sein, die Frage ist eine außerordentlich schwierige. Die Beispiele, die Professor Schütze gewählt hat, paßten allerdings auf den vorliegenden Fall nicht. Hier liegt die Sache total anders. Die Eigenthümlichkeit bei den Preßdelicten besteht eben darin, daß das Preßerzeugniß eine gewissermaßen selbstständige Existenz führt, daß das Preßerzeugniß ganz unabhängig ist von der Existenz desjenigen, der es geschaffen hat. Es paßt auf kein anderes Delict diese Parellele; diese charakteristische Eigenthümlichkeit des Preßdelicts wiederholt sich nirgends wieder. Der Autor, der Verleger kann todt sein, alle, die damit zu thun hatten, können todt sein und das Preßerzeugniß kann, das läßt sich nicht leugnen, seine selbstständige Existenz weiter führen. Und wenn das Preßdelict in der Verbreitung eines Preßerzeugnisses besteht und diese Verbreitung nun von verschiedenen Mittelpunkten aus selbstständig stattfindet, so hat man verschiedene durchaus selbstständige, durchaus unabhängige strafbare Handlungen. Ich sehe darin das Wesen der realen Concurrenz und ich kann mich dieser Consequenz nicht entziehen. Ich wiederhole, ich gebe zu, daß man in dieser Beziehung verschiedener Ansicht sein kann; nicht verschiedener Ansicht kann man aber sein über die Anwendbarkeit der Bestimmungen der Strafproceßordnung. Ich würde entschieden dagegen sein, zu sagen: nach Maßgabe der §§ 7, 12 und 13. Es ist mir nicht klar, was denn maßgebend sein soll. Es ist ja eine bekannte Thatsache, daß die ganze Lehre vom Gerichtsstande des Zusammenhangs eine sehr schwierige ist. Auch unsere Proceßordnung hat sich nicht gemüßigt gesehen, irgendwelche klar abschneidende Bestimmung zu treffen. Wenn ich die §§ 7, 12 und 13 hernehme, finde ich, daß § 13 auf unsern Fall gar nicht passen würde. Es ist ja sehr einfach für uns zu sagen, nach Maßgabe der §§ 7, 12 und 13, allein wir müssen doch wissen, und vielleicht hat Herr Professor Schütze die Güte, uns das nachträglich zu sagen, was maßgebend sein soll, was für eine Bestimmung. Meines Dafürhaltens bestimmt sich der Gerichtsstand der begangenen That, wenn reale Concurrenz vorhanden ist, nach § 12, jenes Gericht entscheidet, das zuerst sich mit der Frage befaßt hat. Ich würde mich also den Anträgen Klöppel's allerdings mit Bedauern conformiren können, mit Bedauern, weil man eine unsichere Terminologie einführen würde, ich würde aber entschieden bitten, die Anträge des Herrn Professor Schütze abzulehnen, weil sie etwas zu sagen scheinen, während sie thatsächlich nicht das Geringste sagen, weil sie eine Frage auf das Gebiet des Proceßrechts hinüberspielen, während sie sich auf dem des materiellen Strafrechtes bewegt.

Rechtsanwalt **Klöppel** (Berlin): Auch der Herr Vorredner hat, wie ich meinerseits wiederholt betone, anerkannt, daß er in der vorliegenden Frage materiell mit mir übereinstimmt. Ich habe ihn durchaus nicht mißverstanden bezüglich des Wortes „Gedankenäußerung“. Ich habe nur die Gedankenäußerung vor dem Publikum im Auge und ich habe an der Allgemeinheit des Worts „Gedankenäußerung“ Anstoß gefunden. Ich glaube ausgeführt zu haben, daß die Aeußerung eines Gedankens bei einem Preßdelict schon geschehen sein kann, ehe das Preßdelict begangen ist, und wenn das richtig ist, so möchte ich das Wort „Gedankenäußerung“ nicht in der Definition haben. Was Herr Professor v. Liszt gegen meinen Ausdruck: „Einwirkung auf die Oeffentlichkeit“ eingeworfen hat, scheint sich auf den Fall zu beziehen, daß in dem Preßerzeugniß die Aufforderung zur Begehung einer strafbaren Handlung enthalten ist. Daran hatte ich nicht gedacht.

Ich bin der Meinung, daß die Einwirkung auf die Oeffentlichkeit beim Preßdelict immer in der Absicht des Delinquenten liegt, und gar nicht ausbleiben kann, gemäß dem Ausspruche: Calumniare audacter, semper aliquid haeret. Wenn ich eine Beleidigung vor dem Publikum ausgesprochen habe, so ist die Einwirkung erfolgt. Der zweite Punkt, in dem wir auseinandergehen ist der, daß Herr v. Liszt glaubt, ich bezeichne die Ausgabe als den Beginn der Verbreitung. Das ist nicht das Charakteristische meiner Auffassung. Ich sage: Die Ausgabe ist die Disposition, die geschäftliche Anordnung zur Verbreitung, sie ist derjenige Act, durch welchen die Succession der Acte, die zur Verbreitung nöthig sind, vorweg bestimmt wird; die andern Acte sind die nothwendigen Consequenzen des ersten Acts. Ich verwechsle damit durchaus nicht die Stellung des Verbreiters mit der Stellung des Ausgebers. Ich sage: Verbreiter und Ausgeber ist zweierlei; der Verleger ist einmal Ausgeber und dann ist die Ausgabe zugleich der bestimmende Act für die Verbreitung; also die Verbreitung findet in ihrem ersten Anfange nicht von dem Punkte aus statt, von wo die Ausgabe an das Publikum erfolgt, sondern der Ort der Verbreitung liegt dort, wo die Disposition zum geschäftlichen Vertriebe getroffen wird. Herrn Professor Schütze gegenüber muß ich erklären, daß die Frage durchaus nicht in das materielle Recht gezogen werden kann. Ich stimme mit Herrn v. Liszt auch darin überein, daß, wenn von zwei verschiedenen Verbreitungspunkten — ich will sagen, von zwei Etablissements desselben Verlegers aus — oder wenn dieselbe englische Druckschrift zugleich in England und in Deutschland erscheint, in diesen Fällen allerdings zwei ganz getrennte strafbare Handlungen vorliegen und daß die Verschiedenheit des forum delicti commissi eben nur darauf zu basiren ist, daß wirklich zwei strafbare Handlungen vorliegen. So gut, m. H., wie eine identische Rede — es ist ja ein bekannter Witz, daß die Socialdemokraten nur eine Rede haben, die bei jeder Gelegenheit hergesagt wird von verschiedenen Personen, an verschiedenen Orten gehalten — doch ebensoviele strafbare Handlungen repräsentirt, so oft sie gehalten worden ist, ganz genau so liegt der Fall, wenn eine und dieselbe Druckschrift von zwei Orten aus verbreitet wird. Ich würde gegen die Thesen des Herrn Professor Dr. Schütze der Wortfassung nach Nichts einzuwenden haben; es kommt mir aber darauf an, was er unter „Verbreitung der Druckschrift" versteht, und da muß ich wieder darauf zurückkommen: wenn wir unter „Verbreitung" verstehen die geschäftliche Anordnung zur Verbreitung, so bin ich vollständig mit ihm einverstanden; versteht er aber darunter, was Herr Professor v. Liszt darunter versteht: die Thätigkeit des Commissionärs, der die Verbreitung übernimmt, so scheint mir das nicht richtig zu sein. Die Stellung des

Sortimentsbuchhändlers kommt meines Erachtens hier gar nicht in Frage; der Sortimentsbuchhändler verbreitet lediglich für seine Person und hat mit der ursprünglichen Thatsache des vollendeten Vertriebs gar Nichts zu thun. Diese erste Verbreitung ruht wesentlich in der Persönlichkeit des Verlegers und derjenigen Personen, deren er sich unmittelbar zu seiner Geschäftsführung bedient, seines Personals und Commissionärs. Also nach dieser Richtung scheint durchaus eine begriffliche Unterscheidung nothwendig zu sein. Ich möchte bitten, daran festzuhalten, daß derjenige Act der Verbreitung, der das Wesentliche bei dem ganzen Vertriebe einer Druckschrift ist, in der geschäftlichen Disposition des Verlegers beruht, der seine Organe anweist zur Verbreitung, und daß nur an denjenigen Orten, wo diese Anweisung gegeben wird, das forum delicti commissi anzunehmen ist.

Professor Dr. **Schütze** (Graz): Ich bin um eine Aufklärung von dem Herrn Gutachter ersucht worden, und muß leider Ihre Geduld auf die Probe stellen, indem ich diese Aufklärung gebe, aber auch nur mit zwei Worten. Ich bin aufgefordert worden zu sagen, warum ich in meinen Antrag die Worte aufgenommen habe: „nach Maßgabe der §§ 7, 12 und 13 der Strafproceßordnung", und die einfache Antwort ist folgende: Ich habe auf die Aufnahme dieser Worte keinen Werth gelegt, ich habe sie nur aufgenommen, weil der Herr Gutachter den § 12 citirt hat, und das Citat des § 12 unmöglich stehen bleiben kann, am wenigsten im Zusammenhange mit der These 2 des Herrn Gutachters. Ich habe auf die Aufnahme dieser Clausel gar kein Gewicht gelegt, ob Sie ohne die Clausel meinen Antrag zu dem Ihrigen machen oder mit der Clausel, ist mir gleichgiltig. Zu welchem Ende habe ich aber diese drei Paragraphen angezogen? Den § 7 deshalb, weil er sich auf den Fall bezieht, wo nur e i n Gerichtsstand der begangenen That vorliegen kann. In diesem Falle also ist mein erster Passus nichts weiter als eine Consequenz aus dem § 7 der Strafproceßordnung; denn nur hier ist die strafbare Handlung begangen. Was den § 12 betrifft, den der Herr Gutachter selbst citirt, so bezieht er sich auf den Fall, wo auch nur eine strafbare Handlung begangen ist, aber mehrere Gerichte für die Entscheidung über diese strafbare Handlung zuständig sind. Und der dritte Fall ist der, wo mehrere strafbare Handlungen durch ein Preßerzeugniß begangen sind oder bei einer strafbaren Handlung in einem Preßerzeugnisse mehrere Personen betheiligt sind. Dann liegt der Fall des § 13, Gerichtsstand für zusammenhängende Strafsachen, vor. Ich wüßte gar nicht, wie es möglich sein sollte, noch eine weitere Motivirung hinzuzufügen. Nur noch eine Bemerkung. Ich bin mit Herrn Collegen K l ö p p e l gar nicht darin einverstanden, daß der Fall, wenn Jemand einen und denselben Vortrag an verschiedenen Orten hält, identisch sei mit dem Fall, wenn ein Preßerzeugniß von mehreren Orten aus verbreitet wird. Wenn Jemand einen Vortrag an verschiedenen Orten, in verschiedenen Sälen hält, so kann er das unmöglich gleichzeitig thun, er muß es successive thun, er wiederholt eine und dieselbe strafbare Handlung, die in diesem Vortrage enthalten ist. Wenn aber gleichzeitig von mehreren Punkten dieselbe verbrecherische Thätigkeit sich entwickelt, so ist das eine gleichzeitige Thätigkeit, welche mit einer wiederholten strafbaren Handlung gar Nichts zu schaffen hat. Ich muß weiter noch etwas bemerken mit Rücksicht auf eine Aeußerung des Herrn Gutachters, welcher gesagt hat: eine Druckschrift, ein Preßerzeugniß habe eine selbstständige Existenz; denn so ein Exemplar gehe durch die Welt auf Generationen hinaus, wenn Verleger und Verfasser längst todt sind. Ja, meine Herren, das erinnert uns an den Satz: litera scripta manet, und das gilt nicht nur von den Preßerzeugnissen, sondern von geschriebenen Sachen gerade so gut. Ob sie in einem Exemplar oder in mehreren geschrieben ist, auch diese litera scripta geht durch mehrere Generationen und äußert vielleicht verderbliche Wirkungen, wenn der Urheber längst todt ist. Ja, nach einem bekannten Ausspruche des Virgil gilt Aehnliches auch von dem mündlichen Worte; denn auch dieses verpflanzt sich mit Hülfe der Fama nicht nur unter die Zeitgenossen, sondern vielleicht auf Generationen hinaus kann es wirken. Ich bin überhaupt der Ansicht, daß die sogenannten Preßdelicte gar nichts Anderes sind, als ganz gewöhnliche Delicte. Ich meine die uneigentlichen Preßdelicte, die durch Preßerzeugnisse begangenen strafbaren Handlungen selbst. Von diesen ist auch in meiner Resolution allein die Rede. Diese durch Preßerzeugnisse begangenen strafbaren Handlungen sind dieselben, wie alle andern strafbaren Handlungen, nur daß das Begehungsmittel von der einen Seite ein gefährliches, von der andern Seite aus gewerblichen und culturellen Gründen ein privilegirtes ist. Darum haben wir besondere Sätze dafür aufgestellt; im Uebrigen aber liegt hier nicht etwa ein Delict vor, welches in einer Gedankenäußerung bestände, sondern es liegt ein ganz gewöhnliches Delict vor, wie es auch sonst in jeder beliebigen Begehungsweise begangen werden könnte (mit Ausnahme gewisser mittels der Presse kaum begehbarer Delicte z. B. Diebstahl); aber sonst ist es ganz dasselbe Delict, unterscheidet sich durch gar Nichts von allen übrigen Delicten. Daß es erst durch die Veröffentlichung des Preßerzeugnisses vollendet werden kann, liegt darin, daß das Preßerzeugniß das Begehungsmittel ist. Ich glaube also darauf zurückkommen zu müssen, daß Sie durch Annahme der von mir gestellten Resolution, und wenn Sie wollen, unter Hinweglassung der Clausel, welche die Citate der Strafproceßordnung enthält, die Frage so einfach beantworten würden, wie nur möglich, und daß alles Uebrige, was man hinzusetzen kann von realer Concurrenz oder von der Verschiedenheit der Verbreitung und der Ausgabe, die Sache nur verwirren kann, daß auch den Juristen außerhalb des Saales dadurch nicht gedient werden kann.

Professor Dr. v. **Liszt** (Gießen): Ich will Sie nicht lange aufhalten, und mir nur einige wenige Bemerkungen erlauben. Herr Klöppel hat als das Wesentliche in dem Begriffe der Ausgabe die Disposition des Verlegers bezeichnet. Ich könnte darin mit ihm übereinstimmen, glaube aber, daß, wenn wir uns auf den Standpunkt des Herrn Collegen Klöppel stellen, nicht derjenige Ort der Ort der begangenen That ist, an dem die Disposition erfolgt, sondern derjenige Ort, an dem die Disposition ausgeführt wird. Auch hier stehen wir vor einer der bestrittensten theoretischen Fragen. Auch hier bitte ich Sie aber an ein bekanntes Beispiel sich zu erinnern. Wenn ich in Leipzig eine unzurechnungsfähige Person, einen Wahnsinnigen, anstifte, an einem andern Orte, in Berlin, eine strafbare Handlung zu begehen, so habe ich die strafbare Handlung begangen. Nach meiner Auffassung habe ich sie in Berlin begangen, wo die That durch das Werkzeug ins Werk gesetzt worden ist. Nicht anders als der Unzurechnungsfähige steht derjenige, der sich der Causalität seiner That nicht bewußt ist. Und das ist in weitaus den meisten Fällen der Commissionär. Auch wenn ich das Schwergewicht auf die Disposition lege, auf die Bestimmung zur Verbreitung, so hat doch der Verleger dort gehandelt, wo die Disposition ausgeführt wurde, wo die Verbreitung stattgefunden, wo das Werkzeug, der Commissionär, gehandelt hat. Ich habe das nur angeführt, um meinen Standpunkt dem des Herrn Klöppel zu nähern, und auf die Punkte, in denen wir differiren, aufmerksam zu machen. Die Auskunft, die ich mir von Herrn Professor Dr. Schütze erbeten habe, in Beziehung auf die Anwendbarkeit des § 13, habe ich nicht bekommen. Wenn wir den Fall annehmen, daß die Verbreitung von Berlin und Leipzig aus erfolgt ist, so bietet § 13 nicht den geringsten Anhaltspunkt dafür, welches Gericht berechtigt ist einzuschreiten, dann ist vielmehr meiner Ueberzeugung nach § 12, mindestens im Wege der Analogie, anzuwenden. Die Frage der realen Concurrenz ist durch das Beispiel, welches Herr Klöppel angeführt hat, in schlagender Weise erläutert und entschieden worden. Wenn eine und dieselbe socialdemokratische Rede nicht von einem, sondern von verschiedenen Rednern auswendig gelernt und an mehreren Orten gehalten wird, so liegen entschieden mehrere selbstständige strafbare Handlungen vor. Freilich liegt hier die Sache anders, als in dem Falle der Verbreitung derselben Druckschrift; aber mit der mehrmaligen Haltung derselben Rede durch einen und denselben Thäter können wir ja die Verbreitung eines Preßerzeugnisses nicht vergleichen, weil das Preßerzeugniß eine gewisse

Selbstständigkeit hat. Entgegentreten muß ich ferner der Behauptung des Herrn Professor Schütze, daß Preßdelicte gar nichts Besonderes haben, daß sie nur gewöhnliche Delicte, begangen durch die Presse, sind. Theoretisch können wir das freilich behaupten, vielleicht auch nachweisen; aber wir setzen uns damit in Widerspruch zu der Geschichte, zu den bestehenden Verhältnissen. Die Entwickelung des Preßrechts in den europäischen Ländern beweist zur Genüge, daß gewisse Delicte gar nicht als Preßdelicte begangen werden können, und daß sie auch, wenn sie durch die Presse begangen werden, eben keine Preßdelicte sind. Die englischen libel laws, die französische Preßgesetzgebung sprechen so deutlich, daß es nur, wenn wir uns auf den theoretischen Standpunkt stellen und die Entwickelung der Geschichte vollständig ignoriren, möglich ist, diese Thatsache zu verkennen. Ich schließe mit dem Antrage, den ich früher gestellt habe; ich würde dringend bitten, mindestens die Anträge des Herrn Collegen Klöppel, am liebsten aber die Anträge des Herrn Referenten anzunehmen.

Professor Dr. **Schütze** (Graz): Es thut mir leid, daß der Herr Gutachter nicht befriedigt worden ist durch die von mir gegebene Aufklärung; aber ich bin wirklich nicht im Stande, etwas Weiteres zu sagen. Der § 13 ist anwendbar auf denjenigen Fall, wo in einem und demselben Preßerzeugnisse mehrere strafbare Handlungen nebeneinander sich finden, z. B. zweimalige Majestätsbeleidigung, oder eine Majestätsbeleidigung und außerdem Aufforderung zum Hochverrath und Privatbeleidigung in einem und demselben Preßerzeugnisse; ferner auf den Fall, wo nur eine einzige strafbare Handlung in einem Preßerzeugnisse begangen ist, aber eine ganze Menge Personen als Thäter, Mitthäter, Gehilfen, Anstifter betheiligt sind (alle diese Begriffe natürlich in das Gewand der Genossen im Preßgewerbe eingekleidet). Das sind Fälle, wo der Gerichtsstand der subjectiven und der objectiven Connexität, des Zusammenhangs mehrerer Strafsachen oder mehrerer an einer Strafsache betheiligten Personen, oder gar beides, die subjectiv-objective Connexität, vorliegt; und § 13 ist hier so anwendbar wie nur einer. Ich habe aber hinzugefügt, daß es mir gleichgiltig ist, ob Sie die Clausel: „nach Maßgabe der §§ 7, 12 und 13 der Strafprozeßordnung," annehmen oder nicht. Ich habe den Vorschlag nur gemacht, damit das alleinige Citat des § 12 Seiten des Herrn Gutachters, welches obendrein dessen Thesen 2 und 3 in flagranten Widerspruch bringt, aus der Welt geschafft werde. Ich habe im Uebrigen über die Sache weiter Nichts hinzuzufügen als das Eine, daß, wenn mehrere Personen einen und denselben Vortrag halten, vorher also darüber sich vereinigt haben, einen und denselben Vortrag an verschiedenen Orten gleichzeitig zu halten, das natürlich mehrere strafbare Handlungen sind, weil hier mehrere selbstständige, wenngleich komplotmäßige Thäter und Thaten vorhanden sind. Wenn ein und derselbe Mann nacheinander in mehreren Versammlungen einen und denselben Vortrag hält und das eine wiederholte strafbare Handlung genannt wird, so liegt auch in diesem Falle eine reale Concurrenz vor. Aber daß die Exemplare eines Preßerzeugnisses, welches eine Einheit darstellt, doch nicht eine solche Mehrheit von so vielen strafbaren Handlungen bewirken könne, wie Exemplare in die Welt gesetzt sind, darüber wird Niemand in Zweifel sein. Ist dem aber so, dann kann auch die Mehrheit der Verbreitungsmittelpunkte das einheitliche Delict nicht zu einem mehrfachen machen.

Rechtsanwalt **Klöppel** (Berlin): Nur eine einzige kurze Bemerkung. Wenn Herr Professor v. Liszt sich meiner Ansicht anschloß, daß die Disposition zur Verbreitung, die geschäftliche Anordnung das Wesentliche sei, aber weiter meinte, daß an dem Orte, wo die Disposition ausgeführt werde, die strafbare Handlung als begangen zu gelten habe, und sich dabei auf die Analogie des Anstifters bezogen hat, so glaube ich, daß dies hier doch unzutreffend ist, weil Anstifter und Thäter Jeder für sich eine strafbare Handlung begehen. Der Thäter kann die strafbare Handlung begehen, ohne angestiftet worden zu sein, und es ändert an seiner Strafbarkeit nichts, wenn er angestiftet ist, aber der Commissionär als solcher kann eine Druckschrift nicht verbreiten ohne Anordnung des Verlegers. Die Handlung des Commissionärs und die Anordnung des Verlegers sind Momente einer und derselben Handlung, aber das Anstiften des Thäters und die strafbare Handlung sind selbstständige Handlungen. Ich muß also darauf zurrückkommen, daß dort, wo die ganze Reihe der Verbreitungshandlungen ihren intellectuellen Anfang genommen hat, auch das forum delicti commissi ist.

Präsident: Ich kann wohl nun die Debatte schließen; es hat sich auch weiter Niemand zum Worte gemeldet. Ich gebe dem Herrn Referenten das Schlußwort.

Referent Reichsanwalt **Stenglein**: M. H.! Es liegen drei verschiedene Anträge vor. Zwei derselben stehen sich so nahe, daß ich das Bild von denselben gebrauchen möchte: die Herren gehen nach demselben Ziele auf zwei sehr nahe aneinanderliegenden Fußpfaden, und der Unterschied zwischen diesen Pfaden dürfte mehr auf dem thatsächlichen Gebiete als auf dem theoretischen Gebiete liegen. Es scheint mir, als ob die Herren hauptsächlich verschiedene Fälle im Auge hätten, die sie zu ihren kleinen Differenzen veranlassen, als daß dies theoretisch-rechtliche Verschiedenheiten sind. Wenn man z. B. den Fall so construirt, daß der Verleger die gesammte Auflage an den Commissionär in Leipzig schickt und den Auftrag giebt, von dort aus die Verbreitung vorzunehmen, so scheint es mir ganz richtig zu sein, wenn man sagt: Auf Veranlassung des Verlegers hat der Commissionär die Gesammtheit dessen, was die Verbreitung bewirkt, gethan, und deshalb ist das Forum in Leipzig, wenn auch der Verleger an einem andern Orte wohnt. Dagegen tritt in den Beziehungen zwischen Verleger und Sortimentsbuchhändler oder zwischen Verleger und Commissionär eine so große Verschiedenheit der Verhältnisse hervor, daß man in vielen Fällen höchst zweifelhaft sein kann, ob das soeben charakterisirte Verhältniß, Ausgabe in Leipzig trotz der Abwesenheit des Verlegers, stattfindet. Ich komme, wie gesagt, wieder auf das zurück, daß mir die ganze Verschiedenheit nur thatsächlicher Natur zu sein scheint. Der Richter wird in dem einen Falle vielleicht finden, daß an dem Orte, wo der Verleger wohnt, seine ganze Verbreitungsthätigkeit geschehen und dort das forum delicti commissi ist; der Richter wird vielleicht in einem andern Falle finden, daß dort, wo der Commissionär wohnt, die ganze Thätigkeit entwickelt wurde und dort das forum delicti commissi ist. Einen rechtlichen, theoretischen Unterschied kann ich in diesen Verschiedenheiten nicht finden, und so befinde ich mich gegenüber den Anträgen, die sich gegenüberstehen, in der eigenthümlichen Lage, für beide stimmen zu können, ohne daß ich damit etwas wesentlich Verschiedenes zu thun glaube.

Anders steht die Frage gegenüber dem Antrage des Herrn Professor Dr. Schütze, mehr vielleicht noch durch die Begründung, die er gegeben hat, als wegen des Resultats, denn in dem Resultate sind wir ja doch ziemlich einig, daß, wenn wirklich verschiedene Verbreitungshandlungen stattgefunden haben, eine Mehrheit von Fora's stattfindet. Die eine Frage, die er anregt bezüglich der realen Concurrenz, bezüglich der Frage, ob man die Frage nur prozeßrechtlich oder auch materiell rechtlich entscheiden soll, kann aber, wie ich glaube, nicht vollständig übergangen werden. Ich muß allerdings in diesen Fragen gegen Herrn Professor Schütze mich erklären. Die Frage ist darauf gerichtet: welches ist das forum delicti commissi? Das läßt sich unmöglich bestimmen, ohne sich über delictum commissum klar zu werden und das delictum commissum ist doch eine materiell rechtliche Frage. Wenn unser Prozeßrecht von dem delictum commissum bei Begründung des Forums abstrahirt und z. B. gesagt hätte: ich will das Forum da begründen, wo der Mann wohnt oder wo er seine ursprüngliche Heimath hat, wo er geboren ist — dann würde die Sache etwas anders liegen. Wenn aber das materielle Recht als Grundlage zur Begründung des Forums direct hineingezogen ist, wird man über den Begriff des materiellen Rechts nicht hinauskommen können, um die Frage zu lösen, und so scheint mir müssen wir auch in diesen Falle klar darüber werden:

wo ist die That begangen? um zu sagen: da, wo die That begangen ist, liegt auch das Forum. Eine andere Frage, die allerdings nicht direct auf die Antwort, welche Herr Professor Schütze der Frage geben will, Einfluß gehabt hat, ist die Frage der realen Concurrenz. Herr Schütze stellt in Abrede, daß reale Concurrenz vorliege, sondern er meint es liege nur eine einheitliche That vor, die sich in ihrer Wirkung auf verschiedene Gerichtsbezirke erstreckt. Diese Entscheidung scheint mir einfach eine petitio principii zu sein. Wenn die Verbreitungshandlungen so wenig selbstständig sind, daß man sagen muß: es ist nur eine einheitliche Aeußerung des verbrecherischen Gedankens, dann m. H. glaube ich, können wir nicht von verschiedenen Verbreitungshandlungen sprechen. Wir sind ja darüber Alle einig, daß nicht eine jede Verbreitungshandlung, die nur ein Theil des ganzen Complex von Verbreitungshandlungen ist, die That und damit das forum delicti commissi begründen kann, sondern daß eine Handlung von einem gewissen Mittelpunkte mit einem solchen Maße von Selbstständigkeit stattfinden muß, daß man sagen muß: das, was um die gebrauchten Beispiele zu wiederholen — von Pest aus geschehen ist, ist nicht dasselbe, was von Leipzig aus geschehen ist. Wenn Sie aber diese Voraussetzung annehmen, dann, glaube ich, werden Sie nicht umhin können anzuerkennen, daß eine reale Concurrenz vorliegt, denn was in Pest gethan worden ist, ist nicht dasselbe, wie das was in Leipzig gethan worden ist. Nun hat Herr Professor Schütze ein entscheidendes Gewicht auf die Gleichheit der Zeit gelegt und gesagt: es ist hier ein ganz anderer Fall, denn die Thaten sind ja gleichzeitig geschehen. Aber die Gleichzeitigkeit ist doch eine sehr approximative. Wenn der Verleger seinen Commissionär oder sonstigen Agenten in Pest Auftrag giebt: publicire! und seinen Commissionär in Leipzig den Auftrag giebt: publicire! so ist doch schwer anzunehmen, daß der Verbreitungsact in dieselbe Minute trifft, sondern es wird auch in Bezug auf die Zeit eine gewisse Verschiedenheit eingetreten sein, und wir haben also das Factum, daß eine materiell ganz gleich gelagerte That zu verschiedenen Zeiten wenn auch vielleicht nur um Minuten verschieden, an verschiedenen Orten geschehen ist, und das dürfte doch eine Verschiedenheit der That begründen. Wenn z. B. Jemand an einem Abend an drei verschiedenen Orten — eine traurige Episode unsrer deutschen Geschichte legt das Beispiel sehr nahe — etwa in drei verschiedenen Wirthshäusern Majestätsbeleidigungen begeht, so hat er doch drei Thaten begangen; wenn aber derselbe Verleger oder Verfasser zu verschiedenen Zeiten in Pest und Leipzig eine Majestätsbeleidigung mittelst eines Preßerzeugnisses ausspricht, so scheint er mir ebenfalls verschiedene Thaten begangen zu haben. Ich kann also in dieser Beziehung Herrn Professor Schütze nicht beitreten und empfehle vielmehr die Anträge des Herrn Gutachters eventuell die des Herrn Klöppel zur Annahme.

Der **Präsident** schlägt die Reihenfolge der Abstimmungen vor; die Versammlung stimmt den Vorschlägen bei.

Die erste (eventuelle) Abstimmung ergiebt die Ablehnung der Worte: „nach Maßgabe der Bestimmungen der §§ 7, 12 und 13 der Strafprozeßordnung" in dem Antrage des Professor Schütze. Hierauf wird der Antrag des Rechtsanwalts Klöppel, über welchen nun eventuell abgestimmt wird, abgelehnt und endlich der Antrag des Referenten:

1. Die Preßdelikte werden von den an Herstellung und Ausgabe der Druckschrift betheiligten Personen (Verfasser, Herausgeber, Redakteur, Drucker, Verleger) begangen an demjenigen Orte, von dem aus die Verbreitung der Druckschrift (der Vertrieb) erfolgt.
2. Wird die Druckschrift von mehreren Orten aus verbreitet (vertrieben), so haben die genannten Personen in realer Konkurrenz so oftmal das Preßdelikt begangen, als Verbreitungsmittelpunkte vorhanden sind;

mit großer Mehrheit angenommen, wodurch sich die weiteren Abstimmungen über den Antrag des Professor Dr. Schütze erledigen.

Ferner beschließt die Abtheilung, den gefaßten Beschluß dem Plenum zur Kenntnißnahme mitzutheilen, und beauftragt den Referenten, Reichsanwalt Stenglein, mit der Berichterstattung.

Der **Präsident** ertheilt hierauf dem Professor Dr. v. Liszt aus Gießen das Wort, um Vortrag zu erstatten über die Frage:

Sind gleiche Grundsätze des internationalen Strafrechts für die europäischen Staaten anzustreben? und eventuell welche?

Referent Professor Dr. v. **Liszt** (Gießen): M. H.! zu meinem großen Erstaunen habe ich in der heutigen Sitzung aus dem Munde unsers hochverehrten Herrn Präsidenten gehört, daß das Referat oder, wir unser Herr Vorsitzender sehr vorsichtig sich ausgedrückt hat, die einleitenden Worte von mir zu sprechen seien. Ich habe bis zur Eröffnung der heutigen Abtheilungssitzung keine Ahnung von diesem Umstande gehabt und muß daher Ihre Nachsicht in Anspruch nehmen. Ich werde vielleicht eher in der Lage sein, Ihre Nachsicht zu erlangen, als meine einleitenden Worte wirklich nur einige Worte seien werden. Ich schlage Ihnen nämlich vor, die Frage von der Tagesordnung des diesjährigen Juristentages ab, und auf die Tagesordnung des nächsten Juristentages zu setzen. Ich schlage vor, die Frage von der diesjährigen Tagesordnung abzusetzen, denn die Frage ist nach keiner Richtung hin einer Vorbereitung oder jener Vorbereitung unterzogen worden, welche zu einer bestimmten Entscheidung der Frage nothwendig ist. Die Frage ist außerordentlich interessant für den Theoretiker wie für den Praktiker, für den Staats- und Völkerrechtslehrer wie für den Criminalisten: die Frage ist eine außerordentlich wichtige und außerdem eine Frage, die so glücklich gewählt ist, wie wenige Fragen, welche die dritte Abtheilung im Laufe der letzten Jahre beschäftigt haben; aber auch eine Frage, die verdient, auch von Ihnen ernstlich erwogen und in einer Weise entschieden zu werden, welche praktische Consequenzen für die internationale Gesetzgebung nach sich zu ziehen geeignet ist. Wenn wir die Frage auf die Tagesordnung des nächsten Juristentags setzen, so ist diese Möglichkeit vorhanden; wir sind dann vielleicht in der Lage, eine Entscheidung darüber zu treffen, aus der wir die nöthigen praktischen Consequenzen zu ziehen in der Lage sind. Mein Antrag geht hiernach dahin:

> Die Frage von der diesjährigen Tagesordnung abzusetzen und die ständige Deputation um die Einholung entsprechender Gutachten zu ersuchen.

Professor Dr. **Schütze** (Graz): Ich habe nur Eins hinzuzufügen zu dem, was der Herr Referent gesagt hat, nämlich die Bemerkung zu machen, daß mir die Frage etwas allgemein gefaßt scheint, und daß es wohl Aufgabe der ständigen Deputation sein würde, die Frage bestimmter zu klausuliren. Wir müssen wissen, was wir uns unter den Vorschlägen für das internationale Strafrecht zu denken haben. Handelt es sich vorwiegend um die Bestimmung, was als politisches Delict zu betrachten sei? Handelt es sich vorwiegend um die Frage, nach welchen leitenden Gedanken Auslieferungsverträge zu schließen, wie die Rechtshülfe gegenüber auswärtigen Urtheilen zu bestimmen sei? Sollen wir über alle diese Fragen Gutachten abgeben, oder nur über einzelne derselben? Ich glaube, die ständige Deputation dürfte in Erwägung ziehen müssen, ob nicht die Frage in dieser Weise zu specialisiren und eventuell auf eine einzelne dieser Fragen zu beschränken sei, oder ob dieselbe wiederum so allgemein gefaßt werden solle, wie sie heute gestellt ist.

Präsident: Nach Schluß des Vortrags wird weder eine Discussion, noch eine Abstimmung verlangt, vielmehr der Antrag des Referenten auf Vorschlag des Präsidenten einfach acceptirt, auch zugestimmt, daß der Beschluß dem Plenum durch den Referenten zur Kenntnißnahme vorgetragen werde.

(Schluß der Sitzung 1¼ Uhr.)

Zweite Sitzung der dritten und vierten Abtheilung am 10. September 1880.

Präsident Generalstaatsanwalt Dr. v. Schwarze eröffnet die Sitzung nach 9 Uhr Vormittags. Die Abtheilung acceptirt die von dem Präsidenten und Vicepräsidenten vorgeschlagenen Vertrauensmänner für die Wahl der ständigen Deputation:

1. Oberreichsanwalt Freiherr v. Seckendorff aus Leipzig,
2. Oberbürgermeister Dr. Georgi aus Leipzig,
3. Reichsanwalt Stenglein aus Leipzig,
4. Reichsgerichtsrath v. Buri aus Leipzig,
5. Geheimrath v. Körner aus Dresden,
6. Oberhofgerichts-Kanzler Dr. Roßhirt aus Heidelberg,
7. Landgerichtsrath Dr. Thomsen aus Hannover,
8. Universitätsprofessor Dr. Schütze aus Gratz,
9. Oberstaatsanwalt v. Köstlin aus Stuttgart,
10. Generalstaatsanwalt Dr. v. Schwarze aus Dresden.

Die Versammlung tritt zunächst in die Verhandlung der Frage ein:

Läßt sich das sog. objective Strafverfahren in Preßsachen, wie dasselbe in Oesterreich besteht, wissenschaftlich und vom Standpunkte des Bedürfnisses der Rechtspflege rechtfertigen?

Referent Reichsgerichtsanwalt **Stenglein** (Leipzig): M. H., Sie finden die Thesen, welche ich mir erlaubt habe, Ihnen zur Beschlußfassung zu unterbreiten auf der 4. Serie der Tagesordnung in dem Wortlaute:

Der deutsche Juristentag wolle beschließen:

1. Ein Verfahren in Preßstrafsachen, in welchem das Preßerzeugniß, weil deren Inhalt eine strafbare Handlung begründe, als Subject einer strafbaren That ohne Rücksicht auf einen Thäter behandelt

wird, läßt sich weder vom wissenschaftlichen noch vom Standpunkte des Bedürfnisses der Rechtspflege rechtfertigen.

2. Ein Urtheil, welches auf Unterdrückung eines Preßerzeugnisses oder auf Vernichtung des zur Vervielfältigung eines solchen bestimmten Hilfsmittels gerichtet ist, ohne daß es die Verurtheilung einer für das Preßerzeugniß verantwortlichen Person (eines Thäters) zur Voraussetzung hat, läßt sich nur rechtfertigen, wenn die Verurtheilung des Thäters trotz Vorliegen einer rechtsverletzenden Handlung aus materiell strafrechtlichen Gründen unthunlich oder wenn der Thäter der Bestrafung entzogen ist.

Sie werden finden, daß ich vom Wortlaut der Frage, wie sie gestellt ist, und welcher dahin geht:

Läßt sich das sogenannte objective Strafverfahren in Preßsachen, wie dasselbe in Oesterreich besteht, wissenschaftlich und vom Standpunkte des Bedürfnisses der Rechtspflege rechtfertigen?

vollständig abgewichen bin. Der Grund, weshalb ich dies gethan habe, ist der: es war bisher nicht in der Gepflogenheit des Juristentags gelegen, sich über eine positive Gesetzgebung zustimmend oder tadelnd auszusprechen. Der Juristentag hat sich nur mit Rechtsprincipien befaßt und nur über solche ausgesprochen, es aber den gesetzgebenden Factoren überlassen, Folgerungen für die Gesetzgebung aus dem zu ziehen, was der Juristentag als Versammlung der Rechtsverständigen Deutschlands für richtig anerkannt hat. Außerdem habe ich aber noch Bedenken getragen, die Worte zu adoptiren, „wie dasselbe in Oesterreich besteht." Mit diesen Worten würden wir uns nicht nur über ein Princip aussprechen, wir würden auch alle Einzelheiten mit in den Kauf nehmen müssen, welche mit dem Principe des Gesetzes verknüpft sind, sowie die ganze Praxis, wie sie sich in Oesterreich gebildet hat. Um uns darüber auszusprechen, würde es nothwendig sein, alle Einzelheiten des Instituts, sowohl in materiell strafrechtlicher, als ein strafprocessualer Beziehung zu untersuchen und Beschluß darüber zu fassen. Eine Aburtheilung darüber, wenn ich so sagen soll, in Bausch und Bogen geht unmöglich. Ein solches Eingehen in die Einzelheiten würde aber fast unmöglich sein, mindestens nicht ohne Vorarbeiten, die uns augenblicklich nicht zu Gebote stehen, es würde aber selbst mit solchen Vorarbeiten kaum durchführbar sein, daß der Juristentag sich in diese Einzelheiten verliert. Wenn wir nun aber nicht untersuchen können, ob die Einzelheiten vollständig mit unseren Ueberzeugungen übereinstimmen, können wir auch gar nicht in der allgemeinen Form: „wie dasselbe in Oesterreich besteht," uns über die Sache aussprechen, sondern wir müssen das Princip ausscheiden, auf dem es in diesem oder jenem Lande besteht und über dies

Princip allein, glaube ich, wird der Juristentag sich aussprechen können. Wenn ich mich nun zur Begründung meiner Anträge wende, so haben Sie schon aus der Tagesordnung entnommen, daß kein Gutachten vorliegt, auf dem ich fußen kann. Als ein solches Gutachten dürfen wir aber wohl das Buch des Herrn Professor Dr. Liszt über das Preßrecht in Oesterreich betrachten; denn es behandelt den Gegenstand sehr schlagend, so daß immerhin dasjenige, was durch ein Gutachten zu erreichen ist, auch durch dieses Buch erreicht wird. Es ist das der Grund, wenn ich vielleicht zu wiederholten Malen auf dieses Werk zurückkomme. Um nun für diejenigen Herren, welchen die Gesetzesstellen, auf denen das objective Verfahren in Oesterreich beruht, einen Anhalt zu bieten — denn in der Discussion können wir uns wohl auf den Staat beziehen, in welchem dieses objective Verfahren im Augenblicke noch in Kraft besteht — ich sage, weil manchen der Herren vielleicht die Gesetzesstellen, auf welchen das Verfahren in Oesterreich beruht, nicht vollständig erinnerlich sind, erlaube ich mir § 493 der österreichischen Strafproceßordnung mitzutheilen, durch welchen dieses objective Verfahren begründet ist. Er lautet so:

„Der Staatsanwalt kann, auch wenn er gegen keine bestimmte Person Anklage erhebt, im öffentlichen Interesse begehren, daß das Gericht darüber erkenne, ob der Inhalt einer Druckschrift eine strafbare Handlung begründe, und daß es in diesem Falle das Verbot der weiteren Verbreitung der Druckschrift ausspreche. Hierüber erkennt der Gerichtshof I. Instanz, und wenn es sich um eine Uebertretung handelt, das zuständige Bezirksgericht nach Anhörung des Staatsanwalts in nicht öffentlicher Sitzung, ohne daß durch ein solches Erkenntniß dem etwa später gegen eine bestimmte Person einzuleitenden Strafverfahren vorgegriffen wird.

Gegen die Entscheidung des Gerichtes, welche im Falle der Erlassung des Verbotes am Sitze des Gerichtes öffentlich anzuschlagen, und durch die amtliche Zeitung kundzumachen ist, kann von jedem Betheiligten binnen 8 Tagen nach der Kundmachung der Einspruch erhoben werden, über welchen das Gericht in öffentlicher Sitzung nach Anhörung des Staatsanwaltes und des den Einspruch Erhebenden zu entscheiden hat."

Wir haben also hier eine Bestimmung, durch welche es in das selbstständig freie Ermessen des Staatsanwalts gegeben ist, ob er Anklage gegen eine Person, von der ein Preßerzeugniß ausgegangen ist, oder welche für ein Preßerzeugniß verantwortlich ist, erheben will, oder ob er diese Person ignoriren und nur gegen das Preßerzeugniß sich wenden will und zwar ein Preßerzeugniß, welches dadurch charakterisirt wird, daß dessen Inhalt eine strafbare Handlung begründet. Ich werde mich natürlich nicht in einer Kritik der Gesetzgebungsredaction ergehen, aber an und für sich dürfte ja vollständig klar sein, daß der Inhalt einer Druckschrift eine strafbare Handlung nie begründen kann. Es heißt nicht, daß mittelst der Druckschrift eine strafbare Handlung begangen ist, obwohl man ja auch mit dieser Redaction sofort auf die Person des Handelnden zurückkommen muß, sondern es heißt, die Druckschrift selbst soll eine strafbare Handlung begründen, etwas, was vollständig unmöglich ist. Wenn man von einer Handlung spricht, kommt man nothwendigerweise auf die Person des Thäters und hat es mit diesem zu thun. Aber auch außerdem scheint mir, daß die Sache wissenschaftlich sich durchaus nicht construiren läßt. Wenn man von einer strafbaren Handlung spricht, so ist das erste Erforderniß, daß die That mittelst Vorsatzes oder einer strafbaren Fahrlässigkeit begangen ist. Beides läßt sich nur denken und construiren mit Bezug auf einen bestimmten Urheber, auf eine bestimmte verantwortliche Person. Eine solche liegt aber nicht vor, ist nicht in Frage, sobald der Staatsanwalt von einer Anklage gegen die Person abstrahirt und nur die Druckschrift als objective Erscheinung in's Auge faßt. Ich glaube also durchaus nicht, daß wissenschaftlich irgendwie sich mit dieser Bestimmung übereinstimmen läßt, ich glaube, daß wissenschaftlich ein solches Abstrahiren von der Person des Handelnden vollständig unthunlich ist. Aber auch im Interesse der Rechtspflege kann ich mir nicht denken, daß sich ein Bedürfniß dieser Art ergeben soll. Die Rechtspflege hat zunächst nur das Bedürfniß, denjenigen, der sich einer strafbaren Handlung schuldig gemacht hat, zur Strafe zu ziehen; sie soll allerdings auch einen Schutz für den Verletzten bieten und in dieser Richtung läßt sich in einem gewissen Umfange das objective Verfahren rechtfertigen, daß aber von einem Verletzenden abstrahirt wird, daß man den Verletzenden, wenn er schuldig ist, gleichsam begnadigt und zwar durch einen Machtspruch des Staatsanwalts, scheint mir im Interesse der Rechtspflege unthunlich zu sein. Ich kann mir ja denken, und in weiten Ländern, sogar in Ländern, deren Gesetze wir uns häufig als Vorbilder für unsere rechtlichen Einrichtungen genommen haben, besteht es, daß der Staatsanwalt eine gewisse discretionäre Gewalt hat, daß er von einer Anklage, wenn er glaubt, damit im Interesse des Staates zu handeln, in gewissen Fällen abstrahiren kann, dann aber abstrahirt er von der Anklage vollständig, er nimmt nicht einen Theil des Thatbestandes heraus und die Sache kommt überhaupt nicht vor's Gericht. Daß aber diese discretionäre Gewalt dem Gerichte eingeräumt, ja sogar aufgezwungen werden kann, daß das Gericht gehalten sein soll, den objectiven Thatbestand in's Auge zu fassen und abzuurtheilen und diejenigen zu ignoriren, die hinter der objectiven That als Thäter stehen, das ist, glaube ich, etwas, was nirgends gebilligt wurde. Das ist eine Zumuthung an den Richter, die gegen die Idee eines gerichtlichen Urtheils spricht. Der Richter soll untersuchen, liegt im Inhalte eines Preßerzeugnisses eine strafbare Handlung, aber im Augenblicke, wo er durch die logische Nothwendigkeit darauf hingeleitet wird, zu fragen, wer hat die Handlung begangen, in dem Augenblicke soll er mit seinem Gedankengange stillstehen und nicht über die Grenze hinausgehen, die außerdem jeder Richter geht, nämlich sich zu fragen, liegt der Thatbestand einer strafbaren Handlung vor und wer beging sie, ist dieser gesetzlich strafbar? Es scheint mir also auch im Interesse der Rechtspflege irgend ein Bedürfniß derart nicht nachgewiesen zu sein, außer in denjenigen Beziehungen, die ich im 2. Theile meiner Thesen darzustellen suchte. Schon gestern wurde in einer verwandten Discussion betont, daß das Preßdelict einen eigenthümlichen Character an sich trägt, das Preßdelict schaffe einen bleibenden Ausdruck des Gedankens, der nachwirkt. Dieselbe Rechtsverletzung, die begangen wird im Augenblicke der Ausgabe, im Augenblicke des Erscheinens des Preßerzeugnisses, dieselbe Rechtsverletzung wirkt und dauert fort, solange das Preßerzeugniß überhaupt besteht und gleichviel, ob der Thäter deshalb bestraft wird. Wenn das Preßerzeugniß im Publikum bleibt, wenn es weiter vertrieben wird, würde jedes Exemplar des Preßerzeugnisses, sobald neuerdings Kenntniß davon genommen wird, von Neuem dieselbe rechtsverletzende Wirkung äußern, die es im Anfange geäußert hat. Dieser Umstand ist es, der fast allenthalben dahin führt, daß Preßerzeugnisse nicht nur beschlagnahmt, sondern auch vom Richter unterdrückt werden können. Durch die Unterdrückung will man, soweit es in den Grenzen der Menschenmöglichkeit liegt, diese fortdauernde rechtsverletzende Wirkung aufheben, will das Preßerzeugniß beseitigen. Das kann aber logisch doch nur geschehen, wenn es nicht in Verbindung mit dem strafbaren Thäter geschehen kann, also in den zwei Richtungen, die ich in meiner 2. These angedeutet habe, in subsidiärer Weise, daß entweder materiell rechtliche Gründe einer Bestrafung entgegenstehen oder daß der Thäter faktisch sich der Strafe entzieht. In ersterer Richtung will ich nicht alle die Möglichkeiten, welche die Strafbarkeit der That aufheben, erörtern. Vieles davon läßt sich ja mit den Preßverhältnissen an sich überhaupt nicht in Verbindung denken oder wenigstens nur unter Combinationen, die des praktischen Interesses entbehren. Hauptsächlich zwei Umstände werden es sein, mit denen man zu thun hat. Das ist die Aufhebung der Zurechnungsfähigkeit des Thäters, die zwar seine persönliche Strafe ausschließt, die aber nichtsdestoweniger das Preßerzeugniß, das von dem Unzurechnungsfähigen ausgegangen ist, ebenso rechtsverletzend erscheinen läßt, als wenn es von einem Zurechnungsfähigen ausgegangen wäre, der zur Strafe hätte gezogen werden können. Ein andrer Punkt ist die Verjährung und dies ist einer von den wenigen Punkten, in welchem ich von dem Buche des Herrn Dr. Liszt in meiner Ueberzeugung abweiche. Wenn ich ihn recht verstehe, nimmt er an, daß die Verjährung eine Aufhebung der Strafbarkeit dann begründe, wenn sie gegen sämmtliche für das Preßerzeugniß verantwortliche Personen eingetreten ist, daß aber, solange nur gegen einzelne Betheiligte die Verjährung eingetreten ist, eine solche Aufhebung der Strafbarkeit nicht eintrete. Ich kann die Richtigkeit dieses Satzes nicht anerkennen, sondern glaube, daß überhaupt nur von einer Verjährung der Strafverfolgung die Rede sein kann, daß also auch nur der Proceß dadurch ausgeschlossen wird, daß die Strafbarkeit der That aber an sich bestehen bleibt, gleichviel, ob gegen einzelne oder sämmtliche verantwortliche Personen die Verjährung eingetreten ist. Ich glaube aber nicht, daß es nothwendig ist, auf solche Einzelheiten und Möglichkeiten einzugehen. Ich habe mich deshalb eines allgemeinen Ausdrucks bedient, um, wenn allenfalls eine fernliegende Möglichkeit eintritt, auch diese vom Wortlaute gedeckt wird. Solche Umstände sind es, welche in materiell rechtlicher Beziehung einwirken können, um die Strafverfolgung gegen den Thäter auszuschließen, dennoch aber das strafbare Preßerzeugniß als Mittel einer strafbaren Handlung erscheinen lassen und deswegen eine objective Repression nothwendig und möglich zu machen. Der andre Fall ist der, daß der Thäter sich der Strafe entzog. Auch hier lassen sich verschiedene Möglichkeiten denken. Ich habe aber vorzugsweise den Fall der Abwesenheit des Thäters, das Nichtunterworfensein unter die Strafgewalt des Staates, gegen den oder dessen Angehörigen die strafbare That begangen worden ist, im Sinne. Es liegt ja in der Berechtigung eines jeden Staates, seinen Proceß so zu construiren, daß er auch diejenigen Handlungen, welche nicht unter seiner Gerichtsbarkeit begangen sind, wenn sie aber eine rechtsverletzende Wirkung auf das Inland haben, vor sein Forum zieht und aburtheilt, aber es ist eine zweckmäßige Einrichtung, daß er nur in den allernothwendigsten Fällen dies thut, außerdem aber die Strafgewalt nur walten zu lassen, wenn derjenige, gegen den er sie walten läßt, auch unter seiner Strafgewalt steht, daß er in der Regel nicht gegen Abwesende, nicht gegen Ausländer einschreitet. In solchem Falle ist es klar, daß nicht nur die Strafbarkeit intact ist, sondern auch, daß die objective rechtsverletzende Wirkung des Preßerzeugnisses fortbesteht, und in solchem Falle entsteht das Bedürfniß, objectiv gegen das Preßerzeugniß einzuschreiten, ohne daß man gegen die Person des Thäters, des für das Preßerzeugniß Verantwortlichen einschreitet. Ein andrer Fall derart, der noch etwas kritischer ist, und deshalb weniger geeignet sein dürfte, Ausdruck in einer Resolution des Juristentags zu finden, ist der Fall des Antragsreats. Ich glaube, daß, wenn der Staat es von dem Antrage des Verletzten abhängig macht, ob überhaupt eine Strafverfolgung eintreten soll, es eine Inconsequenz sein würde, wenn er das objective Strafverfahren einleiten wollte, obwohl kein Strafantrag gestellt ist. Ist er gestellt, fällt die Verfolgung des Delicts mit der von amtswegen anzustellenden völlig zusammen. Ich glaube, es würde eine Inconsequenz sein, wenn man sagte, ich erkenne die Rechtsverletzung als gegeben an und will deshalb das Preßerzeugniß, obwohl ich gegen den Thäter nicht einschreiten kann, unterdrücken, während man die Rechtsverletzung nicht als eine solche betrachtet, die unter allen Umständen verfolgt werden muß, die nur verfolgt wird, wenn der Verletzte den strafbaren Fall für bedeutend genug hält, durch Strafantrag den Arm der Gerechtigkeit anzurufen. Es liegen darüber mehrere Erkenntnisse des Reichsgerichtes vor, daß der Strafantrag nur eine processuale Wirkung hat und denkbar wäre es, auch für diesen Fall das objective Strafverfahren zuzulassen. Wie gesagt, ich halte ein solches objectives Strafverfahren für inconsequent im Sinne des Staates. Von dem andern Falle der persönlichen Immunität des Thäters u. dgl. glaube ich abstrahiren zu können, da dergleichen Fälle von solcher Seltenheit sind, daß sie kaum besprochen werden müssen. Wenn ich mich zur Gestaltung dieses objectiven Strafverfahrens in Oesterreich wende, so glaube ich, können wir uns auch das nicht verhehlen, und die Consequenzen dieser Art zeigen wohl am Besten, wie es mit dem Rechtsinstitute, mit dem objectiven Verfahren, wie es in Oesterreich besteht, beschaffen ist — ich glaube, wir können uns nicht verhehlen, daß mit einem solchen Rechtsinstitute auch die schwersten Bedenken in processualer Beziehung verbunden sind. Durch das objective Strafverfahren wird nothwendig gemacht, daß eine Verhandlung stattfindet, ohne daß ein Angeklagter da ist; denn man kann doch nicht das Preßerzeugniß selbst auf die Anklagebank setzen, es ist kein Vertreter des Preßerzeugnisses vorhanden, und man kann nicht Jemanden als für ein Preßerzeugniß verantwortlich behandeln, ohne persönlich ihn angeklagt zu haben. Man muß also nothwendigerweise zu einem Verfahren kommen, in dem man es überhaupt mit einer Fiction zu thun hat, mit der Fiction, daß das Preßerzeugniß der Träger der Gedankens ist, ohne daß derjenige, der den Gedanken gehabt hat, der ihn ausgesprochen, irgendwie vor das Forum des Gerichts, welches über das Preßerzeugniß sprechen soll, gezogen wird. So hat auch die österreichische Gesetzgebung sich genöthigt gesehen, ein Verfahren zuzulassen, in dem auf einseitiges Gehör des Staatsanwalts der Beschluß gefaßt wird. Allerdings hat man den Mißstand später zu beseitigen gesucht, dadurch, daß man einen Einspruch des Betheiligten zugelassen hat, aber dadurch tritt die Inconsequenz umsomehr hervor, den Angeklagten zu ignoriren und ihm dann als Betheiligten ein Rechtsmittel einzuräumen. Man ist zu dem Resultate gekommen, dasselbe Gericht, welches bereits über die objectire Strafbarkeit sich ausgesprochen hatte, nun auch zum Richter über den Einspruch des Betheiligten zu machen. Daß aber ein solches Gericht, welches bereits sich ausgesprochen hat, nicht mehr unbefangen ist, daß es nicht ein Urtheil ohne Rücksicht auf das, was geschehen, fällen kann, dürfte an sich vollständig klar sein. Es besteht aber noch ein großes Bedenken. In der Mehrzahl der Länder, für die das objective Verfahren in Rede kommt, wird der eigentlich competente Richter beseitigt und ein anderes Gericht an dessen Stelle gesetzt. Fast allenthalben hat man über Preßerzeugnisse Geschworne als Richter bestellt; durch eine Fiction, durch eine Auslassung in der Anklage aber werden regelmäßig Rechtsgelehrte zu Richtern über das objective Strafverfahren berufen und die Geschwornen beseitigt. Allerdings würde sich mit der Einrichtung der Geschworenengerichte ein objectives Strafverfahren sehr schwer vereinigen lassen. Ich habe aber endlich auch die größten politischen Bedenken gegen eine solche Einrichtung. Die Preßfreiheit ist nun allmälig ein Palladium geworden, welches man mehr oder minder, mit etwas mehr oder weniger Restriction allenthalben als ein großes Gut anerkannt hat. Außer in einem großen Ostreiche, wo es weniger auf feststehende Rechtsnormen ankommt, glaube ich nicht, daß irgendwo die Censur noch besteht, wenigstens nicht in den Ländern, mit denen wir es allein zu thun haben. Denken Sie sich aber ein solches objectives Strafverfahren, noch dazu mit der Möglichkeit des Rückgriffs gegen den Schuldigen; denn es soll ja das objective Strafverfahren in Oesterreich der künftigen Anklage gegen den Thäter nicht präjudiciren. Daß ein solches objectives Verfahren außerordentlich nahe an die Censur hinkommt, daß es sich nur dadurch von der Censur unterscheidet, daß nicht die Polizei, sondern der Richter es übt, das ist wohl außer allem Zweifel. Daß aber zu einer solchen vorbeugenden Thätigkeit der Richter eine besondere Fähigkeit haben soll, könnte ich nicht anerkennen. Ja, ich glaube, er kommt dadurch nur in die Lage, vor Menschlichkeiten gestellt zu werden, die dem Richter füglichst erspart werden sollte. Wenn er es nicht mit einer strafbaren Person zu thun hat, sondern mit einem theoretischen Ausspruche, daß in einer Schrift eine strafbare Handlung begründet sei und daß diese deshalb unterdrückt werden müsse, wird er leichter zur Unterdrückung, leichter zur Bejahung der Schuldfrage kommen, als wenn er es mit einer zu bestrafenden Person zu thun hat, und darin liegt die große Gefahr, daß auch nicht strafbare Preßprodukte, welche nach irgend einer

Richtung hin Gefühle verletzen, oder inopportun erscheinen, der Unterdrückung zugeführt werden, welche sie vom Rechtsstandpunkte aus nicht verdienen. Aus diesen Gründen scheint mir das objective Strafverfahren weder im Sinne der Wissenschaft, noch im Sinne des Bedürfnisses der Rechtspflege gerechtfertigt werden zu können. Wenn ich mich schließlich frage, wie es möglich ist, daß in einem großen Reiche ein solches Institut Jahre lang bestehen konnte und bestanden hat, so glaube ich, kann man es eben nur mit historischen Vorgängen erklären, wie der Versuch, die Geschwornen auf die Aburtheilung von Preßerzeugnissen beschränken zu wollen, wodurch man von selbst sie nicht als ein Rechtsinstitut, sondern als ein politisches Institut erscheinen läßt und darauf anweist, nach politischen und nicht nach rechtlichen Erwägungen zu urtheilen. Ich kann mir nur denken, daß man irgendwie dazu gekommen ist, den Geschwornen eine Competenz einzuräumen, während man ihnen nicht recht die Fähigkeit zutraute, diese Competenz wirklich auszufüllen und deswegen an ein Hülfsmittel dachte, welches jedenfalls mangelhafter ist, als wenn man einige Freisprechungen erlebt hätte. Oder, daß man die Erfahrung gemacht hat, daß Partei- und Nationalitätenkämpfe heftig genug waren, das Rechtsgefühl nicht zum Durchbruche kommen zu lassen, sondern auf politische Erwägungen beruhende Wahrsprüche zu erzielen. Daß man gegen solche Mißstände ein Abhülfsmittel gewählt hat, welches mir nicht das rechte zu sein scheint. Wenn man zu der Ueberzeugung kommt, und das ist bei menschlichen Einrichtungen möglich, daß die Geschwornen ihrer Aufgabe nicht gewachsen sind, so kann man nur helfen, indem man das Geschworneninstitut in größeren oder kleineren Kreisen beseitigt, nicht aber dadurch, daß man auf Umwegen ein Abhülfsmittel schafft, welches innerlich unwahr ist. Es sind das in der Kürze die Erwägungen, welche mich geleitet haben, indem ich aus den gesetzlichen Bestimmungen, welche uns vorliegen, das Princip herauszuziehen suchte und in dem ersten Satze meiner Thesen das Recht zur objektiven Verfolgung in der Allgemeinheit, in welcher es in Oesterreich dem Staatsanwalte eingeräumt ist, verneinte, in der 2. These aber die Grenze zu bestimmen suchte, für welche das objective Verfahren zulässig erscheint. Ich empfehle Ihnen diese beiden Thesen zur Annahme.

Der **Präsident** theilt mehrere Anträge zu den von dem Referenten vorgeschlagenen Thesen mit. Professor v. Liszt beantragt: die erste These zu streichen und in der zweiten These die Schlußworte, die in der These anfangen: „wenn die Vorurtheilung des Thäters" u. s. w. folgendermaßen zu fassen:

> so läßt es sich nur rechtfertigen, wenn die Verfolgung oder Verurtheilung einer bestimmten Person nicht ausführbar ist und ferner,

daß das objective Verfahren nach den Grundsätzen der Oeffentlichkeit und Mündlichkeit geregelt ist.

Ferner beantragt Dr. Berggruen aus Wien zur Theses 2 einen Zusatz, der folgendermaßen lautet:

In diesen Fällen ist das Urtheil auf Unterdrückung des Preßerzeugnisses von demselben Richter (Geschworenen) zu sprechen, welcher zuständig gewesen wäre, wenn der Urheber des Preßerzeugnisses (der Thäter) hätte verfolgt werden können.

Professor Dr. **Liszt** (Gießen). M. H., ich bitte Sie, es mir zu verzeihen, wenn ich Ihre Geduld auf einige Augenblicke in Anspruch nehme. Es ist die heut gestellte Frage eine solche, die mich in doppelter Beziehung interessirt; einmal weil sie eine Preßfrage ist und weiter, weil ich während meiner kurzen praktischen Thätigkeit in Oesterreich unter der Herrschaft des österreichischen Preßgesetzes die Unannehmlichkeiten dieses österreichischen objectiven Verfahrens genau kennen zu lernen Gelegenheit gehabt habe. Unser verehrter Referent hat die Sachlage nach allen Richtungen in so eingehender und scharfer Weise beleuchtet, daß mir hinzuzufügen nur sehr wenig übrig bleibt. Ich möchte mir aber dennoch erlauben, an den vom Referenten vorgeschlagenen Thesen einige Aenderungen in Antrag zu bringen. Der Gesichtspunkt, auf den es zunächst ankommt, ist in den Thesen des Referenten in völlig klarer Weise angedeutet, der Umstand nämlich, daß nach österreichischem Prozeßrechte der Staatsanwalt die freie Wahl zwischen subjectiver und objectiver Verfolgung hat. In dieser Richtung habe ich der These durchaus nichts hinzuzufügen. Sie finden aber in der 2. These eine nähere Begrenzung derjenigen Fälle, für welche das objective Verfahren zulässig sein soll; und es hat der Referent hingewiesen auf jene zahlreichen Controversen, welche auf Grund des § 42 des Strafgesetzbuchs aufgetaucht sind. Zu denselben Fragen geben auch die §§ 492 u. 493 der österreichischen Strafprozeßordnung Anlaß. Es handelt sich darum, wann eine Handlung als eine objectiv strafbare betrachtet werden kann. Es gehört diese Frage zu den allerschwierigsten, und ich möchte als einen kleinen Beweis dafür mir erlauben anzuführen, daß der Punkt, in welchem der der Referent mit mir nicht einverstanden zu sein erklärt, einer von denen ist, in Bezug auf welche ich selbst seit zwei Jahren zu einer abweichenden Meinung gekommen bin; die Frage, ob, wenn die Verjährungsfrist abgelaufen ist, das objective Verfahren eingeleitet werden kann. Unsere Praxis schwankt ja in Bezug auf § 42 des deutschen Strafgesetzbuches ganz bedeutend. Ich möchte mir daher erlauben, an Stelle der vom Referenten gegebenen folgende Wortfassung vorzuschlagen:

Das objective Strafverfahren läßt sich nur rechtfertigen, wenn,

> wie § 42 der deutschen Strafprozeßordnung sagt, die Verfolgung oder Verurtheilung einer bestimmten Person nicht ausführbar ist.

Damit kommen wir über die aufgetauchten Controversen weg, wir erklären, die Sache soll eben in Bezug auf Oesterreich gerade so stehen, wie in Deutschland. Wir greifen damit der Erledigung keiner Controverse vor, und überlassen die Sache der Entscheidung der Praxis, bezw. der Wissenschaft. Das wäre die eine der Abweichungen, die ich vorschlagen würde, um unangenehmen Controversen aus dem Wege zu gehen. Der zweite Punkt, in Bezug auf den ich mir eine kleine Abänderung vorzuschlagen erlaube, betrifft die Regelung des Verfahrens in Oesterreich. Das österreichische Verfahren gehört zu den sonderbarsten Dingen, die jemals der Verstand eines Juristen ausgedacht hat. Der Staatsanwalt stellt den Antrag auf Einleitung des objectiven Verfahrens. Das Gericht beschließt nun in nicht öffentlicher Sitzung, ohne die Zuziehung des Betheiligten, ohne mündliche Verhandlung, ob oder ob nicht das Verfahren einzuleiten sei. An dasselbe Gericht hat der Betheiligte seinen Einspruch zu richten. Dasselbe Gericht entscheidet nun in öffentlicher mündlicher Verhandlung über den Einspruch. Es wird also eine öffentlich mündliche Verhandlung aufgebaut auf eine nicht öffentliche, nicht mündliche Entscheidung. Dieser Punkt betrifft allerdings Details, allein Jeder, der praktisch gearbeitet hat, weiß, daß dieses Einspruchsverfahren eine der unangenehmsten und widerlichsten Aufgaben für den Vertheidiger enthält. Er hat es zu thun mit einem bereits vorliegenden Urtheile, er weiß, daß es unmöglich ist, die Stimmung der Richter zu ändern, er muß aber der öffentlichen Meinung zur Liebe eine schöne Rede halten, er wird scharf persönlich gegen den Staatsanwalt, weil er weiß, daß er sachlich nichts ausrichten kann, und wir bekommen so das Bild einer Verhandlung, wie man sie sich unangenehmer und für die Betheiligten peinlicher nicht denken kann. Ich glaube daher, daß es wohl angezeigt ist, wenn sich der Juristentag auch mit dieser kleinen Einzelheit befaßt und ich habe daher den Zusatz vorgeschlagen:

> Dieses Verfahren läßt sich nur rechtfertigen, wenn die Verfolgung oder Verurtheilung einer bestimmten Person nicht ausführbar ist und wenn es ferner auf dem Grundsatze der Oeffentlichkeit und Mündlichkeit aufgebaut ist.

Ich brauche die Herren nur zu erinnern an die Bestimmungen unserer deutschen Strafprozeßordnung und mich in weitere Auseinandersetzungen nicht einzulassen. In ähnlicher Weise, wie die deutsche Strafprozeßordnung die ganze Sache gestaltet hat, kann es die österreichische Gesetzgebung ebenfalls thun. Es ist noch ein weiterer Punkt, den ich auf dem Herzen habe, ich beantrage die Streichung der 1. These. Es wäre außerordentlich wünschenswerth, daß wir zu einem möglichst einstimmigen Votum kämen, wenn wir auf die Gesetzgebung in Oesterreich einwirken wollen. Der Augenblick ist günstig. Wir müssen mit einem einstimmigen Votum hervortreten. Mit der These 1 könnte ich mich aber aus theoretischen Gründen nicht einverstanden erklären. Wenn der Referent nur sagt, das objective Verfahren, wie es in Oesterreich besteht, ist verkehrt, bin ich völlig einverstanden, dazu reicht aber die 2. These vollkommen aus, das objective Verfahren ist nur als subsidiäres gerechtfertigt. Wenn wir die 1. These weglassen, nehmen wir unserem Votum gar nichts an seiner Bedeutung, sie enthält nur eine theoretische Entscheidung über den Werth des objectiven Verfahrens. Sollte die 1. These aufrecht erhalten werden, so müßte ich entweder nochmals in die Debatte eingreifen, oder bei der Abstimmung mich gegen These 1 erklären. Ich glaube, es sei recht gut möglich, die These 1 ganz wegzulassen ohne sachlich, insbesondere in Bezug auf Oesterreich, unserem Votum Eintrag zu thun. Das sind die Anträge, die ich mir zu stellen erlaubt habe.

Dr. **Berggruen** (Wien): M. H., der Herr Referent hat in trefflicher Weise Ihnen auseinandergesetzt, daß das objective Verfahren in Oesterreich bloß zu dem Zwecke erfunden worden ist, um die Competenz der Geschwornen zu umgehen. Früher, ehe die Geschwornen zur Entscheidung in Preßsachen berufen waren, hat das objective Verfahren gar nicht existirt; es war dazu kein Bedürfniß vorhanden. Erst im Momente, wo die Geschwornengerichte eingeführt wurden, und einige der Regierung unbequeme Freisprechungen erfolgten, hat man aus politischen Gründen in gewissen Fällen die Competenz der Geschwornen zu umgehen gesucht und für diesen Zweck das objective Verfahren ersonnen. Es läßt sich schwer ein Verfahren denken, welches zu so vielen Widersprüchen und praktischen Unzukömmlichkeiten führt, als das objective Strafverfahren und in dieser Beziehung hat bereits Herr Professor Liszt das Nöthige ausgeführt. Wenn man eine Remedur schaffen will, wird es nöthig sein, Bestimmungen zu treffen, die es unter allen Umständen unmöglich machen, die Competenz der Geschwornen zu umgehen; es scheint mir daher nothwendig zu sein, zu den Anträgen des Referenten, die ich dankbar begrüße, solche Zusätze zu machen, welche ausdrücklich feststellen, daß die Competenz der Geschwornen in Preßsachen, solange irgend eine Verfolgung stattfindet, aufrecht zu bleiben habe. In dieser Hinsicht scheint mir eine Lücke in den Anträgen des Referenten vorhanden zu sein. Er läßt das objective Verfahren in den Fällen zu, wo gegen den Thäter nicht eingeschritten werden kann und damit bin ich völlig einverstanden, denn es giebt Fälle, wo die Verfolgung des Thäters ganz unausführbar ist und wo das Preßerzeugniß dennoch beseitigt werden muß. Ich möchte nun ausdrücklich bestimmt sehen, daß in solchen Fällen die Beseitigung des Preßerzeugnisses von den Geschwornen ausgesprochen werde, nicht aber von rechtsgelehrten Richtern. Wir haben in Oesterreich in dieser Beziehung traurige und komische Erfahrungen gemacht. Wenn der Staatsanwalt die Anklage erhoben hat und mit seiner Anklage vor den Geschwornen durchgefallen ist; wenn die Geschwornen erkannt haben, der Angeklagte sei nicht schuldig, da erhebt sich in demselben Augenblicke der Staatsanwalt und führt aus, daß die Geschwornen zwar den Angeklagten freigesprochen haben, daß aber der Artikel an sich ein Delict begründe und da er der Richter ziemlich sicher ist, giebt er sich in der Regel nicht einmal die Mühe, seine neue Anklage zu motiviren. Wenige Minuten, nachdem die Geschwornen den Thäter freigesprochen haben, erkennt nun der Senat, daß der Artikel offenbar ein Delict begründe und der Vertheidiger hat zwar seinen Clienten durchgebracht, aber der Artikel bleibt confiscirt. Ich bin als Vertheidiger oft in dieser Lage gewesen, es ist mir noch kürzlich ein derartiger Fall vorgekommen und ich muß gestehen, vor dem Publicum einen solchen Mißerfolg im Erfolge davon zu tragen, ist wohl die komischeste Situation, in der sich ein Vertheidiger befinden kann. Es muß also meines Erachtens, damit die Anträge des Referenten für Oesterreich eine heilsame Wirkung ausüben, vom Juristentage ausgesprochen werden, daß die Geschwornen nie umgangen werden dürfen, daß auch in den Fällen, wo das objective Verfahren statthaft ist, dasselbe nicht vor rechtsgelehrten Richtern, sondern vor den Geschwornen stattfindet, weil die Geschwornen verfassungsmäßig in Preßsachen die alleinige Competenz haben. Ich habe mir daher erlaubt zu beantragen, daß in allen Fällen, wo das Urtheil auf Unterdrückung eines Preßerzeugnisses auf dem Wege des objectiven Verfahrens gefällt werden muß, das Urtheil von den Richtern gesprochen wird, welche competent gewesen wären, wenn ein subjectives Verfahren stattgefunden hätte. Dann sind die Unzukömmlichkeiten des objectiven Verfahrens beseitigt und in allen Fällen, wo ein strafbarer Artikel zu verfolgen ist, weil der Thäter nicht verfolgt werden kann, werden die Geschwornen gewiß nicht Anstand nehmen, auszusprechen, daß der Artikel eine strafbare Handlung begründe. Man könnte dagegen nur einwenden, daß es schwer sei zu bestimmen, wie die Fragestellung an die Geschwornen gerichtet werden solle. Allein mir scheint die Formulirung der Frage keinen Schwierigkeiten zu unterliegen. So gut wie bei der subjectiven Verfolgung gefragt wird: Ist der Angeklagte schuldig durch die Publication ein Delict begangen zu haben? ebenso gut kann bei dem objectiven Verfahren die Fragestellung lauten: Ist das vorliegende Preßerzeugniß geeignet, beispielsweise die Staatsbürger zum Haß oder zur Verachtung gegen die Regierung aufzureizen? Ich sehe nicht ein, warum die

Geschwornen auf eine derart gestellte Frage nicht antworten könnten: Nein oder Ja. Ich glaube sonach, daß sich auch die technischen processualen Schwierigkeiten leicht beseitigen lassen, welche sich dem objectiven Verfahren vor Geschwornen entgegenstellen könnten und bitte Sie, meinen Antrag anzunehmen.

Amtsgerichtsrath Professor Dr. **Kubo** (Berlin): M. H., die Frage, die uns gestellt ist, lautet dahin:

> Läßt sich das sog. objective Strafverfahren in Preßsachen, wie dasselbe in Oesterreich besteht, wissenschaftlich und vom Standpunkte des Bedürfnisses der Rechtspflege rechtfertigen

und eine jede Beantwortung, die wir hier geben, enthält eine Kritik der österreichischen Gesetzgebung. Ich bin, m. H., darum der Ansicht, daß wir hier im Juristentage geradezu unzuständig sind und es uns nicht wohl ansteht, eine Frage zu entscheiden, die nach Maßgabe ihrer Fragestellung lediglich auf das österreichische Recht Bezug nimmt. Ich glaube, wir sind gar nicht in der Lage, eine dahin gestellte Frage zu beantworten, ob bei der, aus vielen Völkerstämmen bestehenden österreichischen Nation ein gewisses Strafverfahren dem Bedürfniß der Rechtspflege entspricht oder nicht entspricht. Würde ein österreichischer Juristentag über deutsche Rechtsinstitutionen, als solche, Resolutionen fassen, so würde vielleicht nicht mit Unrecht unsrerseits gesagt werden, wie fühlen fremde Juristen sich dazu befähigt, unsere heimatlichen Institutionen zu kritisiren? M. H., wir deutschen Juristen sind nicht dazu berufen, die Kastanien für selbst nicht deutsche Stämme aus dem Feuer zu holen. Die deutsch-österreichischen Juristen haben außerordentlich hervorragende Männer unter sich, — ich erinnere beispielsweise an Glaser, an Keller, an Walberg, an Unger — doch Keiner von ihnen kommt auf den deutschen Juristentag! — Ich stimme in jederlei Weise dem bei, was unser hochverehrter Referent ausgeführt hat; aber, m. H., sind wir etwa durch die Worte des Herrn Referenten belehrt, was dem Bedürfniß der österreichischen Rechtspflege entspricht? Nein! und ich glaube, wenn der deutsche Juristentag dennoch ein Votum über die in Rede stehende österreichische Rechtsinstitution fällen wollte, daß die Oesterreicher mit Recht sagen würden, die deutschen Juristen mögen sich mit ihren eignen Sachen befassen. (Nein!) Dr. Bergruen sagt zwar Nein, es entspricht dies aber nur dem, was wir auf dem Juristentage oftmals wahrnehmen, daß wenn aus Oesterreich einzelne Juristen erschienen sind, dieselben sich für berechtigt erachten, als Vertreter aller ihrer Landesleute zu sprechen. Wir sind durch das Zusammenwirken Vieler in diesem Saale glücklich dazu gelangt, eine gute Bestimmung im § 42 unseres Strafgesetzbuches zu haben. Seien wir zufrieden und kritisiren wir nicht, m. H., Oesterreichs

Gesetzgebung, was ebenso sein würde, als wenn wir die Gesetzgebung des vom Referenten bezeichneten und absichtlich außer Acht gelassenen Rußland's (zur Sache! ich bin bei der Sache!) kritisiren wollten. Denn die Nationalitätenkämpfe in Oesterreich sind solche, daß wir es nicht beurtheilen können, was dem Bedürfniß der Rechtspflege entspricht und wir überschreiten nicht bloß unsere Machtvollkommenheit, sondern auch das Gebiet unserer Kenntnisse, wenn wir dennoch ein Votum abgeben und darum bitte ich Sie meinen Antrag dahin anzunehmen:

> Der deutsche Juristentag geht in Erwägung, daß die gestellte Frage nur auf österreichisches Recht Bezug nimmt, über die gestellte Frage zur Tagesordnung über.

Der **Präsident** stellt zunächst den Präjudizialantrag des Dr. Rubo zur Discussion.

Referent Reichsgerichtsanwalt **Stenglein** (Leipzig): M. H., ich gestehe ganz offen, daß ich die Einrede der Unzuständigkeit nicht erwartet habe. Abgesehen von der Frage, ob denn durch die Theilnahme österreichischer Juristen am Juristentage nicht an und für sich schon documentirt ist, daß alle wissenschaftlichen Fragen, die Oesterreich bewegen, auch Fragen sind, mit denen sich der Juristentag beschäftigen kann, so habe ich ja die Antwort, und dieselbe wurde von den beiden Herren Antragstellern acceptirt, ihres speciell österreichischen Charakters entkleidet und zum Ausspruch eines allgemeinen Rechtsprincips umgestaltet. Ich möchte die Frage aufwerfen, wer steht uns denn gut dafür, daß nicht auch in Deutschland etwa der Versuch gemacht wird, einmal ein ähnliches Rechtsinstitut einzuführen? Und ist es denn verwerflich, wenn man sich im Voraus darüber ausspricht, daß man dies nicht für geeignet halten würde? Aber, m. H., im Sinne war uns, daß die herzlichen Worte des Dr. Jaques über die Zugehörigkeit der österreichischen Juristen vom deutschen Juristentage so warm acclamirt wurden, daß ich wohl annehmen zu dürfen glaube, daß der deutsche Juristentag der Ansicht war, daß uns noch ein weiteres Band als die bloße Mitgliedschaft mit den österreichischen Juristen verbinde und daß wir eine gemeinschaftliche wissenschaftliche Arbeit leisten können, auch wenn sie nicht einen unmittelbar praktischen Erfolg hat. Kommen wir schließlich dazu, immer eine praktische Wirkung zu verlangen, nun dann, m. H., sind wir ein Parlament und nicht mehr ein Juristentag, aber ein Parlament ohne Competenz. Aus diesen Gründen möchte ich Ihnen dringend empfehlen, die Tagesordnung des Herrn Dr. Rubo abzulehnen. (Bravo!)

Oberhofgerichtskanzler a. D. Dr. **Roßhirt** (Heidelberg): M. H., als ich mich zum Worte meldete, hatte der Herr Vorredner noch nicht gesprochen, ich habe keinen Grund, ihm irgendwie entgegenzutreten, im Gegentheil begrüße ich seine Ansicht, die auch ich für die richtige halte, während ich mich gegen die Anschauung des sehr geehrten Herrn Professor Rubo von Berlin erklären muß. Es spricht, wie mir scheint, nicht nur die Zusammengehörigkeit der österreichischen Juristen mit den deutschen Juristen im deutschen Juristenvereine für meine Ansicht, es spricht noch vielmehr hierfür die Gemeinsamkeit der deutschen Wissenschaft mit der in Oesterreich gepflogenen Wissenschaft. Haben wir nicht das Glück, möchte ich sagen, daß ein gewisser Austausch selbst in den Persönlichkeiten zwischen dem einen und andern Lande stattfindet, haben wir nicht das Bild in diesem Saale vor uns, daß ein Mann deutschen Ursprungs in Oesterreich lehrt, haben wir nicht das Bild in diesem Saale vor uns, daß ein Mann, österreichischen Landen entsprossen, auf einer deutschen Universität lehrt? Sie werden derartige Beispiele noch mehr aufzählen können. Ich wollte nur an Persönlichkeiten erinnern, die sich jetzt gerade unter uns befinden. Sehr würde ich es bedauern, wenn diese Gemeinsamkeit der deutschen und österreichischen Wissenschaft jemals sollte aufgegeben werden. Es ist aber auch noch ein anderes Moment, welches, wie ich glaube, dafür spricht, daß wir die vorliegende Frage hier behandeln können. Ich betrachte die Worte, auf die sich Herr Professor Rubo hauptsächlich stützt: „wie dasselbe in Oesterreich besteht", für nicht so gewichtig, als er sie nimmt. Ich sehe die ganze Frage als eine allgemeine wissenschaftliche an und es scheint mir mit Recht von Herrn Referenten Stenglein bemerkt zu sein, daß dieselbe auch morgen oder übermorgen in Deutschland sich bieten kann. Also ich betrachte die Sache an sich als allgemein wissenschaftlicher Natur und den Zusatz, dem, wie ich glaube, Herr Rubo zuviel Ehre geschenkt hat, lediglich als eine Exemplification. Es mag Oesterreich Anlaß geworden sein, die betreffende These in diesem Saale zu erörtern, aber daraus folgt noch nicht, daß wir hier über österreichisches Recht, über rein österreichische Verhältnisse urtheilen wollen. Ich glaube, daß wir hier, wie gesagt, eine allgemeine Frage zur Beantwortung vor uns haben, bin daher vollständig mit dem Herrn Referenten, der so eben vor mir gesprochen hat, einverstanden und muß Sie im Vereine mit ihm auch meinerseits bitten, den Antrag Rubo abzulehnen.

Amtsgerichtsrath Professor Dr. **Rubo** (Berlin): Im Anschluß an die Worte des Herrn Hofgerichtskanzlers Dr. Roßhirt möchte ich nur bemerken, die Worte: „wie dasselbe in Oesterreich besteht" sind nun einmal in der Frage enthalten. Lediglich diese Worte waren und sind für mich Veranlassung, den Uebergang zur Tagesordnung zu empfehlen. Mögen Sie eine Antwort geben, die selbst so objectiv, wie die von Seiten des Herrn Reichsanwalts Stenglein gegeben ist: die Antwort kritisirt direct die Gesetzgebung Oesterreich's. Lediglich mit Rücksicht auf die Form der

Fragestellung habe ich meinen Antrag gestellt, den anzunehmen ich nochmals bitte.

Nachdem der Antrag des Amtsgerichtsrath Dr. **Rubo**:

> Der deutsche Juristentag geht, in Erwägung, daß die gestellte Frage nur auf österreichisches Recht Bezug nimmt, über die Frage zur Tagesordnung über,

abgelehnt worden, erhält das Schlußwort

Referent Reichsgerichtsanwalt **Stenglein** (Leipzig): Ich habe mich zum Schlusse nur über die beiden Anträge, welche gegen meine Thesen aufgestellt sind, zu äußern. Professor v. Liszt beantragt den ersten Satz meiner Thesen zu streichen. Ich gebe vollständig zu, daß auch der zweite Satz seine selbstständige Bedeutung hat und daß Beschränkungen auch das Princip deutlich erkennen lassen. Wenn ich die 1. These aufgestellt habe, so geschah es hauptsächlich deswegen, weil ich auf die gestellte Frage doch auch eine bestimmte Antwort geben wollte, also aus einer Frage der redactionellen Oekonomie. Wollen wir dieselbe umgehen, so wird, glaube ich, sehr viel für die Sache durchaus nicht verloren sein. Was den 2. Antrag des Professor v. Liszt betrifft, die letzten Worte der 2. These, „wenn die Verurtheilung" u. s. w. im Einklang mit dem Wortlaut des § 42 des Reichsstrafgesetzbuches zu ändern, so habe ich gegen denselben nichts einzuwenden, ich schließe mich diesem Antrage an. Auch er erreicht natürlich den Zweck vollständig. Ich glaubte nur die beiden Beziehungen auseinanderhalten zu sollen, weil sie thatsächlich bestehen. Ebenso kann ich mich dem Schlußantrage anschließen, der mit kurzen Worten das Verfahren charakterisirt, welches einzuhalten ist, wogegen ich eine Einwendung durchaus nicht zu machen habe. Dagegen scheint mir der Antrag des Dr. Berggruen etwas zu speciell. Ich gestehe ganz offen, daß ich mir in dem Gefüge des Geschwornengerichts eine rein objective Frage, eine Verweisung nicht der Person, sondern der Sache vor das Geschwornengericht und eine Fragestellung in objectiver Beziehung nicht gut denken kann. Es kommt mir vor, als wenn darin ein gewisser Widerspruch läge, daß man eine eventuelle Frage für den Fall der Nichtschuld der Person dahin stellen soll, ob nicht wenigstens die Sache eine strafbare Handlung enthält. Die Frage ist jedenfalls so speciell processualer Natur, daß ich es für sehr gefährlich halte, eine so genau präcisirte Antwort für das Proceßverfahren in die These hineinzubringen. Ich glaube, es ist die allgemeine Form, wie sie Professor v. Liszt gewählt hat, weitaus vorzuziehen. Ich würde also bitten, diesen Antrag abzulehnen.

Der Präsident geht zur Abstimmung über. Die von ihm vorgeschlagene Fragestellung wird von der Versammlung gebilligt. Die erste Frage wird auf These 1 gestellt:

> Ein Verfahren in Preßstrafsachen, in welchem das Preßerzeugniß, weil dessen Inhalt eine strafbare Handlung begründe, als Subject einer strafbaren That ohne Rücksicht auf einen Thäter behandelt wird, läßt sich weder vom wissenschaftlichen noch vom Standpunkte des Bedürfnisses der Rechtspflege rechtfertigen.

Diese These wird ziemlich einstimmig angenommen.

Ebenso wird These 2:

> Ein Urtheil, welches auf Unterdrückung eines Preßerzeugnisses oder auf Vernichtung der zur Vervielfältigung eines solchen bestimmten Hilfsmittel gerichtet ist, ohne daß es die Verurtheilung einer für das Preßerzeugniß verantwortlichen Person (eines Thäters) zur Voraussetzung hat, läßt sich nur rechtfertigen, wenn die Verfolgung oder Verurtheilung einer bestimmten Person nicht ausführbar ist, und das objective Verfahren nach den Grundsätzen der Oeffentlichkeit und Mündlichkeit geregelt ist,

ziemlich einstimmig angenommen.

Der Zusatz des Herrn Dr. Berggruen zu These 2:

> In diesem Falle ist das Urtheil auf Unterdrückung eines Preßerzeugnisses von denselben Richtern (Geschwornen) zu sprechen, welche zuständig gewesen wären, wenn der Urheber des Preßerzeugnisses (Thäter) hätte verfolgt werden können,

abgelehnt.

In Bezug auf die formelle Behandlung der Angelegenheit im Plenum ist ein schriftlicher Antrag von Dr. Jaques eingebracht:

> Die von der Abtheilung gefaßten Beschlüsse in Betreff des objectiven Strafverfahrens sind dem Plenum zur Beschlußfassung vorzulegen.

Referent Reichsgerichtsanwalt **Stenglein** (Leipzig): Es ist eine Frage von einiger Schwierigkeit. Ich erkenne ja sehr wohl, daß die betheiligten Oesterreicher ein lebhaftes Interesse haben, eine Beschlußfassung des Plenums, nicht blos der Abtheilung zu erhalten. Auf der andern Seite ist das allgemeine Interesse nicht sehr bedeutend. Nachdem aber von hauptsächlich betheiligter Seite ein Antrag vorliegt auf Beschlußfassung im Plenum, will ich nicht entgegentreten und bitte den Antrag anzunehmen.

Der vom Referenten unterstützte Antrag des Dr. Juch wird mit großer Mehrheit angenommen und dem Referenten Reichsgerichtsanwalt Stenglein das Referat im Plenum übertragen.

Man geht zum nächsten Gegenstande der Tagesordnung über, zur Verhandlung über die Frage:

Empfiehlt es sich, die gesetzliche allgemeine Wechselfähigkeit zu beschränken?

Das Wort erhält als

Referent Landgerichtsrath **Thomsen** (Hannover): M. H., wohl wenig legislatorische Fragen haben in jüngster Zeit ziemlich in allen Schichten des Volkes soviel Aufregung hervorgerufen, wie gerade die heute zu unserer Debatte stehende Frage: „ob es sich empfiehlt, die gesetzliche allgemeine Wechselfähigkeit, d. h. die subjective passive Wechselfähigkeit aller Verpflichtungsfähigen zu beschränken.“ Diese Frage hat ja allerdings vorwiegend eine volkswirthschaftliche Seite, aber wie alle wirthschaftlich bedeutenden Momente des Volkslebens erst durch die juristische Klärung und Fixirung den Abschluß ihrer Entwickelung, die Krönung ihrer Existenz erlangen, so hat diese Frage auch eine eminent juristische Bedeutung. Also von beiden Gesichtspunkten aus, vom juristischen und vom volkswirthschaftlichen, haben wir die Frage zu betrachten, aber auch nur von diesen beiden Gesichtspunkten aus. Alles Andere, was man sonst noch hat hineinspielen lassen, mag und muß hier fern bleiben.

Gestatten Sie mir zunächst einen Rückblick auf die historische Entwickelung der passiven Wechselfähigkeit und zwar nicht etwa aus blos historischem Interesse, sondern wegen eines besonderen Zweckes, der meines Erachtens allerdings hochwichtig ist für die Entscheidung unserer Frage. Sehr weit, unter Anhängern wie unter Gegnern der allgemeinen Wechselfähigkeit, ist die Ansicht verbreitet, als ob das Institut der allgemeinen Wechselfähigkeit erst nach und nach sich entwickelt habe, erst spät sich eingebürgert im Wechselrecht und endlich in der deutschen Wechselordnung zum Siege gelangt sei, während, wie mich dünkt, es gerade umgekehrt der Fall ist; die Beschränkungen haben sich später eingebürgert, die allgemeine Wechselfähigkeit hat von jeher historisch bestanden. Das Wechselrecht ist ja bekanntlich, sowie kaum ein andrer Theil des Rechts, ein Product der wirthschaftlichen Verkehrsbedürfnisse, ein Gewohnheitsrecht. Ursprünglich stellten nur die Geldwechsler, die campsores, Wechsel aus und zwar in Anlehnung an die Messen vorzugsweise zu Gunsten von Handelsleuten, mercatores, aber auch ebenso eintretenden Falls zu Gunsten von Nichtkaufleuten, wie denn eigenthümlicherweise die ältesten urkundlichen Spuren von Wechselscheinen sich auf päpstlichen und fürstlichen Wechselverkehr beziehen. Dann übernahmen die mercatores selbst einen Theil deises Wechselverkehrs als Aussteller von Wechseln. Bald wurde es aber Sitte, daß auch Nichtkaufleute eigene Wechsel ausstellten für empfangene Darlehen und zwar eben aus dem Grunde, weil bekanntlich nach canonischem Rechte das Zinsnehmen bei gewöhnlichen Schuldscheinen nicht erlaubt war, während es bei Wechseln erlaubt, wenigstens nur theilweise und zeitweise verboten war. Als nun dann besonders in Frankreich das Institut der Indossamente sich entwickelte und allgemein wurde, kamen auch die Nichtkaufleute in die Lage, die von den campsores oder mercatores zu ihren Gunsten ausgestellten Wechsel weiter zu geben und so konnte jeder Nichtkaufmann durch Indossament sich wechselmäßig verpflichten. Da nun die Wechselverpflichtung ja nur eine Species der Verpflichtungen überhaupt ist, so läßt sich wohl von vornherein schon als naheliegend behaupten, daß von einer Beschränkung der passiven Wechselfähigkeit bestimmter Classen oder Personen vor den leges scriptae, vor den Aufzeichnungen des Wechselrechtes, keine Rede war, daß Jeder, der überhaupt fähig war, sich zu verpflichten, auch fähig war, eine Wechselverbindlichkeit einzugehen. Die eben berührten Aufzeichnungen des Wechselrechts, des Gewohnheitsrechtes durch leges scriptae entstanden hauptsächlich erst von 1600 an und diese ältesten Wechselordnungen enthalten fast ohne alle Ausnahme das Princip der allgemeinen Wechselfähigkeit. So ist aus dem eigentlichen Vaterlande des Wechsels, Italien, eine Wechselordnung von Bologna aus dem 16. Jahrhundert zu nennen, welche unbedingt das Princip der allgemeinen Wechselfähigkeit aufstellt; dann die deutschen Wechselordnungen: von den 26 Wechselordnungen aus der Zeit von 1600 bis Anfang des 18. Jahrhunderts, — mehr Wechselordnungen habe ich urkundlich nicht auffinden können, — enthalten wiederum 16 Wechselordnungen ausdrücklich das Princip der allgemeinen Wechselfähigkeit, und zwar nicht als neu, sondern als vorgefundenen Rechtszustand; 6 erwähnen gar nichts von dem Princip, scheinen also dasselbe auch schon als bestehend vorauszusetzen und nur 2 Wechselordnungen aus dieser ganzen Zeit enthalten gewisse Beschränkungen. Die eine ist die Breslauer; aber auch in Breslau hatte man nach einigen Jahren schon die Ueberzeugung gewonnen, daß es eben nicht ginge mit den Beschränkungen und nach einigen Jahren wurde jede Beschränkung in Breslau auch wieder beseitigt. Es bleibt nur eine einzige Wechselordnung aus der ganzen Zeit übrig, welche noch Beschränkungen enthält und dieses Unicum ist die Wechselordnung von Altenburg. Ich glaube, wenn Sie dies betrachten, werden Sie sich überzeugen, daß das Princip der allgemeinen Wechselfähigkeit von jeher factisch und juristisch gegolten hat, wie denn auch mehrfach die alten Wechselordnungen ausdrücklich zu erkennen geben, daß die allgemeine passive Wechselfähigkeit nicht abstract rechtlich geblieben, sondern auch in allen Volksschichten concret praktisch geworden ist. Um jedoch nach allen Seiten der Wahrheit die Ehre zu geben, will ich insofern meine Behauptung beschränken, als ich zugestehen muß, daß einige wenige dieser Wechselordnungen Beschränkungen einführten bei Geistlichen und Frauen, aber diese Beschränkungen hatten mit der Eigenart des Wechsels nichts zu thun. Bei den Frauen hing die Beschränkung zusammen mit dem senatusconsultum Vellejanum, bei den Geistlichen mit dem canonischen Verbote, Handel zu treiben. Erst gegen die Mitte des 18. Jahrhunderts, als auch die Staaten, welche noch keine Wechselordnung hatten, Bedürfniß oder Lust verspürten, eigene Wechselordnungen zu haben, und als auch einige von den Staaten, die früher die allgemeine Wechselfähigkeit sanctionirt hatten, ihre Wechselordnungen revidirten, da erachteten es die Gesetzgebungen für erforderlich, gewisse Beschränkungen eintreten zu lassen. Ich darf hier noch erwähnen, daß die ältesten Wechselordnungen naturgemäß zuerst entstanden in den Handelsstädten, aber sie beschränkten sich nicht darauf, so z. B. zu Ende des 17. und zu Anfang des 18. Jahrhunderts giebt es Wechselordnungen für Kurbrandenburg, Schlesien, das Herzogthum Braunschweig, das Herzogthum Preußen, alle diese Wechselordnungen erkannten ebenso die allgemeine Wechselfähigkeit unbedingt an. Also erst um die Mitte des 18. Jahrhunderts kommen allerlei Beschränkungen auf aus allerlei Motiven, und dabei wurde die Wechselfähigkeit bald als ein privilegium odiosum, bald als ein privilegium favorabile betrachtet. Im Ganzen habe ich ausgerechnet 31 Kategorien verschiedener Variationen über das Thema der Beschränkungen. So kamen die wunderlichsten Ausnahmen zum Vorschein. Bald waren die Gelehrten fähig, bald waren sie unfähig, bald waren nur Stabsoffiziere fähig, bald wieder auch Hauptleute und Lieutenants, in einigen Ländern waren nur Adelige fähig, Bürgerliche unfähig; einige Wechselordnungen erklärten die Frauen im Allgemeinen für unfähig, für fähig handeltreibende Frauen und Frauen von vornehmer Distinction. Eine Wechselordnung z. B. erklärte für wechselfähig auch die hinterlassenen Töchter wirklicher Secretarien. (Heiterkeit.) Sie sehen, m. H., welche Buntscheckigkeit sich entwickelt bei diesem Beschränkungssystem. Es war eigentlich gar kein System, es waren willkürlich zusammengewürfelte Ausnahmen von dem sonst bestehenden Princip der allgemeinen Wechselfähigkeit. Dieser gesetzgeberische Zug nach Beschränkung wehte nun allerdings auch in einige der älteren Wechselordnungen hinüber, einige wurden ganz aufgehoben, die übrigen hielten nach wie vor an dem Princip der allgemeinen Wechselfähigkeit fest. Es wurden nun die Verhältnisse so: in Deutschland bestanden nebeneinander einmal das System der allgemeinen Wechselfähigkeit, andererseits das System der beschränkten Wechselfähigkeit. Nach ungefähr 80 Jahren dieses Doppelzustandes ging die Strömung wieder zurück zur allgemeinen Wechselfähigkeit Anfangs der 30er Jahre dieses Jahrhunderts, wie sich in verschiedenen einzelnen Gesetzentwürfen und Gesetzen zeigt. Als dann im Jahre 1847 die Leipziger Conferenz, zusammengesetzt bekanntlich aus Kaufleuten und Juristen, das Wechselrecht berieth, wurde das Princip der allgemeinen Wechselfähigkeit wieder im vollen Umfange nahezu einstimmig beschlossen und gesetzlich wieder sanctionirt in ganz Deutschland, auch in den Staaten, die von dem Princip abgewichen waren. In diesen Staaten wurde es also nicht etwa neu eingeführt, sondern restaurirt. Werfen wir nun einen kurzen Blick auf den Rechtszustand der übrigen Culturstaaten, so sehen wir, daß auch da das Princip der allgemeinen Wechselfähigkeit als das herrschende zu betrachten ist. Nur in einigen wenigen Ländern finden sich einige wenige Beschränkungen.

In jüngster Zeit nun entstand gegen dieses nunmehr wieder in ganz Deutschland geltende historische Princip der allgemeinen Wechselfähigkeit eine lebhafte Agitation, hauptsächlich getrieben durch die erschreckende Ausbreitung des Wuchers. Im Anschluß an die Agitation gegen den Wucher entwickelte sich die Agitation gegen den Wechsel. Nachdem dieser Gegenstand in verschiedenen Landtagen angeregt war, stellte im Reichstage der Abgeordnete Reichensperger (Olpe) neben dem Antrage gegen Wucher und Zinsfreiheit auch den Antrag wegen Beschränkung der Wechselfähigkeit. Die hierauf niedergesetzte Commission hat nun in einem eingehenden, von unserem hochverehrten Herrn Präsidenten Dr. v. Schwarze verfaßten Berichte sich zwar für das Wuchergesetz ausgesprochen, aber jede Beschränkung der allgemeinen Wechselfähigkeit für ungerechtfertigt erklärt. In den Motiven zu dem Wuchergesetze wurde von den Regierungen Bezug genommen auf die abfälligen Erwägungen des Commissionsberichts mit dem ausdrücklichen Bemerken, daß einer Beschränkung der Wechselfähigkeit die gewichtigsten Bedenken entgegenständen. Nach Annahme des Wuchergesetzes nun stellte der Abgeordnete Graf Wilhelm v. Bismarck jene Resolution, wonach amtliche Ermittelungen in Deutschland angestellt werden sollten: ob eine Beschränkung der Wechselfähigkeit nothwendig oder empfehlenswerth sei. Diese Ermittelungen sind inzwischen auch angeordnet und bereits liegt eine Reihe von Gutachten und Berichten vor. Soviel aus öffentlichen Blättern sowohl als auch aus anderen directeren Bezugsquellen zu meiner Kenntniß gelangt ist, sind bis jetzt die Resultate dieser Ermittelungen sowie auch sonstiger spontaner Kundgebungen ganz enorm ungünstig für die Gegner der allgemeinen Wechselfähigkeit ausgefallen. Die Gewerbe- und Handelskammern haben mit einer nahezu an Einstimmigkeit grenzenden Majorität jede Beschränkung für verwerflich erklärt, meistens auch die Handwerkercorporationen und Genossenschaften. Nur die landwirthschaftlichen Vereine sind getheilt, theils für Beschränkung, theils gegen Beschränkung.

Treten wir nun unsererseits dieser Frage näher, so haben wir sie zu betrachten zunächst von dem allgemeinen juristischen Standpunkte aus, indem wir uns fragen, ob vom allgemeinen juristischen Standpunkte aus die Wechselfähigkeit generell sein muß. Dafür spricht nun ein Doppeltes. A priori verlangt ja erstens die ratio juris, daß jeder, der verpflichtungsfähig ist, auch fähig ist, Wechselverbindlichkeiten einzugehen, da ja die Wechselverpflichtung nur eine Species der Verpflichtungen überhaupt ist. Ebenso wie jeder Rechtsfähige activ wechselfähig ist, so muß auch jeder Verpflichtungsfähige passiv wechselfähig sein. Das ist wohl die unerbittliche und unbestreitbare Consequenz des Rechts. Zweitens ist aber dieser Rechtsgedanke auch lebendig geworden, auch practisch geworden im volkswirthschaftlichen Verkehr, er ist ja Gesetz geworden. Das Princip der allgemeinen Wechselfähigkeit befindet sich in der glücklichen Lage der historischen Berechtigung und des augenblicklichen Besitzes in ganz Deutschland, eines Besitzes, der zufälligerweise jetzt wiederum die Zeit der praescriptio legitima, gerade 30 Jahre hinter sich hat. Wir haben gesehen aus dem historischen Rückblicke, daß die allgemeine Wechselfähigkeit historisch überall geherrscht hat, daß die Ausnahmen, die Beschränkungen nur Reiser gewesen sind, welche positivrechtlich einzelne Gesetzgebungen auf den Baum der allgemeinen Wechselfähigkeit aufgepfropft haben und welche dann nach nicht gar langem Leben durch die deutsche Wechselordnung wieder weggeschnitten sind. Ich glaube, daß der allgemeine Standpunkt für uns nun der folgende ist. Wenn man entgegen der ratio juris, entgegen der historischen Berechtigung, entgegen dem bestehenden Rechtszustande Beschränkungen wiedereinführen will, so muß von den Anhängern dieser Ansicht dargethan werden erstens, daß die Vortheile der Beschränkungen größer sind als die Nachtheile, mit anderen Worten, daß insofern die allgemeine Wechselfähigkeit mehr schadet als nützt; zweitens, wenn aber auch sollten Beschränkungen für wünschenswerth erachtet werden, muß man ferner darthun, daß diese Beschränkungen auch praktisch durchführbar, daß sie auch möglich sind.

Also zunächst die Vortheile der Beschränkungen oder die Nachtheile der allgemeinen Wechselfähigkeit. Es ist ja allerdings richtig und von jeher hat man anerkannt, daß im Wechsel eine Gefahr steckt für unerfahrene und leichtsinnige Leute. Das Wechselrecht mit seinen complicirten, viel verschlungenen Bestimmungen bildet allerdings ein Netz, in welchem mancher Unerfahrene gefangen werden kann und gefangen wird. Insbesondere die Abschneidung aller Einreden beim Indossament, die unbedingte gleichmäßige Verpflichtung aller auf dem Wechsel verzeichneten Personen, alle solche Momente sind und bleiben wohl noch lange dem großen Theile des Volks böhmische Dörfer. Zwar soviel weiß auch der gemeine Mann, daß das Unterschreiben eines Wechsels eine bedenkliche Handlung von unbestimmter Tragweite ist, und das auf dem Wechsel nothwendig stehende ominöse Wort „Wechsel" bildet eine Art Allarm, einen Warnungspfahl: aber trotzdem läßt sich nicht leugnen, daß manche unerfahrene Leute noch zu Schaden kommen. Es ist allerdings zuzugestehen, daß der Wechsel in den Händen von Unerfahrenen gleicht einem gefährlichen Spielzeug in den Händen von Kindern.

Als zweiter Nachtheil der allgemeinen Wechselfähigkeit kommt die Verbindung des Wechsels mit dem Wuchergesetz in Betracht, und das ist der Punct, der hauptsächlich von Denjenigen, welche die Beschränkungen befürworten, als wichtig angenommen wird. Ich glaube nicht zu irren, wenn ich annehme, daß diese Verbindung mit dem Wuchergesetze bei Allen die Veranlassung gewesen ist und bei Vielen der Grund, weshalb diese Frage zur legislatorischen Erwägung gebracht worden ist und zu einer brennenden Zeitfrage herangewachsen. Wie denkt man sich nun die Verbindung mit dem Wuchergesetze?

Einige haben gesagt: die allgemeine Wechselfähigkeit ist geradezu die Quelle des Wuchers, der Wucher ist die Folge der allgemeinen Wechselfähigkeit. Daß dies weit über das Ziel hinausschießt, bedarf, glaube ich, kaum der näheren Ausführung. Wucher hat es gegeben in allen Zeiten, ehe man noch an Wechsel dachte: der Wucher hat in denjenigen Staaten Deutschlands, die von dem allgemeinen Princip abwichen, ebensowenig aufgehört wie in denjenigen Staaten, die bei dem allgemeinen Princip blieben, und der Wucher wird auch fortleben, selbst wenn Jedermann für wechselunfähig erklärt wird.

Sodann hat man gesagt: Der Wechsel ist insofern günstig für den Wucher, leistet dem Wucher Vorschub, als beim Wechsel in die formale Wechselsumme thatsächlich Alles in Eins gezogen wird: Darlehn, Provision und Zinsen. Dadurch könne, so schließt man, nun der Wucherer sich dem Richter entziehen, das Wuchergesetz umgehen. Die Thatsache ist ja richtig, aber ich glaube, der Schluß ist ganz unzutreffend. Freilich kann ja nach dem Gesetze in den Wechsel nicht auch die Aufnahme der Zinsen stattfinden, und insofern wird dem Richter allerdings nur bei andern Schuldurkunden factisch die Möglichkeit gegeben, aus den Papieren die Höhe der Zinsen zu erkennen, aber natürlich doch nur dann, wenn eben die Zinsen auf den andern Schuldurkunden verzeichnet stehen. Stehen sie nicht auf den Urkunden verzeichnet, so ist der Wechsel für den Richter genau dasselbe wie ein gewöhnlicher Schuldschein. Vor Erlaß des Wuchergesetzes war es allerdings öfter thatsächlich der Fall, daß in gewöhnlichen

Schuldurkunden Zinsen angegeben waren, auch wucherische Zinsen, so daß gleich zu erkennen war: das sind wucherische Zinsen. Aber nach Erlaß des Wuchergesetzes wird das keinesfalls wieder eintreten, jetzt, angesichts des Wuchergesetzes, wird kein Wucherer — gestatten Sie mir das harte Wort — so grün sein, Schwarz auf Weiß seinen wucherischen Vortheil, seine Zinsen, Jedermann klar darzulegen. Wenn ihm der Wechsel genommen wird, wird er in dem Schuldschein ebenfalls Alles in Eins ziehen: Darlehn, Provision und Zinsen; er wird dann genau so operiren mit dem gewöhnlichen Schuldschein, er wird Alles in Eine Darlehns-Summe ziehen und dann prolongiren mittelst eines neuen Schuldscheines, genau so, wie es jetzt von dem Wucherer mit dem Wechsel geschieht. Also aus dem Papiere selbst wird der Richter künftig niemals erkennen können, wie die Höhe der wucherischen Zinsen zu eruiren sei; er muß da andre Quellen suchen und er wird sie auch finden. Also mit der Umgehung des Wuchergesetzes durch den Wechsel hat es nichts auf sich, insofern als man dem Wechsel den wucherischen Vortheil nicht ansehen kann. Was hier vom Wechsel gilt, das gilt von allen Schuldurkunden. Consequent müßten wir sonst an die Stelle der Wechselfähigkeit setzen: Schuldurkundenfähigkeit. Aber, kann man nun sagen, wie kommt es denn, daß jetzt factisch der Wucherer hauptsächlich mit dem Wechsel operirt, daß der Wechselwucher gerade die gangbarste Sorte des Wuchers ist? M. H., ich glaube, aus zweierlei Gründen. Erstens: der Wechsel ist im Laufe der Zeiten zu dem gewöhnlichsten Mittel für den Personalcreditverkehr geworden, und ganz naturgemäß folgt eben sowohl der illegitime Credit dieser allgemeinen Strömung wie der legitime Credit. Also wo überhaupt Credit gegeben wird, Creditverkehr, Personalcreditverkehr stattfindet, da tritt jetzt factisch oft der Wechsel auf. M. H., ich glaube nicht zu irren, wenn ich ausspreche, daß manche Gegner der allgemeinen Wechselfähigkeit durch diese factische Erscheinung auf den Gedanken gekommen sind: der Wucher operirt so viel mit dem Wechsel, wenn wir den Wechsel nur aus der Welt schaffen oder das Operiren mit dem Wechsel beschränken, dann werden wir auch den Wucher los. Sie bedenken dabei nicht, daß der Wucher an und für sich unabhängig vom Wechsel ist und daß, wenn von den vielen ihm offenstehenden Wegen der eine, sei es auch der gewöhnlichste und bequemste, ihm verschlossen wird, er sofort einen der andern Wege sich wählt. Zweitens aber liebt der Wucherer auch den Wechsel, weil dieser ihm allerdings einen gewissen Vortheil gewähren kann. Nicht ist es die prozessuale Abschneidung der illiquiden Einreden, denn diese theilt der Wechsel mit allen Urkunden im Urkundenprozeß, ferner ist es nicht etwa die kürzere Frist bei der Wechselklage, denn der Wucherer, sowohl beim

Capitalwucher als beim Einkommenwucher, hat regelmäßig kein Interesse daran, sein Geld schnell beizutreiben, im Gegentheil mittelst Prolongation sucht er möglichst lange sein Opfer auszusaugen. Wohl aber ist es die Kraft des Indossaments. Durch das Indossament können alle Einreden dem Schuldner abgeschnitten werden; der Wucherer läßt einen Wechsel ausstellen, indossirt ihn weiter und dem Schuldner ist die Einrede des Wuchers abgeschnitten, falls er nicht etwa dem Indossatar dolus nachweisen kann. M. H.! Dies ist gerade der Punct gewesen, auf den überall, namentlich auch in den Reichstagsdebatten, das meiste Gewicht gelegt worden ist: die Wirksamkeit des Indossaments zu Gunsten des Wuchers. Hier wurde hauptsächlich der Hebel angesetzt, um das Princip der allgemeinen Wechselfähigkeit aus den Angeln zu werfen, hier haben Anhänger wie Gegner der allgemeinen Wechselfähigkeit eine große Gefahr erblickt. Leuchten wir aber dieser Gefahr näher ins Angesicht, so werden wir, glaube ich, finden, daß sie ihre Schrecken verliert. Mich dünkt nämlich, daß man bei diesem Puncte die Wirksamkeit des neuen Wuchergesetzes, das Verhältniß der civilrechtlichen Bestimmungen des neuen Wuchergesetzes zu dem bisherigen Zustande und zum jetzigen Civilprozesse nicht gehörig gewürdigt hat. Meines Erachtens ist jetzt das Indossament in dieser Weise, mit diesem Manöver, für den Wucherer ganz ohne Werth. Wenn der Wucherer indossirt, so wird allerdings die Einrede des Wuchers abgeschnitten, der Schuldner muß zahlen und er würde hilflos sein, wenn er nur die Einrede des Wuchers gehabt hätte. Aber das Wuchergesetz in seinen civilrechtlichen Bestimmungen hat nun ausdrücklich den Schuldner die Rückforderungsklage gegeben, die sonst allerdings juristisch wohl schwer zu construiren wäre. Was jetzt der Schuldner dem Indossatar mit Unrecht zahlt, fordert er von dem Wucherer zurück. Man könnte hier nun vielleicht einwenden: die Klage gegen den Wucherer ist aber sehr schwer durchzuführen, sehr schwer zu beweisen. Dagegen läßt sich aber erwiedern: die Einrede des Wuchers ist ebenso schwer zu beweisen. Beweisen muß ja der Schuldner seinerseits immer die Thatsache des Wuchers, wenn er sich darauf berufen will. Wäre nun die Einrede des Wuchers zulässig gegen den gutgläubigen Indossatar — und in der Unzulässigkeit der Einrede soll ja eben die Gefahr bezüglich des Wuchers stecken — also wäre die Einrede zulässig und könnte sie von dem Schuldner bewiesen werden, so kann er auch die Klage beweisen gegen den Wucherer, ja sogar noch leichter als die Einrede gegen den Indossatar, nämlich in den Fällen, wo bereits ein strafrechtliches Verfahren gegen den Wucherer durchgeführt ist. Also in dieser Beziehung, glaube ich, hat man die Gefahr, wenn sie nicht ganz als eingebildet sich hinstellen läßt, jedenfalls sehr übertrieben. Für den

Wucherer ist offenbar jetzt gar kein Vortheil mehr darin, wenn er weiter indossirt, der Wucherer selbst haftet jetzt civilrechtlich stets und die Abschneidung der Einrede einem Dritten gegenüber kann ihm gar keinen Vortheil mehr bringen. Aber, kann man sagen und hat es gesagt, was hilft dem Schuldner, wenn er durch die sofortige Wechselexecution von Haus und Hof gejagt, ruinirt ist, die spätere Rückforderungsklage? Das ist allerdings schlimm, sehr schlimm für den Schuldner, aber ist das eine Eigenthümlichkeit grade des Wechsels? Mit nichten! Der Wechsel hat dies gemein mit jeder andern Urkunde, in jedem Urkundenprozeß ist das Urtheil sofort vollstreckbar. Der Schuldner läuft sowohl beim Wechsel wie bei dem gewöhnlichen Schuldschein die Gefahr der sofortigen Execution, ja noch mehr bei der vollstreckbaren Urkunde, die wir in unserm Prozeß haben. Also die Gefahr der Execution bleibt sich überall gleich. Mir scheint, daß man hier wiederum die Schuld des Genus auf das Conto Einer Species schreibt, daß man die allen Schuldurkunden gemeinsame Gefährlichkeit allein dem Wechsel unterschiebt. Will man hiergegen helfen, so muß man nicht den Wechsel angreifen, sondern den ganzen Urkundenprozeß, das ganze Schuldurkundenwesen. Außerdem würde die Umgehung des Wuchergesetzes in der Weise, daß der Wucherer sich einen Wechsel ausstellen läßt und diesen weiter indossirt, nur für die civilrechtliche Seite relevant sein, nicht für die wichtigste, die strafrechtliche Seite, denn es ist nicht abzusehen, wie der Wucherer durch das Indossament den criminellen Beweis seiner Schuld erschweren könnte, wenigstens nicht mehr als durch gewöhnliche Cession.

Meine Herren! Wenn ich mir alle Möglichkeiten der Umgehung des Wuchergesetzes mittels der Eigenart des Wechsels zu vergegenwärtigen gesucht habe, so bin ich immer nur auf eine einzige Möglichkeit gekommen, wie das Wuchergesetz umgangen werden kann mittelst der Operation des Indossaments, nämlich die folgende. Der Wucherer schiebt von vornherein einen Strohmann vor, der im eignen Namen das Wuchergeschäft abschließt und sich den Wechsel ausstellen läßt, dann den Wechsel, und zwar am besten in blanco, dem Wucherer indossirt. Wenn nun der Wucherer die Klage aus dem Wechsel selbst anstellt, so wird ihm das auch nicht helfen oder nur helfen um den Preis des Meineids, denn er befindet sich ja in mala fide, ihm kann also im Wechselproceß der Eid über die Thatsache des Wuchers zugeschoben werden. Er macht den Wechsel nun aber nicht selbst geltend, sondern indossirt ihn weiter an einen weiteren und zwar gutgläubigen Indossatar, der dann den Wechsel einklagt. Dann muß der Schuldner zahlen. Er hat allerdings die Rückforderungsklage, aber nicht gegen den Wucherer, sondern gegen den Strohmann, der natürlich insolvent ist. Also auf diese Weise kann allerdings der Schuldner durch den

Wechsel in Schaden gebracht werden, und zwar mit Umgehung des Wuchergesetzes. Daß der Wechsel ein Gehilfe des Wuchers ist, hat er mit allen Schuldurkunden gemein; aber bei diesem Manöver, dem sofortigen Vorschieben eines Strohmanns, kann er allerdings auch zum Hehler des Wuchers werden, und das ist freilich dem Wechsel eigenthümlich. Aber es ist wohl nicht schwer einzusehen, daß dieses Manöver an und für sich schon etwas complicirt ist, daß es nicht gewerbsmäßig betrieben werden kann, und daß es jedenfalls sehr viel Gefahr in sich trägt, für den Strohmann ja unbedingt strafrechtlich und für den Wucherer, falls der Strohmann ausplaudert, civilrechtlich und strafrechtlich. Das Manöver ist also so bedenklich, daß ich kaum befürchte, die Wucherer möchten viel Gebrauch davon machen. Also, glaube ich, meine Herren, mit Recht behaupten zu können, daß die ganze Gefahr, welche man aus dem Wechsel als solchem, verschieden von andern Urkunden, hergeleitet hat, bezüglich der Umgehung der Wuchergesetze, eine verschwindend geringe ist, daß sie kaum als bestehend zu betrachten ist.

Mithin haben wir nur zwei Nachtheile der allgemeinen Wechselfähigkeit, die Gefahr des Wechsels für Unerfahrene, und die Möglichkeit zweitens, mittelst des eben erwähnten sehr fraglichen Manövers das Wuchergesetz zu umgehen.

Wenden wir uns nun zu den Vortheilen der allgemeinen Wechselfähigkeit, zu den Nachtheilen der Beschränkung.

Der Wechsel ist ja bekanntlich in seiner Entwickelung immer weiter gegangen. Ursprünglich als Zahlungsmittel verwendet, ist er jetzt, das kann man wohl sagen, in seiner wesentlichsten Bedeutung ein Creditmittel geworden, ein Bedürfniß aller derjenigen, welche an den Personalcredit sich wenden müssen. Indem der Wechsel die starrste präciseste Form mit der größten Beweglichkeit verbindet, ist er geradezu der Träger des Personalcreditverkehrs geworden. Nun hat man bei den Vorschlägen wegen der Beschränkungen ja stets bestimmte Klassen im Auge, sie werden auch genannt, theils in den Reichstagsanträgen, theils sonst von den Anhängern dieser Beschränkungen.

Die erste Klasse sind die kleinen Handwerker. Wie steht es mit dem Creditwesen des kleinen Handwerkers? Der kleine Handwerker kann die Rohstoffe, die Materialien, die er für sein Handwerk nöthig hat, ja regelmäßig nicht sofort beim Bezuge baar bezahlen, er muß sie auf Credit nehmen. Der Fabrikant, der Großhändler, der ihm auf Credit giebt, ist aber seinerseits regelmäßig auch nicht in der Lage, diesen Credit zu gewähren, ohne selbst wiederum eine Creditquelle zu haben, und diese Creditquelle fließt ihm gerade in dem Wechsel. Der Handwerker stellt einen

Wechsel aus zu Gunsten des Fabrikanten, der Fabrikant verwerthet diesen Wechsel wiederum, indem er entweder den Wechsel seinen Gläubigern weiter giebt oder indem er ihn beim Bankier discontirt.

Durch diese Mobilisirung seines Guthabens kann erst der Fabrikant in die Lage kommen, seinerseits auch wieder Credit zu gewähren. Also der Handwerker gebraucht in dieser Beziehung den Wechsel; ohne den Wechsel würde es ihm sehr schwer werden, in der Weise wenigstens, wie jetzt der Verkehr sich herausgebildet hat, weiter sein Handwerk mit Nutzen betreiben zu können. Baar bezahlen kann er in der Regel nicht, er muß sich also an den Personalcredit wenden. Diese Quelle, die als dem Handwerker wohlthätig, ja unentbehrlich bezeichnet werden kann, würde aber verstopft, wenn man ihm die Wechselfähigkeit nähme.

Und nun vollends, meine Herren, die Creditgenossenschaften, die jetzt bestehen, die gewerblichen Kassen, Genossenschaftskassen, Volksbanken u. s. w.! Diese operiren wesentlich mit dem Wechsel. Der größte Theil von ihnen würde der ganzen Einrichtung nach nicht bestehen können, wenn ihm die Möglichkeit abgeschnitten wäre, mit dem Wechsel zu operiren. Zu welchen kolossalen Dimensionen diese Institute herangewachsen sind, dafür lassen Sie mich nur ein Beispiel anführen. Der Schulze-Delitzsch'sche Genossenschaftsverband, der ja bei Weitem nicht alle Institute dieser Art umfaßt, zählt 3300 Vereine mit 1 Million Mitgliedern und mit einem jährlichen Umsatz von 2 Milliarden Mark. Um auch noch ein kleineres Beispiel zu erwähnen und gerade Leipzig dabei zu berücksichtigen: Die Leipziger Genossenschaftscreditbank discontirt jährlich ungefähr 12,000 kleine Wechsel über kleine Beträge, offenbar also für den kleinen Mann. Und daß dieses Operiren mit Wechseln von Seiten des Handwerkers nicht etwa specifisch deutsch ist, sondern in dem Verkehrsleben aller Culturstaaten mit einer gewissen Naturnothwendigkeit herangewachsen, dafür lassen Sie mich auch ein Beispiel anführen. Die französische Bank empfängt jährlich circa 1/2 Million Tratten über ganz kleine Summen von 10 Franken bis 100 Franken, also offenbar auch wiederum Wechsel des kleinen Mannes. Also, glaube ich, muß dem Handwerker die Wechselfähigkeit verbleiben, haben doch auch im Jahre 1878 die in Frankfurt versammelten 46 wirthschaftlichen Corporationen den Beschluß gefaßt, den Creditverkehr zwischen den Fabrikanten und Handwerkern möglichst gerade durch Tratten zu regeln, also die Wechselfähigkeit als unbedingt nothwendig bezeichnet. Diesen erdrückenden volkswirthschaftlichen Daten gegenüber haben denn auch die Urheber des Antrags auf Beschränkung im Reichstage sich gemüßigt gesehen, die Genossenschaften auszunehmen, eine Beschränkung der Beschränkung wiederum vorzuschlagen. Sie haben den internen Verkehr dahin regeln wollen, daß in diesem Verkehr Handwerker und Genossenschaften wechselfähig seien. Aber damit ist dem Handwerker wenig geholfen. Sie haben gesehen, wie der Handwerker direct auch mit dem Fabrikanten verkehrt, nicht erst die Genossenschaften angeht, und es haben mir Volksbanken auf Anfrage mitgetheilt, daß reichlich die Hälfte aller bei ihnen eingehenden Wechsel externe Wechsel sind, d. h. erst von dem Handwerker dem Fabrikanten ausgestellt und dann im weiteren Verlaufe in den Genossenschaftsverkehr gelangt sind. Alle solche Wechsel würden ungültig, würden unmöglich sein.

Als zweite Klasse kommen nun die Grundbesitzer, die Bauern. Auch diese bedürfen des Personalcredits. Vor Allen sind diejenigen größeren Grundbesitzer und Pächter, welche gewerbliche Unternehmungen betreiben, Ziegeleien, Brennereien u. dgl., unbedingt des Wechsels bedürftig; diese sollen auch wiederum nach den Vorschlägen der Anhänger der Beschränkung ausgenommen sein. Wie soll es denn aber stehen mit dem ganz kleinen Bauern, der ein ganz kleines Nebengewerbe treibt? Und kann auch nicht jeder der andern rustici einmal in die Lage kommen, sich an den Personalcredit wenden zu müssen: bei Meliorationen, Ankauf von Geräthen, Vieh, Saatkorn u. s. w.? Soll er da gleich einen Schuldschein ausstellen? Der Fabrikant nimmt einen solchen nicht, weil er mittelst Schuldscheins sein Guthaben nicht mobilisiren kann, und Hypotheken kann der Bauer doch nicht gleich für solche zeitweilige Bedürfnisse errichten. Ich habe neulich in einer Broschüre gelesen, um ein Beispiel anzuführen, daß in einem mittelgroßen Nachbarlande die Zuckerrübenfabrikanten den kleinen Landbauern jährlich große Vorschüsse geben, damit diese den Rübenbau betreiben, und zwar Vorschüsse im Betrage von jährlich 20 Millionen Mark. Alles ohne Ausnahme auf Wechsel. Ich glaube daher, daß für den Bauer, den kleinen Grundbesitzer, auch das Bedürfniß des Wechsels existirt. Grade, wenn der legitime Wechselcredit dem Bauer, wie dem Handwerker verschlossen sein soll, geräth derselbe in den Fällen, wo er des Personalcredits bedarf, in Gefahr, dem Wucherer in die Hände zu fallen. Ich muß der Ansicht sein, daß diejenigen landwirthschaftlichen Vereine, welche sich gegen die allgemeine Wechselfähigkeit ausgesprochen haben, dabei die juristische Seite, die ich mir erlaubt habe, früher hervorzuheben, nach welcher der Wechsel als solcher eine ganz geringe Gefahr des Wuchers nur bildet — daß sie diese juristische Seite nicht genügend gewürdigt und zugleich durch die faktische Erscheinung, daß der Wechselwucher auch auf dem Lande üppige Blüthen treibt, sich haben blenden lassen, daraus geschlossen haben: der Wechsel ist die Ursache des Wuchers. Wie wenig aber der Wechsel auch auf dem Lande Ursache des Wuchers ist, dafür gestatten Sie mir auch einen historischen Vorgang anzuführen. In verschiedenen Kreisen Westfalens hatte in den dreißiger Jahren der Wucher so verheerend auf dem Lande gewirkt, daß sich die Regierung gezwungen sah, ein Nothgesetz zu erlassen, und in diesem Nothgesetze wurde verfügt — preußische Cabinetsordre von 1836 — daß alle Urkunden von Personen bäuerlichen Standes vor Gericht aufgenommen und von dem Richter vorher auf den Verdacht des Wuchers expreß geprüft werden sollten. Und, meine Herren, dies geschah im Gebiete des preußischen Landrechts, wonach eben der Bauer wechselunfähig war. Also auch hier Wucher ohne Wechsel! Diese Verordnung wurde nach zehn Jahren wieder beseitigt, weil sie doch allzuradical war, wenngleich ganz consequent in ihrer Richtung gegen alle Urkunden.

Ferner Geistliche, Beamte, Offiziere werden genannt. Von vornherein will ich hier gern anerkennen, daß das Bedürfniß des Wechsels in diesen Kreisen allerdings gering ist und daß ich die Beschränkung der Wechselfähigkeit auch nicht als privilegium odiosum ansehen, mich durchaus nicht in der persönlichen oder Standes-Ehre gekränkt fühlen würde, wenn das Gesetz mich für wechselunfähig erklärte. Aber, m. H., wie das Bedürfniß des Wechsels gering ist, so ist hier auch das Bedürfniß der Beschränkung ein geringes. Der Wucherer braucht ja, wie wir gesehen haben, mit dem Wechsel gar nicht zu operiren, er operirt mit dem gewöhnlichen Schuldschein, und es ist ja bekannt, daß gerade bei den Offizieren der Wucher den Wechsel schon längst verlassen hat, daß er hier ein viel schöneres Mittel gefunden: den Schuldschein auf Ehrenwort. Lorenz v. Stein in seiner vortrefflichen Naturgeschichte des Wuchers erklärt bei Classificirung der verschiedenen Arten gerade den Ehrenwortwucher, den Cavalierwucher für die gefährlichste, die giftigste Sorte. Also diesen Ständen würde wenig geholfen, wenn ihnen die Wechselfähigkeit genommen würde. Und sollten die österreichischen Offiziere, denen die Wechselfähigkeit genommen ist, weniger von dem Wucher geplagt werden als die deutschen Offiziere mit ihrer Wechselfähigkeit? Ich glaube, auch in dieser Beziehung wird die Gemeinsamkeit Deutschlands und Oesterreichs dieselbe geblieben sein, mit oder ohne Wechselfähigkeit. (Heiterkeit.)

Nun, m. H., die Damen! Auch diese sollen beschränkt werden. Kaum ist die Emancipation der Frauen auf dem civilrechtlichen Gebiete erkämpft, so soll auch hier wieder eine Beschränkung eintreten. Gegen ruinirende Verbindlichkeiten würden die Frauen in ihrer vermeintlichen „infirmitas" etwa durch Wechselunfähigkeit keineswegs geschützt und die Erfahrungen, die man mit den früher beliebten Beschränkungen der Verpflichtungsfähigkeit überhaupt bei den Frauen gemacht hat — die Beschränkungen sind ja alle beseitigt — diese Erfahrungen sollten doch davon abhalten, hier wiederum, bei einer Species der Verpflichtungen, eine Anomalie einzuführen.

In dem Reichensperger'schen Antrage ist dann endlich eine Generalclausel enthalten, daß den Landesgesetzen vorbehalten bleiben soll, noch andere Beschränkungen einzuführen neben den genannten. Welche Beschränkungen gemeint sind, läßt sich nicht errathen; ob wieder einige von den früheren 31 Variationen herangezogen werden sollen, ich weiß es nicht. Jedenfalls entzieht sich das unsern heutigen Erörterungen.

Nun allgemeine oder allgemeinere Gründe gegen die Beschränkung! Zunächst die gewaltige Schädigung des Wechselcreditverkehrs, wenn es ungewiß ist, ob alle diejenigen, welche auf dem Wechsel stehen, auch wechselfähig sind. Zwar ist es wahr, daß die Ungiltigkeit einer Verbindlichkeit der Giltigkeit der andern Verbindlichkeiten hier Nichts schadet, und ferner ist es wahr, daß regelmäßig der Nehmer nicht von unbekannten Personen sich den Wechsel geben läßt, zunächst auf den ihm bekannten Geber vertrauen wird: aber die Sicherheit des Wechselverkehrs beruht nicht zum kleinsten Theile, und zwar ökonomisch wie juristisch, gerade darauf, daß der letzte Nehmer mit Sicherheit auf die rechtliche Existenz der Verpflichtungen sämmtlicher Vormänner, auf deren Wechselfähigkeit rechnen kann. Dieser Grund ist denn auch der Hauptgrund gewesen, weshalb beim Erlaß der deutschen Wechselordnung die allgemeine Wechselfähigkeit ausgesprochen wurde.

Weiter: Der Wechsel ist ein Kosmopolit, er hat einen universellen Charakter, und ich glaube, es wird nicht lange dauern, so haben wir ein universelles Wechselrecht. Ich habe bereits zu erwähnen mir erlaubt, daß so ziemlich in allen Culturstaaten das Princip der allgemeinen Wechselfähigkeit rechtlich besteht; die Beschränkungen sind sehr gering, die allgemeine Wechselfähigkeit ist durchgängig geltendes Recht in allen Erdtheilen und die Association für das einheitliche Wechselrecht der Völker, welcher auch mehrere hochgeschätzte Mitglieder des deutschen Juristentages angehören, haben ebenfalls diesen Grundsatz der allgemeinen Wechselfähigkeit an die Spitze gestellt. In dieses fast gleichmäßige Recht aller Nationen einzugreifen — so bemerken ganz treffend die Regierungsmotive zum Wuchergesetze — da wäre doch wohl die größte Zurückhaltung geboten. Es ist gar nicht zu übersehen, eine wie große Störung der internationalen Credit-Verhältnisse entstehen würde, wollten wir in Deutschland die projectirten Beschränkungen einführen.

Also ziehe ich aus dem Allen das Resultat, daß bei der Abwägung der Vortheile und Nachtheile die Schale ganz überwiegend zu Gunsten der allgemeinen Wechselfähigkeit sinkt und daß wir die Beschränkung für verwerflich erklären müssen, jedenfalls — etwa rücksichtlich der Offiziere und Beamten — in keiner Weise für nothwendig oder auch nur Nutzen bringend.

Von diesem Standpunkte aus könnte ich allerdings auf die Erörterung der eventuellen zweiten Hauptfrage verzichten, ob, wenn die etwaigen Beschränkungen wünschenswerth wären, sie auch praktisch durchführbar seien. Aber diese Frage, die ja auch sehr viel bereits sonst erörtert worden ist, wird doch hier auch zur Erörterung kommen müssen, die Frage: wo und wie soll die Grenze der Wechselfähigkeit gesteckt werden?

Nach Berufsklassen? Das war früher eine sehr beliebte Methode bei Festsetzung von Beschränkungen; aber in dem jetzigen Volksleben ist es doch unmöglich. Schon der Begriff „Kaufmann" ist sehr unbestimmt, ganz unbestimmt aber der Begriff „Bauer", vollends „kleine Bauern", „kleine Grundbesitzer". Dann hat man die Höhe der Gewerbesteuern als Kriterium genannt. Ja, die Gewerbesteuer existirt noch nicht einmal in allen deutschen Staaten, z. B. in Hamburg nicht. In dieser Beziehung müßten also erst die Gesetze geändert werden. Ferner hat man Schwierigkeit bei denjenigen Berufsklassen, die nicht gerade der Gewerbesteuer unterworfen sind. Dann hat man vor einigen Tagen auf der landwirthschaftlichen Versammlung in Halle vorgeschlagen: nach der Einkommensteuer. Die Einkommensteuer ist aber verschieden in allen deutschen Ländern, sie ist sogar verschieden nach Provinzen. Die Regulatoren für die Feststellung der Grenze der Wechselfähigkeit bezüglich der Gewerbe- oder Einkommen-Steuer müßten sich doch immer richten einerseits nach dem Bedürfniß, andrerseits nach der Gefahr, und wo hört das Bedürfniß auf, wo fängt die Gefahr an, oder umgekehrt? Man würde also mit der Einkommensteuer auch nicht weit kommen. Die Einkommensteuer kann unmöglich der Eintheilungsgrund sein, nach welchem sich die Wechselfähigkeit richten soll. Oder soll man es wirklich so machen, wie die alte Frankfurter Wechselordnung, die dem Handwerker die Wechselfähigkeit ab- oder zusprach, je nachdem er unter oder über 2000 Gulden verschätzte?

In allen diesen Beziehungen ist es nicht möglich, die Grenze bestimmt zu ziehen, sie wäre höchstens zu ziehen bei Geistlichen, Beamten und Offizieren und würde auch bei Frauen keine große Schwierigkeit machen. Grade in den wichtigsten Fällen bliebe aber immer die Grenze unbestimmt. Diese Schwierigkeiten werden auch anerkannt von den Gegnern der allgemeinen Wechselfähigkeit und so ist man auf ein anderes System gekommen, auf das sogenannte Inscriptionssystem, wonach alle diejenigen, aber auch nur diejenigen, die in ein öffentliches Register eingetragen sind, wechselfähig sein sollen. Dieses System ist nicht gerade ein Novum. Aehnliches fand sich schon früher z. B. in Preußen und in Weimar vor, wo der Richter ein Certificat ausstellte über die Wechselfähigkeit. In unserem Hannover war es schon etwas schwieriger, da gehörte mehr dazu, da prüfte die Wechselfähigkeit und stellte das Certificat aus das Cabinetsministerium selbst. Nur im Canton Aargau besteht jetzt zur Zeit dieses System der Inscription, der Eintragung in das sogenannte Ragionenbuch; es befand sich früher auch in einem Berner Entwurfe, kam aber nicht in gesetzliche Geltung, weil man in Bern sich überzeugte, daß das ganze Inscriptionssystem nicht ging.

Prüfen wir nun die Tauglichkeit des Inscriptionssystems. Das System muß entweder obligatorisch sein oder es ist facultativ. Ist die Eintragung obligatorisch, so haben wir dieselben Schwierigkeiten, wie wir sie gesehen haben bei der Bezeichnung der gesetzlich unfähigen Classen, denn im Gesetze müßten doch die Personen und Classen bezeichnet werden, die verpflichtet sein würden, sich eintragen zu lassen. Also hier wieder die Schwierigkeit oder Unmöglichkeit einer bestimmten Grenze. Ist die Eintragung facultativ, so werden erstens diejenigen, welche an den Personalcredit sich wenden müssen, beispielsweise alle Handwerker, von vornherein sich eintragen lassen, und es wird zweitens der Wucher, worauf man sich regelmäßig bezogen hat, in keiner Weise gehindert. Der Schuldner, welcher in Geldnoth ist, kann ja ohne Weiteres von dem Wucherer gezwungen werden, auf diese Bedingung, wie auf die anderen Bedingungen, einzugehen. Der Wucherer wird für den Fall, daß er einen Wechsel haben will, erst sagen: geh' hin und laß Dich einschreiben! und der Schuldner wird gehorchen müssen. Also was in dieser Beziehung bezweckt wird, das wird in keiner Weise erreicht. Ferner: wie soll es werden, wenn das Eintragungssystem eingeführt wird, mit einer Prüfung? Denn ohne eine richterliche Prüfung wird es eben ja wenig Werth haben, und daher hat in ganz consequenter Weise, wie jene früheren Wechselordnungen, so auch das Gesetz in Aargau verfügt: es ist nöthig, die Einwilligung des Bezirksamts. Ja, m. H., in einem so kleinen Staate wie Aargau, wo Jeder die Verhältnisse eines Jeden leicht kennen kann, mag das wohl möglich sein, aber in größeren Verhältnissen, namentlich in größeren Städten, wird es ja für den Richter eine unmögliche Sache sein, die Verhältnisse zu prüfen, sodaß die Gefahr der Willkür und Begünstigung eintreten würde, weil der Richter in jeder Beziehung unsicher dastände mit der Prüfung. Wie soll es ferner werden mit den Löschungen? Soll der Betreffende, der eingetragen ist, damit einen character indelebilis haben oder soll er befugt sein, seinen Namen willkürlich löschen zu lassen? Oder causa cognita? Wie soll das bekannt gemacht werden? Wie soll es gehalten werden mit der Beschwerde, wenn der Richter die Eintragung oder die Löschung verweigert? Wie sollen die höheren Gerichte wieder die causa cognosciren? Denken Sie sich ferner die processualischen Schwierigkeiten, die entstehen werden, mag nun die Eintragung als Theil der Klagbegründung oder als Replik auf die Einrede des Mangels der Eintragung angesehen werden: immer muß der Wechselkläger einen Auszug aus den betreffenden Registern parat halten. Alle diese Schwierigkeiten führen, m. H., glaube ich, dazu, das Inscriptionssystem zurückzuweisen. Dazu kommt noch die Störung des Verkehrs mit dem Auslande, abgesehen von allen Störungen, die im Inlande noch entstehen würden. Denken Sie sich — vielleicht gehe ich nicht allzuweit vorbei — von den 8 Millionen verpflichtungsfähigen Deutschen etwa 3 Millionen eingeschriebene Wechselfähige und 5 Millionen Wechselunfähige: in welcher Weise soll dann der Wechselverkehr sowohl im Inlande wie auch im Auslande irgendwie mit Sicherheit geregelt werden? Der weltwandernde Wechsel duldet keine Paßvorschrift, und mehr als eine Paßvorschrift würde ja dieser Auszug, diese Legitimation aus den Registern nicht sein.

Ich komme also ferner dahin, daß, wenn man auch etwaige Beschränkungen für wünschenswerth erachtet, diese nicht einmal durchführbar sind. Ich stehe allerdings ja auf dem Standpunkte, daß ich schon grundsätzlich jede Beschränkung als verwerflich ablehne und gar nicht auf die praktische Undurchführbarkeit mich zurückzuziehen brauche, und ich freue mich, daß ich zu dieser Ueberzeugung gekommen bin, denn dies ist ein viel beruhigenderer und glücklicherer Standpunkt, als wenn man sagen müßte: wir sehen zwar die Beschränkung als nothwendig oder wünschenswerth an, aber wir müssen sehr bedauern, wir können sie nicht durchführen.

Nun, m. H., noch einige Worte über den eigenen Wechsel, da auch in dieser Frage eine legislatorische Erwägung angeregt ist, ob wenigstens bei dem eigenen Wechsel nicht eine Beschränkung eintreten soll. Auch dies halte ich für ein verfehltes Beginnen. Solange wir Platzwechel, Tratten an die eigene Ordre, Blancoindossaments und das directe Klagrecht des Trassanten gegen den Acceptanten haben, solange ist jede Unterscheidung von gezogenem und eigenem Wechsel vollständig irrelevant. Statt des eigenen läßt sich ja auf die leichteste Weise ein gezogener Wechsel herstellen. So hat auch die Leipziger Conferenz fast einstimmig jeden betreffenden Unterschied zwischen gezogenem und eigenem Wechsel abgelehnt, und während mehrere Staaten jetzt noch, wie Frankreich, einen Unterschied machen zwischen eigenen Wechseln und Tratten bezüglich der Wechselfähigkeit, haben andere Länder, die früher diesen Unterschied auch zeitweise kannten, wie England und Dänemark, diesen Unterschied längst wiederum beseitigt.

Was allerdings nun die Regierungen beschließen werden, können wir hier ja nicht beurtheilen; aber wenn, wie ja constatirt ist bei den Reichstagsdebatten, bereits bei dem Reichensperger'schen Antrage die verbündeten Regierungen die allgemeine Wechselfähigkeit in Erwägung gezogen und mit überwiegender Majorität gegen die Zulässigkeit und Möglichkeit einer Beschränkung sich ausgesprochen haben, so glaube ich, die Resultate der jetzt angestellten amtlichen Ermittelungen werden schwerlich darnach angethan sein, die Ansichten der Regierungen zu ändern.

Hiermit, m. H., glaube ich als Referent das Meine gethan zu haben, ich hoffe, Sie werden das Ihre thun, indem Sie den Antrag so annehmen, wie ich ihn zu formuliren mir erlaubt habe, daß Sie erklären:

> Es empfiehlt sich nicht, die gesetzliche allgemeine Wechselfähigkeit zu beschränken. (Lebhafter Beifall.)

Professor und Rechtsanwalt Dr. **Ponn** (Wien): Nach der lichtvollen Darstellung des Herrn Referenten ist eigentlich zu dieser Materie gar nichts beizusetzen, als einfach zuzustimmen. Wenn ich das Wort ergreife, so glaube ich wohl den Beruf dazu zu haben, Einiges über die Schwankungen, welche diese Frage in Oesterreich durchgemacht hat, zu erwähnen und das Votum, welches der hochverehrte Juristentag in dieser Frage abgeben wird, dadurch zu verstärken, daß ich gewissermaßen als Vertreter der österreichischen Juristen ebenfalls den Herren die Versicherung gebe, daß die Majorität der sämmtlichen berufenen Stimmen in Oesterreich auch für die Aufrechterhaltung der allgemeinen Wechselfähigkeit sein wird. Die Erfahrungen, welche wir ebenfalls gemacht haben, sind ganz in derselben Weise vor sich gegangen, wie in Deutschland. Es ist eine eigenthümliche Erscheinung unsrer Zeit, daß trotz des Fortschritts auf allen Gebieten doch gerade auf dem wirthschaftlichen Gebiete so häufig der Ruf nach Bevormundung des Staats hervortritt und daß man den Staat zu Hilfe nehmen will, um alle die Unvorsichtigkeiten, welche im Publikum vorkommen, zu beseitigen. So wenig es Jemandem einfallen wird, den Vorschlag zu machen, alle Flüsse zu vermauern, damit nicht Jemand in den Fluß springt, so wenig ist gerechtfertigt die Beschränkung der Wechselfähigkeit überhaupt. In Galizien, wo der Wucher in der höchsten Blüthe steht, hat man ein Wuchergesetz erlassen und ebenfalls in civilrechtlicher Beziehung eine Menge Beschränkungen und Einreden gestattet, welche den betreffenden Gläubiger außer Stand setzen, seine Forderung durchzusetzen. Was hat man dort gethan? Die galizischen Geldgeber waren vorsichtig, sie haben nie Geld gegeben, bevor ein rechtskräftiges Erkenntniß über den Betrag, welchen sie creditirten, in ihren Händen war.

(Heiterkeit.)

Damit ist Alles gethan, was man thun kann, um Einwendungen zu entgehen. Wenn man also dem Wechsel den Vorwurf macht, daß er diese Einwendungen abschneidet, daß die Zwischenmanöver, die vorkommen könnten, gerade bei dem Wechsel unvorsichtige Schuldner treffen, so sehen Sie, daß auch hierfür ein Remedium zu finden ist. Wenn ich die wirthschaftlichen und juristischen Momente zusammenfasse, so glaube ich, daß Sie bei Aufrechthaltung der Wechselfähigkeit den Zustand des Volks im Großen und Ganzen jedenfalls fördern werden. Ich habe hier aus den Argumenten des Herrn Referenten nur eins zu bemerken, welches er ebenfalls als Grund anführt, das vielleicht nicht ganz zutreffend ist. Ich glaube nämlich, daß für den internationalen Verkehr die Beschränkung der Wechselfähigkeit keine Gefahr bringen würde. Denn was werden im internationalen Verkehr für Wechsel in Circulation gesetzt? Doch immer nur Wechsel mit Firmen, es würden also, selbst wenn man Beschränkungen der Wechselfähigkeit einführen wollte, die Firmen von Kaufleuten ausgenommen werden und eine Beschränkung nicht stattfinden. Jedenfalls würde dieser Grund nicht sehr gewichtig sein. Im Uebrigen aber glaube ich, daß man Alles, was der Herr Referent gesagt hat, unterschreiben und seinem Antrage zustimmen kann.

Der **Präsident** schließt, da Niemand das Wort weiter begehrt, die Discussion und geht, nachdem der Referent auf das Schlußwort verzichtet hat, zur Abstimmung über.

Das Votum des Referenten, auszusprechen:

> Der deutsche Juristentag wolle seine Ueberzeugung dahin aussprechen, daß es sich nicht empfiehlt, die gesetzliche allgemeine Wechselfähigkeit zu beschränken,

wird zur Abstimmung gebracht und von dem Präsidenten unter Zustimmung der Versammlung constatirt, daß das Votum einstimmig angenommen worden.

Der **Präsident** schlägt vor, den Beschluß der Abtheilung nicht blos zur Kenntnißnahme, sondern bei der hohen Wichtigkeit der Frage im Plenum zur Erörterung und Beschlußfassung vorzulegen.

Referent Landgerichtsrath **Thomsen** (Hannover): Ich möchte glauben, weil überall kein Widerspruch sich erhoben hat, daß der Beschluß an das Plenum zur Beschlußfassung, zur Verhandlung verwiesen werden möchte. Hoffentlich kommen dann einige Opponenten dazu, um die Debatte etwas lebhafter zu machen, und so möchte ich meinerseits für den Vorschlag wohl sein.

Professor Dr. **Gneist** (Berlin): M. H.! Ich erlaube mir ebenfalls den Antrag zu befürworten mit Rücksicht darauf, daß die geringe Zahl der Thesen des diesmaligen Juristentags außerordentlich wenig Stoff für die zweite Plenarversammlung darbietet und es doch dringend wünschenswerth ist, die Plenarversammlung nicht auf reine Formalien zu beschränken. Der jetzige Gegenstand wird vielleicht der einzige erhebliche sein, der dem Plenum zur Beschlußfassung vorgelegt wird.

(Widerspruch.)

Die Versammlung beschließt, den gefaßten Beschluß zur Erörterung und Beschlußfassung im Plenum zu bringen und beauftragt den Landgerichtsrath Thomsen (Hannover) mit der Berichterstattung.

Da somit die Tagesordnung erschöpft ist, so wird, nachdem Professor Dr. Schütze (Graz) dem Präsidenten für seine Geschäftsführung den Dank der Abtheilung ausgesprochen hat, die Sitzung geschlossen.

(Schluß der Sitzung 11¾ Uhr.)

Zweite Plenarsitzung
am
11. September 1880, Vormittags 10 Uhr.

Präsident Reichsgerichtspräsident Dr. **Drechsler**: M. H., ich eröffne die zweite Plenarversammlung des diesjährigen deutschen Juristentags.

Die Tagesordnung für diese Sitzung wird in Ihrer Aller Händen sein. Sollte der Eine oder Andere sie noch nicht haben, so kann sie am Eingang des Saales in Empfang genommen werden.

Was uns zu erledigen obliegt, finden Sie auf der Tagesordnung verzeichnet.

Wir haben zunächst das entgegenzunehmen, was die Abtheilungen an Beschlüssen uns unterbreitet haben.

Ich werde die Beschlüsse der Abtheilungen in der Reihenfolge zur Kenntnißnahme oder zur Berathung des Plenums bringen, wie sie auf der gedruckten Tagesordnung verzeichnet sind.

Zunächst sind die Beschlüsse der ersten Abtheilung zu betrachten.

Die erste Abtheilung hat beschlossen über die Frage der Rechtswirkungen der Verheirathung in Bezug auf die Großjährigkeit:

> Es erscheint angemessen, mit der Verheirathung die Rechtswirkungen der Großjährigkeit zu verbinden

und weiter den Beschluß gefaßt:

> dem Plenum diesen Beschluß zur Kenntnißnahme mitzutheilen.

Herr Oberstaatsanwalt v. Köstlin ist zum Berichterstatter ernannt. Ich ersuche denselben das Referat zu erstatten.

Referent Oberstaatsanwalt **v. Köstlin**: M. H., in der uns vorliegenden Frage existirt in Folge der historischen Entwickelung derselben verschiedenes Recht in Deutschland und Oesterreich. Im römischen Recht äußerte bekanntlich die Verehelichung keinen Einfluß anf den Zustand der Minderjährigkeit, dagegen im alten deutschen Recht galt die Verheirathung eines Mannes unter Zustimmung seiner Familie als Mündigsprechung, und die Frau kam durch ihre Verheirathung unter das Mundium des Mannes, neben welchem eine Altersvormundschaft keinen Raum hatte.

Dieser Grundsatz des älteren deutschen Rechts wurde mit der Reception des römischen Rechts in dem größeren Theil der deutschen Territorien verdrängt, hat sich aber gleichwohl in einem Theile Deutschlands erhalten.

Wir können, was unsere Frage angeht, 4 Gebiete unterscheiden, einmal diejenigen, in welchen der römisch-rechtliche Grundsatz in Geltung sich befindet, in welchem trotz der Verheirathung die Altersvormundschaft fortbesteht. Zu diesen gehören insbesondere Preußen, Oesterreich, Königreich Sachsen und mehrere anderen kleinere Gebiete. Dem gegenüber existirt der deutsch-rechtliche Grundsatz, daß Heirath mündig macht, in Bayern und Sachsen-Weimar und noch einigen Statutarrechten. Eine Mittelstufe ist in den Ländern des französischen Rechts, welche eine beschränkte Handlungsfähigkeit den durch Heirath Emancipirten gewähren, so daß dieselben blos bei wichtigeren Rechtsgeschäften an die Zustimmung des Familienraths und des Vormunds gebunden sind.

Endlich kommt noch ein kleiner Theil Deutschlands, in welchem über das Ende der Vormundschaft des Mannes nichts bestimmt ist, dagegen die Vormundschaft der Frau mit der Verheirathung wegfällt, beziehungsweise die minderjährige Frau durch ihre Verheirathung großjährig wird.

Das ist der Fall bei uns in Württemberg und ich glaube, daß mit Rücksicht auf den Umstand, daß wir diesen Grundsatz gesetzlich seit 52 Jahren haben, ich heute die Ehre habe, vor Ihnen als Referent zu erscheinen. Daneben bestand in Württemberg bis zum Reichsges. vom 5. Februar 1875 der gesetzliche Grundsatz, daß bloß der großjährige oder für großjährig erklärte Mann heirathen dürfe. Damit waren manche Bedenken in der Sache beseitigt, die eine Seite der Frage vollständig erledigt.

Wir besitzen zwei gründliche Gutachten in den Verhandlungen des 14. deutschen Juristentages, erstattet von dem Landgerichtsrath Lang in Rottweil und dem Professor Dr. Pfaff in Wien. Beide Gutachter sprechen sich für Bejahung der Frage aus, im Wesentlichen aus denselben Gründen; ich meinerseits war mit ihnen vollständig einverstanden.

Ich werde mich hier darauf beschränken können, kurz anzuführen, daß diese Gründe wesentlich bestehen in der Bedeutung, in der ethischen Natur der Ehe selbst, im Verhältniß des Mannes als Hauptes der Familie, als Herrn des Hauses sowohl innerhalb der Familie, als in deren Beziehungen nach außen hin. Diese Ansicht ist auch schließlich in der Abtheilung infolge eines Antrags des Justizraths v. Wilmowski einfach acceptirt worden und ich habe dieselbe kurz zu begründen. Indem der Staat einen Mann für heirathsfähig erklärt, läßt sich nicht absehen, wie derjenige, der nun fähig sein soll, in einer Familie Herr des Hauses zu sein, Kinder zu erziehen, in allen möglichen Beziehungen selbstständig aufzutreten, noch unter einer Altersvormundschaft stehen soll. Es würde die wirthschaftliche Gestaltung der Ehe schon wesentlich beeinträchtigen, wenn ein dritter fremder Wille Recht mit dreinzusprechen hätte; es würde auch namentlich das innerste Heiligthum der Ehe geschädigt, wenn unter Annahme divergirender Interessen von Mann und Frau ein Dritter diese innige Lebensgemeinschaft, wie sie in einer Ehe bestehen soll und auch in den meisten Ehen noch besteht, zu stören im Stande wäre. Es wird sich ja, was die Beziehung des Mannes zur Verwaltung des Vermögens der Frau betrifft, bei der Vormundschaft immer bloß handeln um das vorbehaltene Vermögen der Frau, nicht um das in der Nutznießung oder Verwaltung des Mannes stehende eingebrachte Vermögen, und bezüglich dieses vorbehaltenen Vermögens ließe sich eine Trennung oft nur schwierig bewerkstelligen. Es würde sich auch fragen, ob nicht ein gewissenloser Mann schließlich doch Mittel und Wege hätte, trotz der Vormundschaft seine Zwecke zu erreichen, und dies dann auf unlautere Weise und mit viel größerem Nachtheil, als wenn die Vormundschaft nicht besteht.

Es ist aber durch das Gesetz noch die Garantie gegeben, daß in einem Falle, in welchem die Befürchtung einer schlechten Wirthschaft oder der Beeinträchtigung des Vermögens der Frau seitens des Mannes gerechtfertigt sein würde, die Zustimmung zur Eheschließung bekanntlich bis zum 25. Jahre des Mannes und bis zum 24. Jahre der Frau verweigert werden kann, und ohne diese Zustimmung wird ein Standesbeamter, wenn er sich nicht der Gefahr crimineller Bestrafung vor der Strafkammer aussetzen will, nicht zur Eheschließung schreiten. Mit diesem Mittel der Zustimmung ist den Berechtigten zugleich das Mittel gegeben, durch Festsetzung bindender Eheverträge die Sache von Anfang an zu ordnen, sodaß hierdurch schließlich für die junge minderjährige Frau besser gesorgt scheint, als wenn auf wenige Jahre der Apparat staatlicher Bevormundung in Scene gesetzt wird.

Es ist ohnedem die Schutzbedürftigkeit der Frau weniger in ihrem Alter begründet, als in ihrem Geschlecht; sie dauert also nach erlangter Volljährigkeit noch fort.

Die Bedenken, daß allzufrühe Heirathen nicht zu billigen seien, suchte ich durch den Vorschlag zu beseitigen, — im Anschluß an unser früheres Partikularrecht daß dem Manne die Verheirathung bloß nach eingetretener oder genehmigter Volljährigkeit gestattet werden soll, daß also nach erlangter Ehemündigkeit mit dem abgelaufenen 20. Jahr für das 21. Jahr die Dispensation von der Minderjährigkeit erforderlich für ihn wäre. Es wurde aber im Schooß der 1. Abtheilung geltend gemacht, daß diese Frage nicht auf der Tagesordnung steht und daß es bedenklich wäre, gegen die Bestimmung eines Reichsgesetzes, das vor wenig Jahren erlassen worden ist, bezüglich der Ehemündigkeit anzugehen, und da stellte denn Herr Justizrath v. Wilmowski den Antrag, die von der ständigen Deputation gestellte Frage, wie sie Ihnen gedruckt vorliegt, einfach zu bejahen.

Ich meinerseits hatte, von meinen Voraussetzungen ausgehend, keinen Grund, diesem weiteren Antrage, den zu stellen ich selbst, ich gestehe es, nicht ganz den Muth hatte, entgegenzutreten.

Eine weitere Clausel, die ich im Anschluß an die beiden Gutachten noch vorschlug, nämlich für junge schutzlose Frauen, welche während ihres minderjährigen Alters Wittwen werden, zu sorgen dadurch, daß ihnen gestattet werde, sich einen Vormund zu erbitten, fand nicht die Billigung der Abtheilung, nachdem einer der verehrten Redner hervorgehoben hatte, daß dadurch gegenüber von außen eine Rechtsunsicherheit bewirkt werde. Ich habe in meinem Referate selbst hervorgehoben, wie die Consequenz erfordere, daß, wenn der Frau eine selbstständige rechtliche Stellung eingeräumt sei vom Gesetz, dann auch dieser Zustand bleibe und nicht verändert werde durch ein außerhalb ihrer Person eintretendes äußeres Ereigniß. So kam mit überwiegender Mehrheit der Beschluß der Abtheilung zu Stande; ich meines Theils begrüße diesen Beschluß als einen der deutschen Rechtsentwickelung entsprechenden und kann nur aus meiner Erfahrung in meinem Heimathlande bezeugen, daß wir nie Grund gehabt haben, über diese gesetzliche Feststellung, wie sie bei uns seit 52 Jahren besteht, Beschwerde zu führen, daß wir keinen Nachtheil davon gespürt haben. Ich glaube im Gegentheil, daß die Ehe selbst dadurch gekräftigt und geschützt wird, wenn der Mann des Hauses Herr und das Haupt der Frau ist auch in vermögensrechtlicher Beziehung.

Präsident: Ich habe schon erwähnt, daß die Abtheilung eine Erörterung dieses Beschlusses im Plenum nicht beschlossen hat. Auch ein Antrag auf eine solche Erörterung ist nicht gestellt worden.

Wir gehen zum zweiten Gegenstande über. Die erste Abtheilung hat weiter beschlossen:

> Es ist angemessen, im deutschen bürgerlichen Gesetzbuche die Statthaftigkeit der Vindication beweglicher Sachen nach den Grundsätzen des deutschen Handelsgesetzbuchs zu normiren.

Ich ersuche Herrn Rechtsanwalt Dr. Reuling, das ihm übertragene Referat zu erstatten.

Referent Rechtsanwalt Dr. **Reuling** (Leipzig): M. H.! Die zur Berathung und Beschlußfassung der Abtheilung stehende Frage war keine andre ihrem praktischen Inhalt nach als die, welches der drei zur Zeit im Wesentlichen in Deutschland geltenden und sich schroff gegenüberstehenden Systeme bezüglich dieser Frage in das bürgerliche Gesetzbuch aufzunehmen sei, einerseits das System des römischen Rechts mit unbeschränkter Vindicationsbefugniß des bisherigen Eigenthümers, zum Zweiten das schroff gegenüberstehende und bezüglich der Handelssachen ja für ganz Deutschland als Reichsrecht einheitlich geltende Princip des Art. 306, das im Wesentlichen zusammenfällt mit der Bestimmung des lübischen Rechts, drittens das gleichsam eine Mittelstellung einnehmende, ein Compromiß zwischen dem Interesse des redlichen Erwerbers einerseits und demjenigen des bisherigen Eigenthümers andrerseits suchende preußische Landrecht, wonach der bisherige Eigenthümer allerdings vindiciren kann, aber nicht ohne Weiteres die Sache herausverlangen kann von dem redlichen Erwerber, sondern der redliche Erwerber sie nur herauszugeben hat gegen Ersatz seiner aufgewendeten Kosten. Ein Gutachten ist erstattet worden Seitens des Herrn Professor Dr. Franken in Greifswald, das durch seinen reichen Inhalt natürlich ausschloß, daß das Referat über den gesammten Inhalt dieses Gutachtens sich verbreitete. Es beschränkte sich im Wesentlichen auf die speciell zur Entscheidung stehende Frage, hob aber noch hervor, daß der Verfasser dieses Gutachtens in Ablehnung der Traditions- wie der Vertragstheorie für den Erwerb, für den Mobiliarveräußerungsverkehr ein ganz neues Eigenthumserwerbsystem eingeführt wissen will, dahingehend, daß das Eigenthum immer erst erworben werde, sobald der Erwerber die Gegenleistung vollständig bezahlt hat. Er war dabei wohl geleitet durch die Rücksicht auf das Interesse des unbezahlten Verkäufers. Gegen diesen Standpunct glaubte der Referent, der heute auch vor Ihnen steht, sich wenden zu sollen. Da ein Beschluß nicht gefaßt ist, so darf ich dieses Thema fallen lassen und hebe nur hervor, daß der Herr Gutachter bezüglich der drei Systeme sich entschieden hatte dem materiellen Erfolge nach für das preußische System, aber demselben eine andere theoretische Begründung gegeben hatte, indem er überhaupt die ganze Vindicationsbefugniß und in diesem Sinne den Eigenthumsschutz als solchen beseitigt wissen wollte und glaubte aushelfen zu können mit obligatorischen Gesichtspuncten. Er nahm von diesem Standpuncte aus an, daß gerade wie nach Art. 306 des Handelsgesetzbuchs so auch nach dem von ihm adoptirten Systeme der redliche Erwerber allerdings das Eigenthum erwerbe, derselbe aber obligatorisch verpflichtet sein solle, das erworbene Eigenthum an den früheren Eigenthümer gegen Zahlung der Aufwendungskosten zu restituiren. Es wurde gegen diesen Standpunct eingewendet, daß kein Grund aufzufinden, weßhalb wenn einmal der bisherige Eigenthümer das Eigenthum verloren hat und letzteres auf den redlichen Erwerber übergegangen ist, der frühere Eigenthümer um deswillen, weil er früher einmal Eigenthümer gewesen ist, einen Anspruch auf Herausgabe der Sache haben und in diesem Sinne eine obligatorische Verbindlichkeit des neuen Erwerbers begründet sein solle. Andrerseits wurde dem System des preußischen Landrechts selbst entgegengehalten, daß, wenn der bisherige Eigenthümer Eigenthümer geblieben ist, nicht einzusehen ist, warum der redliche Erwerber gerade um des redlichen Erwerbs willen, der ihn nicht zum Eigenthümer gemacht hat, aber ihn ebensowenig in eine obligatorische Beziehung gesetzt hat zu dem Eigenthümer, diesem gegenüber einen obligatorischen Anspruch haben soll auf Bezahlung der Aufwendungskosten. Von diesem Gesichtspuncte aus wurde das preußische System theoretisch bekämpft, es wurde aber auch bekämpft vom Standpuncte des praktischen Bedürfnisses aus. Einschaltend will ich bemerken, daß das reine System des römischen Rechts gar nicht zum Gegenstande einer Kritik und Debatte gemacht worden ist, wie auch demnächst die darauf gerichtete Frage einstimmig verneint worden ist, so daß es also bei der ganzen Berathung lediglich sich handelte um das System des Landrechts und um das System des Handelsgesetzbuchs. Es wurde geltend gemacht gegen das preußische System vom Standpuncte des praktischen Bedürfnisses aus, daß es für den Handelsverkehr unerträglich sei, ja daß es geradezu dazu führe, daß der bisherige Eigenthümer auf Kosten des neuen Erwerbers speculire, indem er seinen Anspruch bis dahin zurückhält, bis eine Preisconjunctur sich entschieden hat, und wenn der Preis gestiegen ist, dann die Sache herausverlangt, während, wenn der Preis gesunken ist, er sie dem neuen Erwerber überlassen wird, eine Rücksichtnahme, die planmäßig für das Verhalten des früheren Eigenthümers maßgebend sein wird. Ferner wurde von dem Referenten geltend gemacht, daß es sich für den bürgerlichen, den civilrechtlichen Verkehr nicht empfehle, Abweichungen von dem handelsrechtlichen System einzuführen, weil jede Disharmonie zwischen bürgerlichem und Handelsrecht an sich eine Calamität ist und nur aus dringenden praktischen Gesichtspuncten sich würde rechtfertigen lassen, praktischen Gesichtspuncten, die in dieser Frage nach der Meinung des Referenten nicht ersichtlich seien, da der Ersatz der Anschaffungskosten sich ja im Wesentlichen deckt mit dem Verlust der Sache selbst, und nur für die ganz vereinzelten Fälle eines Affectionsinteresses an Andenken und dergleichen, oder wo es sich um ganz specifisch dabei betheiligte künstlerische oder wissenschaftliche Interessen handelt, also z. B. daß Jemandem aus einer seltenen Collection ein einzelner Band gestohlen worden ist, daß nur für diese ganz vereinzelten Fälle überhaupt das preußische System irgendwie eine praktische Bedeutung habe, während für gewöhnlich jeder frühere Eigenthümer dem neuen Erwerber die Sache lassen würde, wenn er die Anschaffungskosten zu ersetzen verpflichtet ist. Der Referent ging zugleich davon aus, daß es sich empfehle für den Handelsverkehr und für das bürgerliche Recht die bisherige Ausnahme, die das Handelsgesetzbuch in Art. 306 gemacht hat für die gestohlenen und verlorenen Sachen, aufzuheben, so daß also für alle Sachen das Recht hergestellt wird, was zur Zeit nach dem Handelsgesetzbuch speciell für die Inhaberpapiere gilt.

Es wurde nach dieser Richtung hin geltend gemacht, daß ja gerade die Inhaberpapiere die bedeutendsten mobilen Vermögenswerthe sind, daß sie am leichtesten dem Verlieren und Gestohlenwerden ausgesetzt sind und daß nicht ersichtlich ist, warum dieser Vorbehalt da gemacht werden soll, wenn er von verhältnißmäßig geringer Bedeutung ist, während er gerade da, wo er wirklich werthvoll wäre, fehlen soll.

Von diesem Gesichtspunkte aus war das Referat erstattet worden.

Die Debatte beschränkte sich darauf, daß einerseits erörtert wurde, ob in der That die Resultate, zu denen Herr Professor Franken in seinen formulirten Vorschlägen gekommen war, materiell identisch seien mit dem preußischen System oder nicht; und dann darauf, daß der Vorschlag beanstandet wurde für die verlorenen und gestohlenen Sachen, die nicht Inhaberpapiere sind, eben das System einzuführen, das für die Inhaberpapiere gilt.

Das Resultat der Abstimmung war das, daß die von dem Herrn Vorsitzenden formulirten Fragen in der Weise gestellt wurden: es sollte abgestimmt werden zunächst über das römische System, zum zweiten über das weitgehendste ihm am schroffsten entgegenstehende handelsrechtliche System, und wenn diese beiden Fragen verneint sein sollten, dann sollte abgestimmt werden über das preußische System.

Es ist einstimmig abgelehnt worden die Frage, ob aufgenommen werden soll in das bürgerliche Gesetzbuch das römische, das reine uneingeschränkte Vindicationssystem. Dieser Beschluß ist um so bedeutungsvoller, als gegenüber einem früheren Beschluß der Commission zur Ausarbeitung eines bürgerlichen Gesetzbuchs, welcher dahin ging, das preußische System aufzunehmen, wie mitgetheilt wurde, ein neuer Beschluß dieser Commission vorliegt, wonach mit Modificationen, deren Umfang ich nicht kenne, das römische Vindicationssystem in das bürgerliche Gesetzbuch aufgenommen werden soll. Wie gesagt, einstimmig, ohne daß in der Debatte auch nur mit einem Worte der Gedanke angeregt wurde, es könnte sich empfehlen, das römische System einzuführen, ist die darauf gerichtete Frage seitens der zahlreich besuchten Abtheilungsversammlung abgelehnt worden. Demnächst ist die auf die Aufnahme des handelsrechtlichen Systems gestellte Frage mit überwiegender Majorität bejaht worden, so daß die Abstimmuug über das preußische System, das seine Anhänger nur fand in der Minorität, die allerdings nicht unerheblich war, überhaupt sich erledigte.

Die weitere Frage nun, ob das handelsrechtliche System, das System, wonach der gutgläubige Erwerber das Eigenthum erwerben soll, auch für die gestohlenen und verlorenen Sachen gelten soll, wurde verneint und zwar mit weitaus überwiegender Mehrheit.

Ich bin demnächst, nachdem ich zum Berichterstatter ernannt worden war, noch privatim darauf aufmerksam gemacht worden, daß es wohl wünschenswerth sein möchte noch speciell hervorzuheben, daß mit dem Beschluß wie er vorliegt nicht etwa gesagt sein soll, daß nun bis in alle Details der Standpunkt und die jetzige Fassung des Handelsgesetzbuches als das Richtigste angesehen werden solle, sondetn daß nur über das System im Ganzen und Großen entschieden sein soll. Insbesondere möchte dies für die Frage gelten, ob nicht dem unredlichen Erwerber gleichgestellt werden solle derjenige, der durch grobe Fahrlässigkeit erworben hat. Das ist eine Frage, die gar nicht zur Erörterung gekommen ist, die allerdings von großer Bedeutung ist; speciell auch gerade in dieser Richtung enthält bereits das Gutachten des Herrn Professor Franken sehr werthvolles Material.

Damit glaube ich meiner Aufgabe genügt zu haben.

Präsident: Auch hier liegt ein Antrag auf Erörterung im Plenum nicht vor.

Ich möchte mir aber eine thatsächliche Bemerkung zu dem Referate erlauben. Nach eingezogenen Erkundigungen ist die Annahme des Herrn Referenten, es sei von der gegenwärtig tagenden Commission zur Abfassung eines bürgerlichen Gesetzbuches in Ansehung der Vindication das römische System mit Modificationen zu Grunde gelegt werden, nicht zutreffend. Es scheint vielmehr, daß nach den neuesten Beschlüssen dieser Commission im Wesentlichen das preußische System dem bürgerlichen Gesetzbuch einverleibt werden solle. Völlige Gewißheit ist freilich über diesen Punkt nicht zu erlangen.

Rechtsanwalt Dr. **Keuling**: Es wurde gestern seitens des Herrn Präsidenten Kühne in der Abtheilung die Mittheilung gemacht.

Präsident: Ich berichte auf Grund späterer, nach Beendigung der Abtheilungssitzung eingezogener Erkundigungen.

Wir kommen zum dritten Gegenstand: Beschlüsse der ersten Abtheilung in Betreff des constitutum possessorium. Die Beschlüsse sind gedruckt in Ihren Händen und glaube ich es dem von der ersten Abtheilung bestellten Referenten, meinem verehrten Collegen Herrn Dr. Wiener, überlassen zu dürfen, diese Beschlüsse Ihnen noch einmal mitzutheilen. Ich ersuche ihn das Referat zu erstatten.

Referent Reichsgerichtsrath Dr. **Wiener**: Nachdem der 14. deutsche Juristentag sich für Aufrechterhaltung des Princips der Tradition bei den Mobiliarveräußerungen ausgesprochen hatte, glaubte die Abtheilung trotz mannichfacher Bedenken gegen dieses Princip, von demselben nicht wiederum abweichen zu sollen, und damit war nothwendigerweise in Consequenz jenes Beschlusses eine Einschränkung des constituti seiner abstracten Natur gegenüber geboten. Denn wenn auch an sich nicht anerkannt wurde, daß man den Besitz lediglich durch seinen Willen aufgeben beziehentlich an einen Andern übertragen kann, so mußte doch erwogen werden, daß praktisch dieser Fall, als ernstlicher gedacht, gar nicht zu unterscheiden ist von dem Fall, daß man blos die rechtlichen Wirkungen einer Besitzübertragung herbeiführen, factisch aber den wirklichen Besitz nicht übertragen, sondern behalten will. Danach ergab sich die Nothwendigkeit der Beschränkung des constituti in dem Sinne — wie in der Debatte ausdrücklich gesagt worden ist — eines individualisirten constituti, nämlich auf den Fall, daß neben dem Geschäft der Veräußerung ein zweites ernstliches Geschäft geschlossen ist, durch welches der Empfänger des Objects verpflichtet oder berechtigt wäre, die betreffende als gegeben gesetzte Sache an den Veräußerer wieder zurückzugeben, also gewissermaßen gegenüber dem Fall der fingirten oder constructiven Besitzübertragung auf den Fall der gesparten Uebertragung. Es konnte keinen Zweck haben, in diesem Falle darauf zu bestehen, daß erst tradirt und dann wieder zurücktradirt werde.

Gegenüber dieser Auffassung, die im Wesentlichen ja in der heutigen Theorie unter dem Gesichtspunkt der justa causa detentionis aufgestellt ist, waren zwei Gegenanträge gestellt worden, beide in der Tendenz, das abstracte constitutum wenigstens in gewisser Richtung aufrecht zu erhalten. Der erste Gegenantrag stellte dasjenige zur Annahme, was in der These 1 steht, aber mit dem Zusatz, daß außerdem auch das abstracte constitutum zulässig sein solle in der bestimmten formalisirten Form eines schriftlichen oder sonst mit Solennität versehenen Acts. Hierfür wurde namentlich geltend gemacht, daß man auch unter der Form des individualisirten constituti in Wahrheit lediglich ein abstractes verbergen könne, wenn man berücksichtige, wie insbesondere im Mittelalter ausweislich der Uebertragungsurkunden behufs Erzielung der rechtlichen Wirkungen der Uebergabe, bevor solche wirklich stattgefunden, häufig die Uebertragung der Sache Seitens des Erwerbers an den Veräußerer zu usufructus auf 21 Tage, auf einen Tag, ja auf eine Stunde instrumentirt worden sei. Es wurde indessen, wie ich glaube aus dem Beschlusse der Abtheilung annehmen zu können, davon ausgegangen, es liege im Wesen der erforderten Individualisirung des constituti, bez. der justa causa detentionis, daß geprüft werden müsse, ob der angegebene Grund der Detention auch der wahrhafte, also ein der realen Unterlage der factischen Verhältnisse entsprechender, nach derselben wahrscheinlich sei, was in den angezogenen Fällen zu leugnen gewesen wäre. Der fernere Vorschlag, das constitutum überall da zuzulassen, wo der Veräußerer zugleich die Verpflichtung übernehme, die Sache für den Erwerber zu detiniren, wurde als auf Zulassung des abstracten Constitutums ohne jede Beschränkung hinauslaufend, abgelehnt. Hieraus rechtfertigt sich die erste These, bei welcher das Gewicht auf die Worte: „zur Wiederübernahme" zu legen ist. Es wurde aber nicht verkannt, daß mit dieser Einschränkung eigentlich nur eine Conformität mit dem Grundsatz von der Nothwendigkeit der Tradition erreicht, aber die mögliche Verkehrsschädlichkeit des constituti, wie sie sich wesentlich mit bei Berücksichtigung der Wirkung gegen Dritte zeige, nicht beseitigt werde, da in den Fällen des constituti mit justa causa, in denen also der Veräußerer die Sache zu Nießbrauch, Miethe, depositum oder Prekarium behält, nach Außen der Schein erhalten bleiben kann, daß kein Eigenthumswechsel stattgefunden habe.

Die zweite These behandelt das Verhältniß des Erwerbes durch constitutum bei Collisionen mit dinglichen Rechten Andrer an der Sache. Danach soll, sofern ein Vindicationssystem adoptirt worden, nach welchem der redliche Besitz früher erworbenes Eigenthum überwindet, der Besitz, der lediglich durch constitutum erworben ist, diese überwindende Kraft nicht haben. Leitet der Erwerber durch Constitut diesen Besitz vom Detentor des bisherigen Eigenthümers ab, der in Treulosigkeit oder Vertragsbruch als Constituent auftritt, so muß die Wirkung des Constituts schon daran scheitern, daß der Constituent nicht selbst Besitzer ist. Wer eine Sache körperlich übergeben erhält, schöpft aus seinem eigenen Besitzwillen den Besitz, auch wenn der Uebergebende selbst nicht Besitzer, sondern treulos handelnder Detentor des Eigenthümers war. Wer aber eine Sache nur durch Constitut erhält, ist in seinem Recht davon abhängig, daß der Constituent wirklich Besitzer war. Das Constitut überträgt nur vorhandenen Besitz, die körperliche Besitzergreifung erzeugt originär Besitz. Leitet aber der Erwerber durch Constitut den Besitz nicht vom Detentor des Eigenthümers ab, sondern von einem dritten bonae oder malae fidei possessor, so soll solcher Besitz in der das frühere Eigenthum überwindenden Kraft dem körperlichen Besitz nicht gleichstehen, weil aus der bloßen Besitzzuwendung durch den Willen der Erwerber nicht mit gleicher Sicherheit das freie Dispositionsrecht des Zuwenders entnehmen kann, wie aus der Zuwendung durch körperliche Uebergabe.

Was die dritte These anlangt, so betrifft sie die bedenklichste Seite des Constituti. Es handelt sich darum, welche Rechte der Erwerber durch Constitut haben soll, wenn er in Collision tritt mit Pfändungs- oder Concursgläubigern seines Constituenten. Drei Gesichtspunkte kamen in Betracht. Einmal wird das Constitut sehr häufig zu Simulationen benutzt. Sodann bewirkt das Constitut wie Tradition mit unmittelbar darauf folgender Rücktradition, daß kein ostensibler Besitzwechsel eintritt und die Sache im Verkehr fernerhin als Eigenthum des Veräußerers gelten und das Urtheil über seine Creditwürdigkeit fernerhin bestimmen kann. Endlich vermag Veräußerung mit Constitut oder Tradition, auf welche Rücktradition wegen usus fructus, Miethe, precarium erfolgt, den Weg zur Sicherung einzelner Creditgeber ohne Besitzübertragung an dieselben zu eröffnen, den das bestehende Pfandrecht für den Fall von Collisionen mit anderen Gläubigern versagen will. Ist auch das auf diesem Wege begründete Rechtsverhältniß rechtlich keine Pfandbestellung, so verfolgt es doch den gleichen ökonomischen Zweck und erzielt den Erfolg, den Concursordnung und Executionsrecht verhüten wollen.

Alle diese möglichen Schädlichkeiten sind gewürdigt, aber doch nicht für so überwiegend erachtet worden, um die Annahme eines Grundsatzes zu empfehlen, wonach dem gedachten Erwerber bei Collisionen mit Concurs- oder Pfändungsgläubigern des Veräußerers das Vindicationsrecht zu versagen wäre.

Entscheidend hierbei war, daß weitaus im Vordergrunde gegenüber solchen Betheiligungen des Constituts legitime Rechtsverkehrsacte ständen, welchen man den wirksamen Behelf des Constituts oder der Tradition mit Rücktradition nicht um jener Mißbräuche willen versagen dürfe und daß es an festen Kriterien fehle, vermöge deren der Gesetzgeber die illegitimen Fälle herausheben und besonderen Regeln unterwerfen könne. Es wurde insbesondere erwogen, daß die Veräußerung und zugleich Aufbewahrung von Sachen vielfach in einer Hand combinirte Geschäftszweige bildeten und daß Verkaufen in Verbindung mit Abmiethen vom Käufer oder mit Inpfandnahme Seitens des Verkäufers häufig ökonomisch naturgemäße Geschäfte seien, die man nicht unterbinden könne.

Von einer Seite wurde das hervorgehobene, dritte Bedenken gegen das Constitut demselben gerade als ein Verdienst vindicirt, weil die bestehende Faustpfandsgesetzgebung den kleinen Mann und Landmann creditlos mache, indem sie ihn hindere, Gegenstände, deren Besitz er nicht entbehren könne, wie Handwerkszeug, Mobiliar, Pächterinventar als Sicherheit für eine Crediterlangung einem daraufhin zum Darleihen Geneigten gegenüber einzusetzen. Dieser Gesichtspunkt blieb nicht unwidersprochen, indem hervorgehoben wurde, solche Gegenstände seien keine natürlichen Einsatzmittel für den Verkehr.

Mit Rücksicht auf die unleugbaren möglichen Inconvenienzen glaubte der Referent auf die neue englische Gesetzgebung hinweisen zu müssen, welche für Mobiliar-Veräußerungen und Verpfändungen ein dem Grundbuch ähnliches öffentliches Buch eingerichtet hat und verordnet, daß Veräußerungen und Verpfändungen, die nicht innerhalb bestimmter Frist in jenem Buche eingetragen, nichtig sind, sofern die Sache bei Concurs oder Executionsvollstreckung im Besitz des Veräußerers oder Verpfänders vorgefunden wird. Der Vorschlag des Referenten, bei These 3 in einem Zusatz jene Regelung der Sache der deutschen Gesetzgebung zur Erwägung zu empfehlen, fand nicht den Beifall der Abtheilung.

Nach den in der Debatte hervorgehobenen Bedenken zu schließen, vermißte man bei jenen Anordnungen einen hinlänglich ausgereiften Gedanken, hielt es auch für höchst zweifelhaft, ob der mit der Pflicht zur Einsicht von öffentlichen Registern schon hinlänglich belastete Verkehr sich geneigt zeigen möchte, auch noch von Eintragungen über Mobiliarveräußerungen Notiz zu nehmen.

Endlich wurde im Anschluß an den Vorschlag des Herrn Professor Behrend und im Gegensatz zu dem Inhalt der These 3 der Antrag gestellt, wenigstens in Rücksicht auf die Benutzbarkeit des Constituts für Simulationen im Anschluß an ähnliche Bestimmungen der Reichsconcursordnung und des Anfechtungsgesetzes von 1879 die Veräußerungsgeschäfte mit Constitut mit einer Präsumtion der Fraudulosität, bezüglich des Scheins, zu behaften, so daß den Interessenten der Gegenbeweis obliege. Dieser Antrag wurde abgelehnt. Ausschlaggebend dürfte hierfür gewesen sein, daß die legitimen Geschäfte, welche sich in gedachter Weise vollziehen, zu Unrecht unter solcher Präsumtion leiden würden, auf welche sich der Richter leicht zu rasch zurückziehen möchte, wenn ihm die Erkennung der wahren Sachlage Schwierigkeiten bietet, daß solche Präsumtionen weitere Scheinhandlungen behufs ihrer Entkräftung zu provociren pflegen und daß die richterliche freie Ueberzeugung auf dem weiten Angriffsfelde, auf welchem Simulation des Veräußerungsgeschäfts, Simulation der justa causa detentionis des Veräußerers, Einkleidung des in Wahrheit beabsichtigten bloßen Pfandgeschäfts in die Form der Veräußerung das Geschäft zu Falle bringen, als ausreichendes Correctiv erscheine. Die letzte These, wonach ein Pfand nicht durch constitutum bestellt werden kann, bedarf keiner näheren Begründung. Es ist mir Bedürfniß, meinem Referate noch die Anerkennung hinzuzufügen, daß die Materie durch die trefflichen drei Gutachten und die in der Vindicationsfrage von Herrn Professor Franken erstattete umfassende ausgezeichnete Arbeit auf das Erheblichste gefördert worden ist.

Präsident: M. H.! Wir kommen zu den Beschlüssen der zweiten Abtheilung. Was dieselbe über die sogenannten Sonderrechte der Actionäre beschlossen hat, wird Ihnen Herr Hofgerichtsadvokat Dr. Jaques mittheilen.

Referent Hofgerichtsadvokat Dr. **Jaques** (Wien): M. H.! die Frage, die der zweiten Abtheilung zur Berathung und beziehungsweise zur Antragstellung an das Plenum vorlag, lautet:

> In welchem Umfange sind gesetzlich Sonderrechte der Actionäre anzuordnen und welche Schutzmittel sind ihnen dafür zu gewähren?

Gutachten waren nicht erstattet worden; mit Rücksicht auf die im Laufe einer langen Reihe von Jahren gemachten Erfahrungen und auf die umfangreiche und tiefgehende Arbeit der Wissenschaft konnte es dessenungeachtet gewagt werden, einige wenige bestimmte Sätze der Abtheilung zur Beschlußfassung zu proponiren. Ich selbst, dem die Ehre zu Theil geworden war, die Berichterstattung für die zweite Abtheilung übernehmen zu sollen, wurde in diesem Versuche dadurch unterstützt, daß mir die ausgezeichnete Mithilfe unsres verehrten Herrn Reichsgerichtsrath Dr. Wiener, der im Gebiete des Actienwesens so wesentliche, allgemein anerkannte Verdienste sich erworben hat, zu Theil geworden war. Indem die Abtheilung an die Erörterung der Frage herantrat, war sie über den Gesichtspunkt von vornherein einig, daß eine Erweiterung der Rechte der Actionäre gegenüber der Gesellschaft, beziehungsweise gegenüber den Generalversammlungen unerläßlich sei. Wie weit man darin zu gehen habe, darüber konnten in manchen Beziehungen Zweifel obwalten, und da war es denn die Meinung der Abtheilung, nur dasjenige in Form bestimmter Sätze zu proponiren resp. dem Juristentage nach gefaßtem Beschlusse zur Kenntnißnahme mitzutheilen, worüber man so zu sagen zu einer communis opinio glaubte gelangen zu können, Alles dasjenige aber bei Seite zu lassen, was noch als offene Frage, als weiterer Gegenstand der Forschung angesehen werden müsse. In dieser Richtung hat nun die Abtheilung als den Grundgedanken, von dem sie ausging, das hingestellt, was unter I. als Einleitung gesagt ist:

> Der Juristentag erkennt an, daß das Maaß der dem einzelnen Actionär gegen die Gesellschaft und die Gesellschaftsorgane zustehenden Rechte gegenüber den Vorschriften des deutschen Handelsgesetzbuchs erweitert werden muß und daß dabei wesentlich folgende Grundsätze zu berücksichtigen sind.

Indem die Abtheilung hier den Ausdruck gebraucht, daß „wesentlich" folgende Grundsätze zu berücksichtigen sind, wollte sie zugleich den nachfolgend aufgestellten Principien gegenüber die Einschränkung festhalten, daß sie nicht den Complex der hier aufgestellten Sätze in allen einzelnen Details schon als das betrachtet wissen will, was in die reformirende Gesetzgebung aufgenommen werden soll, sondern daß der wesentliche Inhalt dieser Sätze der Reform zu Grunde gelegt werden möge. Sie wollte also, daß ihr nicht zugemuthet werde, sie habe formell mit derselben Präcision, mit demselben Eingehen in das letzte Detail ihre Beschlüsse gefaßt, welche einem Gesetzgeber nothwendig auferlegt werden müssen.

Die Rechte, bezüglich deren nun die Abtheilung glaubte zu einer bestimmten Ansicht nach dem heutigen Stande der Wissenschaft und der Erfahrung gelangen zu können, beziehen sich darauf, daß dem Actionär vier Rechte eingeräumt werden sollen gegenüber der gesellschaftlichen Organisation, trotzdem derselbe ihr gegenüber auf die selbstständige Ausübung mannigfacher Rechte durch den Eintritt in die Gesellschaft verzichtet hat. Diese vier Rechte, um sie zuerst, ehe ich die Details der Resolutionen wiedergebe, mit einigen prägnanten Worten zu bezeichnen, sollen sein: das Recht des Actionärs, vollkommen genau über den Stand der gesellschaftlichen Gestion unterrichtet zu werden, ehe er auf Grund seines Mitgliedschaftsrechts über die Resultate eines vergangenen Jahres mit beschließt. Das Zweite ist, daß dem Actionär ein Anfechtungsrecht zustehen soll in Bezug auf Beschlüsse der Generalversammlung, durch welche wesentliche Förmlichkeiten verletzt erscheinen, oder in welchen eine Ueberschreitung der der Generalversammlung durch Gesetz oder Gesellschaftsvertrag ertheilten Befugnisse zu Tage tritt. In diesem zweiten Punkte — ich will das gleich hinzufügen — war die Abtheilung der Ansicht, daß sie damit eigentlich nicht etwas Neues ausspreche, sondern daß schon die Erkenntnisse des Reichsoberhandelsgerichts diesem Gedanken Ausdruck gegeben haben, daß es aber Angesichts einer neuen reformirenden Legislation nothwendig erscheine, den im einzelnen Falle und nur für den einzelnen Fall zum Ausdruck gebrachten Grundsatz als ein Gesetz zur Anwendung für alle Fälle festzustellen. Das dritte Recht, von welchem Seitens der Abtheilung geglaubt wurde, daß es zur Geltung zu bringen sei, ist ein Untersuchungsrecht, welches einer Minorität oder einer Anzahl von Actionären dann zustehen soll, wenn Unredlichkeiten oder gröbliche Verletzungen des Interesses der Actionäre glaubhaft dargethan werden können. Das vierte und letzte Recht, das man bei dem heutigen Stande der Wissenschaft und Erfahrung glaubte mit Bestimmtheit aussprechen zu können, ist das Recht des Actionärs, Entschädigungsansprüche geltend zu machen gegenüber den gesellschaftlichen Organen, wenn durch dolus oder culpa lata das Interesse des Einzelnen wesentlich geschädigt worden ist.

Zurückkommend auf die einzelnen Positionen will ich kurz erwähnen: Es heißt im ersten Satze, daß jedem Actionär das Recht zustehen soll, die Einberufung der statutengemäßen Generalversammlung — sowohl der ordentlichen wie einer außerordentlichen — gegen weigernde oder zögernde Gesellschaftsorgane durch collegialgerichtlichen Beschluß zu erwirken, durch collegialgerichtlichen Beschluß deshalb, um eine größere Garantie für eine eingehende Prüfung zu gewinnen. Es heißt weiter, daß rechtzeitig vor Abhaltung der ordentlichen Generalversammlung jedem Actionär Einsicht in die Jahresrechnung und Bilanz, sowie in die Berichte des Vorstandes, des Aufsichtsrathes und der Revisoren zu gewähren sei. Die Abtheilung ist hierbei von der Ueberzeugung ausgegangen, daß der gegenwärtigen Sachlage nach die Actionäre gewöhnlich in die Generalversammlungen kommen, ohne im entferntesten über den Stand der Sache informirt zu sein, daß ihnen dann in möglichst dürftiger Form, oft nach den Wünschen von Personen formulirt, deren Interesse mit dem Interesse der Gesellschaft selbst nichts weniger als identisch erscheint, Vorlagen gemacht werden und daß sie nun sofort Decharge ertheilen, sofort Beschlüsse über die Dividende fassen sollen, welche vielleicht für den Bestand des Gesellschaftsvermögens außerordentlich nachtheilig sind. Um dem entgegenzutreten, wurde der Beschluß gefaßt, daß rechtzeitig vor Abhaltung der Generalversammlung das ganze Resümé dessen, was sich auf die vorausgegangene, auf die während des verflossenen Jahres stattgehabte Geschäftsführung bezieht, den Actionären zur Einsicht solle vorgelegt werden müssen, damit sie informirt seien über die Tragweite des zu fassenden Beschlusses.

Ich glaube, daß diese wenigen Worte genügen, um diese Position, welche ja eigentlich nichts anderes will, als den bisher bestehenden Schein in Wirklichkeit und Wahrheit zu verwandeln, zu begründen.

Die zweite Position bezieht sich auf das Anfechtungsrecht und da heißt es:

2. Jedem Actionär soll das Recht zustehen, Beschlüsse der Generalversammlung wegen Verletzung wesentlicher Förmlichkeiten oder Ueberschreitung der der Generalversammlung durch Gesetz oder Gesellschaftsvertrag ertheilten Befugnisse im Wege der Klage gegen die Gesellschaft anzufechten.

   Ebenso soll es jedem Actionär zustehen, gegen den Vorstand auf Ausführung eines Generalversammlungsbeschlusses zu klagen.

Soviel ist ja wohl gewiß, daß der Actionär auf das Recht der selbstständigen Vermögensverwaltung zu Gunsten der Organisation, die man die Actiengesellschaft nennt, nur unter der Voraussetzung, nur unter der stillschweigenden Bedingung verzichtet hat, daß von Seiten des Vorstands, von Seiten der gesellschaftlichen leitenden Organe Gesetz und Statut eingehalten, daß nicht wesentliche Formverletzungen oder eine Ueberschreitung der Befugnisse der Generalversammlung Platz greifen. Nur zu Gunsten einer rite bestehenden Generalversammlung und nur zu Gunsten eines rite agirenden Vorstands hat ja der Actionär die Verzichtleistung auf selbstständige Controle und thätige Mitwirkung an der Geschäftsführung ausgesprochen.

Damit scheint mir der 1. Satz der Ziffer 2 begründet, wobei ich in Bezug auf den 2. nur die wenigen Worte hinzuzufügen habe, daß es gewiß eine naturgemäße Consequenz des Grundgedankens ist, von dem wir geleitet waren, daß es jedem Actionär auch zustehen soll, gegen den Vorstand auf Ausführung eines rite zu Stande gekommenen Generalversammlungbeschlusses zu klagen, wenn etwa der Vorstand über diesen Generalversammlungsbeschluß, weil er ihm nicht zweckentsprechend oder seinen Interessen nicht entsprechend erscheint, hinweggehen wollte. Daß die Klage in dem ersten Falle gegen die Gesellschaft gerichtet ist, rechtfertigt sich wohl nach allgemeinen Rechtsgrundsätzen, ohne daß darüber eine weitere Erwähnung nothwendig ist. Daß sie im zweiten Falle sich gegen den Vorstand richtet, rechtfertigt sich dadurch, daß eben der Vorstand derjenige ist, welcher in solchen Fällen die Verletzung sich zu Schulden kommen läßt.

Ich komme zur 3. Position, die das Untersuchungsrecht zum Gegenstand hat. Hier heißt es:

3. Ein Actionär oder Mehrere, deren Actien zusammen mindestens den 10. Theil des Grundcaptitals darstellen, sollen berechtigt sein, sofern sie die Behauptung glaubhaft machen können, daß bei der Errichtung oder Geschäftsführung der Gesellschaft Unredlichkeiten oder gröbliche Verletzungen des Interesses der Actionäre unterlaufen sind, beim zuständigen Collegialgericht unter Hinterlegung ihrer Actien nebst Zins- und Dividendenscheinen, auch nach Befinden des Gerichts unter Leistung genügender Sicherheit, die Vornahme einer Untersuchung der von ihnen behaupteten Thatsachen oder der Geschäftsführung während eines bestimmten Zeitraumes zu beantragen.

Im Falle doloser oder muthwilliger Aufstellung ihrer Behauptungen haften die Antragsteller der Gesellschaft für den derselben durch die Stellung des Antrages und die Verhandlung über denselben entstandenen Schaden.

Was nun dieses Recht anbelangt, welches bisher in Deutschland und

Oesterreich nicht besteht, während es in England z. B. seiner Wahrheit nach besteht, so hat die Abtheilung geglaubt bei der Zuerkennung desselben mit möglichster Behutsamkeit vorgehen zu sollen, nicht verkennend, daß, wenn dieses Recht in einer unbehutsamen Weise gegeben und in leichtfertiger Weise ohne Nachtheil für die es Ausübenden ausgeübt werden könnte, dadurch das wirthschaftliche Leben, die regelmäßige wirthschaftliche Thätigkeit der Actiengesellschaft in sehr erheblicher Weise würde beeinträchtigt werden können. Aus diesem Gesichtspunkte sind also einige Cautelen hervorgegangen, wie Sie solche hier vorfinden. Die erste Cautel besteht darin, daß der Actionär oder die Mehreren, die das Recht ausüben wollen, wenigstens den 10. Theil des Grundcapitals sollen repräsentiren müssen, anknüpfend an die bekannte Bestimmung des Handelsgesetzbuchs in Betreff der Generalversammlung. Natürlich kann behauptet werden — und die Abtheilung verkennt das am allerwenigsten — daß diese Ziffer wie alle Zifferansätze im Recht überhaupt, etwas Willkürliches an sich trage, und das war auch gewiß mit einer der Gründe, weshalb jener Einleitungssatz beschlossen wurde, da man eben diese Ziffer nicht als etwas Absolutes hinstellen wollte. Aber es sollte dem Gedanken Ausdruck gegeben werden, daß ein wesentliches Interesse, ein pecuniär sich als nicht gänzlich bedeutungslos darstellendes Interesse erst die Berechtigung soll verleihen können, eine solche Untersuchung zu verlangen.

Die zweite Cautel liegt darin, daß die Behauptung, derzufolge bei Errichtung der Gesellschaft oder bei der Geschäftsführung Unredlichkeiten oder gröbliche Verletzungen des Interesses der Actionäre stattgefunden haben, bescheinigt werden muß nach dem Ausdruck unseres österreichischen Rechts, oder glaubhaft gemacht werden muß, wie es hier heißt, wenn der Richter auf eine solche Untersuchung soll eingehen müssen. Auch das rechtfertigt sich wohl von selbst. Es ist bestimmt, Leichtfertigkeit und Willkür auszuschließen, und es steht damit im engsten Zusammenhange der 2. Absatz, der der Gesellschaft die Garantie geben soll, daß, wenn irgend welche Behauptungen dieser Art dolos oder muthwillig aufgestellt worden sind, der Antragsteller der Gesellschaft für den durch die Stellung des Antrags und die Verhandlung über denselben entstehenden Schaden zu haften hat. Auch das will ich hier gleich noch erwähnen, daß die Abtheilung bei Aufstellung dieses zweiten Satzes von dem Gedanken geleitet war, es solle dem Richter auf diesem Gebiete sowohl, wie auf dem ganzen Gebiete des Schadenrechts freie Beweiswürdigung, Beurtheilung der Sachlage nach freiem Ermessen zugestanden werden; daß man also die weitere Fassung des Satzes acceptirte in der Hoffnung, daß dieser Gedanke, wenn von der Gesetzgebung anerkannt, den Satz zu einem praktischen zu machen geeignet sein werde.

Eine weitere Garantie für die Gesellschaft einerseits und für die Actionäre andererseits liegt darin, daß dieses Untersuchungsrecht nur dann soll Platz greifen können, wenn Unredlichkeiten oder grobe Verletzungen des Interesses der Actionäre stattgefunden haben.

Weitere Garantien formeller Natur liegen darin, daß die Actionäre, die diese Untersuchung verlangen, ihre Actien nebst Zinsen und Dividendenscheinen hinterlegen, beziehungsweise hinterlegt lassen sollen während der Dauer der Untersuchung, damit ihr dauernd bestehendes Interesse in einer concreten, ich möchte sagen, dinglichen Weise zu Tage trete. Eine letzte, ebenfalls erhebliche Garantie scheint uns die zu sein, daß von Seiten des Richters soll verfügt werden können und zwar nach Befinden, ob vor Einleitung einer solchen Untersuchung eine Cautionsbestellung, die Leistung genügender Sicherheit Platz zu greifen habe. Wir haben das facultativ hingestellt, weil wir der Meinung waren: wenn z. B. eine Anzahl von Actionären, welche nicht oder doch schwer in der Lage wären, eine solche Caution zu bestellen, durch Glaubhaftmachung der von ihnen aufgestellten Behauptungen den Richter über die Redlichkeit ihrer Absichten vollkommen beruhigen, dann solle derselbe über das Verlangen nach einer Cautionsbestellung auch hinausgehen können. In anderen Fällen dagegen, wo durch die Behauptungen der Antragsteller diese vollkommene Beruhigung dem Richter noch nicht gegeben ist, soll es ihm umsomehr zustehen, Caution zu verlangen, als ja, wenn diese nicht verlangt werden würde, die eventuelle Schadensersatzpflicht dieser Antragsteller vielleicht ganz illusorisch würde, weil eben nichts vorhanden ist, worauf durch eine Execution gegriffen werden könnte.

Damit glaube ich den dritten Satz gerechtfertigt zu haben und komme zu dem vierten und letzten, worin gesagt ist:

> Jedem Actionär soll das Recht zustehen, die bei dem Beschlusse über die Decharge vorbehaltenen Entschädigungsansprüche gegen Gesellschaftsorgane, wenn sie nicht innerhalb bestimmter Zeit geltend gemacht sind, sowie, trotz erfolgter Decharge durch die Generalversammlung, auf Vorsatz oder grobem Versehen beruhende Beschädigungen geltend zu machen.

Dieser Satz scheidet sich in zwei Theile. Der erste Fall ist das Entschädigungsrecht, wenn von Seiten der gesellschaftlichen Organe, resp. der Generalversammlung selbst schon anerkannt worden ist, daß hinsichtlich der Action der Vorstände etwas nicht ganz in Ordnung ist, indem sie sich bei dem Beschluß über Decharge einen Entschädigungsanspruch vorbehalten.

Hier sieht nun die Abtheilung die Eventualität voraus, daß dieser Vorbehalt dadurch werthlos für die Interessenten würde, weil der Gesellschaftsvorstand und die Organe, die in solchem Fall zum Einschreiten berufen sind, aus irgend welchen Gründen, sei es aus persönlichem Interesse, aus Connivenz, aus Fahrlässigkeit nichts thun. In solchem Falle, meint die Abtheilung, soll dem Einzelactionär das natürliche Recht zurückgeben werden, wenn eine von der Gesetzgebung näher zu präcisirende Frist verstrichen ist, ohne daß gegen die gesellschaftlichen Organe eingeschritten wurde, dann seinerseits gegen dieselben auf Entschädigung klagend aufzutreten.

Der zweite Satz, der zu einer erheblichen Discussion in der Abtheilung Anlaß geboten, war der, daß in Fällen, wo dolus oder culpa lata vorliegen, auch trotz erfolgter Decharge durch die Generalversammlung dem einzelnen Actionär das angegebene Recht zustehen soll.

Ich glaube hier einen Gedanken wiederholen zu sollen, den ich mir erlaubt habe, in der Abtheilung auszusprechen: Es ist ja wohl ein Axiom unseres Civilrechts, daß Niemand durch vertragsmäßige Bestimmung soll auf das Recht verzichten können oder mit Wirksamkeit gegen sich selbst verzichten dürfen, wenn es sich um Ansprüche aus dolus oder culpa lata handelt, diese geltend zu machen. Es bleibt das Recht eines Jeden, sich gegen dolus oder culpa lata durch Klage zu schützen, selbst wenn er unbedachterweise einen Verzicht ausgesprochen haben würde. Nicht mehr und nicht weniger, wenn man der Sache scharf auf den Grund geht, spricht dieser zweite Satz aus; denn er sagt: ein dazwischenliegender Dechargebeschluß der Generalversammlung soll dieses natürliche Recht des einzelnen Actionärs nicht elidiren können; es soll nicht angenommen werden können, daß Actionäre der Generalversammlung das Mandat gegeben haben, in ihren Namen und mit verbindlicher Kraft für sie diesen Verzicht auszusprechen. Es soll infolgedessen dem einzelnen Actionär jene nach civilrechtlichen Grundsätzen für ihn unanfechtbar bestehende Berechtigung gesetzlich gewahrt bleiben. Ich erinnere hierbei die verehrten Herren, daß solche Generalversammlungen nicht selten nur scheinbare sind, wo Strohmänner die Majorität bilden. Man könnte also nicht selten noch etwas mehr sagen als nur, daß eine solche Beschlußfassung die einzelnen Actionäre in ihrem nach *civil*rechtlichen Grundsätzen begründeten Recht nicht soll beirren können.

Das ist der Gesammtinhalt der Punkte, bezüglich deren die Abtheilung unter der Einschränkung, die im Eingange enthalten ist, bestimmte Sätze als ihre Ueberzeugung dem Juristentag zur Kenntnißnahme unterbreitet. Man war von dem Wunsche geleitet, auf diesem schwierigen Gebiete, wo wir auf der einen Seite fürchten müssen, erworbene Rechte zu verletzen und auf der anderen Seite wieder den Rechten der Einzelnen zu viel Legitimation einzuräumen, möglichste Oeconomie walten zu lassen, sich mit Wenigem zu begnügen. Die Abtheilung hat es ferner wünschenswerth gefunden, daß einige andere wichtige Fragen noch Gegenstände weiterer Erörterung werden sollen. Diese sind in Ziffer II. enthalten und bestehen wesentlich im Folgenden:

Es soll der ständigen Deputation anheim gegeben werden, zur Begutachtung die Frage aufzustellen:

> wieweit etwa einer näher zu bestimmenden Anzahl von Actionären das Recht zustehen soll, die Auflösung einer Actiengesellschaft aus wichtigen Gründen vor Ablauf der statutenmäßigen Dauer zu verlangen, desgleichen die Frage über die Rückgängigmachung eines Auflösungs-Beschlusses seitens der Generalversammlung.

Es ist gewiß — und ausländische Gesetzgeber haben das auch bereits anerkannt — daß Fälle eintreten können, wo es wünschenswerth ist, daß die Möglichkeit geboten sei, eine Actienunternehmung vor der statutenmäßigen Dauer aufzulösen. Wir haben nicht den Eindruck gewinnen können, daß nach den bisherigen Ergebnissen der Wissenschaft und der Erfahrung diese Frage schon so abgeklärt sei, um jetzt zum Gegenstande der Beschlußfassung des Juristentages oder seiner Abtheilung gemacht werden zu können.

In dieselbe Kategorie gehört die vielleicht noch wichtigere und noch streitigere Frage,

> inwieweit gewisse Rechte der Actionäre nur unter Zustimmung jedes Einzelnen derselben abgeändert werden können,

wobei die Bestimmung, welche in Art. 215 des Handelsgesetzbuches enthalten ist, mit zu erörtern wäre, wonach, wenn in dem Gesellschaftsvertrag eine bezügliche Norm enthalten ist, es sogar möglich ist, den Gegenstand der Unternehmung durch Majoritätsbeschluß abzuändern oder ebenso eine Fusion des Unternehmens mit einem andern stattfinden zu lassen. Es ist nicht zu verkennen, daß auf diesem Gebiete durch Majoritätsbeschlüsse sehr häufig erhebliches Unheil angerichtet worden ist und wohlerworbene Rechte, wichtige Interessen geschädigt worden sind. Die Abtheilung hat nun, ich möchte beinahe sagen, das instinctive Gefühl, daß es gewisse Rechte gebe, bezüglich deren der Actionär vom Standpunkt des objectiven Rechts gar nicht zu Gunsten der Gesellschaft verzichten soll, daß es vielmehr gewisse Rechte der Actionäre gebe, die so anzusehen sind, wie alle Privatrechte überhaupt, die man dem Einzelnen, — von Expropriationsfällen abgesehen, — nur dann wegnehmen kann, wenn er im concreten Fall seine Zustimmung dazu ausspricht.

Die Abtheilung war aber nicht in der Lage, eine Lösung des Problems in präciser Form auszusprechen, sie hat sich mit dem non liquet begnügen müssen, was ihr ja, da sie kein Richter ist, zusteht und sie bittet demnach den verehrten Juristentag, auch in dieser Richtung den Beschluß zu fassen, daß die ständige Deputation Gutachten verlangen möge, um dann seiner Zeit eine weitere Beschlußfassung eintreten zu lassen.

Wir glauben also, auf dem schwierigen Terrain, das wir zu betreten wagten, eine Art juste milieu, — ich will nicht sagen eine goldene Mittelstraße, aber wenigstens das Streben danach — eingehalten zu haben, indem wir uns darauf beschränkten, nur das auszusprechen, was uns als dringendes Bedürfniß erscheint, und indem wir von all' dem abgesehen haben, was uns dieser würdigen Versammlung gegenüber noch nicht als zum Beschluß reif erschienen ist. In diesem Sinne erlaube ich mir, den ersten Theil zur Kenntnißnahme und den zweiten Theil als Antrag zur Beschlußfassung dem verehrten Juristentage vorzulegen.

Präsident: M. H.! In Bezug auf den Antrag der zweiten Abtheilung, die ausgesetzten Fragen an die ständige Deputation zur Einholung von Gutachten und demnächst weiterer Verhandlung zu verweisen, wird allerdings die Beschlußfassung im Plenum erfolgen müssen. Es ist aber die Uebung des Juristentags, eine solche Beschlußfassung in der Weise herbeizuführen, daß, wenn kein Widerspruch gegen den wohl überlegten Antrag der Abtheilung erfolgt, der Beschluß als durch das Plenum genehmigt und der Auftrag an die Deputation ertheilt gilt. Ich glaube, daß, wenn ein Widerspruch nicht erfolgt, es ebenso angesehen werden kann. — Es hat hiernach das Plenum die ständige Deputation in genügender Weise beauftragt.

Wir kommen zu einem andern Gegenstande, es ist die Uebernahme der Geschäftsschulden von Seiten des Erwerbers eines Handelsgeschäfts. Herr Justizrath Makower wird die Güte haben, den Bericht zu erstatten.

Referent Justizrath **Makower** (Berlin): M. H.! Ausdrücklich sind im Handelsgesetzbuche die Rechtswirkungen bestimmt, welche eintreten, wenn ein neuer Gesellschafter in eine bereits bestehende Handelsgesellschaft eintritt, dahin nämlich, daß er mit den früheren Gesellschaftern solidarisch berechtigt und verpflichtet wird, und daß diese Wirkung Dritten gegenüber durch Vertrag nicht geändert werden kann. Dagegen ist nicht ausdrücklich bestimmt, welche Rechtswirkung es hat, wenn ein Kaufmann das Geschäft eines Einzelkaufmanns oder das einer Gesellschaft übernimmt, oder endlich sich mit einem Einzelkaufmann verbindet und dadurch erst eine Gesellschaft entsteht. Dies hat zur Folge gehabt, daß für die gedachten drei Fälle sowohl in der Doctrin wie in der Praxis Zweifel entstanden sind, und dies veranlaßte die ständige Deputation, de lege ferenda die Frage zu stellen:

Rechtfertigt sich eine allgemeine Vorschrift des Inhalts, daß, wer ein Handelsgeschäft übernimmt, oder in ein solches als offener Gesellschafter eintritt, falls die Firma unverändert bleibt, ohne Weiteres Activa und Passiva übernimmt?

Diese Frage ist von dem Herrn Dr. Heinsen aus Hamburg in einem ausführlichen Gutachten behandelt worden und er gelangte zu einem eventuellen Antrage, welchem sich der Referent und die Abtheilung angeschlossen haben. Der Beschluß geht in einer etwas abweichenden Formulirung dahin: es rechtfertige sich eine Vorschrift dahin:

Wer ein Handelsgeschäft übernimmt oder in ein solches als offener Theilhaber eintritt, übernimmt, falls die Firma unverändert bleibt, ohne Weiteres die Forderungen des Geschäfts an diejenigen Schuldner, denen das Gegentheil nicht bekannt gemacht ist, und haftet für alle vor seinem Eintritt oder der Uebernahme des Geschäfts bezüglich desselben begründeten Verbindlichkeiten.— Ein entgegenstehender Vertrag ist gegen Dritte ohne rechtliche Wirkung.

Da in der Abtheilung kein Widerspruch erfolgte, so darf angenommen werden, daß die Abtheilung im Wesentlichen den Ansichten beitrat, welche Herr Dr. Heinsen in dem Gutachten geltend gemacht hat. Dieselben culminiren in der Rücksicht auf die Gläubiger und Schuldner des bisherigen Geschäfts, welche von den Aenderungen der Theilhaberschaft sehr leicht Nichts erfahren, wenn die Firma unverändert bleibt. Dagegen zeigte sich in der Abtheilung eine Divergenz der Ansichten darüber, ob man noch weiter gehen solle. Während, wie ich hervorhebe, dieser Rechtssatz von der Abtheilung dann gewünscht wurde, wenn die Firma unverändert bleibt, wollte der Herr Gutachter weiter gehen und dieselben Rechtswirkungen auch dann eintreten lassen, wenn das Geschäft übernommen wird, ohne daß die Firma mit übernommen oder fortgeführt wird. Die Abtheilung war der Ansicht, daß man, mindestens zur Zeit, noch keinen allgemeinen Rechtssatz in dieser Beziehung empfehlen solle. Theils erkannte sie nicht ein Bedürfniß an, auch diesen Fall zu reguliren; theils glaubte sie, daß Täuschungen Dritter dann ausgeschlossen seien, wenn die Firma nicht fortgeführt werde, weil dann jeder Dritte sofort zur Aufmerksamkeit im einzelnen Falle aufgerufen werde; endlich aber — und dies war wohl der entscheidendste Gesichtspunkt — ging die Abtheilung davon aus, daß schwer zu definiren sei, wann ein Geschäft übernommen sei, weil es dafür kein sicheres äußeres Kennzeichen gebe. Bei der Uebernahme von Geschäften würde bald dies bald jenes von der Uebertragung ausgeschlossen und es sei wohl noch nicht gelungen, ein bestimmtes Kriterium anzugeben, bei dessen Vorhandensein man ohne Weiteres annehmen könne, daß das Geschäft übergegangen sei. Werde die Firma fortgeführt und übertragen, so erkläre damit derjenige, der das Geschäft mit der Firma übernehme und fortführe, daß er das Geschäft als ein Ganzes übernommen habe, und es sei daher ganz gerecht, ihn in Folge dieser Erklärung auch haftbar zu machen. Aus diesen Gründen hat die Abtheilung es nicht für angemessen erachtet, auch für den Fall, wenn ein Geschäft ohne die Firma übernommen werde, einen allgemeinen Rechtssatz zu empfehlen.

Präsident: Ein Antrag auf Berathung ist nicht eingegangen. — Ich ersuche Herrn Landgerichtspräsidenten Becker um das Referat über die Begründung der Wechselklage gegen den Acceptanten.

Referent Landgerichtspräsident **Becker** (Oldenburg): M. H.! Die von der ständigen Deputation so gestellte Frage:

> Ist zur Begründung der Wechselklage im Urkundenprocesse gegen den Acceptanten eines gezogenen bez. den Aussteller eines eigenen Wechsels auch die unter urkundlichen Beweis zu stellende Behauptung der Präsentation des Wechsels erforderlich?

ist infolge dieser ihrer Fassung zunächst von den beiden Gutachtern, den Herrn Dr. Schulze-Delitzsch und Mosse, dann auch von den beiden Referenten, Herrn Justizrath Dorn und mir, für das bestehende Recht verneinend beantwortet, zu gleicher Zeit aber auch diese Antwort erstreckt worden auf das Gebiet der Gesetzgebung. Diese Antwort hat in der ersten Beziehung in der Abtheilung durch ein Mitglied Widerspruch gefunden. Die Abtheilung hat aber vermieden, die Frage nach der lex lata zu entscheiden; sie hat sich auf den Standpunkt gestellt, daß es die Aufgabe des Juristentags sei, für die einheitliche Entwickelung des Rechts dadurch zu sorgen, daß er, erforderlichen Falls nach Prüfung des bestehenden Rechts, seine Ueberzeugung über das ausspreche, was Recht sein solle, um nöthigenfalls dieser Ueberzeugung Eingang in die Gesetzgebung zu verschaffen, nicht aber über den Inhalt des bestehenden Rechts und seine Anwendung Aussprüche abzugeben, um diesen Eingang in die Gerichte zu verschaffen. Dies zum deutlichen Ausdruck zu bringen, hat die Abtheilung gegen eine Stimme ihrem Beschluß folgende Fassung gegeben:

> Im Interesse des Verkehrs ist zur Begründung der Wechselklage im Urkundenprocesse gegen den Acceptanten eines gezogenen bezw. den Aussteller eines eigenen Wechsels das Erforderniß einer unter urkundlichen Beweis zu stellenden Behauptung der Präsentation des Wechsels nicht aufzustellen.

Der schnelle, einfache Verkehr mittels Wechsel bedarf zur Wirksamkeit des möglichst schleunigen, leider noch nicht schleunig genug gestalteten, aber doch immerhin gesetzlich an kurze Fristen, nicht an Gerichtsferien, für den Ausländer nicht an die Pflicht einer Cautionsbestellung gebundenen Wechselprocesses mit seiner unbedingten, vorläufigen Vollstreckbarkeit des ersten Urtheils. Er darf nicht belästigt werden durch die nutzlose Weitläufigkeit einer Beschaffung des urkundlichen Nachweises der Präsentation des Wechsels mit ihren nicht unerheblichen Kosten, die den möglichen Verlust des Gläubigers erhöhen, die Lage des Schuldners erschweren, bei kleinen, insbesondere Platzwechseln bis zu einem für das Bedürfniß des Verkehrs unerträglichen Grade.

Das die wesentlichen Gründe für den Beschluß der Abtheilung.

Die Abtheilung hat geglaubt, sich auf diese Beantwortung der Hauptfrage, wie solche von der Deputation gestellt worden, beschränken zu sollen und untergeordnete Fragen, über die zum Theil verschiedene Ansichten in der Abtheilung hervortraten, unerledigt zu lassen, zumal ihr die Zeit zur Erörterung dieser Fragen durch die Erörterung der beiden großen Vorfragen, über die die beiden letzten Herren Redner referirt haben, benommen war. Zu diesen Fragen gehört unter andern diejenige: ob die erforderliche, gehörige Präsentation des Wechsels vom Schuldner im Proceß selbst verlangt werden könne oder bei Ertheilung der vollstreckbaren Ausfertigung des auf Zahlung in des Schuldners Geschäftslocal beziehungsweise Wohnung gegen Aushändigung des quittirten Wechsels lautenden Urtheils nachzuweisen sei oder bei der Vollstreckung selbst erfolgen könne beziehungsweise müsse? ferner über das Erforderniß des Urkundenbeweises oder Zulassung der Eideszuschiebung bei Ansprüchen auf Verzugszinsen, Proceßzinsen, Kosten u. s. w.

Die Abtheilung hat mich beauftragt, ihren Beschluß Ihnen zur Kenntnißnahme mitzutheilen und glaube ich, das Gesagte wird genügen, ohne daß ich mich auf die in der Abtheilung unerledigt gelassenen Punkte näher einlasse.

Präsident: Wir kommen zu den Beschlüssen der vereinigten III. und IV. Abtheilung.

Ich ersuche Herrn Reichsanwalt Stenglein über die Beschlüsse in Ansehung der Preßdelicte zu referiren.

Referent Reichsanwalt **Stenglein**: M. H., ich habe über die Frage zu berichten, ob in dem Falle, wenn Preßerzeugnisse von verschiedenen Orten aus verbreitet werden, nur ein forum und welches das maßgebende sein solle, oder ob eine Mehrheit von fora bestehe. Die vereinigte III. und IV. Abtheilung hat geglaubt, sich für die Mehrheit der fora aussprechen zu sollen in der Art, daß nach der Regel der Prävention darüber zu entscheiden ist, welches der mehreren fora das competente ist. Die Abtheilung ging dabei von der Ansicht aus, daß für die Strafbarkeit der Preßerzeugnisse der kritische Moment der sei, in welchem die verantwortliche Person diejenigen Handlungen begangen hat, durch welche unmittelbar das Publicum Kenntniß von dem strafbaren Inhalte eines Preßerzeugnisses erhalten soll, daß mithin auch in diesem Momente die Strafbarkeit des delictum commissum eintrete und darnach auch das forum delicti commissi sich bestimme. Wenn nun dieser Moment gleichzeitig und in seinem vollen Umfange, natürlich nicht nur als Fortsetzung einer ursprünglichen Verbreitungshandlung, an verschiedenen Orten eintritt, so zeigte sich als die natürliche Consequenz die, daß auch an allen diesen verschiedenen Orten das forum delicti commissi begründet sei und unter diesen die Praevention zu entscheiden habe.

Dabei hat die Abtheilung nicht verkannt, daß es zunächst eine Frage der Thatsache ist, ob alle diejenigen Umstände vorliegen, welche vorliegen müssen, um anzunehmen, daß ein Ort der Verbreitungsmittelpunkt ist und ein solcher Complex von Handlungen gegeben ist, welcher annehmen läßt, daß eine selbstständige Verbreitung von diesem Orte aus stattgefunden hat. Trotzdem erschien es werthvoll, wenigstens anzuerkennen, daß eine Mehrheit von Handlungen auch eine Mehrheit von foris begründe und es ging aus diesen Erwägungen die Beantwortung hervor, welche ich beauftragt bin zur Kenntniß des hohen Plenums zu bringen, nämlich:

1. Die Preßdelikte werden von den an Herstellung und Ausgabe der Druckschrift betheiligten Personen (Verfasser, Herausgeber, Redakteur, Drucker, Verleger) begangen an demjenigen Orte, von dem aus die Verbreitung der Druckschrift (der Vertrieb) erfolgt.
2. Wird die Druckschrift von mehreren Orten aus verbreitet (vertrieben), so haben die genannten Personen in realer Concurrenz so oftmal das Preßdelikt begangen, als Verbreitungsmittelpunkte vorhanden sind.
3. Die Bestimmung des Gerichtsstandes der begangenen That erfolgt in diesem Falle nach der in § 12 der Strafproceßordnung gegebenen Vorschrift.

Präsident: Damit würde dieser Beschluß erledigt sein.

Wir kommen jetzt zum achten Gegenstand:

1. Ein Verfahren in Preßstrafsachen, in welchem das Preßerzeugniß, weil dessen Inhalt eine strafbare Handlung begründe, als Subject einer strafbaren That ohne Rücksicht auf einen Thäter behandelt wird, läßt sich weder vom wissenschaftlichen noch vom Standpuncte des Bedürfnisses der Rechtspflege rechtfertigen.

2. Ein Urtheil, welches auf Unterdrückung eines Preßerzeugnisses oder auf Vernichtung der zur Vervielfältigung eines solchen bestimmten Hilfsmittel gerichtet ist, ohne daß es die Verurtheilung einer für das Preßerzeugniß verantwortlichen Person (eines Thäters) zur Voraussetzung hat, läßt sich nur rechtfertigen, wenn die Verfolgung oder Verurtheilung einer bestimmten Person nicht ausführbar ist, und das objective Verfahren nach den Grundsätzen der Oeffentlichkeit und Mündlichkeit geregelt ist.

Dieser Antrag ist zur Beschlußfassung dem Plenum von der Abtheilung überwiesen und ersuche ich den Herrn Referenten Bericht zu erstatten.

Referent Reichsanwalt **Stenglein**: M. H., in denjenigen Ländern, deren Rechtsgestaltung der deutsche Juristentag zur Berücksichtigung zu ziehen hat, bestehen zwei verschiedene Systeme in Bezug auf die Unterdrückung von Preßerzeugnissen und den damit in Zusammenhang stehenden Maßregeln der Vernichtung der Druckschrift selbst und der zur Vervielfältigung bestimmten Vorrichtungen.

Auf Grund des § 42 des deutschen Reichsstrafgesetzbuchs ist eine solche selbstständige Unterdrückung in dem Falle, wenn sie nicht als Strafolge für die Verurtheilung einer bestimmten Person eintreten soll, nur dann zugelassen, wenn die Verfolgung oder Verurtheilung einer bestimmten Person nicht ausführbar ist. Dem steht gegenüber das System, wie es hauptsächlich in Oesterreich besteht, daß nicht nur subsidiär für den Fall, daß die Verfolgung und Verurtheilung einer bestimmten Person nicht ausführbar ist, sondern in allen Fällen, in welchen der Staatsanwalt es im öffentlichen Interesse für angezeigt findet, von der Person des Schuldigen abstrahirt, und lediglich die Unterdrückung des Preßerzeugnisses mit allen ihren Folgen vor dem Gerichte verfolgt werden kann.

Das eine charakterisirt sich also als ein subsidiäres objectives Verfahren, das andere als ein objectives Verfahren in primärer Richtung. Es wird mithin durch dieses primäre objective Verfahren die Stellung begründet, daß das Preßobject, die Sache als Gegenstand der Verfolgung, mithin als Subject der strafbaren Handlung behandelt wird, wenn auch nur mittels einer Fiction, und die Frage ist dahin gestellt und zu erörtern, ob diese Fiction auch wirklich wissenschaftlich und nach den Bedürfnissen der Rechtspflege sich rechtfertigen läßt.

Es ist nun an und für sich etwas Gefährliches im Rechtsleben mit Fictionen zu handeln. Wenn aber diese fingirte Person eine greifbare Sache ist, wenn diese der Träger einer strafbaren Handlung sein soll, so muß es jedem Juristen klar sein, daß dieser Träger der strafbaren

Handlung unter allen Umständen des dolus ermangelt, und damit eines der wesentlichen Merkmale, welche zu einer strafbaren Handlung erforderlich sind. Es kann auch nicht verborgen bleiben, daß, abgesehen von diesem wesentlichen Mangel, auch eine Reihe von praktischen Schwierigkeiten entsteht, mithin also nicht nur die wissenschaftliche Begründung einer solchen Einrichtung negirt werden muß, sondern auch das Bedürfniß der Rechtspflege durchaus damit nicht im Einklange steht. Es steht nicht damit im Einklange, weil es unter allen Umständen von Schwierigkeiten und Unzuträglichkeiten begleitet ist, wenn nicht eine Person vor dem aburtheilenden Gerichte steht, wenn nicht ein Schuldig gegen einen Schuldigen zu sprechen ist, sondern wenn lediglich eine Sache selbst Gegenstand der Aburtheilung bilden soll, wenn das Gericht erkennen soll, daß in dieser Sache eine strafbare Handlung enthalten ist, während die Sache doch selbst nicht handeln kann. Eine weitere Schwierigkeit dieser Art ist aber, daß es sich mit der objektiven Verfolgung kaum vereinigen läßt, denjenigen Richtern, welche nun fast in allen Ländern berufen sind, über den Thäter einer durch Preßerzeugniß begangenen strafbaren Handlung abzuurtheilen, nämlich den Geschworenen, den Ausspruch, daß in einem Preßerzeugniß eine strafbare Handlung begründet sei, zu überlassen, daß mithin eine Entziehung von dem regelmäßigen und richtigen forum eintritt, welche keinesfalls gebilligt werden kann, sobald man annimmt, daß die Geschworenen diejenigen Richter sind, welche vorzugsweise als geeignet erscheinen, über Preßdelicte abzuurtheilen. Vollends unzukömmlich muß es aber erscheinen, wenn der Staatsanwalt von dem Rechte, die objective Verfolgung eintreten zu lassen, also seine Anklage darauf zu beschränken, daß wegen des strafbaren Inhalts das Preßerzeugniß unterdrückt werden soll, Gebrauch macht, obwohl sich die Person, welche die Verantwortung für dieses Preßerzeugniß zu tragen hat, im Bereiche seiner Gerichtsbarkeit vorfindet, und er in der Lage wäre, diese Person als Angeklagten dem Gerichte vorzuführen. Der Richter ist dann gezwungen, in der Operation, die zu dem Schuldig führen soll, an einem Punkte Halt zu machen und zu ignoriren, daß es einen Schuldigen giebt, gegen den er das Schuldig und die Strafe aussprechen könnte, und über diese Person hinweg nur sich mit der Sache zu befassen. Es schien das eine Aufgabe für den Richter, welche so im Widerspruch mit der regelmäßigen richterlichen Aufgabe steht, daß auch diese nur als eine Erschwerung und Unzukömmlichkeit eines solchen objectiven Verfahrens erscheinen konnte.

Auch dagegen darf man sich wohl die Augen nicht verschließen, daß diese Unterdrückung lediglich gegen die Sache gerichtet, und außer Zusammenhang mit der Verfolgung einer schuldigen Person, eine Art von

Censur ist, welche mit der sonstigen Entwickelung in der Behandlung von Preßerzeugnissen nicht im Einklange steht. Es wird durch die Uebertragung der Judicatur an die Gerichte, während die Censur regelmäßig Aufgabe der Polizei war, nahe gelegt die Tendenz des Preßerzeugnisses zu verfolgen, nicht blos zu entscheiden, ob eine Rechtsverletzung vorliegt, und so ein unrichtiges Urtheil zu fällen.

Aus allen diesen Erwägungen glaubte nun die vereinigte 3. und 4. Abtheilung sich entschieden gegen das objective Verfahren aussprechen zu sollen, nämlich gegen das objective Verfahren in der primären und ausschließlichen Gestaltung, wie ich es Eingangs gekennzeichnet habe. Dagegen konnte wohl ein Zweifel darüber nicht bestehen, daß der eigenthümliche Charakter der Preßerzeugnisse, welche eine bleibende Rechtsverletzung hervorzurufen geeignet sind, eine Rechtsverletzung, welche so lange besteht als das Preßerzeugniß existirt und gelesen wird, daß dieser eigenthümliche Charakter es nothwendig macht, in gewissen Fällen eine Repression eintreten zu lassen, welche die Rechtsverletzung beseitigt, also allerdings ein objectives Verfahren, aber nur subsidiär dann, wenn eine zu verfolgende Person sich dem Richter oder der verfolgenden Staatsgewalt nicht darbietet. Die Fassung, um dies zu finden, bot sich in entsprechender Weise im deutschen Reichsstrafgesetzbuch im § 42 in den Worten, welche Sie in der These 2 der vereinigten Abtheilungen finden: „wenn die Verfolgung oder Verurtheilung einer bestimmten Person nicht ausführbar ist". Man konnte diese Worte allerdings specialisiren und in die beiden Richtungen theilen, der materiellen rechtlichen Unmöglichkeit, eine Person zu verfolgen, wenn die Strafverfolgung gegen diese Person auf Grund des Strafgesetzbuchs verjährt sein sollte, oder wenn die Person sich als nicht zurechnungsfähig und deshalb nicht verfolgbar darstellen sollte, oder auch in eine subjective Richtung dann, wenn zwar die verantwortliche Person eine verfolgbare ist, aber sich aus äußeren Gründen dem Zugriff der Strafgewalt entzogen hat. Auch in diesem Falle kann wohl oder muß unter Umständen von der Verfolgung Umgang genommen werden, ohne daß deshalb natürlich die Strafbarkeit eines Preßerzeugnisses im mindesten gemindert ist, und ohne daß das Bedürfniß minder hervortritt, die rechtsverletzenden Folgen eines solchen Preßerzeugnisses zu beseitigen. Da nun aber über die richtige Anwendung dieser Worte auf Grund des Reichsstrafgesetzbuchs nie ein wesentlicher Zweifel entstanden war, die Praxis sich damit längst zurecht gefunden hat, schien es passend, bei der Billigung dieser subsidiären Verfolgung auch die Worte des Reichsstrafgesetzbuchs zu gebrauchen, und so gingen daraus die Beschlüsse hervor, die ich Ihnen vorzutragen die Ehre habe:

Der deutsche Juristentag wolle beschließen:

1. Ein Verfahren in Preßstrafsachen, in welchem das Preßerzeugniß, weil dessen Inhalt eine strafbare Handlung begründe, als Subject einer strafbaren That ohne Rücksicht auf einen Thäter behandelt wird, läßt sich weder vom wissenschaftlichen noch vom Standpuncte des Bedürfnisses der Rechtspflege rechtfertigen.
2. Ein Urtheil, welches auf Unterdrückung eines Preßerzeugnisses oder auf Vernichtung der zur Vervielfältigung eines solchen bestimmten Hilfsmittel gerichtet ist, ohne daß es die Verurtheilung einer für das Preßerzeugniß verantwortlichen Person (eines Thäters) zur Voraussetzung hat, läßt sich nur rechtfertigen, wenn die Verfolgung oder Verurtheilung einer bestimmten Person nicht ausführbar ist, und das objective Verfahren nach den Grundsätzen der Oeffentlichkeit und Mündlichkeit geregelt ist.

Die vereinigten Abtheilungen glaubten aber bei der Wichtigkeit, welche diese Frage für diejenigen hat, welche unter der Einrichtung des primären und ausschließlichen, objectiven Verfahrens stehen und nach Umständen zu leiden haben, es möge das Plenum das Gewicht seiner Stimme in die Waagschale werfen und nicht bloß die Sache zur Kenntnißnahme nehmen, sondern auch der Beschlußnahme zuführen.

Ich glaube auf diese einleitenden Worte mich vorläufig beschränken zu sollen.

Präsident: Ich eröffne die Berathung über den Antrag der vereinigten 3. u. 4. Abtheilung und bemerke, daß etwa beabsichtigte Anträge schriftlich zu stellen sind.

Herr Dr. Jaques hat das Wort!

Dr. **Jaques** (Wien): M. H., Sie werden es begreiflich finden, daß ich, der dem Lande angehört, in welchem das objective Preßverfahren in Strafsachen besteht, mich — ich möchte sagen — moralisch obligirt erachte, in dieser Frage einige Worte zu Ihnen zu sprechen. Die dogmatische Seite der Frage, die rein criminalistische, ist von Seiten des verehrten Herrn Vorredners so eingehend erörtert worden, daß in dieser Beziehung nur sehr wenig zu sagen übrig bleibt. Das Wenige, was ich in dieser Beziehung hinzufügen möchte, beschränkt sich auf Folgendes. Der Gegensatz zwischen dem objectiven Preßverfahren und dem subjectiven Preßverfahren spitzt sich nach dem Inhalt der österreichischen Gesetzgebung und nach der Praxis so ziemlich zu zum Gegensatze zwischen dem Verfahren vor dem Erkenntnißgericht und dem Verfahren vor der Jury. Wird subjectiv verfolgt, so hat die Jury, wird objectiv verfolgt, so hat der Erkenntnißrichter zu erkennen. Es ist nun ganz der Wahl des Staatsanwalts anheimgegeben, ob er objectiv oder subjectiv verfolgen will, mit andern Worten, ob er die Sache vor das Erkenntnißgericht oder vor die Jury bringen will. Daß es von vornherein ein wissenschaftlich falsches Princip ist, eine solche Wahl der Staatsanwaltschaft anheimzugeben; daß die Staatsanwaltschaft dadurch nothwendig dahin gedrängt wird, eine Betrachtung anzustellen, die sie vom Standpunkte einer gerechten Rechtspflege gar nicht zu stellen haben soll, indem sie nämlich von den beiden, die zur Verfügung stehen, dasjenige Gericht auswählt, bei dem sie wahrscheinlich einen Erfolg zu erwarten hat, das Alles ist wohl selbstverständlich. In dem Falle also, wo die Staatsanwaltschaft zweifelhaft ist über die innere Begründung ihrer Anklage, wird sie den Erkenntnißrichter aufsuchen, der ihr homogener ist, ihr näher steht, dessen Action nicht mit einem solchen Apparat, dessen Aussprüche nicht mit solcher Wirkung verbunden sind; in dem andern Falle, wo sie sicherer zu sein glaubt, wird sie die Jury aufsuchen. Ich frage: kann das ein richtiger leitender Gesichtspunkt sein, daß man gleichsam eine Einladung an die Staatsanwaltschaft richtet, eventuell ein wenig Administrativjustiz oder Cabinetsjustiz zu üben, um dort, wo die Sache zur subjectiven Verfolgung nicht fest genug steht, wenigstens ein objectives Erkenntniß, das keine Person trifft und keine Wirkung hat, als daß die Weiterverbreitung der Druckschrift gehindert wird, zu erlangen. Es kommt dabei überdies noch in Betracht, wie sehr diese Einladung dadurch verstärkt wird, daß sich der Staatsanwalt sagen kann und nicht ungern in solchem Falle sagen wird: die Sache ist ja nicht so arg, es geschieht Niemandem etwas, und wird lediglich die Druckschrift unterdrückt. Das Eine scheint also wohl mit Ruhe ausgesprochen werden zu können, daß eine wissenschaftliche Basis hier fehlt und daß Bestimmungen getroffen sind, welche fast auffordern, dort Willkür zu üben, wo nur strenges Recht geübt werden soll.

Das wäre also das Wenige, was ich in Bezug auf die reine dogmatische Frage noch hervorheben wollte. Ich möchte nun noch Einiges in Bezug auf die ethische und justizpolitische Seite der Frage hervorheben. Lassen Sie mich Ihnen zunächst eine kleine Scene erzählen, die namentlich bei dem Bestande der früheren Staatsanwaltschaft in Oesterreich oft vorgekommen und von denjenigen, die berufen waren zu amtiren, auch niemals geleugnet, vielmehr sogar in offenem Reichsrath zugestanden worden ist. Es erscheint eine Nummer einer Zeitschrift und der Inhalt qualificirt sich als Verbrechen der Störung der öffentlichen Ruhe nach § 65 des österreichischen Strafgesetzbuchs. Das Blatt wird confiscirt und der verantwortliche Redacteur eilt zum Staatsanwalt, um sich zu erkundigen, warum denn das eigentlich geschehen ist. Nun sagt ihm der Staatsanwalt: in dieser Nummer ist ein Artikel enthalten, welcher unter § 65 des Strafgesetzbuchs fällt; aber ich weiß, Sie sind ein ordentlicher Mann, Sie haben es wahrscheinlich nicht in böser Absicht gethan; wenn es Ihnen also recht ist, werde ich Sie nur objectiv verfolgen, wollen Sie es aber durchaus haben, so werde ich Sie subjectiv verfolgen. Diese Gespräche, ich accentuire es, sind durchaus nicht etwa bloße Erfindung. Es liegt übrigens ein solcher Vorgang nach der Lage der Sache so nahe, daß man ihn als wahr vermuthen müßte, wenn ich mich auch nicht ausdrücklich auf den früheren österreichischen Staatsanwalt, dem die weitere Ausbildung des objectiven Strafverfahrens in Preßsachen zu verdanken ist, zu berufen in der Lage wäre. Man mag vielleicht sagen, es habe die Staatsanwaltschaft damit ihre Geneigtheit zu einer milden Behandlung der Journalistik in glänzendster Weise documentirt, was ich auch gar nicht leugnen will — aber ich frage, entspricht es der Würde der Rechtspflege, daß solche Verhandlungen, daß ein solches Accordverfahren oder Ausgleichsverfahren, wie man es in Oesterreich nennen würde, zwischen der Justiz und dem Angeklagten Platz greife? Heißt das nicht, die Justiz vor der öffentlichen Meinung und dem Rechtsbewußtsein der gesammten Bevölkerung auf das allertiefste herabsetzen? Und soll solche Gnade, von der ich ganz anheimgebe, ob im gegebenen Momente die Journalistik sie wünscht oder ablehnt, wirklich an die Stelle des Rechts in einem Staate treten dürfen, der den Anspruch erhebt, ein Rechtsstaat zu sein? Ich glaube, in Ihrer Mitte kann ein Zweifel über die Antwort nicht erhoben werden.

Dazu kommt aber noch ein Weiteres. Wir sind Alle menschlichen Schwächen zugänglich, und die verehrten Herren Staatsanwälte, so hoch ich sie auch stelle, werden nicht einmal prätendiren, menschlichen Schwächen nicht zugänglich zu sein. Zu diesen menschlichen Schwächen gehört denn nun auch, daß es Einem nicht gerade sehr angenehm ist, mit bedeutenden, auf die öffentliche Meinung einen großen Einfluß nehmenden und in würdiger Weise geführten Journalen in einen Conflict zu kommen. Was ergiebt sich nun aber häufig aus dieser instinktiven Abneigung, der die Staatsanwaltschaft ebenso zugänglich ist, wie andere Menschen? Daß man folgendermaßen manipulirt — und auch das kann ich als einen Erfahrungssatz hinstellen. Wenn das Blatt zu den unbedeutenden gehört, so wird ohne Weiteres subjectiv verfolgt, denn da man den Mann hat und kennt, da keine specielle Rücksicht obwaltet, so liegt ja kein Grund vor, ihn nicht zu verfolgen, zumal ja die ursprüngliche Neigung der Staatsanwaltschaft sich dann doch naturgemäß dahin lenkt, wenn man den Thäter hat, ihn auch wirklich zu ergreifen. Da aber weiter der Staatsanwalt im Sinne des Gesetzes seine Pflicht ganz ebenso erfüllt oder wenigstens zu erfüllen glaubt, wenn er blos objectiv verfolgt — denn das Gesetz giebt gar keine

Weisung, daß dies etwa nur in subsidio zu geschehen habe, sondern stellt es vollständig anheim, so daß man ohne Gewissensanstrengung sich sagen kann, man erfülle in beiden Fällen seine Pflicht — so wird er, wenn ebenderselbe Artikel von einem anderen bedeutenden, einflußreichen Journal, wie ich früher angedeutet habe, publicirt ist, vorzugsweise objectiv verfolgen. Derselbe Artikel, dieselbe strafbare Handlung, derselbe Dolus wird also zum Object verschiedenartiger Verfolgungen, je nachdem das Journal in die höhere oder in die niederere Kategorie gehört. Nun frage ich mit Rücksicht auf das ethische Moment der Rechtspflege, und auf die damit zusammenhängende justizpolitische Seite der Frage: kann man es jemals rechtfertigen, daß man gewissermaßen einen Standesunterschied macht zwischen den verschiedenen anzuklagenden Persönlichkeiten, und die Art ihrer strafrechtlichen Behandlung und eventuell ihrer Bestrafung nach Standesunterschieden regulirt? Der Vergleich liegt außerordentlich nahe: Es würde ein Bauer einen Todtschlag begehen; der würde nun selbstverständlich vom Strafrichter verurtheilt und eingesperrt. Nun macht sich ein wohlhabender Städter desselben Delicts schuldig und es wäre zulässig, ihn mit einer Geldbuße durchzulassen!

Nach meiner Ueberzeugung kann demnach kein Zweifel bestehen, daß eine solche Handhabung der Justizpflege die Würde des Rechts und das öffentliche Rechtsbewußtsein schwer schädigt, daß es demnach dringend wünschenswerth wäre, sie nicht weiter fortbestehen zu lassen.

Ich kann Sie also nur vom Standpunkt des österreichischen Juristen und Oesterreichs aus — dessen Weiterentwickelung im Gebiete der Rechtspflege wir ja eben so dringend wünschen müssen, wie wir dasselbe mit redlichem Herzen in Bezug auf Deutschland wünschen — recht dringend bitten, mit einem entschiedenen und möglichst autoritativen, wenn es möglich wäre, mittelst eines einstimmigen Votums zu bekennen, daß auch Sie mitzuwirken wünschen, damit dieser schreiende Uebelstand, diese Verhöhnung der Gerechtigkeit möglichst bald verschwinde. Wir werden Ihnen für die Mitwirkung zur Förderung unserer heimischen Rechtspflege aufrichtig dankbar sein, wie wir andererseits glauben, redlich bestrebt zu sein, soweit wir es mit unseren geringen Kräften können, an der Hebung der deutschen Rechtspflege mitzuarbeiten.

(Bravo!)

Amtsgerichtsrath Professor Dr. **Rubo** (Berlin): M. H., die Frage, die der dritten Abtheilung vorlag, lautete in der Stellung dahin:

> Läßt sich das sogenannte objective Strafverfahren in Preßsachen, wie dasselbe in Oesterreich besteht, wissenschaftlich und vom Standpunkte des Bedürfnisses der Rechtspflege rechtfertigen?

Die Beschlüsse, die hierauf gefaßt worden sind, lassen das fort, was der Frage selbst einen spezifischen Charakter gegeben hat. Während die Frage selbst nämlich das österreichische Recht und die österreichische Gesetzgebung betrifft, sind dagegen die Beschlüsse der dritten Abtheilung ganz objectiv gefaßt.

Im Interesse einer möglichst einheitlichen Annahme dieser Beschlüsse möchte ich nun aber constatiren, daß, wenn es in denselben heißt: „Ein solches objectives Verfahren läßt sich weder vom wissenschaftlichen noch vom Standpunkte des Bedürfnisses der Rechtspflege rechtfertigen" — der wissenschaftliche Standpunkt zwar unzweifelhaft ein überall gleichmäßig zu beurtheilender ist, was dagegen die Bedürfnisse der Rechtspflege anlangt, wir hier sämmtlich im Saale den Beschluß annehmen können, wofern wir darunter die Bedürfnisse der deutschen Rechtspflege verstehen. Ich für meinen Theil und mit mir viele hier in diesem Saale sind nicht in der Lage, die Bedürfnisse der Rechtspflege unseres Freundeslandes Oesterreich zu beurtheilen, und ich darf die Gründe dafür wohl mit Stillschweigen übergehen. Wie in der dritten Abtheilung von unserem hochverehrten Herrn Referenten, mit Blicken auf die Zukunft gerade des deutschen Rechts es als vortheilhaft bezeichnet worden ist, bitte auch ich hier, möglichst einstimmig die Beschlüsse der dritten Abtheilung anzunehmen.

Präsident: Es hat sich Niemand mehr zum Wort gemeldet, auch ist ein Antrag nicht gestellt. Es liegt also zur Beschlußnahme lediglich der Antrag der Abtheilung vor.

Ich stelle zunächst den ersten Satz zur Abstimmung. Er lautet

der deutsche Juristentag wolle beschließen:

1. Ein Verfahren in Preßstrafsachen, in welchem das Preßerzeugniß, weil dessen Inhalt eine strafbare Handlung begründe, als Subject einer strafbaren That ohne Rücksicht auf einen Thäter behandelt wird, läßt sich weder vom wissenschaftlichen noch vom Standpunkte des Bedürfnisses der Rechtspflege rechtfertigen.

Ich ersuche diejenigen Herren, welche diesem Antrag der Abtheilung zustimmen wollen, sich zu erheben.

(Nach erfolgter Gegenprobe.)

Dieser Antrag ist mit einer an Einstimmigkeit grenzenden Majorität angenommen.

Der zweite Antrag lautet:

2. Ein Urtheil, welches auf Unterdrückung eines Preßerzeugnisses oder auf Vernichtung der zur Vervielfältigung eines solchen bestimmten Hilfsmittel gerichtet ist, ohne daß es die Verurtheilung einer für das Preßerzeugniß verantwortlichen Person (eines Thäters)

zur Voraussetzung hat, läßt sich nur rechtfertigen, wenn die Verfolgung oder Verurtheilung einer bestimmten Person nicht ausführbar ist, und das objective Verfahren nach den Grundsätzen der Oeffentlichkeit und Mündlichkeit geregelt ist.

Diejenigen Herren, welche diesem Antrag zustimmen wollen, ersuche ich sich zu erheben.

(Nach erfolgter Gegenprobe.)

Dieser Antrag ist einstimmig angenommen.

Wir kommen jetzt zum neunten Gegenstand, zu der Frage, ob gleiche Grundsätze des internationalen Strafrechts für die europäischen Staaten anzustreben sind.

Herr Professor Dr. von Liszt.

Referent Professor Dr. **v. Liszt** (Gießen): M. H., der mir gewordenen Aufgabe, den unter Ziffer 9 enthaltenen Beschluß der vereinigten 3. u. 4. Abtheilung vor Ihnen zu rechtfertigen, glaube ich mich in einigen wenigen Worten entledigen zu können.

Die Frage lautet:

Sind gleiche Grundsätze des internationalen Strafrechts für die europäischen Staaten anzustreben? und eventuell welche?

Gestatten Sie mir nur mit einem Wort auf den Inhalt, auf die Tragweite der Frage einzugehen.

In recht unglücklicher Weise, mit einem weder sprachlich noch juristisch gerechtfertigten Ausdruck bezeichnen wir Criminalisten als internationales Strafrecht jene Rechtssätze, welche das Herrschaftsgebiet der Strafgesetzgebung eines einzelnen Staates gegenüber jener aller übrigen Staaten regeln. Internationales Strafrecht in unserem Sinne ist kein international gleiches Recht: internationales Strafrecht in unserem criminalistischen Sinne sind nicht Rechtssätze, die etwa vereinbart sind zwischen verschiedenen Staaten, internationales Strafrecht ist nationales Strafrecht im Sinne der incorrecten criminalistischen Terminologie. Wenn wir, m. H., die Frage, welche an die 3. u. 4. Abtheilung gerichtet wurde, etwas präciser aber auch ausführlicher fassen wollten, so müßten wir sagen: Sind internationale gleiche Grundsätze anzustreben in Bezug auf die Abgrenzung der Herrschaftsgebietes der Strafgesetzgebung eines jeden europäischen Staates gegenüber allen anderen europäischen Staaten?

Die Aufgabe, m. H., eine Antwort auf diese Frage zu finden, ist eine Aufgabe gewiß würdig des deutschen Juristentages; es ist eine Aufgabe von internationaler Bedeutung, und wenn wir als erste, höchste Aufgabe des deutschen Juristentages die nationale Rechtseinigung hinstellen, so dürfte in zweiter Linie als Aufgabe des deutschen Juristentages gelten die Herbeiführung eines internationalen gleichen Rechts, soweit das überhaupt unter den heutigen Verhältnissen Menschen möglich, soweit es erstrebbar ist. Aber, m. H., wenn der deutsche Juristentag an eine solche Aufgabe geht, dann kann es nur auf einem Wege geschehen. Wenn der deutsche Juristentag in die internationale Arena tritt, so muß er seines Sieges gewiß sein; wenn der deutsche Juristentag eine internationale Frage erledigt, so muß er gegen internationale Einwendungen gesichert sein; und wenn der deutsche Juristentag sein Votum für eine solche Frage in die Wagschale wirft, so muß er sicher sein, daß sein Votum das Votum der deutschen Rechtswissenschaft ist.

Die vereinigte 3. u. 4. Abtheilung war leider nicht in der Lage, die an sie gerichtete Frage in dieser Weise zu entscheiden; sie war nicht in der Lage, sich sagen zu können, daß das von ihr geforderte Votum diesen Voraussetzungen entspreche. Wollte eine der Würde und der Aufgabe und der Vergangenheit des deutschen Juristentags entsprechende Entscheidung gefällt werden, so war ein Mehrfaches nothwendig, was die Abtheilung nicht leisten konnte. Es wäre unbedingt nothwendig gewesen, sich, so unangenehm das sein mag, einzulassen auf die principiellen Ausgangspunkte der Entscheidung, sich wenn auch in Kürze kritisch auseinanderzusetzen mit den Systemen, die in kaum zu zählender Zahl hereingeschwirrt kommen von allen Seiten der Literatur.

Wenn der deutsche Juristentag Anstoß zu einer internationalen Gesetzgebung geben wollte, so müßte er sich darüber klar geworden sein, wie die Rechtsanschauung der übrigen Staaten in diesen Beziehungen steht. Man hätte reiches Material herbeischaffen müssen, was um so schwieriger gewesen wäre, als eine Reihe gerade derjenigen Staaten, die in erster Linie in Betracht kämen, heute in dieser Beziehung mit Umarbeitung ihrer Strafgesetzgebung beschäftigt ist. Es wäre ferner nothwendig gewesen, wenn auch nur in Grundzügen gewissermaßen einen Normativgesetzentwurf zu machen, der den anderen Nationen hätte unterbreitet werden können. Alles das konnte aber nicht geschehen. Kein Gutachten, kein Referat konnte gegeben werden. Die Abtheilung hielt daher bei der Wichtigkeit dieser Frage es für angezeigt, diesmal von der Beantwortung der Frage abzusehen und die ständige Deputation um Einholung entsprechender Gutachten zu ersuchen. Das waren die Erwägungen, welche die vereinigte 3. u. 4. Abtheilung bestimmt haben, den Beschluß, der unter Nummer 9 enthalten ist, Ihnen zur Kenntnißnahme mitzutheilen.

Präsident Dr. **Drechsler**: Wenn kein Widerspruch stattfindet, nehme ich an, daß dieser Antrag der Abtheilung die Genehmigung des Plenums findet und wird, wie es scheint, die ständige Deputation mit einem Verfasser eines Gutachtens nach dem, was wir gehört haben, nicht in Verlegenheit kommen.

Wir würden jetzt zu dem letzten Gegenstande übergehen.

Es empfiehlt sich nicht, die gesetzliche allgemeine Wechselfähigkeit zu beschränken.

Ueber diesen Beschluß der 3. u. 4. Abtheilung wird der Herr Landgerichtsrath Thomsen berichten.

Landgerichtsrath **Thomsen** (Hannover): M. H., nachdem die Frage, ob es sich empfiehlt, die allgemeine Wechselfähigkeit, d. h. die subjective passive Wechselfähigkeit aller Verpflichtungsfähigen zu beschränken, widerspruchslos und einstimmig von der Abtheilung verneint worden, zugleich aber ins Plenum zur weiteren Debattirung und Beschlußfassung verwiesen worden ist, habe ich über diese Frage, bezüglich welcher allerdings kein Gutachten vorliegt, auch hier die Ehre, zu referiren, jedoch möglichst kürzer als gestern.

Diese Frage ist von zwei Gesichtspunkten aus zu betrachten, vom volkswirthschaftlichen und vom juristischen Standpunkt, aber auch nur von diesen beiden. Gestatten Sie mir nun zunächst einen kurzen Rückblick auf die historische Entwickelung der passiven Wechselfähigkeit zu werfen, um zu zeigen, daß die vielfach verbreitete Ansicht, als ob die allgemeine Wechselfähigkeit erst später und allmählig sich eingebürgert hat und dann endlich in der deutschen Wechselordnung zum Siege gelangt sei, nicht richtig ist, daß vielmehr die Beschränkungen nur Reiser sind, welche die Gesetzgebung in einzelnen deutschen Ländern positivrechtlich auf den Baum der allgemeinen Wechselfähigkeit gepfropft hat und welche dann durch die deutsche allgemeine Wechselordnung wieder weggeschnitten sind.

Wenn wir bedenken, daß das Wechselrecht sich ganz besonders als Gewohnheitsrecht ausgebildet hat und daß die Fähigkeit, durch Wechsel sich zu verpflichten, nur eine Species der allgemeinen Verpflichtungsfähigkeit ist, so werden wir schon von vorn herein annehmen, daß, solange das Gewohnheitsrecht existirte und keine besonderen Gesetze erlassen wurden, auch die passive Wechselfähigkeit eine allgemeine von vorn herein gewesen ist.

Von 1600 an entstanden nun leges scriptae und die c. 26 Wechselordnungen, die von da ab bis Anfang des 18. Jahrhunderts in Deutschland erlassen wurden, erkennen sämmtlich das Princip der allgemeinen Wechselfähigkeit ausdrücklich oder stillschweigend an, mit Ausnahme einer einzigen und zwar ist das die Wechselordnung von Sachsen-Altenburg. Erst als auch in den anderen deutschen Staaten, die noch keine Wechselordnung hatten, das Bedürfniß oder die Lust verspürt wurde, eine eigene Wechselordnung zu haben, erachtete die Gesetzgebung einzelner Länder es für erforderlich, Beschränkungen der allgemeinen Wechselfähigkeit eintreten zu lassen, wobei dann die Wechselfähigkeit bald als ein privilegium odiosum, bald als privilegium favorabile betrachtet wurde. Dabei entstanden nun ganz eigenthümliche Bestimmungen an Kategorien und Unterkategorien von Wechselunfähigen. Hier lassen sich aus den verschiedenen Particularrechten 31 Variationen herausrechnen. Diese will ich natürlich nicht sämmtlich hier herzählen, sondern nur ein Beispiel anführen: Eine Wechselordnung erkennt die Frauen im Allgemeinen für wechselunfähig an, für wechselfähig aber die handeltreibenden Frauen und Damen von vornehmer Distinction, und dazu werden ganz besonders gerechnet auch hinterlassene Töchter wirklicher Secretarien.

(Heiterkeit.)

So bestand nun in Deutschland das System der allgemeinen Wechselfähigkeit neben dem System der beschränkten Wechselfähigkeit. Gegen die Mitte des 18. Jahrhunderts kehrte nun die Strömung auch in den von dem Princip abgewichenen Ländern wieder zurück zur allgemeinen Wechselfähigkeit, und so wurde denn, nachdem die hier in Leipzig zusammengetretene aus Juristen und Kaufleuten bestehende Conferenz das Princip der allgemeinen Wechselfähigkeit nahezu einstimmig votirt hatte, die deutsche Wechselordnung wieder mit dem Princip der allgemeinen Wechselfähigkeit eingeführt, und damit wurde nicht dies Princip als neues eingeführt, sondern es wurde sanctionirt in den dem Princip treu gebliebenen Ländern, es wurde restaurirt in den von dem Princip abgewichenen Ländern. Dies ist nun bis jetzt auch geltendes Recht geblieben. In jüngster Zeit aber entstand eine immer lebhafter werdende Agitation gegen die allgemeine Wechselfähigkeit, hauptsächlich getrieben durch das allerdings in erschreckender Weise Ueberhandnehmen der wucherischen Ausbeutung namentlich der kleinen Handwerker und Grundbesitzer. Diese Agitation führte nun dazu, daß diese Frage zu einer legislatorischen wurde. Der Abgeordnete Reichensperger (Olpe) stellte im Reichstage neben dem Antrage gegen Wucher- und Zinsfreiheit auch einen Antrag gegen die allgemeine Wechselfähigkeit. Die hierauf niedergesetzte Commission hat in einem eingehenden, von unserm hochverehrten Herrn Generalstaatsanwalt Dr. v. Schwarze verfaßten Berichte zwar den Erlaß eines Wuchergesetzes befürwortet, jede Beschränkung der Wechselfähigkeit aber für ungerechtfertigt erklärt. Bei dem Entwurf des Wuchergesetzes wurde auch die allgemeine Wechselfähigkeit nicht weiter berücksichtigt und in den Regierungsmotiven zu dem Wuchergesetze einfach verwiesen auf die abfälligen Erwägungen des Commissionsberichts mit dem Hinzufügen, daß einer Beschränkung der Wechselfähigkeit die gewichtigsten Bedenken entgegenständen. Nach Annahme des Wuchergesetzes stellte nun bekanntlich der Abgeordnete Graf Wilhelm v. Bismarck jene Resolution, wonach amtliche Ermittelungen angestellt werden möchten über die Frage des Bedürfnisses nach Beschränkung der allgemeinen Wechselfähigkeit. Diese amtlichen Ermittelungen sind inzwischen auch angeordnet worden von den Regierungen und es sind schon eine große Zahl von Gutachten und Berichten eingegangen; soweit die Kenntniß reicht, ist aber das Resultat dieser Ermittelungen ganz enorm ungünstig für die Anhänger der Beschränkung ausgefallen. Es haben die Handels- und Gewerbekammern mit einer nahezu an Einstimmigkeit grenzenden Majorität die Beschränkung für verderblich erklärt, ebenso die Handwerkercorporationen und Genossenschaften; nur die landwirthschaftlichen Vereine sind getheilt, theils für, theils gegen die Beschränkung.

Wenn wir nun, m. H., dieser Frage näher treten, so haben wir sie zunächst zu betrachten von einem allgemeinen juristischen Standpunkte aus. Von diesem aus ergiebt sich für die allgemeine Wechselfähigkeit ein Doppeltes. A priori verlangt zunächst die ratio juris die allgemeine passive Wechselfähigkeit, da ja eben die Wechselverpflichtung nur eine Species der Verpflichtungen überhaupt ist. Wer also verpflichtungsfähig ist, ist auch wechselfähig, und das ist, glaube ich, die unerbittliche Consequenz des Rechts. Zweitens ist dieser Rechtsgedanke auch lebendig geworden, in die Erscheinung getreten, im Rechte des Volks. Das Princip der allgemeinen Wechselfähigkeit befindet sich in der glücklichen Lage der historischen Berechtigung und des augenblicklichen Besitzes, eines Besitzes, der nach seiner Restauration jetzt bereits gerade die Jahre der praescriptio legitima, die 30 Jahre hinter sich hat. Wenn man nun entgegen der ratio juris, entgegen der historischen Berechtigung und entgegen dem bestehenden Rechtszustande wiederum Beschränkungen einführen will, so muß von den Anhängern dieser Beschränkungen dargethan werden erstens, daß die Vortheile der Beschränkungen größer sind als die Nachtheile der Beschränkungen, oder umgekehrt, daß die allgemeine Wechselfähigkeit mehr schadet als nützt, zweitens eventuell, daß, wenn man principiell Beschränkungen für wünschenswerth hält, diese Beschränkungen auch praktisch durchführbar, auch praktisch möglich sind.

Also die Vortheile der Beschränkungen, die Nachtheile der allgemeinen Wechselfähigkeit! Zunächst erblickt man in dem Wechsel eine große Gefahr für leichtsinnige und unerfahrene Personen und es läßt sich ja nicht leugnen, daß das Wechselrecht mit seinen vielfach verschlungenen, complicirten Bestimmungen ein Netz bildet, in welchem mancher Unerfahrene gefangen wird. Der Wechsel in den Händen von Unerfahrenen gleicht allerdings einem gefährlichen Spielzeuge in den Händen von Kindern. Zweitens —

und das ist die Hauptsache, auf welche die Befürworter der Beschränkungen das Hauptgewicht legen — macht man geltend die Verbindung des Wechsels mit dem Wucher, mit dem Wuchergesetz. Ich glaube hier nicht fehlzugreifen, wenn ich ausspreche, daß diese Verbindung des Wechsels mit dem Wucher bei Allen die Veranlassung, bei Vielen der Grund gewesen ist, diese Frage zu einer legislatorischen zu machen. Wie denkt man sich diese Verbindung zwischen beiden?

Einige bezeichnen die allgemeine Wechselfähigkeit geradezu als die Quelle des Wuchers, den Wucher als die Folge der allgemeinen Wechselfähigkeit. Daß dies weit über das Ziel hinausschießt, bedarf, glaube ich, keiner weiteren Ausführung. Der Wucher hat stets bestanden, ehe man überhaupt an den Wechsel dachte, der Wucher hat in diejenigen deutschen Ländern, welche Beschränkungen einführten, ebensowenig aufgehört wie in diejenigen Ländern, die an dem Princip der allgemeinen Wechselfähigkeit festgehalten haben, und der Wucher wird stets fortblühen, selbst wenn Jedermann für wechselunfähig erklärt wird.

Sodann haben Andere geltend gemacht, durch den Wechsel könne der Wucherer Alles, Provision, Zinsen, Darlehn in Eins ziehen, der Richter könne demzufolge die Höhe der wucherischen Zinsen nicht aus dem Wechsel erkennen. So könne — so schließt man — der Wucherer sich dem Richter entziehen, das Wuchergesetz umgehen. Die Thatsache ist allerdings richtig, aber die Schlußfolgerung muß ich für vollkommen unzutreffend erklären. Freilich kann nach den Bestimmungen des Wechselrechts in den Wechsel nicht die Aufnahme von Zinsen stattfinden, und insofern ist dem Richter nur die Möglichkeit gegeben, bei anderen Schuldurkunden aus dem Papier zu ersehen, welche wucherische Zinsen der Wucherer sich berechnet, aber doch nur dann, wenn diese Zinsen auf den anderen Schuldurkunden verzeichnet stehen. Vor dem Wuchergesetz war dies allerdings öfter der Fall, weil der Wucherer in keiner Weise etwas riskirte; aber mit Erlaß des Wuchergesetzes wird sich die Sache ganz anders gestalten. Oder sollte man — wenn Sie mir das harte Wort gestatten wollen — glauben, daß der Wucherer so grün wäre, schwarz auf weiß auf dem Papiere Jedermann seine wucherischen Zinsen darzulegen? Das wird er nicht thun; aus dem Papier wird der Richter künftig niemals, sei es ein Wechsel, sei es ein anderes Schulddocument, den wucherischen Vortheil erkennen können, dafür muß er andere Quellen aufsuchen. Also was hier in dieser Beziehung vom Wechsel gilt, gilt von allen Urkunden, und wir müßten consequent an die Stelle der passiven Wechselfähigkeit setzen: passive Schuldurkundenfähigkeit.

Aber wie kommt es nun denn, daß factisch der Wucher doch so viel mit dem Wechsel operirt, daß der sogenannte Wechselwucher die gängigste Sorte des Wuchers ist? Aus zweierlei Gründen. Einmal ist der Wechsel im Laufe der Zeiten zu der gewöhnlichsten Form für den Personalcreditverkehr geworden, und dieser allgemeinen Strömung folgt naturgemäß ebensowohl der illegitime wie der legitime Credit. Diese factische Erscheinung hat, wie ich glaube, sehr erhebliche Folgen gehabt. Ich glaube, manche Gegner der allgemeinen Wechselfähigkeit sind dieserhalb auf den Gedanken gekommen: der Wucherer operirt so furchtbar viel mit dem Wechsel, wenn wir ihn aus der Welt schaffen oder möglichst beschränken, dann sind wir auch den Wucherer los. Dabei bedenken sie nicht, daß dem Wucherer ja viele Wege offen stehn und daß, wenn ihm der eine, vielleicht der gewöhnlichste und bequemste verschlossen wird, er sich sofort einen andern Weg wählt. Zweitens liebt der Wucherer den Wechsel aus einem Grunde, der allerdings in gewisser Weise mit der Natur des Wechsels zusammenhängt. Der Wechsel bietet dem Wucherer in gewisser Weise Vortheile. Nicht ist es das processuale Ausschließen illiquider Einreden oder die sofortige Vollstreckbarkeit, denn diese theilt der Wechsel mit allen übrigen Schuldurkunden. Auch ist es nicht etwa die kürzere Frist bei der Wechselklage, denn nach der Natur des Wuchers liegt dem Wucherer nichts daran, sein Geld schnell beizutreiben, im Gegentheil, er sucht mittels Prolongation das Opfer möglichst lange auszusaugen. Also in diesen Punkten liegt es nicht, wohl aber liegt der Vortheil in der Kraft des Indossaments und ich werde mir erlauben, in dieser Beziehung es noch näher darzulegen, in welcher Weise meiner Ansicht nach und in welcher Weise allein das Indossament dem Wucherer Vortheile bieten kann. Durch das Indossament werden ja dem gutgläubigen Indossatar gegenüber dem Schuldner alle Einreden materiell und definitiv ausgeschlossen, also auch die Einrede des Wuchers. Der Wucherer macht nun hier folgendes bekannte Manöver. Er läßt sich einen Wechsel ausstellen vom Schuldner, indossirt ihn weiter und durch den Indossatar wird der Wechsel eingeklagt. Dem Schuldner ist jede Einrede abgeschnitten.

M. H., in diesem Manöver könnte ein Vortheil liegen, wenn wir unser Wuchergesetz nicht hätten. In diesem Manöver freilich haben sowohl die Gegner der allgemeinen Wechselfähigkeit als auch viele Anhänger derselben, wie sich namentlich in den Reichstagsdebatten gezeigt hat, eine große Gefahr bezüglich des Wuchers erblickt. Leuchten wir aber dieser Gefahr näher in's Angesicht, so glaube ich, werden sich alle Schrecken in dieser Beziehung verlieren. Allerdings wird auch jetzt nach dem Wuchergesetz der Schuldner vermöge des Indossaments der Einrede des Wuchers verlustig und würde hülflos dastehn, wenn er lediglich auf die thatsächlichen

Verhältnisse die Einrede des Wuchers gründen dürfte, aber unser Wuchergesetz hat ja gerade außer der ohnehin schon sonst zustehenden Einrede dem Schuldner gegen den Wucherer eine selbstständige, sonst vielleicht juristisch sehr schwer construirbare Klage, die Rückforderungsklage gegeben. Was der Schuldner dem Indossatar mit Unrecht zahlt, fordert er vom Wucherer zurück. Für den Wucherer also besteht überall kein Vortheil hierbei, wenn er in der Weise indossirt, seinen wucherischen Vortheil kann er auf diese Weise nicht mehr sichern. Nun könnte man einwenden: aber die Klage gegen den Wucherer aus den Wucher ist sehr schwer zu beweisen. Das ist richtig. Ebenso richtig ist aber auch, daß die Einrede des Wuchers sehr schwer zu beweisen ist, also wenn der Schuldner die Einrede des Wuchers geltend machen könnte gegen den Indossatar — und in der Abschneidung dieser Einrede soll ja gerade die Gefahr liegen — und er könnte diese Einrede dem Indossatar gegenüber beweisen, so kann er sie ebenso leicht auch beweisen in der Form der Klage gegen den Wucherer, ja, unter Umständen viel leichter, nämlich in dem Falle, daß gegen den Wucherer bereits ein Strafverfahren durchgeführt ist. Also in dieser Beziehung, glaube ich, hat man, wenn man diese Gefahr für erheblich erachtet hat, die civilrechtlichen Bestimmungen unseres neuen Wuchergesetzes nicht gehörig mit den früheren Zuständen verglichen.

M. H., wenn ich viel darüber nachgedacht habe, auf welche Weise denn wohl irgendwie der Wucherer vermöge der Eigenart des Wechsels das Gesetz umgehen könnte, so bin ich immer nur auf eine einzige Möglichkeit gekommen und das ist folgende. Der Wucherer schiebt sofort von vornherein einen Strohmann vor. Dieser Strohmann errichtet das Wuchergeschäft in eigenem Namen und läßt sich darüber einen Wechsel ausstellen, den er dann an den Wucherer und am besten in blanco indossirt. Würde nun der Wucherer diesen Wechsel selbst geltend machen, so würde er ihm allerdings nicht viel nützen, denn ihm steht die Einrede des Wuchers als bösgläubigem Indossatar gegenüber, der Eid kann ihm zugeschoben werden und so könnte er nur um den Preis des Meineids sich den wucherischen Vortheil sichern. So macht er es nun aber nicht, sondern indossirt nun weiter, indem er sich einen gutgläubigen Indossatar sucht. Dieser treibt den Wechsel dann ein, ohne daß ihm irgend eine Einrede entgegengesetzt werden kann, der Schuldner muß diesem zahlen, hat die Rückforderungsklage, aber nur gegen den Strohmann, der natürlich dann insolvent ist. Gegen den Wucherer, den faiseur hinter den Coulissen, ist in diesem Falle schwerlich etwas zu machen, weder civil- noch strafrechtlich.

Daß der Wechsel Gehilfe des Wucherers ist, das hat er mit allen Schuldurkunden gemein. In dem einen Falle aber, wo der vorgeschobene

Strohmann von vorn herein auftritt, kann der Wechsel auch zum Hehler des Wucherers werden. Das ist ihm allerdings eigenthümlich, aber sollte hierin irgend eine erhebliche Gefahr liegen? Dieses Manöver ist erstens einerseits ziemlich complicirt, kann in keinem Falle gewerbsmäßig betrieben werden, und dann enthält es eine schwere Gefahr für den Wucherer sowohl wie für den Strohmann, für den Strohmann unbedingt strafrechtlich, für den Wucherer, wenn der Strohmann ausplaudert oder sonst etwas bekannt wird, civilrechtlich und strafrechtlich. Ich halte also dieses Manöver für so bedenklich, daß in der Zukunft schwerlich der Wucherer von dieser Art Manöver Gebrauch machen wird.

Wir haben gehört, daß allerdings in allen Fällen der Schuldner zahlen muß, und da kann man nun sagen und man hat es gesagt: was hilft dem Schuldner die späte Rückforderungsklage, wenn er durch die sofortige Wechselexecution bereits von Haus und Hof gejagt, ruinirt ist? Das ist allerdings sehr schlimm, aber ist es denn eine Eigenthümlichkeit gerade des Wechsels? Mit nichten! Bei allen Urkunden, in jedem Urkundenproceß tritt sofortige Execution ein, bei allen Schuldurkunden läuft der Schuldner hinsichtlich der Execution ganz dieselbe Gefahr.

Wenn man in dieser Beziehung helfen wollte, so müßte man auch hier wiederum nicht blos den Wechsel angreifen, sondern den ganzen Urkundenproceß, das ganze Schuldurkundenwesen. Denn es ist gewiß richtig, daß man behaupten kann, auf diese Weise wird die Schuld eines genus auf das Conto einer species geschrieben. Man schiebt die allen Schuldurkunden gemeinsame Gefährlichkeit den Wechseln allein unter.

Also haben wir als Nachtheile der allgemeinen Wechselfähigkeit, wie ich glaube, festgestellt nur: erstens die Gefahr für unerfahrene Leute, zweitens hinsichtlich des Wuchers die Möglichkeit der Umgehung der Wuchergesetze durch das eben erwähnte, sehr fragliche Manöver.

Lassen Sie uns jetzt übergehen zu den Vortheilen der allgemeinen Wechselfähigkeit, zu den Nachtheilen der Beschränkung. Der Wechsel ist ja bekanntlich immer weiter entwickelt worden, er hat zu seiner ursprünglichen Eigenschaft als Zahlmittel die zweite Eigenschaft als Creditmittel bekommen, und in dieser Eigenschaft ist er weit über die Grenzen hinausgegangen, in denen er sich früher factisch bewegte. Da er die starrste, präciseste Form mit der größten Beweglichkeit verbindet, so ist er gleichsam der Träger des persönlichen Credits geworden. Nun hat man bei den Beschränkungen bestimmte Klassen im Auge gehabt und bezeichnet insbesondere die Klasse der kleinen Handwerker und die Grundbesitzer.

Wie steht es da zunächst mit dem Creditwesen des kleinen Handwerkers? Dieser ist regelmäßig nicht im Stande, die Materialien für sein

Handwerk baar zu bezahlen, er muß sie auf Credit nehmen. Der Fabrikant, der Großhändler aber ist auch selten in der Lage, ohne Weiteres ihm Credit gewähren zu können, wenn ihm selber keine Creditquelle fließt. Diese Creditquelle findet der Fabrikant selbst im Wechsel. Der Wechsel, der eigene Wechsel oder Tratte wird ausgestellt von dem Handwerker, der Fabrikant nimmt ihn, verwerthet ihn dann wieder an seinen Gläubiger als Deckung, oder er discontirt ihn bei seinem Bankier. Auf diese Weise mobilisirt er sein Guthaben und wird in Stand gesetzt, wieder dem Handwerker seinerseits Credit zu geben. Diese Quelle, die vollkommen legitim ist, würde nun dem Handwerker verstopft, wenn man ihm die Wechselfähigkeit nimmt. Nun vollends aber, meine Herren, das Institut der Genossenschaftskassen! Diese Institute operiren bekanntlich hauptsächlich mit dem Wechsel und ohne Wechsel würden die meisten Institute ihrer Einrichtung nach gar nicht existiren können. Welch' kolossale Dimensionen das Genossenschaftswesen angenommen hat, davon lassen Sie mich ein Beispiel anführen. Der Schulze-Delitzsch'sche Genossenschaftsverband, welcher bei Weitem nicht alle Institute der Art umfaßt, zählt 3300 Vereine mit einer Million Mitglieder mit einem jährlichen Umsatze von zwei Milliarden Mark. Daß diese Operationen, welche hauptsächlich von und mit kleinen Leuten vorgenommen werden, aber nicht etwa specifisch deutsch sind, sondern in dem volkswirthschaftlichen Leben aller Culturstaaten mit einer gewissen Naturnothwendigkeit herangewachsen, davon lassen Sie mich wieder ein Beispiel anführen. Die französische Bank empfängt jährlich ca. eine halbe Million Tratten und zwar lauter Tratten über die ganz kleinen Beträge von zehn Francs bis hundert Francs, also wohl so ziemlich lauter Wechsel des kleinen Mannes. Diesen erdrückenden volkswirthschaftlichen Daten gegenüber haben denn nun in der That die Urheber des Antrags auf Beschränkung sich gemüßigt gesehen, die Genossenschaften wieder auszunehmen resp. deren Mitglieder für den internen Verkehr mit der Genossenschaft selbst. Mit einer solchen partiellen Wechselfähigkeit ist aber offenbar dem Handwerker nicht viel geholfen. Wir haben gesehen, in welcher Weise der Handwerker sich regelmäßig seinen Credit verschaffen muß, und es haben mir auf Anfrage verschiedene Volksbanken mitgetheilt, daß mindestens die Hälfte aller bei ihnen eingehenden Wechsel externe Wechsel seien, d. h. Wechsel, die eben der Handwerker den Fabrikanten direct ausstellt, und die dann vielleicht nach vielem Umherwandern erst in den unmittelbaren Genossenschaftsverkehr kommen. Also, m. H., glaube ich, können wir aussprechen: dem Handwerker muß die unbeschränkte Wechselfähigkeit gewahrt bleiben.

Lassen Sie uns jetzt bei den Grundbesitzern, den Bauern einkehren! Diese haben auch das Bedürfniß des persönlichen Credits, unbedingt, und vor Allem die größern Grundbesitzer und Pächter, die gewerbliche Unternehmungen betreiben, Ziegeleien, Brennereien 2c. Diese wollen die Anhänger der Beschränkung auch wieder von der Beschränkung ausnehmen; aber wie soll es werden mit den vielen kleinen Bauern, die ebenfalls ein Nebengewerbe treiben? Und kann auch nicht jeder Rusticus überhaupt in die Lage kommen, für zeitweilige Bedürfnisse persönlichen Credit in Anspruch zu nehmen? beim Ankauf von Vieh, Geräthschaften 2c. Einen Schuldschein kann er dem Fabrikanten nicht bieten, weil der Fabrikant damit das Guthaben nicht mobilisiren kann, Hypotheken kann er auch nicht gut aufnehmen für diese zeitweiligen, oft wiederkehrenden Bedürfnisse. Die landwirthschaftlichen Vereine, welche für die Beschränkung votiren, haben, wie ich glaube, jene juristische Seite, daß nämlich der Wechsel mit dem Wucher in gar keinem Causalzusammenhange steht, nicht gehörig gewürdigt, sie sind von der factischen Erscheinung ausgegangen, daß eben der Wucher auf dem Lande sehr üppige Blüthen trägt mittelst des Wechsels oder richtiger mit der Form des Wechsels. Wie wenig der Wucher auf dem Lande mit der Eigenart des Wechsels zusammenhängt, dafür lassen Sie mich einen historischen Vorgang aufführen. Im Jahre 1836 wurde in verschiedenen Kreisen Westfalens wegen der furchtbar verheerenden Wirkungen des Wuchers ein Nothgesetz erlassen, welches verfügte, daß alle Schuldurkunden von Personen bäuerlichen Standes vor Gericht aufgenommen, und vom Richter speciell auf den Verdacht des Wuchers geprüft werden sollten. M. H. Bedenken Sie dabei: das geschah im Gebiete des preußischen Landrechts, welches ja eben die Bauern für wechselunfähig erklärte, also offenbar hier der schärfste Wucher ohne Wechsel! Meines Erachtens muß den Bauern die allgemeine Wechselfähigkeit gewahrt bleiben.

Nun Geistliche, Beamte, Offiziere. Ich gestehe von vorn herein ein, daß bei diesen das Bedürfniß des Wechsels ein geringeres ist. Aber auf der andern Seite ist ebenso gering das Bedürfniß der Beschränkung. Wenn in den Kreisen — das ist ja allerdings leider richtig — der Beamten und Offiziere der Wucher stark arbeitet, so ist dies wiederum nicht Schuld die Eigenart des Wechsels. Gerade bei den Offizieren hat der Wucher bereits längst ein viel schöneres Mittel gefunden als Wechsel: den Ehrenschein, den Schuldschein auf Ehrenwort. Nennt doch Lorenz von Stein in seiner Naturgeschichte des Wuchers bei der Classificirung der verschiedenen Arten gerade den Cavalierwucher, den Ehrenwortwucher die giftigste Sorte. Und sollte die Wechselfähigkeit überhaupt irgend eine erhebliche Wirkung haben in dieser Beziehung bei den Offizieren, sollten etwa die österreichischen Offiziere mit ihrer Wechselunfähigkeit weniger vom Wucher geplagt werden als die deutschen Offiziere? Ich glaube, m. H., wenn Sie mir die Bemerkung gestatten wollen, in dieser Beziehung ist jedenfalls die Gemeinschaft Deutschlands und Oesterreichs eine vollkommene.

(Heiterkeit.)

Nun, m. H., die Damen! Kaum ist für die Frauen auf dem civilrechtlichen Gebiet vollständige Gleichstellung mit den Männern erkämpft, soll wieder eine Beschränkung eintreten. Das senatusconsultum Vellejanum ist gefallen und damit der Grund, aus welchem frühere Wechselordnungen die Wechselfähigkeit der Frauen beschränken wollten. M. H.! Es sollten doch die Erfahrungen, welche zur Aufhebung aller früher beliebten anomalen Beschränkungen der Verpflichtungsfähigkeit der Frauen führten, allein schon genügen, davon abzuhalten, daß man wiederum bei dieser einen Species der Verpflichtungsfähigkeit der Frauen eine Beschränkung einführt. Also, m. H., erklären wir uns hier auch für den Frauenwechsel — in diesem Sinne. (Heiterkeit.)

Nun, m. H., mehr allgemeine Punkte, mehr allgemeine Vortheile der Wechselfähigkeit, Nachtheile der Beschränkung! Stellen Sie sich die außerordentliche Schädigung der Sicherheit des Wechselverkehrs vor, wenn es ungewiß bleibt, wie viele und welche von den auf dem Wechsel verzeichneten Personen wechselunfähig oder wechselfähig sind. Die Prüfung ist ja überhaupt kaum möglich. Zwar ist es richtig, daß die Ungiltigkeit der einen Verbindlichkeit die Giltigkeit der andern Verbindlichkeiten in keiner Weise schädigt, ferner richtig, daß der Nehmer des Wechsels sich hauptsächlich auf den ihm bekannten Geber verläßt. Aber nicht zum kleinsten Theile beruht eben die Sicherheit des Wechsels darauf, daß der letzte Nehmer auf die rechtliche Existenz der Verpflichtung aller Vormänner rechnen kann, daß er sich verlassen kann auf die Wechselfähigkeit dieser Personen.

Ferner: Der Wechsel ist ein Kosmopolit, er hat einen universellen Charakter. In den meisten, oder ich kann wohl sagen in ziemlich allen Ländern der Welt existirt als durchgängig geltendes Recht die allgemeine Wechselfähigkeit, nur sehr wenige Länder haben einige Beschränkungen. Welche Störung würde dies nun in den internationalen Verhältnissen herbeiführen, wenn man die Wechselfähigkeit in dieser oder jener Beziehung beschränken wollte. Mit Recht bemerken die Motive zum Wuchergesetze: in das fast gleichmäßige Recht aller Nationen einzugreifen, müßte doch die größte Zurückhaltung geboten sein. Aus dieser nothwendigen internationalen Rücksicht sind ja auch die eigenthümlichen Bestimmungen hervorgegangen, die sich in einigen alten Wechselordnungen finden, z. B. in der sardinischen Wechselordnung die Bestimmung, daß die im Inlande wechselunfähigen Personen dem Auslande gegenüber wechselfähig sein sollen — natürlich ein vollkommen unhaltbarer Zustand.

Hiernach komme ich zu dem Resultat, daß bei Abwägung der Vortheile und Nachtheile der allgemeinen Wechselfähigkeit die Schale ganz überwiegend zu Gunsten der allgemeinen Wechselfähigkeit sinkt. Für meinen Standpunkt würde ich nun allerdings gar nicht mehr auf die praktische Durchführbarkeit zu kommen brauchen. Aber falls man auch annimmt, daß Wechselfähigkeitsbeschränkungen wünschenswerth sind, so werden sie doch, glaube ich, an der praktischen Undurchführbarkeit scheitern. Die Frage, wie und wo die Grenze gesteckt werden soll, ist meines Erachtens in keiner Weise genügend zu erledigen. Soll nach Berufsklassen eingetheilt werden? Früher war diese Eintheilung sehr beliebt, jetzt aber in keiner Weise mehr möglich für die Verhältnisse des modernen Lebens. Schon der Begriff „Kaufmann" ist ein ziemlich unbestimmter, ganz unbestimmt aber der Begriff „Bauer", ebenso und noch mehr vielleicht, wenn möglich, der Begriff „kleine Handwerker", „kleine Grundbesitzer". So würde also in den Hauptfällen — denn bei Offizieren, Beamten, Geistlichen und Frauen würde sich ja leicht eine Eintheilung treffen lassen — aber in den Hauptfällen würde doch Alles unbestimmt bleiben. Man hat nun Gewerbesteuer, Einkommensteuer angeführt. Da müßte also doch eine Stufe festgestellt werden; wie sollte die eruirt werden? Die Regulatoren müßten doch sein das Bedürfniß und die Gefahr; wo fängt diese an, wo hört jenes auf? Man müßte dann etwa auf die Bestimmung zurückkommen, welche die Frankfurter Wechselordnung hatte, welche dem Handwerker die Wechselfähigkeit zu- oder absprach, je nachdem er auf 2000 Gulden, darüber oder darunter geschätzt war.

Diese Unmöglichkeit wird auch ziemlich allgemein anerkannt, und so ist man auf das Inscriptionssystem gekommen, um die Schwierigkeiten zu beseitigen. Dieses System ist nicht ganz neu, denn es fand sich schon früher, z. B. in Preußen und Weimar stellte der Richter ein besonderes Certificat der Wechselfähigkeit aus, in unserem Hannover gehörte schon mehr dazu, da hatte sich das Cabinetsministerium alles das vorbehalten.

(Heiterkeit.)

Zur Zeit besteht das Inscriptionssystem blos in einem einzigen Staate gesetzlich, nämlich im Canton Aargau.

Sehen wir dieses Inscriptionssystem einmal näher an! Entweder muß die Eintragung obligatorisch sein oder facultativ. Ist sie obligatorisch, so tritt hier offenbar wieder dieselbe Schwierigkeit, ja Unmöglichkeit ein, wie bei der Frage wegen gesetzlicher Bestimmung der Grenze zwischen wechselfähig und wechselunfähig. Ist sie facultativ, so wird sie weiter Nichts werden, als eine leere Form; es werden erstens die Meisten, die an den Personalcredit sich wenden müssen, sich eintragen lassen und dann hat zweitens der Wucherer es unbedingt in der Hand, ob er den Schuldner zwingen will, sich eintragen zu lassen. Also glaube ich, m. H., mit dem Inscriptionssystem ist auch nicht viel zu machen.

Nun gestatten Sie mir noch einige Worte über den eignen Wechsel, da ja die Frage auch legislatorisch angeregt ist, ob nicht wenigstens bei dem eignen Wechsel eine Beschränkung eintreten soll. Ich glaube, dies ist auch ein verfehltes Beginnen. So lange wir Platztratten, Tratten an die eigne Ordre, Blancoindossaments, und das directe Klagerecht des Trassanten gegen den Acceptanten haben, ist jeder Unterschied des eigenen Wechsels und des gezogenen Wechsels vollständig irrelevant. Statt eines eigenen Wechsels läßt mit der größten Leichtigkeit ein gezogener sich herstellen. So hat auch die Leipziger Conferenz fast einstimmig bezüglich der Wechselfähigkeit jeden Unterschied abgelehnt und manche Länder, wie England und Dänemark, haben den früheren Unterschied auch beseitigt.

M. H., ich komme zum Schluß.

Die Agitation gegen den Wucher war gerechtfertigt und ist siegreich zu Ende geführt, die Agitation gegen den Wechsel ist ungerechtfertigt und wird voraussichtlich nicht dieselben Erfolge erringen. Wenn, wie im Reichstage constatirt wurde, die verbündeten Regierungen Deutschlands bereits beim Reichensperger'schen Antrage sich mit der allgemeinen Wechselfähigkeit beschäftigt und dabei mit überwiegender Majorität sich gegen die Zulässigkeit und Möglichkeit einer Beschränkung ausgesprochen haben, so glaube ich, sind die Resultate der jetzigen Ermittelungen gewiß nicht darnach angethan, eine Aenderung in den Ansichten der Regierung herbeizuführen. Was indessen die Zukunft im Schooße dieser verbündeten Regierungen in sich birgt, entzieht sich natürlich unserer Kenntniß.

Ich bitte Sie daher, m. H., sanctioniren Sie einstimmig den einstimmigen Beschluß unserer Abtheilung, legen Sie in die Schaale der allgemeinen Wechselfähigkeit zum Gewicht der dritten Abtheilung auch noch das Gewicht des Plenums.

(Bravo.)

Präsident: Ich eröffne die Berathung und bitte, sich zum Worte zu melden.

(Pause.)

Es hat sich Niemand gemeldet und kann ich, indem ich die Berathung schließe, zur Abstimmung schreiten.

Ich ersuche die Herren Platz zu nehmen, damit bei der Abstimmung ein sicheres Resultat gewonnen wird.

(Pause.)

Ich stelle jetzt zur Beschlußfassung und Abstimmung den Antrag der vereinigten III. u. IV. Abtheilung, der dahin geht:

Es empfiehlt sich nicht, die gesetzliche allgemeine Wechselfähigkeit zu beschränken.

Die Herren, welche diesem Antrage zustimmen wollen, bitte ich sich zu erheben.

(Geschieht.)

Ich bitte um die Gegenprobe, da, wie es scheint, ein einstimmiger Beschluß gefaßt worden ist.

(Es erhebt sich Niemand.)

Es hat sich, soviel ich sehe, Niemand gegen den Antrag erhoben und kann ich damit constatiren, daß dieser Beschluß sowohl in der vereinigten III. u. IV. Abtheilung als auch heute im Plenum einstimmig gefaßt ist.

Ehe ich nun zum zweiten Theil unserer heutigen Tagesordnung übergehe, glaube ich im Sinne der verehrten Versammlung zu handeln, wenn ich allen den Herren, die sich der Mühwaltung der Relation sowohl in den Abtheilungen als heute im Plenum unterzogen haben, im Namen des Juristentags den innigsten Dank für ihre ernst vorbereiteten und ernst durchgeführten Arbeit sage.

Meine Herren, ein Theil derjenigen Mitglieder des Juristentags, welcher wesentlich zur Vorbereitung der Juristentage beiträgt, welcher es ermöglicht, daß überhaupt unsere Versammlungen eine wichtige Bedeutung erlangen, — ich meine: ein Theil dieser Mitglieder kommt gewöhnlich in Bezug auf die Anerkennung seiner Thätigkeit nicht am besten weg, das sind die Verfasser der Gutachten. Und, meine Herren, ich glaube wir haben auch an diesem Juristentage Veranlassung, diesen Verfassern der Gutachten den besten Dank darzubringen für die große Sorgfalt und den ausnehmenden Fleiß, den sie diesen Gutachten gewidmet haben. Wenn wir überhaupt die Bände der Verhandlungen des Juristentags, die jetzt gedruckt vorliegen, und die Thätigkeit des Juristentags uns einmal näher ansehen und die Verhandlungen durchblättern, so darf ich mit Recht sagen, — und ich glaube auch ein unparteiischer Beurtheiler zu sein — daß tüchtiges Material nicht bloß für die Wissenschaft, sondern auch für die Gesetzgebung in diesen Bänden niedergelegt ist. Ich sage: auch für die Wissenschaft — und es will mir nicht gerechtfertigt erscheinen, wenn die Bestrebungen des Juristentags in den Kreisen der Wissenschaft hier und da einer spröden Zurückhaltung begegnen.

(Bravo.)

Ich gehe jetzt über zum zweiten Theile unserer Tagesordnung:

Wahl der Mitglieder der ständigen Deputation.

Die jetzige ständige Deputation beendigt mit heute ihr Amt.

Nach § 10 unseres Statuts wird von der Plenarversammlung durch Acclamation oder in einem einzigen Scrutinium durch Stimmzettel eine aus 19 Mitgliedern und dem Präsidenten des letzten Juristentags als Ehrenpräsidenten bestehende ständige Deputation gewählt. Nach der bisher ausnahmslosen Uebung hat diese Wahl durch Acclamation stattgefunden und ist die Liste der Wahlvorschläge vorbereitet worden von den nach § 10 in den Abtheilungen gewählten und berufenen Mitgliedern unseres Vereins. Diese Vertrauensmänner schlagen Ihnen nun vor, folgende Personen durch Acclamation zu Mitgliedern Ihrer ständigen Deputation zu wählen. — Ehe ich Ihnen diese Namen nenne, bemerke ich, daß die Grundsätze, nach denen der Vorschlag gemacht ist, von Anfang an dieselben geblieben sind. Man hat namentlich zwei Gesichtspunkte im Auge gehabt: einmal die Mitglieder möglichst aus allen Gebieten Deutschlands und aus Oesterreich zu entnehmen, und zweitens, nicht einen allzu großen Wechsel in den Deputationsmitgliedern eintreten zu lassen, aber doch auch einen gewissen Wechsel herbeizuführen. Auf Grund dieser Grundsätze schlagen die Vertrauensmänner Ihnen vor, folgende Mitglieder zu erwählen:

1. Herrn Professor Dr. Gneist, Oberverwaltungsgerichtsrath aus Berlin,
2. „ Dr. Albrecht, Landgerichtspräsident aus Hamburg,
3. „ Becker, Landgerichtspräsident aus Oldenburg,
4. „ Dr. Borchardt, Geh. Justizrath und Ministerpräsident aus Berlin,
5. „ Professor Dr. Brunner aus Berlin,
6. „ Hof- und Gerichtsadvokat Dr. Jaques aus Berlin,
7. „ v. Keller, Oberlandesgerichtspräsident aus Wien,
8. „ v. Köstlin, Oberstaatsanwalt aus Stuttgart,
9. „ Dr. Kühne, Oberlandesgerichtspräsident aus Celle,
10. „ Justizrath Makower aus Berlin,
11. „ Petersen, Oberlandesgerichtssenatspräsident aus Colmar,
12. „ Dr. v. Schwarze, Generalstaatsanwalt aus Dresden,
13. „ Stenglein, Reichsanwalt aus Leipzig,
14. „ v. Stößer, Landgerichtspräsident aus Konstanz,
15. „ Dr. Thomsen, Landgerichtsrath aus Hannover,
16. „ Justizrath v. Wilmowski aus Berlin,
17. „ Kleiner, Landgerichtspräsident aus Schweinfurt,
18. „ Geh. Justizrath Dorn aus Leipzig,
19. „ Justizrath Anschütz aus Leipzig,

Diesen Personen tritt statutenmäßig der Präsident der Versammlung als Ehrenpräsident hinzu.

Ich frage nun, m. H., ob ich annehmen darf, daß Sie durch Acclamation diese Liste zur Ihrigen machen wollen? — Da kein Widerspruch erfolgt, nehme ich dies an. Ich ersuche zugleich die so gewählten Mitglieder der ständigen Deputation, sich gleich nach dem Schluß der Plenarsitzung, unten im Auditorium Nr. 1, dem bisherigen Empfangsbureau, zu einer kurzen geschäftlichen Besprechung zu versammeln.

Ich habe Ihnen noch einige geschäftliche Mittheilungen zu machen.

Es sind einige Zuschriften beim Präsidium eingegangen, eine anonyme und andere, welche über die Beschlüsse, die wir gefaßt haben, sich aussprechen.

Diese Schriften werden zunächst der ständigen Deputation zur weiteren Berathung zugehen können.

M. H., damit bin ich an den Schluß unserer Arbeiten angelangt und könnte die Versammlung schließen. Aber ehe ich hierzu schreite, bitte ich Sie mit mir sich zu vereinigen, um unseren Dank auszusprechen der königlich sächsischen Regierung für das der Versammlung bewiesene Wohlwollen, dessen Früchte morgen noch recht zu Tage treten werden. Wir haben auch ganz besonders zu danken dem Rath und den Stadtverordneten von Leipzig. M. H., in einer anderen Eigenschaft sprach ich die Besorgniß aus, es möchten in Leipzig den Juristen weniger Genüsse geboten werden als an anderen durch besondere Vorzüge ausgezeichneten Orten. Der Rath und die Stadtverordneten von Leipzig haben es verstanden, diese Besorgnisse glänzend zu widerlegen und ich glaube, daß ich vollständig Ihre Meinung ausspreche, wenn ich sage, daß selten ein Juristentag, auch abgesehen von den Arbeiten in Ansehung der angenehmen Erholungen so befriedigend verlaufen ist als der diesjährige in Leipzig. Danken Sie mit mir dafür dem Rath und den Stadtverordneten!

Nun liegt mir noch besonders ob, zum Schlusse Sie zu bitten, denjenigen Juristen Leipzigs, die sich der Vorbereitung des diesjährigen Juristentages unterzogen haben, unseren Dank auszusprechen. Es ist allerdings richtig, daß ich bei dieser Bitte gewissermaßen Sie ersuche, auch mir zu danken, da ich ja die Ehre hatte, Präsident des Localortsausschusses zu sein. M. H., darum gerade bin ich legitimirt, den hiesigen Juristen außer mir den Dank darzubringen; denn ein angenehmeres Amt kann ich mir nicht denken, als Präsident eines Ausschusses zu sein, welcher sich aufs äußerste beeiferte, seinen Obliegenheiten aufs vollste zu genügen; m. H., es ist ja allerdings auch richtig, daß ich, zufällig selbst ein Leipziger, Sie aufgefordert habe, den Leipzigern Ihren Dank darzubringen. Das ist aber einmal die Eigenthümlichkeit von Leipzig, daß jeder Fremde, — und das werden Sie in diesen wenigen Tagen empfunden haben, — bald ein guter Leipziger wird, und nachdem ich über 10 Jahre in Leipzig gewohnt habe, werden Sie mir die Vorliebe für Leipzig nicht verdenken.

Ich kann somit die Arbeiten des diesjährigen Juristentages schließen und Sie nur bitten, nunmehr noch beim Festmahl der Heiterkeit ihren Zoll darzubringen und der Genugthuung Ausdruck zu geben, mit der wir auf den diesjährigen Juristentag zurückblicken können.

Generalstaatsanwalt Dr. **v. Schwarze**: M. H., unsere Dankespflichten sind nicht erschöpft. Wir haben nicht blos dem Präsidenten des Localausschusses in hiesiger Stadt für den Juristentag zu danken, sondern wir haben demselben Manne auch zu danken für das Präsidium unserer Versammlung. Wir danken ihm für die Liebenswürdigkeit, mit welcher er das Präsidium übernommen, wir danken ihm aber auch für den Eifer, mit welchem er das Präsidium durchgeführt hat, und wenn Sie mit mir darin übereinstimmen, so bitte ich Sie, mit mir sich zu erheben und zu rufen: Hoch lebe unser Präsident!

(Die Versammlung stimmt ein.)

(Schluß der Sitzung $1^1/_2$ Uhr Nachmittag.)

Druck von G. Jansen in Berlin.

Verzeichniß der Redner.

Die Zahlen bezeichnen die Seiten des vorliegenden Bandes der Verhandlungen.

*

Nachtrag.

Der Schatzmeister des deutschen Juristentages, Minister-Resident Geheimer Justizrath Dr. Borchardt zu Berlin, ist am 26. December 1880 nach langwieriger Krankheit gestorben. Seine langjährigen Verdienste um die Ordnung des Kassenwesens des Juristentages verdienen um so mehr Anerkennung, als sie die unausgesetzte Thätigkeit im Laufe der Jahre in Anspruch nahmen und ihrer Natur nach weniger an die Oeffentlichkeit tretend, ihren bescheidenen Lohn in dem Bewußtsein wirksamer Hülfe suchten.

Der Kassenabschluß wird den nächstfolgenden Mittheilungen beigefügt werden.

Das Schriftführeramt.

Kolibri 360 GmbH
Ferdinand-Jühlke-Straße 7
99095 Erfurt, Deutschland
produktsicherheit@kolibri360.de